120 #2

Back door.

Deux mondes

A COMMUNICATIVE APPROACH

SECOND EDITION

Tracy D. Terrell   Late, University of California, San Diego

Mary B. Rogers   Friends University, Wichita, Kansas

Betsy K. Barnes   University of Minnesota, Minneapolis

Marguerite Wolff-Hessini   Southwestern College, Winfield, Kansas

Consultants
Françoise Santore   University of Californià, San Diego
Geneviève Soulas-Link   Carleton College, Northfield, Minnesota

McGraw-Hill, Inc.

New York   St. Louis   San Francisco   Auckland   Bogotá   Caracas   Lisbon   London
Madrid   Mexico City   Milan   Montreal   New Delhi   San Juan   Singapore   Sydney
Tokyo   Toronto

This is an  book.

Deux mondes: A Communicative Approach

This book is printed on acid-free paper.

2 3 4 5 6 7 8 9 0 VNH VNH 9 0 9 8 7 6 5 4 3

ISBN 0-07-063788-1 (Student Edition)
ISBN 0-07-063857-8 (Instructor's Edition)

This book was set in Janson by York Graphics, Inc.
The editors were Leslie Berriman, Eileen LeVan, and Richard Mason.
The production supervisor was Pattie Myers.
Production and editorial assistance was provided by Edie Williams.
Illustrations were by Sally Richardson.
The text and cover designer was Juan Vargas.
The photo researcher was Stephen Forsling.
Color separation was by York Graphics.
This book was printed and bound by Von Hoffman Press.

The cover art is *Rythme coloré, no. 957*, by Sonia Delaunay, 1962, gouache on paper, 30½ × 22″, Galerie Denise René, Paris. Photo: Artephot/A. Held © 1993 ARS, N.Y./ADAGP.

Library of Congress Cataloging-in-Publication Data

Deux mondes: a communicative approach / Tracy D. Terrell . . . [et al.]. — 2nd ed.
    p. cm.
    Includes index.
    ISBN 0-07-063788-1 (SE)/0-07-063857-8 (IE)
1. French language — Textbooks for foreign speakers — English.   2. French language — Grammar — 1950- I. Terrell, Tracy D.
  PC2129.E5D48   1993
  448.2'421 — dc20   92-33811
                                                  CIP

Grateful acknowledgment is made for use of the following:

Realia
Page 24 Hachette Collins; *28* © 1992 Les Éditions Albert René/Goscinny-Uderzo; *50* © Éditions Milan; *53 Phosphone*, Bayard Presse, illustration by Margarin; *124 Pariscope*; *193–194 Journal français d'Amérique*; *223 (middle, bottom right) L'Express*/NYTSS; *223 (bottom left)* L'Institut de l'enfant; *258* Comité français d'éducation pour la santé et Centre interprofessionel de documentation et d'information laitières; *262* France Press; *263–264 Cuisines et vins de France*/L. Rouvrais; *283* INSEE; *290 VSD*; *299* Le Guide du Routard; *300* Les Guides Arthaud/Flammarion;

(continued on page 553)

ONTENTS

To the Instructor xiii
To the Student xx

Première étape *Premières rencontres* 1

Activités 1
La communication en classe 2
Qui est-ce? Les camarades de classe 3
Comment sont-ils? La description des personnes 4
Les vêtements et les couleurs 5
Rencontres 6

Grammaire et exercices 10
Introduction 10
A.1 Commands: **vous** Forms 11

A.2 Identifying People: **Qui est-ce?, C'est..., Je m'appelle...** 11
A.3 Introduction to Grammatical Gender 12
A.4 Describing People: Subject Pronouns and **être; ne... pas** 13
A.5 Gender and Articles 16
A.6 Plural Nouns and Adjectives 17
A.7 Addressing Others: **tu** and **vous** 18

Deuxième étape *Le monde étudiant* 20

Activités 21
Qu'est-ce qu'il y a dans la salle de classe? 21
Les nombres de 0 à 60 et l'heure 22
Les cours et la semaine scolaire 25
La description des autres 27

Grammaire et exercices 32
B.1 Expressing Existence: **il y a** 32

B.2 Asking Questions 33
B.3 Telling Time 35
B.4 Expressing Possession: The Verb **avoir** 36
B.5 Recognizing the Gender of Nouns 38
B.6 Describing with Adjectives: More on Gender Agreement 39
B.7 Irregular Plural Forms of Nouns and Adjectives 41

Chapitre 1 *Ma famille et moi* 43

Activités et lectures 44
La famille 44
   Note culturelle: Les gestes de la rencontre 45
Goûts personnels 46
Lecture: Christiane Charlier et ses frères 49

Origines et renseignements personnels 51
La vie de famille 55
   Note culturelle: **tu** ou **vous** 57
Lecture: Des jeunes Français parlent de leur famille 57

Grammaire et exercices 62

1.1 Expressing Age with **avoir;** Numbers from 60 to
      100 62
1.2 Expressing Relationships: Possessive
      Adjectives 63
1.3 Expressing Likes and Dislikes: The Verb **aimer** +
      Infinitive 65

1.4 Emphatic Pronouns 67
1.5 Stating Origin: The Verb **venir** 68
1.6 Talking About Dates: Numbers Beyond 100 70
1.7 Saying What You Do or What You're Doing:
      Present Tense of **-er** Verbs 71
1.8 Possession: **de** + Noun; Contractions of **de** 74

Chapitre 2 *La vie quotidienne et les loisirs* 76

Activités et lectures 77

Le temps, les saisons et les loisirs 77
      Note culturelle: Les grandes vacances 80
Les activités quotidiennes 80
Lecture: Le secret de Bernard et Christine 83
Les endroits 84
Aptitudes et rêves 87
      Note culturelle: Les colonies de vacances et les
      camps d'adolescents 89
Lecture: Pour ou contre la colo? 90

Grammaire et exercices 94

2.1 Talking About Activities and Weather: The Verb
      faire 94

2.2 Other Expressions with **faire** 95
2.3 Verbs like **ouvrir; -er** Verbs with Spelling
      Changes 97
2.4 Reflexive Pronouns 99
2.5 Going Places: The Verb **aller** and Contractions of
      à 102
2.6 The Impersonal Subject **on** 104
2.7 Abilities and Desires: The Verbs **pouvoir** and
      vouloir 105
2.8 What Do You Know? The Verb **savoir** 107

Chapitre 3 *Sorties* 109

Activités et lectures 110

S'orienter 110
Lecture: A la découverte de Beaubourg 113
Transports urbains 115
      Note culturelle: Le métro 116
Achats 118
      Note culturelle: Les supermarchés 121
Distractions 122
      Note culturelle: La Sainte-Chapelle 125
Lecture: «Paris at Night» de Jacques Prévert 127

Grammaire et exercices 130

3.1 Saying Where Things Are: Prepositions of
      Location 130
3.2 Asking Questions: Interrogative Words 131
3.3 Irregular **-re** Verbs like **prendre** 133
3.4 Expressing Necessity: **il faut** and **devoir** +
      Infinitive 135
3.5 Pointing Things Out: Demonstrative Adjectives and
      -ci/-là 137

3.6 Expressing Quantities: The Partitive Articles **(du, de la, de l')** and Other Expressions of Quantity 138

3.7 Present Tense: **-ir** Verbs like **sortir** and **dormir** 141

3.8 Talking About the Future: **aller** + Infinitive 142

Chapitre 4 *La maison et le quartier* 145

Activités et lectures 146

Les pièces et les meubles 146
   Note culturelle: Van Gogh 148
Le logement 150
   Note culturelle: Le logement en France 152
Lecture: Des jeunes parlent de leur logement 153
Tâches et loisirs 155
   Note culturelle: Les Français et l'équipement ménager 157
La vie de quartier 158
Lecture: Réflexions d'une concierge 161

Grammaire et exercices 166

4.1 Describing: Position of Adjectives 166
4.2 Making Comparisons 168

4.3 Present Tense: **-ir** Verbs like **finir** 171
4.4 Giving Instructions and Directions: Commands 172
4.5 Present Tense: **-re** Verbs like **attendre** 174
4.6 Direct Object Pronouns 176
4.7 Another Kind of Knowing: The Verb **connaître** 180
4.8 Describing States of Being with **être** and **avoir** 181

Chapitre 5 *Dans le passé* 184

Activités et lectures 185

La semaine dernière 185
   Note culturelle: Jacques Prévert 188
Le week-end et les loisirs 189
Lecture: Une drôle de surprise 192
Faits personnels et historiques 194
Lecture: Notes sur un séjour en Louisiane 198
   Note culturelle: La Louisiane 200

Grammaire et exercices 203

5.1 Saying What You Did: **Passé composé** of **-er** Verbs Conjugated with **avoir** 203

5.2 Past Participles of Regular **-ir** and **-re** Verbs 205
5.3 **Passé composé** of Verbs Conjugated with **être** 207
5.4 **Passé composé** with **être**: Reflexive Verbs 209
5.5 Past Participles of Irregular Verbs Conjugated with **avoir** 210
5.6 Negative Expressions 213

Chapitre 6   L'enfance et la jeunesse   **217**

Activités et lectures 218
Les activités de l'enfance 218
Lecture: Un très mauvais souvenir 220
La jeunesse 222
  Note culturelle: Coup d'œil sur les
    adolescents 223
Les rapports avec les autres 225
Souvenirs du passé 228
Lecture: Un Noël mémorable 231
  Note culturelle: L'Alsace—Province
    frontalière 233

Grammaire et exercices 237
6.1 Past Habitual Actions: The Imperfect 237
6.2 The Irregular Verbs **dire, lire, écrire:** Present and
    Past Tenses 239
6.3 The Imperfect of "State" Verbs 242
6.4 Relative Pronouns: **qui, que, où** 243
6.5 Indirect Object Pronouns 245
6.6 Idiomatic Reflexive Verbs 248
6.7 Seeing and Believing: The Verbs **croire** and
    voir 249
6.8 Emphatic Pronouns: An Overview 251

Chapitre 7   A table!   **253**

Activités et lectures 254
Les aliments et les boissons 254
  Note culturelle: Traditions culinaires 259
L'art de la cuisine 259
  Note culturelle: L'art culinaire en France 262
Lecture: Le temps des sucres au Québec 265
Au restaurant 266
La presse en direct: Le Prince Charles d'Angleterre—
  Défense du fromage 270

Grammaire et exercices 274
7.1 Review of Article Use: Definite, Indefinite, and
    Partitive 274
7.2 The Verb **boire** 277
7.3 The Verb **mettre** 278
7.4 Asking Questions with **qui, que,** and **quoi** 279
7.5 Expressing Quantities: Using the Pronoun **en** 282
7.6 The Verbs **servir** and **sentir** 284

Chapitre 8   Les voyages   **286**

Activités et lectures 287
La géographie 287
  Note culturelle: La France—Diversité et unité 290
  Note culturelle: Cézanne le Provençal 291
Les transports 292
Lecture: Lettre d'un camp de vacances 294

Préparatifs 296
  Note culturelle: Le Guide du Routard 298
Voyages de l'an dernier 300
La presse en direct: Une autre France 303

Grammaire et exercices 308

8.1 Expressing Location, Destination, and Origin: Prepositions + Place Names 308
8.2 Verbs Followed by Infinitives 311
8.3 Describing Actions with Adverbs 313

8.4 *Before* and *After:* **avant de** + Infinitive; **après** + Past Infinitive 314
8.5 Using **tout** 315
8.6 What Was Going On: Another Use of the **imparfait** 316

Chapitre 9 *Le voyageur dans le monde francophone* **320**

Activités et lectures 321

L'arrivée 321
En voiture! 326
   Note culturelle: Pays francophones de la C.E.E. 328
Comment se débrouiller 331
Lecture: Lettre du Maroc 334
   Note culturelle: Un pays du Maghreb, le Maroc 335
On fait des achats 337
   Note culturelle: Les D.O.M. et les T.O.M. 337
La presse en direct: Invitation au Sénégal 343

Grammaire et exercices 349

9.1 Expressing Events in the Recent Past: **venir de** + Infinitive 349
9.2 Other Uses of the Pronoun **en** 350
9.3 Verbs for Traveling: The Verbs **conduire** and **suivre** 352
9.4 Using Pronouns with Commands 353
9.5 Using Two Object Pronouns Together 354
9.6 Making Distinctions: The Question **lequel?** and the Answer **celui** 357
9.7 Expressing Extremes: The Superlative 359

Chapitre 10 *L'enseignement et les carrières* **362**

Activités et lectures 363

Le travail et les métiers 363
L'enseignement et la formation professionnelle 367
   Note culturelle: Labyrinthe scolaire 368
   Note culturelle: Le bac, un rite de passage 372
   Note culturelle: Témoignages du passé 374
L'avenir 375
Lecture: Les 18–25 ans 377
La presse en direct: Cachez ce féminin 380

Grammaire et exercices 385

10.1 Identifying and Describing Professions: **c'est** vs. **il/elle est** 385

10.2 Saying What You've Been Doing: Present Tense + **depuis** 386
10.3 **J'y pense:** Other Uses of the Pronoun **y** 388
10.4 *Must* and *Should*: More About the Verb **devoir** 390
10.5 Saying What You Will Do: The Future Tense 392
10.6 Talking About Future Events: **quand** + Future Tense; the **futur antérieur** 395

Chapitre 11   **La santé et les urgences**   **397**

Activités et lectures   398
Les parties du corps   398
Être en forme   399
   Note culturelle: Les cures thermales   401
Les maladies et les traitements   404
   Note culturelle: La sécurité sociale   406
Lecture: «Visite médicale» de Jean-Jacques Sempé et
   René Goscinny   408
Les accidents et les urgences   410
La presse en direct: Pourquoi vieillit-on?   414

Grammaire et exercices   418
11.1 Expressing Obligation: **il faut que** +
      Subjunctive   418
11.2 More About the Subjunctive   420
11.3 Emotions and Changes of State: Reflexive Verbs;
      rendre + Adjective   422
11.4 Asking Questions with **qu'est-ce qui...**   424
11.5 Narrating in the Past Tense: More on the **passé
      composé** and the **imparfait**   425

Chapitre 12   **La famille et les valeurs en société**   **429**

Activités et lectures   430
L'amour, l'amitié et la famille   430
La famille et les valeurs   433
   Note culturelle: Les métamorphoses de la
      famille   436
Lecture: La famille telle que je la vois   438
Les générations se regardent   440
   Note culturelle: Les femmes salariées—Une
      perspective masculine   443
La presse en direct: Les couples longue
   distance   446

Grammaire et exercices   451
12.1 *Each Other:* Reciprocal Use of Reflexive
      Pronouns   451
12.2 Review of Object Pronouns: Direct and Indirect
      Objects   453
12.3 Expressing Desires with the Subjunctive   456
12.4 A Past in the Past: The **plus-que-parfait**   458
12.5 The Verbs **craindre** and **se plaindre**   460
12.6 Expressing Feelings with the Subjunctive; the
      Past Subjunctive   461

Chapitre 13   **Le cinéma et les médias**   **464**

Activités et lectures   465
On se distrait   465
Lecture: Gérard Depardieu, géant du 7e art   469
On s'informe   470
   Note culturelle: Le paysage audiovisuel
      français   475
   Note culturelle: La fête de la musique   476
La publicité et la consommation   477

La presse en direct: Pas de liberté sans liberté de la
   presse   482

Grammaire et exercices   486
13.1 The Relative Pronoun **dont**   486
13.2 The Indefinite Relatives **ce qui, ce que,** and **ce
      dont**   487

13.3 Expressing Doubt and Uncertainty with the
    Subjunctive 489
13.4 The Present Participle 491

13.5 Saying What You Would Do: The
    Conditional 492

Chapitre 14 *La société contemporaine* **496**

Activités et lectures 497
Quelles sont vos valeurs? 497
Respectons la nature! 500
    Note culturelle: Les écolos 502
Le monde de demain 505
    Note culturelle: Immigration ou invasion? 507
Lecture: Perspectives d'avenir 509
La presse en direct: La nouvelle vague verte 511

Grammaire et exercices 516
14.1 The Verb **vivre** 516
14.2 Possession: Possessive Pronouns 517

14.3 Past Hypothetical Conditions: The Past
    Conditional 519
14.4 *Should Have*: The Past Conditional of
    devoir 521
14.5 The Subjunctive with Conjunctions 522
14.6 Overview of the Subjunctive; Infinitive vs. **que** +
    Subjunctive 524

Appendix A: Interactions Charts 526
Appendix B: Verb + Verb Constructions 533
**Appendix C: Conjugation of Regular and
    Irregular Verbs 534**
**Appendix D: Answers to Grammar
    Exercises 542**
Vocabulary 554
Index 602

TO THE INSTRUCTOR

Welcome to the new full-color edition of *Deux mondes!* When the first edition appeared, some predicted that the text would be *too* communicative. Some thought it broke too sharply with traditional text structure by placing the grammar and grammar exercises in a supporting role and giving center stage to the **Activités orales.** These fears proved groundless; the 1980s witnessed a growing interest in functional proficiency in all language skills, and many teachers have since started to adopt a truly communicative approach.

We are especially heartened by the positive feedback we have received over the years from instructors using *Deux mondes.* Many of you have written to say that *Deux mondes* has allowed you to enjoy teaching and to help your students enjoy learning French so that they will want to continue beyond the first year. This feedback confirms our belief that most language instructors love language teaching and want to inspire enthusiasm in their students but have been frustrated by textbooks that focus almost exclusively on grammar.

Like the first edition of *Deux mondes*, this second edition focuses on two worlds: the world of the students using the book and the world of the French language and Francophone cultures. *Deux mondes* provides a complete package of instructional materials for beginning French courses whose primary goal is proficiency in all communication skills. The package provides both oral and written activities that can be used as starting points for communication. The materials are designed to encourage you and your students to interact in French as naturally and as spontaneously as possible. *Deux mondes* offers an exciting approach that is a true alternative to the methodology of most French-language textbooks available in North America today.

Components

There are two student texts, *Deux mondes. A Communicative Approach*, the main text, and *Deux mondes: Cahier d'exercices*, the workbook. The main text consists of two preliminary chapters, **Première étape** and **Deuxième étape,** and fourteen regular chapters. Each chapter is organized so as to explore a theme, introducing language functions and vocabulary groups that are essential to communication at the beginning level. All chapters are supported by a wide variety of cultural material that provides a context for language acquisition. The chapters are divided into two main parts:

- **Activités et lectures**
- **Grammaire et exercices**

The **Activités** are intended for oral communication practice in the classroom. Students express personal views as they explore the chapter themes. The **Lectures** include both author-written materials and unedited native writing from many sources, and they provide a rich variety of perspectives on the themes. Following the **Activités et lectures** section is the **Vocabulaire,** a reference list of the primary vocabulary from the vocabulary displays and activities of the chapter. The vocabulary is arranged thematically for easy access during oral and writing activities, or for review. Grammar and usage are explained concisely in the **Grammaire et exercices** section, which also provides short exercises to verify students' comprehension of the explanations.

The organization of the *Cahier d'exercices* corresponds to that of the main text: two **étapes** and fourteen chapters. Beginning with **Chapitre 1,** each chapter consists of three sections as follows.

- **Activités de compréhension** (coordinated with audiocassettes)
- **Prononciation et Orthographe** (with audiocassettes)
- **Le verbe français**
- **Dictée**
- **Activités écrites et lectures**

The *Deux mondes* program also features the following components:

- The *Instructor's Edition*, whose marginal notes contain suggestions for using and expanding the student text, teaching hints, and material for listening comprehension practice.
- The *Instructor's Manual*, which provides a general introduction to the Natural Approach and to the types of acquisition activities encountered in the program. The *Instructor's Manual*, bound into the back of the *Instructor's Edition* in the first edition, is now a separate ancillary. It contains detailed suggestions on how to get started using *Deux mondes* and offers notes for the pre-text activities in the student text. It also contains supplementary activities for each chapter and a number of specific suggestions for teaching culture. A special section in the *Instructor's Manual* contains a reproduction of the first three chapters of the student text with on-page discussions of features unique to the Natural Approach.
- The *Test Bank*, which contains tests of listening comprehension (with audiocassettes for testing), reading, vocabulary, and grammar for each chapter in *Deux mondes*. It also includes materials for use in testing oral and written proficiency.
- An *Audiocassette Program* with recorded oral texts that are coordinated to activities in the *Cahier d'exercices*. These texts support the topics and functions of each chapter in the student text. This program is also available for purchase by students.
- A *Tapescript*, which contains the text of all recorded materials in the *Audiocassette Program*.
- A full set of *Overhead Transparency Masters*, which display much of the art in the student text.
- *Slides*, which show the French-speaking world, coordinated with descriptive passages and discussion questions.

- A variety of McGraw-Hill *Videotapes*, which offer perspectives on the French language and Francophone cultures. Instructors may contact their local McGraw-Hill representative for information about ordering and costs.
- The *McGraw-Hill Electronic Language Tutor (MHELT 2.0)*, a software program that includes the grammar exercises from the text. It is available in Macintosh and IBM-PC formats.
- *Jeux communicatifs*, a software program containing entertaining games, with graphics, in Apple IIe and IIc formats.
- *A Practical Guide to Language Learning* by H. Douglas Brown (San Francisco State University), a manual that provides beginning foreign language students with a general guide to the language learning process. The manual is available free to adopting institutions or for purchase by individual students.

Characters

A cast of recurring characters helps provide a context for the introduction of vocabulary and many of the language activities in *Deux mondes*. These characters include:

- Raoul Durand, a Canadian doctoral student, and Madame Martin and students in her French class, all at the fictional University of Louisiana at New Orleans
- the Lasalle and Colin families in Lyon and Clermont-Ferrand
- Sarah Thomas, Agnès Rouet, and Jean-Yves Lescart, three student friends at the Université de Paris
- Julien Leroux, a broadcast journalist at *TF1*
- Adrienne Petit, a secretary in Marseille
- Édouard and Florence Vincent, an older couple in Lyon.

The characters are described in detail on pages xxiii–xxiv in the *To the Student* section of *Deux mondes*. They appear frequently in drawings, activities, and exercises. Although there is no "story line" to follow, the characters develop personalities as the text progresses and help to provide a sense of unity. They offer a useful vehicle for presenting a variety of linguistic and cultural situations.

Changes in the Second Edition

Those of you who have used the first edition of *Deux mondes* know that it is a special kind of text. Don't worry; because so many of you have used the materials and methodology with success, we haven't changed our basic concept. The **Activités** remain the core of the text and the grammar is still an adjunct, an aid in the language acquisition process. However, we *have* tried to incorporate the many useful suggestions you made.

- The number of **étapes** has been reduced to two and their remaining material integrated into the regular chapters.
- You will find all the themes and vocabulary topics from the first edition, with some chapters reorganized and thematically strengthened. **Chapitre 9,** the second travel chapter, for example, now includes activities that relate to the use of hotels, telephones, mail, and dealing with unexpected problems that arise during travel abroad. We have upgraded the importance of environmental issues, now the main theme of **Chapitre 14,** and we have added two new themes: education and professional training **(Chapitre 10),** and the role of the media in modern life **(Chapitre 13).** Several functions and topics found in the first edition (such as technology and giving advice) have been integrated into other chapters.
- Grammar presentations have been reorganized to respond to the functional needs of the chapter themes, resulting in improved integration of grammar structures and oral activities throughout the book. Almost all grammatical structures included in the **Grammaire et exercices** section now appear in some way in the **Activités** of the same chapter.
- The grammar explanations in the **Grammaire et exercices** sections have been largely rewritten to be more "user-friendly," making it easier for students to study them on their own. All grammar

exercises have been completely rewritten to be more communicative in nature, and some exercises have been added for more important topics. We have also expanded the number of marginal notes in the *Instructor's Manual* to clarify our exposition of grammar, particularly the way certain topics have been spiraled.

- The vocabulary displays that open each section of the **Activités et lectures** now reflect more strongly both the vocabulary and structures of the section.
- You will easily recognize many of the oral activities. In response to your requests, we have increased the number of matching and affective activities, and we have included many new realia-based activities. For the most part, we have changed chart interactions from their earlier form and instead we have created "information gap" activities. These activities consist of two versions of the same chart, with each version omitting information contained in the other. In this way, the interactions become more communicative because each partner must seek information from the other. One version is printed in the chapters and the second version is printed in Appendix A, so that the two partners see different material as they work together.
- All the readings in the second edition of *Deux mondes* are new and the cultural content is much richer than before. In addition to author-written readings, we have included a number of authentic texts as **Lectures.** In some of these, a variety of university-age native speakers from various parts of the Francophone world speak out in their own words on a number of issues. Beginning with **Chapitre 7,** a new section called **La presse en direct** presents an authentic journalistic text related to the chapter theme. The purpose of this section is to help students develop the ability to derive meaning from a text that contains unfamiliar vocabulary and structures. The readings and the **Notes culturelles** are clearly delineated and are usually accompanied by color photos or realia.
- A new **A vous d'écrire!** section has been added to the end of each chapter to provide a functional writing activity related to the chapter's theme.

- Many of the marginal notes in the *Instructor's Edition* have been rewritten to make it easier for beginning instructors, especially beginning teaching assistants, to use *Deux mondes*. In response to your requests, there are now pre-text oral activities for every chapter and a larger number of **Activités supplémentaires (AS).** Because of the expanded pre-text oral activities in the marginal notes, the **AS** suggestions are now only referenced there (for example, *See* **AS 1, IM.**) and are printed in the *Instructor's Manual.* This was done to keep the *Instructor's Edition* to a comfortable size for classroom use.
- The *Instructor's Manual* now includes stronger support for how to use the program, particularly for the early chapters, which are discussed in some detail.

The Theoretical Basis for the Natural Approach

The materials in *Deux mondes* are based on Tracy D. Terrell's Natural Approach to language instruction, which in turn relies on aspects of Stephen D. Krashen's theoretical model of second-language acquisition. That theory consists of five interrelated hypotheses, each of which is mirrored in some way in *Deux mondes.*

1. The *Acquisition-Learning Hypothesis* suggests that there are two kinds of linguistic knowledge that people use in communication. *Acquired knowledge* is used unconsciously and automatically to understand and produce sentences. *Learned knowledge,* on the other hand, may be used consciously, especially to produce carefully prepared speech or to edit writing. *Deux mondes* is designed to develop both acquired and learned knowledge.
2. The *Monitor Hypothesis* explains the function of acquired and learned knowledge in normal conversation. Acquired knowledge, the basis of communication, is used primarily to understand and create utterances. Learned knowledge is used principally to edit or "monitor" acquired knowledge, to make minor corrections before actually produc-

ing a sentence. Exercises in the **Grammaire et exercices** section ask students to pay close attention to the correct application of learned rules.

3. The *Input Hypothesis* suggests that grammatical forms and structures are acquired when the learner can comprehend, in natural speech, utterances containing examples of those forms and structures. That is, acquisition takes place when learners are trying to understand and convey messages. For this reason, comprehension skills are given extra emphasis in *Deux mondes.* "Teacher-talk" is indispensable, and no amount of explanation or practice of grammar can substitute for real communicative experiences.
4. The *Natural Order Hypothesis* suggests that grammar rules and forms are acquired in a "natural order" that cannot be hurried. For this reason, a topical-situational syllabus is followed in the **Activités et lectures** and other acquisition-oriented sections; students learn the vocabulary and grammar they need to meet the communicative demands of a given section. A grammatical syllabus similar to those in other beginning French textbooks is the basis for the **Grammaire et exercices** sections, but activities that encourage the acquisition of grammatical forms are spread out over several chapters. The Natural Order Hypothesis is also the basis for our recommendation that speech errors simply be expanded naturally by the instructor into correct forms during acquisition activities, but that they be corrected clearly and directly during grammar exercises.
5. The *Affective Filter Hypothesis* suggests that acquisition will take place only in affectively positive, nonthreatening situations. *Deux mondes* tries to create such a positive classroom atmosphere by stressing student interest and involvement.

Teaching with *Deux mondes* and the Natural Approach

These general premises, which follow from the preceding hypotheses, are at the heart of *Deux mondes* and any Natural Approach class.

1. *Comprehension precedes production.* Students' ability to use new vocabulary and grammar is directly related to the opportunities they have to listen to that vocabulary and grammar in a meaningful context. Opportunities to express their own meanings must *follow* comprehension.

2. *Speech emerges in stages. Deux mondes* allows for three stages of language development.

Stage 1: Comprehension	**Première étape**
Stage 2: Early speech	**Deuxième étape**
Stage 3: Speech emergence	**Chapitres 1–14**

   The activities in the **Première étape** are designed to give students a chance to develop initial comprehension skills without being required to speak French. The activities in the **Deuxième étape** are designed to encourage the transition from comprehension to an ability to respond naturally in single words or short phrases. By the end of these two preliminary chapters, most students are making the transition from short answers to longer phrases and complete sentences using the material presented there. Students will pass through the same three stages with the new material of each chapter. The activities in the *Instructor's Edition*, the student text, and the *Cahier d'exercices* are all intended to provide comprehension experiences with new material before production is expected.

3. *Speech emergence is characterized by grammatical errors.* It is to be expected that students will make many errors when they begin putting words together into sentences. These early errors do not become permanent, nor do they affect students' future language development. We recommend correcting factual errors and expanding and rephrasing students' grammatical errors into grammatically correct sentences.

4. *Group work encourages speech.* Most of the activities lend themselves to pair or small-group work, which allows more chances for students to interact in French during a given class period and provides practice in a nonthreatening atmosphere.

5. *Students acquire language only in a low-anxiety environment.* Students will be most successful when they are interacting in communicative activities that they enjoy. The goal is for them to express themselves as best they can and to develop a positive attitude toward their foreign-language experience. The Natural Approach instructor will create an accepting and enjoyable environment in which to acquire and learn French.

6. *The goal of the Natural Approach is proficiency in communication skills.* Proficiency is defined as the ability to convey information and/or feelings in a particular situation for a particular purpose. The three components of proficiency are discourse competence (ability to interact with native speakers), sociolinguistic competence (ability to interact in different social situations), and linguistic competence (ability to choose the correct form and structure to express a specific meaning). Grammatical correctness is part of communicative proficiency, but it is neither the primary goal nor a prerequisite for developing proficiency.

Organization of the Student Text

Each chapter opens with the **Activités et lectures** section, which provides oral activities for pair and small-group work intended to further the process of acquiring vocabulary and structure. These sections are organized thematically and they include a variety of oral activities in which students practice speaking in communicative situations. Throughout the oral activities, students focus on meaning rather than form. These activities are sequenced according to difficulty. They include:

affective activities	interactions
interviews	matching activities
definitions	narration series
model dialogues	realia-based activities
open dialogues	situational role-plays

The Natural Approach views reading as an aid to language acquisition. Readings are found in each **Activités et lectures** section and they include author-written readings, commentaries by students from the Francophone world, journalistic texts, poetry, advertisements, and cultural notes.

The **Vocabulaire** follows each **Activités et lectures** section; it contains new words that have been introduced in the displays and activities. These are the words students should *recognize* when they are used in a communicative context. Many will be used *actively* by students in later chapters as the course progresses.

Grammar plays an important part in *Deux mondes*. The **Grammaire et exercices** section is visually distinguished from the **Activités et lectures** section by a blue tint on the pages, for quick reference. However, the tinted grammar section is closely linked to the rest of the chapter. Most thematic sections in **Activités et lectures** begin with a reference (marked **Attention!**) to the pertinent grammar section(s) at the end of the chapter. The separation of the grammar from the oral activities permits the instructor to adopt a deductive, inductive, or mixed approach to grammar instruction, according to his or her preference. The **Grammaire et exercices** section contains brief explanations of the rules of morphology (word formation), syntax (sentence formation), and word usage (lexical sets). Orthographic and pronunciation rules and practice are found both in the main text and in the *Cahier d'exercices*. Most of the grammar exercises are short and contextualized; answers are given in Appendix D of the student text so that students can verify their responses during home study.

Organization of the *Cahier d'exercices*

The workbook contains both acquisition activities and learning exercises for study outside the classroom.

The **Activités de compréhension** are recorded oral texts of various sorts, including dialogues, narratives, radio/television announcements, newscasts, and interviews. Each oral text is accompanied by a list of unfamiliar vocabulary, a drawing that orients students to the content of the text (through **Chapitre 6**), and verification activities that help students determine whether they have understood the main ideas (and some supporting detail) of the recorded material.

The **Exercices de prononciation et d'orthographe** provide explanations of the sound system and orthography as well as additional practice in pronunciation and spelling.

The **Activités écrites** are open-ended writing activities coordinated with the topical syllabus of the main text. This section also includes a **Lecture** or authentic text for practicing extended reading and realia-based writing activities.

Acknowledgments

The authors would like to express their gratitude to the following members of the language teaching profession who participated in surveys about the first edition and whose suggestions contributed to the preparation of the revised edition. The appearance of their names does not necessarily constitute an endorsement of the text nor its methodology.

Cheryl A. Alcaya, University of Minnesota
Neil Benner, Rancho Santiago College
Jana A. Brill, University of Louisville
Suzanne Chamier, Southwestern University
Rory S. Clark, Oral Roberts University
Donatien Côté, Guyamaca College
Nelson de Jesus, Oberlin College
Lavonne Droegemueller, Southwestern Michigan College
Shirley Flittie, Minneapolis Community College
Elsa M. Gilmore, United States Naval Academy
Mary Graham, School of the Ozarks
Kathryn L. Hjelle, Brookdale Community College
Marianne Hodges, Selkirk College, Castlegas, British Columbia
Louise Ann Hunley, University of North Florida
Patrick Karsenti, Kwantlen College, Surrey, British Columbia
Christina Kauk, Santa Rosa Junior College
Cheryl Leah Krueger, University of Virginia
Leona B. LeBlanc, Florida State University
Suzanne Lord, California Polytechnic State University
Néda Majzub, Kwantlen College, Surrey, British Columbia

Joanne McKinnis, Incarnate Word College

Thérèse Mirande, Big Bend Community College

Frances Novack, Ursinus College

Elaine Phillips, Southwestern University

Edward Smith, Hawaii Pacific College

Guy Spielmann, Hofstra University

Brinsley Stewart, Kwantlen College, Surrey, British Columbia

Petra Vincent, Los Medanos College

Molly Wieland, University of Minnesota

Dana L. Youngblood, University of Oklahoma.

Many other people contributed their time and talent to the preparation of this edition. Some individuals deserve special mention. In particular, we want to thank Leslie Berriman, senior sponsoring editor for foreign languages at McGraw-Hill, for her guidance and encouragement. Our hard-working development editor, Eileen LeVan, provided professional judgment and many suggestions that have been invaluable. Richard Mason managed the editorial production of this edition with extreme care and a strong sense of commitment. We also want to thank other members of the foreign language production team at McGraw-Hill:

Karen Judd, Phyllis Snyder, Francis Owens, and Pattie Myers. Sally Richardson made the revised cast of characters take on a personality of their own. We would also like to thank Tim Stookesberry and the McGraw-Hill marketing and sales staffs for their continuing support of *Deux mondes*. Special thanks to Thalia Dorwick for her belief in and support of this edition.

Françoise Santore has our deepest gratitude for reading the manuscript with meticulous care and attention in its various phases; her experience and suggestions are truly appreciated. We are also grateful to Geneviève Soulas-Link, who devoted much time to reading the manuscript and provided many useful comments. Christian Arandel was a helpful and conscientious consultant in matters of culture. Our native readers, Jean-François Duclos and Nicole Dicop-Hineline, read *Deux mondes* carefully for linguistic and cultural accuracy. Thanks to Claudine Convert-Chalmers for her contributions to the first edition of *Deux mondes*.

Finally, we want to express our appreciation to our families, particularly to Ben Rogers, Scott Barnes, and Robbie. Their help and confidence have been an inspiration throughout our work on this project.

TO THE STUDENT

The course you are about to begin is based on a methodology called the Natural Approach. It is an approach to language learning with which we have experimented during the past several years in various high schools, colleges, and universities. It is now used in many foreign-language classes across the country, as well as in classes in English as a Second Language.

This course is designed to give you the opportunity to develop the ability to understand and speak everyday French; you will also learn to read and write French. Two kinds of learning will help you develop language skills. One kind of learning is experiential. It is the unconscious knowledge, the "feel" for the language that comes from understanding and speaking French in meaningful, real-life contexts. We call this process "acquisition." The second kind of learning is more predictable. It comes from reading about and studying the French language. Some people call it "learning grammar."

Both kinds of knowledge of French are necessary. You need to hear French being used naturally to communicate information and ideas in order to understand native speakers when they talk to you and to each other. And you need to converse with others in French as much as possible in order to develop "good" French and acquire the communication strategies that allow you to make yourself understandable to native speakers. You will not acquire listening and speaking skills if you spend all of your time studying the grammar sections of *Deux mondes*. On the other hand, knowing how the French language works is very helpful and will probably speed up your acquisition of French. Knowing some grammar can help you enjoy French — in speaking, in reading, and particularly in writing.

Use what you learn about French grammar as much as you can, but keep in mind that speaking a language is not like learning math. Learners make mistakes when they try to speak a new language. Just because you know a grammar rule doesn't mean you will be able to use it automatically when you speak. Your instructors and classmates will not expect you to speak perfectly, and native speakers will appreciate your attempts to speak their language even if you do make some mistakes. So relax and enjoy the language acquisition process. Learning French will be fun!

An interesting thing about acquisition is that it seems to take place best when you listen to a speaker and understand what is being said. This is why your instructor will always speak French to you and will do everything possible to help you understand without using English. You need not think about the process, only about what your instructor is saying. You will begin to speak French naturally after you can comprehend some spoken French without translating it into English.

These Natural Approach materials are designed to help you with your learning experience. There are two textbooks: *Deux mondes: A Communicative Approach* and *Deux mondes: Cahier d'exercices*. Each book and its various parts serve different purposes. The main text for the class hour will be used as a basis for the oral acquisition activities in which you will participate with your instructor and classmates. The main section of each chapter contains the **Activités** (*Oral activities*), which are springboards for your instructor, your classmates, and you to engage in conversation in French about topics of interest to you and to French speakers. It also contains the **Lectures** (*Readings*) and **Notes culturelles** (*Cultural Notes*). The blue-tinted pages at the back of each chapter contain the **Grammaire et exercices** (*Grammar and Exercises*), which supplement what you do in class. The **Grammaire et exercices** section is where you will find explanations and examples of grammar rules, followed by exercises whose purpose is to enable you to verify whether you have understood the grammar explanations. It is important to realize that the exercises only teach you *about*

French; they do not teach you *French*. Only real communication experiences of the type found in the oral activities will do that. The *Cahier d'exercices (Workbook)* and the audiocassette program give you more opportunities to listen to French outside of class and to write about topics that are linked to the oral classroom activities. A wide variety of oral texts appears on the audiocassettes. They are accompanied by questions in the workbook that will help you verify your understanding of what you heard. The workbook also contains explanations of and exercises on the pronunciation and spelling of French, as well as **Lectures supplémentaires** (*Additional Readings*) that you may use to improve your reading skills and to learn more about France and the Francophone world.

Using *Deux mondes*

Activités (Oral Activities)

The oral activities give you many chances to hear and speak French. During these in-class activities you should concentrate on the topic rather than on the fact that French is being spoken. Remember that you will progress faster when you are using French to talk about something of interest to you. It is not necessary to finish every activity; as long as you are listening to and understanding French, you will acquire it.

It is important to relax during the oral activities. Don't worry if you don't understand every word your instructor says. Concentrate on getting the main idea. Nor should you worry about making mistakes. Mistakes are natural and do not hinder the language acquisition process. You will make fewer mistakes as your listening skills improve, so keep trying to communicate your ideas as clearly as you can at a given point. Don't worry about your classmates' mistakes, either. Some students will acquire French more rapidly than others, but everyone will be successful in the long run. In the meantime, minor grammatical or pronunciation errors do no great harm. Always listen to your instructor's comments and feedback because he or she will almost always rephrase what a student has said in a more complete and correct manner. This is done not to embarrass anyone, but to give everyone

the chance to hear more French spoken correctly. Remember, acquisition comes primarily from listening to and understanding French.

How can you get the most out of an acquisition activity? First and most importantly, remember that the purpose of the activity is simply to begin a conversation. Expand on the activity. Don't just rush through it; rather, try to say as much as you can. Some students have reported that looking over an activity before doing it in class is helpful to them. Others have suggested that a quick before-class preview of the new words to be used makes participation in the activity easier for them. In short, you should never engage in an activity without first understanding it.

Finally, speak French; avoid English. If you don't know a word in French, try finding another way of explaining yourself in French. It is better to express yourself in a roundabout fashion in French than to insert English words and phrases into your speech. If you really *cannot* express an idea in French, say it in English; your instructor will tell you how to say it in French.

Lectures

There are many reasons for learning to read French. Some of you may want to be able to read research in your field published in French. Others may want to read French literature, newspapers, and magazines. Many of you will want to read signs, advertisements, menus, and other documents when you travel in a French-speaking country. Whatever your reason, remember that reading can also help you acquire French. You already have skills for reading English that you can apply immediately when you read French. If you practice applying these skills from the beginning, you will find yourself able to read French of greater complexity than the French you are able to use in speaking and writing. Here are some suggestions that will help you read the **lectures** in *Deux mondes*.

1. *Approach the reading of French in the same way that you approach listening;* that is, first look for what you can understand and then make logical guesses about content. Before actually reading, decide what the text is going to be about.

Look for what you already know. When you first look at a reading, look over any visuals such as photographs to get an idea of what the text is going to be about. Scan for easy cognate words, such as *important*, and the French words you know, such as *coup d'état*. In class, listen to the questions your instructor asks and scan for that particular information. You do not need to know every word to search for the information you need.

2. *Plan to read the texts in* Deux mondes *several times, fairly quickly each time.* Unlike listening, where you only get one or two chances to hear what the other person is saying, you may read a text as many times as you like. You will generally find that your understanding will increase with each time you read.

Skim the text to identify the main ideas. After you have determined what a text is going to be about, read quickly through the introductory paragraph, the first sentences in the other paragraphs, and the concluding paragraph, to get a general outline of the main ideas.

Read extensively rather than intensively. Extensive reading is associated with reading large quantities. Most of the readings in *Deux mondes* are for practice in extensive reading. When you read extensively, you read for the main ideas and much of the content. You do not *study* the material. Use context and common sense to guess at the meaning of the words you do not understand. Sometimes there will be whole sentences (or even paragraphs) that you only vaguely understand. Use a dictionary only when an unknown word prevents you from understanding the main ideas in a passage. We don't expect you to understand every word nor all the structures in a reading. Instead, we want you to read quickly, trying to get the main ideas. In fact, we've purposely included unknown words and unfamiliar grammar in most readings to encourage you to get used to skipping over less important detail.

3. *Think in French as you read.* Remember that reading is *not* translation. If you look at a French text and think in English, you are not reading but translating. This is an extremely slow and laborious way of extracting meaning from a French text and it will

not help you to become a proficient reader in French. We want you to read French *in French*, not in English. The meanings of some words in the readings in *Deux mondes* are glossed; that is, they are given in English beside or beneath a reading. These are the more difficult words or expressions that may cause confusion when you read, or words and phrases whose meaning you really need to know in order to fully comprehend the passage. You do not need to learn the glossed words; just use them to help you understand what you are reading.

Vocabulaire *(Vocabulary)*

Each chapter contains a vocabulary list organized by topics or situations. This list is primarily for reference and review. You should *recognize* the meaning of all these words whenever you hear them in context; however, you will not be asked to *use* all these words in your speech. What you actually use will be what is most important or what is needed in your particular situation with your own class. Relax, speak French as much as possible, and you will be amazed at how many of the words you recognize will soon become words that you also use when speaking.

Grammaire et exercices *(Grammar and Exercises)*

The final section of each chapter (the blue-tinted pages) is a study and reference manual. In this section you will study French grammar and verify your comprehension of it by doing the exercises. Because it is usually difficult to think of grammar rules and to apply them correctly while you are speaking, most of the verification exercises are meant to be written in order to give you time to check the forms of which you are unsure.

The beginning of each topical section in the **Activités et Lectures** has a reference **(Attention!)** keyed to the appropriate section in the grammar. As you begin each new topical section, read the specific grammar section or sections indicated.

We do not expect you to learn all the rules in the grammar sections. Read the explanations carefully and look at the examples to see how the rule in question applies.

Getting to Know the Characters

You will find a set of recurring characters throughout all materials for *Deux mondes*. They include a group of people in the United States and a group of people in France. We hope you will come to feel that you know them as well as you know the characters in your favorite novel, movie, or comic strip.

First you'll meet a group of students at the fictitious University of Louisiana at New Orleans. Although they are all majoring in different subjects, they know each other through Professor Anne Martin's 8:00 a.m. beginning French class. You will meet six students in the class: Albert Boucher, Barbara Denny, Daniel Moninger, Denise Allman, Jacqueline Roberts, and Louis Thibaudet. Louis is very proud of his Acadian ancestry. Professor Martin was born in Montréal and is bilingual in French and English.

You will also meet Raoul Durand, a doctoral student in mechanical engineering. Raoul also comes from Montréal. As a *Québecois*, he was pleased to meet Madame Martin and has visited her class and become acquainted with her students.

The Lasalle-Colin family has three branches. The grandparents, Francis and Marie Lasalle, have always lived in Lyon, where they are now retired.

Bernard Lasalle is the son of Francis and Marie. He and his wife Christine live near Bernard's parents in Lyon. Bernard is an engineer and Christine works in a hospital as a nurse. They have three daughters, Nathalie (6), Marie-Christine (8), and Camille (11).

Claudine Colin is the daughter of Francis and Marie Lasalle. She and her husband, Victor Colin, live in Clermont-Ferrand with their five children. Marise and Clarisse (19) are twins. Marise is studying French literature at the Université Blaise-Pascal in Clermont-

Madame Martin — Albert — Barbara

Daniel — Denise — Jacqueline — Louis

Raoul

Francis Lasalle — Marie Lasalle

Victor — Claudine — Bernard — Christine

Clarisse/Marise — Charles — Emmanuel — Joël — Camille — Marie-Christine — Nathalie

Ferrand and Clarisse is taking courses in hotel management at the École Victor Hugo. Charles (17) and Emmanuel (15) are both *lycée* students and their brother Joël (8) is in primary school.

Édouard and Florence Vincent are old friends of Francis and Marie Lasalle and live nearby in Lyon. They are an interesting couple although somewhat old-fashioned in some of their views.

Édouard Vincent *Florence Vincent*

Another character you will meet is Julien Leroux, a native of Brussels who has lived in Paris for several years and who works in news broadcasting at *Télévision Française 1*. He has been friends with Bernard Lasalle since they were at the university together several years ago.

Julien

Also in Paris are Sarah Thomas, Agnès Rouet, and Jean-Yves Lescart, students and friends at the Université de Paris.

Sarah   *Agnès*   *Jean-Yves*

Adrienne Petit lives in Marseille. She works as a secretary in an import-export firm and loves to travel. She is an active person and has a lively social life.

Adrienne

Getting Started with the *Étapes:* Developing Listening Skills

Becoming familiar with a new language is not difficult once you realize that you can understand what someone is saying without knowing every word. What is important in communication is grasping the ideas, the message the person is trying to convey. There are sev-eral techniques that will help you develop good listening comprehension skills.

First, and most importantly, you must *guess* at meaning! There are several ways to improve your ability to guess accurately. The most important is to pay close attention to context. If someone greets you at eight in the evening by saying «Bonsoir», chances are good that they have said *Good evening*, and not *Good morning* or *Good afternoon*. The greeting context and the time of day help you to make a logical guess about the message being conveyed. If someone you don't know says to you, «Bonjour. Je m'appelle Robert.», you can guess from the context and from the key word "Robert" that he is telling you his name.

In class, ask yourself what you think your instructor has said even if you haven't understood most—or any—of the words. What is the most likely thing he or she would have said in that particular situation? Context, gestures, and body language will all help you guess more accurately. Be logical in your guesses and try to follow along by paying close attention to the flow of the conversation.

Another technique for good guessing is to pay attention to key words. These are words that carry the basic meaning of the sentence. In the class activities, for example, if your instructor points to a picture and says (in French) *Does the man have brown hair?*, you will know from the context and intonation that a question is being asked. If you can focus on the key words *brown* and *hair*, you will be able to answer the question correctly.

It is important to realize that you do not need to know grammar rules to be able to understand much of what your instructor says to you. In the previous sentence, for example, you would not need to know the words *does*, *the*, or *have* in order to get the gist of the question. Nor would you have needed to study rules of verb conjugation. However, if you do not know the meaning of key vocabulary words, you will not be able to make good guesses about what was said.

Vocabulary

Because comprehension depends on your ability to recognize the meaning of key words used in the conversations you hear, the preliminary chapters will help you become familiar with many new words in French — probably well over one hundred of them. You should not be concerned about pronouncing these words perfectly; saying them easily will come a little later. Your instructor will write all the key vocabulary words on the board. You should copy them in a vocabulary notebook as they are introduced, for future reference and study. Include English equivalents if they help you remember the meaning. Go over your vocabulary lists frequently. Look at the French and try to visualize the person (for words like *man* or *child*), the thing (for words like *chair* or *pencil*), a person or thing with particular characteristics (for words like *young* or *long*), or an activity or situation (for words like *stand up* or *is wearing*). You do not need to memorize these words, but you should concentrate on recognizing their meaning when you see them and when your instructor uses them in conversation with you in class.

Classroom Activities

In the first preliminary chapter, the **Première étape** (*First Step*), you will be doing three kinds of class activities: TPR, descriptions of classmates, and descriptions of pictures.

TPR: This is "Total Physical Response," a technique developed by Professor James Asher at San José State University in northern California. In TPR activities your instructor gives a command, which you then act out. TPR may seem somewhat childish at first, but if you relax and let your body and mind work together to absorb French, you will be surprised at how quickly and how much you can understand. Remember that you do not have to understand every word your instructor says, only enough to perform the action called for. In TPR, "cheating" is allowed! If you don't understand a command, "sneak" a look at your fellow classmates to see what they are doing.

Descriptions of classmates: On various occasions your instructor will describe the students in your class. You will have to remember the names of each of your classmates and identify who is being described. You will begin to recognize the meaning of the French words for colors and clothing and for some descriptive words like *long, pretty, new,* and so on.

Descriptions of pictures: Your instructor will bring many pictures to class and describe the people in them. Your goal is to identify the picture being described by the instructor.

In addition, just for fun, you will learn to say a few common phrases of greeting and leave-taking in French: *hello, good-bye, how are you?,* and so on. You will practice these in short dialogues with your classmates. Don't try to memorize the dialogues; just have fun with them. Your pronunciation will not be perfect, of course, but it will improve as your listening skills improve.

LES PAYS-BAS

L'ANGLETERRE^f

LA MANCHE

Dunkerque
Calais
Boulogne   Lille

LA BELGIQUE

L'ALLEMAGNE^f

la Picardie

LE LUXEMBOURG

Dieppe   • Amiens
Cherbourg   Le Havre   Rouen
Caen   la Seine

Reims   • Verdun

la Champagne   la Lorraine

la Normandie

Paris   • Nancy
Versailles   l'Île-de-France^f
Chartres

Strasbourg

l'Alsace

LES VOSGES^f

le Rhin

Brest

la Bretagne   • Rennes

Orléans

la Loire   Dijon   Besançon

la Loire   Angers   Tours   Blois

Nantes   la Touraine   la Bourgogne
                        • Bourges

la Vendée

LE JURA

la Saône

LA SUISSE

L'OCÉAN

ATLANTIQUE^m

La Rochelle

le Poitou   • Limoges   Clermont-Ferrand

l'Auvergne^f

LE MASSIF

CENTRAL

Lyon

la Savoie

Grenoble

LES ALPES^f

L'ITALIE^f

Bordeaux

la Garonne

le Rhône

le Dauphiné

Avignon

Nîmes   Arles

la Provence   Nice
               MONACO^m
Aix-en-Provence
Cannes
Marseille   St-Tropez

Biarritz

LES PYRÉNÉES^f

Toulouse

Carcassonne

le Languedoc

Montpellier

L'ESPAGNE^f

L'ANDORRE^f

Perpignan

la Corse

Ajaccio

La France

0   50   100   150 MILLES
0   50   100   150   200   250 KILOMÈTRES

m = masculin   f = féminin

LA MER MÉDITERRANÉE

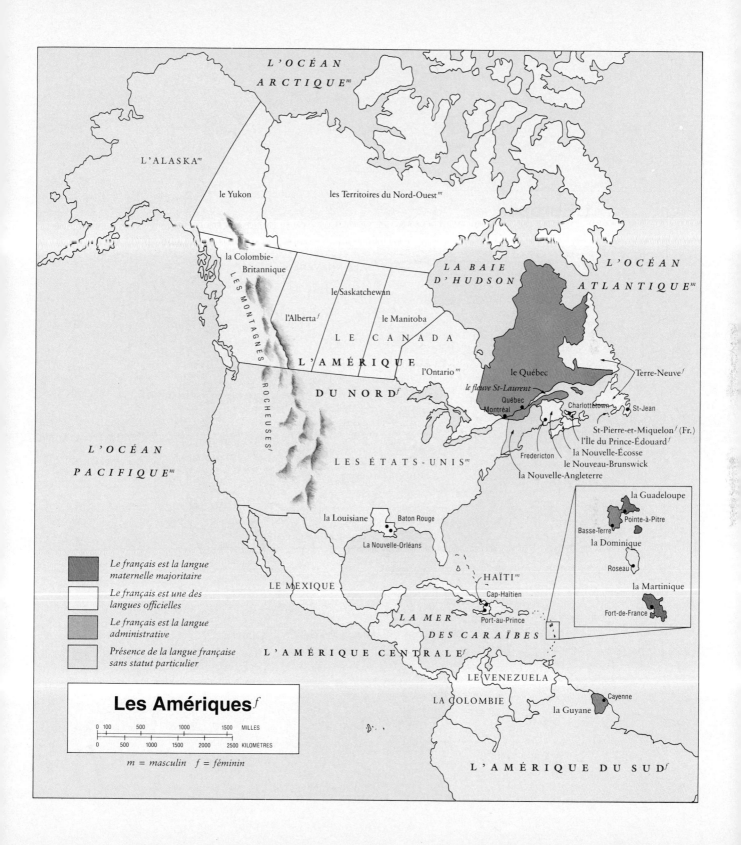

L'OCÉAN
ARCTIQUE*m*

L'ALASKA*m*

le Yukon   les Territoires du Nord-Ouest*m*

LA BAIE   L'OCÉAN
la Colombie-   D'HUDSON   ATLANTIQUE*m*
Britannique

le Saskatchewan

le Québec   Terre-Neuve*f*
l'Alberta*f*   le Manitoba

LE CANADA

L'AMÉRIQUE   l'Ontario*m*   *le fleuve St-Laurent*
                                                                                       Québec   Charlottetown   St-Jean
DU NORD*f*   Montréal
                                                                                                                   St-Pierre-et-Miquelon*f* (Fr.)
                                                                                                                   l'Île du Prince-Édouard*f*
L'OCÉAN   LES ÉTATS-UNIS*m*   Fredericton   la Nouvelle-Écosse
                                                                                                                        le Nouveau-Brunswick
PACIFIQUE*m*   la Nouvelle-Angleterre

la Guadeloupe
la Louisiane   Baton Rouge
                                                                                                          Pointe-à-Pitre
                            La Nouvelle-Orléans   Basse-Terre
                                                                                                          la Dominique

Roseau

la Martinique

LE MEXIQUE   HAÏTI*m*
                                         Cap-Haïtien
                                                                                       Fort-de-France
                          Port-au-Prince
LA MER
DES CARAÏBES

L'AMÉRIQUE CENTRALE*f*

LE VENEZUELA

LA COLOMBIE   Cayenne

la Guyane

L'AMÉRIQUE DU SUD*f*

LES MONTAGNES ROCHEUSES*f*

Le français est la langue
maternelle majoritaire

Le français est une des
langues officielles

Le français est la langue
administrative

Présence de la langue française
sans statut particulier

Les Amériques*f*

| 0 | 100 | 500 | 1000 | 1500 | MILLES |

| 0 | 500 | 1000 | 1500 | 2000 | 2500 | KILOMÈTRES |

m = masculin   *f* = féminin

L'Europe *f*

Le français est la langue maternelle majoritaire

Le français est une des langues officielles

Le français est la langue administrative

Présence de la langue française sans statut particulier

0 50 100 200 300 400 500 MILLES

0 100 200 400 600 800 KILOMÈTRES

m = masculin   f = féminin

L'ISLANDE *f*
Reykjavik

LA SUÈDE

LA NORVÈGE
Oslo

LA FINLANDE
Helsinki

Stockholm

Leningrad

L'ESTONIE *f*

Moscou

LA MER BALTIQUE

LA LETTONIE

LA LITUANIE

L'IRLANDE DU NORD *f*

L'ÉCOSSE *f*

LE DANEMARK

Copenhague

LA GRANDE-BRETAGNE

L'IRLANDE *f*
Dublin

LA MER DU NORD

LE PAYS DE GALLES

L'ANGLETERRE *f*

Londres

Amsterdam

Berlin

Varsovie

LA COMMUNAUTÉ DES ÉTATS INDÉPENDANTS

Jersey *f*

LES PAYS-BAS *m*

Bruxelles

LA BELGIQUE

Bonn

L'ALLEMAGNE *f*

LA POLOGNE

L'OCÉAN

ATLANTIQUE *m*

LE LUXEMBOURG

Luxembourg

Paris

LA FRANCE

Prague

LA TCHÉCOSLOVAQUIE

Vienne

Berne

Lausanne

SUISSE

L'AUTRICHE *f*

Budapest

LA HONGRIE

Genève

le Val d'Aoste

LA ROUMANIE

LA MER NOIRE

LE PORTUGAL

L'ANDORRE *f*

MONACO *m*

la Corse

Belgrade

Bucarest

L'ITALIE *f*

LA YOUGOSLAVIE

LA BULGARIE

Lisbonne

Madrid

L'ESPAGNE *f*

Ajaccio

Rome

LA MER TYRRHÉNIENNE

Sofia

Tirana

Istanbul

L'ALBANIE *f*

LA GRÈCE

LA TURQUIE

LA MER MÉDITERRANÉE

LA MER ÉGÉE

Athènes

L'AFRIQUE *f*

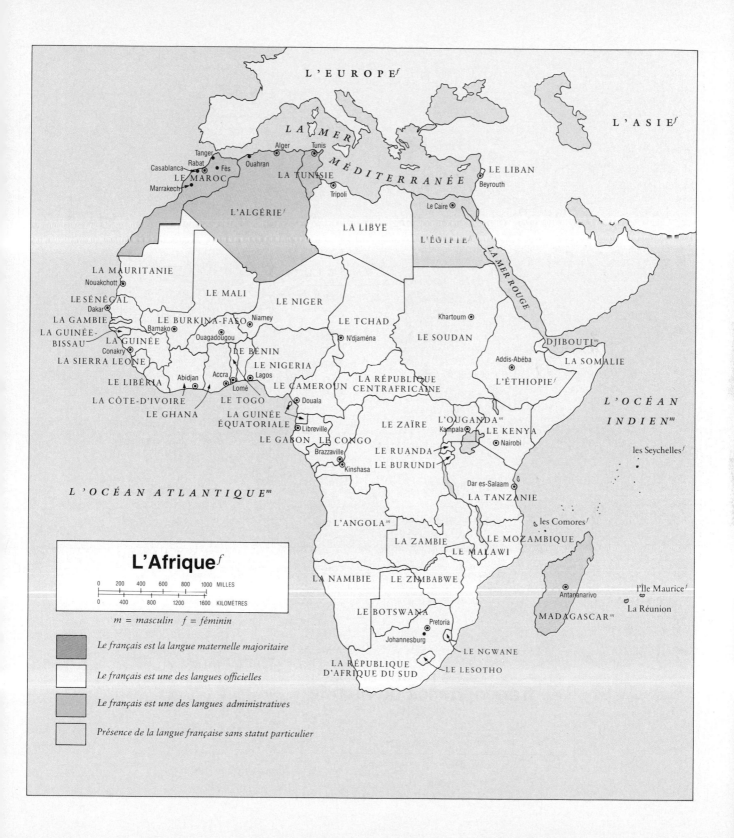

L'EUROPE*f*

L'ASIE*f*

LA MER
MÉDITERRANÉE

LE LIBAN
Beyrouth

Tanger
Rabat
Casablanca
Fès
Alger
Tunis
Ouahran
LE MAROC
Marrakech
LA TUNISIE
Tripoli
Le Caire
L'ALGÉRIE*f*
LA LIBYE
L'ÉGYPTE

LA MER ROUGE

LA MAURITANIE
Nouakchott
LE MALI
LE NIGER
Khartoum
DJIBOUTI*m*
LE SÉNÉGAL
Dakar
LE BURKINA-FASO
Niamey
LE TCHAD
LE SOUDAN
LA SOMALIE
LA GAMBIE
Bamako
Ouagadougou
N'djaména
Addis-Abéba
L'ÉTHIOPIE*f*
LA GUINÉE-BISSAU
LA GUINÉE
Conakry
LE BÉNIN
LE NIGERIA
Accra
Lagos
LA RÉPUBLIQUE
CENTRAFRICAINE
L'OCÉAN
INDIEN*m*
LA SIERRA LEONE
Abidjan
Lomé
LE CAMEROUN
LE LIBÉRIA
Douala
LA CÔTE-D'IVOIRE
LE TOGO
LA GUINÉE
ÉQUATORIALE
Libreville
LE ZAÏRE
L'OUGANDA*m*
Kampala
LE KENYA
les Seychelles*f*
LE GHANA
LE GABON
LE CONGO
Brazzaville
Kinshasa
LE RUANDA
LE BURUNDI
Nairobi
Dar es-Salaam
LA TANZANIE
L'OCÉAN ATLANTIQUE*m*
L'ANGOLA*m*
LA ZAMBIE
LE MOZAMBIQUE
LE MALAWI
les Comores*f*
LA NAMIBIE
LE ZIMBABWE
Antananarivo
l'Île Maurice*f*
La Réunion
LE BOTSWANA
Pretoria
MADAGASCAR*m*
Johannesburg
LE NGWANE
LA RÉPUBLIQUE
D'AFRIQUE DU SUD
LE LESOTHO

L'Afrique*f*

0   200 400 600 800 1000 MILLES

0   400   800   1200   1600 KILOMÈTRES

m = masculin   f = féminin

Le français est la langue maternelle majoritaire

Le français est une des langues officielles

Le français est une des langues administratives

Présence de la langue française sans statut particulier

LE GROENLAND

LE CANADA

L'AMÉRIQUE
DU NORD*f*

le Québec

St-Pierre-et-Miquelon *f*
l'Île du Prince-Édouard *f*
la Nouvelle-Écosse
le Nouveau-Brunswick
la Nouvelle-Angleterre

L'OCÉAN PACIFIQUE*m*

la Louisiane

HAÏTI*m*

LES ANTILLES FRANÇAISES*f*

la Guadeloupe
la Dominique
la Martinique

la Guyane

L'AMÉRIQUE
DU SUD*f*

les Îles Marquises *f*

les Îles Tuamotu *f*

Vanuatu*m*

Tahiti *f*

LA POLYNÉSIE FRANÇAISE

la Nouvelle-Calédonie

Les régions francophones du monde

0   1000   2000   3000   4000 MILLES

0   1000   2000   3000   4000   5000   6000 KILOMÈTRES

m = masculin   f = féminin

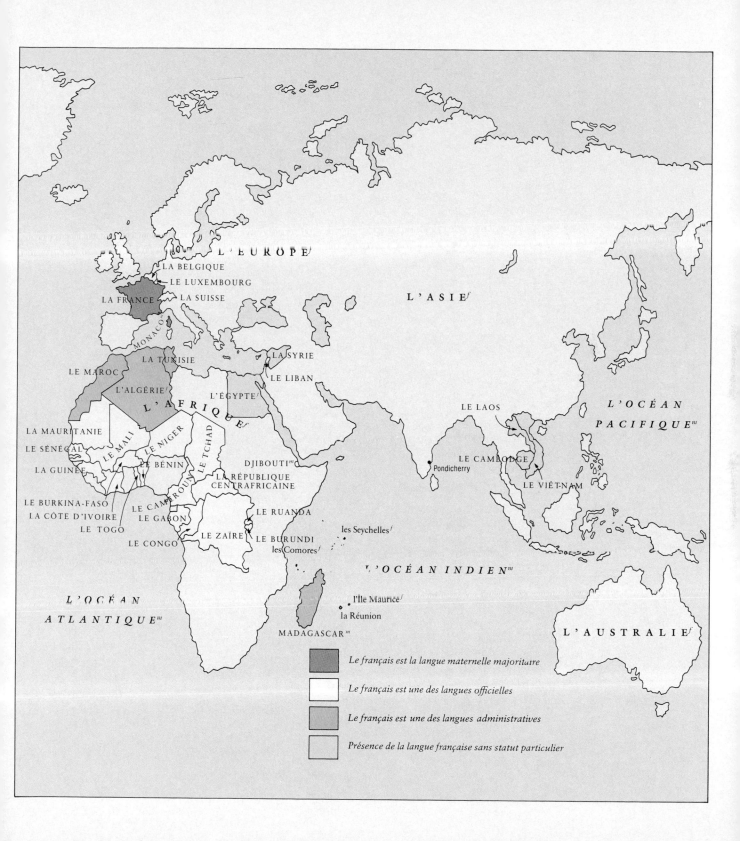

L'EUROPE

LA BELGIQUE
LE LUXEMBOURG
LA SUISSE

LA FRANCE

MONACO

L'ASIE[f]

LA TUNISIE
LE MAROC
L'ALGÉRIE[f]
L'AFRIQUE[f]
L'ÉGYPTE[f]
LA SYRIE
LE LIBAN

L'OCÉAN
PACIFIQUE[m]

LA MAURITANIE
LE SÉNÉGAL
LA GUINÉE
LE MALI
LE NIGER
LE TCHAD
LE BÉNIN

LE LAOS

LE CAMBODGE
Pondicherry

DJIBOUTI[m]
LA RÉPUBLIQUE
CENTRAFRICAINE

LE VIÊT-NAM

LE BURKINA-FASO
LA CÔTE D'IVOIRE
LE TOGO
LE CAMEROUN
LE GABON
LE CONGO
LE ZAÏRE
LE RUANDA
LE BURUNDI
les Comores[f]

les Seychelles[f]

L'OCÉAN INDIEN[m]

L'OCÉAN
ATLANTIQUE[m]

l'Île Maurice[f]
la Réunion

L'AUSTRALIE[f]

MADAGASCAR[m]

Le français est la langue maternelle majoritaire

Le français est une des langues officielles

Le français est une des langues administratives

Présence de la langue française sans statut particulier

Premières rencontres

In the **Première étape** you will learn to understand a good deal of spoken French and get to know who your classmates are. The listening skills you develop during these first days of class will enhance your ability to understand French whenever you hear it spoken and will also make learning to speak French easier.

Des étudiants se rencontrent à la Sorbonne à Paris.

THÈMES

La communication en classe

Qui est-ce? Les camarades de classe

Comment sont-ils? La description des personnes

Les vêtements et les couleurs

Rencontres

GRAMMAIRE

A.1 Commands: **vous** Forms

A.2 Identifying People: **Qui est-ce?, C'est... , Je m'appelle...**

A.3 Introduction to Grammatical Gender

A.4 Describing People: Subject Pronouns and **être; ne... pas**

A.5 Gender and Articles

A.6 Plural Nouns and Adjectives

A.7 Addressing Others: **tu** and **vous**

ACTIVITÉS

La communication en classe

Attention! Étudier Grammaire A.1

écrivez

écoutez

asseyez-vous

levez-vous

lisez

Daniel Jacqueline Madame Martin Louis Albert Barbara

▊ **Activité 1.** Les ordres

1. 2. 3. 4.

5. 6. 7.

a. Tournez la page! d. Regardez le tableau! g. Prenez un stylo!
b. Ouvrez le livre! e. Écrivez votre nom!
c. Fermez le livre! f. Levez la main!

2

Qui est-ce? Les camarades de classe

Attention! Étudier Grammaire A.2

—Qui est-ce?
—C'est Albert.

—Est-ce que c'est Daniel?
—Non, c'est Louis.

—Comment vous appelez-vous?
—Je m'appelle Jacqueline Roberts.

Activité 2. Les amis

—Comment s'appelle l'ami de _____ ?
—Il s'appelle _____ .

—Comment s'appelle l'amie de _____ ?
—Elle s'appelle _____ .

—Qui est-ce?
—C'est _____ .

—Qui est-ce?
—C'est _____ .

Comment sont-ils? La description des personnes

Attention! Étudier Grammaire A.3 et A.4

grand
blond
beau

vieux
une moustache
une barbe

petit
brun
jeune

brune
belle
petite

mince
brune
grande

vieille
forte

Charles Colin   Édouard Vincent   Emmanuel Colin   Marise Colin   Claudine Colin   Marie Lasalle

Activité 3. Descriptions

Dans la classe de français, qui est _____?

1. blond/blonde
2. mince
3. jeune
4. brun/brune

Dans la classe de français, qui n'est pas _____?

1. petit/petite
2. vieux/vieille
3. grand/grande
4. blond/blonde

Les vêtements et les couleurs

Attention! Étudier Grammaire A.5 et A.6

une chemise blanche
un chapeau noir
une cravate verte
une veste grise
un costume gris
des chaussures noires

Victor Colin

un blouson vert
un pantalon bleu
des tennis blancs

Joël Colin

un chemisier jaune
un manteau violet
un pull-over orange
une jupe marron
des bottes marron

Clarisse Colin

une robe rose
une rose rouge

Claudine Colin

▮ **Activité 4.** Les couleurs

De quelle couleur est... ?

1. une orange	a. vert/verte
2. un pingouin	b. jaune
3. un éléphant	c. noir/noire
4. un tigre	d. gris/grise
5. une rose	e. rose
6. une table	f. rouge
7. une plante	g. marron
8. une tragédie	h. bleu/bleue
9. un jean	i. orange
	j. blanc/blanche

Gingerbread Gallery

Galerie d'art haïtien

▮ **Activité 5.** Couleurs et vêtements

Dites **oui** ou **non**. Sur ce tableau il y a...

1. un homme qui porte un pantalon bleu.
2. une femme qui porte une jupe rouge.
3. un homme qui porte un chapeau blanc.
4. une femme qui porte une robe verte.
5. un homme qui porte une chemise orange.
6. un homme qui porte une veste grise.

■ **Activité 6.** Mes camarades de classe

Regardez vos camarades de classe. Donnez le nom de l'étudiant(e), d'un vêtement et de la couleur du vêtement.

	NOM	VÊTEMENT	COULEUR
1.	Caroline	chemisier	jaune
2.	_____	_____	_____
3.	_____	_____	_____
4.	_____	_____	_____
5.	_____	_____	_____

Rencontres

Attention! Étudier Grammaire A.7

—Comment allez-vous?
—Très bien, merci. Et vous?
—Assez bien, merci.

—Tu vas bien?
—Oui, et toi?
—Moi aussi.

—Bonjour. Comment vas-tu?
—Bien, merci.

—Bonjour, comment ça va?
—Ça va bien, merci. Et toi?
—Pas mal, merci.

—Bonjour. Je m'appelle Raoul Durand.
—Enchanté.

—Bonsoir. Tu vas bien?
—Comme ci, comme ça. Et toi?
—Je suis un peu fatiguée.

—Au revoir.

Le Paris d'aujourd'hui: un mélange de l'ancien et du moderne

▌ **Activité 7.** Conversations

1. Victor Colin parle au directeur du bureau.
   — Bonjour, monsieur. Comment allez-vous?
   — Très bien, merci. Et vous?
   — Bien, merci.

2. Après le match de rugby, Charles Colin parle avec sa cousine Camille.
   — Salut, Camille. Ça va?
   — Moi, ça va. Et toi?
   — Je suis fatigué!

3. Louis présente Barbara à Raoul Durand, un étudiant canadien.
   — Raoul, je te présente une camarade de classe, Barbara.
   — Enchanté, mademoiselle.
   — Enchantée.

4. Claudine Colin parle au téléphone avec son père, Francis Lasalle.
   — Bonsoir, papa. Tu vas bien?
   — Comme ci, comme ça. Un peu fatigué.
   — Et maman? Elle va bien?
   — Elle va très bien.

VOCABULAIRE

Dans la classe de français
In French class

un/une camarade de classe	a classmate
un crayon	a pencil
un étudiant/une étudiante	a student
une fenêtre	a window
un livre	a book
une porte	a door
un stylo	a pen, ballpoint
un tableau	a blackboard

Mots apparentés: une activité, une conversation, la grammaire, une page, un professeur, une table, le vocabulaire

Asseyez-vous.	Sit down.
Attention!	Pay attention!
Écoutez.	Listen.
Écrivez votre nom.	Write your name.
Étudiez la leçon.	Study the lesson.
Fermez le livre.	Close the book.
Levez la main.	Raise your hand.
Levez-vous.	Stand up. (Get up.)
Lisez.	Read.
Ouvrez le livre.	Open the book.
Prenez un stylo.	Get a pen.
Regardez le tableau.	Look at the board.
Tournez la page.	Turn the page.

Les personnes
People

un ami/une amie	a friend
un/une enfant	a child
une femme	a woman
un garçon	a boy
un homme	a man
une jeune fille	a girl
une petite fille	a little girl

La description des personnes
Describing people

Qui est... ?	Who is . . . ?
Qui n'est pas... ?	Who isn't . . . ?
beau/belle	handsome/beautiful
blond/blonde	blond
brun/brune	dark-haired
fort/forte	heavy, plump
grand/grande	tall
jeune	young
mince	thin
moyen/moyenne	average
petit/petite	small, little, short
vieux/vieille	old, elderly
Qui a... ?	Who has . . . ?
Qui n'a pas... ?	Who doesn't have . . . ?
une barbe	a beard
les cheveux courts/longs	short/long hair
une moustache	a moustache
les yeux bleus	blue eyes

Les couleurs
Colors

blanc/blanche	white
bleu/bleue	blue
gris/grise	gray
jaune	yellow
marron	brown
noir/noire	black
rose	pink
rouge	red
vert/verte	green

Mots apparentés: orange, violet/violette

Les vêtements
Clothing

Qui dans la classe porte... ?	Who in class is wearing . . . ?
Il/Elle porte...	He's/She's wearing . . .
Ils/Elles portent...	They're wearing . . .
un blouson	a jacket, windbreaker
des bottes (*f.*)	boots

un chapeau	a hat
des chaussures (*f.*)	shoes
une chemise	a man's shirt
un chemisier	a woman's shirt, blouse
un costume	a man's suit
une cravate	a necktie
une jupe	a skirt
un manteau	a coat
un pantalon	trousers, pair of pants
une robe	a dress
des tennis (*m.*)	tennis shoes
un vêtement	a piece of clothing
une veste	a sport coat, suit coat

Mots apparentés: **un jean, un pull-over**

Mots et expressions utiles
Useful words and expressions

l'ami/l'amie de Daniel	Daniel's friend
aussi	too, also
bien	well
mais	but
moi aussi	me too
ne... pas	not
non	no
oui	yes
s'il vous plaît (s'il te plaît)	please
tout le monde	everybody
tu	you (*fam.*)
vous	you (*form. or pl.*)

Les ordres   Commands

Chantez.	Sing.
Courez.	Run.
Dites *bonjour.*	Say *hello.* (Say *good morning.*)
Marchez.	Walk.
Sautez.	Jump.
Tournez à droite (à gauche).	Turn right (left).

Salutations et formules de politesse
Greetings and polite expressions

aujourd'hui	today
Au revoir.	Good-bye.
A bientôt.	See you soon.
A demain.	See you tomorrow.

Bonjour.	Hello; Good morning/afternoon/day
Bonsoir.	Good evening; Good-bye (*in the evening*)
Comment allez-vous?	How are you? (*form.*)
Très bien, merci. Et vous?	Fine, thanks, and you?
Assez bien, merci.	Not bad, thanks.
Je suis un peu fatigué/fatiguée.	I'm a little tired.
Comment vas-tu?	How are you? (*fam.*)
Bien, et toi?	Fine, and you? (*fam.*)
Je vous (te) présente...	I want you to meet . . .
Enchanté/Enchantée.	Delighted.
Madame.	Madam, Ma'am.
Mademoiselle.	Miss.
Monsieur.	Sir.
Salut!	Hi!; Good-bye (*fam.*)
Ça va?	How's it going?
Moi, ça va. Et toi?	Fine. How about you?
Comme ci, comme ça.	So-so.

Questions   Questions

Comment est-il/elle?	What's he/she/it like?
Comment s'appelle... ?	What's . . . 's name?
Il/Elle s'appelle...	His/Her name is . . .
Comment sont-ils?	What are they like?
Comment va... ?	How is . . . ?
Il/Elle va bien/mal.	He's/She's fine/not well.
Comment vous appelez-vous?	What's your name? (*form. or pl.*)
Je m'appelle...	My name is . . .
De quelle couleur est... ?	What color is . . . ?
Est-ce que c'est un/une... ?	Is this a . . . ?
Oui, c'est un/une...	Yes, it's a . . .
Non, ce n'est pas un/une...	No, it's not a . . .
n'est-ce pas?	isn't it? right?
Où est... ?	Where's . . . ?
Qui est-ce?	Who's that? (Who is it?)
C'est...	It's . . .
Y a-t-il?/Il y a...	Is/Are there?/There is/are . . .

GRAMMAIRE ET EXERCICES

Introduction

The **Grammaire et exercices** sections of this book are intended to explain points of grammar and structure that occur in the oral activities of the preceding **Activités et lectures**. The **Attention!** notes that begin each new topic in the **Activités et lectures** section tell you which grammar point(s) you should study at that time. Study the grammar point(s) carefully, reading the examples out loud. Then do the exercises, first orally and then in writing, and check your answers in the back of the book. Your instructor may not choose to discuss the grammar in class, both because it is explained in nontechnical language and because the answers to the exercises are provided in Answers to Grammar Exercises in the Appendix.

Keep in mind that successful completion of a grammar exercise only means that you have understood the explanation of a particular grammar point, not that you are immediately expected to use that grammar without error. As you listen to your instructor, your fellow students, and the tape program, and as you speak with others, you will gradually begin to assimilate that grammar point into your own speech and writing. If you have trouble with an exercise or with the understanding of a particular point, ask your instructor for assistance. In difficult cases, your instructor may want to go over the material in class to be sure that everyone understands. However, class time is best used for real experience in communicating with others in French, whereas grammar study can be done at home.

A.1 Commands: vous Forms

In French, as well as in English, commands are verb forms that are used without a subject pronoun to tell or ask someone to do something.

Raise your hand.   Open your book, please.

The commands that are used in the **Première étape** are all verb forms that end in **-ez.** This ending is associated with the pronoun **vous** and can refer to a

single person or to a group of people. You will learn more about subject pronouns and verb endings in later grammar sections.

Louis, **ouvrez** la fenêtre, s'il vous plaît.	*Louis, open the window, please.*
Barbara et Denise, **regardez** le tableau.	*Barbara and Denise, look at the board.*

You may notice that some commands have the word **vous** attached to the verb
whereas others do not.

Asseyez-vous, s'il vous plaît!	*Sit down, please.*

Verbs of this sort are called pronominal verbs and will be explained further in
Chapitre 2. At this point, it is only important for you to understand the
meaning of commands rather than their grammatical construction.

Pronunciation Hint
Keep in mind that most final consonants are not pronounced in French. In the preceding examples, the final consonants of the following words are not pronounced:*
ouvrez, français, asseyez, vous, et, écoutez. For more details, see the **Cahier.**

 Exercice 1. Écoutez!

Are these commands given in a logical order? Answer **oui** or **non.**

1. Ouvrez le livre! → Lisez!
2. Asseyez-vous! → Courez!
3. Écrivez! → Prenez un stylo!
4. Tournez! → Regardez!
5. Levez-vous! → Marchez!

A.2 *Identifying People:* Qui est-ce?, C'est... , Je m'appelle...

To ask who someone is, use the interrogative expression **Qui est-ce?** The
usual reply is **C'est** and the name of a person, or simply the name of a person.

Qui est-ce? — C'est Denise.	*Who's that? — It's Denise.*

If you are not sure of someone's identity, you may use the expression **Est-ce
que c'est... ?** with the name of a person. The reply is **oui** or **non.**

---

*In this text a / through a letter indicates that it is not usually pronounced.

Est-ce que c'est Jacqueline?
— Non, c'est Barbara.

Is that Jacqueline? — No, it's
Barbara.

When you ask someone's name or give your own, use the following question
and answer pattern:

Comment vous appelez-vous?
— Je m'appelle Louis.

What's your name? — My name is
Louis.

Comment s'appelle-t-il? — Il
s'appelle Daniel.

What's his name? — His name is
Daniel.

Comment s'appelle-t-elle?
— Elle s'appelle Denise.

What's her name? — Her name is
Denise.

Pronunciation Hint
Qui est-ce? C'est...
Comment vous appelez-vous? Je m'appelle... *

Exercice 2. Identités

Match the answers with the questions.

QUESTIONS	ANSWERS
1. Qui est-ce?	a. Non, c'est Jacqueline.
2. Est-ce que c'est Denise?	b. Je m'appelle Daniel.
3. Comment vous appelez-vous?	c. C'est Louis.
4. Comment s'appelle le professeur?	d. Elle s'appelle Mme Martin.

A.3 Introduction to Grammatical Gender

All French nouns (words that represent people or things) are classified as either
masculine or feminine. However, the terms "masculine" and "feminine" are
grammatical classifications only. French speakers do not perceive things such as
shirts or windows as being inherently "male" or "female." On the other hand,
nouns that refer to males are usually of the masculine gender, and nouns that
refer to females are usually feminine. For example, **ami** refers to a male friend,
whereas **amie** is used for a female friend.

Raoul est l'**ami** de Daniel, et
Barbara est son **amie** aussi.

Raoul is Daniel's friend, and
Barbara is also his friend.

---

*In this text the symbol (‿) indicates liaison (pronunciation and linking of a final consonant to a
following vowel). See the **Cahier** for details.

French adjectives (words that describe nouns) change their endings to agree with the gender of the noun they modify. In many cases this means adding **-e** to agree with a feminine noun; in other cases, the adjective has two different forms. This topic will be discussed further in **Grammaire** A.5 and B.6.

Joël est **petit** et Marise est **petite** aussi.

Francis Lasalle est **vieux,** et Marie Lasalle est **vieille** aussi.

Joël is short and Marise is also short.

Francis Lasalle is old, and Marie Lasalle is also old.

■ **Exercice 3.** Descriptions

Complete these sentences with the correct adjective.

1. Louis est _____ et Jacqueline est _____ aussi. (petit/petite)
2. Barbara est _____ et Albert est _____ aussi. (grand/grande)
3. Mme Martin n'est pas _____. Elle est jeune. (vieux/vieille)
4. Mon acteur favori est très _____. (beau/belle)
5. Albert est _____. (noir/noire)
6. Daniel n'est pas grand. Il est _____. (moyen/moyenne)

A.4 Describing People: Subject Pronouns and être; ne... pas

A. When you describe yourself and others, use the verb **être.**

—Comment est Marie? Elle est grande?
Non, elle est petite.
—Et vous?
—Moi, je suis grand et brun.

—*What's Marie like? Is she tall?*
—*No, she's short.*
—*How about yourself?*
—*I'm tall and brown-haired.*

Here are the forms of the verb **être** (*to be*) along with the subject pronouns to which they correspond.

être (*to be*)	
je suis	*I am*
tu es	*you are* (familiar, singular only)
il/elle est	*he/she/it is*
nous sommes	*we are*
vous êtes	*you are* (formal or plural)
ils/elles sont	*they are*

Note that **il** (*he/it*) and **elle** (*she/it*) are grouped together because they both use the form **est.** Similarly, **ils** (*they*, masculine) and **elles** (*they*, feminine) are grouped together because they both use the form **sont.**

Pronunciation Hint

Final consonants are not pronounced: **je suis, tu es, il est, nous sommes, vous êtes,* ils sont.** The letter *e* with no accent, at the end of a word, is also silent: **nous sommes, vous êtes.**

B. As you studied the verb **être** and the subject pronouns, you may have noticed that there are two French words for expressing the English word *it* and two French words for *they*. This is because French classifies nouns as either masculine or feminine, as you have already seen.

— Comment est la classe de français?
— **Elle** est grande.
— Et le jean de Daniel?
— **Il** est bleu.
— Comment sont les chaussures de Jacqueline?
— **Elles** sont blanches.

— *What's the French class like?*
— *It's big.*
— *And Daniel's jeans?*
— *They're (It's) blue.*
— *What are Jacqueline's shoes like?*
— *They're white.*

If you are referring to a mixed group, such as one that includes both men and women, use the pronoun **ils.**

Comment sont Barbara et Albert? — **Ils** sont grands.

C. French also has two words to express the English word *you*. **Tu** always refers to only one person, but **vous** can be both singular and plural. The choice of **tu** or **vous** for the singular is a delicate matter, because it depends upon your relationship with the person to whom you are speaking. For the moment, simply notice the difference in verb forms and remember that **vous** can be both singular and plural. You will learn more about **tu** and **vous** in **Grammaire** A.7.

D. Use **ne... pas** to make a sentence negative. Note that **ne** precedes the verb and **pas** follows it. **Ne** becomes **n'** before a word that begins with a vowel.

Est-ce que tu es étudiant?
— Non, je **ne** suis **pas** étudiant.
Est-ce que votre ami est français. — Non, il **n'**est **pas** français.

Are you a student? — No, I'm not (a student).

Is your friend French? — No, he's not French.

Pronunciation Hint
Il n'est pas français, je ne suis pas étudiant.

---

*In **vous êtes,** the **-s** of **vous** *is* pronounced because of the following vowel, and is pronounced *z*. This "linking" or liaison will be indicated in Pronunciation Hints: **vous êtes.**

▌ **Exercice 4.** La classe de français

Daniel is telling you about his French teacher and classmates. Complete his sentences with the correct subject pronoun: **je, tu, il, elle, nous, vous, ils,** or **elles.**

1. _Je_ m'appelle Daniel et _Je_ suis américain.
2. Et Louis? _Il_ est américain aussi.
3. Le professeur s'appelle Mme Martin. _Elle_ est canadienne. Beaucoup de* Canadiens parlent anglais et français. _Ils_ sont bilingues.
4. Denise et moi, _Nous_ sommes aussi dans le même† cours de maths.
5. Barbara et Jacqueline? _Elles_ sont absentes aujourd'hui.
6. Et toi? _tu_ es aussi étudiant(e)?

▌ **Exercice 5.** La famille Colin

Marise Colin is describing her family in a letter to Barbara, her new American correspondent. Choose the correct form of the verb **être: suis, es, est, sommes, êtes,** or **sont.**

1. Moi, je _suis_ petite et blonde.
2. Clarisse _est_ petite et blonde aussi.
3. Clarisse et moi, nous _sommes_ étudiantes à l'université.
4. Joël _est_ petit et très mince.
5. Charles et Emmanuel _sont_ grands.
6. Mes parents s'appellent Claudine et Victor. Ils _sont_ très sympathiques.
7. Et toi? Est-ce que tu _es_ grande ou petite? brune ou blonde?

▌ **Exercice 6.** Discussions dans la classe de français

Complete the following statements made by students in Mme Martin's French class while they were practicing descriptions. Use **ne... pas** and the verb **être.**

MODÈLE: Les roses sont rouges. Elles _____ orange! →
Les roses sont rouges. Elles *ne sont pas* orange!

1. Les pingouins sont noirs et blancs. Ils _____ verts.
2. Non, Marie Lasalle _____ mince. Elle est forte.
3. Non, Jacqueline! Tu _____ grande. Tu es petite.
4. Ah non, Madame Martin! Vous _____ vieille! Vous êtes jeune!
5. Les chaussures de Daniel sont bleues. Elles _____ noires.
6. Mme Martin: Non, je _____ américaine. Je suis canadienne.

---

*Beaucoup de = many
†même = same

7. Non, nous _____ une classe d'italien! Nous sommes une classe de français.

8. Albert est très grand! Il _____ de taille moyenne.

A.5 Gender and Articles

French has definite articles corresponding to the English *the* and indefinite articles corresponding to *a, an*. Articles in French change form according to the gender of the nouns they accompany.

	DEFINITE (*the*)	INDEFINITE (*a, an*)
Masculine	**le** pantalon	**un** pantalon
Feminine	**la** jupe	**une** jupe

The definite articles **le** and **la** become **l'** before a word that starts with a vowel or a mute **h.***

l'étudiant(e)	*the student*
l'homme	*the man*
l'autre chapeau	*the other hat*

Exercice 7. Les photos de Mme Martin

Aujourd'hui la classe de Madame Martin regarde des photos.

Complétez par **un, le** ou **l'**.

1. Qu'est-ce que c'est? Est-ce que c'est _____ lion ou _____ tigre? C'est _____ tigre.

2. Est-ce _____ jean ou _____ pantalon? Ce n'est pas _____ jean. C'est _____ pantalon gris. Et de quelle couleur est _____ pantalon de Barbara?

3. Est-ce _____ homme? Est-ce qu'il porte _____ chapeau noir? Et comment est _____ chapeau de Louis?

---

*This includes most (but not all) words that begin with the letter **h.** You will learn more about this in the **Cahier.**

Complétez par **une, la** ou **l'**.

4. Est-ce _____ moustache ou _____ barbe? Bravo, c'est _____ barbe!
5. Ah non! Ce n'est pas _____ cravate! C'est _____ chemise.
6. C'est _____ cathédrale. C'est _____ cathédrale Notre-Dame de Paris. Elle est très belle et très vieille, n'est-ce pas?

A.6 *Plural Nouns and Articles*

French and English nouns may be singular **(chemise)** or plural **(chemises)**. Most plural nouns in French end in **-s**.* Articles that accompany French plural nouns must also be plural. Here are the plural articles.

SINGULAR	PLURAL
un blouson vert *a green windbreaker*	**des** blousons verts *green windbreakers*
une robe rouge *a red dress*	**des** robes rouges *red dresses*
la jupe blanche *the white skirt*	**les** jupes blanches *the white skirts*
le chapeau noir *the black hat*	**les** chapeaux noirs *the black hats*
l'autre chemise *the other shirt*	**les** autres chemises *the other shirts*

Notice in the above examples that adjectives are also plural when the nouns they modify are plural.

Pronunciation Hint

Note that final **-s** on plural nouns is not pronounced. The **-s** of **des** and **les** is pronounced only if followed by a vowel: **des robes, les bottes,** but **des͜ étudiants, les͜ amis.**

Exercice 8. Comment est votre université?

Fill in the blanks with the appropriate definite article **(le, la, l', les)** and complete each sentence in a way that describes your university and your French class.

---

*Some nouns have plural endings in **-x** or **-z**. Plural endings will be discussed further in Section B.7.

MODÈLE: _____ campus est grand/petit. →
            Le campus est grand.
            ou
            Le campus est petit.

1. _____ université est grande/petite.
2. _____ professeurs sont compétents/incompétents.
3. _____ étudiants sont jeunes/vieux/de tous les âges.
4. _____ classe de français est grande/petite/de taille moyenne.
5. _____ professeur de français s'appelle _____ .

Exercice 9. Test de mémoire

Louis has been blindfolded and must try to remember what his classmates are wearing. Fill in the blanks with the appropriate indefinite article (**un, une, des**).

1. Est-ce que Barbara porte _____ jupe noire?
   — Non, elle porte _____ robe jaune.
2. Est-ce qu'Albert porte _____ chemise blanche et _____ pantalon noir?
   — Non, il porte _____ pull-over bleu et _____ pantalon gris.
3. Est-ce que Denise porte _____ bottes marron?
   — Oui, elle porte _____ bottes marron.
4. Est-ce que Daniel porte _____ blouson vert et _____ chaussures noires?
   — Non, il porte _____ blouson violet et _____ chaussures blanches.
5. Est-ce que Mme Martin porte _____ robe rose et _____ manteau violet?
   — Oui, elle porte _____ robe rose et _____ manteau violet.

A.7 Addressing Others: tu and vous

A. In English one pronoun is used to address another person directly: *you*. In older forms of English, speakers used an informal pronoun among friends: *thou*. But today English speakers use *you* both formally (to strangers) and informally (to friends). In French there are two pronouns that correspond to English *you*: **tu** and **vous**. In general, **tu** is used among peers, that is, with friends and other students and, in most cases, with family members. **Vous** is used with those older than you and with persons you don't know well or with whom you wish to keep a certain distance. In general, *vous* is used in public with clerks, taxi drivers, waiters, and so on.

Albert, **tu** vas bien? — Oui, très bien, merci.	*Albert, are you doing well? — Yes, great, thanks.*
Bonjour, madame. Comment allez-**vous?** — Très bien.	*Good morning (ma'am). How are you? — Fine.*

Note that in French, the usual and polite practice is to follow **Bonjour** with one of the terms of address **madame, monsieur,** or **mademoiselle.**

B. Although **tu** is used to address one person in an informal context, **vous** is always used for speaking to more than one person. For example, a mother addressing two of her children together will use **vous.**

Joël et Emmanuel, êtes-**vous** fatigués?	*Joël and Emmanuel, are you tired?*
Marise, **tu** es très fatiguée, n'est-ce pas?	*Marise, you're very tired, aren't you?*

C. The use of **tu** and **vous** varies somewhat from country to country and even within a country. It is best to use **vous** with persons you do not know personally or who are older than you. With other students or friends your own age, it is customary to use **tu.**

▌ Exercice 10. **Tu** ou **vous?**

Choisissez la forme correcte, avec **tu** ou **vous.** Un étudiant français parle...

1. à un ami
   a. Tu es fatigué aujourd'hui?
   b. Vous êtes fatigué aujourd'hui?
2. à un autre étudiant
   a. Est-ce que tu portes un manteau aujourd'hui?
   b. Est-ce que vous portez un manteau aujourd'hui?
3. au professeur
   a. Comment vas-tu aujourd'hui?
   b. Comment allez-vous aujourd'hui?
4. à un petit garçon (9 ans)
   a. Tu portes un beau chapeau de cow-boy.
   b. Vous portez un beau chapeau de cow-boy.
5. à une dame (50 ans)
   a. Comment t'appelles-tu?
   b. Comment vous appelez-vous?

Le monde étudiant

Le Jardin du Luxembourg est situé près de la Sorbonne. C'est un endroit idéal pour étudier.

In the **Deuxième étape** you will continue to develop your listening and speaking skills in French. You will learn vocabulary to describe your immediate environment, including the names of classes and classroom objects, the days of the week, and telling time. You will also get to know your classmates better as you work with them in small groups.

THÈMES

Qu'est-ce qu'il y a dans la salle de classe?

Les nombres de 0 à 60 et l'heure

Les cours et la semaine scolaire

La description des autres

GRAMMAIRE

B.1 Expressing Existence: **il y a**

B.2 Asking Questions

B.3 Telling Time

B.4 Expressing Possession: The Verb **avoir**

B.5 Recognizing the Gender of Nouns

B.6 Describing with Adjectives: More on Gender Agreement

B.7 Irregular Plural Forms of Nouns and Adjectives

ACTIVITÉS

Qu'est-ce qu'il y a dans la salle de classe?

Attention! Étudier Grammaire B.1 et B.2

un crayon   une craie   un cahier

un stylo   une brosse   un livre

la lampe

le professeur   l'horloge (f.)   la porte

une fenêtre   un tableau noir   un étudiant   une étudiante

une chaise   le bureau

une table   un pupitre

Activité 1. Les objets

Qu'est-ce qu'il y a sur la table?
Il y a un/une...
Il n'y a pas de...

1. un cahier.
2. une lampe.
3. un livre.
4. une plante.
5. un chapeau.
6. une montre.
7. un morceau de craie.
8. une cravate.
9. un stylo.
10. un crayon.

■ **Activité 2.** Qu'est-ce qu'il y a dans la classe?

Dites **oui** ou **non.** Dans la classe de français, il y a...

1. une petite fenêtre.
2. une grande table.
3. une horloge électronique.
4. un tableau bleu.
5. une chaise confortable.
6. un professeur suisse.
7. une porte ouverte.
8. un bureau rouge.

■ **Activité 3.** Qu'est-ce que c'est?

MODÈLE: Est-ce que c'est une lampe?
— Oui, c'est une lampe.

une lampe

MODÈLE: Est-ce que c'est une fenêtre? — Non, c'est une porte.

une porte

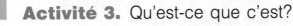

1.

Est-ce que c'est un crayon?

2.

Est-ce que c'est une chaise?

3.

Est-ce que c'est une brosse?

4.

Est-ce que c'est un cahier?

5.

Est-ce que c'est une montre?

6.

Est-ce que c'est un tableau noir?

Les nombres de 0 à 60 et l'heure

Attention! Étudier Grammaire B.3

0 zéro	10 dix	20 vingt	40 quarante
1 un	11 onze	21 vingt et un	41 quarante et un
2 deux	12 douze	22 vingt-deux	42 quarante-deux
3 trois	13 treize	23 vingt-trois	43 quarante-trois
4 quatre	14 quatorze	24 vingt-quatre...	44 quarante-quatre...
5 cinq	15 quinze	30 trente	50 cinquante
6 six	16 seize	31 trente et un	51 cinquante et un
7 sept	17 dix-sept	32 trente-deux	52 cinquante-deux
8 huit	18 dix-huit	33 trente-trois	53 cinquante-trois
9 neuf	19 dix-neuf	34 trente-quatre...	54 cinquante-quatre...
			60 soixante

Quelle heure est-il?

Il est une heure.   Il est trois heures.   Il est cinq heures dix.

Il est une heure   Il est neuf heures   Il est onze heures   Il est huit heures
et quart.   et demie.   moins vingt.   moins le quart.

Il est midi.   Il est minuit.   Il est midi et demi.

▌ **Activité 4.** Quelle heure est-il?

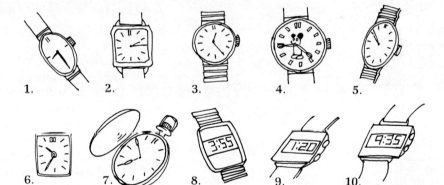

1.   2.   3.   4.   5.

6.   7.   8.   9.   10.

ÉTUDIANT 1: Quelle heure est-il?
ÉTUDIANT 2: Il est _____.

▌ **Activité 5.** Dialogues

1. Quelle heure est-il?
   MME MARTIN: Quelle heure est-il, s'il vous plaît?
   ALBERT: Il est huit heures moins le quart.
   MME MARTIN: Merci bien.

2. Dans la caféteria de l'université

> BARBARA: Alors, ton entrevue, elle est pour demain?
> JACQUELINE: Oui, à cinq heures de l'après-midi.
> BARBARA: Tu es nerveuse?
> JACQUELINE: Oui, un peu.

3. A la fin du trimestre

> LOUIS: A quelle heure est l'examen de sociologie?
> DENISE: A dix heures du matin.
> LOUIS: Où?
> DENISE: Dans la salle 47.

▌ Activité 6. Il y en a combien?

Comptez les objets dans votre salle de classe.

> MODÈLE: fenêtres → Il y a cinq fenêtres.

1. cahiers	6. pupitres
2. portes	7. fenêtres ouvertes
3. étudiants	8. stylos bleus
4. étudiantes	9. crayons jaunes
5. professeurs	10. livres de français

▌ Activité 7. Ça coûte combien?

Dites le prix du dictionnaire indiqué.

1. Le dictionnaire Gem Français-Italien et Italien-Français
2. Le dictionnaire Super-Gem Anglais-Français et Français-Anglais
3. Le dictionnaire Gem Français-Espagnol et Espagnol-Français
4. Le dictionnaire Super-Gem Français-Allemand et Allemand-Français
5. Le dictionnaire Gem Anglais-Français et Français-Anglais

a. vingt-quatre francs
b. quarante-trois francs cinquante
c. trente-neuf francs

LES PETITS DICTIONNAIRES QUI N'ONT PAS PEUR DES GROS!

DICTIONNAIRES GEM
Anglais-Espagnol-Allemand-Italien

Le vocabulaire de base et sa prononciation figurée.
Format de poche

Français-Anglais et Anglais-Français	24,00
Français-Allemand et Allemand-Français	24,00
Français-Espagnol et Espagnol-Français	24,00
Français-Italien et Italien-Français	24,00

DICTIONNAIRES SUPER-GEM
Anglais-Espagnol-Allemand

Les néologismes, des compléments pratiques.
Des dictionnaires de base actualisés!

Anglais-Français et Français-Anglais	39,00
Espagnol-Français et Français-Espagnol	43,50
Allemand-Français et Français-Allemand	43,50

Les cours et la semaine scolaire

Attention! Étudier Grammaire B.4 et B.5

Quels cours avez-vous
ce trimestre?

❧ 🍂 S E P T E M B R E 🍂 ❧						
lundi	mardi	mercredi	jeudi	vendredi	samedi	dimanche
		1	2	3	4	5
6	7	8	9	10	11	12
13	14	15	16	17	18	19
20	21	22	23	24	25	26
27	28	29	30			

le dessin · la littérature · la gymnastique · la chimie · la géographie · l'économie · le commerce · la physique · la biologie · la sociologie · l'histoire · les mathématiques · le théâtre · l'informatique · la musique · la psychologie · le génie civil

▌ **Activité 8.** Points de vue

Quelle est votre opinion sur les cours suivants?
Est-ce que...

1. le français est difficile ou facile?
2. la chimie est pratique ou abstraite?
3. l'histoire est utile ou inutile?
4. la sociologie est importante ou superflue?
5. les maths sont compliquées ou faciles?
6. la littérature est passionnante ou ennuyeuse?
7. le marketing est intéressant ou ennuyeux?

▌ **Activité 9.** L'emploi du temps de Marise Colin

	Lundi	Mardi	Mercredi	Jeudi	Vendredi
8h30-9h30			Le roman réaliste		Le roman réaliste
10h-11h		Littérature française du 20e siècle		Littérature française	
11h-12h					
12h-14h					
14h-15h	Poésie romantique	Théâtre contemporain T.P. de littérature française	Poésie romantique	Théâtre contemporain T.P. de littérature française	
15h-16h					
16h-17h					

TP= travaux pratiques

Dites si c'est vrai ou faux.

1. Marise a neuf cours.
2. Elle a cours tous les jours sauf le dimanche.
3. Elle a deux cours l'après-midi.
4. Son premier cours est à huit heures et demie du matin.
5. Son dernier cours le mardi est à cinq heures de l'après-midi.
6. Son cours de poésie romantique commence à neuf heures du matin.

▌ **Activité 10.** Dialogue: Mon emploi du temps

ÉTUDIANT(E) 1: Tu as combien de cours ce trimestre?
ÉTUDIANT(E) 2: J'ai _____ cours.
ÉTUDIANT(E) 1: Quels cours as-tu?
ÉTUDIANT(E) 2: J'ai un cours de _____, un cours de _____. Et toi?
ÉTUDIANT(E) 1: Moi, j'ai...
ÉTUDIANT(E) 2: Est-ce que tu as cours tous les jours?
ÉTUDIANT(E) 1: Oui, j'ai cours tous les jours.
(Non, je n'ai pas cours le _____.)

La description des autres

Attention! Étudier Grammaire B.6 et B.7

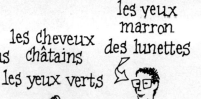

brun
de taille moyenne
les cheveux courts
les yeux
marron
des lunettes

blonde
belle
les yeux bleus

les cheveux
châtains
les yeux verts

grand
mince
une barbe

petit
beau
une moustache
les cheveux
noirs et frisés

Denise   Jacqueline   Daniel   Albert   Louis

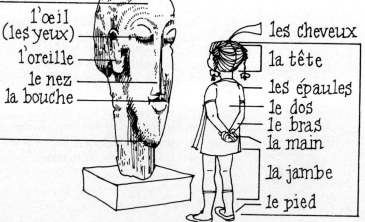

le visage

l'œil
(les yeux)
l'oreille
le nez
la bouche

les cheveux
la tête
les épaules
le dos
le bras
la main
la jambe
le pied

le corps

▌ **Activité 11.** Qui est-ce?

Regardez les personnages suivants. Écoutez leur description et donnez leur nom. Ce sont des dessins d'Uderzo.

Obélix est
l'inséparable
ami d'Astérix.

Idéfix est
l'inséparable
ami d'Obélix.

Astérix, le héros de ces aventures.

Assurancetourix, c'est le barde.

Panoramix le druide prépare la potion
magique.

▌ **Activité 12.** Les camarades de classe

Décrivez vos camarades de classe. Comment sont-ils?

1. Qui a les cheveux blonds? (roux? noirs? bruns?)
2. Qui a les cheveux longs? (courts? mi-longs?)
3. Qui a une barbe? une moustache?
4. Qui a les yeux bleus? (marron? verts? gris? noirs?)
5. Qui porte des lunettes? des verres de contact?
6. Qui est enthousiaste? sociable? studieux/studieuse?

▌ **Activité 13.** Stéréotypes

Comment sont les étudiants suivants?

MODÈLE: Les étudiants en beaux-arts sont dynamiques.

1. les étudiants en maths
2. les étudiants en philosophie
3. les étudiants en art dramatique
4. les étudiants en physique
5. les étudiants en français
6. les étudiants en journalisme
7. les étudiants en informatique
8. les étudiants en musique

a. dynamique
b. enthousiaste
c. timide
d. idéaliste
e. nerveux/nerveuse
f. sociable
g. sympathique
h. sérieux/sérieuse
i. intelligent/intelligente
j. raisonnable
k. optimiste
l. pessimiste

Activité 14. Dialogues

1. Un professeur
   ÉTUDIANT(E) 1: Tu as un cours de (maths)?
   ÉTUDIANT(E) 2: Oui, j'ai un cours de (maths). (Non, je n'ai pas de cours de [maths].)
   ÉTUDIANT(E) 1: Comment s'appelle le professeur de (maths)?
   ÉTUDIANT(E) 2: Il/elle s'appelle _____.
   ÉTUDIANT(E) 1: Comment est-il/elle?
   ÉTUDIANT(E) 2: Il/Elle a les cheveux _____ et il/elle est _____.

2. Une actrice ou un acteur
   ÉTUDIANT(E) 2: Comment s'appelle ton actrice préférée (acteur préféré)?
   ÉTUDIANT(E) 1: Elle/Il s'appelle _____.
   ÉTUDIANT(E) 2: Comment est-elle/il?
   ÉTUDIANT(E) 1: Elle/Il a les cheveux _____ et les yeux _____.
   ÉTUDIANT(E) 2: Est-ce qu'elle est belle? (Est-ce qu'il est beau?)
   ÉTUDIANT(E) 1: _____.

La Grosse Horloge à Rouen
date de la Renaissance.

VOCABULAIRE

La salle de classe — The classroom

Qu'est-ce qu'il y a dans... ?	What's in the . . . ?
Il y a un/une...	There's a/an . . .
Il n'y a pas de...	There isn't a/an/any . . .
Qu'est-ce que c'est?	What's that/this?
C'est un/une...	It's a/an . . .
Ce n'est pas un/une...	It's not a/an . . .
Est-ce que c'est un/une... ?	Is this a/an . . . ?

une brosse	a blackboard eraser
un bureau	a (teacher's) desk
un cahier	a notebook
une chaise	a chair
un morceau de craie	a piece of chalk
une dictée	a dictation
un dictionnaire	a dictionary
un étudiant/une étudiante	a student
une horloge	a clock
une lampe	a light fixture, lamp
une salle de classe	a classroom

Les cours — Courses/Classes

Est-ce que tu as un cours de... ?	Do you have a . . . class/course?
Oui, j'ai un cours de...	Yes, I have a class/course . . .
Non, je n'ai pas de cours de...	No, I don't have a class/course . . .
Comment est ton cours de... ?	What's your . . . course like?
Il est/Il n'est pas...	It's/It's not . . .
ennuyeux/ennuyeuse	boring
facile	easy
passionnant(e)	exciting

Mots apparentés: **abstrait/abstraite, compliqué/compliquée, difficile, important/importante, intéressant/intéressante, pratique, superflu/superflue, utile/inutile**

les arts (*m.*) **dramatiques**	theater, drama
le français	French
la chimie	chemistry
l'informatique (*f.*)	computer science
la publicité	advertising

Mots apparentés: **la biologie, l'histoire** (*f.*)**, le journalisme, les mathématiques** (*f.*)**, la sociologie**

Les jours de la semaine — The days of the week

lundi, mardi, mercredi, jeudi, vendredi, samedi, dimanche	Monday, Tuesday, Wednesday, Thursday, Friday, Saturday, Sunday

L'université — The university

la caféteria	cafeteria
un examen	a test, exam
le trimestre	semester, quarter

L'heure — Telling time

A quelle heure... ?	At what time . . . ?
Quelle heure est-il?	What time is it?
Il est... heure(s).	It's . . . o'clock.
...et demi(e)	. . . thirty. (half past)
...et quart	. . . fifteen. (a quarter past)
...moins le quart	. . . a quarter to, fifteen to/before, until
...du matin	A.M., in the morning
...de l'après-midi	P.M., in the afternoon
...du soir	P.M., in the evening
Il est midi/minuit.	It's noon/midnight.
A quelle heure commence... ?	What time does . . . begin?
Il/Elle commence à...	It begins at . . .

Les parties du corps — Parts of the body

la bouche	mouth
le bras	arm
les cheveux (*m.*)	hair
le corps	body
le dos	back
les épaules (*f.*)	shoulders
la jambe	leg
la main	hand
le nez	nose
l'oeil (*m.; pl.* les yeux)	eye
l'oreille (*f.*)	ear
le pied	foot
la tête	head
le visage	face

La description des personnes
Describing people

Il/Elle porte...	He/She wears, is wearing . . .
des lunettes	glasses
des verres de contact	contact lenses
Il/Elle a les cheveux...	He/She has . . . hair.
bruns	brown
blonds	blond
bouclés	curly
raides	straight
mi-longs	medium-length
roux	red
une barbe	a beard
une moustache	a moustache
Il/Elle est...	He/She is . . .
nerveux/nerveuse	nervous
raisonnable	sensible
sympathique	nice

Mots apparentés: amusant/amusante, dynamique, enthousiaste, idéaliste, intelligent/intelligente, optimiste, pessimiste, sérieux/sérieuse, sociable, studieux/studieuse, timide

La description — Describing

dernier/dernière	last
fermé/fermée	closed
ouvert/ouverte	open
premier/première	first

Mots apparentés: confortable, correct/correcte, moderne, nécessaire, profond/profonde, superficiel/superficielle

Substantifs — Nouns

un chiffre	digit
un dessin	a drawing
un emploi du temps	a schedule
un franc	franc (*French currency*)
une montre	a watch
un nom	a name
un nombre	a number
un personnage	a character (*novel, play, etc.*)
un prix	a price
une semaine	a week

Mots apparentés: un acteur/une actrice, une entrevue, une description, un dialogue, un objet, une opinion, un point de vue

Mots et expressions utiles
Useful words and expressions

dans	in
sauf	except
Merci.	Thanks.
Moi, je...	I (*emphatic*)
Non, pas du tout!	No, not at all!
Oui, bien sûr!	Yes, of course!
S'il vous plaît.	Please. (*polite, plural 'you'*)
S'il te plaît.	Please. (*fam.*)
sur	on
tous les jours	every day
un peu	a little

Questions

Quelle est votre opinion sur... ?	What's your opinion of . . . ?
Quel cours?	Which (What) course?
Quels jours?	Which (What) days?
Où est-il/elle?	Where is it? (he? she?)
Il/Elle est...	He's . . . She's . . . It's . . .
Combien?	How much?
Tu es... ?	Are you . . . ?
Et toi?	How about you (yourself)?

 # **G**RAMMAIRE ET EXERCICES

 ## *B.1 Expressing Existence: il y a*

Use the expression **il y a** (*there is/there are*) to talk about the presence or existence of people or things.

Est-ce qu'il y a une horloge dans la salle de classe? —Oui, il y a une horloge.	*Is there a clock in the classroom? —Yes, there's a clock.*
Y a-t-il des tableaux noirs? —Oui, et il y a des grandes fenêtres.	*Are there any blackboards? —Yes, and there are large windows.*

If the answer is negative, use **il n'y a pas de.**

Est-ce qu'il y a des fenêtres ouvertes? —Non, il n'y a pas **de** fenêtres ouvertes.	*Are there any windows open? —No, there aren't any windows open.*

You may substitute the expression **il y *en* a** or its negation, **il n'y *en* a pas,** in answers where you wish to omit a plural noun.

Est-ce qu'il y a des étudiants canadiens dans la classe? —Oui, il y **en** a.	*Are there any Canadian students in the class? —Yes, there are.*
Il y a aussi des étudiants suisses? —Non, il n'y **en** a pas.	*Are there any Swiss students too? —No, there aren't any?*

▌ **Exercice 1.** La salle de classe

Complete the paragraph with **un, une, des** or **de.**

Dans la salle de classe, il y a _____[1] étudiants intelligents et _____[2] professeur brillant. Il y a aussi _____[3] chaises, _____[4] grand bureau, et _____[5] tableaux noirs. Il n'y a pas _____[6] télévision en couleurs, et il n'y a pas _____[7] chaises confortables.

▌ **Exercice 2.** Qu'est-ce qu'il y a dans votre chambre?

Say whether you have these objects in your bedroom.

MODÈLE: Est-ce qu'il y a une télévision? → Oui, il y a une télévision.
ou
Non, il n'y a pas de télévision.

Est-ce qu'il y a...

1. une bicyclette?
2. une grande fenêtre?
3. une horloge?
4. une plante?
5. une télévision en couleurs?
6. une lampe?
7. un téléphone?
8. un tableau noir?

B.2 Asking Questions

A. There are three simple ways to ask questions in French. First of all, as in English, one may ask a question using a rising intonation.

> *Salut Daniel! Ça va? —* Oui, ça
> va très bien, merci.

> *Hi, Daniel! Everything all right?*
> *—Yes, everything's going fine,*
> *thanks.*

You may also add **n'est-ce pas?** to a sentence when you want someone to confirm the information in the statement.

> Barbara et Denise sont amies,
> **n'est-ce pas?** —Oui, elles
> sont amies.

> *Barbara and Denise are friends,*
> *aren't they? —Yes, they're*
> *friends.*

Probably the most common way to form a question in everyday conversation is to begin with the expression **est-ce que/qu'.**

> **Est-ce que** tu es dans la classe
> de Mme Martin? —Oui, je
> suis dans sa classe.

> *Are you in Mme Martin's class?*
> *—Yes, I'm in her class.*

> **Est-ce qu'**il y a des Français
> dans la classe? —Non, il n'y a
> pas de Français dans la classe.

> *Are there any French people in the*
> *class? —No, there aren't any*
> *French people in the class.*

B. Both English and French use inversion questions, that is, questions in which the subject comes after the verb. (*Is he at home?*) Here are several inversion questions frequently used in French that you have seen and heard so far. Notice that the pronoun subjects are attached to their verbs by a hyphen.

Est-ce un crayon?	*Is this a pencil?*
Comment allez-vous?	*How are you?*
Où est-il?	*Where is he (it)?*
Comment s'appelle ton ami?	*What's your friend's name?*
Êtes-vous américain(e)?	*Are you (an) American?*

When the inversion of the subject and verb causes two vowels to come together, the letter **-t** is added between them.

Y a-**t**-il un autre morceau de craie?	*Is there another piece of chalk?*

Except for common short questions such as in the examples above, you do not need to use inversion questions at this time because you can always use **est-ce que** instead. You should, however, be able to understand inversion questions when you read or hear them.

C. Note that the question **Qui est-ce?** is used to ask about people, whereas the question **Qu'est-ce que c'est?** is used to ask about things.

Qui est-ce? — C'est Jacqueline.	*Who's that? —It's Jacqueline.*
Qu'est-ce que c'est? — C'est un stylo.	*What's that (this)? —It's a pen.*

Ce (C') is a subject pronoun used for identifying people and things. It refers to nouns, either masculine or feminine, singular or plural:

Ce sont des crayons.	*Those/These are pencils.*

▌ Exercice 3. Personne ou chose?

What's the correct question? Use **Qui est-ce?** or **Qu'est-ce que c'est?**

MODÈLES: C'est Daniel. → Qui est-ce?
C'est une lampe. → Qu'est-ce que c'est?

1. _____? C'est le professeur.   4. _____? C'est Mme Martin.
2. _____? C'est un examen.   5. _____? C'est une horloge.
3. _____? Ce sont des amis.   6. _____? Ce sont des stylos.

▌ Exercice 4. Qui est-ce?

Mme Martin is talking with a colleague in the university cafeteria. Find the logical answer to her colleague's questions.

1. Est-ce que c'est Barbara?
2. Elle est jolie, n'est-ce pas?
3. Est-ce aussi une bonne étudiante?
4. Et l'autre étudiant, comment s'appelle-t-il?
5. Est-ce qu'il est en cours de français?

a. Oui, elle est intelligente et très dynamique.
b. Il s'appelle Raoul Durand.
c. Non, c'est Jacqueline.
d. Non, il n'est pas en cours de français. Il est québécois.
e. Oui, elle est très jolie.

 B.3 Telling Time

A. Quelle heure est-il? To ask and say what time it is, use **Il est...**

> **Quelle heure est-il? —Il est**
> déjà six heures du matin
> (6h00).

> *What time is it? —It is already*
> *six o'clock in the morning (A.M.).*

Minutes after the hour, up to thirty, are simply added to the hour.

> Est-ce qu'il est une heure?
> —Non, il est une heure **dix**
> (1h10).

> *Is it one o'clock? —No, it's one-ten.*

> Est-ce qu'il est sept heures?
> —Non, il est six heures **vingt-**
> **cinq** (6h25).

> *Is it seven o'clock? —No, it's six*
> *twenty-five.*

Use **et quart** (*fourth*) and **et demie** (*half*) to express fifteen and thirty minutes after the hour.

> Il est quatre heures, n'est-ce
> pas? —Non, Monsieur, il est
> déjà quatre heures **et demie**
> **(et quart)** (4h30/4h15).

> *It's four o'clock, isn't it? —No, sir,*
> *it's already half past four*
> *(a quarter past four).*

Use **moins** (*minus*) to say to (before) the hour.

> Quelle heure avez-vous, s'il vous
> plaît? —Il est huit heures
> **moins cinq** (7h55).

> *Excuse me, what time do you have?*
> *—It's five to (before) eight.*

Use **moins le quart** to say fifteen minutes before the hour: **Il est dix heures** *moins le quart.*

B. To situate the hour during the day or night, use the following expressions.

> Il est une heure **du matin (de**
> **l'après-midi).**

> *It's one o'clock in the morning (in*
> *the afternoon).*

> Il est neuf heures **du soir (du**
> **matin).**

> *It's nine o'clock in the evening (in*
> *the morning).*

> Quelle heure est-il, s'il vous
> plaît? —Il est **midi (minuit).**

> *What time is it, please? —It is*
> *noon (midnight).*

Note: **et demi** (not **et demie**) is used with **midi** and **minuit,** which are masculine: **Il est midi/minuit *et demi.***

C. In official announcements, such as TV, radio, train, or plane schedules, and curtain times at the theater, the twenty-four-hour system is used. The numbers one through twelve are used for the morning hours, thirteen through twenty-four for the afternoon and the evening.

Il est **sept heures (du matin).**	= Il est **7h.**
Il est **midi.**	= Il est **12h.**
Il est **trois heures et demie (de l'après-midi).**	= Il est **15h30.**
Il est **onze heures moins le quart (du soir).**	= Il est **22h45.**
Il est **minuit.**	= Il est **24h.**

Exercice 5. Quelle heure est-il?

MODÈLE: 2h20 → Il est deux heures vingt.

1. 4h20	3. 8h13	5. 7h07	7. 9h53	9. 12h
2. 6h15	4. 1h10	6. 5h30	8. 3h40	10. 10h45

Exercice 6. L'heure officielle

The following times are given according to the official twenty-four-hour system. First read the time given, then convert it to the usual twelve-hour system, indicating the time of day with the appropriate expression (**du matin, de l'après-midi, du soir, midi, minuit**).

MODÈLES: 14h → Il est quatorze heures.
Il est deux heures de l'après-midi.

12h30 → Il est douze heures trente.
Il est midi et demi.

1. 15h	3. 13h30	5. 22h30	7. 18h20	9. 16h45
2. 7h15	4. 20h	6. 10h45	8. 19h	10. 11h50

B.4 Expressing Possession: The Verb avoir

Use the verb **avoir** to say what someone has.

Hélène **a** des stylos et des crayons.

Hélène has some pens and pencils.

Louis, **as**-tu un cours de
   français? — Oui, et j'**ai** aussi
   un cours d'anglais.

Louis, do you have a French class?
   — Yes, and I also have an
   English class.

Here are the present tense forms of **avoir.**

avoir (*to have*)	
j' ai	*I have*
tu as	*you (fam.) have*
il/elle a	*he/she/it has*
nous avons	*we have*
vous avez	*you (formal or plural) have*
ils/elles ont	*they have*

Note that **je** contracts to **j'** before a word that begins with a vowel.

Pronunciation Hint
Do not forget to make the liaison between **nous, vous, ils, elles,** and the following
vowel: **nous̲ avons̲, vous̲ avez̲, ils̲ ont, elles̲ ont.** The **s** is pronounced like a **z** in
the liaison. Also: **tu as̲.**

If the sentence is negative, the preposition **de** replaces **un, une,** or **des.**

Une bicyclette? Non, je n'ai pas
   de bicyclette.

A bicycle? No, I don't have a
   bicycle.

Exercice 7. Dans mon université

Complete Barbara's letter to her French correspondent Marise Colin by using
the correct forms of the verb **avoir.**

Dans mon université, nous _____[1] cours cinq jours par semaine, mais
nous _____[2] le week-end de libre. Moi, ce semestre, je n'_____[3] pas de
cours le lundi, mais ma camarade de chambre _____[4] trois cours et un
labo de biologie. Tous les étudiants _____[5] beaucoup d'examens chaque
semestre. Tes amis et toi, dans votre université, est-ce que vous _____[6]
cours le samedi? Combien de cours _____[7]-vous pendant une journée
typique? Et toi, personnellement, tu _____[8] des cours difficiles ce
semestre? Est-ce que tu _____[9] des professeurs intéressants?

Exercice 8. Un étudiant désorganisé

Complete these sentences describing a rather disorganized student by using **un,
une, des, d',** or **de.**

1. J'ai _____ stylos, mais je n'ai pas _____ papier.
2. J'ai _____ examen demain, mais je n'ai pas _____ livre.
3. J'ai _____ cassette, mais je n'ai pas _____ magnétophone.
4. J'ai _____ ordinateur,* mais je n'ai pas _____ disquettes.
5. J'ai _____ tableau noir, mais je n'ai pas _____ craie.
6. J'ai _____ cours à 8 heures, mais je n'ai pas _____ énergie.

Exercice 9. Qu'est-ce que tu as?

Say whether you have the following things by using **Oui, j'ai un/une...** or **Non, je n'ai pas de (d')...**

MODÈLE: Est-ce que tu as une voiture de sport? →
Oui, j'ai une voiture de sport.
ou
Non, je n'ai pas de voiture de sport.

Est-ce que tu as...

1. un chien?
2. un appartement?
3. un poste de télévision dans ta chambre?
4. un ordinateur?

5. une radio dans ta voiture?
6. un cours de maths?
7. un complexe d'infériorité?
8. une guitare?

B.5 Recognizing the Gender of Nouns

As you know, French nouns are classified grammatically as either masculine or feminine. Articles and adjectives change according to grammatical gender to agree with the nouns they modify. How can you determine the gender of an unfamiliar noun? If the noun occurs with a singular article, this will usually indicate the gender. We recommend that you study new nouns with the indefinite articles **un/une** because both masculine and feminine nouns beginning with a vowel use **l'**. If you encounter a noun without an article, you may need to check a dictionary or the end glossary of your textbook. Here are some general rules that you can follow.

A. A noun that refers to a male is usually masculine and a noun that refers to a female is generally feminine.

un homme
un garçon

une femme
une jeune fille

---
*ordinateur (*m.*) = computer

un étudiant	une étudiante
un ami	une amie
un camarade	une camarade*

There are some exceptions to this rule, such as **professeur,** which is invariably masculine in gender regardless of whether it refers to a male or a female teacher, and **personne,** which is always feminine.

Charles est **une personne** intelligente.	*Charles is an intelligent person.*
Mme Martin est **un professeur** compétent.	*Mme Martin is a competent teacher.*

B. Nouns with the following endings are usually masculine:

-ier	un papier, un cahier
-eau	un tableau, un bureau
-eur	un ordinateur, un professeur
-ment	un appartement, un changement

C. Nouns with these endings are usually feminine:

-tion	une composition, une institution
-ette	une cassette, des lunettes
-té	la beauté, la sincérité
-ure	la littérature, la peinture
-ie	la biologie, la psychologie
-ique	la gymnastique, la musique

D. Words borrowed from English are usually masculine:

un sandwich	le jazz	le football
un coca	le rock	le volley-ball

B.6 Describing with Adjectives: More on Gender Agreement

As you know, adjectives must agree in gender with the nouns they describe. Adjectives fall into several categories:

A. Adjectives that end in **-e** (with no accent) are used for both masculine and feminine nouns.

un homme mince	une femme mince
un pantalon rouge et jaune	une chemise rouge et jaune

---

*Notice that some nouns can be either masculine or feminine, with only the article changing to indicate a difference: **un enfant/une enfant, un journaliste/une journaliste.**

B. Adjectives that do not end in **-e** in the masculine form usually add an **-e** to agree with a feminine noun.*

un chapeau noir   une jupe noir**e**
un étudiant intelligent   une étudiante intelligent**e**

Pronunciation Hint
If the masculine form ends in a pronounced consonant or **-é,** the masculine and feminine forms are pronounced the same: **noir, noiré; fatigué, fatiguéé.** If the masculine form ends in a silent consonant, this consonant will be pronounced in the feminine form: **petiť, petité; grãňd, grãňdé.**[†]

C. Some adjective types follow a slightly irregular pattern. Adjectives ending in **-eux** change to **-euse** and those ending in **-if** change to **-ive** in the feminine.

un homme sérieux   une femme sérieuse
un garçon sportif   une fille sportive

D. Some adjectives have very different masculine and feminine forms. Here are the most common of this type.

un **bon** livre   une **bonne** classe[‡]   (*good*)
un sac **blanc**   une robe **blanche**   (*white*)
un **vieux** monsieur   une **vieille** dame   (*old, elderly*)
un **beau** garçon   une **belle** fille   (*handsome, beautiful*)
un **nouveau** chapeau   une **nouvelle** chemise   (*new*)

Vieux, beau and **nouveau** have a third form which is used before a masculine noun beginning with a vowel or mute **h: un** *vieil* **homme, un** *nouvel* **appartement, un** *bel* **enfant.** (These forms are pronounced like the feminine forms.)

▌ **Exercice 10.** Les camarades de classe

Which words can be used to describe the following people?

MODÈLE: Barbara: enthousiaste, blond, optimiste, petit →
           Barbara est enthousiaste et optimiste.

1. Daniel: nerveuse, sympathique, intelligent, vieille
2. Barbara: sportive, beau, généreuse, grand
3. Louis: beau, raisonnable, sérieuse, sportive
4. Albert: grand, petite, mince, brune

---

*A few adjectives that do not end in **-e** are invariable: **un pull-over marron, une jupe marron, un sac chic, une robe chic**

[†]The symbol ~ over a vowel will be used in this text to indicate that the vowel is nasalized.

[‡]You may have noticed that some adjectives come before the noun and others after it. In general, French adjectives come after nouns but there are several exceptions. This will be discussed further in Section 4.1.

5. Denise: blonde, petit, intelligent, belle
6. Jacqueline: brun, petite, intelligente, studieux

Exercice 11. Quelle est votre opinion?

Make a sentence for each noun, using the correct form of the adjective.

MODÈLE: intéressant/intéressante: le livre de français, la vie →
Le livre de français est (n'est pas) intéressant.
La vie est (n'est pas) intéressante

1. beau/belle: Catherine Deneuve, un tigre, une vieille Ford, une peinture de Picasso
2. bon/bonne: le chocolat, la compagnie, Sœur Thérésa, le fast-food
3. dangereux/dangereuse: une motocyclette, une bombe, le tennis, la politique
4. amusant/amusante: un livre de science-fiction, la politique, un examen de physique, un film de Woody Allen
5. vieux/vieille: l'astronomie, le Louvre, le président américain, l'université où je suis

B.7 Irregular Plural Forms of Nouns and Adjectives

As you know, the plural of most nouns and adjectives is formed by adding **-s:**

un examen facile → des examens faciles
le professeur américain → les professeurs américains

There are several exceptions, however. Nouns and adjectives ending in **-s, -x,** or **-z** do not change in the plural. Others have irregular plural endings. Here are some examples:

ENDINGS	SINGULAR	PLURAL
-s, -x, -z (no change)	un mauvais cours un enfant curieux un nez rouge	des mauvais cours des enfants curieux des nez rouges
-eau, -eu (add **-x**)	un beau chapeau un jeu amusant	des beaux chapeaux des jeux amusants
-al, -ail (→ **-aux**)	un journal radical un travail municipal	des journaux radicaux des travaux municipaux

Remember that adjectives must agree in both gender and number with the nouns they modify. For this reason, an adjective may have as many as four different forms.

MASCULINE SING.	MASCULINE PLURAL	FEMININE SING.	FEMININE PLURAL
un pantalon noir	des pantalons noirs	une robe noire	des robes noires
un petit chapeau	des petits chapeaux	une petite moustache	des petites moustaches

Pronunciation Hint

Remember that the final **-s, -x** or **-z** of nouns and adjectives is not usually pronounced. As a result, the indication of singular or plural is done through the vowel sound of the article. (**le livre/les livres**) In English, this function is usually accomplished via the pronunciation of the noun (*book/books*).

 ## Exercice 12. Descriptions

Choose the appropriate adjective and the correct form.

1. Comment sont les étudiants de votre université?
   sérieux/sérieuses   intelligents/intelligentes
   nerveux/nerveuses   amusants/amusantes
2. Comment est le professeur idéal?
   patient/patiente   raisonnable
   compétent/compétente   amusant/amusante
3. Comment est un examen difficile?
   long/longue   amusant/amusante
   compliqué/compliquée   intéressant/intéressante
4. Comment sont les hommes avec des barbes?
   beaux/belles   sportifs/sportives
   amusants/amusantes   individualistes
5. Comment sont les femmes à lunettes?
   beaux/belles   sérieux/sérieuses
   intelligents/intelligentes   timides
6. Comment est la langue française?
   beau/belle   facile
   compliqué/compliquée   mystérieux/mystérieuse

CHAPITRE

1

Ma famille et moi

Pique-nique en famille à la montagne

In **Chapitre 1** you will expand your listening and speaking vocabulary to include family members, numbers and expressions for giving personal data such as your address and phone number. You will also begin to talk about what you like and don't like to do.

THÈMES

La famille
Goûts personnels
Origines et renseignements personnels
La vie de famille

LECTURES

Christiane Charlier et ses frères
Des jeunes Français parlent de leur famille

GRAMMAIRE

1.1 Expressing Age with **avoir;** Numbers from 60 to 100

1.2 Expressing Relationships: Possessive Adjectives

1.3 Expressing Likes and Dislikes: The Verb **aimer** + Infinitive

1.4 Emphatic Pronouns

1.5 Stating Origin: The Verb **venir**

1.6 Talking about Dates: Numbers Beyond 100

1.7 Saying What You Do or What You're Doing: Present Tense of **-er** Verbs

1.8 Possession: **de** + Noun; Contractions of **de**

A CTIVITÉS ET LECTURES

La famille

Attention! Étudier Grammaire 1.1 et 1.2

La famille de Claudine Colin

60	soixante	80 quatre-vingts
61	soixante et un...	81 quatre-vingt-un...
65	soixante-cinq...	90 quatre-vingt-dix...
70	soixante-dix	93 quatre-vingt-treize...
71	soixante et onze...	100 cent
77	soixante-dix-sept...	

■ **Activité 1.** La famille de Claudine Colin

MODÈLE: É1: Comment s'appelle la mère de Claudine?
É2: Elle s'appelle Marie Lasalle.
É1: Qui a dix-sept ans?
É2: Charles a dix-sept ans.
É2: Quel âge ont Marise et Clarisse?
É1: Elles ont dix-neuf ans.

■ **Activité 2.** Portrait familial

Avec un(e) camarade de classe, faites le portrait de votre famille.

1. Dans ma famille, il y a _____ personnes. J'ai _____ frère(s).
   Mon/Mes frère(s) a/ont _____ ans.
   J'ai _____ sœur(s). Ma/Mes sœur(s) a/ont _____ ans.
2. Dans ma famille, nous sommes...
   minces, moyens, un peu forts
   petits, de taille moyenne, grands
   ambitieux, idéalistes, généreux
   blonds, bruns, roux
3. Nous avons...
   une maison, un appartement
   un chat, un chien
   une petite voiture, une grande voiture
4. Notre distraction favorite, c'est...
   une promenade dans le parc
   la télévision
   le cinéma
   une conversation avec des amis

Note culturelle

Ils se font la bise.

LES GESTES DE LA RENCONTRE

Il est commun de voir deux jeunes filles ou un jeune homme et une jeune fille se rencontrer[1] dans la rue,[2] s'embrasser sur les joues, parler deux minutes, puis s'embrasser encore[3] pour se dire au revoir. Est-ce que ce sont des amis intimes? Mais non, pas nécessairement, c'est simplement le rituel de la rencontre. Quand deux personnes sont de la même famille ou se connaissent bien, elles se font la bise.[4]

Et que font les voisins, les connaissances,[5] les collègues du travail? En général ils se serrent la main[6] quand ils se disent bonjour ou au revoir. Dans tous les cas, le geste exprime la relation.

[1]*meet* [2]*street* [3]*again* [4]*kiss* [5]*neighbors, acquaintances* [6]*se... shake hands*

▐▌ **Activité 3.** Les qualités

Quelles sont les qualités importantes des membres de la famille?

É1: Pour toi, comment est la mère idéale?
É2: La mère idéale est généreuse, sincère et stricte.

économe	affectueux/affectueuse
égoïste	sportif/sportive
raisonnable	ambitieux/ambitieuse
énergique	studieux/studieuse
sincère	généreux/généreuse
patient(e)	compréhensif/compréhensive
obéissant(e)	attentif/attentive
romantique	

1. la mère   3. la sœur   5. le frère
2. la grand-mère   4. le père   6. le petit-fils

▐▌ **Activité 4.** Dialogue: Ma famille

É1: Combien de personnes y a-t-il dans ta famille?
É2: Il y a _____ personnes dans ma famille.
É1: Comment s'appellent les membres de ta famille?
É2: Mon/Ma _____ s'appelle _____, mon/ma _____ s'appelle
_____, et mon/ma _____ s'appelle _____.
É1: Comment est ta famille?
É2: Nous sommes _____ et _____. Nous ne sommes pas _____.
É1: Est-ce que ta famille a une maison ou un appartement?
É2: Nous avons un(e) _____.

◤ *Goûts personnels*

···········

Attention! Étudier Grammaire 1.3 et 1.4

Moi, j'aime beaucoup jouer au tennis! Et toi?

Le vendredi soir à La Nouvelle-Orléans

Les Martin aiment dîner dans un bon restaurant créole.

Denise n'aime pas étudier.

Raoul adore conduire sa voiture de sport.

Le samedi matin à Clermont-Ferrand

Claudine Colin aime faire des courses.

Joël et ses amis aiment jouer au football.

Le dimanche après-midi à Clermont-Ferrand

Charles aime lire un bon livre.

Emmanuel aime nager à la piscine municipale.

Marie Lasalle aime travailler dans le jardin.

▮ **Activité 5.** Les activités préférées

Dites **oui** ou **non.**

1. Pendant les vacances j'aime...
   a. voyager.
   b. dormir toute la journée.
   c. aller à la plage.
   d. faire de la planche à voile.
2. Je n'aime pas...
   a. nager à la piscine.
   b. faire du ski à la montagne.
   c. jouer aux cartes.
   d. faire du patin à glace.
3. Le week-end mes parents
   (mes amis...) aiment...
   a. regarder la télé.
   b. dîner au restaurant.
   c. sortir avec leurs amis.
   d. jouer au golf.
4. Le vendredi, mes amis (mon frère, ma sœur...) et moi, nous aimons...
   a. rester à la maison.
   b. faire du camping.
   c. danser dans une discothèque.
   d. jouer au football américain.
5. Mon professeur de français aime...
   a. aller à des soirées.
   b. boire du café et parler avec ses amis.
   c. faire une promenade dans le parc.
   d. écouter du jazz à la radio.

▮ **Activité 6.** Le week-end

É1: Qui aime nager dans la mer le dimanche?
É2: Adrienne Petit.
É2: Qu'est-ce que Julien Leroux aime faire le samedi?
É1: Il aime aller au cinéma.

NOM		le samedi il/elle aime...	le dimanche il/elle aime...
Julien Leroux, 32 ans Paris, France		aller au cinéma	lire le journal
Adrienne Petit, 28 ans Marseille, France		cuisiner pour ses amis	nager dans la mer

NOM	le samedi il/elle aime...	le dimanche il/elle aime...
Raoul Durand, 21 ans l'Université de Louisiane	faire du camping près d'un lac	regarder un match de hockey sur glace à la télé
Charles Colin, 17 ans Clermont-Ferrand, France	sortir avec ses copains	dormir tard
Agnès Rouet, 21 ans Paris, France	faire de la gymnastique	écouter de la musique classique

LECTURE

Christiane Charlier et ses frères

Je suis de Montréal. Ma famille, comme la plupart des familles d'aujourd'hui, est de taille moyenne. Je suis l'aînée° de deux frères; nous sommes donc° trois enfants. J'ai 23 ans, mon frère René en a 21, et mon petit frère Pierre-Yves, qui n'est plus petit du tout,° a presque 16 ans. Nous sommes tous les trois très différents physiquement et de personnalité.

    Je suis plutôt° intellectuelle et timide, mais j'aime rire.° En fait, ce goût° pour le rire est peut-être le point le plus commun entre mes frères et moi. Quand nous sommes ensemble, ça finit toujours en fous rires.°

    Pierre-Yves, le cadet, est un bon vivant. Il a beaucoup de copains et de copines, et a le contact facile.° On l'écoute volontiers et son sourire° est contagieux. Malgré° son jeune âge, il est très sensible, et il est très aimé. René est le sportif de la famille. Il préfère les sports individuels aux sports d'équipe. L'hiver, il fait du ski de fond, et l'été, il pratique le cyclisme et la voile.° Il est très apprécié de ses amis. Ils le considèrent comme le «sage»° de leur groupe. On demande souvent conseil° à René. Il écoute alors attentivement sans dire un mot,° et à la fin, en une ou deux phrases, il résume le problème et propose une solution rationnelle et raisonnable.

older sister / therefore

n'est... no longer small at all

rather / laugh / taste

fous... fits of giggling

a... gets to know others easily / smile / Despite

sailing

wisest / advice

sans... without saying a word

Avez-vous compris?

Complétez les phrases.

1. L'aînée de la famille, c'est...
   a. Pierre-Yves.
   b. Christiane.
2. Les trois enfants... physiquement.
   a. se ressemblent
   b. sont différents
3. Quand ils sont ensemble ils...
   a. rient beaucoup.
   b. ne parlent pas beaucoup.
4. René a...
   a. vingt et un ans.
   b. vingt-trois ans.
5. Pierre-Yves est...
   a. timide.
   b. extroverti.
6. René...
   a. demande souvent conseil à ses amis.
   b. propose des solutions raisonnables aux problèmes de ses amis.

▌ **Activité 7.** Dialogue: Qu'est-ce que tu aimes faire?

regarder la télé	conduire une voiture
dîner au restaurant	écouter de la musique classique
jouer au volley-ball	lire des romans
danser	prendre des photos
aller au concert	faire du camping

É1: Qu'est-ce que tu aimes faire le week-end?
É2: Moi, j'aime beaucoup (lire des livres). Et toi?
É1: J'aime (lire), mais j'aime mieux (jouer au tennis). (Moi, je n'aime pas lire, mais...)
É2: Avec qui est-ce que tu aimes (jouer au tennis)?
É1: Avec (mon ami Robert).

▌ **Activité 8.** Les leçons de ski

Regardez la publicité suivante et dites si c'est vrai ou faux.

1. La station de ski «La-Joue-du-Loup» est située dans les Alpes.
2. Il y a des leçons particulières pour groupes de 3 à 5 personnes.
3. Il y a des leçons de patinage.
4. Il n'y a pas de leçons pour enfants.
5. Il y a des leçons de monoski.

École de Ski Français

La Joue-du-Loup
Tél. saison 92.58.82.70 - Hors saison 92.58.84.63

Ski alpin - Fond - Monoski - Randonnées - Organisation courses

	Tarifs
Leçons particulière (l'heure) :	
1-2 personnes	120,00
3-5 personnes	140,00
Stages enfants et adultes	
du lundi au samedi inclus :	
6 x 1 heure 30	250,00
6 x 3 heures	425,00
Stages des neiges : de 3 à 5 ans	
Demi-journée (3 heures)	94,00
Journée (6 heures)	172,00
Du lundi au samedi inclus :	
6 x 1/2 journée	330,00
6 journées	540,00

Tarifs E.F.S. 1990   *Document non contractuel*

Et vous...

1. Est-ce que vous aimez faire du ski? Comment s'appelle la station de ski que vous préférez?
2. Quel est votre sport favori? Quel sport est-ce que vous n'aimez pas faire?

 # Origines et renseignements personnels

Attention! Étudier Grammaire 1.5 et 1.6

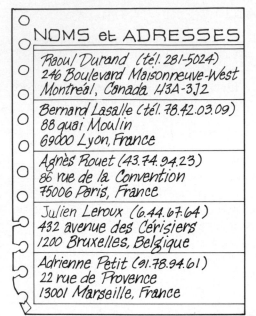

NOMS et ADRESSES

Raoul Durand (tél. 281-5024)
246 Boulevard Maisonneuve-West
Montréal, Canada. H3A-3J2

Bernard Lasalle (tél. 78.42.03.09)
88 quai Moulin
69000 Lyon, France

Agnès Rouet (43.74.94.23)
86 rue de la Convention
75006 Paris, France

Julien Leroux (6.44.67.64)
432 avenue des Cérisiers
1200 Bruxelles, Belgique

Adrienne Petit (91.78.94.61)
22 rue de Provence
13001 Marseille, France

J'habite 86 rue de la Convention, apartement 5A. Mon numéro de téléphone est le 48.74.94.23.

D'où viens-tu?

Je viens de Bruxelles mais j'habite à Paris maintenant.

101	cent un	10.000	dix mille
102	cent deux	100.000	cent mille
200	deux cents	150.000	cent cinquante mille
201	deux cent un	1.000.000	un million
300	trois cents	2.000.000	deux millions
1.000	mille	1.000.000.000	un milliard

▍ **Activité 9.** Le passeport de Claudine Colin

Passeport no. 8890821

1. Nom/Surname   Colin

2. Prénoms/Given names   Claudine

3. Nationalité Française/French Nationality

4. Date de naissance/Date of Birth   27/04/45

5. Sexe/Sex   F

6. Lieu de naissance/Place of birth   Lyon, France

7. Etat civil/Civic status   Mariée

8. Nom d'époux/Spouse's name   Victor Colin

9. Profession/Profession   Enseignante

10. Date de délivrance/Date of issue   10/Juil/1979

11. Autorité/Authority   Alain BODEUX
Vice - Consul
Chef de Chancellerie

12. Date d'expiration   10/Juil/1994

13. Signature du titulaire/Holder's signature   Claudine Colin

14. Domicile/Residence   88, rue du Maréchal Leclerc
Clermont-Ferrand, France

Nouveaux domiciles/New residences

15. Taille/Height   1,62 m

16. Couleur des yeux/Colour of eyes   noirs

17. La validité du présent passeport est prorogée jusqu'au/Extension of the passport

Autorité/Authority

Fait le/Extended on

Signature/Signature   Claudine Colin

1. Quelle est la date de naissance de Claudine (le jour et le mois)?
2. En quelle année est-elle née?
3. Où est-elle née?
4. Est-ce qu'elle habite à Lyon maintenant?
5. Quelle est sa taille?
6. Quelle est la date de délivrance de son passeport?

▌ **Activité 10.** Dialogue: Renseignements personnels

É1: De quelle ville viens-tu?
É2: Je viens de _____. Et toi?
É1: Moi, je viens de _____.
É2: Quelle est ton adresse?
É1: J'habite à _____ rue/avenue _____. Et toi?
É2: _____.
É1: Quel est ton numéro de téléphone?
É2: C'est le _____.

▌ **Activité 11.** Les origines et les nationalités

É1: D'où vient Agnès Rouet?
É2: Elle vient de Paris.
É1: Quelle est sa nationalité?
É2: Elle est française.

PAYS	NATIONALITÉ	LANGUE
le Canada	canadien, canadienne	l'anglais, le français
l'Espagne	espagnol, espagnole	l'espagnol
les États-Unis	américain, américaine	l'anglais
l'Angleterre	anglais, anglaise	l'anglais
le Japon	japonais, japonaise	le japonais
l'Italie	italien, italienne	l'italien
la France	français, française	le français
l'Allemagne	allemand, allemande	l'allemand
la Chine	chinois, chinoise	le chinois
la Russie	russe, russe	le russe

▮ **Activité 12.** Dialogue: Les origines

É1: De quelle nationalité es-tu?
É2: Je suis _____.
É1: D'où vient ton père?
É2: Il vient de/du/des _____.
É1: D'où vient ta mère?
É2: Elle vient de/du/des _____.
É1: Est-ce que tu as un ami étranger/une amie étrangère?
É2: Oui, j'ai un ami/une amie _____.
É1: Comment s'appelle-t-il/elle?
É2: Il/Elle s'appelle _____.
É1: D'où vient-il/elle?
É2: Il/Elle vient de/du/des _____.

La pétanque est un jeu très populaire, surtout dans le Midi de la France (Côte d'Azur).

La vie de famille

Attention! Étudier Grammaire 1.7 et 1.8

La famille de Bernard Lasalle

Voilà la sœur de Bernard, Claudine Colin, avec sa famille. Son mari, Victor, travaille dans un bureau.

Christine Lasalle, la femme de Bernard, est infirmière dans un hôpital à Lyon.

Les enfants de Bernard et Christine s'appellent Camille (11 ans), Marie-Christine (8 ans) et Nathalie (6 ans).

Toute la famille passe le mois d'août ensemble au bord de la mer.

Christine parle beaucoup avec sa belle-sœur et sa belle-mère.

Les petites Lasalle adorent faire une promenade avec leur oncle Victor et leur tante Claudine.

Charles Colin monte à cheval avec sa petite cousine Nathalie.

Quelquefois, Bernard Lasalle joue à la pétanque avec son beau-frère, son père et ses neveux.

Marise et Clarisse Colin nagent dans la mer tous les jours.

▌ **Activité 13.** Définitions: La famille

1. l'oncle
2. la femme
3. le beau-frère
4. la belle-sœur
5. le neveu
6. le grand-père
7. le cousin
8. la belle-mère
9. ?

a. la mère du mari ou de la femme
b. la femme du frère
c. le père du père ou de la mère
d. l'époux de la tante
e. l'épouse du mari
f. le fils du frère ou de la sœur
g. le fils de l'oncle
h. le mari de la sœur
i. ?

▌ **Activité 14.** Ma famille et mes amis

Avec qui est-ce que vous faites les activités suivantes?

MODÈLE: déjeuner le dimanche →
    É1: Avec qui est-ce que tu déjeunes le dimanche?
    É2: Je déjeune avec (mes parents).

    ou

    Je ne déjeune avec personne.

ma mère
mon cousin / ma cousine
ma tante
mon père
ma belle-sœur

mes frères
mes sœurs
mon petit ami / ma petite amie
ma meilleure amie / mon meilleur ami
?

1. discuter tes problèmes
2. manger au restaurant
3. jouer au tennis
4. regarder la télé
5. passer le samedi soir
6. jouer aux cartes
7. étudier
8. parler au téléphone

Note culturelle

TU OU VOUS?

En général on tutoie[1] les membres de la famille, les amis intimes et les copains[2] du même âge. Mais cela dépend aussi des milieux sociaux, des régions et des circonstances. Il est donc prudent de vouvoyer, c'est-à-dire d'utiliser[3] **vous.** Si quelqu'un vous propose de dire[4] **tu,** vous pouvez[5] toujours changer. Une personne plus âgée ou hiérarchiquement supérieure dit facilement **tu** à un jeune, mais l'inverse n'est jamais vrai.

[1]*uses* **tu** *with*   [2]*close friends* (fam.)   [3]*to use*   [4]*Si... If someone invites you to use*
[5]*can*

Le geste de la rencontre: on se serre la main.

■ **Activité 15.** Les activités et la famille

Qui fait les activités suivantes dans votre famille et pourquoi?

> MODÈLE: inviter toute la famille →
> *Ma tante Marie* invite toute la famille parce qu'elle adore cuisiner.
> *ou*
> *Personne n*'invite toute la famille!

1. travailler dans le jardin
2. jouer au golf
3. danser toute la nuit
4. organiser des pique-niques
5. écouter de la musique classique
6. monter à cheval
7. chanter sous la douche
8. rentrer à la maison après minuit
9. acheter beaucoup de vêtements neufs
10. parler souvent au téléphone

LECTURE

Des jeunes Français parlent de leur famille

Traditionnellement en France, on passe beaucoup de son temps libre en famille. On déjeune ensemble le dimanche; on célèbre ensemble les anniversaires, les fêtes et les grandes occasions de l'année. On aime aussi regarder la télévision ou faire une promenade ensemble. Écoutons ce que disent ces jeunes Français au sujet de leur famille:

CORINNE: Je pense que la famille reste un élément très important dans la vie des Français. La plupart° des étudiants, par exemple, rentrent systématiquement chez eux°   La... *most* / chez... *home* quand ils ont un ou deux jours de libres. Le week-end, les campus sont pratiquement désertés, car la plupart des étudiants vont rejoindre leur famille.

MARISE: Je passe la journée sur le campus, mais le soir, je rentre chez moi, et vers huit heures je dîne avec ma famille. Nous restons souvent à table plus d'une heure. C'est bien plus qu'un repas pour toute la famille, c'est un moment de rencontre, où chacun° parle de sa journée, où on partage° ses idées et ses expériences.   *each one / shares*

JÉRÔME (*étudiant français aux États-Unis*): C'est essentiellement autour° d'une table que je vois° ma famille. On discute, on s'informe des projets de chacun, on se sent° bien ensemble. On peut° arriver pour le repas à la dernière minute, sans prévenir,° on est toujours le bienvenu.° J'ai besoin de ce contact avec ma famille, de partager un repas et de parler avec tout le monde. Chaque fois que je vais en France, j'en profite pour me replonger° dans cette ambiance.

around
see / se... feels good
can / sans... without forewarning
welcome

reimmerse

Avez-vous compris?

Vrai ou faux?

1. V   F   En France, les repas en famille sont très importants.
2. V   F   La majorité des étudiants français passent le week-end à l'université.
3. V   F   En France, on dîne vers six heures du soir.
4. V   F   Les dîners en famille sont en général rapides.
5. V   F   Pour Jérôme, la table est un symbole d'unité familiale.
6. V   F   Pour les Français, le dîner en famille a une fonction sociale.

AGENCE MATRIMONIALE
«ESPOIR FAMILIAL»
20, rue Paul Gourdon

RENCONTRES PARTICULIERS
31 ans, célibataire, tendre, raisonnable, jolie et intelligente en plus! Milieu médical, elle désire faire des projets d'avenir avec jeune homme affectueux et protecteur.

---

58 ans, veuve, douce, un peu timide, elle aime la campagne, cuisiner; désire rencontrer compagnon simple mais gentil et affectueux.

---

36 ans, célibataire, dynamique, charmant, brun (1,78m), sportif (squash, tennis, randonnée, planche à voile...); désire fonder un foyer, avoir des enfants.

Grand-père, veuf, 75 ans, aisé, dynamique, aimant nature, voyages et des sorties; désire rencontrer une dame 65/70 ans, mêmes intérêts.

Activité 16. L'agence matrimoniale «Espoir familial»

1. Est-ce que la personne de 31 ans est un homme ou une femme?
2. Est-ce que la personne qui aime faire de la voile est veuve ou célibataire?
3. Quel âge a le grand-père dynamique?
4. Qui joue au tennis?
5. Qui vient d'un milieu médical?

Activité 17. Entretien

1. Est-ce que tu viens d'une famille nombreuse? Dans ta famille, est-ce que tout le monde habite dans la même ville?
2. Aimes-tu aller aux grandes réunions de famille? Pourquoi?
3. Comment s'appelle la personne que tu préfères dans la famille? Pourquoi est-ce ta personne préférée? Comment est cette personne? Qu'est-ce que cette personne aime faire?
4. Où habitent tes grands-parents? Est-ce qu'ils sont retraités? Quel âge ont-ils?
5. Est-ce que tes parents (ou tes beaux-parents) travaillent? Qu'est-ce qu'ils aiment faire le week-end?

■ A vous d'écrire

Vous écrivez une lettre à l'Agence Accueil France Famille parce que vous désirez passer deux mois dans une famille française. Dans votre lettre, décrivez comment vous êtes, les choses que vous aimez faire et le type de famille que vous préférez trouver.

(ville, état)
(date)

Accueil France Famille
(adresse)

Messieurs,

Je désire passer deux mois dans une famille française. Je m'appelle... , j'ai... ans, et je suis étudiant(e) en... à l'université de... Je suis une personne plutôt... J'aime beaucoup... Si possible, je préfère loger dans une famille...

En attendant votre réponse, je vous prie d'agréer l'expression de mes sentiments distingués.

(signature)

VOCABULAIRE

La famille	The family		
le beau-frère	brother-in-law	**l'époux, l'épouse**	spouse
le beau-père	father-in-law; stepfather	**la femme**	wife
la belle-mère	mother-in-law; stepmother	**la fille**	daughter
la belle-sœur	sister-in-law	**le fils**	son
le demi-frère	half-brother; stepbrother	**le frère**	brother
la demi-sœur	half-sister; stepsister	**la grand-mère**	grandmother
		le grand-père	grandfather

le mari	husband
la mère	mother
le neveu	nephew
les parents (*m.*)	relatives; parents
le père	father
le petit-fils	grandson
la petite-fille	granddaughter
la sœur	sister
la tante	aunt

Mots apparentés: **le cousin, la cousine, les grands-parents, la nièce, l'oncle**

Activités et distractions
Activities and entertainment

Qu'est ce que tu aimes faire?	What do you like to do?
J'aime...	I like . . .
aller à la plage	to go to the beach
aller à une soirée	to go to a party
aller au cinéma	to go to the movies
aller au concert	to go to a concert
boire du café	to drink coffee
conduire une voiture de sport	to drive a sports car
cuisiner	to cook
danser	to dance
dîner au restaurant	to eat dinner in a restaurant
dormir tard	to sleep late
écouter la radio	to listen to the radio
faire de la planche à voile	to windsurf
faire des courses	to go shopping, to run errands
faire du camping	to go camping
faire de la gymnastique	to do exercises, gymnastics
faire du patin à glace	to ice skate
faire une promenade	to take a walk
faire du ski à la montagne	to ski in the mountains
jouer aux cartes	to play cards
jouer au football	to play football
jouer au golf	to play golf
jouer au tennis	to play tennis
jouer au volley-ball	to play volleyball
lire	to read
monter à cheval	to ride horseback

nager	to swim
parler au téléphone	to talk on the phone
prendre des photos	to take photographs
rester à la maison	to stay home
regarder la télévision	to watch television
travailler dans le jardin	to work in the yard
voyager	to travel

La description — Describing

bon(ne)	good
compréhensif/ compréhensive	understanding
faux/fausse	false
français(e)	French
obéissant(e)	obedient
vrai(e)	true

Mots apparentés: **affectueux/affectueuse, ambitieux/ ambitieuse, attentif/attentive, économe, égoïste, énergique, favori(te), généreux/généreuse, idéal(e), patient(e), personnel(le), romantique, sincère, sportif/sportive, strict(e)**

Endroits — Places

un bureau	an office
un lieu	a place
une maison	a house
une piscine	a swimming pool
une rue	a street
une station de ski	a ski resort
une ville	a city

Mots apparentés: **une agence, un appartement, le cinéma, une discothèque, un hôpital, un parc**

Quand — Saying when

après	after, afterwards
maintenant	now
quelquefois	sometimes
souvent	often
tous les jours	every day
toute la journée	all day
toute la nuit	all night

Les pays — Countries

l'Allemagne (*f.*)	Germany
l'Angleterre (*f.*)	England
la Chine	China
les États-Unis	The United States

Mots apparentés: le Canada, la France, l'Italie (*f.*), le Japon, la Russie

Les langues — Languages

l'allemand (*m.*)	German
l'anglais (*m.*)	English
le chinois	Chinese
l'espagnol (*m.*)	Spanish
le français	French
l'italien (*m.*)	Italian
le japonais	Japanese
le russe	Russian

Les adjectifs de nationalité

allemand(e)	German
chinois(e)	Chinese
espagnol(e)	Spanish
français(e)	French
russe	Russian

Mots apparentés: américain(e), anglais(e), canadien(ne), japonais(e), italien(ne)

Les mois de l'année
The months of the year

janvier, février, mars	January, February, March
avril, mai, juin, juillet	April, May, June, July
août, septembre, octobre	August, September, October
novembre, décembre	November, December

Substantifs — Nouns

un chat	a cat
un chien	a dog
un copain/une copine	a close friend, pal
la date de naissance	the date of birth
une douche	a shower
un goût	a taste for something
un(e) habitant(e)	an inhabitant
un infirmier/une infirmière	a nurse
un journal	a newspaper

une leçon particulière	a private lesson
la mer	the sea
un petit ami/une petite amie	a boyfriend, girlfriend
une qualité	a personal characteristic
un renseignement	a piece of information
la vie	life
une voiture	a car

Mots apparentés: une adresse, un match de tennis, un membre de la famille, la musique classique, une nationalité, un numéro de téléphone, l'origine (*f.*), un passeport, un portrait, un problème, une profession, une signature, le ski, la télévision, les vacances

Verbes

chanter	to sing
déjeuner	to eat lunch
étudier	to study
habiter	to live in, at
manger	to eat
parler	to talk
passer la soirée ensemble	to spend the evening together
rentrer	to return/go/come home
sortir	to go out

Mots apparentés: adorer, discuter, inviter

Questions

Quel âge avez-vous? (as-tu?)	How old are you?
J'ai... ans.	I'm . . . (I'm . . . years old.)

Mots et vocabulaire utiles
Useful words and vocabulary

à	to, at, in
avec	with
après	after
beaucoup	a lot
mais	but
même	same
pour	for (*someone, to state a reason*)
tout (toute, tous, toutes)	all

# GRAMMAIRE ET EXERCICES

1.1 Expressing Age with avoir; Numbers from 60 to 100

A. The verb **avoir** (*to have*) is used for expressing age: **J'ai vingt ans.** Note that this is different from the English *I am twenty*, which uses the verb *to be* (**être**). (*Reminder:* **avoir: j'ai, tu as, il a, nous avons, vous avez, ils ont**)

—Joël, quel âge as-tu?	—*Joël, how old are you?*
—J'ai huit ans.	—*I'm eight.*
—Et ton frère Emmanuel?	—*How about your brother, Emmanuel?*
—Il a quinze ans.	—*He's fifteen.*

Unlike English, French speakers include the word **ans** (*years*) when talking about someone's age.

B. You have already learned the numbers through 60. Here are the numbers up to 100.

60	soixante	72	soixante-douze	...	
61	soixante et un	73	soixante-treize	90	quatre-vingt-dix
62	soixante-deux	...		91	quatre-vingt-onze
63	soixante-trois	80	quatre-vingts	92	quatre-vingt-douze
...		81	quatre-vingt-un	93	quatre-vingt-treize
70	soixante-dix	82	quatre-vingt-deux	...	
71	soixante et onze	83	quatre-vingt-trois	100	cent

Here are a few tips for learning these numbers:

• The numbers 70–79 and 90–99 are formed by continuing to add on to 60 and 80. (**soixante-dix, soixante et onze,** etc.)
• The word **et** is omitted in **quatre-vingt-un** and **quatre-vingt-onze.**
• **Cent** is used alone, whereas English uses *one hundred.*

Exercice 1. Dizaines

Comptez par dix (10) jusqu'à 100 en commençant par le nombre indiqué. Comptez à haute voix (*out loud*).

MODÈLE: 64 → soixante-quatre, soixante-quatorze (74), quatre-vingt-quatre (84), quatre-vingt-quatorze (94)

62

1. 60	3. 62	5. 66
2. 61	4. 65	6. 67

■ Exercice 2. La famille Colin

Dites l'âge de chaque membre de la famille.

MODÈLE: Joël / 8 → Joël a huit ans.

1. Marie Lasalle / 69
2. Francis Lasalle / 70
3. Victor Colin / 49
4. Claudine Colin / 45
5. Marise et Clarisse / 19
6. Charles / 17
7. Emmanuel / 15

■ Exercice 3. Au téléphone

Lisez à haute voix ces numéros de téléphone français.

MODÈLE: 42.68.13.03 →
quarante-deux, soixante-huit, treize, zéro trois

1. 65.10.80.30
2. 87.53.40.16
3. 20.55.70.81
4. 98.75.21.60
5. 77.38.82.97
6. 91.18.39.78
7. 45.62.86.43
8. 83.76.64.90
9. 53.67.07.11
10. 92.82.71.61

1.2 Expressing Relationships: Possessive Adjectives

Ownership and relationships of various kinds are indicated in English with the possessive adjectives *my, your, his, her, our, its, their*. Here are their French equivalents.

BEFORE SINGULAR NOUNS	BEFORE PLURAL NOUNS	
mon, ma	mes	*my*
ton, ta	tes	*your* (tu)
son, sa	ses	*his, her, its*
notre	nos	*our*
votre	vos	*your* (vous)
leur	leurs	*their*

Pronunciation Hint

Final **-s** and **-n** are pronounced when the following word begins with a vowel:
mes᷂enfants but **meş filles, mõn_ami** but **mõń fils.**

As you can see, three French possessive adjectives change form to accompany singular masculine or feminine nouns: **mon/ma, ton/ta, son/sa.** Plural nouns are used with plural possessive adjectives. You have heard and seen many of these in the **Étapes** and **Chapitre 1.** Here are a few tips to help you determine which words to use.

A. Singular possessive adjectives agree with nouns in gender, but the possessive form ending in **-n** is always used before words starting with a vowel, even when the noun is feminine.

> **mon** cousin Charles
> **ma** cousine Clarisse
> **mon** autre cousine Marise

B. Remember that the gender and number (singular/plural) of the possessive adjective depend on *what* is possessed and not on *who* is the possessor or owner.

> Voilà Victor Lasalle avec **sa** femme Claudine et **son** fils Charles.
>
> *There's Victor Lasalle with his wife Claudine and his son Charles.*

C. Note that the English word *his* is expressed by three French words, **son, sa,** and **ses.** *Her* and *its* are also expressed by **son, sa,** and **ses.**

▌ **Exercice 4.** En famille

Denise et Jacqueline parlent de leur famille. Remplacez les tirets par un des adjectifs possessifs: **mon, ma, mes; ton, ta, tes; son, sa, ses.**

JACQUELINE: Tu as des frères et des sœurs, n'est-ce pas? Comment est _____¹ famille? Est-ce que _____² frères et sœurs sont jeunes?

DENISE: J'ai deux sœurs et un frère. _____³ frère, qui s'appelle Jack, a dix-neuf ans. _____⁴ sœurs s'appellent Betty et Anne. Elles ont douze et quatorze ans. Et toi?

JACQUELINE: Moi j'ai un frère et une sœur. _____⁵ frère Bill a treize ans, et _____⁶ sœur Diane a dix ans. Il y a aussi _____⁷ grand-mère qui habite chez nous.

DENISE: _____⁸ grands-parents habitent dans la même ville. _____⁹ grand-père a soixante-treize ans, et _____¹⁰ grand-mère a soixante-dix ans, mais ils sont très actifs. Et toi, est-ce que _____¹¹ grand-mère est active?

JACQUELINE: Oui, elle est très active. Avec _____¹² amis, elle a beaucoup d'activités. Elle a _____¹³ propre (*own*) appartement chez nous, et elle invite souvent _____¹⁴ amis à dîner.

Exercice 5. Dans la classe de français

Remplacez les tirets par un des adjectifs possessifs: **notre, nos; votre, vos; leur, leurs.**

1. Mme Martin donne des instructions: Ouvrez _____[1] livre de français et _____[2] cahier. Prenez _____[3] stylo, et écrivez dans _____[4] cahier. Voici _____[5] devoirs pour demain.

2. Mme Martin parle à Louis et Barbara: Avez-vous _____[6] devoirs pour aujourd'hui? S'il vous plaît, allez au tableau et écrivez _____[7] réponses à la question numéro 1.

3. Albert et Daniel parlent de _____[8] classe de français: _____[9] professeur est très bon, n'est-ce pas?
   — Oui, et _____[10] camarades de classe sont très sympathiques.
   — Oui, c'est vrai; ils sont sympathiques, et j'apprécie beaucoup _____[11] sens de l'humour. _____[12] idées sont intéressantes aussi.

Exercice 6. Une nouvelle amie

Vous avez une nouvelle correspondante, Evelyne Casteret. Dans sa lettre, elle décrit sa famille. Qu'est-ce qu'elle dit? Changez les adjectifs possessifs.

MODÈLE: *Ma* grand-mère s'appelle Marie. →
          Sa grand-mère s'appelle Marie.

1. *Mes* parents sont jeunes et énergiques.
2. *Mon* petit frère s'appelle Luc, et *mon* grand frère s'appelle Étienne.
3. *Ma* sœur Madeleine est très amusante.
4. *Mon* père travaille avec *mon* oncle.
5. *Nos* deux chiens s'appellent Max et Mickey.
6. *Notre* maison est très vieille et très grande.
7. *Notre* village s'appelle St-Jean.
8. En général, *mes* amis sont très sympathiques. *Mon* amie Sabrine est très intelligente aussi.

1.3 Expressing Likes and Dislikes: The Verb aimer + Infinitive

A. The verb **aimer** is used to say that you like or love something or someone.

J'aime mon cours de français.   *I like my French class.*
Nous aimons beaucoup le   *We really like the teacher.*
    professeur.

Notice that the forms of **aimer** are different, depending upon the subject pronoun used with the verb. The word **aimer** itself is the infinitive form, corresponding to English *to like/love*. You will find verbs listed in the infinitive form in dictionaries and in most vocabulary lists. Most French verbs are like **aimer**, that is, their infinitives end in **-er**. These are called regular **-er** verbs, and their present tense forms are created by dropping the **-er** and adding the endings **-e, -es, -e; -ons, -ez**, and **-ent**. Here are the present tense forms of **aimer**:

aimer (*to like, to love*)	
j'aime	nous aim**ons**
tu aim**es**	vous aim**ez**
il/elle/on aime	ils/elles aim**ent**

You will learn more about present-tense **-er** verbs in Section 1.7

Pronunciation Hint

j'aimé, tu aimés, il aimé, nous^z aimons, vous^z aimez, ils/elles^z aiment. Note in particular that the singular forms and the third person plural form are pronounced the same, even though they have different endings. The **-r** of the infinitive is not pronounced: **aimer.**

B. Use **aimer** + an infinitive to say what someone likes to do.

J'aime dîner au restaurant.	*I like to eat dinner in a restaurant.*
Ma sœur **aime danser.**	*My sister likes to dance.*
Mes amis **aiment jouer** au football.	*My friends like to play soccer.*

Many French infinitives end in **-er, -ir** and **-re** (**parler** = *to talk;* **finir** = *to finish;* **répondre** = *to answer*). There are also several irregular infinitives such as **avoir** (*to have*), **être**, and **conduire** (*to drive*). The various irregular verbs will be presented in later sections.

▌ **Exercice 7.** Préférences et activités favorites

Complétez ces petits dialogues avec les formes correctes du verb **aimer**.

1. Quel type de musique _____-tu, Emmanuel?
   J'_____ le rock, le jazz et la musique folklorique.
2. Est-ce que tes amis et toi, vous _____ les restaurants chinois, Marise?
   Oui, nous _____ beaucoup les restaurants chinois.
3. _____-vous la télévision, Madame Lasalle?
   Oh, pas beaucoup. J'_____ les livres et les promenades à la campagne.
4. Quel type d'activités _____ Joël?
   Il _____ les sports, le camping et la pêche.

5. Charles, est-ce que tes amis _____ le cinéma?
   Oui, ils _____ toutes sortes de films.

Exercice 8. Le dimanche matin

Albert parle de ce qu'on fait le dimanche matin. Remplacez les tirets par une forme du verbe **aimer.**

1. Mon ami Louis _____ boire un bon café noir.
2. Ma sœur _____ dormir jusqu'à midi.
3. Mes parents _____ aller à l'église *
4. Daniel et moi, nous _____ jouer au tennis.
5. Mes deux petits frères _____ regarder la télé.
6. Moi, j'_____ lire le journal.
7. Tes amis et toi, qu'est-ce que vous _____ faire?

Exercice 9. Passe-temps préférés

On vous pose des questions. Vous n'êtes pas d'accord avec l'activité suggérée et vous en nommez une autre.

MODÈLE: Qu'est-ce que vos amis aiment faire? cuisiner? →
Mes amis n'aiment pas cuisiner, mais ils aiment dîner au restaurant.

1. Qu'est-ce que vos grands-parents (amis) aiment faire? jouer au golf?
2. Qu'est-ce que votre mère (camarade de chambre) aime faire? skier?
3. Qu'est-ce que votre père (meilleur ami) aime faire? écouter du rock?
4. Qu'est-ce que votre petit ami (petite amie) aime faire? jouer du piano?
5. Qu'est-ce que votre professeur de français aime faire? aller au cinéma?
6. Qu'est-ce que vous aimez faire en été le week-end? jouer au tennis?

Suggestions:

dormir tard	lire des livres/le journal
faire une promenade	jouer aux cartes/au golf, etc.
écouter de la musique classique	cuisiner
danser	chanter

1.4 Emphatic Pronouns

Remember that subject pronouns refer to people, places, or things.

Qui est <u>cette</u> jeune fille? —C'est ma cousine. **Elle** s'appelle Monique.

Who is <u>that</u> young woman? —It's my cousin. Her name is Monique.

****église** = church

A different set of pronouns is used after **c'est (ce sont)**, after **et** (*and*) (as in the French equivalent of *and you?*), and to emphasize the subject.

Qui est-ce? — **C'est moi.**	*Who is it? — It's me (I).*
J'ai deux frères. **Et toi?** — **Moi,** j'ai trois sœurs.	*I have two brothers. And you? — I have three sisters.*
Toi, tu es américain, n'est-ce pas? — Non, je suis canadien.	*You're American, aren't you? — No, I'm Canadian.*

Notice that some of the emphatic pronouns are the same as the subject pronouns. Those that are *not* are indicated in boldface.

je	**moi**	*nous*	nous
tu	**toi**	*vous*	vous
il	**lui**	*ils*	**eux**
elle	elle	*elles*	elles

Exercice 10. Le premier jour de cours

Voici des conversations entendues le premier jour de cours. Remplacez les tirets par un pronom.

1. Je suis étudiante. Et _____, vous êtes étudiant aussi?
   — Non, _____, je suis professeur.
2. Qui est le beau garçon aux cheveux châtains là-bas? — Oh, _____, il s'appelle Albert et il est très sympathique. La fille avec lui s'appelle Barbara.
3. Oh, c'est _____, Barbara! Elle est capitaine de l'équipe de volley-ball, n'est-ce pas?
4. Est-ce que les deux copains de Raoul sont canadiens aussi? — Non, _____, ils sont américains.

1.5 Stating Origin: The Verb venir

A. Use the verb **venir** and the preposition **de** to ask or say where someone is from.

—**D'où vient** Madame Martin?	*—Where's Mrs. Martin from?*
—Elle **vient de** Montréal.	*—She's from Montreal.*
—Et **d'où viens**-tu?	*—And where are you from?*
—Moi, je **viens de** Kansas City.	*—I'm from Kansas City.*

Here are the forms of **venir.**

venir (*to come*)	
je viens	nous venons
tu viens	vous venez
il/elle vient	ils/elles viennent

Pronunciation Hint

All singular forms of **venir** are pronounced alike: **viĕns.** The pronunciation of the plural forms is **venõns, venez, viennent.**

B. If you wish to know a specific country or city of origin, use the phrases **De quel pays.... ?** or **De quelle ville... ?**

> De quel pays vient Julien Leroux? —Il vient de Belgique.
> Et Sarah Thomas? —Elle vient des États-Unis.
> De quelle ville viennent les Lasalle? —Elles viennent de Lyon.

In some cases, **de** is replaced by **du** or **des** when you are speaking of countries.

1. Use **du** when the name of a country is masculine.

   De quel pays viennent ces étudiants? —Ils viennent du Japon. (du Brésil, du Portugal)

   What country are these students from? —They're from Japan. (Brazil, Portugal)

2. Use **des** if the name of a country is plural. **(les États-Unis)**

   D'où venez-vous? —Je viens **des** États-Unis.

   Where are you from? —I'm from the United States.

Exercice 11. Amis étrangers

Adrienne Petit donne une soirée pour tous ses amis étrangers. Utilisez les formes du verbe **venir.**

1. Voici mon ami Jean-Michel. Il _____ du Canada et il parle français.
2. Voici Julie et Mark. Ils _____ des États-Unis.
3. Voici aussi mon ami Mohamed, qui _____ d'Algérie et qui est professeur de maths. Sa femme Natacha _____ de Russie.
4. Voici Carmen et José. Ils _____ de Madrid, en Espagne.
5. Et vous, d'où _____-vous? —Nous _____ de Tunisie. Je m'appelle Karima et mon amie s'appelle Adama.
6. Christiane, tu _____ de Suisse, n'est-ce pas? —Oui, je _____ de Genève.

1.6 Talking About Dates: Numbers Beyond 100

A. To ask for the date, use the question **Quelle est la date aujourd'hui?** The answer is often given with **c'est** or the **nous** form of **être.**

Quelle est la date aujourd'hui?	*What's today's date?*
Aujourd'hui c'est le vingt (le huit, etc.) avril.	*Today is April 20 (8, etc.).*
Aujourd'hui **nous sommes** le premier janvier.	*Today is January 1 (first).*

Note that the first day of the month is expressed with the ordinal number **premier.** All other days are expressed with cardinal numbers.

To ask about the month or day, use **quel** and the **nous** form of **être.**

En **quel** mois **sommes-nous?**	*What month is it? —It's*
— Nous sommes en février.	*February.*
Quel jour **sommes-nous?**	*What day is it? —Today is*
— Nous sommes le quinze décembre.	*December fifteenth.*

B. To talk about a year, you will need the higher numbers.

You can express the year in two ways in French. Compare the following examples.

> 1945: **dix-neuf cent** quarante-cinq*
> **mille neuf cent** quarante-cinq

Here are two ways to write the complete date in French. Note that the *day* is always expressed first.

> *December 25, 1988:* le 25 décembre 1988
> 25.12.88

C. Here are the numbers from 101 to a billion.

101	cent un	400	quatre cents	1.000	mille
102	cent deux	500	cinq cents	10.000	dix mille
200	deux cents	600	six cents	100.000	cent mille
201	deux cent un	700	sept cents	1.000.000	un million (de)
202	deux cent deux	800	huit cents	2.000.000	deux millions (de)
300	trois cents	900	neuf cents	1.000.000.000	un milliard (de)

Note that the **-s** of **cents** is dropped if it is followed by any other number: **deux cents, deux cent un; huit cents, huit cent dix-huit.** The word **mille** is

---

*Note that French never leaves out the word **cent** (*hundred*), as English often does (*nineteen forty-five*).

invariable and never ends in **-s: deux mille. Million** and **milliard,** however, do have a plural form: **deux millions, deux milliards.**

Exercice 12. Quelle est la date?

Écrivez et lisez les dates suivantes.

MODÈLE: 4.7.12 → le 4 juillet 1912 (le quatre juillet mille neuf cent douze)

1. 5.5.82	3. 6.1.87	5. 14.9.75
2. 16.8.90	4. 28.2.62	6. 1.12.34

Exercice 13. Codes postaux

Voici des codes postaux pour certaines adresses en France. Lisez-les à haute voix.

MODÈLE: 34700 Lauroux → trente-quatre mille sept cents

1. 34150 St-Jean-de Fos	6. 33000 Bordeaux
2. 66500 Villefranche-de-Conflent	7. 46000 Cahors
3. 64200 Biarritz	8. 13100 Aix-en-Provence
4. 29200 Brest	9. 75015 Paris (15ᵉ)
5. 76600 Le Havre	10. 93302 Aubervilliers

1.7 *Saying What You Do or What You're Doing: Present Tense of -er verbs*

A. Most French verbs follow a regular pattern called the **-er** conjugation because their infinitives always end in **-er.** The present tense is formed in the same way as you learned for **aimer,** that is, by dropping the **-er** from the infinitive and adding the endings **-e, -es, -e, -ons, -ez, -ent.** Here are two more examples of **-er** verbs.

travailler (*to work*)	**habiter** (*to live*)
je travaill**e**	j'habit**e**
tu travaill**es**	tu habit**es**
il/elle travaill**e**	il/elle habit**e**
nous travaill**ons**	nous habit**ons**
vous travaill**ez**	vous habit**ez**
ils/elles travaill**ent**	ils/elles habit**ent**

Est-ce que vous **travaillez** tous les jours?	*Do you work every day?*
Moi, je **travaille** dans un bureau, et ma sœur **travaille** dans un restaurant.	*I work in an office, and my sister works in a restaurant.*

Pronunciation Hint

Remember that all forms of **-er** verbs except those with **nous** and **vous** are pronounced the same; **aill** sounds like Eng. "eye"; **travaillé, travaillés, travaillé, travaillőnś, travaillez, travaillént.**

Pronunciation Hint

Note that because the initial **h** in **habiter** is silent, **je** contracts to **j',** and you must make the liaison with all the plural forms: **j'habité, nous habitőnś, vous habitez, ils habitént, elles habitént.** This applies to all verbs beginning with vowels: **étudier** (*to study*): **j'étudié, nous étudiõnś,** etc.

B. Notice that the French present tense can be equivalent to three different meanings in English: **j'étudie** = *I study*, *I am studying*, or *I do study*.

Daniel **travaille** à la bibliothèque ce soir.	*Daniel is working at the library tonight.*
Denise **travaille** à la bibliothèque tous les samedis.	*Denise works at the library every Saturday.*
Oui, Denise **travaille** le dimanche après-midi quelquefois.	*Yes, Denise does work on Sunday afternoons sometimes.*

C. Here are some **-er** verbs you can use to talk about activities and actions.

chanter *to sing*	**nager** *to swim*
chercher *to look for, go get*	**parler** *to talk, speak*
cuisiner *to cook*	**regarder** *to look at*
danser *to dance*	**rencontrer** *to meet*
déjeuner *to eat lunch*	**rentrer** *to return, come back*
dessiner *to draw*	**rester** *to stay*
dîner *to eat dinner*	**voyager** *to travel*
donner *to give*	
écouter *to listen to*	
inviter *to invite*	
jouer* *to play*	
manger *to eat*	

*****Jouer de** is used with musical instruments; **jouer à** is used with sports or games.

Albert **joue de** la guitare.
Jacqueline et Denise **jouent à** la pétanque.

Exercice 14. Un samedi matin chez les Colin

Clarisse Colin parle des activités de sa famille. Complétez ses phrases.

MODÈLE: Marise et moi, nous ⎯ parle au téléphone.
Maman ⎯ restons à la maison.

1. Marise et moi, nous
2. Maman et papa, vous
3. Joël, tu
4. Charles et Emmanuel
5. Moi, je/j'

a. regardes la télé, n'est-ce pas?
b. jouent aux échecs dans leur chambre.
c. écoutons des disques.
d. invite une amie à venir chez nous.
e. déjeunez en ville, n'est-ce pas?

Exercice 15. Rencontres d'étudiants

Barbara et Louis parlent à Annick et Mireille, des étudiantes françaises à l'Université de Louisiane. Remplacez les tirets par la forme correcte de l'un des verbes suivants: **étudier, habiter, travailler.**

BARBARA: Louis et moi, nous ⎯⎯[1] le français, et nous ⎯⎯[2] beaucoup pour le cours de français. Et vous? Vous ⎯⎯[3] une langue étrangère?

ANNICK: Moi, je/j' ⎯⎯[4] l'espagnol, et Mireille ⎯⎯[5] le russe.

LOUIS: Oh, le russe est difficile! Moi, je préfère le français. Et où est-ce que vous ⎯⎯[6]? Sur le campus?

MIREILLE: Nous ⎯⎯[7] ensemble dans une résidence universitaire. Et vous?

BARBARA: Moi je/j' ⎯⎯[8] avec mes parents, mais Louis ⎯⎯[9] dans un appartement près du campus.*

ANNICK: En général, est-ce que les étudiants de l'université ⎯⎯[10]?

LOUIS: Oui, en général ils ⎯⎯[11] plusieurs heures par semaine. Moi, je/j' ⎯⎯[12] dans un restaurant. Et toi, Barbara, tu ⎯⎯[13] dans un bureau, n'est-ce pas?

Exercice 16. Tous les samedis

Sylvie Legrand, une amie de Raoul Durand, raconte ses activités typiques le samedi. Complétez les phrases par la forme correcte de l'un des verbes suivants.

Vers midi, je vais en ville. Je ⎯⎯[1] mes amis Raoul et Hélène et nous ⎯⎯[2] ensemble chez Martin (mon restaurant préféré). Nous ⎯⎯[3] de beaucoup de choses: de l'université, de la politique, des profs, de notre vie privée.

déjèuner
parler
rencontrer

⎯⎯⎯⎯⎯⎯⎯⎯

*près du campus = near the campus

Après le déjeuner, nous nous quittons.* Raoul _____⁴
au tennis avec son amie Mireille, Hélène _____⁵ des
provisions au supermarché du quartier et moi,
d'habitude, je _____⁶ chez moi et je _____⁷ un peu.
J'aime surtout préparer des plats végétariens.

cuisiner
chercher
jouer
rentrer

Le soir, nous nous rencontrons en général chez Michel,
un camarade de l'université. Nous _____⁸ aux cartes,
nous _____⁹ de la bonne musique et quelquefois nous
_____¹⁰ jusqu'à une ou deux heures du matin!

danser
écouter
jouer

1.8 Possession: de + Noun; Contractions of de

To express possession with a noun, use the preposition **de** + noun.

Est-ce que c'est la sœur **de**
Denise? —Oui, c'est sa sœur.

*Is that Denise's sister? —Yes, that's
her sister.*

De followed by **le** is replaced by the contraction **du.**

Voici les livres **du** professeur.

Here are the teacher's books.

De followed by **les** is replaced by the contraction **des.**

C'est la voiture **des** amis de
Jason.

That's Jason's friends' car.

De followed by **la** or **l'** is unchanged.

C'est le petit ami **de la** sœur de
Julien.

That's Julien's sister's boyfriend.

La femme **de l'**oncle Victor a 43
ans.

Uncle Victor's wife is 43 years old.

Exercice 17. L'album de Raoul

Raoul montre son album de photos à sa petite amie Catherine. Terminez les
phrases par **de, du, des,** etc., et le nom de la (des) personne(s).

MODÈLE: (les enfants) Voici la chambre _____. →
Voici la chambre des enfants.

───────────────────

*****nous nous quittons** = we separate

1. (ma famille) Voici l'album de photos _____.
2. (les petites filles) La femme aux cheveux longs, c'est la mère _____.
3. (la voisine) C'est la sœur _____.
4. (les voisins) C'est la Jaguar _____.
5. (les grands-parents) Voilà la maison _____.
6. (le voisin) Ça, c'est la nièce _____.
7. (l'oncle de Jean) C'est le cheval _____.
8. (le cousin de Jean) Voilà la famille _____.

▊ Excroice 18. Relations familiales

Répondez à ces questions sur les relations familiales (en général).

MODÈLE: Le grand-père, c'est le mari de qui? →
         Le grand-père, c'est le mari de la grand-mère.

1. La grand-mère, c'est la femme de qui?
2. La tante, c'est la femme de qui?
3. Le cousin, c'est le fils de qui?
4. La cousine, c'est la sœur de qui?
5. La belle-sœur, c'est la femme de qui?
6. La nièce, c'est la fille de qui?
7. Le grand-père, c'est le père de qui?
8. L'oncle, c'est le père de qui?

La vie quotidienne et les loisirs

In **Chapitre 2** you will learn to talk about the weather and to describe your daily routine and recreational activities. You will also learn to describe your abilities and wishes.

Touristes et Parisiens convergent sur les Champs-Elysées.

THÈMES

Le temps, les saisons et les loisirs
Les activités quotidiennes
Les endroits
Aptitudes et rêves

LECTURES

Le secret de Bernard et Christine
Poème: «L'Escargot alpiniste»
Pour ou contre la colo?

GRAMMAIRE

2.1 Talking About Activities and Weather: The Verb **faire**
2.2 Other Expressions with **faire**
2.3 Verbs like **ouvrir; -er** Verbs with Spelling Changes
2.4 Reflexive Pronouns
2.5 Going Places: The Verb **aller** and Contractions of **à**
2.6 The Impersonal Subject **on**
2.7 Abilities and Desires: The Verbs **pouvoir** and **vouloir**
2.8 What Do You Know? The Verb **savoir**

ACTIVITÉS ET LECTURES

Le temps, les saisons et les loisirs

Attention! Étudier Grammaire 2.1 et 2.2

En hiver, il fait froid.

Jean-Yves fait du ski dans les Alpes, à Chamonix.

Au printemps, il fait du vent.

Marise et Clarisse font du jogging quand il fait beau.

Francis Lasalle pêche dans une rivière.

En été il fait chaud.

Adrienne fait de la planche à voile près de Marseille.

Julien fait de la voile le week-end.

En automne il fait frais.

Emmanuel et ses amis font des promenades à la campagne.

77

■ **Activité 1.** Dialogue: Quel temps fait-il?

Regardez la carte et répondez.

> É1: Quel temps fait-il à Strasbourg?
> É2: Il pleut et il fait frais.

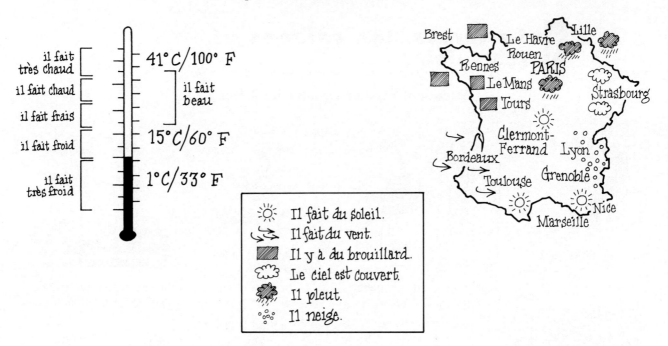

■ **Activité 2.** Dialogue: Un jour de pluie

Agnès Rouet parle avec son amie Sarah Thomas.

> AGNÈS: Ah zut! Il pleut! Je n'aime pas la pluie!
> SARAH: Moi si! J'aime beaucoup la pluie.
> AGNÈS: Qu'est-ce que tu fais cet après-midi?
> SARAH: Pas grand-chose. Pourquoi?
> AGNÈS: Je voudrais voir le nouveau film de Gérard Depardieu.
> SARAH: Moi aussi! Allons-y!

■ **Activité 3.** Les quatre saisons

Dites **oui** ou **non**.

1. En été quand il fait très chaud, je...
   a. fais du camping avec des copains.
   b. nage à la piscine.

  c. fais de la voile.
  d. fais du ski nautique.
  e. ?

2. Au printemps, s'il fait beau, mes amis et moi, nous...
  a. pique-niquons à la campagne.
  b. étudions sous les arbres.
  c. jouons souvent au frisbee.
  d. faisons des promenades à la campagne.
  e. ?

3. En automne il fait frais et les arbres changent de couleurs. Moi, très souvent, je...
  a. regarde des matchs de football américain.
  b. fais du vélo à la campagne.
  c. fais des promenades en voiture.
  d. joue au basket au gymnase.
  e. ?

4. En hiver il fait très froid. Quand il neige, ma famille et moi, nous...
  a. faisons du ski.
  b. passons des vacances sous un climat chaud.
  c. allumons un grand feu dans la cheminée.
  d. invitons des amis chez nous.
  e. ?

Activité 4. Les activités et le temps

Qu'est-ce que vous faites dans les situations suivantes?

MODÈLE: Au printemps, quand il fait beau... →
     Au printemps, quand il fait beau, je fais de la voile.

Situations

1. A la plage, quand il fait très chaud...
2. A la montagne, quand il y a beaucoup de neige...
3. Le samedi, quand il pleut...
4. Au mois de juin, quand il fait du vent...
5. En automne, quand il fait frais...

jouer au volley-ball
jouer aux cartes
faire du ski nautique
nager
monter à cheval
faire du vélo
jouer du piano
faire une promenade
faire du ski
faire du patin à glace
faire de la planche à voile

Note culturelle

LES GRANDES VACANCES

Beaucoup de Français passent leurs vacances à la plage (Menton, Côte d'Azur).

Pour la plupart des Français, partir en vacances en juillet ou en août est de tradition. Comme les salariés ont droit[1] à cinq semaines de congé payé, c'est-à-dire cinq semaines de vacances où ils reçoivent leur salaire, ils partent souvent au loin pour se détendre.[2] C'est un exode annuel, où le nombre de trains est doublé ou triplé, et où les embouteillages[3] sur les autoroutes sont fréquents. Certains vacanciers font du camping sous tente ou en caravane, d'autres louent[4] un pavillon dans un village de vacances; d'autres encore louent un appartement ou une villa. L'essentiel est de partir et d'aller ailleurs.[5] On en parle des mois à l'avance, et on en parle des mois après!

[1]les... *wage earners are entitled*   [2]se... *to relax*   [3]*traffic jams*
[4]*rent*   [5]*elsewhere*

Les activités quotidiennes

Attention! Étudier Grammaire 2.3 et 2.4

Une journée typique chez la famille Lasalle (à Lyon)

Le matin

Christine se lève tous les jours de bonne heure.

Bernard se rase devant le miroir.

Camille s'habille toujours très rapidement pour aller à l'école.

L'après-midi

Quelquefois Christine se promène dans le quartier avant le dîner.

Bernard s'entraîne au gymnase trois fois par semaine.

Le soir

Nathalie se baigne avant de se coucher.

Marie-Christine se brosse les dents.

Marie-Christine et Nathalie se couchent tôt les jours de classe.

◼ **Activité 5.** La toilette

Mettez les activités suivantes dans le bon ordre. Utilisez les mots **d'abord, ensuite** et **puis.**

MODÈLE: je m'habille, je me douche, je me lève →
D'abord je me lève, ensuite je me douche, et puis je m'habille.

1. je m'habille	je me sèche	je me baigne
2. je me couche	je me douche	je me déshabille
3. je me rase	je me réveille	je me lave le visage
4. je me douche	je me brosse les cheveux	je me lave les cheveux
5. je me brosse les dents	je me maquille	je me lève

■ **Activité 6.** Le coiffeur vient chez vous!

Dites si c'est vrai ou faux.

1. Coif First est un salon de coiffure dans la rue St-Tropez.
2. Il y a trois branches de Coif First.
3. Il y a une branche de Coif First à Paris.
4. Coif First est un service excellent pour les personnes qui sont obligées de rester à la maison.
5. Le numéro de téléphone de la branche à St-Tropez est le 88.22.53.70.

Et vous...

1. Est-ce qu'il y a un salon de coiffure mobile dans votre ville?
2. Vous coupez-vous les cheveux vous-même, ou préférez-vous aller chez le coiffeur ou la coiffeuse?

■ **Activité 7.** Interaction: Cette semaine

É1: Que fait Marise lundi matin?
É2: Elle arrive à l'université à 9 heures.

	MARISE COLIN (CLERMONT-FERRAND)	CHRISTINE LASALLE (LYON)	JULIEN LEROUX (PARIS)
lundi matin			se lève à 6h 30
mercredi soir		se lave les cheveux	
samedi après-midi	se promène dans le centre ville avec sa sœur Marise		prépare un reportage pour TF1

■ **Activité 8.** La vie chez moi

Qui fait les activités suivantes chez vous?

MODÈLE: se doucher le matin →
Mes (frères) se douchent souvent le matin.
(Personne ne se douche le matin chez moi.)

1. se coucher très tard
2. se maquiller
3. acheter des provisions
4. se lever le premier (la première)
5. chanter sous la douche
6. se laver les cheveux tous les jours
7. préparer le petit déjeuner
8. se baigner le soir
9. ?

mes parents
mon frère/mes frères
ma sœur/mes sœurs
ma/mon camarade de chambre
tout le monde
?

Vocabulaire utile: d'habitude, souvent, quelquefois

LECTURE

Le secret de Bernard et Christine

Bernard Lasalle monte à Paris de Lyon tous les quinze jours pour ses affaires. Ce matin, un vendredi, il va de nouveau° prendre le train pour la capitale. Il se lève de bonne heure, se rase de près, et s'habille avec soin. Christine, sa femme, est déjà debout.° Elle aime prendre le petit déjeuner avec Bernard avant d'aller au travail elle aussi. Le café et les baguettes toutes fraîches les réveillent rapidement. Bernard regarde Christine: «Alors, à ce soir.°»

Une heure plus tard, Bernard est en route pour Paris dans le fameux TGV, train ultra-rapide. Il lit le journal, il révise ses notes. Il pense à° son rendez-vous d'affaires° à Paris, mais il pense aussi à son rendez-vous avec Christine ce soir.

A l'hôpital, Christine travaille jusqu'à 13h, puis elle rentre chez elle. Vite un sandwich, la douche, la toilette. Mamie, comme les enfants appellent leur grand-mère, est déjà là.° Elle dit à Christine: «Va, amuse-toi bien. Ne t'inquiète pas° pour les enfants.» Christine embrasse sa belle-mère. Quelle chance d'avoir les grands-parents si près°!

Vers 16h, Christine est à son tour° dans le TGV en route pour Paris. Elle pense au spectacle de ce soir, au bon petit dîner avec Bernard dans leur restaurant favori, aux moments de détente sans les enfants.° Et oui, c'est là le secret de leur entente.° Quand Christine peut se libérer de son travail, elle rejoint Bernard à l'occasion pour un week-end à Paris. Le travail est bien sûr important dans leur vie, il est certainement nécessaire, mais ce n'est pas le plus important. Pour Bernard et Christine, comme pour beaucoup de Français, la qualité de la vie dépend beaucoup de la qualité des loisirs.°

de... *again*

déjà... *already up*

à... *see you tonight*

thinks about / rendez-vous...
    business meeting

there / Ne... *Don't worry*
si... *so close*
à... *in her turn*

détente... *relaxation without the
    children* / *harmony*

leisure time

Avez-vous compris?

1. Quel jour est-ce que Bernard monte à Paris?
2. Qui prend le petit déjeuner avec Bernard?
3. Est-ce que le petit déjeuner de Bernard ressemble à un petit déjeuner américain?
4. Où va Christine pour le week-end?
5. Qui reste à Lyon avec les enfants?
6. Est-ce que les loisirs sont importants pour Bernard et Christine?

Les endroits

Attention! Étudier Grammaire 2.5 et 2.6

On va au théâtre pour voir une pièce de théâtre. Après le spectacle, beaucoup de gens vont au café.

Au musée on regarde des tableaux, des sculptures et des objets d'art.

Dans un grand magasin on trouve des vêtements, des articles de sport, et même des ordinateurs.

Si vous désirez acheter des livres, vous allez à la librairie.

Pour emprunter des livres, on va à la bibliothèque.

On achète des journaux et des magazines dans un kiosque à journaux.

Activité 9. Dialogue: Le Salon de l'Auto

Julien Leroux parle avec un ami.

JULIEN: On va au Salon de l'Auto ce soir?

L'AMI: Je ne sais pas. Moi, je suis fauché.

JULIEN: Pas de problème, j'ai deux billets de promotion.

L'AMI: Tu as des billets de promotion? Ah, ça, c'est parfait!

JULIEN: Alors, je passe chez toi vers 7h30. Ça te va?

L'AMI: Parfait. A 7h30 alors.

JULIEN: Ciao! A ce soir!

■ Activité 10. Qu'est-ce que tu fais?

MODÈLE: É1: Tu vas souvent (à la bibliothèque)?
          É2: Oui, j'y vais (souvent).
          É1: Pourquoi vas-tu (à la bibliothèque)?
          É2: J'y vais pour (emprunter des livres) et (lire le journal).

Au Louvre le soir...

*sous la pyramide
la plus grande librairie d'art
de Paris
vous accueille jusqu'à 22 h.*

**Elle vous propose le plus large choix
de livres, bijoux, cadeaux, gravures,
moulages d'œuvres, affiches, cartes
postales, diapositives...**

**Fermée le mardi
Tél. : 40 20 51 51**

Ⓜ LOUVRE

1. dans les grands magasins   me promener
2. au café   déjeuner avec mes amis
3. au musée   acheter un livre
4. chez un ami/une amie   prendre un café
5. au parc   acheter des vêtements neufs
6. au centre-ville   pique-niquer
7. à la librairie   rencontrer mes amis
8. ?   me promener
                                      chercher des chaussures neuves
                                      regarder les revues
                                      voir des tableaux
                                      regarder passer les gens
                                      bavarder
                                      acheter un cadeau

Vocabulaire utile: (une) fois par (semaine), tous les jours, toutes les semaines.

■ Activité 11. Interaction: Distractions favorites

É1: Où va Charles?
É2: Il va à la salle d'exposition municipale.

	LES ACTIVITÉS	LES ENDROITS
Charles Colin	une exposition de photos dimanche après-midi	
Jean-Yves Lescart		au cinéma de l'Odéon
Agnès Rouet	un concert de jazz	
Emmanuel Colin		

(continued)

	LES ACTIVITÉS	LES ENDROITS
Nathalie et Marie-Christine Lasalle		au jardin public
Sarah Thomas	un spectacle	aux Folies Bergère

▌ **Activité 12.** Le vendredi de Clarisse Colin

▌ **Activité 13.** Entretien: Sorties

1. Est-ce que tu aimes aller au centre-ville? Y vas-tu souvent? Qu'est-ce qu'il y au centre? des grands magasins intéressants? des musées? des théâtres? des cafés?
2. Qu'est-ce que tu fais le vendredi soir? A quelle heure est-ce que tu rentres d'habitude? A quelle heure tu te couches?
3. Qu'est-ce que tu fais le week-end quand il fait mauvais ou qu'il pleut, par exemple? Est-ce que tu vas au cinéma? Tu regardes la télé? Tu invites des amis?
4. Est-ce que tu as un intérêt particulier? la photographie? le base-ball? les comédies musicales? Où vas-tu pour voir une exposition? pour assister à un concert? pour regarder un match de foot ou de tennis?
5. Vas-tu quelquefois à la bibliothèque? Combien de livres empruntes-tu par mois? Est-ce que tu paies parfois une amende?

Aptitudes et rêves

Attention! Étudier Grammaire 2.7 et 2.8

La réalité

Barbara et Denise savent faire du canoë.

Louis sait faire de la plongée sous-marine.

Jacqueline sait faire de l'escalade.

Daniel ne peut pas courir parce qu'il a la jambe cassée.

Les Martin ne peuvent pas dîner dans leur restaurant favori.

Le rêve

Adrienne veut gagner une fortune à la loterie nationale.

Charles veut apprendre à conduire cette année.

Agnès et Sarah veulent partir dans un pays tropical.

Activité 14. Qu'est-ce que tu sais faire?

MODÈLE: É1: Est-ce que tu sais (faire de la planche à voile)?
É2: Oui, (un peu). Et toi?
ou
(Non, je ne sais pas faire de la planche à voile.)
É1: (Comme ci, comme ça.)

1. faire du canoë
2. faire de l'escalade
3. cuisiner
4. faire du surf
5. jouer du piano
6. conduire une voiture
7. faire de la plongée
   sous-marine
8. coudre

bien
un peu
comme ci, comme ça
mal (très mal)

Activité 15. Vacances pour étudiants

Imaginez que vous représentez l'association FUAJ. Maintenant, vous répondez aux questions d'un reporter sur les possibilités pour les jeunes. Cherchez les réponses logiques.

LES AUBERGES, C'EST TOUT UN MONDE !

Avec les Auberges, vivez vos vacances "autrement" :
● *Autrement plus économiques :*
hébergement de 25 à 60 frs dans 220 auberges en France
● *Autrement plus sportives :*
plus de 80 activités d'été, des plus folles aux plus sages :
du cannyoning à l'équitation en passant par l'hydrospeed, le char à voile, le parapente, la randonnée, la voile...
● *Autrement plus dépaysantes :*
weeks-ends en Europe ou voyages au long cours, tout est possible !
Pour recevoir le programme complet de nos activités, contactez-nous.

FÉDÉRATION UNIE DES AUBERGES DE JEUNESSE

3615 FUAJ

27, rue Pajol 75018 PARIS ● *Tél. 46 07 00 01*

Le reporter

1. Que signifient les initiales FUAJ?
2. Qu'est-ce qu'une auberge de jeunesse?
3. Est-ce que c'est cher, des vacances dans une auberge FUAJ?
4. Est-ce que l'association FUAJ offre des vacances sportives organisées?
5. Combien d'auberges de jeunesse y a-t-il en France?
6. Vous offrez des sports un peu dangereux et excitants?
7. Quels sports offrez-vous pour les personnes moins aventureuses?
8. Qu'est-ce que je fais pour recevoir le programme complet des activités?

Vous, représentant(e) de FUAJ

a. C'est un type de logement réservé aux jeunes.
b. Oui, il y a plus de 80 activités possibles.
c. Si vous aimez le danger, vous pouvez faire des activités comme le parapente ou l'hydrospeed.
d. Cela signifie la Fédération Unie des Auberges de Jeunesse.
e. Il y en a plus de 200.
f. Il y a, par exemple, l'équitation ou la voile.
g. Vous contactez la FUAJ, 27 rue Pajol, à Paris. Le numéro de téléphone, c'est le 46.07.00.01.
h. Non, ce n'est pas cher. Ça coûte entre 25 et 60 francs par nuit.

Activité 16. Les vacances de Julien à la Martinique

LES COLONIES DE VACANCES ET LES CAMPS D'ADOLESCENTS

Les colonies de vacances sont des camps d'été pour enfants de 6 à 12 ans. A la colo les enfants participent pendant trois semaines à toutes sortes d'activités éducatives, récréatives et sociales. Certaines colonies sont organisées par des entreprises pour les enfants de leurs employés, d'autres encore par des municipalités ou des organisations civiques ou religieuses.

Les jeunes de 12 à 15 ans, et ceux de 15 à 18 ans, partent en camps pré-ados et camps d'ados, des camps axés[1] sur un sport ou la marche. Pendant deux semaines, les jeunes font alors du vélo, de la voile, de la marche, de l'escalade, ou toute autre activité sportive.

Pour bien des jeunes Français, partir en colo ou en camp d'ados, c'est découvrir les richesses d'autres régions françaises, développer de nouveaux talents, apprendre à se débrouiller,[2] et bien sûr, se faire de nouveaux amis.

[1]*centered*   [2]*se... to manage on their own*

Camp de voile à Aigues-Mortes sur la Méditerranée. Après la sortie en mer, c'est le retour.

LECTURE

Pour ou contre la colo?

Camille et Marie-Christine Lasalle et leurs camarades Céline, Joël et Aude donnent leur opinion.

MARIE-CHRISTINE: Je trouve la colo formidable. J'aime surtout aller à la piscine l'après-midi. Ce qu'on s'amuse alors avec les copains! Je voudrais rester là tout l'été.° A la maison il n'y a rien à faire et je m'ennuie° chez moi.

voudrais... would like to stay there all summer
get bored

CAMILLE: La colo, c'est mortel!° On fait des promenades interminables, on chante des chansons stupides comme «Un kilomètre à pied», et en plus il faut faire la sieste. C'est idiot quand on a onze ans!

boring

JOËL: Moi, j'aime surtout° les veillées autour du feu de camp.° Quand Pierre-Yves, notre moniteur, nous raconte des histoires drôles, ça nous fait rire.° Et quand il raconte des histoires à faire peur,° il faut voir la tête° des filles. Ça nous fait bien rigoler,° nous les garçons.

most of all / veillées... evenings around the campfire
ça... it makes us laugh
histoires... frightening stories / facial expression / ça... gives us a laugh

AUDE: La sieste, c'est ce que je déteste le plus. Personne ne dort,° alors pourquoi faire la sieste? On n'a même pas le droit de parler.° On tourne et on se retourne sur son lit,° on fait des petits signes à ses voisins et des grimaces derrière le dos des monitrices. On compte les minutes qui restent. On s'ennuie à mourir.

sleeps
On... You can't even talk / On... You toss and turn in your bed

CÉLINE: Ce que j'aime en colo? Mais un tas de choses.° J'aime les promenades en forêt. J'aime tremper mes pieds dans la rivière après la marche. J'aime caresser le chien de la ferme. J'aime chanter à tue-tête.° J'aime jouer à colin-maillard.° Et j'aime mes nouveaux amis.

tas... loads of things
chanter... sing at the top of one's voice / blind man's buff

Avez-vous compris?

D'après ce texte, qui dit quoi?

1. Camille   2. Aude   3. Marie-Christine   4. Joël   5. Céline

a. J'aime bien aller à la piscine avec mes copains.
b. J'aime aller à la ferme et caresser les animaux.
c. Je suis trop grande pour faire la sieste.
d. Pourquoi faire la sieste quand on ne dort pas.
e. J'aime écouter des histoires amusantes autour du feu de camp.

▌ **Activité 17.** Les rêves

Est-ce que vous rêvez quelquefois d'aventures? Décidez avec votre partenaire ou votre groupe si vous voulez faire les choses suivantes plus tard.

MODÈLE: É1: Est-ce que tu veux... ?
          É2: Oui/Non, je... parce que... Et toi?
          É1: Moi, je...

visiter une île tropicale
traverser l'Océan Indien sur un
　　voilier
descendre le Nil en bateau
　　pneumatique

traverser la Sibérie en train
faire le tour du monde
faire un safari en Afrique
piloter un avion
faire de l'escalade en Turquie

Raisons possibles
J'adore voyager.
J'ai le mal de l'air (le mal de mer).
Je déteste le froid (la chaleur, le vent).
Je préfère le confort moderne.

L'Escargot alpiniste

L'escargot à l'escalade
Sac au dos s'est mis en campagne
L'escargot à l'escalade
Va digérer la montagne.

　　　　　　Paul Claudel

▌ A vous d'écrire

Écrivez une lettre à un(e) étudiant(e) français(e) qui se prépare à passer un an dans votre université. Il/Elle demande des renseignements avant de choisir ses vêtements pour le séjour. Parlez-lui du climat, des saisons, et de quelques activités typiques des étudiants.

Cher/Chère... ,
　　Tu te prépares déjà pour ton année ici à... ? Bon, je vais répondre à tes questions. Ici à... , nous avons un climat... En été, il fait...
　　Bonne chance avec tes préparatifs. A bientôt et amitiés,

VOCABULAIRE

Le temps et les saisons
Weather and seasons

Quel temps fait-il?	What's the weather like?
Il fait beau.	It's nice.
Il fait chaud.	It's warm.

Il fait du soleil.	It's sunny.
Il fait du vent.	It's windy.
Il fait frais.	It's chilly.
Il fait froid.	It's cold.
Le ciel est couvert.	It's cloudy.

Il neige.	It's snowing.
Il pleut.	It's raining.
Il y a du brouillard.	It's foggy.
Il y a des nuages.	It's cloudy.
la boue	mud
la chaleur	heat
la neige	snow
le soleil	sun
en automne (*m.*)	in autumn
en été (*m.*)	in summer
en hiver (*m.*)	in winter
au printemps (*m.*)	in spring

Les endroits   Places

une bibliothèque	a library
la campagne	(the) country
un grand magasin	a department store
un jardin public	a public park
une librairie	a bookstore
un marché	a market
un quartier	a neighborhood, section of town
un salon de coiffure	a beauty salon
un stade	a stadium

Mots apparentés: **un café, le centre-ville, un gymnase, une île tropicale, un musée, un théâtre**

Les activités et les distractions
Activities and pastimes

une exposition	an exhibit
une comédie musicale	a musical
une pièce de théâtre	a play
un spectacle	a show

Mots apparentés: **un cirque, un festival de cinéma, un film, un match de foot**

Les activités et les sports
Activities and sports

assister à un match de basket	to attend a basketball game
bavarder avec des amis	to chat with friends
conduire une voiture	to drive a car
coudre	to sew
courir	to run
emprunter des livres	to borrow books

faire de l'escalade	to do rock climbing
faire de la plongée sous-marine	to scuba-dive
faire de la voile	to sail
faire du ski nautique	to waterski
faire du vélo	to bicycle
faire la sieste	to take a nap
faire le tour du monde	to go around the world
faire une promenade en voiture	to take a drive, a ride
jouer du piano	to play the piano
passer chez quelqu'un	to go by someone's house
pêcher	to fish
piloter un avion	to fly a plane
rencontrer des amis	to meet friends
s'amuser	to have fun
s'entraîner	to work out, to exercise
se promener	to take a walk

Mots apparentés: **faire du canoë (du jogging, du ski, du surf) jouer au frisbee, au volley-ball, pique-niquer, un safari, visiter**

La routine quotidienne et les soins personnels
Daily routine and personal care

se baigner	to take a bath
se brosser les cheveux	to brush one's hair
se brosser les dents	to brush one's teeth
se coucher	to go to bed
se couper les cheveux	to cut one's hair
se déshabiller	to undress
se doucher	to take a shower
s'habiller	to dress
se laver le visage	to wash one's face
se lever	to get up
se maquiller	to put on makeup
se raser	to shave
se sécher	to dry oneself

La description
Describing people and things

cassé(e)	broken
cher/chère	expensive, dear
complet/complète	full (hotel)
fauché(e)	broke, out of money
libre	free
neuf/neuve	brand-new
quotidien(ne)	daily

Mots apparentés: dangereux/dangereuse, excellent(e), excitant(e), fatigué(e), favori(te), mobile, obligé(e), organisé(e), parfait(e), réservé(e), sportif/sportive, timide, typique

Substantifs

un arbre	a tree
l'avenir (*m.*)	future
un billet	a ticket
un cadeau	a gift
un(e) camarade de chambre	a roommate
une cheminée	a fireplace
un coiffeur/une coiffeuse	a hairdresser
un copain/une copine	a good friend, pal (*coll.*)
les gens (*m.*)	people
les loisirs (*m.*)	leisure time
le mal de l'air	air sickness
un ordinateur	a computer
le petit déjeuner	breakfast
un rêve	a dream
une revue	a magazine, review

Mots apparentés: une aptitude, une aventure, un café, un fruit, un intérêt, un magazine, une option, la réalité, une représentation, une rivière, une saison, le service

Verbes

acheter des provisions	to buy groceries
apprendre	to learn
chercher	to hunt, to look for
coûter	to cost
gagner une fortune	to win, earn a fortune
passer un film	to show a film
payer une amende	to pay a fine
prendre	to take (eat, drink)
savoir	to know
traverser	to cross (a street, road)
voir	to see

Mots apparentés: arriver, changer, commencer à, interviewer, offrir, préférer, préparer, signifier, visiter

Pour indiquer l'endroit
Expressing location

chez (nous, toi, etc.)	at the home of (**chez + personne**)
entre	between
le long de (la rivière)	beside, alongside (the river)
près de	near
sous	under
y	there

Quand · Saying when

à la même heure	at the same time
l'après-midi (*m.*)	in the afternoon
avant	before
cette année	this year
d'abord	first of all
de bonne heure	early
d'habitude	usually
ensuite	next, then
les jours (*m.*) de classe	on class days
puis	then, next
tard	late
tôt	early
toujours	always
trois fois par semaine	three times a week

Mots et vocabulaire utiles
Useful words and vocabulary

Allons-y!	Let's go!
bien	well
Ça te va? Parfaitement.	Does that suit you? Perfectly.
Ciao! A ce soir!	So long! See you tonight!
Est-ce que tu voudrais... ?	Would you like . . . ?
par jour	per day
Pas grand-chose.	Not much.
personne... ne (ne... personne)	nobody
Pourquoi?	Why?
Que signifie... ?	What does . . . mean?
Si!	Oh yes! (*contradicting*)
Zut!	Heck!, Darn!

GRAMMAIRE ET EXERCICES

2.1 Talking About Activities and Weather: The Verb faire

A. One of the most common irregular verbs is **faire.** Here are its present-tense forms.

faire (*to do, make*)	
je fais	nous faisons
tu fais	vous faites
il/elle/on fait	ils/elles font

Pronunciation Hint
fai**s**, fai**t**, faiso**ns**, fait**es**, fo**nt**.

Use the verb **faire** to ask what someone is doing or what work people do.

Qu'est-ce que tu **fais** ce soir?   *What are you doing tonight?*
  —J'écoute un nouveau disque.   *—I'm listening to a new record.*
Que **fait** ton frère? —Il travaille   *What does your brother do?*
dans un restaurant.   *—He works in a restaurant.*

Faire is also used in many expressions to talk about specific activities. Here are a few of these: **faire des devoirs** (*to do homework*), **faire le ménage** (*to do the housework*), **faire une promenade** (*to take a walk*), **faire un voyage** (*to take a trip*), **faire de la voile** (*to go sailing*).

B. Another important use of **faire** is to talk about the weather.

Quel temps fait-il?   *What's the weather like?*
  Il fait beau.   *The weather's (It's) nice.*
  Il fait mauvais.   *The weather's (It's) bad.*
  Il fait froid.   *It's cold.*
  Il fait frais.   *It's cool (chilly).*
  Il fait chaud.   *It's hot (warm).*
  Il fait gris.   *It's gray (gloomy).*
  Il fait du soleil.   *It's sunny.*
  Il fait du vent.   *It's windy.*
  Il fait du brouillard.   *It's foggy.*

Some descriptions of weather do not use **faire.** Here are some of the most common ones.

Il pleut. *It's raining.*
Il neige. *It's snowing.*
Le ciel est couvert. *It's cloudy.*

▌ Exercice 1. Quel temps fait-il?

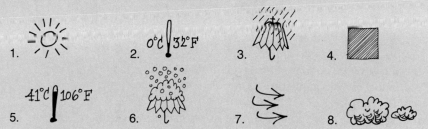

▌ Exercice 2. Nos vacances d'été

Marie-Christine Lasalle fait un devoir où elle décrit les activités qu'elle fait avec sa famille. Remplacez les tirets par une forme du verbe **faire.**

Ma famille et moi, nous _____[1] beaucoup de choses ensemble. En été quand il _____[2] chaud, nous aimons passer nos vacances au bord de la mer.* S'il _____[3] beau, Nathalie et moi, nous jouons sur la plage pendant que† Camille _____[4] de la voile avec maman. Maman et Papa _____[5] beaucoup de longues promenades. Moi, je _____[6] seulement de petites promenades! J'aime surtout _____[7] des pique-niques — Papa _____[8] toujours de bons sandwiches! Quand il _____[9] mauvais, tout le monde reste à la maison. Nous _____[10] le ménage ensemble, et puis nous jouons à des jeux amusants. J'adore les vacances d'été.

◤ 2.2 Other Expressions with faire

The verb **faire** is used to describe many kinds of activities, such as sports, music, arts and crafts.‡

---

*au bord de la mer = at the seashore
†pendant que = while
‡In these expressions, you will notice that **du** (*m.*), **de la** (*f.*), or **de l'** are used before the nouns. This is called the partitive article. In later chapters you will learn more about the partitive article and its other uses.

Emmanuel **fait du karaté,** et
son petit frère **fait du judo.**
Au lac, nous **faisons du bateau**
et **de la planche à voile** tous
les jours.
Je **fais de l'anglais** pour être
professeur d'anglais.

Emmanuel does karate, and his
little brother does judo.
At the lake, we go boating and
windsurfing every day.
I'm studying English in order to be
an English teacher.

Here are some more examples of activities described with **faire.**

faire de l'aérobic / du karaté / de la plongée sous-marine (*diving*)
faire du bateau (*boating*) / **de la bicyclette** ou **du vélo** (*biking*) / **de la moto** (*motorbiking*)
faire de la voile (*sailing*) / **de la planche à voile** (*windsurfing*) / **du ski / du ski nautique** (*water skiing*)
faire du camping
faire de la peinture (*painting*) / **de la photographie** / **du tricot** (*knitting*)
faire du français / de la médecine (*to study French/medicine*)

▌ **Exercice 3.** Que font les Lasalle?

C'est un samedi au mois de mai. Décrivez l'activité de chaque membre de la famille, en employant une expression avec **faire.**

1. Marie

2. Marie-Christine

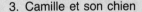

3. Camille et son chien

4. Nathalie

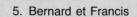

5. Bernard et Francis

6. Christine Lasalle

2.3 Verbs like ouvrir; -er Verbs with Spelling Changes

A. You have learned that most verbs with infinitives ending in **-er** are conjugated in the same way. A few verbs that end in **-rir** like **ouvrir** (*to open*) are conjugated exactly like regular **-er** verbs.

ouvrir (*to open*)	
j' ouvre	nous ouvrons
tu ouvres	vous ouvrez
il/elle/on ouvre	ils/elles ouvrent

Other verbs like **ouvrir** include **découvrir** (*to discover*), **offrir** (*to give, offer*) and **couvrir** (*to cover*).

> La bibliothèque **ouvre** à neuf heures le samedi.   *The library opens at nine o'clock on Saturdays.*

B. A few regular **-er** verbs have minor spelling changes in the present-tense stem. Most of these changes correspond to changes in pronunciation that occur when the verb has an ending that is not pronounced.

In verbs like **préférer** there is both a spelling and a pronunciation change: the **-é-** just before the infinitive ending becomes **-è-** in all but the **nous** and **vous** forms.

é → è	é → é
je préfère	*but:*
tu préfères	préférer
il/elle/on préfère	nous préférons
ils/elles préfèrent	vous préférez

Verbs like **préférer** include **espérer** (*to hope*) and **répéter** (*to repeat*).

Pronunciation Hint

Notice that the **-é-** changes to **-è-** in just those forms where the verb ending is not pronounced. Silent endings: **préfère, préfères, préfèrent.** Pronounced endings: **préférer, préférons, préférez.**

In verbs like **acheter,** the **-e-** of the stem (**achet-**) is not normally pronounced in either the infinitive or the **nous** and **vous** forms. However, the stem **-e-** becomes an **-è-** in the other forms, and *is* pronounced.

e → è	e → e
j' achète tu achètes il/elle/on achète ils/elles achètent	*but:* acheter nous achetons vous achetez

Like **acheter: se lever*** (*to get up*), **se promener** (*to take a walk*).

Pronunciation Hint

achèté, achètés, achètént; achéter, achétōns, achétez

In **appeler,** the final consonant of the stem is doubled in all but the **nous** and
vous forms to indicate that the **-e-** of the stem is to be pronounced (but not
written **è**).

l → ll	l → l
je m'appelle tu t'appelles il/elle/on s'appelle ils/elles s'appellent	*but:* s' appeler nous nous appelons vous vous appelez

Pronunciation Hint

appellé, appellés, appellént; appéler, appélōns, appélez.

Verbs like **manger** (that end in **-ger**) add **-e-** to the stem (**mang-**) before **-ons**
to preserve the correct pronunciation of the letter **g.**

je mange tu manges il/elle/on mange	nous mangeons vous mangez ils/elles mangent

Like **manger: changer** (*to change*), **voyager** (*to travel*).
   Verbs like **commencer** (*to begin*) and **remplacer** (*to replace*) add a cedilla
(¸) to the **c** before **-ons** to preserve the **s** pronunciation: **nous commençons,
nous remplaçons.**

***Se lever** and **se promener** are used with reflexive pronouns. You will find out about verbs of this
type in the next grammar section.

▮ **Exercice 4.** Projets: Shopping

Agnès Rouet et Sarah Thomas se parlent au téléphone un vendredi soir.

Verbes: ouvrir, offrir, manger, préférer, espérer, répéter, acheter, s'appeler.

SARAH: C'est l'anniversaire de Jean-Yves dimanche. Est-ce que tu lui _____[1] un cadeau?

AGNÈS: Oui, bien sûr, mais je ne sais pas quoi. Je/J' _____[2] trouver un cadeau original. Tu viens avec moi?

SARAH: D'accord. Qu'est-ce que tu _____[3]: les grands magasins ou les petites boutiques?

AGNÈS: Moi, je/j' _____[4] tous mes cadeaux dans les petites boutiques. J'aime surtout une boutique qui s' _____[5] «Génie».

SARAH: Bon. J'ai une idée. Si nous _____[6] ensemble au restaurant à une heure, c'est parfait. En général, les boutiques _____[7] à deux heures après le déjeuner, n'est-ce pas?

AGNÈS: Oui. Alors, rendez-vous au Café Royal à une heure. Je _____[8]: au Café Royal à une heure. D'accord?

▮ *2.4 Reflexive Pronouns*

A. Reflexive pronouns are used whenever the object of the verb is the same as the subject.

> *He cut **himself** while shaving.*
> *She taught **herself** to play the violin.*

You have already used reflexive pronouns with the verb **appeler** (*to call*).

Comment **s'**appelle cet étudiant?
— Il **s'**appelle Daniel.

What is that student's name?
— His name is Daniel.

Comment **vous** appelez-vous?
— Je **m'**appelle Denise.

What is your name? — My name is Denise.

Many verbs that require reflexive pronouns in French do not require them in English.

Je **me lève** toujours à sept heures du matin.

I always get up at seven o'clock in the morning.

Mon grand-père **se promène** toujours dans le parc l'après-midi.

My grandfather always walks in the park in the afternoon.

Here are the reflexive pronouns and some expressions that are useful for talking about daily actions. Note that in **me, te,** and **se,** the **e** is dropped before a verb beginning with a vowel.

se promener (*to take a walk*)		s'amuser (*to have fun*)
me/m'	je **me** promène	je **m'**amuse
te/t'	tu **te** promènes	tu **t'**amuses
se/s'	il/elle/on **se** promène	il/elle/on **s'**amuse
nous	nous **nous** promenons	nous **nous** amusons
vous	vous **vous** promenez	vous **vous** amusez
se/s'	ils/elles **se** promènent	ils/elles **s'**amusent

Pronunciation Hint

nous nous promenõns, vous vous promenez, but **nous nous_amusõns, vous vous_amusez.**

Raoul et moi, **nous nous amusons** avec nos amis français.	*Raoul and I have a good time with our French friends.*

Here are some common expressions using reflexive pronouns.

s'amuser	*to have a good time, enjoy oneself*	**se laver**	*to wash oneself, get washed*
se baigner	*to take a bath; to swim*	**se lever**	*to get up*
		se promener	*to take a walk*
se coucher	*to go to bed; to lie down*	**se reposer**	*to rest*
		se réveiller	*to wake up*
s'endormir*	*to go to sleep*	**se sécher**	*to dry oneself*
s'habiller	*to get dressed*		

B. As you saw in the preceding examples, reflexive pronouns precede conjugated verb forms. In negative sentences, **ne** always precedes the reflexive pronoun.

M. Vincent **se réveille** de bonne heure, mais il **ne se lève pas** tout de suite parce qu'il aime bien lire le journal au lit.	*Mr. Vincent wakes up early, but he doesn't get up immediately because he likes to read the newspaper in bed.*

If an infinitive with a reflexive pronoun follows another verb (such as **aimer, préférer**), the reflexive pronoun comes before the infinitive. The reflexive pronoun must change to agree with the subject.

---

*The forms of **-ir** verbs like **endormir** are presented in Section 3.7.

Est-ce que vous aimez **vous** promener en ville? — Non, je préfère **me** promener à la campagne.

Do you like to take walks in the city? — No, I prefer to take walks in the country.

Qu'est-ce qu'Adrienne aime faire le week-end? — Elle aime rester chez elle et **se** reposer.

What does Adrienne like to do on weekends? — She likes to stay at home and rest.

▌ Exercice 5. Une journée à la maison

Agnès Rouet, la camarade de chambre de Sarah Thomas, décrit un mercredi typique.

Verbes: se coucher, se réveiller, se lever, se promener, s'amuser, s'habiller, se reposer.

Je partage* un appartement avec Sarah. Nous sommes étudiantes, mais le mercredi nous n'avons pas de cours à l'université. Alors, nous passons la journée chez nous.

Le matin, je _____[1] à huit heures. Sarah ne _____[2] pas facilement. Donc, je prépare le café et Sarah _____[3] à neuf heures. Nous _____[4] après le petit déjeuner, et nous commençons à étudier à dix heures.

A une heure nous mangeons des sandwichs, et nous travaillons encore quelques heures. A cinq heures, s'il fait beau, nous aimons _____[5] dans le parc avec notre chien Fifi. Fifi _____[6] beaucoup avec les enfants qui jouent dans le parc.

Nous dînons à sept heures et demie, et après le dîner nous _____[7] un peu. Nous aimons regarder les informations à la télé. Après, nous étudions encore quelques heures. Moi, j'aime _____[8] à onze heures et écouter de la musique au lit. Sarah préfère _____[9] plus tard, vers minuit.

▌ Exercice 6. Vos habitudes

Que faites-vous d'habitude?

MODÈLE: Est-ce que vous vous levez toujours à huit heures? →
Oui, je me lève toujours à huit heures.
ou
Non, je ne me lève pas toujours à huit heures.
ou
Non, je me lève souvent à huit heures et demie. etc.

1. En général, est-ce que vous vous couchez tard?
2. Est-ce que vous vous réveillez souvent la nuit?

---

*partage = share

3. Aimez-vous vous lever de bonne heure?
4. En général, est-ce que vous vous habillez en cinq minutes ou en un quart d'heure (ou plus)?
5. Est-ce que vos camarades et vous, vous vous amusez le vendredi soir?
6. Est-ce que vos amis et vous, vous vous reposez le week-end?
7. Comment s'appelle votre restaurant préféré?
8. Préférez-vous vous promener en ville ou à la campagne?
9. Préférez-vous vous baigner dans un lac ou dans une piscine?

2.5 *Going Places: The Verb aller and Contractions of à*

A. To talk about going places, use a form of the irregular verb **aller.** Here are the present-tense forms.

aller *(to go)*	
je vais	nous allons
tu vas	vous allez
il/elle/on va	ils/elles vont

Pronunciation Hint
je vais, tu vas, nous allons, vous allez, ils vont.

Qu'est-ce que vous faites ce soir? —Nous **allons** chez Raoul.

What are you doing tonight? —We're going to Raoul's.

Mes parents **vont** à l'église tous les dimanches.

My parents go to church every Sunday.

B. When talking about going *to* a place, the most frequently used preposition is **à** *(to).* Like **de, à** contracts with some of the definite articles: **à + le = au; à + les = aux.**

Où va Clarisse après le cours? —Elle va **au** café avec ses amis.

Where is Clarisse going after class? —She's going to the café with her friends.

Sarah aime aller **aux** cafés du Quartier latin.

Sarah likes to go to the cafés in the Latin Quarter.

C. If you give someone directions about how to get to a place, use the command **allez** or **va.**

Où est le bureau de poste, s'il vous plaît? — **Allez** tout droit. Il est en face du musée. Nathalie, **va** dans ta chambre!	*Where's the post office, please? — Go straight ahead. It's opposite the museum.* *Nathalie, go to your room!*

To make a suggestion, use **allons**.

Allons au parc demain.	*Let's go to the park tomorrow.*

D. The pronoun **y** can be used to replace the preposition **à** + a noun referring to a place. **Y** is always placed just before the verb.

Tu vas souvent **à la piscine**? — Oui, j'**y** vais tous les après-midi.	*Do you go to the pool often? — Yes, I go (there) every afternoon.*
Est-ce que Charlotte va **à la bibliothèque** aujourd'hui? — Oui, elle **y** va après ses cours.	*Is Charlotte going to the library today? — Yes, she's going (there) after her classes.*

The pronoun **y** can also replace prepositional phrases with **dans** or **chez**.

Tu vas **chez Denise** ce soir? — Oui, j'**y** vais.

Exercice 7. Projets du week-end

C'est vendredi, et Denise parle des projets de tout le monde. Remplacez les tirets par la forme correcte du verbe **aller** et utilisez **à la, à l', au** ou **aux** quand c'est nécessaire.

1. Moi, je _____ _____ bibliothèque pour travailler jusqu'à sept heures ce soir.
2. Ce soir, nous _____ tous chez Daniel écouter de la musique.
3. Madame Martin, vous _____ _____ nouveau restaurant italien ce soir, n'est ce pas?
4. Louis et Albert _____ _____ café maintenant, comme d'habitude!
5. Demain, Barbara, Jacqueline et moi, nous _____ _____ grands magasins pour acheter des vêtements.
6. Daniel, tu _____ _____ cinéma demain avec une nouvelle amie, n'est-ce pas?
7. Barbara _____ _____ église demain après-midi pour assister à un mariage.
8. Et Raoul _____ à Montréal ce week-end. Il a de la chance!

Exercice 8. Où allez-vous?

Répondez avec des expressions de fréquence comme **souvent, toujours, quelquefois... , ne... jamais,...**

MODÈLE: Allez-vous au musée? →
Oui, j'y vais souvent/quelquefois/une fois par semaine...
ou
Non, je n'y vais jamais/je n'y vais pas souvent. etc.

Allez-vous...

1. à la piscine?
2. au théâtre?
3. dans un bar?
4. à la bibliothèque?

5. au gymnase?
6. à la banque?
7. au centre-ville?
8. à l'église?

2.6 *The Impersonal Subject on*

The subject pronoun **on** can be used to refer to an unspecified person, roughly corresponding to the impersonal English subjects *you, people, they*. Because the form **on** is grammatically singular, it is always used with the same verb form as **il** and **elle**.

En France, **on fait** les courses dans les petits magasins ou dans les grands supermarchés.

In France, people (they) do their shopping in the little stores or in the big supermarkets.

En France, **on ne trouve pas** de médicaments au supermarché. **On achète** des médicaments à la pharmacie.

In France, you don't find medicine at the supermarket. You buy medicine at the pharmacy.

In everyday conversation, French speakers often use **on** instead of the subject pronoun **nous**.

Vous rentrez à quelle heure, Monique et toi? —**On** rentre tard, après le cinéma.

What time are you and Monique coming home? —We'll be home late, after the movie.

Pronunciation Hint

The **-n** of **on** is a liaison consonant: õn̸ fait̸, but õn‿achète̸.

 Exercice 9. En Amérique

Un Français curieux vous pose des questions sur les habitudes des Américains. Répondez par **oui** ou **non**.

MODÈLE: En Amérique, est-ce qu'on va à l'école le samedi? →
Non, on ne va pas à l'école le samedi.

1. En Amérique, est-ce qu'on regarde beaucoup la télévision?
2. Est-ce qu'on mange toujours des hamburgers?
3. Est-ce qu'on va au restaurant tous les jours?
4. Est-ce qu'on dîne à huit heures du soir?
5. Est-ce qu'on rentre à la maison à midi pour déjeuner?
6. Est-ce qu'on aime les films français?
7. Est-ce qu'on aime aller au théâtre?
8. Est-ce qu'on fait des promenades en famille, le dimanche après-midi?

2.7 *Abilities and Desires: The Verbs* pouvoir *and* vouloir

A. To talk about what you can do or have permission to do, use **pouvoir**. **Vouloir** is used to indicate wishes or desires. These two irregular verbs are very similar in their conjugation patterns.

pouvoir (*to be able, can*)
je **p**eux
tu **p**eux
il/elle/on **p**eut
nous **p**ouvons
vous **p**ouvez
ils/elles **p**euvent

vouloir (*to want*)
je **v**eux
tu **v**eux
il/elle/on **v**eut
nous **v**oulons
vous **v**oulez
ils/elles **v**eulent

Pronunciation Hint

peu*x*, peu*t*, pouvõ*ns*, pouve*z*, peuvé*nt*; veu*x*, veu*t*, voulõ*ns*, voule*z*, veulé*nt*.

Both **vouloir** and **pouvoir**, like the verb **aimer**, are often followed by an infinitive.

Nous **voulons apprendre** le français.	*We want to learn French.*
Est-ce que tu **veux partir** maintenant? —Oui, je suis très fatigué.	*Do you want to leave now? —Yes, I'm very tired.*
Je **peux venir** chez toi à 8h.	*I can come to your house at eight o'clock.*
Pouvez-vous aller en France cet été? —Non, je suis fauché(e)!	*Can you go to France this summer? —No, I'm broke!*

B. A common way to express a wish to do something is to use **je voudrais** or **j'aimerais** (*I would like*) followed by an infinitive.

> Je **voudrais aller** au cinéma ce soir, mais j'ai beaucoup de travail à faire.

> *I'd like to go to the movies tonight, but I have a lot of work to do.*

> Où est-ce que tu **aimerais voyager?** —Je voudrais aller en France, puisque je parle français.

> *Where would you like to travel? —I'd like to go to France, since I speak French.*

Je voudrais and **j'aimerais** are conditional tense forms of **vouloir** and **aimer.** For now, you only need to know their meaning and how to use the singular forms: **je voudrais, tu voudrais, il/elle/on voudrait.**

Pronunciation Hint
voudrais̸, voudrait̸.

C. Vouloir is frequently used in the expression **vouloir dire** (*to mean*):

> Que veut dire «fauché»? —Ça veut dire *broke.*

> *What does "fauché" mean? —It means "broke."*

▌ Exercice 10. Allons au cinéma

Barbara parle à Louis après le cours de français. Complétez ses phrases par la forme correcte du verbe **vouloir** ou **pouvoir.** (Parfois plus d'une réponse est possible.)

BARBARA: Dis, Louis, est-ce que tu _____[1] aller au cinéma ce week-end?

LOUIS: Pourquoi? Qu'est-ce que tu _____[2] voir?

BARBARA: Denise et moi, nous _____[3] voir le film «Cyrano de Bergerac».

LOUIS: Tiens! J'ai deux autres amis qui _____[4] aussi voir ce film. Est-ce que nous _____[5] y aller tous ensemble?

BARBARA: Mais oui, pourquoi pas? Est-ce que tes amis et toi, vous _____[6] y aller dimanche après-midi?

LOUIS: Oui, je pense que ça va. Moi je _____,[7] et je pense que mes amis aussi _____[8] y aller dimanche.

BARBARA: Alors, c'est décidé. Denise va être très contente, parce qu'elle _____[9] absolument voir ce film.

LOUIS: Tant mieux!* Alors on se retrouve devant le cinéma Rex à 2h dimanche. D'accord?

BARBARA: D'accord. Une dernière chose: est-ce que tu _____[10] me passer tes notes du cours de français d'hier?

LOUIS: Oui, bien sûr. C'est tout?

BARBARA: Oui, c'est tout. Merci et au revoir.

LOUIS: A dimanche.

_____

*Tant mieux! = That's great!

Exercice 11. Qu'est-ce que tu aimerais vraiment faire?

Voudrais-tu faire ces choses?

MODÈLE: faire du ski nautique →
Oui, je voudrais faire du ski nautique.
ou
Non, je ne voudrais pas faire du ski nautique.

1. dîner dans un bon restaurant français
2. manger des escargots
3. habiter à Paris
4. travailler à Wall Street
5. faire de la plongée sous-marine
6. faire des études de médecine
7. visiter une autre planète
8. être président(e) des États-Unis

2.8 *What Do You Know? The Verb savoir*

The irregular verb **savoir** is used to talk about knowing facts.

Comment s'appelle la belle-mère
de Bernard Lasalle? — Je ne
sais pas.
Tu **sais** quelle est la date
aujourd'hui? — Oui, c'est le
17 octobre.

*What's the name of Bernard
Lasalle's mother-in-law? — I
don't know.*
*Do you know what the date is
today? — Yes, it's October 17th.*

Here are the present-tense forms.

savoir (*to know*)	
je sais	nous savons
tu sais	vous savez
il/elle/on sait	ils/elles savent

Pronunciation Hint
sais, sait, savons, savez, savent.

Savoir is also used with an infinitive to describe what you know how to do.

Je ne **sais** pas **nager,** mais je **sais faire** du ski.	*I don't know how to swim, but I know how to ski.*
Vous **savez parler** français, n'est-ce pas?	*You know how to speak French, don't you?*

▌ Exercice 12. Savoir-faire

Complétez la question par une forme du verbe **savoir,** et répondez à la question.

MODÈLE: Est-ce que votre professeur de français _____ parler russe? →
Est-ce que votre professeur de français *sait* parler russe?
Oui, il/elle sait parler russe.
ou
Non, il/elle ne sait pas parler russe.

1. Est-ce que vous _____ faire du ski nautique?
2. Est-ce que votre père (mère/ami) _____ faire la cuisine?
3. Est-ce que votre sœur (père/amie) _____ réparer une voiture?
4. Est-ce que tes amis et toi, vous _____ jouer au bridge?
5. Est-ce que vos parents _____ utiliser un ordinateur?
6. _____-vous parler grec?

CHAPITRE

Sorties

Paris: Musée d'Orsay

In **Chapitre 3** you will learn the names for transportation and places in the city, to ask for and give directions, and to say where places are located. You will also learn the names of some stores and expressions useful for shopping.

THÈMES

S'orienter

Transports urbains

Achats

Distractions

LECTURES

A la découverte de Beaubourg

«Paris at Night» de Jacques Prévert

GRAMMAIRE

3.1 Saying Where Things Are: Prepositions of Location

3.2 Asking Questions: Interrogative Words

3.3 Irregular **-re** Verbs like **prendre**

3.4 Expressing Necessity: **il faut** and **devoir** + Infinitive

3.5 Pointing Things Out: Demonstrative Adjectives and **-ci/-là**

3.6 Expressing Quantities: The Partitive Articles (**du, de la, de l'**) and Other Expressions of Quantity

3.7 Present Tense: **-ir** Verbs like **sortir** and **dormir**

3.8 Talking About the Future: **aller** + Infinitive

ACTIVITÉS ET LECTURES

S'orienter

Attention! Étudier Grammaire 3.1 et 3.2

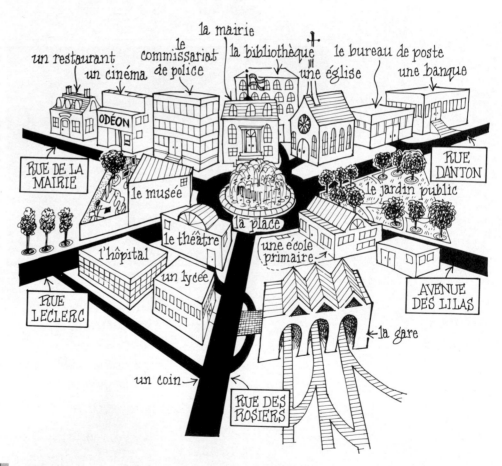

Activité 1. Les endroits publics

Situez les bâtiments et endroits publics ci-dessus avec votre partenaire. Utilisez **à côté de, dans, entre, en face de, devant, derrière, sur, sous, loin de, près de.**

MODÈLE: É1: Où est le bureau de poste?
É2: Le bureau de poste est dans la rue Danton, à côté de l'église.
É1: Est-ce que c'est loin de la mairie?
É2: Non, c'est près de la mairie.

▌ **Activité 2.** Qu'est-ce qu'on y fait?

Qu'est-ce qu'on peut faire dans les endroits suivants?

MODÈLE: É1: Qu'est-ce qu'on fait au musée?
É2: On y regarde des tableaux et des sculptures.
É1: Tu aimes aller au musée?
É2: Oui, beaucoup. (Oui, quelquefois./Non, pas beaucoup./Non, pas du tout.)

1. à la banque
2. à la bibliothèque
3. au bureau de poste
4. à l'hôpital
5. au cinéma
6. à l'église ou au temple
7. au café
8. au lycée

chercher des journaux et des revues
chanter
faire des opérations
retirer de l'argent
écouter le prêtre ou le pasteur
emprunter des livres
déposer de l'argent
téléphoner
prier
étudier
regarder des films
acheter des timbres
envoyer des lettres
soigner les malades
manger des sandwichs et des glaces
?

▌ **Activité 3.** Dialogue: Une Américaine à Paris

SARAH: Pardon, monsieur. Est-ce qu'il y a un bureau de poste près d'ici?
LE PASSANT: Un bureau de poste? Oui, il y a un bureau de poste dans la rue Raymond-Losserand.
SARAH: C'est loin d'ici?
LE PASSANT: Non, mademoiselle, c'est tout près. Vous allez tout droit. A la troisième rue, vous tournez à gauche dans la rue Raymond-Losserand.
SARAH: Ah, rue Raymond-Losserand. Oui, d'accord.
LE PASSANT: La poste est en face d'une pharmacie.
SARAH: En face d'une pharmacie? D'accord. Merci bien, monsieur.
LE PASSANT: Je vous en prie, mademoiselle.

■ **Activité 4.** Le Plan de Paris

Utilisez le plan de Paris pour compléter ces instructions.

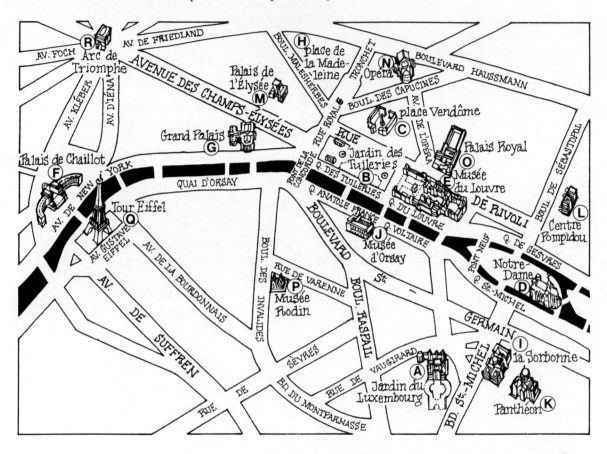

1. Vous êtes près de l'Opéra (N) et vous désirez visiter le Musée d'Art Moderne au Centre Pompidou (L). Vous allez tout droit dans l'avenue de l'Opéra et vous tournez à gauche dans la rue de Rivoli. Puis, au boulevard de Sébastopol, ...

2. Vous êtes au Jardin des Tuileries (B) et vous décidez d'aller à l'Arc de Triomphe (R). Vous traversez la rue Royale, et...

3. Vous êtes devant le Musée Rodin (P) et vous allez au Jardin du Luxembourg (A). Vous prenez la rue de Varenne, puis vous tournez à droite au boulevard Raspail, et...

4. Après un déjeuner près du Palais Royal (O), vous allez au Musée du Louvre (E). Pour y aller, vous...

5. Pour aller de la cathédrale Notre-Dame (D) jusqu'à votre hôtel derrière la Sorbonne (I), traversez la Seine et tournez à gauche sur le Quai St-Michel. Puis, tournez à droite au boulevard St-Michel et...

6. ?

a. vous tournez à gauche dans la rue de Vaugirard.
b. traversez la rue de Rivoli.
c. tournez à gauche au boulevard St-Germain.
d. vous allez tout droit sur l'avenue des Champs-Élysées.
e. vous tournez à gauche. Le Centre Pompidou est sur votre droite.
f. -?-

LECTURE

A la découverte de Beaubourg

Pour aller à Beaubourg, c'est simple. Prenez le métro et descendez à la station «Les Halles». Un des quartiers les plus animés de Paris s'offre alors à vous. Autrefois° un village, l'ancien Beau Bourg, c'est aujourd'hui le Centre Pompidou et tout près de là,° le Forum des Halles. Le Centre Pompidou, aussi appelé Beaubourg, est consacré depuis 1977 à la création artistique contemporaine. Son musée d'art moderne, sa bibliothèque publique, ses salles d'expositions et ses librairies attirent de nombreux visiteurs français et étrangers. Dans un ancien quartier de Paris, le bâtiment ultra-moderne tranche sur° les maisons avoisinantes.° A l'extérieur, un grand escalator trace une diagonale rouge sur la façade. A l'arrière, de gros tubes

in the past

tout... *close by*

tranche... *contrasts sharply with / nearby*

De jeunes musiciens jouent de leurs instruments sur l'esplanade devant le Centre Pompidou.

Paris: Le Forum des Halles

métalliques bleus, verts et jaunes suggèrent un échafaudage.° «Mais c'est un chan-   *scaffolding*
tier!»° protestent certains Parisiens. Et pourquoi pas? L'art, acte de création, est chan-   *construction site*
tier par essence.

En été, des joueurs de guitare, des jongleurs, des mimes et, bien sûr, des flâneurs,°   *strollers*
animent l'esplanade du Centre. L'atmosphère est populaire et gaie.

Un peu plus loin, le Forum des Halles remplace l'ancien marché de produits alimen-
taires. Aujourd'hui, le Forum des Halles invite les flâneurs à faire du lèche-vitrines°   *window shopping*
devant les grands magasins et les nombreuses boutiques. Et si on est fatigué, on peut
prendre un café dans un des bistrots avoisinants.

Avez-vous compris?

De quoi s'agit-il, de Beaubourg (B) ou du Forum des Halles (F)?

1. Le nom d'un ancien village ＿＿＿
2. Le Centre Georges Pompidou ＿＿＿
3. Un centre commercial avec de nombreuses boutiques ＿＿＿
4. On peut y admirer les vitrines des grands magasins ＿＿＿
5. A l'extérieur il y a beaucoup de tubes en métal ＿＿＿
6. On peut visiter son musée et ses salles d'exposition ＿＿＿
7. Des joueurs de guitare et des jongleurs amusent les flâneurs devant ce
   bâtiment ＿＿＿
8. Certains Parisiens pensent que c'est un chantier ＿＿＿

Faites-vous de temps en temps du lèche-vitrines? Où? Quand? Avec qui? Pourquoi?

Transports urbains

Attention! Étudier Grammaire 3.3 et 3.4

Les transports

Quand il pleut, Bernard Lasalle prend un taxi pour aller au bureau.

Adrienne Petit prend l'autobus au coin de la rue.

Sarah et Agnès prennent le métro pour aller à la fac. C'est très rapide.

La sécurité et les précautions

Nathalie et Marie-Christine doivent traverser la rue dans les passages cloutés.

Pour rouler à mobylette, il faut porter un casque.

Il ne faut pas prendre le train aux heures de pointe.

On doit avoir de la patience dans un embouteillage.

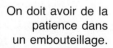

▌ **Activité 5.** Interaction: Les activités d'une semaine typique

	LUNDI MATIN	JEUDI APRÈS-MIDI	SAMEDI
Sarah Thomas (Paris)	prend le métro à 7h45 pour aller à la fac		
Jean-Yves Lescart (Paris)		va au bureau de poste	prend un pot avec ses amis au café
Raoul Durand (La Nouvelle-Orléans)	prend l'autobus parce qu'il pleut		fait une promenade à bicyclette
Charles Colin (Clermont-Ferrand)		prend un pain au chocolat comme casse-croûte	

É1: Que fait Sarah le jeudi après-midi?
É2: Elle fait la queue pour acheter ses provisions pour le dîner.
É1: Et toi aussi, tu fais la queue pour acheter tes provisions?
É2: Oui, quelquefois. (Non, pas souvent./Non, jamais.)

PARIS DU BON PIED
FOOTLOOSE IN PARIS

Guide du visiteur

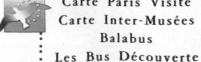

Carte Paris Visite
Carte Inter-Musées
Balabus
Les Bus Découverte
Prêt? Partez!

▌ *Note culturelle*

LE MÉTRO

Comment se déplacer le plus aisément à Paris? En voiture? Bien sûr que non! Il y a trop de circulation et il est souvent difficile de trouver une place de stationnement. Alors, utiliser les transports en commun? Évidemment! C'est le moyen le plus efficace, et vous avez le choix entre plusieurs possibilités. Si vous êtes pressé, prenez le métro. C'est rapide, et il y a toujours une station de métro toute proche. De plus, il est facile de s'orienter. Les lignes sont bien indiquées dans les stations et à l'intérieur des voitures. Si vous voulez aller encore plus vite, prenez le RER,[1] un métro express ultra-rapide. Il vous amène aussi en banlieue.[2] Si vous n'êtes pas pressé et si vous voulez voir Paris, prenez le bus. C'est une façon agréable et pas chère de découvrir la ville sans se fatiguer.

[1]Réseau Express Régional   [2]suburbs

Activité 6. Comment se débrouiller en ville

"Équipage à navette: télétransportez-moi ailleurs, il n'y a pas de trace de vie intelligente ici."

HOT CHAMP

Dites **oui** ou **non** et ensuite, comparez vos réponses aux réponses de votre partenaire.

MODÈLE: Est-ce une bonne idée de... prendre l'autobus? →
Oui, parce qu'il y a trop de voitures dans les villes.

En ville, est-ce une bonne idée de/d'...

_____ prendre le métro aux heures de pointe?
_____ se promener seul dans un jardin public à minuit?
_____ porter un casque si on roule à mobylette?
_____ utiliser les transports en commun?
_____ traverser la rue dans le passage clouté?
_____ rouler en voiture tout le temps?
_____ faire attention aux feux de signalisation?
_____ regarder dans les deux sens avant de traverser la rue?

Raisons possibles:
Il y a trop de circulation dans les villes.
Ça économise les ressources naturelles.
Pour ne pas avoir d'accident.
Ce n'est pas prudent.
C'est pratique (amusant, rapide, économique, dangereux...).
?

Activité 7. Situations et choix

Voici quelques situations qu'un touriste peut rencontrer à Paris. A votre avis, qu'est-ce qu'il faut faire? (Si vous n'êtes pas d'accord avec les suggestions, dites pourquoi.)

1. Le feu de signalisation passe au vert juste au moment où vous désirez traverser la rue.
   a. Il faut courir très vite pour traverser la rue.
   b. On doit s'arrêter et attendre.
2. Vous êtes dans un taxi à une heure de pointe et le taxi est coincé dans un embouteillage impossible.
   a. Il faut rester calme.
   b. Il faut descendre du taxi et prendre le métro.
3. Vous êtes horrifié(e)! Votre chauffeur de taxi conduit comme un fou.
   a. Il faut penser: «Bon! Voilà une expérience typiquement parisienne!»
   b. Il faut demander à descendre du taxi.
4. Vous bousculez une autre personne au moment où vous montez dans un autobus.
   a. Il faut demander «Pardon» à l'autre personne.
   b. Il faut ignorer la situation parce que c'est normal dans une grande ville.

5. Il y a des jeunes musiciens qui jouent de la guitare amplifiée dans le métro et vous n'aimez pas leur musique.
   a. Il faut appeler le contrôleur.
   b. Il faut regarder de l'autre côté.
6. Le chauffeur de la voiture à côté de vous vous insulte parce qu'il n'aime pas votre façon de conduire.
   a. Il faut regarder droit devant vous.
   b. Vous devez lui rendre ses insultes.

▮ **Activité 8.** Entretien: Déplacements en ville

1. Est-ce que tu utilises souvent des transports en commun? Lesquels? Quel moyen de transport préfèrent les habitants de ta ville? Lequel préfèrent tes amis? tes parents? Pourquoi?
2. Y a-t-il un bon réseau de transports en commun dans la ville où tu habites? A ton avis, est-ce qu'on a besoin d'un autre moyen de transport? Lequel?
3. Comment aimes-tu te déplacer quand tu visites une grande ville? Est-ce que tu aimes te promener à pied? A ton avis, quels sont les avantages et les inconvénients de la voiture en ville?
4. Sais-tu conduire? Est-ce que tu as une voiture? Si non, voudrais-tu en acheter une? Pourquoi (pas)? Quel type de conducteur/conductrice es-tu (vas-tu être)?

▮ *Achats*

Attention! Étudier Grammaire 3.5 et 3.6

—Vous désirez, mademoiselle?
—Je voudrais voir cette robe que vous avez en vitrine.
—Celle-là, mademoiselle?
—Oui, la bleue, s'il vous plaît.

—Ce Tee-shirt-ci, madame, il coûte combien?
—Quarante-cinq francs, mademoiselle.
—Bon, j'en prends deux, un vert et un rose.

Activité 9. Les magasins et les produits

Dans quel magasin ou établissement est-ce qu'on peut trouver ces choses?

MODÈLE: É1: Où est-ce qu'on peut trouver du shampooing?
É2: On peut acheter du shampooing dans une pharmacie.

1. du jus d'orange
2. des biscuits
3. le journal *Le Monde*
4. un café ou une bière
5. de la limonade
6. du dentifrice et une brosse à dents
7. des timbres
8. du papier à lettres
9. des cartes postales
10. la revue *L'Express*
11. des médicaments
12. ?

une épicerie
un bureau de poste
une pharmacie
une papeterie
une maison de la presse
une boutique
un café-tabac

Activité 10. A la papeterie

CHARLES COLIN: Pardon, madame.
LA VENDEUSE: Oui, monsieur. Vous désirez?
CHARLES COLIN: Je cherche du papier à lettres par avion.
LA VENDEUSE: Voici les papiers à lettres. Vous avez le choix entre le grand format et le petit.
CHARLES COLIN: Celui-ci est très bien.
LA VENDEUSE: Et avec ça?
CHARLES COLIN: Il me faut du Scotch.
LA VENDEUSE: Un petit rouleau ou un grand?
CHARLES COLIN: Un petit, s'il vous plaît.

LA VENDEUSE: Vous désirez autre chose?

CHARLES COLIN: Non, merci, c'est tout.

LA VENDEUSE: Alors, ça fait dix-huit francs vingt.

CHARLES COLIN: Voilà, Madame.

LA VENDEUSE: Merci beaucoup, Monsieur. Au revoir.

■ Activité 11. Au supermarché Casino

MODÈLE: É1: Combien coûte le shampooing Timotei?

É2: Dix-neuf francs soixante.

É1: Il y a combien de flacons pour ce prix-là?

É2: Il y en a deux.

Après les fêtes, voici un produit d'entretien qui fait reluire votre tirelire

13^F50 — **LIQUIDE VAISSELLE CASINO** SOIT LE LITRE 9 F 00

19^F60 — *SHAMPOOING TIMOTEI TRÈS DOUX OU AU MIEL SOIT LE LITRE 49 F 00

28^F70 — *PAPIER HYGIENIQUE CASINO 3 PLIS

30^F CISEAUX MULTI-USAGES

9^F PEIGNES le lot de 6

23^F BROSSES le lot de 4

Au supermarché: un pèse-fruits automatique

```
    CASINO
CANNES PONT DES GABRES
  VOUS SOUHAITE LA
    BIENVENUE

MERCI DE VOTRE VISITE
    A BIENTOT

0024  15-03-91  8060006

 001 EPICERI    F2.90
 001 EPICERI    F2.90
VIENNOIS 4 CAF F10.35
COUP FOI TES    F8.90
5-PAIN VIENDIS  F7.55
CHOC PL LIGHT   F7.50
6 TR B FUME    F11.40
3 TR JAMBON    F11.30
SPAGHETO V R   F11.30
KISS COOL X3    F8.50
  0.270%   16.90F/%
TOMATE ROND.KG  F4.56
 003 FRT&LEG    F4.36
HUILE TOUR CO   F7.60
CONF MYRTILLE  F20.50
S/TOTAL       F115.06

RECU          F500.00
RENDU         F384.94
```

```
  SUMA ILLKIRCH
LE PLAISIR DU CHOIX

              16/02/91

PAIN/VIEN/TR    3.20
PAIN/VIEN/TR    3.20
COTES PROVEN   19.80
POISSON        99.50
FROMAGE        10.90
DETACHANT      38.40
2X19.20
S/TOTAL       175.00

TOTAL         175.00

CHEQUES       175.00

ARTICLES 7

MERCI DE VOTRE VISITE
#73160 C226 R03 T11:43
```

Note culturelle

LES SUPERMARCHÉS

Il y a plusieurs grandes chaînes de supermarchés en France, dont Casino et Suma. Dans les grands supermarchés, on peut payer en espèces, par chèque (sur un compte[1] en France), ou avec une carte de crédit. Quand on paie par chèque, il suffit de le signer et de le passer par la caisse.

Examinez les reçus à gauche. Comment le client a-t-il payé à Casino? à Suma? Par quels slogans est-ce que les différents magasins essaient d'attirer les consommateurs? Quels noms de produits reconnaissez-vous?

[1]*bank account*

■ **Activité 12.** Situation: Comment faire des économies

Vous allez dans un magasin pour faire des achats. Le vendeur voudrait vous vendre des produits chers mais vous avez très peu d'argent et vous inventez des excuses pour acheter les produits les moins chers.

MODÈLE: VENDEUR: Vous désirez, monsieur? (madame/mademoiselle)
VOUS: Je cherche du papier à lettres, s'il vous plaît.
VENDEUR: J'ai ce papier-ci à 16F50 ou ce papier-là à 50F. Le papier à 50F est de très bonne qualité.
VOUS: Merci, mais je préfère le papier à 16F50. J'adore la couleur orange!

1. ce shampooing-ci à 29F ou ce shampooing-là à 45F50?
2. ces biscuits-ci à 12F ou ces biscuits-là à 25F?
3. cette laque à cheveux à 20F, ou cette laque-là à 35F?
4. ce rosé-ci à 15F50 ou ce beaujolais-là à 60F?
5. ce parfum-ci à 75F ou ce parfum-là à 145F?
6. cette chemise-ci à 92F ou cette chemise-là à 225F?

Idées
La bouteille est si belle!
La boîte est si chic!
J'adore le chocolat (la vanille).
Les produits importés sont si exotiques.
Je préfère cette couleur.
?

Activité 13. Entretien: L'argent et les dépenses

1. Qu'est-ce que tu achètes le plus souvent, de la nourriture, des produits personnels, des vêtements? Où est-ce que tu préfères faire tes courses? Est-ce que tu utilises quelquefois des catalogues de vente par correspondance? Pourquoi?
2. Dans ta famille, est-ce que vous faites attention aux publicités dans le journal et à la télé? Découpez-vous des bons? Cherchez-vous des soldes? Où trouvez-vous les meilleures occasions?
3. Est-ce que tu travailles? Qui paie tes études en fac? tes vêtements? tes frais de transport? tes distractions? Est-ce que tu fais des économies? Pour économiser ton argent, qu'est-ce que tu n'achètes pas?
4. Est-ce que tu préfères faire des courses dans des petits magasins ou dans des grands? Pourquoi? Quels magasins y a-t-il dans ton quartier? Lequel est ton préféré?
5. Est-ce que tu aimes faire des courses dans une grande ville? Si oui, comment y vas-tu? Qu'est-ce que tu y fais? Qu'est-ce que tu y achètes? Si non, qu'est-ce que tu préfères faire?

Distractions

Attention! Étudier Grammaire 3.7 et 3.8

Le week-end prochain

Clarisse et Marise Colin vont faire du lèche-vitrines.

Bernard et Christine Lasalle vont inviter des voisins à dîner.

Claudine et Victor Colin vont voir une pièce de théâtre.

Camille Lasalle va lire un bon roman d'aventures.

Francis Lasalle va jouer à la pétanque avec des amis.

Adrienne Petit part pour les Alpes avec des amis.

Julien Leroux sort avec une collègue.

Activité 14. Les projets

Dites **oui** ou **non**.

1. Ce week-end, est-ce que tu vas...
   a. prendre le petit déjeuner au café?
   b. rendre visite à tes grands-parents?
   c. jouer au golf?
   d. te lever tard tous les matins?
   e. dîner au restaurant?
   f. ?

2. A la fin du trimestre, tes amis et toi, allez-vous...
   a. faire du camping à la montagne?
   b. partir à l'étranger?
   c. chercher un travail?
   d. bronzer à la plage?
   e. organiser une soirée pour fêter la fin des examens?
   f. ?

3. Le trimestre prochain, vas-tu...
   a. étudier tous les jours?
   b. sortir souvent avec tes amis?
   c. faire du sport?
   d. lire le journal tous les matins?
   e. prendre six cours?
   f. ?

4. A la fin de tes études à l'université, est-ce que tu vas...
   a. déménager dans une autre ville?
   b. acheter une nouvelle voiture?
   c. faire un voyage en Europe?
   d. te marier?
   e. faire des études dans une autre université?
   f. ?

▊ **Activité 15.** Les distractions de Paris

Vous habitez à Paris et les personnes suivantes vont vous rendre visite cette semaine. Quelles pages du guide *Pariscope* allez-vous consulter pour choisir des activités intéressantes pour chaque personne? Pourquoi?

1. deux petites nièces de 8 ans
2. votre meilleur(e) ami(e)
3. un jeune cousin de 16 ans
4. vos parents
5. votre professeur de français
6. votre tante riche

pariscope
une semaine de paris

N° 1165 - MERCREDI 19 SEPTEMBRE 1990 - 63, Champs-Elysées - 40 74 73 47	
notre couverture	roger pierre et jean-marc thibault
cinéma ▶	tous les programmes et tous les films de la semaine dans cinéscope pages 73 à 152
4 les rendez-vous	4 cinéma, théâtre, musique et danse, expositions
5 théâtre	5 the rocky horror show 8 les nationaux 10 les autres salles 28 hors-paris 29 les pièces de la semaine 30 cafés-théâtres 34 music-hall
35 variétés	36 cabarets et dîners-spectacles 41 chansonniers
42 arts	42 en train, la fascination du rail 43 expositions 50 musées 57 salons et foires 58 conférences
62 musique et danse	62 concerts 66 ballets, opéras, jazz, pop, folk, rock
155 restaurants	156 les restaurants de pariscope 158 ouverts le dimanche 160 ouverts après minuit 188 liste alphabétique
191 traiteurs	191 restauration à domicile, boutiques 192 salons de réception
193 pour les jeunes	193 théâtres, marionnettes 194 cirques 195 zoos
196 guide de paris	196 bonnes adresses 197 bowlings, centres de loisirs 198 la rentrée en grande forme 201 centres sportifs et danse 202 clubs de loisirs, patinoires, piscines 203 monuments, promenades, parcs et jardins 205 son et lumière, squash, tennis, golfs
206 télévision	206 les films de la semaine
209 radios fm	209 les radios fm parisiennes
210 paris la nuit	210 clubs et discothèques 212 bars

Note culturelle

LA SAINTE-CHAPELLE

Paris ne manque pas de distractions, et il y en a pour tous les goûts et tous les budgets. Si vous êtes amateur de musique de chambre, allez donc à un concert à la Sainte-Chapelle. Dans un cadre[1] intime et merveilleux, vous pouvez écouter des ensembles de jeunes musiciens, des étudiants comme vous. Même si la musique ne vous intéresse pas, allez-y quand même pour le site. La Sainte-Chapelle est une merveille de l'art gothique. On est ébloui[2] par ses vitraux[3] aux couleurs vives qui captent le moindre rayon de soleil.[4] Un vrai plaisir esthétique!

[1]setting   [2]dazzled   [3] stained-glass windows   [4]rayon... sunbeam

CERCLE MUSICAL EUROPÉEN	ENSEMBLE BAROQUE FRANÇAIS	
	• Adagio et Rondo K. 617	W.A. MOZART
MUSIQUE EN LA SAINTE CHAPELLE	• Trio en do mineur pour flûte, hautbois et clavecin Andante Moderato - Allegro - Larghetto - Vivace	J.-J. QUANTZ
	• Concerto à cinq en sol mineur Allegro - Largo - Presto	A. VIVALDI
	SOLISTES	
DIRECTION ARTISTIQUE: **ALAIN VENTUJOL**	ELYSABETH LECOQ, clavecin - PHILIPPE PIERLOT, flûte ANTOINE GOULARD, violon - DANIEL ARRIGNON, hautbois MICHEL DENIZE, basson	

Les vitraux de la Sainte Chapelle datent de l'époque de Louis IX (Saint Louis).

Activité 16. Un week-end à Paris

Bernard et Christine Lasalle vont passer un week-end à Paris. Maintenant, ils font leurs projets. Racontez ce qu'ils vont faire.

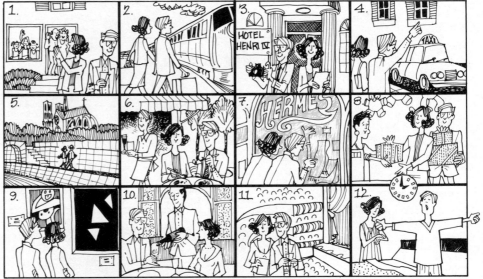

Activité 17. Entretien: Distractions et loisirs

1. Pour toi, comment est le week-end idéal? Est-ce que tu dors beaucoup? Sors-tu avec des copains? Pars-tu à la campagne? Est-ce que tes parents aiment faire les mêmes choses que toi, le week-end? Pourquoi?
2. Qu'est-ce que tu aimes faire le week-end avec tes copains? Qu'est-ce que tu vas faire ce week-end? Avec qui?
3. Est-ce que tu visites une grande ville de temps en temps? Laquelle préfères-tu? Qu'est-ce que tu aimes y faire? Est-ce que tu dînes dans de bons restaurants? Tu fais beaucoup d'achats? du lèche-vitrines?
4. Est-ce que tu aimes partir en vacances avec ta famille? Pourquoi? Vas-tu partir avec eux cette année? Où allez-vous?
5. Pars-tu souvent en voyage? Où vas-tu? Est-ce que tu voudrais aller en France un jour? Qu'est-ce que tu voudrais faire à Paris? Qu'est-ce que tu n'aimerais pas faire?

LECTURE

....

Paris at Night

Trois allumettes° une à une allumées dans la nuit
La première° pour voir ton visage tout entier
La seconde pour voir tes yeux
La dernière° pour voir ta bouche
Et l'obscurité tout entière pour me rappeler° tout cela
En te serrant° dans mes bras

matches
first

last
pour... *to remember*
te... *holding you*

Jacques Prévert, *Paroles*

Avez-vous compris?

1. Est-ce que la personne qui parle est seule?
2. Combien d'allumettes sont allumées?
3. Est-ce que toutes les allumettes sont allumées en même temps?
4. Pourquoi sont-elles allumées?
5. Est-ce qu'on peut voir dans l'obscurité?
6. Que fait la personne qui parle dans ce poème?

▌ A vous d'écrire!

Écrivez une réclame pour la firme *Taxi Monique*. Utilisez votre imagination, mais n'oubliez pas de donner certains renseignements: les avantages du taxi, comment sont les chauffeurs, les tarifs, les heures et, bien sûr, pourquoi les taxis *Monique* sont supérieurs aux autres taxis.

TAXI MONIQUE
Tél. 84.54.89.18
GASSIN

IMP NOUVELLE - SAINT-RAPHAEL

VOCABULAIRE

Les endroits et les activités en ville
Places and activities in the city

un bâtiment	a building
une boutique	a shop
un bureau de poste	a post office
un coin de rue	a street corner
le commissariat	police station
une école primaire	a primary school
une église	a church
une épicerie	a grocery store
une gare	a station (*train, bus*)
un grand magasin	a department store
un lycée	a high school
un magasin	a store
la mairie	city hall
une papeterie	a stationery store
une place	a public square
une terrasse de café	a sidewalk café

Mots apparentés: un aquarium, une avenue, une banque, un boulevard, une cathédrale, un cinéma, un hôpital, un hôtel, un musée, une pharmacie, un restaurant, un théâtre

déposer de l'argent	to deposit money (in the bank)
envoyer une lettre	to mail/send a letter
faire du lèche-vitrines	to window shop
retirer de l'argent (*m.*)	to withdraw money (from the bank)
s'orienter	to find out/locate where you are

Les transports et le déplacement en ville
Transportation and getting around in the city

un arrêt d'autobus	a bus stop
un casque	a helmet
un conducteur/une conductrice	a driver
un contrôleur	a conductor
un embouteillage	a traffic jam
un feu de signalisation	a traffic light
le métro	subway
un passage clouté	a crosswalk

un plan de la ville	a city map
un quai	a platform (subway stop, train station)

Mots apparentés: un autobus, un chauffeur de taxi, un réseau de transports, un taxi, un train, un wagon

s'arrêter	to stop
attendre	to wait
bousculer	to bump against
se débrouiller	to manage, to cope with difficulties
se déplacer	to move from place to place
éviter	to avoid
faire la queue	to stand in line
garer (une voiture)	to park (a car)

Mots apparentés: changer, descendre, faire attention, ignorer, rouler, signaler, utiliser

La nourriture et les boissons
Food and drink

un biscuit	a cookie
un casse-croûte	a snack
un pain au chocolat	a chocolate-filled roll
le vin	wine

Mots apparentés: la bière, le jus d'orange, la vanille, le whiskey

Les achats et les produits personnels
Shopping and personal products

une affiche	a poster
un billet	a ticket
une boîte	a box
une bouteille	a bottle
une brosse à dents	a toothbrush
un cadeau	a gift
une revue	a magazine
les soldes (*f.*)	a sale

un timbre	a postage stamp
un vendeur/une vendeuse	a salesman, saleswoman
une vitrine	a shop window, a display case

Mots apparentés: **des cartes postales, un chèque, une cigarette, un coupon, du dentifrice, un médicament, du papier à lettres, du parfum, du shampooing**

La description

frais/fraîche	fresh, cool
prochain(e)	next

Mots apparentés: **chic, célèbre, exotique, importé(e), médiéval(e), personnel(le), public/publique**

Substantifs — Nouns

un choix	a choice
une équipe	a team
les études (*f.*)	studies
la fac	the university (*slang*)
la fin	the end
une foule	a crowd
un prêtre	a priest
un propriétaire	a landlord, property owner
une serviette	a briefcase
une soirée	a party
le travail	work
un voisin/une voisine	a neighbor

Mots apparentés: **un accident, un avantage, une aventure, un catalogue, un couple, un examen, un format, une guitare, un inconvénient, un ministre, un musicien, une occasion, une opération, la patience, une précaution, un projet, la publicité, la sculpture, la sécurité, une situation, un(e) touriste**

Verbes

coûter	to cost
déménager	to move out
devoir	to have to
dormir	to sleep
fêter	to celebrate
laisser	to leave behind
partir	to depart, leave
porter	to carry, wear

prier	to pray
rendre visite (à)	to pay a visit (to)

Mots et vocabulaire utiles
Words and useful vocabulary

Alors	So, therefore
celui-ci (celle-ci)	this one
celui-là (celle-là)	that one
d'accord!	OK!
en haut de...	at the top of
Il me faut...	I need . . .
Merci bien./ Je vous en prie.	Thanks a lot./ Don't mention it.
la première fois	the first time
tout droit	straight ahead

GRAMMAIRE ET EXERCICES

3.1 Saying Where Things Are: Prepositions of Location

Words used to describe the position of people or objects are called prepositions of location. Here are the most common ones.

entre	*between*	sous	*under*
sur	*on, on top of*	derrière	*behind*
devant	*in front of*	loin (de)	*far (from)*
près de	*near (to)*	à gauche de	*to the left of*
à côté de	*beside, next to*	à droite de	*to the right of*
dans	*in, inside*		

Où est le gymnase? —**Entre** le restaurant universitaire et le stade.

Where's the gym? —Between the student restaurant and the stadium.

Qui est Jean-Yves? —C'est le jeune homme **à côté de** Sarah.

Who's Jean-Yves? —He's the young man beside Sarah.

Notice that some of these prepositions end in **de.** When these are followed by a masculine or plural definite article (**le** or **les**), you must use the appropriate contraction (**du** or **des**).

Où est la bibliothèque? —**A côté du** bureau de poste.

Where's the library? —Next to post office.

Est-ce que la Faculté des Sciences Naturelles est **en face des** laboratoires? —Non, elle est **à côté des** laboratoires.

Is the Faculté des Sciences Naturelles across from the labs? —No, it's next to the labs.

Exercice 1. Dans la salle de classe

Denise décrit sa salle de classe. Choisissez la préposition correcte, et employez des contractions si nécessaire.

MODÈLE: Le pupitre de Barbara est (dans/à côté de) la fenêtre. →
Le pupitre de Barbara est *à côté de* la fenêtre.

1. Le bureau de Mme Martin est (devant/derrière) le tableau noir.
2. Les livres de Mme Martin sont (sous/sur) son bureau.

3. Mme Martin écrit au tableau noir, puis elle regarde les étudiants. Elle est (devant/sous) la classe.
4. Jacqueline écrit* au tableau noir. Elle est (près de/loin de) le tableau.
5. Albert travaille avec Daniel, son voisin. Le pupitre de Daniel est (sur/à côté de) le pupitre d'Albert.
6. Louis regarde par la fenêtre. Il regarde un match de football dans le parc (en face de/loin de) le bâtiment des cours.
7. Barbara est trop (loin de/près de) le tableau noir; elle a du mal à lire les mots au tableau.
8. La salle 300A se trouve (devant/entre) les salles 300 et 301.

3.2 Asking Questions: Interrogative Words

A. Here are the most commonly used interrogative (question) words in French.

combien (de)?	*how many?*	quand?	*when?*
comment?	*how?*	que?	*what?*
où?	*where?*	qui?	*who? whom?*
pourquoi?	*why?*		

Qui est ce jeune homme là-bas? — Il s'appelle Raoul Durand.

Who is that young man over there? — His name is Raoul Durand.

Où est le bureau de poste? — Il est en face de la mairie.

Where is the post office? — It's across from the town hall.

Interrogative words are usually combined with either **est-ce que** or an inversion to ask a question. Because using **est-ce que** is considerably simpler than using inversion, you may want to form most of your questions with **est-ce que.** The interrogative word is placed at the beginning of a question.

Quand est-ce que tu vas à la mairie? — Dans un petit moment.

When are you going to the city hall? — In a little while.

Note that **que** + **est-ce que** combine into **qu'est-ce que.**

Qu'est-ce que Julien va faire cet après-midi?

What's Julien going to do this afternoon?

*****écrit** = is writing

Do not confuse **Qui est-ce que... ?** (*Who . . . ?*) with **Qu'est-ce que... ?** (*What . . . ?*)

Qui est-ce que tu vas retrouver en ville?	*Who are you going to meet in town?*

B. You may wish to use inversion in short, simple questions such as the following.*

Comment va Claudine? —Beaucoup mieux.	*How is Claudine? —Much better.*
Où habite ton ami? —Tout près du lycée.	*Where does your friend live? —Right near the high school.*
Que fait Adrienne ce soir? —Elle retrouve Sylvie à la gare.	*What's Adrienne doing tonight? —She's meeting Sylvie at the train station.*
Quand arrive Sylvie? —A sept heures.	*When does Sylvie arrive? —At seven o'clock.*
Comment est Sylvie? —Elle est grande, brune, et très sympathique.	*What is Sylvie like? —She's tall, brunette, and very nice.*

C. To ask *which* or *what* thing, use the appropriate form of **quel (quelle, quels, quelles)** in front of the noun.

Dans **quelle rue** est le bureau de poste? —Dans l'avenue de l'Europe.	*What street is the post office on? —The avenue de l'Europe.*
Quelles lignes d'autobus est-ce qu'il faut prendre? —Les lignes numéros 13 et 14.	*Which bus lines do we (you) have to take? —Numbers 13 and 14.*

Quel is also used before the verb **être** to ask for a name, a date, etc.

Quel est le nom de cette place? —C'est la place de la Victoire.	*What's the name of this plaza (square)? —It's la place de la Victoire.*

Pronunciation Hint

All forms of **quel** are pronounced the same except when there is a liaison: **quel, quelle, quels, quelles,** but **quels_étudiants.**

▌ Exercice 2. Les dernières nouvelles

Agnès Rouet téléphone chez elle pour avoir des nouvelles de sa famille. Voici les réponses de sa sœur, Mireille. Quelles sont les questions posées par Agnès?

---

*When the question is longer—with an adjective or an object after the verb—you must use both the subject noun and the corresponding pronoun in the inverted question: **Les Français aiment-ils le cinéma?** Also, when the subject is **il, elle,** or **on, -t-** is inserted between the verb and the pronoun if the verb does not end in **-t** or **-d: Quand ta** *sœur* **va-t-***elle* **à la gare?**

MODÈLE: Tout le monde va *bien*. → Comment va tout le monde?

1. Maman va *bien*.
2. Charles ne fait *rien*.
3. Papa est *à Genève*.
4. Jean-Claude *joue en ce moment avec Michel*.
5. Michel? *C'est mon nouveau petit ami*.
6. Il est très *sympa—et beau!*
7. Le nouveau bébé des voisins s'appelle *Marc*.
8. Ce bébé? Il est *petit, avec beaucoup de cheveux noirs*.
9. Sa mère? *Elle va très bien*.
10. Mes vacances commencent *dans quinze jours*.

Mots utiles: Comment? Qu'est-ce que? (Que?) Où? Qui? Quand?

Exercice 3. Voyage annuel

Une amie de votre mère passe le mois d'avril à Paris tous les ans. Vous voulez savoir beaucoup de choses sur ses voyages. Posez-lui des questions selon les indices.

MODÈLE: quand / partir → Quand partez-vous? (Quand est-ce que vous partez?)

1. combien de temps / rester
2. où / loger
3. que / faire
4. quels musées / visiter
5. comment / vous déplacer à Paris
6. pourquoi / aller à Paris
7. qu'est-ce que / acheter
8. quelles boutiques / préférer
9. avec qui / voyager

3.3 *Irregular* -re *Verbs like* prendre

The verb **prendre** is very useful for talking about transportation. Here are its present-tense forms.

prendre (*to take*)	
je prends	nous prenons
tu prends	vous prenez
il/elle/on prend	ils/elles prennent

Pronunciation Hint

All the singular forms are pronounced with a nasal vowel and sound the same:
pre̶nd̶s̶, pre̶nd̶. In the plural forms, the stem vowel is non-nasal: **prenon̶s̶, prene̶z̶, prenne̶nt̶.**

Comment viens-tu à la faculté? —Je **prends** toujours le bus.	*How do you come to campus?* —*I always take the bus.*

French speakers also use **prendre** to express *to have*, meaning *to eat* or *to drink*.

Que **prenez**-vous quand il fait froid? —J'aime **prendre** un chocolat chaud.	*What do you drink when it's cold?* —*I like to have a hot chocolate.*
Raoul déjeune toujours à onze heures, parce qu'il ne **prend** jamais de petit déjeuner.	*Raoul always has lunch at eleven o'clock because he never has breakfast.*

Other verbs like **prendre** are **apprendre** (*to learn*) and **comprendre** (*to understand*).

Nous **apprenons** tous le français, mais Raoul **apprend** aussi le japonais.	*We're all learning French, but Raoul is also learning Japanese.*
Les étudiants ne **comprennent** pas toujours le professeur.	*The students don't always understand the instructor.*

▌ Exercice 4. En faveur des transports en commun

Daniel parle du choix de moyens de transport.

Verbes à utiliser: prendre, apprendre, comprendre

Moi, je _____[1] toujours l'autobus pour aller à la fac. En général, mes camarades _____[2] leur voiture, au lieu de prendre* le bus. Moi, je n'ai pas mon permis de conduire. J'_____[3] seulement à conduire maintenant. Mais ça ne me dérange† pas de prendre le bus. Au contraire! Je ne _____[4] pas pourquoi mes amis ne veulent pas _____[5] le bus. Quand on vient à la fac en voiture, il faut payer au parking, si on peut y trouver une place! Et puis, les gens ne _____[6] pas que l'emploi excessif de l'automobile risque d'avoir des conséquences très graves pour la planète. Nous _____[7] maintenant toutes les conséquences de cette dépendance. Et vous? _____[8]-vous toujours la voiture pour aller à la fac, ou bien, comme moi, pensez-vous à l'environnement?

---

*__au lieu de prendre__ = instead of taking
†__déranger__ = to bother

3.4 Expressing Necessity: il faut *and* devoir + *Infinitive*

A. One way to express necessity is with the impersonal expression **il faut** (*it is necessary*) followed by an infinitive.

> **Il faut travailler** dur pour apprendre une langue étrangère.
>
> *One must work hard to learn a foreign language.*

Il faut is called an impersonal expression because here **il** does not refer to a specific person and is the equivalent of *it* in *it is necessary*. Either the obligation applies to people in general, or the persons concerned are clear from the context.

> Quand on prend le métro, **il faut acheter** un ticket à l'entrée.
>
> *When you take the metro, you must buy a ticket at the entrance.*
>
> Charles, tu vas au cinéma ce soir? **Il faut rentrer** avant minuit.
>
> *Charles, are you going to the movies tonight? You must be home by midnight.*

Another way to express necessity is with the impersonal expression **il est nécessaire de** + infinitive.

> Avant de prendre le métro, **il est nécessaire d'étudier** le plan du métro.
>
> *Before taking the metro, it is necessary to study the metro map.*

Other similar adjectives can be used in the same way: **il est essentiel/important/obligatoire d'étudier le plan.**

B. To express a personal obligation, you can use the verb **devoir** (meaning *to have to, must*) followed by an infinitive.

> Nous **devons prendre** le train à dix heures.
>
> *We have to take the train at ten o'clock.*

Here are the present tense forms of the verb **devoir**.

devoir (*to have to*)	
je dois	nous devons
tu dois	vous devez
il/elle/on doit	ils/elles doivent

Pronunciation Hint

The letters **oi** are pronounced /wa/: **dois** (/dwa/), **doit** (/dwa/), **doivent** (/dwav/).

Paul **doit quitter** la maison à sept heures.

Paul has to leave the house at seven o'clock.

Although **devoir** generally expresses necessity or obligation, it can also express probability or supposition.

Charlotte n'est pas au travail; elle **doit être** malade!

Charlotte isn't at work; she must be sick!

Devoir can also mean *to owe* someone (*something, an amount of money*).

Jean-Yves **doit** cent francs à Agnès.

Jean-Yves owes Agnès 100 francs.

C. When **devoir** or **il faut** is combined with negation, it means *must not.*

Tu **ne dois pas** être en retard.
Il ne faut pas perdre les tickets.

You must not be late.
You (We) must not lose the tickets.

To say that it is not necessary to do something, use the negative of **il est nécessaire** or **avoir besoin.**

J'ai encore quelques tickets. Alors tu **n'as pas besoin** d'acheter un ticket.

I still have a few tickets. So you don't need to buy a ticket.

Il **n'est pas nécessaire** d'appeler le taxi avant huit heures.

You don't have to call the taxi before eight o'clock.

▌ **Exercice 5.** Problèmes de transport

Quelle est la solution pour chacun de ces problèmes? Qu'est-ce qu'on doit faire? Utilisez la forme correcte du verbe **devoir.**

MODÈLE: Je ne peux pas aller à mon travail à pied. C'est trop loin. →
Tu dois prendre le bus.

Suggestions: aller au travail à pied, se déplacer à bicyclette, appeler un taxi, arriver plus tôt, prendre le bus, étudier le plan du métro de la ville.

1. Je n'ai pas de voiture.
   Alors, tu... Et pourquoi pas? C'est excellent pour la santé!
2. Nous avons besoin d'être à l'aéroport dans une demi-heure et nous avons beaucoup de bagages.
   Vous...
3. Je ne sais pas prendre le métro.
   Bon, vous...
4. A la fac, il n'y a jamais assez de places pour garer les voitures et les étudiants arrivent souvent en retard.
   On...
5. Mon frère a besoin de plus d'exercice.
   Il...

6. Mes voisins sont chauffeurs de taxi et ils sont obligés d'aller dans toutes les quartiers de la ville.
   Ils...

7. Ma voiture refuse de se mettre en route ce matin!
   Tu...

8. Madame Martin voudrait voir le nouveau film français qui passe au Bijou, mais elle n'a pas de voiture ce soir.
   Elle...

3.5 *Pointing Things Out: Demonstrative Adjectives and -ci/-là*

Demonstrative adjectives (in English, *this*, *that*, *these*, *those*) emphasize the words they modify, pointing out their location.

Combien coûtent **ces** biscuits?
— Quatre francs dix le paquet.
Tu aimes **cette** carte postale?
— Oui, beaucoup.

How much do these cookies cost?
— Four francs ten a package.
Do you like this postcard? — Yes, very much.

Demonstrative adjectives agree in number and gender with the noun modified. In addition, the masculine **ce** has the alternate form **cet** when the following word begins with a vowel.

	SINGULIER	PLURIEL
MASCULIN	**ce** livre (*this/that*) **cet** ami (*this/that*)	**ces** livres (*these/those*) **ces** amis (*these/those*)
FÉMININ	**cettc** table (*this/that*) **cette** amie (*this/that*)	**ces** tables (*these/those*) **ces** amies (*these/those*)

Pronunciation Hint

cet⁀ami (*m.*), **cett⁀e⁀amié** (*f.*), **ce⁀s⁀amis**, **ce⁀s livré⁀s**.

The above forms can mean either *this* or *that*, *these* or *those*. This difference is usually clear from the context. However, to emphasize the distinction, you can add **-ci** for *this/these* or **-là** for *that/those* after the noun.

— N'oublie pas de prendre le plan de la ville.
— **Ce plan-ci** en noir et blanc?
— Non, **ce plan-là** en couleurs.

— Don't forget to take the city map.
— This map in black and white?
— No, that map in color.

▌ Exercice 6. Du lèche-vitrines

Sarah Thomas fait du lèche-vitrines avec Agnès Rouet. Remplacez les tirets par **ce, cet, cette** ou **ces**.

1. _____ magasin est très élégant. Oh, que _____ chaussures sont belles!
2. _____ livres sont très intéressants mais... _____ prix sont ridicules!
3. _____ montre est jolie, n'est-ce pas?
4. _____ vêtements sont trop chers! _____ robe coûte 660F et _____ pantalon coûte 750F!
5. _____ fleurs* sont si belles et _____ plante (*f.*) est très exotique!
6. _____ ordinateur est vraiment petit!

▌ Exercice 7. Choix de chaussures

Avec une amie, vous regardez la vitrine d'un magasin de chaussures. Employez la forme correcte de l'adjectif démonstratif avec **-ci** ou **-là** (selon la distance entre vous et les chaussures).

1. _____ chaussures _____ sont bonnes pour la marche.
2. _____ sandales _____ ne sont sûrement pas confortables, avec ces hauts talons.†
3. _____ bottes _____ sont très à la mode, mais chères.
4. _____ ballerines _____ sont jolies et pas chères.
5. Moi je préfère _____ tennis _____, les rouges.

3.6 Expressing Quantities: The Partitive Articles (du, de la, de l') and Other Expressions of Quantity

You may have noticed that French speakers nearly always use an article in front of nouns. So far you have seen and used two types of articles:

1. Definite articles (*the*)

   le bureau de poste   **l'**arrêt d'autobus
   la bibliothèque   **les** tickets

---

*Les fleurs (*f.*) = flowers
†hauts talons = high heels

2. Indefinite articles (*a*, *an*, *some*)

un plan de la ville
une pharmacie
des touristes

There is a third type of article in French called the *partitive article*. Most nouns can be classified as countable (tables, lamps, automobiles, animals, and so on) or noncountable (sand, sugar, milk, mud, and so on). Noncountable nouns are also called mass nouns. When French speakers talk about a mass noun and want to indicate some unspecified quantity of it, they use the *partitive article*. It is roughly analogous to *some*

du café   (*some*) *coffee*
de la confiture   (*some*) *jelly*
de l'eau minérale (*some*) *mineral water*

Though *some* is often omitted in English, in French the partitive article is always required.

Qu'est-ce que tu dois acheter à la pharmacie? —Je dois prendre **du** dentifrice et **de** l'aspirine.	*What are you buying at the pharmacy? —I have to get (some) toothpaste and (some) aspirin.*

If the sentence is negative, the indefinite (**un, une, des**) and partitive articles (**du, de la, de l'**) are changed to **de.***

J'ai des cartes postales, mais je **n'**ai **pas de** papier à lettres et **pas d'**enveloppes.	*I have some postcards, but I don't have any stationery or any envelopes.*

The article **de** also occurs alone after expressions of quantity:

combien **de**	*how much, how many*	beaucoup **de**	*a lot, many*
un peu **de**	*a little*	trop **de**	*too much, too many*
assez **de**	*enough*	un verre **de**	*a glass*
une tasse **de**	*a cup*		

Combien de Coca-Cola faut-il acheter? —Deux litres.	*How much Coke do we need to buy? —Two liters.*
Veux-tu **un peu de lait** avec ton thé? —Non, mais je voudrais **un peu de citron,** s'il te plaît.	*Do you want a little milk with your tea? —No, but I would like a little lemon, please.*
Tu as **assez d'argent?** —Oui, pour une fois, j'ai **beaucoup d'argent.**	*Do you have enough money? —Yes, for once, I have a lot of money.*

---

*Except after the verb **être:**

Ce **n'est pas du** déodorant; c'est de la crème à raser.	*That isn't deodorant; it's shaving cream.*

Exercice 8. Petits achats

Vous faites des courses en ville. Utilisez l'article partitif (**du, de la, de l'**), l'article indéfini (**un, une, des**) ou **de**.

1. Je vais d'abord à la papeterie pour chercher _____ papier à lettres et _____ cartes postales.
2. Ensuite, je vais à la poste pour envoyer mes lettres et acheter _____ timbres.
3. A l'épicerie, j'achète _____ eau minérale, _____ café, _____ sucre et _____ confiture.
4. Je n'achète pas _____ viande, puisque je suis végétarien.
5. A la pharmacie, je prends _____ dentifrice et _____ aspirine.
6. Il faut aussi acheter _____ pain (*m.*); je passe donc à la boulangerie.
7. Maintenant, je n'ai plus* _____ argent. Il faut donc rentrer à la maison.

Exercice 9. Qu'est-ce que vous prenez comme boisson?

Répondez en employant l'article partitif approprié (**du, de la, de l', d'**) ou **de**.

MODÈLE: —Qu'est-ce que vous prenez d'habitude avec le déjeuner?
   —D'habitude je prends...
   a. eau b. lait (*m.*) c. café (*m.*) d. Coca (*m.*) e. ? →
   D'habitude je prends de l'eau / du lait / du café / du Coca.

1. Que prenez-vous quand vous ne pouvez pas dormir? —Je prends...
   a. lait (*m.*) b. café (*m.*) c. vin (*m.*) d. eau minérale e. ?
2. Que prenez-vous le matin d'habitude? —Je prends une tasse...
   a. bière (*f.*) b. café c. chocolat chaud (*m.*) d. thé (*m.*) e. ?
3. Qu'est-ce que vous ne prenez jamais? —Je ne prends jamais...
   a. whisky (*m.*) b. champagne français (*m.*) c. Coca d. café e. ?
4. Qu'est-ce que vous aimez commander quand vous sortez avec des amis?
   —J'aime commander...
   a. bière (*f.*) b. vin c. Coca d. jus de fruit (*m.*) e. ?
5. Qu'est-ce que vous aimez prendre en été quand il fait chaud? —J'aime prendre un verre...
   a. thé glacé b. Coca c. eau froide d. jus de fruit e. ?
6. Qu'est-ce que vous prenez avec un bon dîner au restaurant? —Je prends...
   a. café b. thé c. lait d. vin e. ?
7. Que prenez-vous quand vous étudiez, si vous avez très sommeil?[†]
   a. Coca b. café c. thé d. eau minérale e. ?
8. Que prenez-vous quand vous êtes malade? —Je prends beaucoup...
   a. eau b. jus d'orange c. thé d. Coca e. ?

---

*Ne... plus is a negative expression meaning *no more*.
[†]vous... = you are very sleepy.

3.7 Present Tense: -ir Verbs like sortir and dormir

The verbs **sortir** and **dormir** are conjugated in a very similar manner.

sortir (*to go out*)	
je sors	nous sortons
tu sors	vous sortez
il/elle/on sort	ils/elles sortent

dormir (*to sleep*)	
je dors	nous dormons
tu dors	vous dormez
il/elle/on dort	ils/elles dorment

Notice that the consonants at the end of the infinitive stem (**-t-** and **-m-**) occur only in the plural forms.

Nous **sortons** demain soir; nous allons au cinéma. Veux-tu nous accompagner? —Merci, mais je **sors** avec ma camarade de chambre.

We're going out tomorrow night; we're going to the movies. Do you want to go with us? —Thanks, but I'm going out with my roommate.

Moi, j'aime **dormir** au moins huit heures par nuit, mais souvent je ne **dors** pas plus de six heures.

I like to sleep at least eight hours a night, but I often don't sleep more than six hours.

Partir (*to leave, go away*) and **s'endormir** (*to fall asleep*) are also conjugated like **sortir** and **dormir**.

Pronunciation Hint
sors, sort, sortons, sortez, sortent.

Exercice 10. Projets de vacances

C'est Sarah Thomas qui parle. Employez la forme correcte du verbe **partir**.

1. Ce sont les vacances de Noël, et tout le monde _____. Moi, je _____ cet après-midi pour Strasbourg.
2. Agnès et sa sœur _____ demain à Nantes, où habitent leurs parents.
3. Mon amie Nancy _____ à Bordeaux.
4. Jean-Yves, où _____-tu? —Ma famille et moi, nous _____ à la montagne faire du ski.
5. Mes voisins ne _____ pas. Ils restent chez eux.

Exercice 11. Généralisations

Une Française vous pose des questions sur les habitudes des Américains. Répondez d'abord avec une généralisation sur les Américains, puis expliquez vos propres habitudes (ou les habitudes de vos amis, de votre famille, etc.).

MODÈLE: Les jeunes Américains ne sortent jamais en bande, n'est-ce pas? →
Si, ils sortent beaucoup en bande.
Moi, je sors tout le temps avec mes amis.

1. Les habitants des grandes villes américaines ne sortent pas seuls la nuit parce qu'ils ont peur, n'est-ce pas?
2. Les Américains partent en vacances deux ou trois fois par an, n'est-ce pas?
3. Au printemps, la grande majorité des étudiants américains partent en Floride, n'est-ce pas?
4. La plupart des Américains partent en Europe en été, n'est-ce pas?
5. Est-ce vrai que les Américains ne dorment pas dans des hôtels quand ils voyagent?
6. Les étudiants américains sortent tous les soirs, n'est-ce pas?
7. Est-ce vrai que tous les petits Américains s'endorment vers minuit?
8. C'est vrai que les petits Américains mangent et dorment devant la télé tous les jours?

3.8 *Talking About the Future:* aller + *Infinitive*

Use the verb **aller** (*to go*) followed directly by an infinitive to express future actions. This construction is called **le futur proche**, which means *the near future*. However, don't take the term literally; you can use **aller** + *infinitive* to refer to most future actions.

Où est-ce que vous **allez dîner** ce soir? —Je **vais dîner** chez Michèle.

Where are you going to have dinner tonight? —I'm going to have dinner at Michele's.

To refresh your memory, here are the present-tense forms of the verb **aller**.

aller *(to go)*	
je vais	nous allons
tu vas	vous allez
il/elle/on va	ils/elles vont

 Exercice 12. Distractions du vendredi soir

Daniel, Louis et Mme Martin parlent ensemble après le cours de français. Utilisez la forme correcte du verbe **aller**.

DANIEL: Louis, qu'est-ce que tu _____¹ faire ce soir?

LOUIS: Je _____² regarder un film à la télé. Il _____³ y avoir un film d'Alfred Hitchcock. Tu veux venir chez moi?

DANIEL: Non, merci. Albert et moi, nous _____⁴ assister au match de basket.

LOUIS: Et Barbara et Denise, qu'est-ce qu'elles _____⁵ faire?

DANIEL: Je pense qu'elles _____⁶ aller à un spectacle de danse. Tu sais, elles sont passionnées de danse.

LOUIS: Et vous, Mme Martin, qu'est-ce que vous _____⁷ faire ce soir?

MME MARTIN: Moi, je _____⁸ m'amuser à corriger vos examens.

LOUIS: Alors, bonne soirée à tout le monde!

▌ **Exercice 13.** Vos projets

Répondez en employant le futur proche.

MODÈLE: Ce soir, est-ce que vous allez...
a. faire la cuisine?   b. dîner au restaurant?   c. ? →
Ce soir, je vais dîner au restaurant.
ou
Ce soir, je ne vais pas manger. Je n'ai pas faim.

1. Ce soir, est-ce que vous allez...
   a. faire vos devoirs?
   b. sortir avec des amis?
   c. ?
2. Demain matin, allez-vous...
   a. vous lever à sept heures?
   b. dormir jusqu'à neuf heures?
   c. ?
3. Demain, allez-vous...
   a. travailler pendant quelques heures?
   b. faire une longue promenade?
   c. ?
4. Demain à midi, allez-vous...
   a. manger un sandwich chez vous?
   b. déjeuner avec un(e) ami(e)?
   c. ?
5. Demain soir, est-ce que vous allez...
   a. regarder votre émission favorite à la télé?
   b. écrire une lettre à un(e) ami(e)?
   c. ?
6. Ce week-end, est-ce que vos amis et vous, vous allez...
   a. faire du ski nautique?
   b. regarder un film ensemble?
   c. ?

7. Samedi soir, votre camarade de chambre (mari, femme) et vous, est-ce que vous allez...
   a. rester à la maison et jouer aux cartes?
   b. assister à un concert symphonique?
   c. ?
8. Dimanche après-midi, allez-vous...
   a. passer l'après-midi en famille?
   b. faire une promenade en voiture?
   c. ?

▌ Exercice 14. Changeons de routine!

Voici une description de la vie quotidienne d'Agnès Rouet. Aujourd'hui elle en a assez de sa routine et elle veut tout changer. Dites ce qu'elle va faire pour changer un peu ses activités.

> MODÈLE: Agnès se lève toujours tout de suite (immédiatement) quand le réveil sonne. →
> Aujourd'hui, elle ne va pas se lever tout de suite; elle va rester au lit un peu.

1. Agnès dort toujours jusqu'à sept heures et quart.
2. Elle prend toujours sa douche avant le petit déjeuner.
3. Elle mange toujours un croissant au petit déjeuner.
4. Elle prend toujours le métro pour aller à son cours de japonais.
5. Après le cours, elle retrouve toujours ses amis au café.
6. A midi, elle achète toujours un sandwich et un fruit.
7. Ensuite, elle se promène toujours dans le jardin public.
8. L'après-midi, Agnès travaille toujours à la bibliothèque.
9. Elle rentre à la maison vers six heures, et puis elle prépare son dîner.
10. Après le dîner, elle regarde toujours le journal à la télévision.
11. Elle étudie sa leçon de japonais pendant une heure.
12. Elle se couche toujours à onze heures.

4

La maison et le quartier

Une rue animée à Beaune, en Bourgogne

In **Chapitre 4** you will learn to describe your home and neighborhood and to talk about what you do there.

THÈMES

Les pièces et les meubles

Le logement

Tâches et loisirs

La vie de quartier

LECTURES

Des jeunes parlent de leur logement

Réflexions d'une concierge

GRAMMAIRE

4.1 Describing: Position of Adjectives

4.2 Making Comparisons

4.3 Present Tense: **-ir** Verbs like **finir**

4.4 Giving Instructions and Directions: Commands

4.5 Present Tense: **-re** Verbs like **attendre**

4.6 Direct Object Pronouns

4.7 Another Kind of Knowing: The Verb **connaître**

4.8 Describing States of Being with **être** and **avoir**

 **CTIVITÉS ET LECTURES**

Les pièces et les meubles

Attention! Étudier Grammaire 4.1 et 4.2

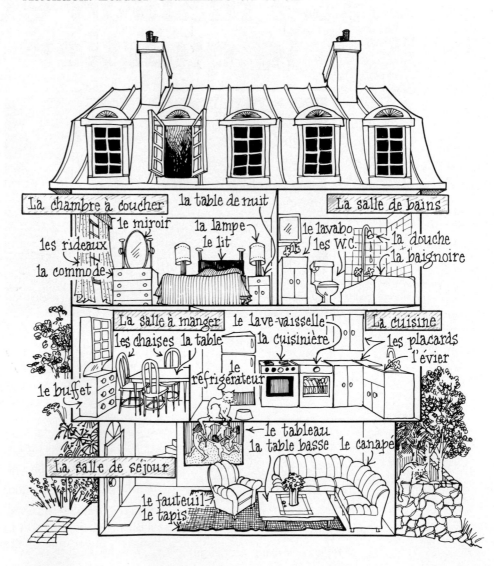

La chambre à coucher — la table de nuit — La salle de bains
le miroir — la lampe — le lavabo — la douche
les rideaux — le lit — les W.C. — la baignoire
la commode

La salle à manger — le lave-vaisselle — La cuisine
les chaises — la table — la cuisinière — les placards
le réfrigérateur — l'évier
le buffet

le tableau
la table basse — le canapé
La salle de séjour
le fauteuil
le tapis

▊ **Activité 1.** Qu'est-ce qu'il y a chez vous?

Dites **oui** ou **non**.

1. Dans la chambre où je dors il y a...
   a. un grand lit.
   b. une table de nuit.
   c. une commode.
   d. un lavabo.
   e. un radio-réveil.
   f. ?
2. Dans notre cuisine, il y a...
   a. une cuisinière à gaz.
   b. une table et des chaises.
   c. deux éviers.
   d. un lave-vaisselle.
   e. un four à micro-ondes.
   f. ?
3. Dans la salle de séjour, il y a...
   a. un grand canapé.
   b. un tapis persan.
   c. une table basse.
   d. des fauteuils confortables.
   e. de beaux rideaux.
   f. ?
4. Dans la salle de bains, il y a...
   a. une douche.
   b. une baignoire.
   c. un miroir.
   d. un sauna.
   e. un lavabo.
   f. ?

▊ **Activité 2.** Entretien: Chez toi

1. Est-ce que ta chambre est plus grande que ta salle de séjour?
2. Y a-t-il autant de placards dans la salle de bains que dans la cuisine?
3. Est-ce qu'il y a autant de meubles dans la salle à manger que dans la salle de séjour?
4. Y a-t-il moins de tableaux (ou d'affiches) dans le salon que dans ta chambre?
5. Est-ce que ta chambre est aussi jolie que la salle de séjour?
6. Est-ce qu'il y a moins de fenêtres dans la cuisine que dans le salon?
7. Est-ce que le canapé est aussi confortable que ton lit?
8. Y a-t-il autant de chaises dans la cuisine que dans la salle à manger?

Et, à ton avis...

1. Qu'est-ce qui est plus agréable après une journée difficile, une douche ou un bain dans une baignoire? Pourquoi?
2. Qu'est-ce qui est mieux dans un petit appartement, un canapé transformable en lit ou un canapé simple? Pourquoi?
3. Lequel des deux est moins pratique quand tu es pressé(e), le four à micro-ondes ou la cuisinière électrique? Pourquoi?

Note culturelle

VAN GOGH

La Chambre de Van Gogh à Arles (Musée d'Orsay)

Le peintre impressionniste Vincent Van Gogh (1853–1890) était attiré[1] par le jeu des couleurs et des lumières.[2] Il les voyait[3] dans les objets les plus simples. Cet artiste hollandais a passé une partie de sa vie[4] à peindre en France dans le Midi, le Sud-Est de la France. Examinez l'image qu'il nous donne de sa chambre à Arles. Qu'est-ce qu'il y a comme meubles dans cette pièce? Selon vous, qu'est-ce qui manque[5] dans cette pièce? Comment est cette pièce? En quoi cette chambre est-elle différente d'une chambre moderne? A part van Gogh, connaissez-vous d'autres peintres impressionnistes? Lesquels? Où pouvez-vous aller pour voir leurs tableaux?

[1]était... *was attracted*   [2]*light*   [3]*saw*   [4]a... *spent part of his life*   [5]*is missing*

Activité 3. Situation: La famille Colin choisit une villa.

Laquelle de ces deux villas est-ce que la famille Colin va choisir? La famille Colin: M. et Mme Colin, Marise et Clarisse (jumelles, 19 ans), Charles (17), Emmanuel (14), et Joël (9). Comparez les villas et expliquez votre raisonnement.

LES ORMES
5 chambres à coucher
1 salon
1 salle à manger
1 bureau
2 salles de bains
1 salle de séjour

LES MYRTILLES
4 chambres à coucher
1 salon-salle à manger
3 salles de bains
1 bibliothèque
sous-sol

Activité 4. A la maison

Dites dans quelle pièce ou dans quelle partie de la maison vous faites les choses suivantes.

MODÈLE: garer la voiture →
    É1: Où est-ce que vous garez la voiture?
    É2: Généralement, ma famille et moi (mes camarades de chambre et moi), nous garons la voiture dans le garage.

1. manger
2. dormir
3. prendre une douche
4. bavarder avec des invités
5. faire la vaisselle
6. étudier
7. prendre le petit déjeuner
8. dîner avec des invités
9. se reposer
10. téléphoner
11. écouter la radio
12. cuisiner

Le logement

Attention! Étudier Grammaire 4.3 et 4.4

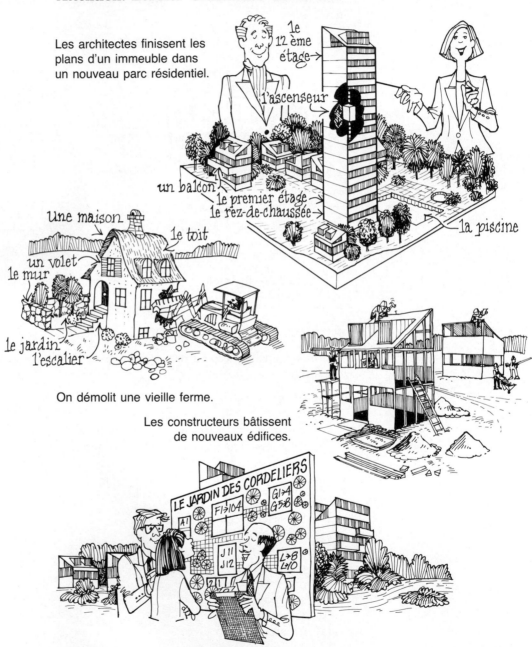

Les architectes finissent les plans d'un immeuble dans un nouveau parc résidentiel.

le 12 ème étage

l'ascenseur

un balcon

le premier étage
le rez-de-chaussée

la piscine

Une maison

le toit

un volet
le mur

le jardin
l'escalier

On démolit une vieille ferme.

Les constructeurs bâtissent de nouveaux édifices.

LE JARDIN DES CORDELIERS

Les nouveaux locataires choisissent leurs appartements.

■ **Activité 5.** On choisit un appartement

Mettez dans l'ordre logique les démarches qu'on fait quand on cherche un appartement à louer.

_____ On prend une décision.

_____ On téléphone au propriétaire ou aux agences immobilières.

_____ On prend rendez-vous pour voir les appartements intéressants.

_____ On emménage dans l'appartement.

_____ On visite les appartements intéressants.

_____ On réfléchit aux avantages et aux inconvénients de chaque appartement.

_____ On remplit tous les formulaires et on signe le contrat.

_____ On choisit des appartements intéressants parmi les locations vides présentées dans le journal.

__1__ On décide dans quel quartier on voudrait vivre.

_____ On paie le loyer.

■ **Activité 6.** Le logement

Voici trois types de logements. A votre avis, quels sont les avantages et les inconvénients de chacun? Pourquoi?

un petit studio
un deux-pièces au dixième étage
   d'un immeuble moderne
une maison de banlieue entourée
   d'un jardin

1. On n'est pas obligé de prendre un ascenseur pour monter et descendre.
2. Le loyer n'est pas cher.
3. On peut se promener dans le jardin.
4. On n'entend pas les bruits des voisins de chaque côté.
5. On fait très vite le ménage.
6. On peut avoir une très belle vue sur la ville.
7. On n'est pas obligé de s'occuper du jardin.
8. Il y a plus d'espace.
9. Le gaz et l'électricité vont coûter moins cher.
10. ?

Unités d'habitation de Nantes-Rezé (1952–1957), de l'architecte et peintre Le Corbusier

Note culturelle

LE LOGEMENT EN FRANCE

Paysage de Provence: mas provençal entouré d'oliviers et de cyprès

Dans les grands centres urbains, il existe toutes sortes d'habitations, des anciennes et des récentes, des appartements dans de grands immeubles et, dans les banlieues, des maisons individuelles. Contrairement aux États-Unis, le centre de la ville est souvent très recherché[1] pour sa vie animée, ses boutiques, ses zones piétonnes, ses appartements souvent très élégants dans de vieilles maisons rénovées. Les Français ont le sens de l'histoire et souvent préfèrent rénover plutôt que[2] de remplacer un ancien bâtiment par un neuf. Près de la moitié[3] des Français vivent en appartement, surtout dans les villes.

A la campagne, certaines régions ont des maisons traditionnelles bien typiques, construites avec la pierre du pays,[4] tels que[5] les mas de Provence. Seuls les chalets des Alpes sont construits en bois. En France on construit en dur,[6] en pierre, en brique, en ciment. On préfère ce qui dure[7] au préfabriqué.

Chalet dans les Hautes-Alpes

[1]*sought after*   [2]*plutôt... rather than*   [3]*half*   [4]*pierre... regional stone*   [5]*tels... such as*   [6]*en... permanent structures*   [7]*lasts*

LECTURE

....

Des jeunes parlent de leur logement

Vivre dans leur propre appartement est le rêve° de bien des jeunes. Pour Domi-nique, Louise et Paule, c'est une réalité. Qu'ont-elles comme logement?

dream

DOMINIQUE GUÉRIN: J'habite dans un appartement à Paris... C'est un studio qui comporte une pièce principale servant à la fois° de salle à manger, de salle de séjour et de chambre à coucher, une cuisine et une salle de bains, ces deux pièces étant de petite taille! Ce studio est agréable car il est bien situé dans Paris, dans un quartier d'étudiants très animé. Mais il a un inconvénient:° il est très humide et très sombre, le soleil n'y rentre jamais et la lumière° que très peu.

à... at the same time

disadvantage
light

LOUISE MAILLARD: Mon appartement est un deux-pièces avec une chambre, une salle de séjour assez grande qui sert aussi de chambre, une petite cuisine qui donne sur la grande pièce, une salle de bains et des W.C. séparés. L'appartement est très clair avec des portes-fenêtres qui donnent sur° un balcon et de la moquette partout, sauf dans la cuisine et les W.C.

donnent... open up onto

PAULE ARMAND: Je partage un appartement avec un ami. Ce logement a trois pièces assez grandes et ensoleillées. Les murs sont blancs avec des tableaux anciens, et les meubles sont en bois de style Louis XVI. Il y a des tapis colorés dans toutes les pièces. La chambre à coucher donne sur le jardin, la cuisine côté cour. Le salon et la salle à manger donnent sur la mer.

Avez-vous compris?

Vrai ou faux? Si c'est faux, corrigez les erreurs.

V F 1. Dans l'appartement de Dominique, la salle à manger, la salle de séjour et la chambre à coucher sont dans la même pièce.
V F 2. Cet appartement est très ensoleillé.
V F 3. Dominique habite un quartier animé de Paris.
V F 4. Louise vit dans un studio.
V F 5. Dans son appartement, il y a de la moquette partout.
V F 6. Les W.C. sont dans la salle de bains.
V F 7. Les meubles de l'appartement de Paule sont modernes.
V F 8. On peut voir la mer de l'appartement de Paule.

▌ Activité 7. Transactions immobilières

Regardez-vous parfois les petites annonces dans le journal? Dans la section **Locations vides (demandes)** il y a une liste de personnes qui cherchent à louer un appartement. Est-ce qu'elles vont en trouver un parmi les **Locations vides (offres)** aujourd'hui?

TRANSACTIONS IMMOBILIÈRES	
Locations vides (demandes)	**Locations vides (offres)**
Cherche grand studio, 40 m2, ou 2 pièces, ascenseur, calme. Tél. XX.XX.XX.XX.	Mini. studio kitchen, WC. Douche 1.700 F. mensuel. Tél. XX.XX.XX.XX (répondeur)
Personne sérieuse cherche 2 pièces avec jardin, Nice/ouest, loyer, maxi 2.500 F. Tél. XX.XX.XX.XX, YTY.	Exceptionnel, Nice centre: vaste studio, terrasse, Sud, cuisine indépendante, 2.200, NISSIMO PAGANINI XX.XX.XX.XX.
Couple italien recherche 3-4 pièces pour se loger Nice Est. CÉRUTI, XX.XX.XX.XX.	Centre Nice: 2 pièces, balcon, ascenseur, calme, urgent, 3.100 CABINE-TORY. XX.XX.XX.XX.
	Nice Est, superbe 3 pièces, duplex, petite résidence, frais réduits, 4.750 charges comprises. SUD CONTACT XX.XX.XX.XX.
	Nice Ouest: magnifique, cuisine équipée, terrasse, parking, piscine, 5.000 + charges. MAISON DE L'IMMOBILIER XX.XX.XX.XX.

Et vous...

Lequel de ces cinq appartements préférez-vous? Pourquoi? Comparez votre logement actuel avec l'appartement de votre choix.

Activité 8. Le déménagement

Votre partenaire va déménager dans un petit studio et vous demande des conseils. Il (Elle) n'a pas beaucoup d'argent mais peut se permettre quelques petits luxes. Qu'est-ce que vous lui conseillez? Dites pourquoi.

> MODÈLE: acheter un réfrigérateur d'occasion ou un petit réfrigérateur neuf?
> > É1: Est-ce que j'achète un réfrigérateur d'occasion ou un petit réfrigérateur neuf?
> > É2: Achète un réfrigérateur d'occasion. Il va coûter moins cher. (N'achète pas de réfrigérateur d'occasion. Il risque de ne pas bien fonctionner.)

1. acheter un lit ou un canapé transformable en lit?
2. prendre la vieille table de sa mère ou acheter une table neuve?
3. acheter une nappe ou des rideaux?
4. installer un détecteur de fumée ou acheter un répondeur téléphonique?
5. acheter une chaîne stéréo et des haut-parleurs ou un petit four à micro-ondes?
6. acheter un tapis indien ou une moquette grise ou beige?
7. faire le ménage lui-même (elle-même) ou chercher une femme de ménage?
8. ?

■ **Activité 9.** Entretien: Ton logement

1. Est-ce que tu habites dans une chambre à la cité universitaire, dans un appartement, ou dans une maison particulière? Comment est l'immeuble ou la maison où tu habites? Combien d'étages y a-t-il? A quel étage habites-tu?

2. Est-ce qu'il y a une piscine où tu habites? des courts de tennis? une machine à laver? Quels sont les avantages d'habiter où tu es maintenant? Quels en sont les inconvénients?

3. Est-ce que tu partages une chambre, ou est-ce que tu as une chambre à toi? Quelle situation est préférable, à ton avis? Pourquoi? Décris le (la) camarade de chambre idéal(e).

4. Est-ce que tu voudrais déménager dans une autre maison ou dans un autre appartement? Pourquoi? Où voudrais-tu habiter? Comment est la maison où tu voudrais habiter?

5. Imagine que tu bâtis la maison de tes rêves. Où est-elle située? Quel style de maison choisis-tu? Combien de pièces a-t-elle? Qu'est-ce que tu choisis comme meubles? etc.

Tâches et loisirs

Attention! Étudier Grammaire 4.5 et 4.6

Le week-end chez les Lasalle

Samedi matin avant le déjeuner

Christine sort les assiettes pour mettre la table.

Bernard inspecte le gazon et ensuite, il le tond.

Camille passe l'aspirateur.

Nathalie balaie la terrasse.

Marie-Christine enlève la poussière de la table basse et ensuite, elle la cire.

Après le déjeuner

Camille fait la vaisselle.

Marie-Christine essuie les assiettes, puis elle les range dans le placard.

Nathalie vide les ordures, mais elle les répand par terre.

Christine répond à la lettre d'une amie.

Bernard bricole.

Activité 10. Les obligations et les plaisirs

Est-ce que vous faites ces activités parce qu'il faut les faire ou parce que vous voulez bien les faire? Les faites-vous souvent?

MODÈLE: nettoyer la salle de bains →
Il faut le faire mais je n'aime pas le faire. Je le fais toutes les semaines. (Je refuse de le faire. Je ne le fais jamais.)

1. laver la voiture
2. choisir des meubles neufs
3. inviter des amis à dîner
4. faire la cuisine
5. aller au supermarché
6. bricoler
7. jardiner
8. répondre au téléphone
9. repeindre une pièce
10. bavarder avec les voisins

Il faut le faire.
Je veux bien le faire.
Je n'aime pas le faire.
Je refuse de le faire.

Activité 11. Devinettes: Qu'est-ce que c'est?

1. On la fait après les repas si l'on n'a pas de machine.
2. On le tond et quelquefois, on l'arrose.
3. On la fait quand on a trop de vêtements sales.
4. On le passe pour nettoyer les tapis et la moquette.

5. On peut le faire toutes les semaines ou très rarement. Normalement, on le fait avant d'avoir des invités à la maison.
6. On la fait quand on est fatigué. Souvent, on veut la faire quand on finit de faire le ménage ou de travailler dans le jardin.
7. On est obligé de les faire de temps en temps. Beaucoup de Français les font tous les jours dans les petits magasins du quartier.
8. On l'utilise quand on est pressé ou quand on ne veut pas se servir de la cuisinière.
9. On les vide après les repas. Ce n'est pas une tâche très agréable.
10. ?

Idées: le four à micro-ondes, les ordures, la sieste, la vaisselle, les courses, le gazon, l'aspirateur, la lessive, le ménage

Note culturelle

LES FRANÇAIS ET L'ÉQUIPEMENT MÉNAGER

Une cuisine moderne

Les outils de la ménagère	
Taux d'équipement début 1989 (en %) :	
• Fer à repasser	96
• Aspirateur	82
• Robot-mixer	81
• Cafetière électrique	70
• Moulin à café électrique	63
• Grille-pain électrique	49
• Couteau électrique	47
• Hotte aspirante	35
• Ouvre-boîte électrique	26
• Friteuse électrique	23
• Grille-viande	18
• Yaourtière électrique	17
• Presse-fruits électrique	14

L'équipement ménager continue de se développer dans les logements en France. Des équipements de base, tels que le réfrigérateur, l'aspirateur, le lave-linge, le téléphone et le téléviseur constituent, bien sûr, la norme pour la plupart des ménages. D'autres appareils électroniques sont de plus en plus répandus,[1] en particulier le lave-vaisselle, le congélateur,[2] et le Minitel.[3] Par contre, ce ne sont encore que[4] les classes sociales aisées qui font l'acquisition d'un sèche-linge,[5] d'un four à micro-ondes, ou d'un micro-ordinateur. Ce sont surtout les jeunes qui apprécient le micro-ondes, complément naturel du congélateur. En effet, pour ceux qui sont très occupés, c'est un bon moyen de gagner du temps.[6]

[1]*common, widespread* [2]*freezer* [3]*telecommunication service via home computer* [4]*ce... it is only*
[5]*dryer* [6]*moyen... means of saving time*

■ **Activité 12.** Le samedi d'Adrienne

La vie de quartier

Attention! Étudier Grammaire 4.7 et 4.8

Dans le quartier de Jean-Yves Lescart

Jean-Yves va au lavomatic parce qu'il a besoin de faire la lessive.

Parfois il laisse ses vêtements sales à la teinturerie.

Il va au café parce qu'il a soif et parce qu'il a envie de bavarder avec ses copains.

Il achète des médicaments à la pharmacie quand il est malade.

Quand il a faim et qu'il est pressé, il mange au self-service.

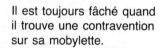

Il connaît beaucoup de gens dans le quartier.

Il est toujours fâché quand il trouve une contravention sur sa mobylette.

Tous les voisins le connaissent aussi.

Activité 13. Connaissez-vous votre quartier?

Complétez les phrases suivantes et ensuite, comparez vos réponses avec celles de votre partenaire.

Je sais (Je ne sais pas)
Je connais (Je ne connais pas)

1. ... le nom du facteur (la personne qui apporte le courrier).
2. ... les enfants du quartier.
3. ... la plupart de mes voisins.
4. ... le nom des rues principales du quartier.
5. ... la plupart des gens qui passent dans la rue.
6. ... quels moyens de transport desservent le quartier.
7. ... le nom de la personne qui apporte (ou qui vend) le journal.
8. ... les noms de quelques caissiers ou caissières qui travaillent dans mon épicerie ou au supermarché le plus proche.
9. ?

▌ **Activité 14.** Où allez-vous?

Dans votre quartier, où est-ce que vous allez quand...

MODÈLE: vous avez faim? →
  É1: Quand j'ai faim, je vais dans un petit restaurant près de chez moi.
  É2: Moi, je vais au fast-food au coin de ma rue.

1. vous avez envie de faire une promenade?
2. vous avez chaud en été?
3. vous avez soif?
4. vous êtes triste ou déprimé(e)?
5. vous êtes de mauvaise humeur?
6. vous êtes content(e) et que vous désirez fêter une occasion spéciale?
7. vous avez envie de bavarder avec des amis?
8. ?

▌ **Activité 15.** Interaction: Les courses dans le quartier

MODÈLE: É1: Quand est-ce que Marie Lasalle fait nettoyer des vêtements en laine?
  É2: De temps en temps.
  É1: Qu'est-ce que Claudine Colin fait à la pharmacie?
  É2: Elle laisse une ordonnance.

PERSONNE	COURSE	FRÉQUENCE	ENDROIT
Marie Lasalle	faire nettoyer des vêtements en laine		au pressing
Bernard Lasalle		souvent	à la quincaillerie
Jean-Yves Lescart	laver ses vêtements sales	chaque semaine	
Agnès Rouet		quelquefois	
Claudine Colin			à la pharmacie
Francis Lasalle	choisir un bon vin		

■ **Activité 16.** Entretien: Le présent et l'avenir

Maintenant

1. Est-ce que tu es content(e) du quartier où tu habites ou as-tu envie de déménager? Pourquoi?
2. Connais-tu beaucoup de gens dans ton quartier? Est-ce que tes voisins sont surtout des jeunes, des personnes âgées, ou des familles? Quand est-ce que tu les vois? Comment sont les voisins que tu aimes le mieux? les voisins que tu aimes le moins?
3. Est-ce que tu préfères faire tes achats chez les commerçants du quartier, au centre-ville, ou dans une grande-surface? Pourquoi?

A l'avenir

4. Où as-tu envie d'habiter après tes études? Dans quelle sorte de logement? Dans quel type de quartier? Est-ce que tu as peur d'habiter dans une grande ville?
5. A ton avis, est-il préférable de conserver les vieux quartiers historiques ou de les démolir? Pourquoi est-ce qu'on choisit de les démolir quelquefois?

LECTURE

Réflexions d'une concierge

Madame Dubois, veuve d'un certain âge et plutôt vieux jeu,° est concierge dans un immeuble à Marseille. De sa loge au rez-de-chaussée, rien ne lui échappe.° Elle voit tout, entend tout, sait tout.

Ce soir, comme d'habitude, elle scrute tous ceux° qui passent devant le guichet de sa loge, ceux qui entrent et ceux qui sortent. Voici un aperçu° de ses réflexions.

«Ça doit être M. Xavier du 3ᵉ. Ah! il va chercher son journal du soir au kiosque du coin. Tiens! Il a encore mis ses chaussettes à l'envers,° et sa chemise n'est même pas repassée.° Peuchère! Voilà ce que c'est que d'être vieux garçon.°

Tout de même! Ce gamin du 3ᵉ a encore laissé la porte ouverte! Est-ce que ces gens n'ont donc pas de portes chez eux? Et bien sûr, il ne s'est pas essuyé les pieds sur le paillasson.° Et je peux recommencer à nettoyer. Quelle vie!

Ah! voilà enfin le facteur avec le courrier. Voyons, qu'est-ce qu'il y a : des factures, des prospectus, quelques lettres... Tiens, une carte postale pour Mlle Adrienne du 5ᵉ. Ça vient d'Ajaccio. Ah! c'est de sa copine qui passe ses vacances en Corse. Ils ont de la chance, les jeunes, de voyager comme ça. De mon temps...

Et voilà encore un des gosses du 6ᵉ qui glisse sur la rampe de l'escalier.° Zut alors! Il sait pourtant que c'est interdit.° Est-ce que ces gamins ne peuvent pas descendre les marches comme tout le monde? Un de ces jours ils vont se casser le cou. Allez leur faire comprendre!

Ça alors! Voilà la locataire du 4ᵉ qui sort toute fringuée° et peinte comme un Picasso. Où peut-elle bien aller ce soir? Je sais que son mari est en voyage. Bizarre, bizarre! Une femme de son âge... Tout de même! On voit de tout!

vieux... old-fashioned

rien... nothing escapes her
tous... everybody
sample

à... inside out
ironed / vieux... old bachelor

doormat

glisse... slides down the banister
forbidden

dressed up (coll.)

Une concierge scrute son domaine.

Et voilà la locataire du 2ᵉ avec son chien. Je déteste cet animal! Il a vraiment l'air méchant. Il grogne° dès qu'il me voit. Puis il laisse ses poils partout sur le tapis. L'autre jour, il a même fait ses besoins° juste en face de ma loge. Le culot!° Si j'avais mon mot à dire°... pas de chiens dans l'immeuble. Au fait, pas d'enfants non plus, rien que des locataires respectables et respectueux des consignes°!»

growls
fait... relieved himself / The nerve! (coll.)
Si... If I had my way
rules

Avez-vous compris?

De qui s'agit-il?
(a) de l'enfant du 3ᵉ, (b) de la locataire du 4ᵉ, (c) du facteur, (d) de M. Xavier,
(e) de l'enfant du 6ᵉ, (f) de la concierge, (g) de la locataire du 2ᵉ

    1. _____ Il ne ferme pas les portes.
    2. _____ Il n'est pas marié.

3. _____ Le courrier des locataires l'intéresse beaucoup.
4. _____ Son mari est absent en ce moment.
5. _____ Son chien n'aime pas la concierge.
6. _____ Il n'aime pas descendre l'escalier à pied.
7. _____ Quand il entre dans l'immeuble, il n'essuie pas ses chaussures.
8. _____ Il ne fait pas attention à ses vêtements.
9. _____ Il risque d'avoir un accident.
10. _____ Il apporte le courrier.

▌ A vous d'écrire!

Vous allez passer quelques mois à l'université de Toulouse et vous désirez partager un appartement avec des étudiants français. Écrivez une petite annonce qui décrit ce que vous désirez: le type de logement, le nombre et le type de camarades de chambre que vous cherchez, le loyer maximum que vous pouvez payer, et d'autres renseignements qui vous semblent importants. N'oubliez pas de dire comment on peut vous contacter.

Étudiant(e) américain(e) cherche... pour... mois.

VOCABULAIRE

Les conditions mentales et physiques
Mental and physical states

avoir...
besoin	to need
chaud	to feel warm, hot
envie de	to want
faim	to be hungry
froid	to be cold
l'air de	to appear, seem
peur	to be afraid
soif	to be thirsty

être...
content(e)	to be happy
de mauvaise humeur	to be in a bad mood
déprimé(e)	to be depressed
fâché(e)	to be angry
malade	to be ill, sick
pressé(e)	to be in a hurry
triste	to be sad

Le logement — Lodging

un ascenseur	an elevator
un deux-pièces	a two-room apartment
le douzième étage	the thirteenth floor
un immeuble	an apartment building, a high rise
le premier étage	second floor
le rez-de-chaussée	ground floor

Mots apparentés: **un balcon, la cité universitaire, un court de tennis, un édifice, une ferme, un parc résidentiel, une vue**

Les pièces et les autres parties de la maison
Rooms and other parts of the house

la chambre à coucher	bedroom
la cheminée	fireplace
la cuisine	kitchen
l'escalier (*m.*)	stairs, staircase
le jardin	yard, garden
la salle à manger	dining room
la salle de bains	bathroom
la salle de séjour	living room
le sous-sol	basement
le toit	roof
un volet	a shutter

Mots apparentés: **la cave, le salon, la terrasse**

Les tâches ménagères
Household tasks

arroser les plantes	to water plants
cirer	to polish
enlever la poussière	to dust
essuyer	to wipe
faire du bricolage	to tinker, do odd jobs
faire la cuisine	to cook
faire la lessive	to do laundry
faire le ménage	to do housework
faire la vaisselle	to wash dishes
nettoyer	to clean
ranger	to put in order
repasser	to iron
repeindre	to repaint a house, room
tondre le gazon	to mow the lawn
vider les ordures (*f.*)	to empty the garbage

Les meubles et l'équipement ménager
Furniture and household equipment

un appareil ménager (*m.*)	a household appliance
une assiette	a plate
une baignoire	a bathtub
un canapé (transformable)	a sofa (bed)
une commode	a dresser
une cuisinière à gaz/ électrique	a gas/electric kitchen range
un détecteur de fumée	a smoke detector
une étagère	a bookshelf, bookcase

un évier	a kitchen sink
un fauteuil	an easy chair
un four à micro-ondes	a microwave oven
un lavabo	a washbasin
un lave-vaisselle	a dishwasher
un lit	a bed
une machine à laver	a washing machine
un meuble	a piece of furniture
la moquette	wall-to-wall carpeting
un placard	a closet, cupboard
un radio-réveil	a clock radio
des rideaux (*m.*)	curtains
une table basse	a coffee table
un tapis	a rug

Mots apparentés: **un buffet, une chaîne stéréo, une lampe, un miroir, une radio, un réfrigérateur, un répondeur téléphonique, un sauna, une table**

Le quartier — The neighborhood

un caissier/une caissière	a cashier
un(e) commerçant(e)	a merchant
un cordonnier	a shoe repairman
une épicerie	a grocery store
une grande-surface	a discount store
un marchand de vins	a liquor store
une teinturerie	a dry cleaner's
une quincaillerie	a hardware store

Mots apparentés: **le fleuriste, le lavomatic**

La description

actuel(le)	current
chaque	each
entouré(e) de	surrounded by
interdit(e)	forbidden
nouveau/nouvelle	new, different
sale	dirty

Mots apparentés: **âgé(e), délicat(e), historique, indispensable, obligé(e), particulier/particulière, pratique, principal(e), simple, situé(e)**

Substantifs — Nouns

l'argent (*m.*)	money
l'avenir (*m.*)	the future
un bruit	a noise

une chose	a thing
une contravention	a traffic ticket
le courrier	mail
l'espace (*m.*)	space
un facteur	a mail carrier
une facture	a bill
une femme de ménage	a cleaning woman
une fleur	a flower
un(e) locataire	a tenant
une mobylette	a motor scooter
les petites annonces (*f.*)	want ads
la plupart	most, the majority
un rêve	a dream
le temps libre	free time
un(e) voisin(e)	a neighbor

Mots apparentés: **une brique, un inconvénient, un(e) invité(e), un luxe, un médicament, une offre, un(e) pharmacien(ne), une résidence, un supermarché, une transaction, une villa**

Verbes

apporter	to bring
bâtir	to build
choisir	to choose
connaître	to know (someone), be acquainted with
déménager	to move away
embêter	to bother someone
emménager	to move in
entendre	to hear
prendre rendez-vous	to make a date, an appointment
laisser	to leave
louer	to rent
s'occuper de	to take care of
ouvrir	to open
partager	to share
réfléchir	to think, reflect
répandre par terre	to spill on the ground
répondre	to answer
ranger	to put in order
vivre	to live

Mots apparentés: **comparer, conseiller, conserver, considérer, démolir, finir, monter, payer, se permettre, refuser, se reposer, signer, téléphoner**

Mots et expressions utiles
Useful words and expressions

à mon avis	in my opinion
ne... jamais	never
Laquelle? (Lequel?)	Which one?
le mieux	the best
parfois	sometimes
le plus près	the closest
une chambre à toi	a bedroom of your own

RAMMAIRE ET EXERCICES

 ## 4.1 Describing: Position of Adjectives

A. As you already know, most French adjectives follow the noun they modify.

Nos voisins ont une maison **énorme** avec une cuisine **spacieuse** et **bien équipée.**

Our neighbors have a huge house with a spacious and well-equipped kitchen.

B. A few short, frequently used adjectives, however, generally precede the noun they modify.

Il y a un **beau** tapis dans le salon.

There's a beautiful rug in the living room.

Here are the most common of these adjectives.

autre	*(an)other*	mauvais(e)	*bad*
beau/belle	*beautiful*	même	*same*
bon(ne)	*good*	nouveau/nouvelle	*new*
grand(e)	*large, big; tall*	petit(e)	*small*
jeune	*young*	vieux/vieille	*old*
joli(e)	*pretty*		

Mes grands-parents habitent une **jolie** maison blanche.

My grandparents live in a pretty white house.

Toujours la **même** chose! Métro, boulot, dodo.

Every day the same thing! The same old rat race (lit., *metro, work, sleep*).

C. Beau, nouveau, and **vieux** have irregular forms used with masculine nouns beginning with a vowel or a mute **h.**

masculin (*s./pl.*)	**féminin** (*s./pl.*)	*before a masculine singular noun beginning with a vowel or* **h muet**
beau/beaux nouveau/nouveaux vieux/vieux	belle/belles nouvelle/nouvelles vieille/vieilles	bel nouvel vieil

Leur **nouvel** appartement est
très beau; il se trouve dans un
très **bel** immeuble.

Édouard Vincent est un **vieil**
homme très sympathique; il
habite à côté des Lasalle.

*Their new apartment is very nice;
it's located in a very lovely
building.*

*Édouard Vincent is a very nice old
man; he lives next-door to the
Lasalles.*

▌ Exercice 1. Une nouvelle maison

Julien Leroux parle de sa nouvelle maison avec un ami. Terminez les réponses
de Julien en utilisant le nom suggéré et le même adjectif. Faites attention à la
forme de l'adjectif.

> MODÈLE: Tu as une *grande* chambre, n'est-ce pas? (lit, *m.*) →
> Oui, et j'ai aussi *un grand lit.*

1. C'est un *vieux* quartier, n'est-ce pas? (maison, *f.*)
   Oui, mais ce n'est pas _____ .
2. Tu as un *beau* buffet, n'est-ce pas? (cheminée, *f.*)
   Oui, et j'ai aussi _____ .
3. Tu as une *petite* cuisine, n'est-ce pas? (réfrigérateur, *m.*)
   Oui, et c'est pourquoi j'ai _____ .
4. Il y a un *bon* four, n'est-ce pas? (cuisinière, *f.*)
   Oui, et il y a aussi _____ .
5. Tu as une *grande* baignoire, n'est-ce pas? (sauna, *m.*)
   Oui, et j'ai aussi _____ .
6. Tu as une *nouvelle* adresse, n'est-ce pas? (numéro de téléphone, *m.*)
   Oui, bien sûr. Et j'ai aussi _____ .

▌ Exercice 2. Descriptions

Un camarade vous pose des questions. Répondez selon le modèle. Attention
aux adjectifs!

> MODÈLE: Tu as une petite cuisine, n'est-ce pas? →
> Mais non, j'ai une grande cuisine.

Tu as... , n'est-ce pas?

1. une petite chambre
2. un nouvel appartement
3. un vieux blue-jean
4. des nouvelles chaussures
5. une grande Mercedes
6. un grand chien
7. un autre chien qui est petit
8. un bon dictionnaire de français
9. un jeune professeur de français
10. des nouveaux amis

4.2 Making Comparisons

A. To make comparisons with adjectives (*pretty* → *prettier*) or adverbs (*often* → *more / less / as often*), use the following phrases.

COMPARING QUALITIES	
aussi... que	*as . . . as*
plus... que	*more . . . than*
moins... que	*less . . . than*

Chez moi, la salle de bains est **aussi grande que** la salle à manger, et la chambre à coucher est **plus grande que** la cuisine.

At my house, the bathroom is as big as the dining room, and the bedroom is bigger than the kitchen.

En général, Bernard se couche **plus tôt que** Christine, mais il dort **moins bien qu'**elle.

In general, Bernard goes to bed earlier than Christine, but he doesn't sleep as well as she (does).

Note that when you compare people, the emphatic pronouns are used after **que.**

Tu es plus intelligent **que moi.**

You're smarter than I (am).

B. To compare quantities of nouns, use **plus de** (*more*), **autant de** (*as much, as many*), and **moins de** (*less, fewer*).

COMPARING QUANTITIES	
autant de... que	*as much, as many as*
plus de... que	*more than*
moins de... que	*less, fewer than*

Il y a **plus de chaises** dans la salle à manger **que** dans le salon.

There are more chairs in the dining room than in the living room.

Ton appartement a **autant de pièces que** notre maison.

Your apartment has as many rooms as our house.

J'ai **moins d'argent que** toi, alors j'habite dans un studio.

I have less money than you (do), so I live in an efficiency apartment.

Pronunciation Hint

In general, the **s** in **plus** is not pronounced before a consonant: **J'ai plus de livres que vous.** It is pronounced **z** before a vowel: **Il est plus‿organisé que moi.** The **s** *is* pronounced (as an **s**) at the end of a phrase or sentence: **Mangez plus!**

C. The words **bon** (*good*) and **bien** (*well*) become **meilleur** (*better*) and **mieux** (*better*) instead of forming their comparatives with **plus** and **moins**. The word **mauvais** (*bad*) also has an irregular comparative form (**pire**, *worse*), although it is generally used in the standard comparative construction instead (**plus mauvais**).

> bon (*good*) → meilleur (*better*)
> bien (*well*) → mieux (*better*)
> mauvais (*bad*) → plus mauvais, pire (*worse*)

Cette table est de **meilleure** qualité que l'autre et le prix est **meilleur** aussi.	*This table is of better quality than the other one and its price is better, too.*
L'éclairage chez moi est **plus mauvais (pire)** que l'éclairage chez toi.	*The lighting is worse at my house than it is at yours.*
Ces rideaux vont **mieux** avec les couleurs de ma chambre.	*These curtains go better with the colors in my room.*

Exercice 3. A votre avis

Comparez les deux choses, en employant un de ces adjectifs: **cher (chère), pratique, économique, confortable, important(e), agréable, utile, beau (belle), amusant(e).**

> MODÈLE: une voiture et une bicyclette →
> Une voiture est plus chère qu'une bicyclette, mais une bicyclette est moins confortable.

1. un lave-vaisselle et un réfrigérateur
2. un appartement et une maison
3. un studio et un deux-pièces
4. un immeuble moderne et un vieil immeuble
5. une chaîne stéréo et une radio
6. un jardin et un balcon
7. un détecteur de fumée et un répondeur téléphonique
8. un micro-ordinateur et un magnétoscope*

Exercice 4. Maisons bien équipées

Comparez l'équipement électronique chez Daniel, Albert et Louis. Employez **plus de, moins de** ou **autant de.**

---

*un magnétoscope = a VCR

	CHEZ DANIEL	CHEZ ALBERT	CHEZ LOUIS
radio-réveils	2	3	4
magnétophones*	4	2	1
magnétoscope	1	1	0
télévision	1	2	0
ordinateurs	2	0	1
calculatrices	2	4	4
répondeurs téléphoniques	0	1	2

MODÈLE: Daniel a _____ radio-réveils qu'Albert et Louis. →
Daniel a *moins de* radio-réveils qu'Albert et Louis.

1. Daniel a _____ ordinateurs que Louis.
2. Albert a _____ calculatrices que Louis.
3. Louis a _____ magnétophones que Daniel et Albert.
4. Albert et Louis ont _____ répondeurs téléphoniques que Daniel.
5. Daniel a _____ calculatrices qu'Albert et Louis.
6. Albert et Louis n'ont pas _____ magnétophones que Daniel.
7. Albert a _____ calculatrices que de télévisions.
8. Louis a _____ radio-réveils que de calculatrices.
9. Louis a _____ répondeurs téléphoniques que de télévisions.
10. Daniel a _____ ordinateurs que de magnétophones.

▌ **Exercice 5.** Chez eux, chez nous

Christine et Bernard Lasalle rentrent d'une soirée chez le docteur Petit, avec qui Christine travaille. Christine parle de la maison des Petit, avec un peu de jalousie. Donnez les commentaires de Bernard, en suivant le modèle. (Il y a plus d'un commentaire possible.)

MODÈLE: Le quartier où ils habitent est très calme. Notre quartier n'est pas aussi calme. →
Oui, leur quartier est plus calme que notre quartier.

ou

Oui, notre quartier est moins calme.

1. Leur jardin est énorme. Notre jardin est si petit.
2. Leur chaîne stéréo est si moderne, et elle marche si bien. Notre chaîne stéréo est vieille, et elle marche mal.
3. Leurs meubles sont si élégants. Nos meubles sont si vieux, vraiment démodés.[†]

---

*un magnétophone = a tape recorder
[†] démodé = old-fashioned

4. Leur cuisine est tout équipée. Ils ont un bon lave-vaisselle très moderne. Notre lave-vaisselle est si vieux.
5. Dans leur salle de séjour, ils ont un très beau tapis d'Orient. Notre tapis n'est pas beau du tout.
6. Les Petit ont trois télévisions! Chez nous, il y en a seulement une.
7. Les Petit ont beaucoup de travail pour entretenir* cette maison. Heureusement, nous n'avons pas autant de travail à faire.
8. C'est vrai que les Petit sont heureux, mais nous aussi, nous sommes très heureux.

 # 4.3 Present Tense: -ir Verbs like finir

Many verbs whose infinitives end in **-ir** add **-iss-** in their plural forms.

Nous **finissons** souvent de travailler à huit heures.

We often finish working at eight o'clock.

Here are the present tense forms of the verb **finir.**

finir (*to finish*)	
je finis	nous fin**iss**ons
tu finis	vous fin**iss**ez
il/elle/on finit	ils/elles fin**iss**ent

Other verbs like **finir** are **agir** (*to act*), **réagir** (*to react*), **bâtir** (*to build*), **choisir** (*to choose*), **démolir** (*to demolish*), **réfléchir** (**à**)[†] (*to think [about]*), **réussir** (**à**)[‡] (*to be successful [at]*), **vieillir** (*to become old*).

Quand nous achetons des meubles, nous **choisissons** toujours des articles de qualité.

When we buy furniture, we always choose quality items.

---

*entretenir = to maintain
[†]Note that **réfléchir** requires the preposition **à** before a noun.

Elle réfléchit **à la question.**   *She's thinking about the question.*

[‡]The verb **réussir** also requires à in the common expression **réussir à un examen.**

Je **réussis** toujours **aux examens.**   *I always do well on exams.*

▌ **Exercice 6.** Tel père, tel fils?*

Raoul se compare à ses parents.

Verbes à utiliser: agir, bâtir, choisir, réfléchir, réussir, vieillir

Moi, je suis tout le contraire de mes parents. Moi, j'ai tendance à _____[1] impulsivement, mais eux ils n'_____[2] jamais sans beaucoup réfléchir, surtout quand il est question d'argent. Par exemple, moi, quand je _____[3] un meuble pour mon appartement, j'achète toujours la première chose qui me plaît.† Pas mes parents. Eux, ils cherchent beaucoup, et puis ils _____[4] longuement à leur choix. Il est vrai qu'ils _____[5] souvent à trouver de bonnes affaires. Mais moi, je n'ai pas autant de patience pour les achats. Après un ou deux magasins, je veux en‡ _____[6].

En ce moment, mon frère _____[7] une maison de campagne pour mes parents. Heureusement, lui, il a beaucoup de patience. Il _____[8] maintenant l'intérieur, pendant que mes parents _____[9] le décor.

Je me demande si on devient moins impulsif quand on _____[10].

▌ *4.4 Giving Instructions and Directions: Commands*

A. You have already seen and heard many command (imperative) forms, mostly for groups of people or for other individuals with whom you use **vous.** There are also command forms for **tu** and for **nous** (*let's*). In general, **vous** and **nous** commands are formed simply by dropping the subject from the appropriate verb form.

Vous avez chaud? **Ouvrez** la fenêtre!	*You feel hot? Open the window.*
Allons au restaurant ce soir.	*Let's eat at a restaurant tonight.*

Here are some rules for forming **tu** commands and commands with reflexive pronouns.

• The **tu** forms do not change except for regular verbs ending in **-er** and the verb **aller.** For these commands, drop the **-s** from the present tense form.

Écoute ton père quand il te parle!	*Listen to your father when he speaks to you!*
Camille, **va** chercher une chaise dans le salon, s'il te plaît.	*Camille, go get a chair from the living room, please.*

---

*tel père, tel fils (*proverbe*) = like father, like son
†qui... = that I like
‡en finir = to be done with it

- Reflexive pronouns are placed after the verb in affirmative commands.

  Levez-**vous** plus tôt demain matin!

  Get up earlier tomorrow morning!

  Dépêche-**toi,** Nathalie!

  Hurry up, Nathalie!

- In negative commands the reflexive pronoun is placed *before* the verb.

  N'allez pas dans la cuisine!

  Don't go into the kitchen!

  Ne **vous** endormez pas devant la télé.

  Don't go to sleep in front of the T.V.

B. Être, avoir and **savoir** have irregular command (imperative) forms.

	être	avoir	savoir
tu	sois	aie	sache
vous	soyez	ayez	sachez
nous	soyons	ayons	sachons

Ne **sois** pas en retard, Joël!

Don't be late, Joël!

Ayez de la patience avec les enfants.

Have patience with the children.

Sachez toutes ces réponses avant demain!

Know all these answers by tomorrow!

 ## Exercice 7. Un après-midi bien occupé

Les Colin vont avoir des invités pour le dîner de ce soir. Au déjeuner, Claudine donne des instructions à toute la famille. Employez la forme correcte de l'impératif, et aussi l'expression **s'il vous plaît** ou **s'il te plaît** (si c'est nécessaire).

MODÈLE: à Charles et Emmanuel: aider votre père à ranger la salle de séjour →
Aidez votre père à ranger la salle de séjour, s'il vous plaît.

1. à Marise et Clarisse: laver ces verres de cristal
2. à Charles: ranger ta chambre
3. à Emmanuel et Joël: finir d'abord votre déjeuner
4. à Joël: aller prendre un bain
5. au chien: sortir tout de suite de la cuisine
6. à Emmanuel: donner à manger au chien
7. à Charles: ne pas oublier d'aller chez le coiffeur
8. à Marise et Clarisse: venir au marché avec moi
9. à Joël: être gentil avec les filles de nos invités
10. à Victor: ne pas prendre ta douche à la dernière minute

■ **Exercice 8.** Du calme!

Vous êtes dans la cuisine chez vos parents et vous essayez de parler à votre petit(e) ami(e) au téléphone. Toute la famille est là et vous avez des difficultés à entendre. Trouvez l'expression qui convient, puis transformez cette expression à la forme impérative. Employez **s'il te plaît** ou **s'il vous plaît** de temps en temps.

MODÈLE: Votre petite sœur vous pose des questions sur son devoir de maths. → — Pose tes questions plus tard!

1. Votre père fait beaucoup de bruit avec la vaisselle.
2. Vos deux petits frères jouent dans la cuisine.
3. Votre mère écoute la Neuvième Symphonie de Beethoven à la radio.
4. Votre petit(e) ami(e) parle sur un ton trop bas.†
5. Votre grand frère joue de la guitare électrique avec un copain dans la pièce à côté de la cuisine.

aller jouer dans le salon
baisser le son*
faire moins de bruit
fermer la porte
parler plus fort

4.5 Present Tense: -re Verbs like attendre

A. Here are the present-tense forms of a typical regular **-re** verb, **attendre**. Note that, like regular **-er** verbs, the stem (**attend-**) does not change.

attendre (*to wait* [*for*], *expect*)	
j' attend**s**	nous attend**ons**
tu attend**s**	vous attend**ez**
il/elle/on attend	ils/elles attend**ent**

Pronunciation Hint

The stem-final consonants of most **-re** verbs are *not* pronounced in the singular forms but *are* pronounced in the plural forms: **attênd̸s̸, attênd̸,‡ attênd̄ōn̸s̸, attênde̸z̸, attêndént̸.**

*baisser... = to turn down the volume
†parler... = to talk too softly
‡The **-d** of **attend**, etc., *is* pronounced in inversion questions, but it is pronounced as a **t**: **Ven*d*-on des tableaux dans ce magasin?** Notice that the final **-t** of the plural forms is also pronounced in inversion questions: **Ven*dent*-ils du fromage à l'épicerie?**

Other regular **-re** verbs you will be using in this chapter are:

entendre	*to hear*	répandre	*to scatter, spread*
descendre	*to go down, get out of a vehicle*	répondre (à)	*to answer*
		tondre	*to mow*
perdre	*to lose, waste*	vendre	*to sell*

Qui **attendez**-vous? —J'**attends** Jean-Luc.

Who(m) are you waiting for? —I'm waiting for Jean-Luc.

Victor, je n'**entends** rien quand tu passes l'aspirateur.

Victor, I can't hear anything when you're using the vacuum.

Tu prends toujours l'autobus? —Oui, je **descends** au centre commercial, où mon mari vient me chercher.

You always take the bus? —Yes, I get off at the shopping center, where my husband picks me up.

B. Notice the differences between the present-tense patterns of the regular **-re** verbs like **attendre** and the irregular **-re** verbs like **prendre.** All singular forms are the same, but the plural forms are different.

IRREGULAR	REGULAR
nous pre**n**ons	nous enten**d**ons
vous pre**n**ez	vous enten**d**ez
ils pre**nn**ent	ils enten**d**ent

▌ Exercice 9. Rendez-vous au Monoprix

Sarah Thomas raconte la fin de son après-midi. Remplacez les tirets par la forme correcte des verbes.

Aujourd'hui ma camarade de chambre Agnès et moi, nous allons faire des courses au Monoprix. Je _____¹ (attendre) Agnès devant le magasin, mais elle n'arrive pas! Alors, je vais au café en face et je _____² (prendre) un café. Dix minutes après, j'_____³ (entendre) mon nom. C'est Agnès!

Nous entrons dans le magasin et nous _____⁴ (prendre) l'escalier roulant pour monter au premier étage. C'est là que l'on _____⁵ (vendre) les jeux de société. Agnès regarde un jeu de Monopoly. «Non, non, pas de Monopoly. Je _____⁶ (perdre) toujours à ce jeu!» Alors, nous _____⁷ (prendre) un jeu de Scrabble et nous passons à la caisse. Il y a une longue queue et nous _____⁸ (attendre) dix minutes avant d'être servies. On _____⁹ (perdre) beaucoup de temps en France à faire la queue!

Enfin, nous _____¹⁰ (descendre) au rez-de-chaussée. Au moment de sortir du magasin, nous _____¹¹ (entendre) quelqu'un qui nous appelle. C'est Mireille, notre voisine. Alors, nous rentrons ensemble à la maison.

4.6 Direct Object Pronouns

A. A direct object is a noun that follows the verb without any preposition (such as **à, de**) before it. For example, verbs such as **aimer, entendre,** and **inviter** take direct objects.

The direct object pronouns **le, la,** and **les** are used in place of direct object nouns, to avoid unnecessary repetition.

Aimez-vous **ces rideaux?** — Oui, je **les** aime beaucoup.	*Do you like these curtains? — Yes, I like them a lot.*
Est-ce que tu écoutes souvent **la radio?** — Oui, je **l'**écoute tous les matins.	*Do you listen to the radio often? — Yes, I listen to it every morning.*

le (*him, it*)	replaces *masculine singular* nouns
la (*her, it*)	replaces *feminine singular* nouns
les (*them*)	replaces *plural* nouns (*masc.* and *fem.*)

Notice that **le, la,** and **les** may refer to both people and things.

Tu entends **ton père** qui t'appelle? — Oui, je **l'**entends.	*Do you hear your father calling you? — Yes, I hear him.*
Est-ce que ta sœur aime vraiment **cette chambre?** — Oh oui, elle **l'**aime beaucoup.	*Does your sister really like this bedroom? — Oh yes, she likes it a lot.*

Notice also that, before a vowel, both **le** and **la** become **l'**.

B. Here are the other direct object pronouns:

me (*me*)	**nous** (*us*)
te (*you, informal sing.*)	**vous** (*you, formal/pl.*)

Bernard, est-ce que tu veux sortir demain soir? Tes parents **nous** invitent au concert.	*Bernard, do you want to go out tomorrow night? Your parents are inviting us to the concert.*

Before a vowel, **me** and **te** become **m'** and **t'**.

Allô, maman. Tu **m'**entends bien? — Oui, je **t'**entends parfaitement.	*Hello, Mom. Can you hear me OK? — Yes, I can hear you perfectly.*

C. All direct object pronouns, like reflexive pronouns, precede the verb. If the verb is followed by an infinitive, the direct object pronoun usually precedes the infinitive, because it is the object of this verb.

> Est-ce que tu voudrais **m'accompagner** à la banque cet après-midi? — Oui, je passe **te chercher** à trois heures.

> *Would you like to go with me to the bank this afternoon? —Yes, I'll come by to get you at three.*

Remember that, in negative sentences, **ne** precedes object pronouns, which cannot be separated from their verbs.

> Je peux t'aider à faire la vaisselle? — Non, je **ne la fais pas** maintenant.

> *Can I help you with the dishes? —No, I'm not doing them now.*

D. The following verbs take direct objects in French, although the equivalent English verb requires a preposition: **chercher** (*to look for*), **écouter** (*to listen to*), **regarder** (*to look at, watch*), **attendre** (*to wait for*).

> **Regardez**-vous **les informations** à la télé? — Non, je **les écoute** à la radio.

> *Do you watch the news on TV? —No, I listen to it on the radio.*

> Tu **m'attends** un instant? Je **cherche mes clés.**

> *Would you wait for me a moment? I'm looking for my keys.*

E. The direct object pronouns can also be used with **voici** and **voilà.**

> Bernard? Bernard? Où es-tu? — **Me voici!** J'arrive tout de suite.

> *Bernard? Bernard? Where are you? —Here I am! I'm coming right away.*

> J'attends mes parents. Ah, **les voilà!**

> *I'm waiting for my parents. Oh, there they are!*

DIRECT OBJECT PRONOUNS	
me (*me*)	nous (*us*)
te (*you, informal sing.*)	vous (*you, formal/pl.*)
le (*him, it*)	les (*them*)
la (*her, it*)	

Exercice 10. Quel étourdi!*

C'est lundi matin, et Bernard Lasalle est distrait, comme tous les matins. Christine doit l'aider à trouver toutes ses affaires.

---

*__Quel étourdi!__ = What a scatterbrain!

MODÈLE: BERNARD: Où est ma chemise jaune? →
             CHRISTINE: La voilà!

1. Où est ma cravate verte?
2. Où sont mes lunettes?
3. Où est ma ceinture marron?
4. Où est le journal?
5. Où est mon portefeuille*?
6. Où sont mes tickets d'autobus?
7. Où sont mes clés?
8. Où est ma brosse à dents?

▌ Exercice 11. Le travail ménager

Un camarade vous demande si vous faites les tâches suivantes chez vous.
Répondez selon le modèle.

MODÈLE: Tu tonds la pelouse? →
           Oui, je la tonds quelquefois / souvent / une fois par semaine.
           ou
           Non, je ne la tonds jamais. Ma sœur la tond.

1. Tu arroses les plantes dans le jardin?
2. Tu fais la cuisine?
3. Tu fais la vaisselle?
4. Tu essuies la vaisselle?
5. Tu fais ton lit?
6. Tu repasses tes vêtements?
7. Tu fais le ménage?
8. Tu nettoies la salle de bains?
9. Tu achètes les provisions?
10. Tu passes l'aspirateur?

▌ Exercice 12. Une mère très curieuse

Vous habitez à l'université, mais votre mère s'intéresse toujours beaucoup à vos
activités. Elle vous téléphone un samedi matin et vous pose beaucoup de questions. Répondez en employant un pronom d'objet direct.

MODÈLE: Tu vas nettoyer ta chambre aujourd'hui? →
           Oui, je vais la nettoyer cet après-midi. Ne t'en fais pas![†]
           ou
           Non, je ne vais pas la nettoyer. Ce n'est pas nécessaire.

1. Tu vas ranger ta chambre ce matin?
2. Tu vas faire la lessive aujourd'hui?

---

*portefeuille = wallet
[†]**Ne t'en fais pas!** = Don't get upset about it!

3. Tu vas repasser tes vêtements?
4. Tu vas faire tes devoirs ce soir?
5. Tu aimes les repas du restaurant universitaire?
6. Tu prends tes vitamines tous les jours?
7. Tu vas venir nous voir demain?
8. Quand vas-tu inviter ton nouveau petit ami (ta nouvelle petite amie) à la maison?

■ Exercice 13. Deux sœurs au téléphone

Monique Rouet (15 ans) décide de téléphoner à sa sœur Agnès à Paris. Utilisez le pronom d'objet direct correspondant.

MONIQUE: Maman, je voudrais téléphoner à Agnès. Mais je ne sais pas son numéro de téléphone. Tu _____[1] connais, toi?

MME R.: Non, mais je vais _____[2] chercher. (Elle _____[3] trouve.) _____[4] voilà.

MONIQUE: Merci, maman.

(Elle compose le numéro, et le téléphone sonne chez Agnès.)

AGNÈS: Allô.

MONIQUE: Allô, Agnès. Qu'est-ce que tu deviens?

AGNÈS: Monique! Comment ça va? Tout le monde va bien à la maison?

MONIQUE: Oui, nous allons tous bien. Et toi?

AGNÈS: Moi, pas mal. Tu peux parler un peu plus fort? Je ne _____[5] entends pas très bien.

MONIQUE: D'accord. Tu _____[6] entends mieux maintenant?

AGNÈS: Oui, c'est bon.

MONIQUE: D'abord, je veux _____[7] remercier pour la vidéo. Je vais _____[8] regarder demain après-midi avec Michel et Valérie.

AGNÈS: Tu sais que c'est un film américain, avec les dialogues en anglais?

MONIQUE: Eh bien, j'espère que je vais _____[9] comprendre.

AGNÈS: Oh oui, ça va _____[10] aider à faire des progrès en anglais. Et puis, il y a Kevin Costner dans le rôle principal.

MONIQUE: Tant mieux, je _____[11] aime beaucoup. Et toi, est-ce que tu sors ce soir?

AGNÈS: Oui, des amis viennent _____[12] chercher tout à l'heure. Je vais _____[13] accompagner au ballet, à l'Opéra.

MONIQUE: Tu as de la chance!

AGNÈS: Tiens, je crois qu'ils sont déjà là. Bon, je _____[14] quitte.

MONIQUE: Je _____[15] embrasse!

AGNÈS: Gros bisous* à tout le monde! Au revoir!

---

*__Gros bisous__ or __grosses bises__ (_big kisses_) is a colloquial expression used to close a letter or a phone conversation between good friends or family members.

4.7 Another Kind of Knowing: The Verb connaître

You have already learned to use **savoir** (*to know*) to say you know a fact or a piece of information, or know how to do something.

Je **sais** qu'il est tard, mais je ne veux pas rentrer.	*I know it's late, but I don't want to go home.*
Mon mari ne **sait** pas **faire** la cuisine.	*My husband doesn't know how to cook.*

The verb **connaître** also means *to know*. However, it conveys the sense of being acquainted with someone or something.

Je ne **connais** pas encore mes voisins.	*I don't know (haven't met) my neighbors yet.*
Connaissez-vous le restaurant «Chez Alfred» dans la vieille ville?	*Do you know (Are you familiar with) the restaurant "Chez Alfred" in the old part of town?*

Here are the present-tense forms.

connaître (*to know, be familiar with*)	
je connais	nous connaissons
tu connais	vous connaissez
il/elle/on connaît	ils/elles connaissent

Exercice 14. Faire connaissance

Julien Leroux reçoit beaucoup de gens chez lui pour une grande soirée. Il veut s'assurer que tous ses invités se connaissent.* Utilisez la forme correcte du verbe **connaître**.

1. Charles et Martine, _____-vous Madame Michaud? — Oui, nous la _____ très bien.
2. Jacques, _____-tu Sylvie? — Bien, sûr, je la _____. C'est ma cousine!
3. Est-ce qu'Isabelle _____ Jacques et Odette Dupont? — Oui, elle les _____ bien.
4. Madame Cartier, _____-vous le fiancé de Charlotte? — Non, je ne le _____ pas encore.
5. Est-ce que les Michaud _____ les Leblanc? — Oui, ils les _____ très bien. Ils sont voisins.

---

*se connaissent = know each other

Exercice 15. Un nouveau voisin

Raoul cherche une chambre, et un voisin de son ami Daniel a une chambre à louer. Raoul pose des questions à Daniel avant de prendre une décision. Utilisez **savoir** ou **connaître**.

RAOUL: _____[1]-tu bien tes voisins?

DANIEL: Oui, je les _____[2] assez bien. Surtout les voisins les plus proches.

RAOUL: Comment sont les gens d'à côté, les Johnson?

DANIEL: Eux, ils sont très sympathiques. Je _____[3] que leur fils va partir le mois prochain pour la Floride.

RAOUL: Oui, c'est pourquoi ils ont une chambre à louer. Et les autres voisins?

DANIEL: Il y a une vieille dame de l'autre côté de chez nous. Je ne la _____[4] pas très bien, mais je _____[5] qu'elle est malade depuis longtemps. Et il y a une famille en face qui a deux enfants. Je les _____[6] bien parce qu'ils jouent dehors tout le temps. Ils sont mignons.

RAOUL: Tu _____[7] leurs noms?

DANIEL: Oui, ils s'appellent Suzie et Alex. Je ne _____[8] pas leur âge, mais le garçon va déjà à l'école le matin.

RAOUL: _____[9]-tu s'il y a un bus qui va directement à la fac?

DANIEL: Oui, bien sûr, il y a le 16 qui passe très souvent. L'arrêt est à deux rues de chez nous.

RAOUL: Bon alors, _____[10]-tu le numéro de téléphone des Johnson? Je veux les appeler tout de suite.

DANIEL: Alors, tu vas prendre cette chambre?

RAOUL: Qu'est-ce que tu en penses?

DANIEL: C'est une bonne idée! Bienvenue dans notre quartier!

4.8 Describing States of Being with être and avoir

A. As in English, most states and sensations are described in French with an adjective and the verb **être** (*to be*).

Jean-Luc **est** très **content** de sa nouvelle chaîne-stéréo.

Jean-Luc is very happy with his new stereo.

B. In French, however, some very common states and sensations are described with the verb **avoir** (*to have*) followed by a noun (not an adjective).

J'ai froid. Le chauffage ne marche pas dans ma chambre.

I'm cold. The heat isn't working in my room.

Here are some other useful combinations of **avoir** + noun.

avoir chaud	*to be hot, warm*
avoir faim	*to be hungry*
avoir froid	*to be cold*
avoir soif	*to be thirsty*
avoir raison (de faire quelque chose)	*to be right, correct (to do something)*
avoir sommeil	*to be sleepy*
avoir tort (de faire quelque chose)	*to be wrong (to do something)*
avoir l'air (content, malade, furieux, etc.)	*to seem (happy, sick, angry, etc.)*
avoir besoin de (quelque chose, faire quelque chose)	*to need (something, to do something)*
avoir de la chance (de faire quelque chose)	*to be lucky (to do something)*
avoir envie de (quelque chose, faire quelque chose)	*to want (something), to feel like (doing something)*
avoir honte (de quelque chose, de faire quelque chose)	*to be ashamed (of something, of doing something)*
avoir peur (de quelque chose, de faire quelque chose)	*to be afraid (of something, of doing something)*

En été, quand **j'ai chaud,** je dors dans le salon, où il fait moins chaud.	*In the summer, when I'm hot, I sleep in the living room, where it's not so hot.*
Jean-Paul pense qu'**il a** toujours **raison.**	*Jean-Paul thinks he's always right.*
Nous avons besoin d'une nouvelle voiture parce que la nôtre est très vieille.	*We need a new car because ours is very old.*
Raoul, **as-tu envie de** faire du jogging avec moi demain matin?	*Raoul, do you feel like jogging with me tomorrow morning?*

▌ **Exercice 16.** Interruptions

Jean-Yves essaie de travailler chez lui, mais il trouve beaucoup d'autres choses à faire. Utilisez une expression avec **avoir.**

1.

Quand... , Jean-Yves se fait un sandwich.

2.

Quand... , il prend un verre d'eau.

3.

Quand... , il fait la sieste.

Quand... , il ouvre la fenêtre.

Quand... , il prend une tasse de thé très chaud.

Quand... de parler avec quelqu'un, il appelle un copain au téléphone.

Quand... de vêtements propres, il va au lavomatic.

Il travaille plus dur quand... d'avoir une mauvaise note.

Qu'en pensez-vous? Est-ce que Jean-Yves... de rester à la maison pour travailler ou est-ce qu'il doit aller à la bibliothèque?

▌ **Exercice 17.** Mon quartier

Agnès Rouet parle du quartier où elle habite. Utilisez **avoir l'air, avoir besoin, avoir de la chance, avoir faim, avoir envie, avoir honte, avoir raison** ou **avoir soif.**

J'aime mon quartier parce que j'ai tout le nécessaire près de chez moi. Si j'_____[1] de provisions, il y a une petite épicerie au coin de la rue. Quand j'_____[2] de faire la lessive, il y a un lavomatic à deux rues d'ici. Si j'_____[3] mais que je n'_____ pas _____[4] de faire la cuisine, il y a un petit restaurant libanais en face. Quand j'_____[5] et que j'_____[6] de voir des amis, je peux aller au café à côté.

Moi, je trouve que mes voisins et moi, nous _____[7] d'habiter dans ce quartier. Non seulement il y a tous les magasins nécessaires, mais en plus, les commerçants sont très sympathiques. Est-ce que j'_____[8] d'aimer mon quartier? Je pense que oui. Il n'est pas chic; en fait, il _____[9] assez ordinaire. Mais je n'_____ certainement pas _____[10] d'y habiter.

CHAPITRE

5

Dans le passé

In **Chapitre 5** you will begin to hear and talk about things that happened in the past, both your own experiences and those of other people.

Des cyclistes s'arrêtent devant le château de Chambord (Vallée de la Loire).

THÈMES

La semaine dernière
Le week-end et les loisirs
Faits personnels et historiques

LECTURES

Une drôle de surprise
Notes sur un séjour en Louisiane

GRAMMAIRE

5.1 Saying What You Did: **Passé composé** of **-er** Verbs Conjugated with **avoir**

5.2 Past Participles of Regular **-ir** and **-re** Verbs

5.3 **Passé composé** of Verbs Conjugated with **être**

5.4 **Passé composé** with **être:** Reflexive Verbs

5.5 Past Participles of Irregular Verbs Conjugated with **avoir**

5.6 Negative Expressions

ACTIVITÉS ET LECTURES

 ## La semaine dernière

Attention! Étudier Grammaire 5.1 et 5.2

Hier...

Victor a passé toute la journée dans son bureau.

Claudine a déjeuné à la cantine de son lycée avec les autres professeurs.

Marise a assisté à une conférence intéressante à l'université Blaise Pascal de Clermont-Ferrand.

Clarisse a attendu l'autobus pendant une demi-heure après ses cours.

Emmanuel a choisi des nouveaux tennis pendant l'heure du déjeuner.

Charles a rendu son rapport au professeur de physique.

Toute la famille a dîné ensemble vers sept heures et demie.

Joël a fini ses devoirs vers neuf heures.

Claudine et Charles ont joué aux échecs avant d'aller se coucher.

▌ **Activité 1.** Qu'est-ce que vous avez fait la semaine dernière?

Dites si vous avez fait ces choses et ensuite, comparez vos réponses avec celles de votre partenaire.

> MODÈLE: La semaine dernière... j'ai séché un cours. (Quel cours?) →
> 　　　　 É1: Oui, j'ai séché mon cours de maths mardi dernier. Et toi?
> 　　　　 　　 (Non, je n'ai pas séché de cours la semaine dernière.)
> 　　　　 É2: Moi, ...

La semaine dernière...

1. j'ai déjeuné dans un restaurant. (Où? Qu'est-ce que vous avez mangé?)
2. j'ai étudié mon français. (Quand?)
3. j'ai passé un examen difficile. (Avez-vous réussi à l'examen?)
4. j'ai perdu quelque chose. (Quoi?)
5. j'ai choisi un nouveau vêtement. (Quel vêtement?)
6. j'ai travaillé. (Où? Combien d'heures?)
7. j'ai bavardé avec un(e) ami(e). (Où? Avec qui?)
8. j'ai dansé dans une discothèque. (Quel jour? Jusqu'à quelle heure?)
9. j'ai rendu visite à quelqu'un. (A qui?)
10. j'ai oublié quelque chose. (Quoi?)
11. j'ai assisté à une conférence intéressante. (Dans quel cours?)
12. j'ai regardé la télé. (Quelle émission? Quelle chaîne?)

▌ **Activité 2.** Interaction: Les activités de la semaine

> MODÈLE: É1: Qu'est-ce que Jean-Yves a fait jeudi?
> 　　　　 É2: Il a étudié toute la matinée.
> 　　　　 É1: Toi aussi, tu as étudié jeudi matin?
> 　　　　 É2: Oui, j'ai étudié. (Non, je n'ai pas étudié.)

	MERCREDI	JEUDI	VENDREDI
Jean-Yves Lescart	Il a dîné dans une pizzeria du Quartier latin.		L'après-midi, il a réparé sa mobylette.
Agnès Rouet		Elle a acheté un livre pour son cours de sociologie.	
Sarah Thomas	Elle a dîné dans un restaurant algérien.		

▌ **Activité 3.** Entretien: Hier

Hier matin...

1. A quelle heure as-tu quitté la maison?
2. Quels vêtements as-tu décidé de mettre? (As-tu oublié?)
3. As-tu assisté à des cours en fac? A quels cours?

Hier après-midi...

4. Où as-tu déjeuné? Avec qui?
5. Est-ce que tu as étudié? Qu'est-ce que tu as étudié?
6. As-tu travaillé? Où? A quelle heure as-tu commencé à travailler?

Hier soir...

7. Est-ce que tu as rencontré des amis? Combien de temps avez-vous passé ensemble?
8. Est-ce que tu as téléphoné à quelqu'un? De quoi avez-vous parlé?
9. A quelle heure as-tu fini la journée? Est-ce que tu as regardé la télé avant d'aller te coucher?

Boutique de fleuriste à Verneuil-sur-Seine (Seine-et-Oise)

▌ **Activité 4.** L'invitation à dîner

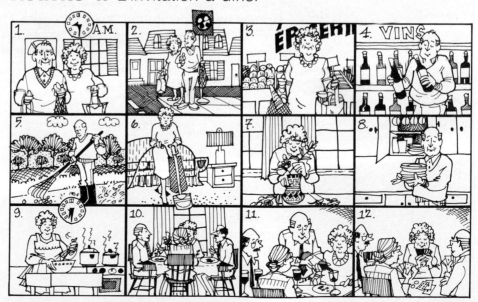

Vocabulaire utile: d'abord, enfin, ensuite, puis

■ **Activité 5.** La dernière fois

Dites à votre partenaire quand vous avez fait ces activités pour la dernière fois.

> MODÈLE: bavarder au téléphone →
> É1: Quand as-tu bavardé au téléphone avec un(e) ami(e)?
> É2: J'ai bavardé au téléphone avec mon ami Joe hier soir.

1. manger un éclair au chocolat?
2. écouter la radio dans ta voiture?
3. acheter un journal?
4. perdre la clé de ton appartement (ta voiture, etc.)?
5. oublier quelque chose d'important?
6. rendre un devoir important?
7. assister à un cours ennuyeux?
8. ranger ta chambre?
9. passer quelques heures avec ta famille?
10. réussir à un examen difficile?

Vocabulaire utile: hier, hier soir, hier matin, hier après-midi, la semaine dernière, (lundi) dernier, il y a (deux jours)

Note culturelle

JACQUES PRÉVERT

Jacques Prévert (1900–1977) a quitté l'école à quinze ans et a fait des métiers[1] divers pour gagner sa vie. Il a fréquenté des poètes surréalistes et a collaboré avec les metteurs en scène[2] Jean Renoir et Marcel Carné pour plusieurs films. En 1946 il a publié son premier recueil de poèmes *Paroles.* D'autres recueils ont suivi. Plusieurs poèmes mis en musique sont devenus très populaires, notamment *Les Feuilles mortes.* Dans ses poèmes, Prévert a parlé de sujets familiers du monde réel, ordinaire. Il s'est opposé aux institutions religieuses et politiques, aux préjugés sociaux, à l'hypocrisie et à la guerre[3] qui, selon lui, font obstacle au bonheur et à la liberté.

[1]*jobs* [2]*metteurs... film directors* [3]*war*

Déjeuner du matin
Il a mis le café
Dans la tasse
Il a mis le lait
Dans la tasse de café
Il a mis le sucre
Dans le café au lait
Avec la petite cuiller[1]

[1]*spoon*

Il a tourné
Il a bu le café au lait
Et il a reposé la tasse
Sans[2] me parler
Il a allumé
Une cigarette
Il a fait des ronds
Avec la fumée
Il a mis les cendres[3]
Dans le cendrier
Sans me parler
Sans me regarder
Il s'est levé
Il a mis
Son chapeau sur sa tête
Il a mis son manteau de pluie
Parce qu'il pleuvait[4]
Et il est parti
Sous la pluie
Sans une parole
Sans me regarder
Et moi j'ai pris
Ma tête dans ma main
Et j'ai pleuré.[5]

Jacques Prévert, *Paroles*

[2]*Without* [3]*ashes* [4]*il... it was raining* [5]*cried*

Le week-end et les loisirs

Attention! Étudier Grammaire 5.3 et 5.4

Le samedi d'Agnès

Samedi matin, je me
suis réveillée tard.

Je me suis douchée et je
me suis lavé les cheveux.

Puis, je me suis
habillée.

Enfin, je suis partie faire des courses.

A treize heures, je suis arrivée au café pour déjeuner avec des amis.

Je suis rentrée chez moi.

Samedi soir, je suis sortie avec Jean-Yves et Sarah.

Nous sommes allés voir «Jean de Florette» à la cinémathèque.

Après, Jean-Yves est rentré avec nous.

Il est resté deux heures chez nous.

Je me suis couchée vers deux heures et demie du matin.

Activité 6. Une occasion importante

Qu'est-ce que tu as fait la dernière fois que tu es allé(e) à une fête (un mariage, une réception...)?

MODÈLE: É1: Est-ce que tu t'es douché(e) avant d'y aller?
É2: Oui, je me suis douché(e).
(Non, je ne me suis pas douché[e].)

1. Est-ce que tu t'es lavé les cheveux?
2. Est-ce que tu t'es maquillée (rasé)?

3. Comment y es-tu allé(e), en voiture ou à pied?
4. Es-tu arrivé(e) à l'heure ou en retard?
5. Est-ce que tu t'es bien amusé(e) ou est-ce que tu t'es ennuyé(e)?
6. A quelle heure es-tu parti(e)?
7. Es-tu sorti(e) avec quelqu'un après la fête (le mariage, etc.)?
8. A quelle heure es-tu rentré(e) chez toi?
9. Est-ce que tu t'es endormi(e) tout de suite?
10. A quelle heure t'es-tu réveillé(e) le lendemain matin?

Activité 7. Il y a combien de temps... ?

Qu'est-ce que vous aimez faire quand vous voulez vous détendre? Essayez de vous rappeler la dernière fois que vous avez fait ces activités et expliquez un peu la situation.

> MODÈLE: aller au cinéma →
> Je suis allé(e) au cinéma (il y a deux jours) avec (mon amie Julia).
> Nous sommes allé(e)s voir «Cyrano de Bergerac».

1. partir pour le week-end
2. sortir avec un groupe d'amis
3. aller à un concert
4. aller à une fête
5. rentrer après minuit
6. dîner dans un bon restaurant
7. jouer aux cartes
8. se baigner dans la mer
9. rendre visite à quelqu'un dans une autre ville
10. aller dans un parc d'attractions

Expressions utiles
il y a (deux) jours
il y a (une) semaine
il y a (trois) mois
il y a (cinq) ans
il y a longtemps

En route pour la magie à Euro Disney: C'est Mickey qui vous invite.

Activité 8. La vie secrète du professeur

Vous êtes sans doute curieux (curieuse) au sujet de la vie privée de votre professeur de français, non? Voici une belle occasion de satisfaire un peu votre curiosité. Posez-lui des questions sur ses activités du week-end dernier. Mais attention! Les réponses de votre professeur sont limitées à **oui** ou **non.**

> MODÈLE: ÉTUDIANT(E): Êtes-vous allé(e) danser samedi soir?
> PROFESSEUR: Oui (Non)

Posez un minimum de dix questions. Bonne chance!

Vocabulaire utile

partir pour le week-end   aller dans un parc d'attractions
sortir avec des amis   rentrer après minuit
aller voir un bon film   se lever tard
aller à un concert   ?

■ **Activité 9.** La fête

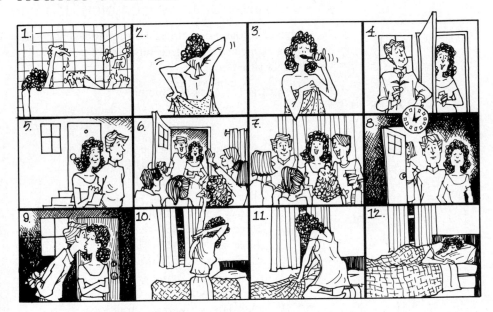

LECTURE

Une drôle de surprise

Avez-vous déjà eu envie de disparaître sous terre? Ou bien de fuir° des regards curieux qui attendent votre réaction? Cela m'est arrivé récemment.

A propos, je m'appelle Raoul Durand. C'était lors de ma dernière visite à Montréal. Coralie, une amie, m'a téléphoné de bonne heure pour m'inviter au cinéma. Elle m'a parlé d'un très bon film et nous avons décidé de nous retrouver le soir même à sept heures pour aller le voir. Chose curieuse, elle a préféré venir chez moi. D'habitude, c'est moi qui passe la prendre chez elle. Coralie est arrivée une demi-heure à l'avance, vers six heures et demie, et bien sûr je n'étais pas prêt.° Je lui° ai servi un peu de vin et j'ai mis de la musique. «Le temps de prendre une douche et je suis à toi»...

Je suis allé dans la salle de bains et quelques minutes plus tard j'ai entendu frapper° à la porte. On a frappé de plus en plus fort. J'ai crié: «Qu'est-ce qu'il y a? Qu'est-ce

flee

ready / her

j'ai... I heard someone knock

que tu veux, Coralie?»... pas de réponse... Je me suis enveloppé dans une serviette et j'ai finalement ouvert la porte.

Surprise! Tous mes amis étaient° là, devant la salle de bains avec cartes de vœux° et cadeaux plein les bras. Ils ont tous chanté en chœur: «Joyeux anniversaire!» Et moi, je suis resté figé° comme une momie, sans rien dire, en serrant° très fort ma serviette. J'ai vite refermé la porte pour cacher mon embarras et je me suis habillé. Puis après un moment je suis sorti de la salle de bains prêt à m'amuser comme si de rien n'était.° Et ce qu'on s'est amusé°! Mais au moment de partir, j'ai regardé Coralie droit dans les yeux et je lui ai dit: «Une autre surprise comme celle-ci et je te tue°!»

were / cartes... greeting cards

frozen / en... holding tight

comme... as if nothing had happened
ce... what fun everyone had
je   I'll kill you

Avez-vous compris?

Qui dit quoi, Raoul (R) ou Coralie (C)?

_C_ Je suis arrivée une demi-heure à l'avance.

_C_ J'ai invité mon ami au cinéma.

_R_ J'étais embarrassé quand j'ai vu mes copains devant la salle de bains.

_C_ Quand mes copains sont arrivés, j'ai frappé à la porte de la salle de bains.

_R_ Mon amie voulait venir chez moi et j'ai trouvé ça bizarre.

_R_ Je me suis enveloppé dans une serviette et j'ai ouvert la porte.

_R_ J'ai expliqué à mon amie que je n'ai pas trop aimé sa surprise.

Mettez dans le bon ordre.

_2_ Coralie est arrivée chez Raoul en avance.

_1_ Coralie a téléphoné à Raoul pour l'inviter au cinéma.

_4_ Raoul est allé dans la salle de bains.

_6_ Tous les copains sont arrivés avec des cadeaux.

_5_ Coralie et ses copains ont frappé à la porte.

_7_ Raoul est sorti de la salle de bains, enveloppé dans une serviette.

___ Tout le monde s'est beaucoup amusé.

_3_ Raoul a servi un peu de vin à Coralie.

___ Raoul a demandé à Coralie d'attendre.

___ Raoul a eu envie de disparaître sous terre.

▌ **Activité 10.** Les distractions de Paris

Au mois de juillet dernier, Julien Leroux a monté une émission spéciale pour TF 1 sur certains cafés et brasseries de Paris. Pour cette raison, il les a tous visités. Lisez les commentaires de Julien (faits pendant son émission) et dites de quelle brasserie ou de quel café il parle.

Paris... J'adore!

1. J'y suis allé pour admirer un des plus beaux décors art nouveau de Paris.
2. Je suis sorti de cet endroit vers 22h30. Il est ouvert jusqu'à 23 heures.
3. Je me suis bien amusé à regarder la clientèle du quartier et la clientèle «de l'après-spectacle».
4. Je suis parti de cet établissement avec un mal de tête affreux à cause du bruit excessif.
5. Quand le serveur m'a apporté mon dîner, quel plaisir! J'ai goûté des plats tex-mex délicieux.
6. Les premières bières d'Alsace y sont arrivées il y a plus d'un siècle.
7. J'y suis allé pour essayer un fast-food de luxe, et quel plaisir! Des plats frais, mes amis!
8. Les premiers clients y sont entrés en 1864. Il garde encore aujourd'hui un certain charme que les modes n'ont pas changé.

Et vous...

1. Imaginez que vous allez à Paris et que vous allez passer une soirée dans un des établissements visités par Julien. Lequel allez-vous choisir? Pourquoi?
2. Est-ce qu'il y a dans votre ville une brasserie ou un café que vous préférez? Comment s'appelle-t-elle (il)? Quelle est la dernière fois que vous y êtes allé(e)? Avec qui? Qu'est-ce que vous y avez fait?

LES BRASSERIES

BRASSERIE FLO
7, cour des Petites-Ecuries, 75010. Dans un décor 1925, la clientèle du quartier croise celle de l'après-spectacle. Carte classique et plats copieux (environ 250 F).

CHEZ BOFINGER
3, rue de la Bastille, 75004. Jusqu'à 1h du matin. Créée en 1864, cette brasserie au décor art nouveau (l'un des plus beaux de Paris) a vu arriver les premières bières d'Alsace. Une institution au-dessus des modes.

LES JEUNES

VIRGIN CAFÉ
56, avenue des Champs-Elysées, 75008, au-dessus du Mégastore. Jusqu'à 23h. Un fast-food de luxe qui sait proposer des plats frais. Musique et vidéo (environ 70 F).

CACTUS CHARLY
68, rue de Ponthieu, 75008. Jusqu'à 2h. Ranch et pub, cuisine tex-mex, ambiance estudiantine. Très bruyant, malheureusement.

Faits personnels et historiques

Attention! Étudier Grammaire 5.5 et 5.6

Francis a fait la connaissance de Marie au théâtre.

Ils se sont mariés une année plus tard.

Pendant la Deuxième Guerre mondiale, Francis a conduit une ambulance.

Il a écrit très souvent à sa femme.

Les Lasalle n'ont eu que deux enfants, un fils et une fille.

Claudine est née en 1948. Elle est devenue professeur de lycée.

Francis n'a jamais fait d'études universitaires mais son fils Bernard a reçu un diplôme d'ingénieur.

Aujourd'hui, Francis ne travaille plus. Il a pris sa retraite.

Personne n'a fait fortune chez les Lasalle, mais c'est une famille très unie.

Activité 11. Que savez-vous de votre famille?

Connaissez-vous bien votre famille? Répondez à ces questions et ensuite, posez les mêmes questions à votre partenaire.

MODÈLE: É1: Est-ce que tu sais en quelle année ton père est né?
É2: Oui, il est né en (1947). (Non, je ne le sais pas.)
É1: Est-ce que quelqu'un de ta famille a vécu en France?
É2: Non, personne. (Oui, [ma tante Melody] a passé une année en France.)

1. D'où sont venus tes ancêtres?
2. En quelle année est-ce que tes grands-parents se sont mariés?
3. Est-ce que quelqu'un de ta famille a été soldat pendant la Deuxième Guerre mondiale?
4. Est-ce qu'un membre de ta famille a jamais connu quelqu'un de célèbre?
5. Combien d'enfants est-ce que tes arrière-grands-parents ont eu?
6. Est-ce que quelqu'un de ta famille a jamais fait un acte héroïque?
7. Est-ce qu'un membre de ta famille (ou un de tes ancêtres) a publié un livre, un essai ou un poème?
8. Est-ce que quelqu'un de ta famille a jamais reçu un prix d'honneur?
9. Qui de toute la famille (vivant ou mort) a pris le plus de risques?
10. Qui a eu le plus d'enfants?

■ **Activité 12.** Mon histoire personnelle

Avec votre partenaire, dites si vous avez fait ces choses et votre âge approximatif au moment où vous les avez faites.

MODÈLE: J'ai bu du café pour la première fois →

    É1: Moi, j'ai bu du café pour la première fois vers l'âge de 15 ans. Et toi?

    É2: Moi, je n'ai jamais bu de café. Je n'aime pas l'odeur.

avant l'âge de (cinq) ans	Je ne me souviens pas.
vers l'âge de (deux) ans	Je n'ai pas encore...
entre (dix) et (quinze) ans	Je n'ai jamais...
depuis l'âge de (treize) ans	Je ne suis jamais/pas encore...

1. J'ai dit mon premier mot.
2. Je suis allé(e) à l'école.
3. J'ai appris à lire.
4. J'ai mis des bas de nylon (ou une cravate) pour la première fois.
5. J'ai vu une pièce de théâtre pour la première fois.
6. Je suis tombé(e) amoureux/amoureuse.
7. J'ai conduit une voiture pour la première fois.
8. J'ai décidé de faire des études universitaires.
9. Je suis devenu(e) une personne raisonnable.
10. ?

Des spectateurs au festival de mime à Périgueux (Périgord)

■ Activité 13. Quelques faits du passé

Quel dessin correspond à chacun de ces faits historiques?

a. b. c.

d. e. f.

g. h.

1. _____ Charlemagne a reçu sa couronne à Rome en 800.
2. _____ La Cathédrale Notre-Dame de Paris a été terminée vers 1345.
3. _____ Jacques Cartier a découvert le Canada et l'a réclamé pour la France en 1534.
4. _____ Les Acadiens (Cadjins) sont arrivés en Louisiane en 1755.
5. _____ Le peuple de Paris a pris la Bastille le 14 juillet 1789.
6. _____ Louis XVI et Marie-Antoinette ont été guillotinés en 1793.
7. _____ Napoléon a pris le titre d'empereur en 1804.
8. _____ Le général de Gaulle est devenu président de la Cinquième République en 1959.

■ Activité 14. A votre avis... ?

Savez-vous séparer le mythe de la réalité? Choisissez la phrase qui exprime votre opinion, ou inventez-en une vous-même.

1. On entend parler du continent perdu d'Atlantis.
    a. Quelle bêtise! Il n'a jamais existé.
    b. Il a existé, mais il n'existe plus.
    c. On n'a rien trouvé jusqu'à présent.
    d. ?
2. Il y a des gens qui croient aux licornes. Qu'en pensez-vous?
    a. Elles n'existent que dans des zoos.
    b. Elles n'existent plus; c'est une race morte.
    c. Elles n'ont jamais existé.
    d. ?
3. Et puis, il y a l'idée que la Terre n'est pas ronde, mais plate.
    a. Personne ne croit plus à cette idée.
    b. Personne n'a jamais cru ça.
    c. Certaines gens y croient encore aujourd'hui.
    d. ?
4. Est-ce que la vie existe sur d'autres planètes ou dans d'autres systèmes solaires?
    a. La vie n'existe que sur Terre.
    b. Elle n'existe plus sur d'autres planètes.
    c. Personne n'en sait rien.
    d. ?
5. La tuberculose n'est plus une menace sociale.
    a. De nos jours, personne n'a la tuberculose.
    b. Elle n'est plus un danger.
    c. Elle est encore dangereuse et devient de plus en plus commune.
    d. ?

LECTURE

Notes sur un séjour en Louisiane

Charles Colin, à l'âge de 16 ans, a passé quelques semaines à La Nouvelle-Orléans grâce à un programme d'échanges organisé par France-Louisiane. Voici des extraits d'un exposé oral qu'il a fait après le voyage.

En Louisiane, j'ai retrouvé une image de notre vieille France, mais aussi des traces de culture africaine, antillaise, espagnole et anglo-saxonne.

Un jour j'ai été invité chez les Hébert, des Louisianais de vieille souche.° La maîtresse de maison, Madame Barbara Hébert, est une vraie Cadjine, fière° de ses origines acadiennes. Elle connaît bien l'histoire et les vieilles traditions de la Louisiane.

Elle m'a parlé de ses souvenirs de jeunesse, surtout des bals du samedi soir, qu'on appelle en Louisiane les *fais-dodo°*. L'origine du mot est amusante. Il n'y a pas si longtemps encore, garçons et filles se mariaient° très jeunes. Le samedi soir, toute la famille allait° au bal pour s'amuser, jeunes mariés, grand-mères et bébés compris.

vieille... *old stock*
proud

go to sleep (baby talk)
se... *used to get married*
went

Pendant que les jeunes dansaient,° les grand-mères s'occupaient° des bébés dans une autre pièce et essayaient° de les faire dormir, d'où vient l'expression *fais-dodo*. Il y a même des chansons qui se moquent° un peu des grand-mères reléguées au rôle de gardiennes d'enfants. Madame Hébert m'en a chanté une, *Colinda*, qui, paraît-il, est très populaire.

    Puis Madame Hébert m'a parlé du *courir du Mardi gras,* à la veille du Carême.° Il ne s'agit pas de la fête très touristique qui a lieu à La Nouvelle-Orléans, mais d'une vieille tradition qui remonte au Moyen-Âge en France, *la fête de la quémande.* Selon cette tradition, des chevaliers masqués, à cheval, allaient bruyamment° de porte en porte, chantant° leur chant traditionnel et demandant° un poulet pour faire du gumbo. Malheur à celui qui refusait, car on lui jouait un mauvais tour.¹

    A propos de musique, la musique cadjine trouve ses origines dans la musique folklorique française du 17ᵉ et 18ᵉ siècles,° la musique *blue-grass,* le *blues,* et le *zydeko,* musique des Noirs. Il y a même des influences de Saint-Domingue et des Antilles.° La chanson *Colinda,* que j'ai mentionnée tout à l'heure, est dérivée d'une danse voodoo, *La Colinda,* introduite en Louisiane par des esclaves.° Cette danse a été interdite en 1848 parce qu'on la trouvait trop provocante! De nos jours, elle est assez innocente, et Colinda est simplement un nom de jeune fille courant en Louisiane.

were dancing / took care of
tried
se... make fun of

à... on the eve of Lent

allaient... went noisily
singing / asking for
lui jouait... played a trick on him

centuries

Caribbean Islands
slaves

Chanson: Colinda

Allons danser, Colinda (3 fois)
Pour faire fâcher° les vieilles femmes.
Allons danser, Colinda (3 fois)
Tandis qu'ta mère te voit pas.

faire... make angry

  . . .

C'est pas tout l'monde qui connaît
Danser les danses du vieux temps. (*bis*)

Avez-vous compris?

Vrai ou faux? Si c'est faux, corrigez.

V F ✗ 1. Charles Colin organise des programmes d'échange entre la France et la Louisiane.

Ⓥ F 2. Madame Hébert est fière d'être cadjine.

V Ⓕ ✗ 3. Les ancêtres de Madame Hébert sont venus en Louisiane à partir du Canada.

V Ⓕ 4. Les *fais-dodo* sont des restaurants où on va le samedi soir.

Ⓥ F 5. Pendant les *fais-dodo,* les grand-mères vont dormir.

V Ⓕ ✗ 6. Le courir du Mardi gras a ses racines dans le folklore français du Moyen-Âge.

Ⓥ Ⓕ 7. La chanson *Colinda* dérive d'une vieille danse africaine.

Ⓥ F 8. La musique cadjine est essentiellement une forme de jazz.

Note culturelle

LA LOUISIANE

En 1673 les Français Joliet et Marquette sont descendus de la région des Grands Lacs vers le sud et ont découvert le cours supérieur du Mississippi. Quelques années plus tard, La Salle a continué l'exploration, a descendu le Mississippi et a donné à la région le nom de Louisiane, en l'honneur du roi Louis XIV.

D'autres Français ont colonisé une partie du Canada, l'Acadie, région qui comprend de nos jours le Nouveau Brunswick et la Nouvelle Écosse. Mais cette région du Canada français d'alors,[1] est revenue à l'Angleterre en 1713. Une quarantaine d'années plus tard, les Acadiens ont été déportés en masse par les Anglais et dispersés dans les colonies américaines. De nombreux Acadiens se sont installés alors en Louisiane. Ce territoire est revenu aux États-Unis en 1803, quand Napoléon a vendu la Louisiane pour 80 millions de francs. Le nom d'acadien s'est transformé progressivement en «cajun». Le créole parlé en Louisiane, apparenté[2] au français du Québec, provient du[3] contact avec d'autres langues parlées dans la région.

[1]*then* [2]*related* [3]*provient... stems from*

Activité 15. Entretien: Faits mémorables

1. Qui a été la première personne de ta famille à venir aux États-Unis? Où est allée cette personne? Qu'est-ce que cette personne a fait comme travail?
2. En quelle année est-ce que tes parents se sont mariés? Combien d'enfants ont-ils eu? Est-ce qu'ils ont déjà pris leur retraite? Si non, quand est-ce qu'ils vont la prendre?
3. En quelle année as-tu commencé à étudier dans cette université? Y a-t-il une autre personne de ta famille qui a fait des études ici? Si oui, dis quand.
4. Est-ce qu'il y a un personnage historique que tu admires? Qui est-ce? Qu'est-ce que cette personne a fait?

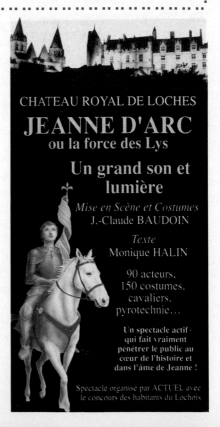

CHATEAU ROYAL DE LOCHES

JEANNE D'ARC
ou la force des Lys

Un grand son et lumière

Mise en Scène et Costumes
J.-Claude BAUDOIN

Texte
Monique HALIN

90 acteurs,
150 costumes,
cavaliers,
pyrotechnie...

Un spectacle actif
qui fait vraiment
pénétrer le public au
cœur de l'histoire et
dans l'âme de Jeanne !

Spectacle organisé par ACTUEL avec
le concours des habitants du Lochois

■ A vous d'écrire!

Décrivez une journée où tout est allé très mal pour vous. Faites une liste de toutes les choses qui n'ont pas marché dans votre vie ce jour-là. (Personne ne m'a... , Rien n'a... , Je ne suis jamais... , etc.)

VOCABULAIRE

Pour raconter des événements
To describe events

avant de + *infinitif*	before . . . ing
d'abord	first of all
enfin	finally, last of all
ensuite	then, next
puis	then, next

Pour dire quand
To say when

de nos jours	at the present time
la dernière fois	the last time
encore aujourd'hui	still, today
hier (après-midi/matin)	yesterday (afternoon/ morning)
hier soir	last night
il y a (deux jours)	(two days) ago
il y a longtemps	a long time ago
jusqu'à présent	until now, up to the present
le lendemain	the next day
pendant (un mois)	for, during (a month)
la première fois	the first time
la semaine dernière	last week
toute la journée	all day

Les verbes

croire	to believe
découvrir	to discover
se déshabiller	to get undressed
se détendre	to relax
devenir	to become

écrire	to write
s'endormir	to fall asleep
s'ennuyer	to get bored
entendre parler de	to hear about
faire la connaissance (de)	to make the acquaintance (of someone), to meet
faire fortune	to get rich, make your fortune
goûter	to taste (something)
jouer aux échecs	to play chess
mettre	to put, place
naître	to be born
passer (un mois)	to spend (a month)
passer un examen	to take a test
perdre	to lose
prendre la retraite	to retire
quitter	to leave
se rappeler	to remember
recevoir	to receive
rester	to stay, remain (in a place)
réussir (à)	to succeed
se réveiller	to wake up
sécher un cours	to cut class

Mots apparentés: **arranger, garder, publier, servir**

La description

affreux/affreuse	frightful, awful
mort(e)	dead, extinct
perdu(e)	lost
plat(e)	flat
rond(e)	round
uni(e)	united, close

Mots apparentés: **algérien(ne), commun, contemporain(e), excessif/excessive, héroïque, impressionniste, personnel(le), social(e), terminé(e), universitaire**

Substantifs	Nouns
les arrière-grands-parents	great-grandparents
des bas de nylon (*m.*)	stockings, nylons
une brasserie	pub, bar
une chaîne	television or radio channel
une clé	a key
une conférence	a lecture, talk
la Deuxième Guerre mondiale	Second World War
un événement	an event
un fait	a fact
une fête	party, celebration
une journée	a day, duration of a day
un mal de tête	a headache
une mode	a style
un parc d'attractions	an amusement park
un personnage	a fictional character, a well-known person
la physique	physics
un prix d'honneur	an award, a prize
un rapport	a report
un siècle	a century
la Terre	the planet Earth
un titre	a title

Mots apparentés: **un ancêtre, l'art nouveau, une cantine, une clientèle, un diplôme, un éclair au chocolat, une émission, un empereur, un essai, un établissement, une invitation, une menace, un militaire, une odeur, une planète, un poème, le président, un risque, un serveur/une serveuse, le système solaire, la tuberculose, un vase, un zoo**

Mots et expressions utiles
Useful words and expressions

à cause de	because of
de plus en plus	more and more
Moi aussi!/Moi non plus!	Me too!/Me either!
quelque chose d'important	something important
quelqu'un d'amusant	someone funny, entertaining
Quel plaisir!	What a pleasure!
Quoi?	What? (*to express surprise*)
Il/Elle est né(e).	He/She was born.
Je ne m'en souviens pas.	I don't remember.
Personne n'en sait rien.	No one knows about it.
Qu'est-ce que vous faites comme travail?	What sort of work do you do?

GRAMMAIRE ET EXERCICES

5.1 Saying What You Did: Passé composé of -er Verbs Conjugated with avoir

A. The **passé composé** (compound past) is used to tell about past events. It consists of a helping verb (auxiliary) plus a past participle. The most frequent auxiliary verb is **avoir** (*to have*). The past participle of **-er** verbs ends in **-é**: **habiter** → **habité, étudier** → **étudié, travailler** → **travaillé, appeler** → **appelé**.

PASSÉ COMPOSÉ: **travailler** (*to work*)	
j'ai travaillé	nous avons travaillé
tu as travaillé	vous avez travaillé
il/elle/on a travaillé	ils/elles ont travaillé

Mme Martin **a travaillé** à la bibliothèque hier soir.	*Mme Martin worked at the library last night.*
Barbara, tu **as** déjà **préparé** ton examen pour aujourd'hui? — Oui, j'**ai révisé** toutes mes notes.	*Barbara, have you already studied for today's exam? —Yes, I've reviewed all my notes.*

The meaning of the **passé composé** is sometimes the same as the English compound past: **j'ai étudié** = *I have studied*. However, the **passé composé** can also have the meaning expressed in English by the simple past or the *did* form: **j'ai étudié** = *I studied, I did study*.

Louis et toi, est-ce que vous **avez joué** au tennis hier? — Non, malheureusement pas. Moi, j'**ai travaillé** dans le jardin, et Louis **a nettoyé** la maison.	*Did you and Louis play tennis yesterday? —No, unfortunately not. I worked in the yard, and Louis cleaned the house.*

B. To make a verb in the **passé composé** negative, **ne... pas** is placed around the auxiliary verb.

Je **n'ai pas** retrouvé mes amis au café.	*I didn't meet my friends at the café.*
Cette année mon équipe de basket-ball préférée **n'a pas** gagné une seule fois!	*This year my favorite basketball team hasn't won (didn't win) once!*

C. To say *how long* someone did something in the past, use the preposition **pendant.**

Hier soir, j'ai étudié le français **pendant deux heures.**	*Last night, I studied French for two hours.*
Louis a étudié l'espagnol **pendant trois ans** au lycée.	*Louis studied Spanish for three years in high school.*

▌ Exercice 1. Qu'avez-vous fait hier?

Dites si vous avez fait les choses suivantes hier. Si possible, donnez au moins un détail.

MODÈLE: étudier → Hier j'ai étudié pendant cinq heures.
ou
Hier je n'ai pas étudié.

1. acheter quelque chose
2. écouter de la musique
3. parler français avec des amis
4. manger un hamburger
5. préparer le dîner
6. promener votre chien
7. téléphoner à un(e) ami(e)
8. jouer à un jeu de société
9. assister à des cours
10. regarder un film

▌ Exercice 2. Soirée d'adieux

Les étudiants de Mme Martin ont donné une fête pour Pierre, l'assistant de français qui va rentrer en France. Albert raconte ce que tout le monde a fait. Qu'est-ce qu'il dit?

MODÈLE: la soirée / commencer à 7h30 →
La soirée a commencé à 7h30.

1. Daniel et Louis / acheter des boissons
2. Barbara et Jacqueline / apporter des hamburgers et des chips
3. nous / manger des crêpes aussi
4. Mme Martin / apporter des disques français
5. tout le monde / parler français
6. même Mme Martin / danser
7. nous / regarder des photos de cette année
8. Denise / présenter un album de photos à Pierre
9. Pierre / embrasser tout le monde
10. quelques étudiants / pleurer

5.2 Past Participles of Regular -ir and -re Verbs

The ending of a past participle depends on its conjugation group. Here are the endings for the three main groups.

PAST PARTICIPLES OF REGULAR VERBS		
-er *verbs* → **-é**	**-ir** *verbs* → **-i**	**-re** *verbs* → **-u**
parler → parlé	choisir → choisi	attendre → attendu
étudier → étudié	finir → fini	perdre → perdu
habiter → habité	réussir → réussi	répondre → répondu

Agnès **a fini** ses devoirs, et puis elle **a téléphoné** à Sarah.

Agnes finished her homework, and then she phoned Sarah.

Tu aimes vraiment ces fleurs?
— Oui, je les **ai choisies*** moi-même.

Do you really like these flowers?
— Yes, I chose them myself.

J'ai attendu longtemps sa réponse, mais il n'**a** jamais **répondu** à ma lettre.

I waited a long time for his reply, but he never answered my letter.

Exercice 3. Événements d'hier

Voici ce qu'Agnès Rouet a fait hier. Avez-vous fait les mêmes choses?

MODÈLE: Agnès a perdu son livre de grammaire anglaise. →
Moi, je n'ai pas perdu de livre.
ou
Moi aussi, j'ai perdu un livre. J'ai perdu mon livre de maths...

Agnès...

1. a rendu visite à une amie.
2. a fini un devoir pour son cours d'anglais.
3. a entendu une nouvelle chanson à la radio.

---

*When a direct object pronoun precedes a form of the **passé composé,** the past participle agrees with the direct object in number and gender:

Bernard, tu as appelé les filles? — Oui, je **les** ai appelé**es** il y a dix minutes.

This agreement is usually apparent only in writing, because final **-e** and **-s** are not pronounced.

4. a choisi un nouveau compact-disc.
5. a réfléchi avant de faire son budget.
6. a répondu à une lettre.
7. a perdu ses clés.
8. a dormi pendant une conférence ennuyeuse.
9. a bavardé avec des copains au café.
10. a attendu le bus pendant une demi-heure.

▌ **Exercice 4.** «C'est formidable!»

Jean-Yves Lescart a téléphoné à son ami Bruno, qui habite à Orléans. Utilisez un des verbes indiqués au passé composé.

JEAN-YVES:	Bonjour, Bruno. C'est Jean-Yves.	décider
BRUNO:	Jean-Yves! Quelle surprise!	perdre
JEAN-YVES:	Pourquoi est-ce que tu n'_____ pas _____[1] à ma lettre?	(*to lose*)
		réfléchir
BRUNO:	C'est que j'_____ _____[2] ta nouvelle adresse. Tu es gentil de me téléphoner.	répondre
JEAN-YVES:	J'ai une bonne nouvelle: je pars au Canada!	
BRUNO:	C'est vrai? Ça, c'est formidable!	
JEAN-YVES:	Oui, j'_____ beaucoup _____,[3] et j'_____ _____[4] d'aller à Montréal cet été.	
BRUNO:	Mais comment as-tu trouvé l'argent? Tu _____ _____[5] à persuader tes parents de te payer le voyage?	attendre
		donner
		finir
JEAN-YVES:	Non, j'_____ _____[6] ma mobylette.	réussir
BRUNO:	Vendu ta mob? Tu as vraiment envie de partir!	vendre
JEAN-YVES:	Et puis mes grands-parents m'_____ _____[7] mille francs comme cadeau d'anniversaire.	
BRUNO:	Tu as de la chance!	
JEAN-YVES:	Tu sais que c'est mon rêve depuis très longtemps de partir au Canada. J'_____ déjà _____[8] trop longtemps.	
BRUNO:	Et quand est-ce que tu vas partir?	
JEAN-YVES:	Dans 15 jours.	
BRUNO:	Tu _____ déjà _____[9] tous tes examens?	
JEAN-YVES:	Oui, j'ai passé mon dernier examen vendredi dernier.	
BRUNO:	Alors, je te souhaite un excellent voyage. Et n'oublie pas de m'envoyer des cartes postales!	
JEAN-YVES:	D'accord! C'est promis.	

5.3 Passé composé of Verbs Conjugated with être

The majority of French verbs use **avoir** as the auxiliary in the **passé composé.** However, a few verbs use **être** instead. Many, though not all, of these verbs denote some change in location.

Daniel, est-ce que tu **es sorti** samedi matin? —Oui, je **suis allé** à mon cours de karaté.

Les parents de Raoul **sont venus** lui rendre visite le week-end passé. Ils **sont arrivés** vendredi soir, et ils **sont partis** mardi matin.

Daniel, did you go out Saturday morning? —Yes, I went to my karate class.

Raoul's parents came to visit him last weekend. They arrived Friday night, and they left Tuesday morning.

Here are some common verbs that form the **passé composé** with **être.**

VERBS DENOTING A CHANGE IN LOCATION	
Past participle ending in **-é**	
aller (*to go*)	je suis **allé(e)**
arriver (*to arrive*)	je suis **arrivé(e)**
entrer (*to enter*)	je suis **entré(e)**
monter (*to go up*)	je suis **monté(e)**
rentrer (*to go home*)	je suis **rentré(e)**
retourner (*to return*)	je suis **retourné(e)**
tomber (*to fall*)	je suis **tombé(e)**
Past participle ending in **-u**	
descendre (*to go down*)	je suis **descendu(e)**
venir (*to come*)	je suis **venu(e)**
revenir (*to come back*)	je suis **revenu(e)**
Past participle ending in **-i**	
partir (*to leave*)	je suis **parti(e)**
sortir (*to go out*)	je suis **sorti(e)**

OTHER VERBS	
rester (*to stay*)	je suis **resté(e)**
devenir (*to become*)	je suis **devenu(e)**
mourir (*to die*)	il/elle est **mort(e)**
naître (*to be born*)	je suis **né(e)**

Salut, Jacqueline. Tu **es** déjà **revenue** de Houston? — Oui, je **suis rentrée** hier soir.
Je **suis né** en 1972, et ma grand-mère **est morte** l'année suivante.

Hi, Jacqueline. You've already come back from Houston? — Yes, I came back yesterday evening.
I was born in 1972, and my grandmother died the following year.

Note that the past participle must agree in number and gender with the subject of the sentence when the verb is conjugated with **être.**

Sylvie Legrand **est allé***e* en Louisiane la semaine dernière.
Son frère et sa belle-sœur **sont allé***s* en France en même temps.

Sylvie Legrand went to Louisiana last week.
Her brother and sister-in-law went to France at the same time.

Pronunciation Hint
Because final **-e** and **-s** are silent, the feminine and plural agreement endings on participles are not pronounced, and for most participles all forms sound the same: **allé***e̸* = **allé, resté***s̸* = **resté.**

▐ Exercice 5. La dernière fois

Dites quand vous avez fait les choses suivantes pour la dernière fois.

MODÈLE: Quelle est la dernière fois que vous êtes monté(e) à cheval? →
Je suis monté(e) à cheval à l'âge de 7 ans.
ou
Je ne suis jamais monté(e) à cheval.

Quelle est la dernière fois que...

1. vous êtes sorti(e) sans prendre de petit déjeuner?
2. vous êtes allé(e) faire des courses au supermarché?
3. vous êtes monté(e) dans un ascenseur? (dans quel bâtiment?)
4. vous êtes tombé(e)? (où?)
5. vous êtes parti(e) pour le week-end? (où?)
6. vous êtes arrivé(e) en classe en retard?
7. vous êtes devenu(e) furieux/furieuse contre un agent de police?
8. vous êtes entré(e) dans une discothèque?

9. vous êtes resté(e) au lit jusqu'à midi?

10. vous êtes rentré(e) après minuit?

■ Exercice 6. Un week-end de ski

Les Colin sont allés faire du ski dans les Alpes. Mettez les verbes au passé composé.

MODÈLE: Nous / aller passer le week-end à Megève →
Nous sommes allés passer le week-end à Megève.

1. Nous / partir à cinq heures vendredi soir
2. Nous / arriver à Mégève vers dix heures
3. Samedi matin, les enfants / aller sur les pistes* de bonne heure
4. Victor et moi, nous / rester au lit un peu plus longtemps
5. Marise et Clarisse / monter et descendre plusieurs fois
6. Heureusement, elles / ne pas tomber
7. A midi, nous / revenir au chalet pour déjeuner
8. Le soir, tout le monde / sortir dîner
9. Dimanche matin, les enfants / retourner sur les pistes à neuf heures
10. Nous / rentrer à Clermont-Ferrand à dix heures dimanche soir, fatigués mais très contents de notre week-end

5.4 Passé composé with être: Reflexive Verbs

When a verb is used with a reflexive pronoun, its **passé composé** is always formed with **être** rather than with **avoir.** The reflexive pronoun precedes the auxiliary verb.

Bernard, tu as l'air fatigué. A quelle heure tu **t'es levé** ce matin? —Je **me suis levé** à sept heures.	*Bernard, you took tired. What time did you get up this morning? —I got up at seven o'clock.*

Because their past tense is formed with **être,** participles used in past reflexive constructions agree in gender and number with the subject.

Marie **s'est levée** à huit heures. Est-ce que vous **vous êtes amusés** au lac hier? — Oui, nous **nous sommes promenés** d'abord, et puis nous **nous sommes baignés.**	*Marie got up at eight o'clock. Did you have a good time at the lake yesterday? —Yes, we took a walk first, and then we went swimming.*

---

*les pistes = slopes

Exercice 7. Journée à la plage

Voici ce que Raoul a fait samedi dernier. Mettez le récit au passé composé.

MODÈLE: Raoul se lève à neuf heures. →
Raoul s'est levé à neuf heures.

1. Raoul va à la plage.
2. Il se couche sur sa serviette.
3. Il s'endort.
4. Il se réveille une heure après.
5. Il se précipite dans l'eau.
6. Il s'exclame: «Zut! Que c'est froid!»
7. Il reste dans l'eau cinq minutes.
8. Il se sèche au soleil.
9. Il rentre chez lui, tout bronzé.

Exercice 8. Préparatifs

Bernard et Christine Lasalle sont allés à une grande soirée le mois dernier. Voici ce qu'ils ont fait avant d'y aller. Est-ce que vous avez fait les mêmes choses la dernière fois que vous êtes sorti(e) pour une soirée ou un spectacle?

MODÈLE: Bernard s'est lavé les cheveux. →
Oui, je me suis lavé les cheveux.
ou
Non, je ne me suis pas lavé les cheveux. Je suis allé(e) chez le coiffeur.

1. L'après-midi, Christine est allée chez le coiffeur.
2. En fin d'après-midi, Bernard et Christine se sont reposés.
3. Bernard s'est douché.
4. Christine a pris un bain moussant.*
5. Ils se sont brossé les dents.
6. Christine s'est fait les ongles† et puis, elle s'est maquillée.
7. Bernard s'est rasé avec son rasoir électrique.
8. Ils se sont habillés.
9. Ils se sont beaucoup amusés, et ils sont rentrés après minuit.
10. Ils se sont couchés, et ils se sont tout de suite endormis.

5.5 *Past Participles of Irregular Verbs Conjugated with avoir*

A. Most irregular verbs have past participles ending in **-u**, **-it**, or **-is**. Use the following as a reference list while you do the activities in this chapter of the text and the **Cahier d'exercices**.

---

*un bain moussant = a bubble bath
†s'est fait les ongles = did her nails

PAST PARTICIPLES ENDING IN **-u**	
boire (*to drink*)	**bu**
connaître (*to know*)	**connu**
courir (*to run*)	**couru**
devoir (*must, have to*)	**dû**
lire (*to read*)	**lu**
obtenir (*to obtain*)	**obtenu**
pleuvoir (*to rain*)	**plu**
pouvoir (*to be able*)	**pu**
recevoir (*to receive*)	**reçu**
voir (*to see*)	**vu**

Qu'**avez**-vous **bu** avec le repas chez les Lasalle? —Nous **avons bu** du vin blanc.

Agnès, est-ce que tu **as vu** Sarah hier? —Non, il **a plu** et elle n'**a** pas **pu** sortir.

What did you drink with the meal at the Lasalles'? —We had white wine.

Agnès, did you see Sarah yesterday? —No, it rained and she couldn't go out.

PAST PARTICIPLES ENDING IN **-it**	
conduire (*to drive*)	**conduit**
dire (*to say*)	**dit**
écrire (*to write*)	**écrit**
faire (*to do, make*)	**fait**

Qu'est-ce que tu **as fait** ce matin? —J'**ai écrit** une lettre à mes amis canadiens.

What did you do this morning? —I wrote a letter to my Canadian friends.

PAST PARTICIPLES ENDING IN **-is**	
apprendre (*to learn*)	**appris**
comprendre (*to understand*)	**compris**
prendre (*to take*)	**pris**
mettre (*to put, put on*)	**mis**

Marise et Clarisse **ont mis** une robe pour sortir hier soir.

Marise and Clarisse put on a dress to go out last night.

PAST PARTICIPLES ENDING IN **-ert**	
offrir (*to offer, give*)	**offert**
ouvrir (*to open*)	**ouvert**
découvrir (*to discover*)	**découvert**

Sarah **a offert** des fleurs à Mme Rouet.	*Sarah gave some flowers to Mme Rouet.*

B. The past participle of **être** is **été** and that of **avoir** is **eu.** Both use **avoir** as an auxiliary verb.

J'**ai été** très content de vous revoir.	*I was very happy to see you again.*
Denise, pourquoi es-tu en retard? —Eh bien... j'**ai eu** un problème avec ma voiture.	*Denise, why are you late? —Well . . . I had a problem with my car.*

C. Notice that short common adverbs usually come before the past participle.

Jean-Yves s'est **vite** habillé ce matin, et il n'a pas **beaucoup** mangé au petit déjeuner.	*Jean-Yves got dressed quickly this morning, and he didn't eat much at brekafast.*

Similar adverbs include **aussi, déjà, (pas) encore, enfin, peu.**

Exercice 9. Qu'avez-vous fait ce matin?

MODÈLE: boire un café → Oui, j'ai bu un café ce matin.
ou
Non, je n'ai pas bu de café ce matin.

1. faire votre lit
2. lire un magazine
3. boire un coca
4. recevoir un coup de téléphone
5. écrire une lettre à quelqu'un
6. mettre un manteau pour sortir
7. prendre le bus
8. conduire votre voiture
9. avoir un accident
10. être en retard pour un cours

Exercice 10. Vive le TGV!

La semaine dernière Adrienne Petit a pris le TGV* pour monter à Paris. Racontez son voyage au passé composé. (Attention au choix de l'auxiliaire **avoir** ou **être.**)

---

*TGV = **Train à Grande Vitesse** (high-speed train)

La semaine dernière...

1. Adrienne monte à Paris pour rendre visite à une amie.
2. Quelques minutes avant le départ, elle monte dans le train et cherche sa place.
3. Elle pense: «Comme le train est confortable!»
4. A midi, elle va dans le wagon restaurant. Elle choisit le steak-frites et elle commande du vin rouge.
5. Elle voit le paysage défiler à toute vitesse.*
6. Bientôt le train entre en gare à Lyon.
7. Après l'arrêt à Lyon, Adrienne s'endort.
8. Quand elle se réveille, elle regarde sa montre.
9. Quelques minutes plus tard, elle arrive à Paris.
10. Elle aime beaucoup son voyage.

Exercice 11. Le samedi de Jean-Yves

Jean-Yves Lescart nous raconte ce qu'il a fait samedi dernier. Mettez son récit au passé composé.

Samedi dernier...

1. Il pleut beaucoup.
2. J'ai du mal à me lever.
3. Je prends le petit déjeuner et je lis le journal.
4. Je reçois un coup de téléphone d'Agnès.
5. Agnès et Sarah viennent me voir et Sarah nous offre un café dans un petit café près du Forum des Halles.
6. Nous avons une grande discussion au sujet du cinéma des années 50.
7. Enfin, nous prenons la décision d'aller au cinéma et nous voyons un film de Woody Allen.
8. Je leur dis au revoir à la fin du film et je dois courir pour prendre mon métro.
9. J'ouvre ma porte et je vois tous mes livres de classe. A la vue de tout ce travail, je suis découragé.
10. Je mets mon pyjama, j'ouvre ma fenêtre et je vais au lit!

5.6 *Negative Expressions*

A. So far you have mainly used the expression **ne... pas** to negate sentences. There are also several other negative expressions that have various specific meanings. Here they are, paired with the corresponding affirmative expressions.

---

*__le paysage...__ the landscape passing by quickly

AFFIRMATIVE	NEGATIVE
quelque chose (*something*) tout (*everything*)	ne... rien (*nothing*) rien... ne
quelqu'un (*somebody*) tout le monde (*everybody*)	ne... personne (*nobody*) personne... ne
quelquefois (*sometimes*) toujours (*always*) un jour (*some day*)	ne... jamais (*never*)
déjà (*already*)	ne... pas encore (*not yet*)
encore (*still*) toujours (*still*)	ne... plus (*no longer*)

Est-ce que ta sœur fume toujours? —Non, elle **ne** fume **plus.**	*Does your sister still smoke? —No, she doesn't smoke anymore.*
Moi, je **n'ai jamais** fumé. Je n'aime pas ça.	*I have never smoked (I never smoked). I don't like it.*
Nous **ne** sommes **pas encore** allés en France.	*We haven't been to France yet.*

B. The words **rien** and **personne** can be used as subjects as well as objects of the verb. In both cases, **ne** is used before the verb.

Nous ne sommes pas prêts. **Rien n'**est terminé.	*We aren't ready. Nothing is finished.*
Personne n'est venu me voir.	*No one came to see me.*
Je **n'ai rien** dit à Mme Martin.	*I didn't say anything to Mme Martin.*

Notice that the object **personne**, unlike **pas** and the other negative words, is placed *after* the past participle in the **passé composé.**

Je **n'ai** rencontré **personne** au café.	*I didn't meet anyone at the cafe.*

C. As with **ne... pas,** the indefinite and partitive articles (**un, une, des; du, de la, de l'**) usually become **de (d')** after any negative expression.

Je **n'ai jamais** mangé **d'**escargots.	*I have never eaten (any) snails.*
Nous **n'**avons **plus d'**amis à Strasbourg.	*We no longer have (any) friends in Strasbourg.*

D. The expression **ne... que** is not negative, but rather is used to express a limitation. It is usually synonymous with **seulement** (*only*).

Je **n'**ai **que** dix francs. *I have only ten francs.*
Nous **n'**avons visité **que** la Tour *We only visited the Eiffel Tower.*
Eiffel. Nous n'avons pas vu *We didn't see any other*
d'autres monuments. *monuments.*

E. Unlike English, French allows more than one negative in a sentence.

Personne ne fait **jamais rien!** *Nobody ever does anything!*

Exercice 12. Courage!

Votre ami(e) a des difficultés dans son cours de chimie. Vous essayez de l'encourager en donnant une réponse affirmative à tous ses commentaires négatifs.

MODÈLE: Je n'ai rien appris d'intéressant dans ce cours. →
Mais si! Tu as appris quelque chose d'intéressant!

1. Je n'ai personne pour m'aider.
   — Mais si! Tu as _____ pour t'aider!
2. Je n'ai pas encore compris les premiers chapitres.
   — Mais si! Tu les as _____ compris un peu!
3. Je n'ai rien compris à cet exercice.
   — Mais si! Tu as compris _____ à cet exercice!
4. Je n'ai jamais de chance aux examens.
   — Mais si! Tu as _____ de la chance aux examens!
5. Je n'ai plus envie d'apprendre la chimie.
   — Mais si! Tu as _____ envie d'apprendre la chimie!

Exercice 13. Visiteurs à Marseille

Au café, Adrienne a rencontré un couple parisien en visite à Marseille. Elle leur pose des questions sur leur séjour. Répondez avec l'expression négative appropriée. (N'employez pas **ne... pas!**)

MODÈLE: Est-ce que vous dînez toujours à l'hôtel? →
Non, nous ne dînons jamais à l'hôtel.

1. Connaissez-vous quelqu'un à Marseille?
2. Avez-vous acheté quelque chose comme souvenir de la région?
3. Avez-vous encore des achats à faire?
4. Avez-vous déjà visité le port?
5. Avez-vous déjà goûté la bouillabaisse*?
6. Avez-vous encore envie de vous promener en ville?

---

*a fish stew, one of the specialties of Marseilles

▊ **Exercice 14.** Fausses impressions

Votre ami français, qui est toujours très curieux, vous pose des questions sur votre vie en Amérique. Répondez en utilisant **ne... que** et l'expression indiquée.

MODÈLE: Tu as beaucoup de frères et sœurs? (un frère) →
Non, je n'ai qu'un frère.

1. Tu as un appartement? (une chambre)
2. Tu as une voiture? (une bicyclette)
3. Tes parents ont une maison? (un appartement)
4. Il y a un métro dans ta ville? (des autobus)
5. Tes parents ont un mois de vacances? (quinze jours de vacances)
6. Tu as visité la Californie? (la côte Est)
7. Tu aimes la musique classique? (le rock)
8. Tu as étudié d'autres langues étrangères? (le français)

L'enfance et la jeunesse

In **Chapitre 6** you will learn to talk about what you used to do and how you felt in the past.

Premiers pas sur des patins à glace pour ce bambin; Île Notre-Dame, Montréal, Québec

THÈMES

Les activités de l'enfance

La jeunesse

Les rapports avec les autres

Souvenirs du passé

LECTURES

Un très mauvais souvenir

Un Noël mémorable

GRAMMAIRE

6.1 Past Habitual Actions: The Imperfect

6.2 The Irregular Verbs **dire, lire, écrire:** Present and Past Tenses

6.3 The Imperfect of "State" Verbs

6.4 Relative Pronouns: **qui, que, où**

6.5 Indirect Object Pronouns

6.6 Idiomatic Reflexive Verbs

6.7 Seeing and Believing: The Verbs **voir** and **croire**

6.8 Emphatic Pronouns: An Overview

ACTIVITÉS ET LECTURES

 Les activités de l'enfance

Attention! Étudier Grammaire 6.1 et 6.2

Adrienne: Quand j'étais petite...

En hiver, je faisais du ski à la montagne avec mes camarades de classe.

En été, je jouais à cache-cache dans le jardin avec mes amis.

Le dimanche je lisais dans ma chambre.

Je courais avec mon chien.

Je sautais à la corde.

Je bâtissais des châteaux de sable sur la plage.

Quelquefois, mes amis et moi, nous montions des spectacles.

Activité 1. L'enfance de quelques personnes célèbres

Imaginez l'enfance de ces personnes célèbres. Qu'est-ce qu'elles faisaient quand elles étaient petites?

Catherine Deneuve, actrice
Michel Platini, joueur de football français

Marie Curie, physicienne
Léopold Senghor, chef d'État et poète sénégalais
Jacques Cartier, explorateur et navigateur

Qui...

1. cassait les fenêtres de ses voisins avec un ballon?
2. s'intéressait aux sciences naturelles?
3. adorait mettre les vieux vêtements de sa mère et jouer des rôles?
4. lisait beaucoup?
5. naviguait sur un petit lac près de chez lui?
6. prenait des leçons d'élocution?
7. rêvait de voyager?
8. aimait beaucoup la poésie?
9. jouait tout le temps au football avec ses amis?
10. adorait les mathématiques?
11. allait au cinéma aussi souvent que possible?
12. se regardait souvent dans la glace?
13. suivait la politique de très près?
14. écrivait souvent de petits poèmes?
15. rêvait de devenir actrice professionnelle?
16. voulait découvrir quelque chose d'important pour l'humanité?
17. dessinait des bateaux?
18. était très sportif/sportive?
19. aimait étudier la carte du monde?
20. voulait découvrir des «nouveaux mondes»?

En classe à l'école primaire

▌ **Activité 2.** Souvenirs d'enfance

Qui dans la classe faisait ces activités quand il/elle était petit(e)?

MODÈLE: jouait aux cartes →
Jenny et Steve jouaient aux cartes.

Qui...

1. jouait aux «Donjons et Dragons»? où? avec qui?
2. écrivait des petits mots à ses amis pendant les cours? à qui?
3. avait un animal domestique? quelle sorte d'animal? comment s'appelait-il?
4. faisait partie d'une équipe? de sport ou d'autre chose?
5. nageait beaucoup? où? avec qui?
6. sautait à la corde? jusqu'à quel âge?
7. lisait les bandes dessinées dans le journal? lesquelles?
8. regardait les dessins animés à la télé le samedi? lesquels?

LECTURE

Un très mauvais souvenir

Christiane Charlier raconte un incident embarrassant qui lui est arrivé à l'école.

C'était tout au début de ma première année d'école et je connaissais encore mal mon institutrice. Elle me semblait très gentille, un peu comme une grand-mère, car elle était déjà assez âgée. Le matin, elle divisait la classe en deux groupes. Elle donnait à un groupe une activité à faire ensemble pendant qu'elle faisait la lecture à l'autre moitié° de la classe. Puis l'activité de lecture terminée, elle changeait les groupes.

half

J'étais donc en train de° tracer mes premières lettres, une activité à laquelle je m'appliquais avec tant de minutie qu'on aurait cru° que je faisais plutôt de la chirurgie plastique. Soudain, j'ai commencé à avoir envie° d'aller faire pipi. Je me suis convaincue que je pouvais me retenir jusqu'à la récréation, une heure plus tard. Mais j'avais beau essayer° de me concentrer sur ma leçon d'écriture, l'envie d'aller aux toilettes se faisait de plus en plus pressante. Finalement, je n'en pouvais plus,° et je me suis levée pour aller demander à l'institutrice la permission d'aller aux W.C. Mais quand je me suis approchée du groupe de lecture, elle m'a souri° très gentiment et m'a dit que mon groupe aurait bientôt son tour.° J'ai essayé de commencer à lui expliquer, mais en souriant elle m'a demandé de retourner à mon pupitre. C'est alors que la chose la plus gênante s'est passée. J'allais essayer de lui expliquer de nouveau, quand j'ai senti un flux chaud couler le long de mes cuisses.° J'ai regardé bêtement la flaque° qui s'agrandissait autour de mes pieds et j'ai commencé à pleurer.°

en... in the process of

avec... with such minute detail, one would have thought
avoir... to feel like

j'avais... however much I tried

je... I couldn't take it anymore

smiled

aurait... would soon have its turn

couler... flow down my thighs / puddle
cry

Mon institutrice s'est précipitée vers moi, visiblement mal à l'aise, et en deux temps, trois mouvements elle a tout épongé. Alors que je continuais à pleurer, elle est allée

chercher une culotte° propre dans son bureau qu'elle m'a fait mettre. Elle m'a expliqué   *panty*
que c'était un accident qui arrivait à tout le monde et c'était pour cela qu'elle avait
toujours un slip de rechange dans son bureau.

Avez-vous compris?

Complétez chaque phrase de la section I avec une phrase de la section II.

Section I:

1. ___C___ Christiane connaissait encore mal son institutrice
2. ___E___ Christiane pensait que l'institutrice était comme une grand-mère...
3. ___G___ Une moitié de la classe faisait de l'écriture...
4. ___D___ Christiane s'appliquait à tracer ses premières lettres...
5. ___A___ Christiane ne pouvait pas aller aux toilettes...
6. ___F___ Christiane essayait de demander à l'institutrice la permission d'aller au W.C. ...
7. ___B___ Christiane pleurait...
8. ___H___ L'institutrice n'a pas réprimandé Christiane...

Section II:

a. ...parce que ce n'était pas encore le moment de la récréation.
b. ...parce que c'était un accident qui pouvait arriver à tout le monde.
c. ...parce que c'était au début de sa première année d'école.
d. ...mais l'institutrice pensait qu'elle voulait changer d'activité.
e. ...parce qu'elle était assez âgée.
f. ...quand soudain elle a eu envie d'aller aux toilettes.
g. ...pendant que l'institutrice faisait la lecture à l'autre moitié.
h. ...parce qu'elle avait fait pipi dans la classe.

▮ **Activité 3.** Activités préférées

Complétez les phrases suivantes, puis comparez vos réponses avec celles de
votre partenaire ou de quelques autres camarades de classe.

Quand j'étais petit(e)...

1. le sport que je faisais le plus était...
2. le jeu vidéo que mes amis et moi aimions s'appelait...
3. j'adorais regarder... à la télé.
4. la personne (ou le personnage) célèbre que j'admirais s'appelait...
5. la bande dessinée que je lisais avec le plus de plaisir était...
6. j'aimais beaucoup écouter...

Et maintenant, identifiez les choses que vous aimiez quand vous étiez petit(e)
et qui n'existaient pas quand vos parents étaient enfants. Pourquoi est-ce
qu'elles n'existaient pas? Que faisaient vos parents comme activités?

La jeunesse

Attention! Étudier Grammaire 6.3 et 6.4

L'album de photos de Marie Lasalle

J'avais quinze ans et
j'allais à l'école des filles.

Madeleine et Emma Reine Moi Florence Odile Madame Kaffès

Florence était très belle. Elle riait tout le temps.
Mme Kaffès était une personne stricte qui savait discipliner ses élèves.
Odile adorait étudier. Elle apprenait très vite et elle avait toujours de bonne notes.
Reine avait peur de parler en classe parce qu'elle était trop timide.
Madeleine et Emma étaient les camarades que je préférais. C'étaient les clowns
  de la classe. Elles voulaient devenir actrices.
Moi, j'avais de la chance. J'aimais l'école, j'avais beaucoup d'amies et je
  travaillais bien.

Activité 4. Ennuis et joies de l'adolescence

Quel type d'adolescent(e) étiez-vous? Complétez les phrases qui vous décrivent
pendant que vous étiez au lycée.

1. J'étais parfois inquiet/inquiète quand...
2. J'étais content(e) parce que...
3. J'avais peur quelquefois parce que...
4. J'étais frustré(e) de temps en temps parce que...
5. J'étais mal à l'aise quelquefois parce que...
6. J'avais souvent de la chance parce que...

a. je pensais (je ne pensais pas) que j'allais être accepté(e) à l'université où
   je voulais aller.
b. mes camarades de classe (les filles/les garçons...) m'aimaient bien.
c. je recevais (beaucoup/très peu) d'invitations.
d. j'avais une voiture (je n'avais pas de voiture).
e. je pensais que (les filles/les garçons...) ne s'intéressaient pas à moi.
f. je trouvais que mes parents étaient trop compréhensifs (trop stricts...).

g. j'avais peur des examens (des garçons, des filles, ...).
h. je pouvais (je ne pouvais pas) sortir quand je voulais.
i. mes amis buvaient de l'alcool (se droguaient, fumaient).
j. je pensais que j'étais trop gros(se) (mince, grand[e]...).
k. je ne pouvais pas acheter tous les vêtements (toutes les cassettes...) que je voulais.
l. j'avais horreur des boutons (de parler en cours...)
m. ?

▮ **Activité 5.** Les camarades de classe

Est-ce que vous connaissiez ces genres de personnes au lycée? Comment s'appelaient-elles? Expliquez un peu vos réponses.

> MODÈLE: quelqu'un qui séchait les cours →
> É1: Au lycée, est-ce que tu connaissais quelqu'un qui séchait les cours?
> É2: Oui, (Benny Roberts) séchait souvent les cours. (Il jouait au billard avec ses copains.) Et toi?
> É1: (Moi, je ne connaissais personne comme ça. On était très strict dans mon lycée.)

1. quelqu'un qui était doué(e) en musique
2. quelqu'un qui rouspétait constamment
3. une personne qui achetait beaucoup de nouveaux vêtements
4. quelqu'un que tes parents n'aimaient pas
5. une personne que tout le monde admirait
6. quelqu'un de très sportif

Note culturelle

COUP D'ŒIL SUR LES ADOLESCENTS

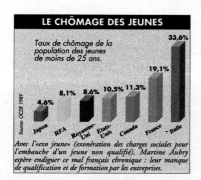

LE CHÔMAGE DES JEUNES

Taux de chômage de la population des jeunes de moins de 25 ans.

Source: OCDE 1989

Japon 4,6% RFA 8,1% Royaume-Uni 8,6% États-Unis 10,5% Canada 11,3% France 19,1% Italie 33,6%

Avec l'«exo jeunes» (exonération des charges sociales pour l'embauche d'un jeune non qualifié), Martine Aubry espère endiguer ce mal français chronique : leur manque de qualification et de formation par les entreprises.

Les jeunes Français tendent à être adolescents plus tôt et adultes plus tard. L'incertitude de l'avenir les pousse souvent à retarder le moment où ils sont capables de quitter la maison de leurs parents. Pour ce qui est du travail, les jeunes veulent à la fois[1] gagner leur vie et s'épanouir.[2] Ils ne veulent pas consacrer la totalité de leur énergie et de leur temps au travail, et les loisirs tiennent une place importante dans leur vie. Par ailleurs, il leur est souvent difficile de trouver un emploi. Alors que le taux de chômage[3] pour la population active est de 9% en France, 20% des jeunes de moins de 25 ans recherchent un emploi. Il s'en suit des situations difficiles, malgré[4] un système d'indemnisation très avantageux.

[1]à... *at the same time* [2]*to develop their interests* [3]taux... *unemployment rate* [4]*despite*

Activité 6. Activités favorites

Dites ce que faisaient Agnès, Jean-Yves et Julien souvent quand ils étaient jeunes. Est-ce que vous faisiez les mêmes choses?

Agnès

Jean-Yves

Julien

Activité 7. Entretien: La vie au lycée

1. Comment s'appelait ton lycée? Est-ce qu'il était grand? vieux? Combien d'élèves y avait-il?
2. Est-ce que tu habitais loin du lycée? Comment y allais-tu?
3. Arrivais-tu à l'heure ou en retard, normalement? Pourquoi?
4. Est-ce que tu te plaignais des devoirs que tu avais à faire? Pour quels cours est-ce que tu avais le plus de travail? Qui étaient tes profs les plus exigeants? les plus sympathiques?
5. Est-ce que tu faisais du sport? Lequel? Faisais-tu partie d'une équipe?
6. Qu'est-ce que tu aimais faire après les cours? avec qui?
7. Est-ce que tu sortais souvent le soir? Où allais-tu? avec qui?
8. Quels sont les meilleurs souvenirs de tes années au lycée?

Les rapports avec les autres

Attention! Étudier Grammaire 6.5 et 6.6

Raoul Durand parle de sa famille.

Dans ma famille, c'était
ma mère qui s'occupait
des finances.

Quand j'étais petit, j'aimais beaucoup
mes parents mais je ne leur obéissais
pas tout le temps!

Mon petit frère s'en allait
quand il se fâchait.

Ma grand-mère
m'offrait souvent
des petits gâteaux.
Mon grand-père
était mort.

Je m'entendais très bien
avec ma sœur. Parfois,
je lui donnais de l'argent
pour faire la vaisselle
à ma place.

Nous avions trois chats.
Celui que je préférais, c'était
Tibert. Il se battait avec les
autres chats du quartier.

Mon père s'énervait quand nous
ne voulions pas aider à faire les
tâches ménagères.

▌ Activité 8. La famille

A votre avis, est-ce que les situations suivantes sont typiques, stéréotypées, normales, extraordinaires, etc., dans une famille d'aujourd'hui? Dites pourquoi.

> MODÈLE: Le père s'occupe du ménage. →
> Ce n'est pas typique, mais ce n'est pas extraordinaire non plus.
> (Je connais des pères qui font le ménage.)

1. Les parents s'intéressent aux activités de leurs enfants.
2. Les enfants se disputent parce qu'ils veulent tous faire la vaisselle.
3. Le père travaille et gagne sa vie pour la famille.
4. Les parents s'inquiètent quand les enfants rentrent trop tard.
5. Les enfants se fâchent parce que les parents leur donnent trop d'argent de poche.
6. Les enfants se battent quelquefois.
7. La mère s'occupe de la voiture.
8. Les enfants quittent la maison pour continuer leurs études ou pour travailler.
9. Le mari s'énerve parce que sa femme veut travailler hors de la maison.
10. Tout le monde s'entend et il n'y a jamais de problèmes.

▌ Activité 9. Chez moi

Qui faisait ces choses chez vous quand vous étiez au lycée?

> MODÈLE: passer le plus de temps au téléphone →
> É1: Qui passait le plus de temps au téléphone chez toi?
> É2: C'était ma demi-sœur qui passait le plus de temps au téléphone. Et chez toi?
> É2: Chez nous, ...

Qui... ?

1. s'occuper des finances
2. se disputer avec la famille ou avec des amis
3. tondre le gazon
4. sortir souvent
5. passer trop de temps dans la salle de bains
6. être généreux/généreuse
7. s'entendre bien avec tout le monde
8. acheter les provisions
9. donner à manger aux animaux
10. s'inquiéter souvent

▌ Activité 10. Les autres et moi

Vous entendiez-vous avec les autres quand vous aviez seize ans? Que faisiez-vous dans ces situations?

1. Quand mon frère (ma demi-sœur, mon ami[e]...) voulait emprunter un de mes vêtements...

a. j'étais généreux/généreuse et je lui prêtais le vêtement.
b. j'hésitais et je cherchais des excuses.
c. je m'énervais et lui disais non.
d. ?

2. Si mes parents (mes beaux-parents...) me disaient de les aider à faire le ménage...
   a. je leur obéissais sans me plaindre.
   b. je leur disais que j'avais quelque chose d'urgent à faire.
   c. je rouspétais et je leur disais que c'était injuste.
   d. ?

3. Les jours où je ne voulais pas aller en cours...
   a. je disais que je ne me sentais pas bien et je restais chez moi.
   b. je faisais l'école buissonnière.
   c. j'y allais quand même.
   d. ?

4. Si mon père (ma belle-mère...) me défendait de sortir avec mes amis...
   a. je sortais sans rien lui dire.
   b. je me disputais avec lui/elle.
   c. je lui obéissais sans me plaindre.
   d. ?

5. Quand mon beau-père (ma mère...) ne me laissait pas regarder la télé avant de finir mes devoirs...
   a. je me fâchais et je m'en allais.
   b. je finissais vite mes devoirs.
   c. je lui disais que je n'avais pas de devoirs.
   d. ?

JEUNES EN DIFFICULTÉ
AVEC VOS PARENTS,

NE LAISSEZ PAS
LA VIOLENCE PRENDRE LE PAS
SUR LE DIALOGUE

STOP CONFLITS
PARENTS-ENFANTS
76 51 88 51

▌ **Activité 11.** Entretien: Rapports personnels

1. Est-ce que tu t'entendais bien avec ta famille et tes amis quand tu avais quinze ans? Avec qui ne t'entendais-tu pas? Pourquoi? Et aujourd'hui? Qu'est-ce qu'il faut faire pour s'entendre avec les autres?

2. Est-ce que tu obéissais à tes parents ou à tes gardiens quand tu avais quinze ans? Que faisaient-ils quand tu ne leur obéissais pas? Est-ce qu'ils te punissaient? Quelles punitions recommandes-tu pour les jeunes de cet âge-là?

3. A ton avis, qu'est-ce qui cause le plus de problèmes entre parents et enfants? l'argent? les restrictions imposées par les parents? le fait que les jeunes refusent d'écouter leurs parents? Comment peut-on éviter de se disputer avec ses parents?

4. Qu'est-ce qu'il faut faire pour créer et entretenir une amitié durable? Que fais-tu si tes amis font des choses que tu n'approuves pas? Qu'est-ce que tu fais quand ils te disent que tu fais des bêtises?

▌ **Activité 12.** Situations: Discussions de famille

1. Emmanuel Colin veut aller faire du camping avec un groupe de copains. Ses parents sont un peu inquiets, surtout son père. Avec votre partenaire, jouez les rôles d'Emmanuel et de M. Colin.

VICTOR COLIN: D'accord, tu peux y aller, mais fais très attention. Ça me fait quand même un peu peur.

EMMANUEL: Pourquoi tu te fais du mauvais sang, Papa? Quand tu avais mon âge, tu faisais aussi du camping!

VICTOR COLIN: Oui, mais quand j'étais jeune...

Idées pour continuer la discussion
les dangers de la route
une vie (société) différente aujourd'hui
la possibilité d'un crime, d'un accident
?

2. Francis Lasalle n'aime pas la musique moderne. Il a soixante-douze ans et il préfère la musique de son époque. Il parle avec sa petite-fille Camille, qui est fana de rock.

FRANCIS LASALLE: Quel bruit! Cette musique que vous écoutez aujourd'hui, ça me semble un mélange de sons bizarres.

CAMILLE: Oui, Papi, mais quand tu étais jeune...

Idées pour continuer la discussion
les modes (vêtements, cheveux, etc.) adoptées par les chanteurs/chanteuses
le style de vie des chanteurs/chanteuses
les paroles des chansons d'aujourd'hui
l'évolution des goûts

Souvenirs du passé

Attention! Étudier Grammaire 6.7 et 6.8

le Jour de l'An

la Saint-Valentin

Pâques

la fête Nationale

le réveillon de Noël

Noël

Le 6 janvier (la Fête des Rois), Emmanuel a trouvé la fève dans son morceau de galette.

Le 2 février, Nathalie a réussi à retourner sa crêpe pour la Chandeleur.

L'année dernière, Bernard et Christine Lasalle ont vu le défilé pendant la fête du Mardi gras à Nice.

Le premier avril, ses camarades de classe ont attaché un poisson d'avril au dos de Joël.

Le premier mai, Francis Lasalle a offert un brin de muguet à Marie.

Tous les ans, la famille Lasalle regarde les feux d'artifices le 14 juillet.

Marie-Christine ne croit plus au Père Noël. Cette année, elle l'a vu arriver.

▌ **Activité 13.** Traditions américaines

Qui dans la classe...

1. croyait au Père Noël et lui laissait des petits gâteaux la veille de Noël?
2. préparait le petit déjeuner pour sa mère le jour de la Fête des Mères?
3. se déguisait et allait chercher des bonbons chez les voisins la veille de la Toussaint (le 31 octobre)?
4. mettait des vêtements neufs et allait à l'église le dimanche de Pâques?
5. regardait des feux d'artifices le 4 juillet?
6. mangeait toujours de la dinde rôtie et de la tarte à la citrouille le Jour d'action de Grâce?
7. mangeait trop de bonbons avant le petit déjeuner le jour de Pâques?
8. accrochait des cœurs et des Cupidons aux murs de la salle de classe pour la Saint-Valentin?

▌ **Activité 14.** Interaction: Traditions

Voilà ce qu'a fait Adrienne Petit pour les fêtes de cette année.

MODÈLES: É1: Qu'est-ce qu'Adrienne a fait pour la Fête des Rois cette année?

É2: Elle a fait une galette des rois et elle a invité des amis chez elle.

Une foule de spectateurs au défilé du Carnaval à Nice (Côte d'Azur)

FÊTE	DATE	ACTIVITÉ
la Fête des Rois	le 6 janvier	
Mardi gras	au mois de février	
dimanche de Pâques		Sa grand-mère a servi un bon gigot d'agneau. La table était décorée d'œufs en sucre et en chocolat, et d'œufs durs colorés.
la Fête nationale	le 14 juillet	
la Toussaint		Elle a acheté des chrysanthèmes pour la tombe de sa mère.
la veille de Noël		Elle a assisté à la messe de minuit à la cathédrale et puis, elle a fait un réveillon avec son père et ses grands-parents.

■ **Activité 15.** Qu'est-ce que vous faisiez?

Dites ce que vous faisiez pour les fêtes suivantes quand vous étiez petit(e), et avec qui vous le faisiez.

MODÈLE: la Fête des Pères →

É1: Qu'est-ce que tu faisais pour la Fête des Pères?

É2: Mes frères et moi, nous offrions des cadeaux à notre père et puis, nous passions la journée avec lui. Et toi?

É1: Mon père aimait beaucoup la pêche, alors, j'allais pêcher avec lui.

1. Noël ou Chanuka
2. le jour de Pâques
3. la veille de la Toussaint
4. le Jour d'action de Grâce
5. la Saint-Sylvestre (le Nouvel An)
6. le 4 juillet
7. la Saint-Valentin
8. ?

a. prendre des résolutions
b. cacher des œufs
c. offrir des cadeaux
d. assister à des réunions de famille
e. voir des matchs de sport
f. envoyer des cartes de vœux
g. décorer un sapin
h. préparer un dîner spécial
i. inviter des amis
j. ?

■ **Activité 16.** La Saint-Sylvestre

Julien Leroux a présenté des émissions télévisées spéciales pendant les fêtes cette année. La veille du Nouvel An (le 31 décembre), il a interviewé des gens qui faisaient la fête au Casino Municipal d'Aix-en-Provence. Lisez la publicité et dites ce qu'ils étaient en train de faire ce soir-là.

Et vous...
Qu'est-ce que vous avez fait pour fêter la Saint-Sylvestre l'année dernière? Décrivez votre soirée et comment vous vous sentiez le lendemain matin.

La Saint-Sylvestre au Casino Municipal d'Aix-en-Provence

- Un menu traditionnel
- Une nuitée dansante, un grand orchestre
- Un spectacle digne des plus grands cabarets
- Le droit d'entrer dans les salons des jeux
- Le champagne Alain-Delon

Prix de la soirée : 950ᶠ

LECTURE

Un Noël mémorable

Au début de la Deuxième Guerre mondiale, la France est envahie° par les troupes   *invaded*
allemandes, et en 1940 la France doit capituler. L'Alsace, occupée par les Allemands, est alors annexée au IIIᵉ Reich jusqu'à la libération en 1945.

C'était vers la fin de la Deuxième Guerre mondiale en novembre 1944. J'avais onze ans, et je vivais chez des fermiers dans un petit village en Alsace, loin de la ville, à cause des bombardements. Mes parents qui habitaient Strasbourg pensaient que, dans le village, je serais° en sécurité.

Cela faisait déjà des semaines qu'il n'y avait pas de communication entre le village et la ville, à 50 km de là. Nous étions encore allemands alors qu'il y avait des troupes alliées près de Strasbourg. Et voilà que la guerre arrivait à notre village, avec des soldats allemands qui occupaient notre ferme, et des canons pointés au ciel dans le pré° d'en face.

Les soldats allemands avaient réquisitionné notre ferme, installé leur transmetteurs radio dans une pièce, d'où ils communiquaient avec les soldats dans les tranchées. Nous, les civils, devions dormir dans une cave sous la grange.°

Dans la maison, il y avait un vieil harmonium,° et j'aimais jouer des airs dessus. Cela me faisait penser à ma famille à Strasbourg, qui me manquait° beaucoup. Ce jour-là, je jouais quelques chants de Noël, et Otto, un soldat allemand du contingent est entré et a commencé à fredonner° avec la musique. Bientôt, tout un groupe de soldats allemands a rempli la pièce et s'est mis à chanter en chœur. C'était très beau. Comme il y avait des émetteurs de radio dans la ferme, les soldats dans les tranchées ont pu écouter la musique. C'était un moment émouvant, un Noël impromptu, où pour un instant la paix semblait toute proche.° Après le chant, Otto m'a prise sur ses genoux,° m'a montré une photo de sa fille qui avait le même âge que moi, et m'a dit: «Tu ne sais pas la joie que tu nous as donnée. Quand les Américains seront là, fais la même chose pour eux.»

Tout à coup des obus° ont commencé à tomber un peu partout autour de la maison. Les vitres ont volé en éclats,° et nous nous sommes précipités dans la cave. Nous y sommes restés trois semaines, écoutant le sifflement des obus, le bruit des canons, les cris des soldats, et les longs silences entre les explosions. Finalement, le silence n'était plus interrompu. Le fermier a enlevé l'épais matelas° qu'il avait mis contre la porte de la cave pour nous protéger, et avec grande précaution a ouvert un battant de la porte. En haut de l'escalier se tenait un soldat américain avec sa mitraillette pointée vers la porte. En sortant de la cave, pour je ne sais quelle raison absurde, j'ai prononcé la seule phrase que je savais en anglais: «How do you do?» L'Américain m'a regardé d'un air incrédule et a souri.

Dehors, tout était changé. Dans la cour de la ferme se tenaient des animaux blessés.° Ils tremblaient et émettaient des sons plaintifs. Une partie de la maison était en ruines. Plus de° soldats allemands. Plus de canons dans le pré d'en face.

J'entrais avec précaution dans ce qui restait de la maison. Bien que couvert de débris, l'harmonium était intact, un signe rassurant de stabilité. Quelques jours plus tard, je me suis aventurée à jouer quelques-uns des chants qu'Otto et ses compagnons avaient chantés. Des soldats américains sont alors entrés dans la pièce et se sont mis à chanter à leur tour. Les paroles étaient différentes, mais les mélodies étaient les mêmes. Je me suis alors rappelé la célébration de Noël trois semaines auparavant, les paroles d'Otto, l'instant de bonheur sans angoisse.

Otto n'a jamais pu retrouver sa fille.° Des fermiers ont ramené son corps.° Moi, j'ai eu la chance de pouvoir revoir ma famille à Strasbourg trois jours avant Noël. Un parent a pu obtenir un laissez-passer militaire et est venu me chercher sur sa moto. Je ne me

---

would be

meadow

cave... cellar below the barn
house organ
qui... who I missed

hum

paix... peace seemed very close / lap

shells
vitres... window panes flew into pieces

épais... thick mattress

wounded
Plus... No more

n'a... was never able to see his daughter again / ont... brought back his body

souviens plus des détails de ce Noël à Strasbourg. Pour moi, aujourd'hui encore, Noël, c'est le souvenir de ces moments passés dans ce village, où au milieu de l'absurdité de la guerre et d'une peur implacable, la paix était réelle, pour un petit instant.

Avez-vous compris?

De qui s'agit-il? De l'enfant (E), du fermier (F), des soldats allemands (AL), ou des soldats américains (AM)? Attention: certaines phrases ont plusieurs réponses.

1. _____ Sa famille est d'origine alsacienne.
2. _____ Elle a quitté la ville à cause des bombardements.
3. _____ La ferme a été réquisitionnée par eux.
4. _____ Ils ont installé des canons en face de la ferme.
5. _____ Ils communiquaient par radio avec les soldats dans les tranchées.
6. _____ Elle a joué des chants de Noël sur un harmonium.
7. _____ Ils ont écouté les chants de Noël dans les tranchées.
8. _____ Il a mis un matelas contre la porte de la cave.
9. _____ Ils sont restés trois semaines dans la cave.
10. _____ Quand les Américains étaient là, il a ouvert la porte de la cave.
11. _____ Ils ont chanté les mêmes mélodies.
12. _____ Pendant qu'ils chantaient, elle n'avait plus peur.

Note culturelle

Emission 1963

L'ALSACE: PROVINCE FRONTALIÈRE

Au cours de son histoire, l'Alsace fait d'abord partie de l'Empire romain, puis du Saint-Empire romain germanique, pendant près de huit siècles. A la suite de guerres successives entre la France et l'Allemagne, l'Alsace est toujours cédée au gagnant.[1]

1648–1871: l'Alsace est française
1871–1918: l'Alsace est allemande
1918–1940: l'Alsace est française
1940–1945: l'Alsace est annexée à l'Allemagne hitlérienne
    1945: l'Alsace redevient française

A cause de son histoire, l'Alsace a un particularisme évident dans bien des domaines, dans les noms et l'architecture des villages, dans les traditions familiales et culinaires, dans le folklore des villages, mais surtout dans le patrimoine linguistique. Alors que[2] le français est bien sûr la langue officielle (celle de l'école, de l'administration, du pouvoir), beaucoup d'Alsaciens parlent en plus l'alsacien.

[1]cédée... *given away to the winner* [2]Alors... *Whereas*

Strasbourg: la Petite France (Alsace)

Strasbourg, capitale provinciale, est aujourd'hui le siège[3] du Conseil de l'Europe et de la Cour européenne des Droits de l'Homme. C'est à Strasbourg que se tiennent les sessions du Parlement européen. Les rancunes du passé se sont estompées,[4] et les jeunes d'aujourd'hui, plutôt que d'appartenir à une région ou même à un pays, vont vivre leur vie d'adulte avant tout en tant qu'Européens.[5]

[3]*seat* [4]rancunes... *bitterness of the past has lessened* [5]en... *as Europeans*

■ A vous d'écrire!

Il y a plus d'un siècle, la vie dans les villes était bien différente de la vie d'aujourd'hui. En vous servant de ce portrait fidèle par Gustave Caillebotte, décrivez les différences que vous trouvez entre le Paris des années 1880 et le Paris de nos jours.

Le Paris des années 1880. Au siècle dernier, il y avait bien moins de circulation dans les rues. Les gens...

VOCABULAIRE

L'enfance et la jeunesse
Childhood and youth

l'argent de poche (*m.*)	allowance, pocket money
un ballon	a ball
une bande dessinée	a comic strip, cartoon
un bateau	a boat
un château de sable	a sand castle
les dessins animés	animated cartoons
un jeu vidéo	a video game
une poupée	a doll

Mots apparentés: **l'adolescence** (*f.*), **un(e) adolescent(e), un animal domestique, le camping, un clown, l'enfance** (*f.*)

L'école · School

une carte du monde	a map of the world
une école de filles	a girls' school
un(e) élève	a pupil
les grandes vacances	summer vacation
une leçon d'élocution	a speech lesson
les notes (*f.*)	grades

Les fêtes et les traditions
Holidays and traditions

la Chandeleur	Candlemas (Groundhog Day, February 2)
le Chanuka	Hanukkah
la Fête de Pâques	Easter
la Fête des Mères (Pères)	Mother's (Father's) Day
la Fête des Rois	Epiphany (January 6)
la Fête nationale	national holiday
le Jour d'action de Grâce	Thanksgiving (U.S.)
(le) Noël	Christmas
le Jour de l'An	New Year's Day
la Saint-Valentin	Valentine's Day
la Toussaint	All Saint's Day (November 1)

une carte	a card
un cœur	a heart
un défilé	a parade
des feux d'artifices (*m. pl.*)	fireworks
la galette des rois	special cake for Epiphany
la messe de minuit	midnight Mass
un œuf dur	a boiled egg
le Père Noël	Santa Claus
un poisson d'avril	April Fool's joke
le réveillon	Christmas Eve dinner
le Roi Carnaval	King Carnival (Mardi Gras festival)
un sapin	a fir tree
la veille	evening before, eve

Mots apparentés: **un bal masqué, des chrysanthèmes** (*m. pl.*), **une crêpe, Cupidon**

La nourriture et les boissons
Food and drink

une dinde rôtie	a roast turkey
un gigot d'agneau	a leg of lamb
le lait	milk
un morceau de gâteau	a piece of cake

Mots apparentés: **l'alcool** (*m.*), **une tarte**

Expressions de fréquence

aussi souvent que possible	as often as possible
constamment	constantly
tout le temps	all the time

Quand

l'année dernière	last year
à l'heure	on time
ce soir-là	that evening, that night
en retard	late
tous les ans	every year

Mots et expressions utiles

à cet âge-là	at that age
au lieu de	instead of
Ça me fait peur.	That scares me.
D'accord.	All right. OK.
le mieux	the best
quand même	all the same, even so
quelque chose d'important	something important
surtout	above all

Substantifs

une amitié	a friendship
une chanson	a song
un chanteur/une chanteuse	a singer
un copain/une copine	a close friend, pal
des ennuis (*m.*)	problems
un(e) fana (*fam.*)	a fan (movie, music, etc.)
un mélange	a mixture
un physicien/une physicienne	a physicist
la poésie	poetry
une punition	a punishment
un souvenir	a memory

Mots apparentés: un album, le billard, une cathédrale, un compte en banque, une époque, l'évolution (*f.*), une excuse, un explorateur/une exploratrice, les finances (*f. pl.*), un groupe, l'humanité (*f.*), une joie, un navigateur/une navigatrice, un poète, la politique, une restriction, une réunion, un rôle, les sciences naturelles (*f.*), un tombeau

Les verbes

avoir de la chance	to be lucky
bâtir	to build
cacher	to hide
casser	to break something
créer	to create
défendre	to forbid, to defend
dessiner	to draw, design
emprunter	to borrow
s'énerver	to become annoyed, irritated

envoyer	to send
faire des bêtises	to do something silly, unwise
faire l'école buissonnière	to play hooky
fumer	to smoke
gagner sa vie	to earn a living
laisser	to allow, to leave
mettre des vêtements	to wear clothing; to dress
obéir (à)	to obey
se plaindre (de)	to complain (about)
prêter	to lend
punir	to punish
renverser	to overturn, upset something
rêver	to dream
rire	to laugh
sauter à la corde	to skip, jump rope
se sentir bien/mal	to feel well/bad

Mots apparentés: aider, approuver, attacher, causer, continuer, décorer, se déguiser, discipliner, se disputer, se droguer, hésiter, imposer, s'intéresser à, naviguer, recommander, refuser de, se regarder

GRAMMAIRE ET EXERCICES

6.1 Past Habitual Actions: The Imperfect

A. The imperfect (**l'imparfait**) is used in French to describe actions that occurred repeatedly or habitually in the past. It is often used where English speakers use the phrases *used to* or *would* or just a simple past-tense form.

Chaque fois que j'**allais** à Paris, j'**envoyais** beaucoup de cartes postales à mes amis aux États-Unis.	*Each time I went to Paris, I used to (would) send a lot of postcards to my friends in the United States.*
Que **faisait** Adrienne le dimanche quand elle **était** petite? — Elle **allait** toujours à la messe avec ses parents.	*What did Adrienne do on Sundays when she was little? — She always went with her parents to Mass.*

The following endings are used to form the imperfect of all verbs: **-ais, -ais, -ait, -ions, -iez, -aient.** The stem is the same as that of the **nous** form of the present tense.

L'IMPARFAIT		
parler parl**ons** → parl-	**fin**ir finiss**ons** → finiss-	**vend**re vend**ons** → vend-
je parl**ais** tu parl**ais** il/elle/on parl**ait** nous parl**ions** vous parl**iez** ils/elles parl**aient**	je finiss**ais** tu finiss**ais** il/elle/on finiss**ait** nous finiss**ions** vous finiss**iez** ils/elles finiss**aient**	je vend**ais** tu vend**ais** il/elle/on vend**ait** nous vend**ions** vous vend**iez** ils/elles vend**aient**

Pronunciation Hint
The endings **-ais, -ait,** and **-aient** are all pronounced the same: **-ais, -ait, -aient.**

B. The verb **être** has an irregular stem in the imperfect: **j'étais, tu étais, il était, nous étions, vous étiez, ils étaient.**

Que faisiez-vous quand vous **étiez** en Suisse? —Nous étudiions* à Lausanne.	*What did you do when you were in Switzerland? —We studied in Lausanne.*

C. All other irregular verbs (i.e., those having irregular present-tense forms) form the imperfect in the regular way. Here are some examples.

avoir: nous avons → **av-**	j'av**ais**	nous av**ions**
aller: nous allons → **all-**	j'all**ais**	nous all**ions**
faire: nous faisons → **fais-**	je fais**ais**	nous fais**ions**
prendre: nous prenons → **pren-**	je pren**ais**	nous pren**ions**
venir: nous venons → **ven-**	je ven**ais**	nous ven**ions**
vouloir: nous voulons → **voul-**	je voul**ais**	nous voul**ions**
devoir: nous devons → **dev-**	je dev**ais**	nous dev**ions**

Quand j'étais petit, je **prenais** toujours un chocolat chaud au petit déjeuner.	*When I was little, I always used to drink hot chocolate for breakfast.*
A cette époque, mes deux grand-mères **venaient** toujours chez nous le dimanche.	*At that time, my two grandmothers always came to our house on Sundays.*

▮ **Exercice 1.** Souvenirs d'enfance

Barbara raconte ses occupations quand elle était petite. Mettez les verbes à l'imparfait.

Quand j'étais petite, ...

> MODÈLE: faire mes devoirs le soir → Je faisais mes devoirs le soir.

1. aller à l'école à pied.
2. adorer mes institutrices.
3. aimer beaucoup les activités en classe.
4. m'amuser avec mes camarades pendant la récréation.
5. rentrer chez moi à midi pour déjeuner.

Tous les dimanches, mes frères, mes sœurs et moi, ...

> MODÈLE: se lever de bonne heure → Nous nous levions de bonne heure.

1. aller à l'église à neuf heures.
2. faire un grand repas à midi.
3. l'après-midi, se promener dans la forêt.
4. faire la sieste après la promenade.
5. le soir, finir nos devoirs pour le lendemain.

---

*Note that if the stem of the **nous** form ends in **-i-**, there will be two (**-ii-**) in the **nous** and **vous** imperfect forms: **nous étud*ii*ons, oubl*ii*ons; vous étud*ii*ez, oubl*ii*ez.**

Exercice 2. Inconvénients de la grande ville

Quand Agnès Rouet avait dix ans, ses parents ont décidé de quitter la grande ville. Vous allez savoir pourquoi. Utilisez l'imparfait dans la description suivante.

MODÈLE: Autrefois, les Rouet / louer un appartement en banlieue →
Autrefois, les Rouet louaient un appartement en banlieue.

1. le matin, M. et Mme Rouet / se lever toujours à cinq heures
2. Mme Rouet / prendre le bus pour aller au travail
3. elle / devoir attendre l'autobus une demi-heure
4. M. Rouet / aller au travail en voiture, dans sa vieille Deux Chevaux
5. il / y avoir toujours beaucoup de circulation
6. M. Rouet / arriver au bureau furieux
7. il / être obligé de déjeuner en ville, et ça / coûter cher
8. leurs enfants / aller à l'école en bus
9. ils / finir les cours à seize heures trente
10. ils / rentrer à la maison et / rester seuls jusqu'à dix-neuf heures
11. le soir, M. Rouet / être fatigué et mécontent à cause des embouteillages
12. Ah non! c'en / être trop!

Voilà pourquoi les parents d'Agnès sont heureux maintenant d'habiter à la campagne.

6.2 *The Irregular Verbs dire, lire, écrire: Present and Past Tenses*

A. These verbs have similar but not identical irregularities in their present-tense forms.

dire (*to say*)	**lire** (*to read*)	**écrire** (*to write*)
je dis	je lis	j'écris
tu dis	tu lis	tu écris
il/elle/on dit	il/elle/on lit	il/elle/on écrit
nous disons	nous lisons	nous écrivons
vous *dites*	vous lisez	vous écrivez
ils/elles disent	ils/elles lisent	ils/elles écrivent
Passé composé: j'ai dit, j'ai lu, j'ai écrit		

Pronunciation Hint

Note that final **-s** and **-t** in the singular forms are always silent: **je dis, elle écrit,** etc. As always, final **-ent** in the plural forms is silent, but the preceding consonant (**-s-** or **-v-**) is pronounced: **ils lisent.** (This **-s-** is pronounced **z**.)

Les jeunes Français **disent** souvent «Ciao» au lieu de «Au revoir».	*Young French people often say "Ciao" instead of "Au revoir."*
Est-ce que vous **lisez** régulièrement le journal? — Oui, je **lis** *Le Monde*.	*Do you read the newspaper regularly? —Yes, I read Le Monde.*
Mes parents m'**écrivent** souvent. Mais moi, je n'**écris** jamais.	*My parents write to me often. But I never write.*

B. You already learned how to form the **passé composé** of these verbs in Chapter 5 (**j'ai dit, j'ai lu, j'ai écrit**). **Dire, lire,** and **écrire** have regular imperfect-tense forms.

dire: *nous disons* → **dis-**	
je disais	nous disions
tu disais	vous disiez
il/elle/on disait	ils/elles disaient

lire: nous lisons → **lis-** **écrire:** nous écrivons → **écriv-**	je lisais, etc. j'écrivais, etc.

Quand Adrienne était petite, elle était très timide: elle ne **disait** jamais rien en classe.	*When Adrienne was little, she was very shy: she never said anything in class.*
Est-ce que vous **lisiez** des contes de fées quand vous étiez petit?	*Did you read fairy tales when you were young?*
Tous les soirs j'**écrivais** dans mon journal intime.	*Every evening I would write in my diary.*

▌ **Exercice 3.** Minidialogues

Complétez ces phrases avec la forme correcte d'un de ces verbes: **lire, dire,** ou **écrire.**

A. Employez le **présent.**

1. RAOUL: Est-ce que tu _____ des magazines français?
   LOUIS: Oui, je _____ un peu *Paris Match* et *L'Express*.
2. Mme Lasalle parle à la maîtresse d'école de sa fille Nathalie: Nos filles _____ beaucoup. Je les amène tous les samedis à la bibliothèque municipale.
3. Barbara parle avec son amie Lois.
   LOIS: En cours de français, est-ce que vous _____ des compositions?

BARBARA: Oui, et nous _____ beaucoup dans nos cahiers: des dictées, du vocabulaire, et des rédactions.

4. Marise et Clarisse Colin parlent avec Mme Roubaud, une amie de leur mère.

MME ROUBAUD: Vous _____ des lettres à vos grands-parents, n'est-ce pas?

MARISE: Moi, oui, je leur _____ tous les quinze jours. Mais Clarisse n'aime pas _____ des lettres.

5. Denise et Jacqueline parlent avec Paul, le nouvel assistant de français.

JACQUELINE: Comment _____-on «You're welcome» en français?

PAUL: On _____ «De rien» ou «Je vous en prie». Les commerçants _____ parfois «C'est moi qui vous remercie», ou tout simplement «C'est moi». Et vous, qu'est-ce que vous _____ en anglais?

B. Employez le **passé composé.**

1. Sarah parle à Agnès, sa camarade de chambre.

SARAH: Tu vas te coucher, ou tu as encore du travail à faire?

AGNÈS: Je _____ déjà _____ mon chapitre d'histoire, et je _____ aussi _____ ma dissertation, mais je dois encore réviser un peu mes notes de chimie.

SARAH: Mais tu _____ _____ que tu n'avais pas d'examen de chimie cette semaine.

AGNÈS: Oui, je sais, mais je veux réviser mes notes quand même. Je trouve la chimie difficile.

2. Mme Martin parle à Barbara.

MME MARTIN: Est-ce que vous _____ _____ *Le Petit Prince* de St-Exupéry?

BARBARA: Oui, je l'_____ _____, mais seulement en anglais. Je voudrais le lire en français.

MME MARTIN: Savez-vous que St-Exupéry _____ aussi _____ des romans?

BARBARA: Oui, vous l'_____ _____ en classe un jour.

C. Employez l'**imparfait.**

1. Raoul parle à Daniel: Quand j'étais petit, mes frères, mes sœurs et moi, nous étions toujours heureux quand la radio _____ qu'il allait neiger.

2. Louis parle à Raoul: Quand j'étudiais l'espagnol au lycée, nous _____ une composition chaque semaine, mais nous _____ très peu. Il n'y avait que quelques paragraphes à lire dans chaque chapitre de notre livre.

3. M. Colin parle à son fils, Charles: Quand moi j'étais au lycée, j'étudiais l'anglais et l'allemand. Je _____ la leçon dans le livre avant et après chaque cours, et je _____ tout le vocabulaire et toutes les règles de grammaire dans mon cahier.

6.3 *The Imperfect of "State" Verbs*

A. Some verbs describe actions (run, jump, put, eat) and others describe states of being (want, know, have, be, can). You already know how to express a variety of states with **être** plus an adjective (**être fatigué**), or with **avoir** plus a noun (**avoir sommeil**) (**Grammaire 4.8**). You also know the following verbs that describe states of being: **aimer, vouloir, pouvoir, connaître, savoir,** and **devoir.**

To describe a state of being *in the past,* French usually uses the imperfect tense. This is because the imperfect presents a situation as existing at some time in the past, without suggesting a definite beginning or end.

Je ne me **sentais** pas bien hier. Je **savais** que j'**étais** malade parce que je n'**avais** pas envie de manger.	*I didn't feel well yesterday. I knew that I was sick because I didn't feel like eating.*
Quand ma sœur **avait** quinze ans, elle **voulait** devenir championne de patinage.	*When my sister was fifteen, she wanted to become an ice-skating champion.*

B. The **passé composé,** in contrast to the imperfect, usually focuses on a particular point in past time. As a result, when the **passé composé** of a state verb is used, it usually indicates a sudden change of state. Often a totally different verb is used in English to express this meaning. You will learn more about these tenses in later chapters.

J'**ai eu** peur quand j'ai entendu ce bruit.	*I was afraid (became frightened) when I heard that noise.*
Je ne connaissais pas Daniel quand j'étais au lycée. Je l'**ai connu** ici à l'université.	*I didn't know Daniel in high school. I met him here at the university.*

Exercice 4. Une semaine difficile

Raoul décrit sa semaine. Utilisez un des verbes indiqués **à l'imparfait.**

La semaine dernière _____[1] une semaine très difficile. J'_____[2] un peu malade, et je n'_____[3] pas le temps de dormir suffisamment. Donc, j'_____[4] très sommeil pendant tous mes cours. J'_____[5] beaucoup de devoirs, et en plus je _____[6] travailler tous les jours.

avoir
devoir
être

Un ami canadien était de passage à Baton Rouge, et je _____[7] sortir avec lui, mais ce n'_____[8] pas possible. Je _____[9] que j'_____[10] besoin de me reposer, mais je ne _____[11] pas manquer mes cours, puisque c'_____[12] la dernière semaine du semestre. Vive les vacances!

avoir
être
savoir
vouloir

6.4 Relative Pronouns: qui, que, où

A. Relative pronouns are used to make one sentence out of two. There are three relative pronouns in English: *that*, *who(m)*, and *which*.

> This is *the high school that* I attended. (Instead of: This is a high school. I attended this high school.)
>
> Mr. Langdon is *the teacher who* taught me the most. (Instead of: Mr. Langdon is a teacher. He taught me the most.)

[handwritten: Dream Je Rêve]

B. In French, the relative pronoun **qui** is used for both people and inanimate things. **Qui** is used when the preceding noun is the *subject* of the following verb. (Thus, **qui** is always followed by a verb with no intervening subject.)

[handwritten: Viper]

> J'avais **un ami chinois** *qui* jouait dans l'orchestre. (**Mon ami chinois** jouait...)
>
> *I had a Chinese friend who played in the orchestra.*

> Je cherchais **le livre** *qui* était sur mon lit. (**Le livre** était...)
>
> *I was looking for the book that was on my bed.*

C. The relative pronoun **que** is also used for both people and things. **Que** is used when the preceding noun is the *direct object* of the following verb. (Thus, **que** is usually followed by a subject and a verb.)*

> Comment s'appelait **le garçon** *que* nous rencontrions tous les jours à la bibliothèque? (**Nous rencontrions le garçon**...)
>
> *What was the name of the boy we used to meet everyday in the library?*

> *Elle* était **le magazine** *que* je lisais quand j'étais au lycée. (**Je lisais le magazine**...)
>
> Elle *was the magazine (that) I used to read when I was in high school.*

D. Use the relative pronoun **où** to refer to places where something happens.

> Maman, comment s'appelle **le magasin** *où* tu achetais tous nos vêtements?
>
> *Mom, what's the name of the shop where you used to buy all our clothes?*

Où is also used when talking about a period or point in time when something happened.

> J'étais malade **le jour** *où* Daniel m'a téléphoné.
>
> *I was sick the day (that) Daniel called me.*

---

*When the verb in the relative clause is in the **passé composé**, the past participle agrees with the noun preceding **que**:

Voila **la robe que** j'ai acheté**e**.

Voici **les photos que** j'ai pris**es**.

E. Note that whereas in English the relative pronoun may sometimes be omitted, it is always present in French.

> Denise, tu portes la robe **que** je voulais acheter.
>
> *Denise, you're wearing the dress (that) I wanted to buy.*

▌▌ Exercice 5. Journées d'hiver

Raoul raconte des souvenirs de son enfance à Montréal. Complétez les phrases par le pronom relatif **qui, que,** ou **où.**

Quand j'étais petit, nous habitions une ville _____^{1} était très belle en hiver. C'était le silence du matin et le mystère du paysage blanc _____^{2} j'aimais surtout. Je n'aimais pas sortir les jours _____^{3} il faisait très froid. Je restais à la maison _____^{4} je lisais des livres _____^{5} j'empruntais à la bibliothèque. Mon frère, _____^{6} n'aimait pas non plus sortir, restait lui aussi à la maison. En général, il chantait et jouait de la guitare. Mon père, _____^{7} travaillait, nous téléphonait toujours vers quatre heures. En fin d'après-midi, je passais de très bons moments dans la cuisine, _____^{8} ma mère préparait le dîner. Les gâteaux _____^{9} elle nous faisait sentaient si bon! Après le dîner, tout le monde s'installait au salon, _____^{10} nous regardions ensemble la télé. Les films _____^{11} nous regardions étaient souvent de vieux films américains.

Voilà les bons souvenirs _____^{12} je garde de ces journées d'hiver.

▌▌ Exercice 6. Souvenirs d'enfance

Sarah et Agnès racontent des souvenirs de leur enfance. Combinez les deux phrases en employant un pronom relatif (**qui, que, où**).

MODÈLE: Je ne vais jamais oublier les gâteaux. Ma grand-mère faisait ces gâteaux. →
Je ne vais jamais oublier les gâteaux que ma grand-mère faisait.

1. J'avais deux cousines. Elles nous racontaient des histoires fascinantes.
2. Il y avait un parc près de chez nous. Nous jouions souvent dans ce parc.
3. Je faisais aussi des promenades à bicyclette. J'aimais beaucoup ces promenades.
4. Il y avait une maîtresse. Elle nous apprenait les noms de toutes les plantes.
5. Je jouais avec une petite fille. Elle avait un gros chien.
6. J'adorais la colonie de vacances. J'allais dans cette colonie de vacances en été.
7. A la colo, j'avais une copine. J'aimais beaucoup cette copine.
8. Il y avait une piscine près de chez nous. Je nageais souvent dans cette piscine.

6.5 Indirect Object Pronouns

A. An indirect object names the person to whom you *tell*, *give*, *bring*, or *take* something. In French the indirect object noun is always preceded by the preposition **à**.

Je posais beaucoup de questions **à Mme Kaffès.**	*I asked Mme Kaffès a lot of questions.*
Mme Kaffès expliquait les problèmes de maths **aux élèves.**	*Mme Kaffès explained the math problems to the pupils.*

Indirect object pronouns are used to avoid repeating an indirect object noun. You already know several of these pronouns, because they are the same as the direct object pronouns presented in **Grammaire 4.6.** The only forms that are different are **lui** and **leur**.

INDIRECT OBJECT PRONOUNS	
me/m' (*to*) *me* te/t' (*to*) *you* (*familiar*)	nous (*to*) *us* vous (*to*) *you* (*formal, plural*)
lui (*to*) *him*, (*to*) *her*	leur (*to*) *them*

J'étais à côté de Madeleine, et je **lui** disais toujours la réponse.*	*I was next to Madeleine, and I always told her the answer.*
Emma et Florence étaient de l'autre côté de la salle. Je **leur** écrivais souvent des petits mots.†	*Emma and Florence were on the other side of the room. I often wrote them little notes.*

B. Indirect object pronouns, just like reflexive and direct object pronouns, are placed before conjugated verbs or between a conjugated verb and an infinitive.

Mon copain Georges **m'a expliqué** la leçon de français.	*My friend Georges explained the French lesson to me.*
Je ne peux pas **te dire** maintenant pourquoi je ne vais pas à la fête.	*I can't tell you now why I'm not going to the party.*

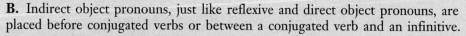

---

*Note that **lui** can mean *to him* or *to her*; the context usually makes clear which is intended. This is one difference between indirect object **lui** and the emphatic pronoun **lui,** which can only be masculine. These two **lui** forms look the same but they are used differently.

†Do not confuse indirect object **leur** and the possessive adjective **leur** as in **leur(s) livre(s)** (*their book[s]*). Note that indirect object **leur** never takes an **-s**.

C. Here are some examples of verbs that are often used with an indirect object.

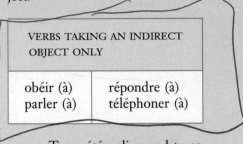

VERBS TAKING AN INDIRECT OBJECT ONLY	
obéir (à)	répondre (à)
parler (à)	téléphoner (à)

Tu as été poli quand tu as répondu **au professeur**? —Mais oui, je **lui** ai répondu très poliment!

Were you polite when you answered the teacher? —Oh yes, I answered him (her) very politely!

VERBS TAKING A DIRECT AND AN INDIRECT OBJECT	
donner *to give* dire *to tell, say* prêter *to lend* rendre *to give back*	demander *to ask for* offrir *to offer, give* promettre *to promise*

Est-ce que tu demandes de l'argent **à tes amis**? —Non, je ne **leur** demande jamais d'argent.

Do you ask your friends for money? —No, I never ask them for money.

▌ Exercice 7. La vie d'un enfant d'autrefois

Joël Colin pose des questions à son grand-père, Francis Lasalle, sur son enfance. Complétez les phrases avec des pronoms d'objet indirect.

JOËL: Papi, est-ce que tu obéissais toujours à tes parents?

FRANCIS: Euh... oui, d'habitude je _____[1] obéissais, mais tu sais, je n'étais pas toujours sage.*

JOËL: Est-ce que tes frères et toi, vous receviez de l'argent de poche?

FRANCIS: Non, nos parents ne _____[2] donnaient pas d'argent régulièrement, mais ils _____[3] donnaient de la petite monnaie de temps en temps.

JOËL: Et au moment de Noël, ils _____[4] offraient beaucoup de cadeaux, non?

FRANCIS: Oui, ils _____[5] offraient des cadeaux, mais pas autant qu'à vous autres aujourd'hui.

*****sage** = well-behaved (*lit.* wise)

JOËL: Quand tu étais interne au lycée Victor Hugo, est-ce que tes parents ____[6] téléphonaient souvent?

FRANCIS: Mais non! Nous n'avions pas le téléphone à la maison à cette époque-là. C'était beaucoup trop cher. Mais Maman ____[7] écrivait et je les voyais en fin de semaine.

JOËL: Et toi, tu écrivais souvent à tes parents?

FRANCIS: Oui, je ____[8] écrivais toutes les semaines. Tous les internes étaient obligés d'écrire à leur famille chaque semaine.

Exercice 8. Ton adolescence

Un camarade te pose des questions. Répondez en employant un des pronoms d'objet indirect **lui** ou **leur**.

MODÈLE: Tu obéissais à tes parents, même si tu ne voulais pas? →
Oui, je leur obéissais toujours (en général).

ou

Non, je ne leur obéissais pas toujours.

1. Si tu voulais sortir, est-ce que tu devais demander la permission à tes parents?
2. Est-ce que tu pouvais téléphoner à ton/ta meilleur(e) ami(e) tous les soirs?
3. Est-ce que tu écrivais à ton acteur favori (ton actrice favorite)?
4. Au lycée, est-ce que tu écrivais des mots à tes camarades pendant les cours?
5. Est-ce que tu posais beaucoup de questions à tes professeurs?
6. Est-ce que tu offrais des cadeaux à ton professeur favori?

Exercice 9. Interrogatoire

Joël Colin est un petit garçon de huit ans typique, c'est-à-dire qu'il ne fait pas toujours ce qu'il doit faire. Pour cette raison, Claudine, sa mère, est obligée de lui poser beaucoup de questions. Mettez-vous à la place de Joël et répondez pour lui (au négatif, bien sûr!).

MODÈLE: Est-ce que tu as téléphoné à ton père? →
Non maman, je ne lui ai pas téléphoné.

Claudine:

1. Est-ce que tu as écrit à ton grand-père?
2. As-tu rendu les cassettes à Clarisse et Marise?
3. Tu m'as promis de rester à la maison cet après-midi, n'est-ce pas?
4. Tu nous as dit, à ton père et à moi, que tu avais des devoirs à faire, n'est-ce pas?
5. Je t'ai prêté le scotch, non?
6. Est-ce que tu as donné de l'eau au chien?

6.6 *Idiomatic Reflexive Verbs*

Some verbs are used with reflexive pronouns even though they have no obvious reflexive meaning; that is, the subject is not doing anything to himself or herself. Here are some examples.

s'en aller *to leave, to go away*
s'inquiéter *to worry*
se battre avec quelqu'un *to fight with someone*
se disputer avec quelqu'un *to have an argument with someone*
s'entendre avec quelqu'un *to get along with someone*
se fâcher avec quelqu'un *to get angry with someone*
se marier avec quelqu'un *to get married, marry someone*
se rappeler quelque chose *to remember something*
s'occuper de quelque chose *to take care of something*
se rendre compte de/que... *to realize something/that...*

Je **m'entendais** bien avec ma sœur quand nous étions petits; mais nous **nous disputions** quelquefois avec notre grand frère.	*I got along well with my sister when we were young; but we quarreled sometimes with our big brother.*
Est-ce que tu **te rappelles** le nom du prof de maths? —Tu veux dire M. Morin, le professeur qui **se fâchait** tout le temps?	*Do you remember the math teacher's name? —You mean M. Morin, the one who was always getting angry?*

▋ Exercice 10. Souvenirs d'adolescence

Comparez votre adolescence avec celle de Raoul Durand.

MODÈLE: Raoul ne se battait pas avec ses frères et ses sœurs. →
Moi, je ne me battais pas avec mes frères et mes sœurs.

ou

Moi, je me battais avec mes frères et mes sœurs.

Les souvenirs de Raoul:

1. Il s'entendait très bien avec ses professeurs et ses camarades de classe.
2. Il s'inquiétait au sujet de ses notes aux examens.
3. Il se rendait compte qu'il faut travailler dur pour réussir dans la vie.
4. Il ne se fâchait jamais avec ses copains.
5. Il ne voulait pas se marier avant l'âge de vingt-cinq ans.
6. Il se disputait de temps en temps avec ses parents.
7. Son père s'en allait fréquemment en voyage d'affaires.
8. Il s'occupait de la voiture de ses parents (qu'il conduisait de temps en temps).

▌ **Exercice 11.** Le premier jour de Camille à l'école

Voici l'histoire de Christine et Camille Lasalle au moment où Camille a commencé à aller à l'école.

Le premier jour

Employez le présent: se rend compte, s'en va, s'occupe, s'inquiète.

Le premier jour, Christine accompagne Camille à l'école. Elle _____[1] et quand elles arrivent à l'école, elle ne veut pas quitter sa fille. Mais elle _____[2] que tous les enfants doivent aller à l'école. La maîtresse qui _____[3] des enfants lui semble très sympathique et Camille a l'air content. Elle dit au revoir à Camille et elle _____.[4] Christine pense à Camille toute la journée.

Employez le passé composé: s'en est allée, s'est bien amusée, s'est disputée, s'est débrouillée, s'est entendue.

Camille a passé une journée splendide et elle n'a pas pensé à sa mère. La classe était très intéressante et elle _____.[5] Elle _____[6] très bien avec tous les autres enfants et elle ne _____[7] avec personne. Elle était triste de quitter la salle de classe. Quand elle _____[8] avec sa mère à la fin du premier après-midi, elle a souri* à la maîtresse.

Quelques semaines plus tard

Employez l'imparfait: se débrouillait, se rappelait, s'inquiétait, s'en allait, se rendait compte.

La mère de Camille ne _____[9] plus à la fin de quelques semaines parce que sa fille _____[10] très bien à l'école. Elle _____[11] le matin vers 8 h 40, elle rentrait l'après-midi vers 5 heures. Christine _____[12] que sa fille n'était plus un bébé et elle _____[13] ses soucis du premier jour en souriant.

▌ 6.7 *Seeing and Believing: The Verbs voir and croire*

The verbs **croire** and **voir** share the same conjugation pattern. Notice that the **i** changes to **y** in the **nous** and **vous** forms.

voir (*to see*)		croire (*to believe*)	
je vois	nous voyons	je crois	nous croyons
tu vois	vous voyez	tu crois	vous croyez
il/elle/on voit	ils/elles voient	il/elle/on croit	ils/elles croient
Passé composé: j'ai vu, j'ai cru			

---

*__elle a souri__ = she smiled

When **croire** is used with **à**, it has the meaning *to believe in.*

Quand j'étais petit, je croyais au
   Père Noël.
Elle croit aux licornes.

When I was little, I believed in
   Santa Claus.
She believes in unicorns.

Here are a few useful expressions with **croire** and **voir:**

Je crois que oui (non).
Tu crois? Moi, je ne crois pas.
Tu vois? Je te l'ai dit!

I think so. (I don't think so.)
Do you think so? I don't.
You see? I told you so.

Exercice 12. Principes

Formulez des phrases en employant le présent de **croire à.**

MODÈLES: Je suis toujours très poli(e). (les bonnes manières) →
               Je crois aux bonnes manières.

               Mes parents sont mariés depuis trente-deux ans. (le divorce) →
               Ils ne croient pas au divorce.

1. Agnès Rouet est féministe. (l'égalité des sexes)
2. Les Lasalle ne donnent jamais de fessées à Nathalie. (la punition corporelle)
3. Toi et moi, nous votons à toute les élections. (la démocratie)
4. Tu as beaucoup d'amis. (l'amitié)
5. J'adore toutes les fêtes de l'année. (la tradition)
6. Vous êtes fiancé. (le mariage)

Exercice 13. Les fêtes et les traditions

Complétez par **voir** ou **croire** au présent.

1. A Noël, on _____ des arbres de Noël et des cadeaux enveloppés de papier coloré.
2. Aux États-Unis, nous _____ des enfants en costumes de toutes sortes la veille de la Toussaint.
3. Dans votre famille, est-ce que vous _____ que la dinde est indispensable au repas principal le Jour d'action de Grâce?
4. Moi, je ne _____ pas pourquoi on associe des lapins et des œufs colorés à la fête de Pâques.
5. Si l'on est en France le premier mai, on _____ des gens s'offrir des brins de muguet.
6. Beaucoup de gens _____ qu'il faut se coucher après minuit la veille du Nouvel An.
7. Une personne amoureuse _____ qu'une carte et un cadeau sont essentiels pour la Saint Valentin.

8. Comment trouves-tu toutes ces traditions? Est-ce que tu _____ qu'elles sont importantes?

6.8 *Emphatic Pronouns: An Overview*

A. As you know, the emphatic pronouns (**pronoms toniques**) are **moi, toi, lui, elle, nous, vous, eux, elles.** They are used to emphasize the subject, after **et,** and after **c'est** (**Grammaire 1.4**).

Moi, je m'appelle Denise. Et **vous?**	*My name is Denise. And yours?*
Henri? C'est **lui** qui me parlait tous les jours.	*Henri? He's the one who used to talk to me every day.*

B. Emphatic pronouns are used in a number of other ways. They are used in sentences with compound subjects.

Albert? Oui, je le connais. **Daniel et lui** étudiaient toujours ensemble.	*Albert? Yes, I know him. He and Daniel always used to study together.*
J'ai reçu une lettre de Charles hier. **Lui et moi,** nous allons partir ensemble en Europe cet été.	*I got a letter from Charles yesterday. He and I are going to Europe together this summer.*

C. Emphatic pronouns are used in short (one-word) questions or responses. They can be combined with **aussi** (*also*) and **non plus** (*neither*).

Qui? **Lui?** Non, il n'était pas là.	*Who? Him? No, he wasn't there.*
M. Lasalle? Oui, **lui aussi** il jouait au basket-ball quand il était jeune.	*Mr. Lasalle? Yes, he played basketball too when he was young.*
Quand j'étais petite, je n'aimais pas les histoires de fantômes. Et toi? — **Moi non plus.** Elles me faisaient peur.	*When I was little, I didn't like ghost stories. Did you? —I didn't either. They scared me.*

D. Emphatic pronouns are used with **-même** (*-self*) to stress the subject of the sentence.

Quel beau dessin! Tu l'as fait **toi-même?**	*What a nice drawing! Did you do it yourself?*
Marie-Christine et Nathalie! Avez-vous préparé le déjeuner **vous-mêmes?**	*Marie-Christine and Nathalie! Did you make lunch all by yourselves?*

E. Emphatic pronouns are used after prepositions.

Où est la chemise que tu as achetée pour Joël? —Je n'ai rien acheté **pour lui.** Mais j'ai acheté quelque chose **pour toi!**

Where is the shirt (that) you bought for Joël? —I didn't buy anything for him. But I did buy something for you!

F. Emphatic pronouns are also used with **être à** to indicate possession.

Albert, est-ce que ces gants **sont à toi?** —Oui, ils **sont à moi.**
A qui est cet appareil photo? —Il est **à nous.**

Albert, are these gloves yours? —Yes, they're mine.
Whose camera is this? —It's ours.

▌ **Exercice 14.** Bon anniversaire!

Toute la famille est réunie chez Francis et Marie Lasalle pour fêter l'anniversaire de Francis. Même les Colin sont venus de Clermont-Ferrand. Complétez les petites conversations entendues pendant la soirée, avec un des pronoms toniques.

1. Tu as fait ce gâteau _toi_-même, Marie? Il a l'air délicieux.
   —Oui, merci, je l'ai fait _moi_-même.
2. Où est Joël? C'est toujours _lui_ qui disparaît au bon moment.
   —Les enfants, _eux_, ils savent disparaître quand il y a du travail à faire!
3. Marise et Clarisse, vous allez mettre la table?
   —Oui, et Joël, tu vas le faire avec _nous_
   —Moi? Pas question! Je ne vais pas le faire avec _vous_
4. C'est toi ou Christine qui avez fait le coq au vin, Claudine?
   —_Moi_ et _toi_, toutes les deux. Nous l'avons fait ensemble.
5. Allez, les enfants. Qui va faire la vaisselle, les garçons ou les filles?
   (*réponse des garçons*) —C'est _elles_
   (*réponse des filles*) —C'est _eux_
6. (*C'est Francis qui parle.*) A qui est ce beau livre?
   (*Marie*): —Il est à _moi_. Je l'ai acheté pour _toi_. Bon anniversaire!

7

A table!

Pierre Troisgros et son fils Michel: des experts en l'art culinaire.

In **Chapitre 7** you will learn to talk about food and situations relating to food: purchasing ingredients, preparing meals, and eating in restaurants.

THÈMES

Les aliments et les boissons

L'art de la cuisine

Au restaurant

LECTURES

Le temps des sucres au Québec

La presse en direct: Le Prince Charles d'Angleterre—Défense du fromage

GRAMMAIRE

7.1 Review of Article Use: Definite, Indefinite, and Partitive

7.2 The Verb **boire**

7.3 The Verb **mettre**

7.4 Asking Questions with **qui, que,** and **quoi**

7.5 Expressing Quantities: Using the Pronoun **en**

7.6 The Verbs **servir** and **sentir**

Les aliments et les boissons

Attention! Étudier Grammaire 7.1 et 7.2

LE PETIT DÉJEUNER

du pain (une baguette)

du café au lait

du jus d'orange
du beurre

de la confiture

une tartine beurrée

un petit pain et un croissant

LE DÉJEUNER

un sandwich au jambon et au fromage

des fruits

Du vin? Merci! Moi, je bois de l'eau minérale.

une salade de laitue

de la soupe aux légumes

une glace

une carotte
un oignon
des petits pois
du céléri

un bifteck et des pommes de terre frites

LE THÉ (LE GOÛTER)

Moi, j'aime le thé! J'en bois tous les jours.

une tarte aux pommes

du thé

un gâteau

des biscuits

un pain au chocolat
du sucre

du lait

254

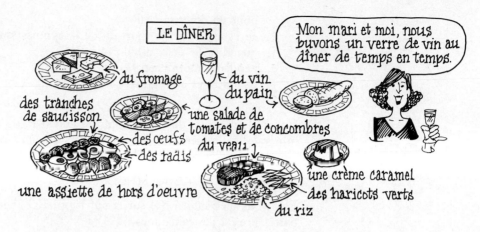

Activité 1. Les nourritures et les boissons

Que prenez-vous pendant une journée typique?

> MODÈLES: Je prends (toujours, souvent, quelquefois, rarement)...
>
> Je ne prends pas (jamais)...

1. Pour le petit déjeuner...
   a. des toasts avec de la confiture
   b. du café au lait avec des croissants
   c. des céréales
   d. du thé au lait
   e. des œufs et du bacon
   f. ?

2. Comme déjeuner...
   a. un sandwich au jambon et au fromage
   b. un hamburger et des frites
   c. de la pizza
   d. une salade
   e. de la soupe
   f. ?

3. Comme goûter, en fin d'après-midi...
   a. des bonbons
   b. du gâteau
   c. un fruit
   d. des yaourts
   e. des chips et un Coca
   f. ?

4. Pour mon dîner favori...
   a. de la soupe aux légumes
   b. du poulet
   c. des légumes verts
   d. du fromage
   e. des chips et un Coca
   f. ?

Activité 2. Mes boissons préférées

Qu'est-ce que tu aimes boire quand tu as soif?

> MODÈLE: quand il fait très chaud en été →
>
> É1: Qu'est-ce que tu bois quand il fait très chaud en été?
>
> É2: Je bois de la limonade ou de l'eau fraîche.

1. quand tu rencontres tes amis au café
2. l'après-midi quand il fait froid et qu'il neige

3. pour un dîner spécial
4. après avoir fait du sport ou de la gymnastique
5. quand tu ne peux pas dormir
6. pendant que tu prépares un examen
7. quand tu es au régime
8. ?

Vocabulaire utile: du café au lait, du chocolat, du thé, de la limonade, de l'eau minérale, de la bière, du vin, du jus de fruit, du Coca

■ **Activité 3.** Les aliments

Êtes-vous bien informé(e) sur la nutrition? Répondez à ces questions avec votre partenaire ou des camarades de classe.

1. Lesquelles de ces boissons ne sont pas sucrées?
   a. l'eau minérale   b. le café noir   c. le jus d'orange
   d. le chocolat   e. la limonade
2. Lesquels de ces légumes sont riches en vitamine C?
   a. les petits pois   b. les carottes   c. les oignons
   d. les pommes de terre   e. les tomates
3. Lesquels de ces fruits sont acides?
   a. les pêches   b. les citrons   c. les bananes   d. les fraises
   e. les oranges
4. Lesquels de ces aliments sont riches en protéines?
   a. le bifteck   b. les spaghettis   c. le poisson   d. le bacon
   e. la soupe aux légumes
5. Lesquels sont des produits laitiers?
   a. les glaces   b. le lait   c. le pain   d. le fromage   e. le yaourt
6. Lesquels des ces produits sont riches en fibre?
   a. le pain   b. le céleri   c. les pommes de terre
   d. le riz blanc   e. les œufs
7. Lesquels de ces plats n'ont pas beaucoup de calories?
   a. un blanc de poulet   b. une lasagne   c. du gâteau au chocolat
   d. une salade de fruits

PAIN DE CAMPAGNE · FRUITS · FOIE GRAS · PRODUITS LAITIERS BEURRE FROMAGES · MIEL CONFITURES · JAMBON ANDOUILLES TRIPES · CIDRE CALVADOS · POISSONS HUITRES

la tartine de Normandie
Une tranche de terroir au creux de la main

▋ **Activité 4.** Le supermarché Casino

Vous allez au supermarché Casino pour faire des courses. Regardez bien les deux listes et calculez combien vous allez dépenser dans chaque cas. Attention aux quantités!

LISTE 1	LISTE 2
250 grammes de jambon	1 bouteille de Beaujolais
3 boîtes de petits pois	3 kilos d'oignons
2 avocats	350 grammes de gruyère
½ kilo de viande hachée	2 kilos de pommes
2 kilos de mandarines	6 boîtes de jus de tomate
2 boîtes de sorbet à la framboise	400 grammes de crevettes
1 pot de moutarde	1½ kilos de porc
500 grammes de beurre	1 kilo de tomates
4 yaourts aux fruits	½ kilo de citrons

■ **Activité 5.** Le petit déjeuner: «Un vrai repas»

1. Dans quel pays est-ce qu'on mange du fromage au petit déjeuner?
2. Où est-ce qu'on mange des œufs sur le plat avec du bacon?
3. Quel est le nom français pour «French toast»?
4. Où mange-t-on du poisson fumé et des blinis?
5. Quel type de pain prend-on aux Pays-Bas?

**Amusez votre matinée,
faites le tour du monde des petits déjeuners**

Russe	thé fort, dilué avec beaucoup de lait petits pains de seigle poisson fumé blinis : (petites crêpes).
Anglais	thé au lait marmelade œuf au plat + bacon toasts.
Allemand	pain de seigle ou de sarrazin beurre, compote fromage en lamelles.
Pays-Bas	pain complet jambon entremets à base de lait jus de fruit.
États-Unis	jus de fruit café céréales french toast : (pain perdu)

Comité Français d'Education pour la Santé
2, rue Auguste-Comte, 92170 Vanves

Centre Interprofessionnel de Documentation
et d'Information Laitières
Cidil   27, rue de la Procession, 75015 Paris

Et toi...

1. Est-ce que tu prends le petit déjeuner d'habitude? Qu'est-ce que tu manges? Qu'est-ce que tu bois?
2. Quand tu étais petit(e), qu'est-ce que tu aimais mieux comme petit déjeuner? Que détestais-tu?
3. Est-ce que tu es souvent pressé(e) le matin? As-tu le temps «d'amuser ta matinée»? Pourquoi?
4. Quel est ton repas favori de la journée? Pourquoi? Que manges-tu pour ce repas?
5. Est-ce que tes goûts ont changé depuis ton enfance? Donne des exemples.

Note culturelle

TRADITIONS CULINAIRES

Alors que chaque région en France offre ses spécialités gastronomiques, certains plats se préparent uniquement pendant certaines saisons pour des

occasions particulières. Ainsi la bûche de Noël s'achète et se mange seulement lors des fêtes de Noël et de fin d'année. La galette des rois se prépare en début d'année, en particulier pour le 6 janvier, jour qui selon la tradition, commémore les Rois mages.[1] Toutes les bonnes pâtisseries françaises vendent les galettes des rois tout au long du mois de janvier. Selon la coutume, la personne qui découvre la fève cachée[2] dans son morceau de gâteau devient roi ou reine du moment et reçoit une couronne de papier doré.[3] En général, cette personne achète une galette des rois à son tour pour la partager avec ses amis.

C'est moi qui ai trouvé la fève! [1]les . . . *the Magi, the Three Wise Men* [2]*hidden* [3]*gold*

L'art de la cuisine

Attention! Étudier Grammaire 7.3 et 7.4

Bernard et Christine lisent des recettes dans un livre de cuisine.

Ils font les provisions.

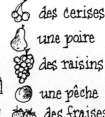

des cerises
une poire
des raisins
une pêche
des fraises

Christine achète des fruits de mer à la poissonnerie.

Bernard achète du pain à la boulangerie.

De retour chez eux, ils mettent les ingrédients sur le comptoir.

Bernard met les couverts.

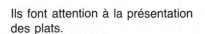

Ils font attention à la présentation des plats.

Tout le monde se met à table. Bon appétit!

Activité 6. On fait les provisions.

Vous allez faire vos provisions. Dites dans quel magasin d'alimentation vous allez acheter chaque chose sur votre liste.

LISTE DE PROVISIONS

des radis	des crevettes
du poivre	du beurre
des escargots de Bourgogne	des pâtes

des champignons	un rôti de bœuf
du pain et du sel	une baguette de pain
des croissants	une tarte aux cerises
des saucisses	des côtelettes de porc
un vin de Bordeaux	

Activité 7. Quelques plats français

Que savez-vous de la cuisine française? Essayez d'identifier la description de chacun de ces plats populaires.

La bouillabaisse, spécialité de Provence

1. le coq au vin
2. la crème caramel
3. la sauce hollandaise
4. la salade niçoise
5. les coquilles Saint-Jacques
6. le bifteck au poivre flambé
7. les crêpes
8. la bouillabaisse

5/ a. C'est un plat composé de mollusques recouverts d'une sauce à la crème et servi dans des coquilles.

2| b. Ce dessert léger est composé d'œufs, de sucre et de lait. Il est recouvert d'une sauce de sucre caramélisé.

6| c. C'est un bifteck flambé dans du cognac, avec une sauce à la crème.

1| d. On sert ce plat avec des pommes de terre ou du riz; le poulet est un de ses ingrédients principaux.

8| e. C'est une espèce de soupe très riche composée de tomates, de poissons et fruits de mer, et d'épices.

7| f. Ces galettes très fines sont faites d'une pâte liquide composée de lait, de farine et d'œufs.

4| g. Ce plat prend son nom de la ville de Nice. On le sert comme hors-d'œuvre ou comme déjeuner en été.

3| h. On sert cette sauce très riche avec des œufs, du poisson ou des légumes.

Note culturelle

L'ART CULINAIRE EN FRANCE

C'est bien connu, *l'appétit vient en mangeant...* La baguette est aux Français ce que le thé est aux Anglais, et les pâtes aux Italiens. Mais en France, la gastronomie s'élève au niveau[1] de l'art, et l'héritage culinaire est valorisé au même titre[2] que les monuments historiques. En 1989, sur l'initiative du ministre de la culture, le Conseil National des Arts Culinaires (CNAC) a été formé. Composé de personnalités gouvernementales du plus haut niveau et de grands chefs, le CNAC s'efforce de former le goût des jeunes, de sensibiliser leur palais,[3] et de faire un inventaire détaillé de toute la cuisine régionale française, y compris les plats les moins connus. Ainsi, en 1990, 200 classes d'écoles primaires ont pu apprendre beaucoup sur les goûts, les saveurs, la préparation des aliments, et sur ce que signifie *un fin palais.* Pourquoi pensez-vous que les jeunes sur la gravure ont l'air si contents? Ce sont les lauréats d'un concours de dégustation[4] de petits déjeuners. L'épicurisme est bel et bien vivant en France.

[1]*level* [2]au... *in the same way* [3]sensibiliser... *sensitize their palate* [4]concours... *tasting competition*

▌ **Activité 8.** Interaction: La France gastronomique

MODÈLE: É1: Où se trouve la ville de Reims?
          É2: En Champagne.

VILLE	RÉGION	PRODUITS
Reims		le champagne
Strasbourg	en Alsace	

Vendanges en Bourgogne: A l'arrière-plan, un ancien château surplombe le village.

VILLE	RÉGION	PRODUITS
Rouen	en Normandie	les pommes le cidre les produits laitiers
Orléans		les asperges, les sauces à la crème et la liqueur de poire
Dijon		
Marseille		
Nice	dans le Midi	
Rennes	en Bretagne	les crêpes les fruits de mer
Montélimar		le nougat
Vichy		l'eau de Vichy la soupe Vichyssoise
Périgueux	dans le Périgord	les truffes le pâté de foic gras

■ **Activité 9.** Les œufs miroir aux tomates provençales

Mettez dans le bon ordre toutes les démarches pour préparer les œufs miroir.

ŒUFS MIROIR AUX TOMATES PROVENÇALES

Pour 4 personnes. 4 tomates, 8 œufs extra-frais, 1/2 bouquet de persil, 2 gousses d'ail, 2 c. à soupe d'huile d'olive, sel, poivre.

Epluchez les gousses d'ail. Lavez le persil. Mixez les gousses d'ail coupées en 4 avec les feuilles de persil.

Faites chauffer l'huile dans une large poêle. Mettez-y les tomates découpées en rondelles. Poivrez, salez, parsemez

de persillade. Couvrez la poêle et laissez mijoter 10 mn. Cassez les œufs dans 2 bols. Faites-les glisser sur les tomates. Couvrez

de nouveau la poêle et faites cuire à feu vif environ 5 mn. Le jaune de l'œuf doit être recouvert de blanc. Salez et poivrez ●

_____ Faites glisser les œufs sur les tomates.
_____ Parsemez les tomates de persil et d'ail.
_____ Versez l'huile d'olive dans la poêle.
_____ Salez et poivrez les œufs.
_____ Coupez l'ail en quatre.
_____ Laissez les tomates, le persil et l'ail mijoter dix minutes.
_____ Attendez que le blanc de l'œuf recouvre le jaune.
_____ Faites cuire les œufs cinq minutes à feu vif.
_____ Mettez du sel et du poivre sur les tomates.
_____ Mettez les rondelles de tomates dans la poêle.

■ Activité 10. Que servir?

Vous avez invité plusieurs personnes à dîner chez vous le mois prochain. Voilà vos invité(e)s et la liste des plats que vous envisagez de faire. Préparez les menus pour chacun de ces dîners.

1. vendredi, le 6: une vieille amie de la famille (Elle est au régime et veut éviter les matières grasses et le sucre.)
2. samedi, le 14: deux cyclistes (Le lendemain, ils vont participer à une course cycliste de 160 km.)
3. mercredi, le 18: votre grand-père (Il souffre d'hypertension.)
4. samedi, le 28: votre patron et sa femme (Ils ont tous les deux des ulcères.)

Comme soupe

un potage de pommes de terre et de poireaux à la crème, une soupe de poisson, une soupe aux légumes, une soupe composée de yaourt, d'ail, de concombres et de feuilles de menthe

Comme entrée

des coquilles Saint-Jacques, des escargots de Bourgogne, une assiette de crudités, une salade de tomates et de concombres

Comme plat principal

un rôti de porc et des pommes de terre vapeur, un steak au poivre et des pommes frites, des spaghettis à l'italienne avec du fromage, des filets de sole pochés au vin et des haricots verts, une choucroute alsacienne avec des saucisses et des côtelettes de porc, des blancs de poulet à la crème et aux champignons

Comme dessert

> des fraises avec de la crème Chantilly, un gâteau au chocolat, une poire, un sorbet à l'abricot, une crème caramel, une tarte aux pommes

Vocabulaire utile

Il y a beaucoup des matières grasses (de cholestérol, de calories, d'hydrates de carbone, de protéines...).

C'est trop acide (salé, épicé).

Il/Elle est riche en protéines (en graisse, vitamines, fibre...).

Ça fait grossir (maigrir).

LECTURE

Le temps des sucres au Québec

Christiane Charlier raconte...

Au Québec, on fête l'arrivée du printemps d'une manière assez particulière. Quand la neige commence à fondre et que le temps devient plus doux, c'est le moment de la récolte de la sève d'érable:° le temps des sucres. Citadins° de tout âge vont alors à la campagne dans les érablières° pour faire leur partie de sucre.

Pour faire un sucre d'érable, on pique l'arbre d'un petit bec verseur° et on accroche un contenant (ou comme on l'appelle chez nous, *une chaudière*) à l'arbre. Alors la sève d'érable se met à couler lentement dans la chaudière. On vient la vider° de temps en temps. La sève est ensuite bouillie dans une grande marmite posée au-dessus d'un feu au grand air.°

On prépare alors un grand repas composé d'œufs, de jambon, de crêpes, de pain de ménage° et de toutes sortes d'autres bonnes choses comme des *oreilles de Christ* (des lardons frits très croustillants°). Habituellement on verse un peu de sirop d'érable sur les œufs et les crêpes, et quel régal°! Ce n'est pas un repas pour les gens au régime° comme la plupart des plats paysans, mais une ou deux fois par an n'est pas trop grave. On boit souvent du cidre fait maison avec ce repas.

Le dessert est le moment le plus attendu car on y mange une friandise° qui ne se déguste pas en ville ou à d'autres moments de l'année: c'est la *tire d'érable*.° Le sirop est cuit encore un peu. Puis on distribue de petites branches d'érable d'une quinzaine de centimètres de long. On remplit un grand plateau de neige et on verse un peu de sirop chaud dessus. On roule le bâtonnet dans la tire ainsi formée et alors, quel délice que de la sucer, à même° le bâtonnet! Après ce grand repas, il faut bien danser et quand on a un peu de chance°, c'est un vieux violoneux° qui nous fait faire de ces gigues et de ces contre danses qui me font tourner la tête!

récolte... maple sap harvest / city dwellers
maple tree farms
on... the tree is pierced with a tap

empty

feu... bonfire

homemade bread
lardons... crisp-fried pork cracklings
quel... what a treat
au... on a diet

delicacy
tire... maple toffee

à... straight from
on... we are lucky / fiddler

Avez-vous compris?

1. La récolte de la sève d'érable se fait en quelle saison?
2. Où vont les citadins? Pour quoi faire?

3. Que faut-il faire pour obtenir la sève d'érable?
4. Que fait-on avec la sève récoltée?
5. En quoi consiste le grand repas traditionnel?
6. Quel est le moment le plus attendu du repas? Pourquoi?
7. Comment est-ce qu'on mange la tire d'érable?
8. Quelle est la contribution du violoneux à la fête?

Au restaurant

Attention! Étudier Grammaire 7.5 et 7.6

> Des crudités, des escalopes de veau à la crème et aux champignons, et des pommes vapeur, s'il vous plaît.

> Moi, je voudrais la terrine de saumon et le gigot aux flageolets.

Claudine et Victor sont allés au restaurant.

Ils ont commandé leur dîner.

Le sommelier leur a suggéré un bon vin de Bourgogne.

Le garçon les a très bien servis.

Victor a pris du fromage, mais Claudine n'en a pas pris.

Le serveur leur a apporté l'addition.

Ils ont laissé un pourboire généreux avant de partir.

■ **Activité 11.** Les restaurants français

Est-ce que vous allez entendre ces choses dans un fast-food, dans un café, dans un restaurant familial typique, ou dans un grand restaurant chic?

1. Quelle est la soupe du jour, s'il vous plaît?
2. Et avec ça, du pâté de foie gras.
3. Je vais essayer le filet de bœuf à la Richelieu.
4. La salade de tomates et le demi-poulet grillé au jus, s'il vous plaît.
5. Je voudrais un Énorme et un milkshake au chocolat.
6. Apportez-moi le Baron d'agneau et les pointes d'asperges sauce Gribiche.
7. Pour moi, un croque-monsieur et une pression!
8. Ces Chiken Stiks sont trop salés!
9. Comme entrée, j'aimerais la sole pochée. Elle est bien fraîche, votre sole?
10. Pour commencer, le saumon de Loire au Chambertin.
11. Il est comment, votre soufflé au chocolat Sainte-Anne?
12. Une petite omelette aux fines herbes et une salade. C'est tout.

••••••••••
Restaurants du Cœur

Devant le nombre croissant° de personnes démunies° les Restaurants du Cœur ont décidé de reconduire leur action cet hiver, du 16 décembre 1991 au 21 mars 1992.
A Paris, cinq centres de distribution sont ouverts :
– 76, rue de la Verrerie (4e),
– 8 bis, rue Choron (9e),
– 10, avenue Julia-Bartet (14e),
– 35, rue Marcadet (18e),
– 7, boulevard Serrurier (19e).
Ils sont ouverts du lundi au vendredi de 11 h à 13 h. Les inscriptions ont lieu dans les centres, de 10 h à 16 h. Par ailleurs, chaque soir, deux camions des Restaurants du Cœur sillonnent Paris pour porter° une soupe chaude et un repas aux SDF (Sans Domicile Fixé°).

increasing
destitute

homeless

■ **Activité 12.** Mes plats favoris

Dites ce que vous mangez et buvez quand vous dînez...

1. dans un restaurant français.
2. à la caféteria de l'université.
3. dans un restaurant italien.
4. dans un restaurant fast-food.
5. dans un bon restaurant américain.
6. ?

■ **Activité 13.** Formules de politesse

Vous avez dîné chez un(e) ami(e) et vous avez trop mangé et trop bu. Qu'est-ce que vous lui répondez pour ne pas le (la) vexer?

MODÈLE: Tu veux encore du vin? →
Merci, il est délicieux mais j'en ai pris assez.

1. Un peu de cognac?
2. Tu as goûté ces chocolats?
3. Encore du rôti à l'ail?
4. Tu veux du café?
5. Essaie ces escargots! Ils sont délicieux.
6. Encore du vin?
7. ?

Vocabulaire utile
Plus de café, merci. J'en ai déjà trop pris.
Merci. Il est délicieux mais je n'ai plus faim.
Rien de plus, merci. J'ai très bien mangé!
Plus rien, merci. J'ai pris un peu trop de vin.
Merci. Je ne prends pas d'alcool.

Activité 14. Bernard et Christine sont allés dîner au restaurant.

Activité 15. Entretien: Les restaurants

1. Quel type de restaurant préfères-tu? Est-ce que tu aimes mieux manger chez toi ou dans un restaurant?

2. Comment s'appelle ton restaurant préféré? Y vas-tu souvent? Quels plats y sert-on? Comment est l'ambiance dans ce restaurant?

3. Connais-tu un restaurant qui sert des plats français? Comment s'appelle-t-il? Est-ce que tu y as déjà mangé? Pourquoi (pas)? Combien coûte un repas typique dans ce restaurant?

4. Combien laisses-tu normalement comme pourboire quand tu manges au restaurant? Qu'est-ce que tu fais si le service n'est pas bon? Est-ce que tu laisses quand même un pourboire? Pourquoi (pas)?

5. Est-ce que les Américains mangent bien, à ton avis? Quelles différences d'attitude envers la cuisine vois-tu chez les Américains et les Français?

■ **Activité 16.** Situation: Au restaurant «Chez Michel»

Vous dînez avec des amis au restaurant «Chez Michel», un très bon restaurant parisien. Avec votre partenaire, jouez les rôles du client (de la cliente) et du serveur (ou de la serveuse).

Chez Michel $50⁰⁰
Menu à 250 francs *

Entrée au choix

Hors-d'œuvre
terrine du chef
œufs en gelée
terrine de saumon
consommé de légumes
crème d'asperges
avocat vinaigrette

Salades
salade du jardin
salade d'endives aux noix
salade niçoise
salade du chef

Plat garni au choix

Viandes
châteaubriand aux pommes
tournedos béarnaise
gigot d'agneau aux flageolets
escalope de veau aux morilles

Volailles
coq au vin
cailles aux raisins
canard à l'orange

Poissons et fruits de mer
sole meunière pommes vapeur
turbot à l'oseille
homard à l'américaine
moules marinières
gratin d'écrevisses

Fromages
camembert
brie
plateau assorti

Desserts
mousse au chocolat
île flottante
orange givrée
crème caramel
tarte maison

Café ou thé

* boissons non comprises
service compris

LE SERVEUR: Vous désirez, (mademoiselle?)
VOUS: Comme hors-d'œuvre, je voudrais...
LE SERVEUR: Et comme salade... ?
VOUS: ...
LE SERVEUR: ...
LE SERVEUR: Et avec ça, c'est tout?
VOUS: ...

Vocabulaire utile
Est-ce que le service est compris?
Il est comment, le canard à l'orange?
Monsieur (Madame, Mademoiselle), l'addition, s'il vous plaît!
Quel est le plat du jour?

un bifteck cru   saignant   à point   bien cuit

■ **A vous d'écrire!**

Vous avez emmené quelqu'un que vous vouliez impressionner à dîner dans le meilleur restaurant de la ville et la soirée a été un vrai désastre. Vous aviez réservé une table pour huit heures et il était neuf heures passées quand on vous a servis. La cuisine n'était pas bonne, le service était très lent et le serveur légèrement impoli. Vous êtes déçu(e) et même furieux/furieuse. Écrivez au directeur du restaurant pour lui expliquer ce qui s'est passé et pourquoi vous n'allez jamais retourner dans son établissement.

Restaurant _____
15, rue Royale
75017 Paris

A l'attention du directeur

Monsieur,
J'ai le regret de vous informer que j'ai dîné dans votre restaurant mardi dernier et que cette soirée...
  Je trouve que vous me devez des explications. En attendant de vous lire, agréez, Monsieur, mes salutations distinguées.

LA PRESSE EN DIRECT

AVANT DE LIRE

Etes-vous connaisseur en fromages? Avec quel pays associez-vous ces fromages?

Fromages: le Gouda, le Parmesan, le Brie, le Camembert, le Monterey Jack, le Cheddar, le Stilton, le Gruyère, le Provolone, le Feta

Pays: la France, la Suisse, les États-Unis, l'Angleterre, l'Italie, la Grèce, la Hollande

Lisez rapidement l'introduction et le premier paragraphe de cet article et dites pour quelle raison le prince Charles a parlé des fromages français.

* Les fromages français sont en danger de disparaître.
* Les qualités uniques de certains fromages français sont menacées par les standards minimum d'hygiène proposés par la Commission de Bruxelles.
* Les fromages français ne sont pas très hygiéniques.

Le Prince Charles d'Angleterre: Défense du fromage

Le Prince Charles d'Angleterre a récemment effectué une courte visite en France au cours de laquelle il a été reçu par le Président François Mitterrand.

A l'occasion d'un dîner officiel, il a pris avec vigueur et humour la défense des fromages français menacés par les directives de la Commission de Bruxelles parce que ne répondant pas aux critères des «standards minimum d'hygiène».
  Le prince a dressé un tableau° apocalyptique d'une société affreusement aseptisée, d'où auraient disparu° «toutes ces choses glorieusement non hygiéniques que l'humanité—particulièrement sa partie française—a amoureusement créées à partir des° fruits de la terre de Dieu».

dressé... *painted a picture*
auraient... *would have disappeared*
à... *from*

«Les standards minimum d'hygiène», s'est-il écrié, cela signifie que, si nous n'y prenons pas garde, rien ne sera jamais à l'abri de° la police bactériologique... «Dans une société bactériologiquement correcte, a-t-il demandé, que deviendront le Brie de Meaux, le Crottin de Chavignol ou le Bleu d'Auvergne? Dans un avenir libre de microbes et génétiquement programmé, quel espoir reste-t-il pour la Fourme d'Ambert démodée,° le Gruyère de Comté mal formé ou l'odoriférant Pont L'Évêque? Cette obsession des catégories, de l'homogénisation et de la pasteurisation va-t-elle voir l'émasculation du robuste vieux Roquefort, du Camembert, du Reblochon et même de l'omniprésent Vacherin?»

à... would be safe from

outmoded

Avez-vous compris?

Est-ce que le prince Charles a exprimé ces idées ou non?

1. Le Parlement européen a déjà créé une "police bactériologique".
2. On ne doit pas faire attention à l'hygiène.
3. La pasteurisation et l'homogénisation sont dangereuses en elles-mêmes.
4. Les fromages français traditionnels dépendent de certains microbes pour leur goût, leur odeur et leur forme.
5. La France doit se retirer de la Communauté européenne avant de perdre toutes ses traditions uniques.
6. Il faut que les gens restent vigilants pour ne pas créer un excès de règles inutiles.

Des fromages français: l'embarras du choix!

VOCABULAIRE

Au restaurant	In a restaurant
l'addition (*f.*)	tab, bill
l'entrée (*f.*)	first course
le plat du jour	today's special
le plat principal	main dish
le pourboire	tip
le serveur/la serveuse	waiter, waitress
le sommelier/la sommelière	wine waiter

Encore du/de la/de l'... ?	Would you like some more . . . ?
J'en ai assez/trop pris.	I've had enough/too much.
Plus de _____, merci.	No more _____, thanks.
Je n'ai plus faim.	I'm not hungry any more.
Rien de plus, merci.	Nothing else, thanks.
J'ai très bien mangé!	That was really good!

Est-ce que le service est compris?	Is the tip included in the tab?

Les magasins d'alimentation
Food stores

une boucherie	a butcher's shop
une boulangerie	a bakery
une charcuterie	a delicatessen, pork butcher
une épicerie	a grocery store
une pâtisserie	a pastry shop
une poissonnerie	a fishmonger's

Les boissons   Drinks

l'eau (*f.*)	water
une pression	a draft beer
le thé	tea
le vin	wine

Mots apparentés: **une bière, un café au lait, le champagne, un cidre, un jus d'orange**

Les desserts   Desserts

la crème caramel	flan, caramel custard
la crème Chantilly	whipped cream
une galette	a puff pastry cake
un gâteau	a cake
une pâtisserie	a pastry
une tarte aux pommes	an apple pie

Mots apparentés: **le bonbon, le nougat, le sorbet**

Les fruits   Fruit

les cerises (*f.*)	cherries
les fraises (*f.*)	strawberries
les pêches (*f.*)	peaches
les poires (*f.*)	pears
les pommes (*f.*)	apples
les raisins (*m.*)	grapes

Mots apparentés: **un abricot, une banane, un citron, une orange**

Les légumes   Vegetables

l'ail (*m.*)	garlic
les champignons (*m.*)	mushrooms
les fines herbes (*f. pl.*)	mixture of herbs, usually parsley, chives, chervil, and tarragon
les haricots verts (*m.*)	green beans
la laitue	lettuce
le persil	parsley
les petits pois (*m.*)	green peas
les poireaux (un poireau)	leeks
les pommes de terre (*f.*)	potatoes

Mots apparentés: **les asperges (*f.*), le céleri, une carotte, un concombre, la menthe, un oignon, un radis, une tomate**

Le pain et les céreales   Bread and grains

une baguette	a long, thin loaf of French bread
le pain	bread
un petit pain	a hard roll
le riz	rice
une tartine	a slice of bread with butter and jam

Mots apparentés: **des céréales (*f. pl.*), un croissant**

Le poisson et les fruits de mer
Fish and seafood

les coquilles Saint-Jacques (*f.*)	scallops
les crevettes (*f.*)	shrimp
les escargots (*m.*)	snails
le homard	lobster
les huîtres (*f.*)	oysters
le poisson	fish

Mots apparentés: **un crabe, une sole**

Les produits laitiers   Dairy products

le fromage	cheese
la glace	ice cream
le lait	milk
le yaourt	yogurt

Mots apparentés: **le beurre, la crème**

La charcuterie, la volaille et la viande
Pork, poultry, and other meats

l'agneau (*m.*)	lamb
le bœuf	beef
une côtelette	a cutlet
le jambon	ham
le poulet	chicken
la saucisse	salami (hard sausage)
le veau	veal

Mots apparentés: **le bifteck, le porc, le rosbif**

L'épicerie — Grocery items

la confiture	jam, jelly
les épices (*f.*)	spices
la farine	flour
les œufs (*m.*)	eggs
les pâtes (*f.*)	pasta
le poivre	pepper
le sel	salt

Mots apparentés: **le chocolat, l'huile d'olive, la moutarde**

La préparation des plats
Preparing food

les aliments (*m.*)	food items
un goût	a taste, flavor
une poêle	a skillet, frying pan
une recette	a recipe
une tranche	a slice (*of fruit, etc.*)

Mots apparentés: **un ingrédient, un liquide, un livre de cuisine**

couper	to cut
cuire (à la vapeur, à feu vif)	to cook (with steam, high heat)
faire les provisions	to buy groceries
mettre la table	to set the table
verser	to pour

Mots apparentés: **goûter (à), griller, poivrer, servir**

Les adjectifs

frais/fraîche	fresh
fumé(e)	smoked
léger/légère	light, fluffy, delicate
salé(e)	salty, salted

Mots apparentés: **acide, beurré, composé(e), épicé(e), fin(e), flambé(e), garni(e)**

Les repas et la table
Meals and table settings

une assiette	a plate
un couteau	a knife
un couvert	a place setting, flatware
une cuillère	a spoon
le déjeuner	lunch
une fourchette	a fork
le goûter	snack
le petit déjeuner	breakfast
une serviette	a napkin
une tasse	a cup
un verre	a glass

Mots apparentés: **un bol, le dîner**

La nourriture et la nutrition
Food and nutrition

la graisse	grease
les matières grasses	fat content of food
la nourriture	food
un régime	a diet

Mots apparentés: **des calories (*f. pl.*), le cholestérol, la fibre, les hydrates de carbone (*f.*), la protéine, les vitamines (*f. pl.*)**

Verbes

boire	to drink
coûter	to cost
commander	to order
se mettre à	to start

Mots apparentés: **conseiller, distinguer, fréquenter, souffrir, suggérer, vexer**

GRAMMAIRE ET EXERCICES

7.1 Review of Article Use: Definite, Indefinite, and Partitive

You have seen that there are three kinds of articles in French: definite articles (**le, la, l'** and **les**), indefinite articles (**un, une**) and partitive articles (**du, de la, de l'** and **des**). Bear in mind as you read the following review that English generally omits the definite and partitive articles in many situations where French requires that they be used. Here are some tips to help you understand and use French articles more easily.

A. Definite articles are used as the equivalent of *the* in English.

> **Le** lait que j'ai acheté est dans le réfrigérateur.
>
> *The milk I bought is in the refrigerator.*

Definite articles are also used to indicate that you are talking about people or things in general. In such cases, English normally uses no article at all.

> **La** mousse au chocolat est mon dessert préféré.
>
> *Chocolate mousse is my favorite dessert.*
>
> **Les** hommes fument plus de cigarettes que **les** femmes.
>
> *Men smoke more cigarettes than women (do).*

B. Remember that the indefinite articles (**un, une, des**) are used for countable nouns (*des* **croissants**), whereas the partitive articles (**du, de la, de l'**) are used for noncountable (mass) nouns (*de la* **confiture**) (see **Grammaire 3.6**).

> J'ai acheté **des** provisions pour le petit déjeuner. J'ai pris **des** croissants, **du** beurre, **de la** confiture, **du** lait et **du** café.
>
> *I bought groceries for breakfast. I got (some) croissants, butter, jam, milk, and coffee.*

Notice that when French uses the indefinite plural (**des**) or the partitive, English uses *some* or no article at all.

C. To choose the appropriate article, it is helpful to consider the kind of verb used in the sentence. With verbs describing likes or dislikes, such as **aimer, adorer, détester, préférer,** you would use the definite article because you are talking about things in a general sense.

> Nathalie **aime** beaucoup **les** carottes et **les** petits pois, mais elle **déteste les** épinards.
>
> *Nathalie likes carrots and peas a lot, but she detests spinach.*

274

Je n'**aime** pas **le** café fort.	*I don't like strong coffee.*

On the other hand, if the verb deals with having, obtaining, or consuming, use **du, de la, de l'**, or **des**, because you are talking about some amount of a thing. Such verbs include **avoir, acheter, manger, boire, prendre**, and many others.

Les Français **boivent du** café au petit déjeuner et après le dîner.	*The French drink coffee at breakfast and after dinner.*
Nous **mangeons de la** pizza tous les vendredi soirs.	*We eat pizza every Friday night*

D. In negative sentences, the indefinite or partitive article becomes **de.**[*] (Definite articles do not change.)

Excusez-moi. Je **n'**achète **jamais de** crème, et je **n'**ai **plus de** lait. Est-ce que vous pouvez boire votre café noir? — Bien sûr. Pas de problème.	*I'm sorry. I never buy cream, and I don't have any milk left. Can you drink your coffee black? — Of course. No problem.*

De is also used after expressions of quantity.

QUELQUES EXPRESSIONS DE QUANTITÉ	
beaucoup de *a lot*	un peu de *a little*
assez de *enough*	trop de *too much, too many*
une livre de *a pound*	un kilo(gramme) de *a kilogram*
un litre de *a liter*	une douzaine de *a dozen*
un verre de *a glass*	une tasse de *a cup*

Ces pommes sont belles, mais j'ai déjà **trop de fruits** à la maison.	*These apples are nice, but I already have too much fruit at home.*
Agnès a acheté **un litre de lait** et **un kilo de gruyère**.	*Agnes bought a liter of milk and a kilo of gruyère cheese.*

▌ **Exercice 1.** Vos goûts

Dites (1) si vous aimez les choses suivantes, et (2) avec quelle fréquence vous en buvez ou vous en mangez. (Faites attention au choix de l'article!)

---

[*]except with the verb **être: Ce n'est pas** *un* **bon vin. Ce ne sont pas** *des* **œufs frais.**

MODÈLES: le café → Je déteste (je n'aime pas / j'aime beaucoup) le café.

Je ne bois jamais de café. (Je bois quelquefois du café. / Je bois du café tous les jours.)

1. le lait
2. le jus d'orange
3. le whisky
4. la bière chaude
5. les légumes

6. la salade
7. le yaourt
8. les hamburgers
9. les escargots
10. la soupe à l'oignon

▌ **Exercice 2.** Dîner franco-américain

C'est le mois de novembre, et Sarah Thomas et Agnès Rouet font des projets pour un dîner de Thanksgiving où elles vont inviter des amis américains et français. Complétez les phrases avec l'article logique.

AGNÈS: Qu'est-ce que vous mangez chez vous, pour cette fête?

SARAH: Dans ma famille, on mange toujours de la dinde, de la purée de pommes de terre, et des petits pois. Et toi, tu aimes _____¹ dinde?

AGNÈS: Oh oui. Quand j'habitais à la maison, on mangeait souvent _____² dinde.

SARAH: Bon, alors, je vais préparer une dinde farcie aux marrons. Il faut qu'on mange aussi _____³ pommes de terre, mais est-ce que je fais _____⁴ purée, ou _____⁵ pommes vapeur?

AGNÈS: Ça m'est égal. Fais comme tu veux. Et avec ça? Peut-être un légume? Personnellement, je n'aime pas beaucoup _____⁶ petits pois. Est-ce que nous pouvons servir plutôt _____⁷ carottes?

SARAH: Oui, bien sûr. J'aime aussi _____⁸ carottes.

AGNÈS: On sert _____⁹ salade aussi?

SARAH: Oh oui. Tu peux faire _____¹⁰ bonne salade verte avec des noix et une vinaigrette à la moutarde.

AGNÈS: Oui, d'accord. Et comme hors-d'œuvre?

SARAH: Peut-être un potage. J'aime beaucoup _____¹¹ soupe aux poireaux que tu as faite la semaine dernière.

AGNÈS: Bonne idée. On va aussi servir _____¹² fromage après la salade, n'est-ce pas?

SARAH: Chez nous, on ne prend jamais _____¹³ fromage avec ce repas, mais puisque c'est un dîner franco-américain, pourquoi pas?

AGNÈS: Et comme dessert?

SARAH: Je pensais faire une tarte à la citrouille. Ça c'est obligatoire pour un dîner de Thanksgiving!

AGNÈS: Et moi, je connais un magasin qui vend _____¹⁴ chocolats délicieux.

SARAH: Excellente idée! Il ne faut pas oublier les boissons. Est-ce que tu peux nous choisir quelques bonnes bouteilles _____¹⁵ vin?

AGNÈS: D'accord. Et aussi quelques litres _____¹⁶ eau minérale, n'est-ce pas?

SARAH: Oui, bien sûr. Je crois qu'on a pensé à tout, n'est-ce pas?
AGNÈS: Je pense que oui.

Exercice 3. Combien en consommez-vous?

Remplissez les tirets par une expression de quantité appropriée.

Expressions possibles: assez de, trop de, beaucoup de, (un) peu de, une (demi-) livre de, un kilo de, un (deux, trois, ...) litre(s) de, une (demi-)douzaine de, une tasse de, un verre de, une bouteille de...

1. Je bois _____ café(s) par jour.
2. Je bois _____ eau chaque jour.
3. Je consomme _____ œufs par semaine.
4. Je bois _____ vin chaque semaine.
5. Je consomme _____ beurre chaque mois.
6. Je mange _____ viande chaque semaine.
7. J'achète _____ whisky chaque année.
8. Je mange _____ fruits par semaine.

7.2 *The Verb* boire

The verb **boire** is similar to **croire** and **voir**. Note, however, its irregular plural forms.

boire (*to drink*)	
je bois	nous b**uv**ons
tu bois	vous b**uv**ez
il/elle/on boit	ils/elles boi**v**ent
Passé composé: j'ai bu	

Monsieur, que voulez-vous **boire?** —Du thé, s'il vous plaît.
Les Français **boivent** souvent de l'eau minérale.

Sir, what would you like to drink? —Tea, please.
The French often drink mineral water.

Remember that **prendre** (*to take*) can be used to talk about having a drink or eating food (see **Grammaire 3.3**).

Qu'allez-vous boire? —Je vais **prendre** du vin rosé, s'il vous plaît.

What are you going to have to drink? —I'll have some rosé, please.

■ **Exercice 4.** Boissons favorites

Répondez aux questions par des phrases avec **boire**.

1. Que buvez-vous le matin? (je)
2. Que boivent vos amis quand ils se rencontrent au restau-U? (ils)
3. Quand vous sortez avec des amis, que buvez-vous? (nous)
4. Quelle est la boisson préférée d'un Italien qui mange de la pizza? (il)
5. Qui boit le plus de thé, à votre avis, les Anglais ou les Français?
6. Qu'est-ce que vous avez bu ce matin avant d'aller en cours? (je)
7. Que buviez-vous avec vos repas quand vous étiez petit(e)? (je)
8. Quand vous étiez petits, vos amis et vous, est-ce que vous buviez beaucoup de jus d'orange? (nous)
9. Est-ce que quelqu'un buvait du café chez vous quand vous étiez petit(e)?
10. Qu'est-ce qu'on a bu à la dernière fête où vous êtes allé(e)? (on)

 # 7.3 *The Verb* mettre

Here is the present tense of the irregular verb **mettre**.

mettre (*to put, put on*)	
je mets	nous mettons
tu mets	vous mettez
il/elle/on met	ils/elles mettent
Passé composé: j'ai mis	

Pronunciation Hint

Stem-final **t** is pronounced in the plural forms only: me~~ts~~, me~~t~~, mette~~nt~~.

Tu **mets** la table, Camille?
—Oui, maman. Tout de suite.

Est-ce que tu **as mis** du sel dans les haricots? —Un tout petit peu.

Will you set the table, Camille?
—Yes, Mom. Right away.

Did you put salt in the beans?
—A very little bit.

Mettre is also used to talk about putting on clothing. Like **mettre: admettre** (*to admit*), **permettre** (*to permit*), **promettre** (*to promise*).

Nathalie! **Mets** ton anorak avant de sortir. —Je l'**ai** déjà **mis,** maman.

Nathalie! Put on your jacket before going out. —I've already put it on, Mom.

▌ **Exercice 5.** Minidialogues

Remplacez les tirets par la forme correcte d'un des verbes **mettre, permettre** ou **promettre**. Utilisez le présent, le passé composé ou l'imparfait, d'après le sens de la phrase.

1. Sarah Thomas est chez les parents d'Agnès Rouet. Elle parle avec Mme Rouet dans la cuisine.

   SARAH: Qu'est-ce-que vous faites?
   MME ROUET: De la crème caramel.
   SARAH: Qu'est-ce que vous y _____?
   MME ROUET: J'y _____ des œufs, du sucre, du lait, et de la vanille.
   SARAH: Umm! Ça va être bon!

2. Barbara parle avec Denise au téléphone.

   BARBARA: Qu'est-ce que tu _____ pour sortir ce soir?
   DENISE: Je ne sais pas. J' _____ déjà _____ ma nouvelle robe le week-end dernier, alors je dois trouver autre chose.
   BARBARA: Moi, j'ai envie de _____ un jean.
   DENISE: Pourquoi pas? Moi aussi je _____ un jean et mon nouveau pull.
   BARBARA: D'accord!

3. Sarah et Agnès sont au café.

   SARAH: Dis, est-ce que tu peux me prêter de l'argent?
   AGNÈS: Pas beaucoup. J'ai déjà prêté cent francs à Jean-Yves ce matin, et il _____ de me les rendre demain matin.
   SARAH: Ah bon? Tu sais, Jean-Yves, il _____ beaucoup de choses!
   AGNÈS: Oh, j'ai confiance en lui. Il est toujours honnête avec ses amis.

4. Nathalie Lasalle est seule à la maison, avec la baby-sitter, Adèle.

   ADÈLE: Est-ce que tes parents te _____ de boire du Coca avec ton dîner?
   NATHALIE: Oui, bien sûr. Je peux boire ce que je veux.
   ADÈLE: Moi, à ton âge, je buvais toujours du lait. Mes parents ne me _____ pas de boire du Coca.

7.4 *Asking Questions with* qui, que, *and* quoi

You have already seen and used various kinds of questions. Here is a summary of how to form questions with **qui, que,** and **quoi.** Notice that the question form depends not only on whether you are asking about people or things but also on the function of the person or thing in the sentence, as subject, direct object, or object of a preposition.

ASKING ABOUT PEOPLE
Subject: **Qui...** ?
Qui fait les meilleures crêpes?   *Who makes the best crepes?*
Direct object: **Qui est-ce que...** ?, **Qui** + inversion... ?
Qui est-ce que tu as rencontré au restaurant?   Qui as-tu rencontré au restaurant?   *Who (Whom) did you meet at the restaurant?*
Object of a preposition: Preposition + **qui est-ce que...** ?*   Preposition + **qui** + inversion... ?
Avec qui est-ce qu'il déjeune?   Avec qui déjeune-t-il?   *Who(m) is he having lunch with?*

ASKING ABOUT THINGS
Subject: **Qu'est-ce qui...** ?†
Qu'est-ce qui se passe?   *What's going on?*
Direct object: **Qu'est-ce que...** ?, **Que** + inversion... ?
Qu'est-ce que tu bois au petit déjeuner?   Que bois-tu au petit déjeuner?   *What do you drink at breakfast?*
Object of preposition: Preposition + **quoi est-ce que...** ?   Preposition + **quoi** + inversion... ?
Avec quoi est-ce qu'on boit du vin blanc?   Avec quoi boit-on du vin blanc?   *What do you drink white wine with?*

---

*Note that in French the preposition *must* come at the beginning of the question, not at the end as in English.
†You will learn more about this form in **Chapitre 11.**

Exercice 6. Au téléphone

Agnès Rouet et Jean-Yves Lescart parlent au téléphone un jeudi à dix heures du soir. Complétez les questions avec la forme interrogative appropriée **(qui? qu'est-ce que? quoi?)**.

JEAN-YVES: Alors, ton anniversaire, c'est après-demain?

AGNÈS: _____[1] t'a dit ça?

JEAN-YVES: C'est un secret. Mais _____[2] tu vas faire pour fêter ton anniversaire?

AGNÈS: Eh bien, je voudrais aller au nouveau restaurant chinois en ville.

JEAN-YVES: Et avec _____[3] pensais-tu y aller?

AGNÈS: Avec tous les copains, bien sûr. Tu veux venir?

JEAN-YVES: Samedi soir?

AGNÈS: Oui, samedi.

JEAN-YVES: Oui, je veux bien. _____[4] est-ce que tu as déjà invité?

AGNÈS: Marie-Noëlle et André, Dominique et Jean-Luc, et Karine et Sarah.

JEAN-YVES: Bon. Et après le dîner, _____[5] on va faire?

AGNÈS: Jean-Luc nous invite chez lui, pour regarder une vidéo.

JEAN-YVES: Très bien. Au fait, bonne chance pour l'examen d'anglais demain.

AGNÈS: Comment? De _____[6] parles-tu? Il y a un examen demain?

JEAN-YVES: Mais oui, bien sûr. Tu ne savais pas?

AGNÈS: Merci, Jean-Yves!

Exercice 7. Une soirée

C'est vendredi soir, et les étudiants de Mme Martin arrivent chez Jacqueline pour une soirée. Voici les réponses de Jacqueline à toutes les questions qu'on lui pose. Formulez les questions.

MODÈLE: *Denise* n'est pas encore là. → Qui n'est pas encore là?

1. J'ai invité *des amis de Raoul.*
2. *Denise* a invité Mme Martin.
3. Louis doit venir *avec Daniel.*
4. Raoul va amener *son camarade de chambre.*
5. J'ai fait *une mousse au chocolat.*
6. *Barbara* a fait ce bon hors-d'œuvre.
7. J'ai demandé *à Denise* d'apporter des chips.
8. Nous avons besoin *de glace et de verres.*
9. Louis? Il a apporté *des cassettes de musique cadjine.*
10. Je voudrais parler *du film que nous avons vu hier.*

7.5 Expressing Quantities: Using the Pronoun en

You have already seen the use of the pronoun **en** to replace a noun preceded by a number.

Est-ce qu'il y a une bouteille de vin dans le réfrigérateur? — Oui, bien sûr, il y **en** a **trois** (une, deux, dix...).

Is there a bottle of wine in the refrigerator? — Yes, sure, there are three of them (one, two, ten, ...).

Voulez-vous quatre croissants? — Oui, j'**en** veux **quatre.**

Do you want four croissants? — Yes, I want four (of them).

En is also used to replace nouns preceded by other expressions of quantity (**un peu, beaucoup, assez, trop, etc.**).

Est-ce qu'il y a encore de la glace au chocolat? — Oui, il y **en** a encore **beaucoup.**

Is there still some chocolate ice cream? — Yes, there's still a lot (of it).

Je dois acheter du lait à l'épicerie? — Non, j'**en** ai déjà **trop.**

Should I buy some milk at the grocery store? — No, I already have too much.

En can also replace a noun preceded by a partitive article (**du, de la, de l'**) or **des.** In this case the English equivalent is *some* or *any.*

Est-ce que Raoul prend toujours du café après le dîner? — Oui, il **en** prend toujours.

Does Raoul always have coffee after dinner? — Yes, he always has some.

As-tu des fruits pour le dessert? — Non, je n'**en** ai pas, mais Daniel va **en** apporter.

Do you have some fruit for dessert? — No, I don't have any, but Daniel is going to bring some.

Exercice 8. Habitudes alimentaires

Vous passez quelques jours chez une nouvelle amie. Elle vous pose beaucoup de questions pour connaître vos goûts. Répondez-lui en utilisant le pronom **en.**

MODÈLE: Mets-tu du lait dans ton café le matin? →
Oui, j'en mets. (Non, je n'en mets pas.)

1. Est-ce que tu voudrais des croissants pour ton petit déjeuner?
2. Bois-tu du café décaféiné?
3. Mets-tu du sucre dans ton café?
4. Aimes-tu prendre de la viande à tous les repas?
5. Prends-tu du vin à tous les repas?
6. Manges-tu du poisson de temps en temps?
7. Manges-tu beaucoup de desserts?
8. Manges-tu des sauces au beurre?

Exercice 9. Combien?

Répondez en employant le pronom **en.**

1. Combien de joueurs y a-t-il dans une équipe de base-ball? dans une équipe de volley-ball? Est-ce qu'il y a plus de joueurs dans une équipe de basket ou de hockey sur glace?
2. Est-ce qu'il faut plus d'argent pour aller à Paris ou à Moscou?
3. Y a-t-il plus d'œufs dans une portion de crème caramel ou dans une portion de gâteau au chocolat?
4. Y a-t-il beaucoup ou peu de calories dans une pâtisserie? dans une carotte? Y a-t-il moins de calories dans une banane ou dans une pomme?
5. Y a-t-il beaucoup de matières grasses dans les pâtes? Y a-t-il plus de matières grasses dans un croissant ou dans un toast beurré?
6. Combien de caféine y a-t-il dans un espresso? dans un café décaféiné? Y a-t-il autant de caféine dans une tasse de thé que dans une tasse de café?
7. Combien de hamburgers est-ce qu'ils ont déjà vendu à McDonald's?

Exercice 10. La nouvelle cuisine en France

Est-ce vrai? Confirmez ou corrigez chaque commentaire, en employant le pronom **en.**

MODÈLE: En 1985, les Français ont mangé autant de pain qu'en 1970. →
Non, ils en ont mangé moins.

1. En 1985, les Français ont mangé autant de pâtes qu'en 1970.
2. Ils ont mangé moins de riz.
3. Ils ont mangé moins de pommes de terre.
4. Ils ont mangé plus de légumes frais et surgelés.
5. En général, ils ont consommé moins de viande en 1985 qu'en 1970.
6. Ils ont consommé plus de produits laitiers.
7. Ils ont consommé autant de sucre.

La nouvelle cuisine des Français

Quantités consommées par an et personne en 1970 et 1985 (en kg):

	1970	1985
• Pain	80,6	66,7
• Pâtes	6,1	6,3
• Riz	2,2	3,6
• Pommes de terre	95,6	63,6
• Légumes frais et surgelés	70,4	70,4
• Conserves de légumes	13,5	20,6
• Bœuf	15,6	19,2
• Veau	5,8	5,2
• Porc frais	7,9	10,1
• Volailles	14,2	18,0
• Poissons, crustacés	10,8	10,6
• Fromages	13,8	20,3
• Yaourts	8,6	16,3
• Beurre	9,9	10,5
• Sucre	20,4	12,4

7.6 *The Verbs servir and sentir*

The verbs **servir** and **sentir** have the same conjugation pattern as **sortir, partir**, and **dormir.**

servir (*to serve*)		**sentir** (*to smell*)	
je ser**s**	nous servons	je sen**s**	nous sentons
tu ser**s**	vous servez	tu sen**s**	vous sentez
il/elle/on ser**t**	ils/elles servent	il/elle/on sen**t**	ils/elles sentent
Passé composé: j'ai servi		*Passé composé:* j'ai senti	

Pronunciation Hint

ser$\cancel{s}$, ser$\cancel{t}$, serv$\cancel{ent}$; sēn$\cancel{s}$, sēn$\cancel{t}$, sēnt$\cancel{ent}$

Papa **sert** toujours le dîner à sept heures et demie.	*Dad always serves dinner at seven-thirty.*
Je peux vous **servir** de la viande? — Oui, merci.	*Can I serve you some meat? — Yes, thank you.*
Qu'est-ce que je **sens**? — Ah, c'est de la soupe à l'oignon. Ça **sent** bon!	*What do I smell? — Oh, it's onion soup. It smells good!*

Both **sentir** and **servir** are used in reflexive constructions: **se sentir** (*to feel*) and **se servir de** (*to use*).

Tu **te sens** mal? — Oui, j'ai trop mangé.	*Do you feel bad? — Yes, I ate too much.*
Est-ce que Jacqueline est malade? — Je sais qu'elle ne **se sentait** pas bien hier.	*Is Jacqueline sick? — I know she wasn't feeling well yesterday.*
De quoi **se sert**-on pour peler des fruits? — On **se sert d'**un couteau.	*What does one use to peel fruit? — One uses a knife.*

Exercice 11. A table

Remplacez les tirets par la forme correcte d'un des verbes **servir** ou **(se) sentir.** (Employez le présent, l'imparfait ou le passé composé.)

1. Louis et Albert dînent avec François, un étudiant français. Ils parlent des restaurants français.

    LOUIS: Est-ce que tous les restaurants _____ du vin?

    FRANÇOIS: Oui, bien sûr. Le vin est un élément essentiel dans un bon repas français.

ALBERT: Et c'est vrai qu'on _____ le dîner à partir de dix-neuf heures seulement?

FRANÇOIS: Oui, on ne peut pas dîner à dix-sept heures comme ici.

2. Les Colin ont des invités pour le dîner de samedi soir. Mme Colin appelle les enfants: «A table, les enfants. Le dîner est _____.» Elle dit aux invités: «N'attendez pas. _____-vous, s'il vous plaît.»

3. Raoul arrive chez son amie Sylvie Legrand.

RAOUL: Qu'est-ce que je _____? Quelle est cette odeur délicieuse? Tu nous _____ quelque chose d'exotique?

SYLVIE: Oui, c'est un plat indien. Mon amie Karen le _____ souvent quand nous habitions ensemble.

4. Raoul et des amis racontent des souvenirs d'enfance.

RAOUL: Quand j'étais petit, j'adorais nos visites chez ma grand-mère. Sa maison _____ toujours bon parce qu'elle cuisinait des gâteaux, des tartes, des potages et des rôtis. Elle nous _____ toujours des dîners inoubliables.

5. Sarah et Agnès rentrent à la maison après une soirée au restaurant où elles ont fêté le mariage d'une amie.

AGNÈS: Tu as l'air un peu pâle. Est-ce que tu _____ bien?

SARAH: En fait, je _____ plutôt mal.

AGNÈS: C'est peut-être les escargots qu'on nous _____. Ils me semblaient avoir un goût étrange, et tu en as beaucoup mangé.

Les voyages

Rocamadour, village fortifié et site de pélerinage

In **Chapitre 8** you will talk about many kinds of travel experiences and travel needs. You will also learn more about France and how to describe places.

ACTIVITÉS

La géographie

Les transports

Préparatifs

Voyages de l'an dernier

LECTURES

Lettre d'un camp de vacances

La presse en direct: Une autre France

GRAMMAIRE

8.1 Expressing Location, Destination, and Origin: Prepositions + Place Names

8.2 Verbs Followed by Infinitives

8.3 Describing Actions with Adverbs

8.4 Before and After: **avant de** + Infinitive; **après** + Past Infinitive

8.5 Using **tout**

8.6 What Was Going on: Another Use of the **imparfait**

ACTIVITÉS ET LECTURES

La géographie

Attention! Étudier Grammaire 8.1

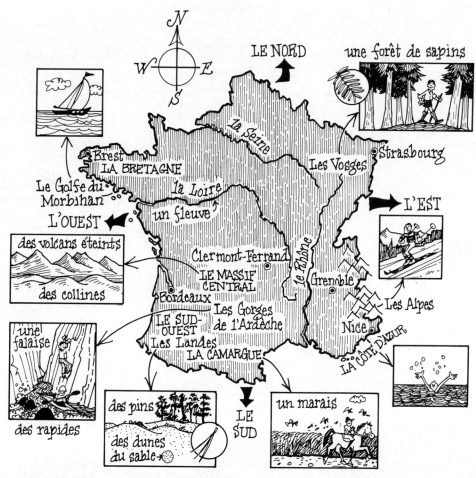

Activité 1. Géographie

Décidez avec votre partenaire ou votre groupe ce que vous allez trouver si vous passez des vacances dans les endroits suivants.

1. des montagnes comme les Alpes ou les Rocheuses
2. un désert comme le Sahara ou le désert de Gobi
3. la côte californienne dans la péninsule Baja
4. la jungle de l'Amazone
5. les gorges du Tarn dans le sud de la France
6. une île tropicale comme Tahiti
7. ?

a. des falaises
b. des rivières
c. des glaciers
d. des plages
e. du sable
f. des dunes
g. des palmiers
h. des vallées
i. des îles

j. des plaines
k. des forêts
l. des fleuves
m. des péninsules
n. des déserts
o. des baies
p. des cascades

Activité 2. Voyages dans le monde

Vous y connaissez-vous en géographie? Dites dans quel pays et dans quelle ville on peut faire les activités suivantes.

MODÈLE: visiter le Kremlin →
      É1: Où est-ce qu'on peut visiter le Kremlin?
      É2: En Russie.
      É1: Il se trouve dans quelle ville, le Kremlin?
      É2: Il se trouve à Moscou.

1. monter en haut de la Tour Eiffel
2. visiter le musée du Prado
3. voir les pyramides et le Sphinx
4. se promener dans les jardins de Tivoli
5. visiter le Parthénon
6. faire une promenade en bateau sur le Grand Canal
7. écouter du bon jazz et goûter à la cuisine cadjine
8. voir le Palais Impérial
9. ?

VILLES

Venise	le Caire	la Nouvelle-Orléans
Tokyo	Madrid	Copenhague
Paris	Athènes	?

PAYS

l'Italie	l'Espagne	le Danemark
le Japon	la Grèce	la France
l'Égypte	les États-Unis	?

■ **Activité 3.** Interaction: Visitez la France!

MODÈLE: É1: Où se trouve l'Alsace?
É2: A l'est de la France.
É1: Qu'est-ce qu'on peut faire en Alsace?
É2: On peut voir des châteaux du Moyen-Âge et les Vosges.

RÉGION	SITUATION	ATTRACTION
le Bassin Aquitain	au sud-ouest de la France	C'est le pays des grands vins de Bordeaux.
la vallée de la Loire	au centre de la France	C'est le pays des châteaux de la Renaissance.
l'Alsace		
la Camargue	au sud de la France	C'est le pays des marais et des cow-boys français.
la Bretagne		
le Pays Basque		
la Provence		
l'Auvergne	au centre de la France	C'est la région du Massif Central connue pour ses églises romanes.

Les Arènes de Nîmes, amphithéâtre romain

Note culturelle

LA FRANCE: DIVERSITÉ ET UNITÉ

Comme dix millions d'entre nous, ils ont tous un parent ou un grand-père étranger. Médecins, écrivains, sportifs, comédiens : 33 personnalités témoignent de leurs origines

1. **MEHDI.** Comédien et réalisateur. Père marocain.

2. **GRACE DE CAPITANI.** Comédienne. Père italien.

3. **PAUL WERMUS.** Journaliste. Origine polonaise.

4. **JACQUES FABBRI.** Comédien. D'origine italienne.

5. **ERIC VU AN.** Danseur étoile. Père vietnamien.

6. **ALAIN CHEVALIER.** Comédien. Parents suisses.

7. **GEORGES GUETARY.** Chanteur. D'origine grecque.

8. **DANYEL GERARD.** Chanteur. D'origine arménienne.

9. **BIBIE.** Chanteuse. Parents ghanéens.

10. **JEAN-CLAUDE PASCAL.** Chanteur. D'origine écossaise.

11. **DANIEL HERRERO.** Ex-rugbyman. D'origine espagnole.

12. **ALAIN AFFLELOU.** Homme d'affaires. Algérie.

13. **PATRICK DEVEDJIAN.** Maire d'Antony. Arménie.

14. **ETIENNE PINTE.** Député. Maire de Versailles. Père belge.

15. **ELIE MEDEIROS**, et sa fille. Chanteuse. Uruguay.

16. **SAPHO.** Chanteuse, écrivain. Parents marocains.

La France se caractérise d'abord par sa diversité géographique. Pour ceux qui aiment la mer, elle offre de magnifiques plages tout au long de ses côtes au sud, à l'ouest et au nord. Pour ceux qui aiment les montagnes, il y a l'embarras du choix, avec les Pyrénées au sud-ouest, le Jura et les Alpes au sud-est, les Vosges à l'est, et le Massif Central au centre sud.

A la diversité du paysage se joignent les coutumes régionales, tant au point de vue culinaire qu'à celui des traditions folkloriques. Et bien que le français soit[1] parlé par tous, des langues minoritaires existent dans plusieurs provinces. C'est ainsi que vous pouvez entendre parler le breton en Bretagne, le corse à Ajaccio, l'occitan dans le Languedoc, et l'alsacien en Alsace.

A cette diversité historique s'ajoute une diversité ethnique plus récente, due au nombre croissant[2] d'immigrés en France, particulièrement en provenance du Maghreb.[3] Sur 55 millions d'habitants, la France compte aujourd'hui 8% d'étrangers.

Malgré cette diversité, les Français voient leur patrie comme une et indivisible. Il y a d'abord la longue histoire commune qui couvre des siècles, le vécu[4] de régimes divers, les monarchies, les empires, et les républiques. Il y a aussi le centralisme français, représenté par Paris, centre culturel, centre aussi de toutes les grandes institutions gouvernementales, et siège des principales entreprises nationales. Et il y a bien sûr la langue française et la culture qu'elle représente en Métropole[5] aussi bien que dans le monde francophone.

[1]*is* [2]*increasing* [3]en... *from Morocco, Algeria, Tunisia* [4]*experience* [5]*France (excluding its overseas territories)*

▮ **Activité 4.** Entretien: On quitte la ville

1. Est-ce que tu as passé des vacances à la campagne? (à la montagne, à la plage, près d'une forêt...) ? Où es-tu allé(e)? en quelle saison? Qu'est-ce que tu as fait? Est-ce que tu as dormi sous une tente? dans une caravane? dans un hôtel?
2. Voudrais-tu quitter la ville pour habiter ailleurs? Est-ce que tu voudrais vivre dans un pays désertique? montagneux? au bord de la mer? près d'une forêt? Pourquoi?
3. Est-ce que tu es parti(e) en vacances au cours de l'année dernière? Où es-tu allé(e)? en quel mois? pour combien de temps? avec qui?
4. Que penses-tu des gens qui emportent leur radio ou leur télé portative quand ils pique-niquent ou font du camping? Et toi, tu fais la même chose? Pourquoi (pas)?
5. Quand on fait du camping ou des sports en pleine nature, que peut-on faire pour conserver le terrain dans un état aussi naturel que possible?

Note culturelle

CÉZANNE LE PROVENÇAL

Les joueurs de cartes de **Paul Cézanne**

Paul Cézanne (1839–1906) a vécu une grande partie de sa vie près d'Aix-en-Provence, où il est né. La Provence possède un riche passé historique. Marseille a été fondée par les Grecs au 6e siècle avant J.-C. Les Romains ont fondé la province au 2e siècle avant J.-C., et on peut y trouver aujourd'hui de nombreux vestiges romains, notamment les imposantes arènes de Nîmes, et de magnifiques théâtres romains à Arles et à Orange.

Comme bien des peintres impressionnistes du 19e siècle, Cézanne a été attiré par cette province méridionale où la richesse des couleurs du paysage s'allie à la joie de vivre de ses habitants. Pendant les années 1890, Cézanne a peint une série de tableaux, dont[1] *Les joueurs de cartes,* ayant pour sujet des paysans[2] d'Aix auxquels Cézanne attribuait des valeurs traditionnelles immuables.

[1]*one of which*   [2]*peasants*

Les transports

Attention! Étudier Grammaire 8.2 et 8.3

De nos jours, les gens s'habituent à voyager fréquemment à travers le monde.

Si on décide de prendre l'avion, on peut voyager très confortablement.

En Suisse les trains réussissent toujours à partir et à arriver à l'heure.

On a besoin de faire attention sur l'autoroute. Les voitures y roulent très vite.

l'aéroport

un autobus "NEUILLY" un autocar un camion

PARIS→LYONS

une moto un bateau une camionette une voiture un taxi une bicyclette

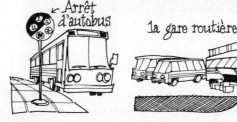

Arrêt d'autobus

la gare routière

le quai la gare

■ **Activité 5.** Les moyens de transport

MODÈLE: É1: Qu'est-ce que c'est qu'un autobus?
É2: C'est un véhicule qui circule dans les villes et qui transporte une quarantaine de personnes.
É1: Où est-ce qu'on prend l'autobus?
É2: A l'arrêt d'autobus ou à la gare des autobus.

C 1. un train autos
B 2. un avion
F 3. le métro
H 4. un autocar

A 5. un ferry-boat
G 6. une voiture de location
D 7 le T.G.V. (train à grande vitesse)
E 8. un taxi

a. bateau qui transporte des voitures d'une rive à l'autre d'un fleuve, d'un lac, d'une baie, etc.
b. moyen de transport aérien
c. train qui transporte des passagers et leurs voitures
d. train qui roule à une vitesse extraordinaire sans arrêts entre le point de départ et la destination
e. voiture avec chauffeur qu'on prend pour des trajets courts
f. train souterrain qui roule dans certaines villes importantes
g. voiture qu'on peut louer
h. type d'autobus qui circule entre les villes

Vocabulaire utile
au bureau de location
au coin de la rue
à une station de métro

■ **Activité 6.** Comment se déplacer?

Quels moyens de transport recommandez-vous pour les situations suivantes (une ambulance, un hélicoptère, un paquebot, un vélo...)? Dites pourquoi.

MODÈLE: Un homme d'affaires essaie d'aller de l'aéroport jusqu'au centre-ville aussi rapidement que possible. →
Il doit prendre un taxi. Les taxis sont pratiques et confortables.

1. Un groupe d'enfants se prépare à faire une excursion à la campagne.
2. Une famille décide de déménager dans une autre ville.
3. Un monsieur a besoin de transporter un piano chez des amis.
4. La police commence à surveiller la circulation sur les autoroutes aux heures de pointe.
5. Un jeune couple parisien décide de passer sa lune de miel à Cancún au Mexique.
6. Une femme hésite à accepter un travail au centre d'une ville importante parce qu'elle habite la banlieue.
7. Un étudiant australien refuse de prendre un taxi de l'aéroport Charles de Gaulle jusqu'au Quartier Latin parce que c'est trop cher.

8. Un New-Yorkais riche hésite à passer l'hiver sur la Côte d'Azur parce qu'il a peur de voyager en avion.

9. Une personne blessée dans un accident de voiture a besoin d'être transportée à l'hôpital aussi rapidement que possible.

10. Deux touristes ont besoin de traverser Paris aussi vite que possible.

Vocabulaire utile: commode, confortable, économique, efficace, fatigant(e)/reposant(e), lent(e)/rapide, polluant(e)

LECTURE
. . . .

Lettre d'un camp de vacances

Camille Lasalle se trouve dans un camp de vacances dans le nord de l'Alsace. Elle écrit à ses parents.

Chers maman et papa,

L e camp, c'est vâchement° bien. L'autre jour, on a fait une excursion. On s'est levés à 6 heures du matin pour partir en bus à Europapark. Vous connaissez, n'est-ce pas? C'est à Rust, en Allemagne, près de la frontière. Heureusement que je n'étais pas de tartines!° Tout le monde était surexcité, et quand le bus est arrivé, chacun s'est précipité pour avoir une place près de la fenêtre. J'ai pu m'asseoir sur le siège à côté du conducteur. C'était chouette!

Le bus, c'est super! C'est vrai, quoi, on est tous ensemble, on rit, on se raconte les dernières blagues°... bref, le bus est moins crevant° que la marche. Pas vrai? Du moins en principe! Deux heures de route, et voilà que nous sommes tombés en panne°... Alors là, c'était déjà moins drôle. Ce n'était pas juste un pneu crevé,° mais quelque chose s'était cassé dans le moteur. Il a fallu attendre un bon moment au bord de la route, et finalement on est repartis, en cahotant,° avec un autre bus.

A Europapark, on s'est bien amusé, et la journée a passé bien vite. A 19 heures on devait repartir de Rust. Rachel, la monitrice, nous compte «1,2,3... 26,27», puis elle recommence. Pas possible, quelqu'un manquait!° C'était Simon, vous l'avez deviné. Il ne manquait plus que ça.° On était tous fatigués. Finalement vers 20 heures, voilà Simon qui se pointe,° comme toujours un peu dans la lune. Il ne s'était pas rendu compte de l'heure qu'il était, et s'était reposé derrière un buisson.

Au retour, pour couronner le tout, nous avons fait une marche nocturne sous un orage pour regagner le camp.

Pas de vacances sans aventures! On s'est quand même bien amusés, avec l'Europapanne, l'Europapark, et l'Europaperte...

Bisous, Camille

extremely (slang)

je... I was not on duty to prepare the slices of bread (usually with butter and jam)

dernières... latest jokes / grueling (slang)
nous... we broke down
un... a flat tire

bumping along

was missing

Il... That was the last straw.

showed up (slang)

Avez-vous compris?

Décrivez la journée de Camille. Arrangez les phrases logiquement.

1. _____ A l'heure du départ, il manquait un campeur.

2. _____ Au moment de monter dans le bus, tout le monde cherchait à s'asseoir près d'une fenêtre.
3. _____ Camille était malgré tout contente de la journée passée à Europapark.
4. _____ Les campeurs se sont levés de très bonne heure.
5. _____ Arrivés à Rust, les campeurs ont passé la journée dans un parc de récréation.
6. _____ Les campeurs ont fait une marche sous la pluie.
7. _____ Deux heures après le départ, le bus a dû s'arrêter.
8. _____ En rentrant au camp, il faisait nuit.
9. _____ Camille s'est assise à l'avant du bus, juste derrière le pare-brise.
10. _____ Avant le départ, des campeurs ont dû préparer des tartines.

▮ **Activité 7.** Le transport et l'énergie

A votre avis, est-ce que les habitants de votre région ont commencé à faire des efforts sérieux pour économiser de l'essence? Discutez ces questions avec votre partenaire ou avec un groupe de camarades de classe.

LA FAÇON DE CONDUIRE

1. Est-ce que les gens ont appris à conduire prudemment pour économiser de l'essence?
2. Généralement, est-ce qu'on choisit de respecter les limites de vitesse affichées?
3. Est-ce que la majorité des gens refusent de conduire une voiture qui consomme beaucoup d'essence?

PARTAGER UNE VOITURE?

4. Est-ce que tout le monde accepte de prendre des amis ou des collègues dans sa voiture aussi fréquemment que possible?
5. Est-ce qu'on réussit facilement à trouver des gens qui veulent circuler dans votre voiture?

UTILISER LES TRANSPORTS EN COMMUN?

6. Est-ce que les gens se sont habitués à utiliser les transports en commun aussi fréquemment que possible?
7. Est-ce qu'on réussit facilement à aller où l'on veut parce que le système est bien organisé et que les transports ne sont pas chers?
8. Généralement, peut-on les prendre à l'heure qu'on veut, ou est-ce qu'on hésite à les prendre la nuit?

LES AUTRES TRANSPORTS

9. Est-ce qu'on commence sérieusement à faire l'effort de se déplacer à vélo? (pour aller au travail, etc.)
10. Y a-t-il beaucoup de gens qui choisissent de se déplacer à pied?
11. Est-ce que le gouvernement a encouragé les chercheurs à développer des moyens de transport qui consomment moins d'énergie?

Préparatifs

Attention! Étudier Grammaire 8.4 et 8.5

—Voici vos billets aller-retour, section non-fumeurs. Votre vol est complet.
Toutes les places sont prises.
—Faut-il être vacciné avant de partir?
—Est-ce que tout est compris dans le prix de nos chambres d'hôtel?

—Vous pesez tous les bagages?
—Oui, madame. Pour les vols internationaux,
le client doit payer l'excédent de bagages.

Activité 8. Tout dans l'ordre

Quand on prépare un voyage, à quel moment est-ce qu'on fait ces activités?

1. Les voyageurs décident de leur itinéraire...
    a. avant de partir en voyage.
    b. après être partis en voyage.
2. L'agent de voyages réserve des places dans l'avion...
    a. avant de confirmer les dates avec ses clients.
    b. après avoir confirmé les dates avec ses clients.
3. L'agence de voyages envoie l'itinéraire aux clients...
    a. avant de réserver leurs places dans l'avion.
    b. après avoir réservé leurs places dans l'avion.

4. Les voyageurs achètent le nécessaire pour le voyage...
   a. avant de demander un passeport.
   b. après avoir fait la demande d'un passeport.
5. On se fait faire des piqûres...
   a. avant de lire les renseignements sur les différents pays.
   b. après avoir lu les renseignements sur les différents pays.
6. Le voyageur expérimenté qui souffre du mal de l'air achète un médicament...
   a. avant de tomber malade.
   b. après être tombé malade.
7. Les gens qui veulent rester en contact avec leur famille (leurs amis) réservent une chambre d'hôtel...
   a. avant de partir.
   b. après être arrivés.
8. A l'aéroport, l'employé(e) pèse les bagages...
   a. avant de les enregistrer.
   b. après les avoir enregistrés.
9. Les voyageurs passent à la douane...
   a. avant de quitter le pays d'origine.
   b. après être arrivés à la destination.

▌ **Activité 9.** Devinettes: L'essentiel

Il y a des termes qu'il faut savoir pour voyager. Définissez chaque terme.

1. le vol
2. l'itinéraire
3. le permis de conduire international
4. la douane
5. le billet aller-retour
6. le consulat
7. le passeport
8. les vaccins

  a. Vous le montrez au moment de passer à la douane quand vous entrez dans un autre pays. Ne le perdez pas! Il prouve votre identité et votre nationalité.

  b. On le prend quand on voyage en avion.

  c. Vous les prenez pour vous protéger contre les maladies microbiennes ou parasitaires.

  d. Vous le prenez si vous avez l'intention de conduire dans beaucoup de pays différents.

  e. L'agence de voyages le prépare quand vous faites vos réservations.

  f. On le prend après avoir décidé des dates du départ et du retour.

  g. Chaque voyageur est obligé de s'y arrêter avant d'entrer dans un pays étranger. Les gens qui essaient de passer des produits taxés ou qui font de la contrebande la redoutent.

  h. On y va pour s'informer. C'est l'agence qui remplit les fonctions administratives d'un gouvernement dans un pays étranger.

◼ **Activité 10.** Le voyage d'Adrienne Petit

Adrienne Petit est partie
à Tahiti l'année der-
nière. Qu'est-ce qu'elle
a fait avant son départ?

1.

2. PASSEPORTS

3. AGENCE DE VOYAGES MARTINEAU

4. BANQUE NATIONALE DE PARIS

5.

6.

7. AIR FRANCE

8.

◼ *Note culturelle*

LE GUIDE DU ROUTARD

Le Guide du Routard est sans doute le guide le plus populaire parmi les
jeunes Français d'aujourd'hui. Il s'adresse à ceux qui ont un budget limité,
et donne des détails sur des endroits insolites[1] à découvrir. Il offre des renseignements fort pratiques sur les itinéraires à suivre, ainsi que sur la qualité et
le prix des hébergements[2] bon marché. Il existe un *Guide du Routard* pour
chaque région de France, pour un bon nombre de pays étrangers, et même
pour certaines activités particulières telles que les randonnées dans les Alpes.

[1]endroits... *unusual places*   [2]*lodging*

Partir avec tout le monde,
comme tout le monde,
pour voir la même chose
que tout le monde,
est-ce bien raisonnable?

D'après cette publicité, qu'est-ce qui n'est pas raisonnable, selon *le Guide*? Est-ce que *le Guide du Routard* encourage les voyages de groupes organisés par les agences de voyages? Que représente le mouton sur cette pub?

LE GUIDE DU ROUTARD

LA LIBERTÉ A TOUTES LES PAGES.

Depuis 15 ans le Guide du Routard voyage malin[1] dans le monde entier : ce serait trop bête de ne pas en profiter. Partir avec lui, c'est, chaque fois, le même plaisir de sortir des sentiers battus[2] (au total, 32 guides). C'est découvrir plus et savourer mieux, se créer une vision personnelle d'un pays. Et c'est, partout, saisir les bonnes affaires[3] grâce à ses adresses mises à jour chaque année. Le Guide du Routard, si vous faisiez un bout de chemin avec lui?

HACHETTE

[1]*intelligently*

[2]*sentiers...*
   beaten
   tracks
[3]*bonnes...*
   good deals

■ **Activité 11.** Entretien: Les voyages

1. As-tu de la famille dans un autre état ou dans un autre pays? Leur rends-tu visite de temps en temps? Comment et quand y vas-tu? Quelle est la dernière fois que tu leur as rendu visite?
2. Est-ce que tu aimes voyager? Si tu étais riche, où voudrais-tu aller? Comment aimerais-tu voyager? en avion privé? sur un paquebot de croisière? Pourquoi?
3. As-tu déjà voyagé dans un autre pays? Si oui, qu'est-ce que tu as fait de spécial pour préparer ton voyage? Est-ce que tu savais parler la langue du pays? Que font les gens pour se débrouiller quand ils ne parlent pas la langue d'un pays?

4. Est-ce que tu préfères les voyages organisés par un guide ou les voyages où l'on est complètement libre? Quels sont les avantages et les inconvénients de ces deux types de voyage?

5. Si tu n'as pas encore voyagé à l'étranger, penses-tu le faire bientôt? Quand? Quels pays veux-tu visiter? Quelles villes? Qu'est-ce que tu veux voir?

Là où vous allez, les Guides Arthaud vous emmènent plus loin.

SÉNÉGAL MAROC SICILE
ISRAËL SEYCHELLES MAURICE RÉUNION THAÏLANDE
MEXIQUE GUATEMALA ANTILLES EGYPTE

ARTHAUD

 # *Voyages de l'an dernier*

Attention! Étudier Grammaire 8.6

Jean-Yves est allé au Canada.

A l'aéroport, beaucoup de gens faisaient la queue à l'enregistrement des bagages.

Ils ont dû attendre leur vol pendant deux heures parce qu'il avait une heure de retard.

Ils ont rempli la déclaration de douane pendant que l'avion commençait à faire sa descente sur Montréal.

A l'arrivée, ils ont fait la queue au contrôle de police pour faire contrôler leur passeport. Jean-Yves a trouvé le temps long, mais il n'y avait rien à faire.

A la douane, ils n'avaient rien à déclarer. Cependant, le douanier a fouillé tous leurs bagages.

Ils sont allés à la gare pour prendre le train jusqu'au centre-ville.

Il y avait un monde fou dans le train quand il est arrivé au quai numéro 10.

▌ **Activité 12.** Expériences dans le monde

Qui dans la classe...

1. est allé au Québec? Pour quelle raison? un voyage d'affaires? de plaisir... ?
2. n'est jamais allé à l'étranger? Voudriez-vous le faire un jour?

3. n'a jamais pris le train?
   Pourquoi?
4. était dans un autre pays ou
   dans un autre état pendant
   un tremblement de terre?
   C'était comment?
5. a visité un château en France
   ou dans un autre pays?
   Décrivez-le.
6. a escaladé une montagne?
   Laquelle? de quelle hauteur?
7. a perdu ses bagages pendant
   un voyage? Que s'est-il
   passé?
8. a manqué un vol d'avion?
   Pourquoi?
9. était dans un avion pendant
   un orage? Vous aviez un peu
   peur?
10. ?

Dans un centre commercial

Activité 13. Ennuis de voyage

Imaginez que vous avez fait votre premier voyage en France et que vous avez eu, comme tout le monde, des bonnes expériences et des mauvaises. Complétez les phrases suivantes pendant que votre partenaire exprime ses réactions.

1. A New York, je n'ai pas entendu le haut-parleur annoncer mon vol pour Paris et...
2. Il y a eu un orage violent pendant la traversée. Tout le monde avait très peur. Moi, je...
3. Pendant que nous faisions la queue à la douane, j'ai trouvé que le type devant moi avait l'air très suspect et...
4. Le douanier était très sympa avec moi et il...
5. Au moment de récupérer les bagages, je me suis approché(e) du porte-bagages et...
6. J'ai pris le train au Luxembourg pour prendre mon vol de retour. Pendant le voyage, j'ai découvert qu'on allait détacher le wagon où j'étais...
7. ?

Vocabulaire utile

Ah ça, c'est marrant!	Quel désastre!
Pas possible!	Ah, bon?
C'est vrai?	Quelle horreur!
Génial!	Oh, là là! Et alors... ?

■ **Activité 14.** Julien n'a pas eu de chance!

Julien Leroux a reçu une invitation pour passer le week-end chez des amis à la campagne. Il a décidé d'y aller en voiture. Qu'est-ce qui lui est arrivé?

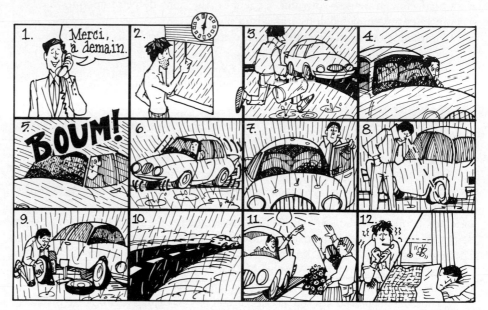

■ **A vous d'écrire**

Les nouvelles inventions ne sont pas toujours très bien reçues. Voilà ce qu'a dit un commentateur du 19e siècle au sujet de la bicyclette.

La bicyclette ne va pas durer

Montez à bicyclette, Mesdames, si vous avez envie d'exercer vos muscles au Bois ou à la campagne, mais vous n'allez jamais monter en ville sur cette machine. Les gens vont dire du mal de vous. Et dites-vous que la mode de la bicyclette ne va pas durer, ne va jamais intéresser le peuple? Vous avez raison. La bicyclette va s'oublier comme les machines à voler vont s'oublier.

Imaginez que vous vivez à l'époque où l'on voit les premiers essais des «machines à voler». Écrivez un paragraphe qui explique pourquoi vous n'avez pas confiance en cette machine et pourquoi les voyageurs ne vont pas s'en servir.

LA PRESSE EN DIRECT

AVANT DE LIRE

Rachid Boudjera, écrivain algérien né en 1941, était adolescent pendant la guerre pour la libération nationale contre la France (La Guerre d'Algérie,

1954–1962). Il écrit en arabe et en français, surtout des romans. Ce texte est tiré d'un article publié dans *Le Nouvel Observateur*, une revue française très connue.

- Quelle image pensez-vous que les jeunes Algériens de cette époque pouvaient avoir des colons français? Pourquoi?
- Comment pouvaient-ils apprendre à connaître des Français ordinaires, humains, semblables à eux-mêmes?

Une autre France

Quand *l'Exil et le Royaume*° parut en 1957, j'avais quinze ans et la lecture boulimique. La guerre d'Algérie faisait chaque jour le plein d'horreurs et de malheurs. Albert Camus n'avait pas encore obtenu le Nobel...

Je ne connaissais pas les Français. Ils vivaient dans un monde qui nous était étranger, étanche,° interdit. Ils ignoraient les étrangers que nous étions à leurs yeux et nous le leur rendions° très bien. En lisant la première nouvelle du recueil,° *La Femme adultère,* je découvris un lieu marqué par une «certaine» présence française. Il s'agissait° paradoxalement d'un autocar qui traversait le désert algérien, rempli d'«Arabes» parmi lesquels trois Français: Marcel, un commerçant itinérant en tissus, falot° et lamentable; Janine, son épouse chiffonnée° par la banalité de sa vie et dévorée par l'ennui;° un militaire «*à la face tannée de chacal*» habité par le malheur.

Un autocar est un lieu. Un lieu mobile, de surcroît.° C'est-à-dire propice à révéler ce qui est latent, ce qui est caché. En vingt-quatre pages vraies, efficaces et généreuses, Albert Camus me donnait l'idée qu'il existait une autre France différente de celle casquée et bottée° qui avait traumatisé mon adolescence.

Il faisait de ces trois personnes des êtres pathétiques, émouvants et fragiles. A portée de° l'humain! C'est-à-dire engoncés° dans leur destin, de la même façon que «*les Arabes qui faisaient mine° de dormir, enfouis dans leur burnous°*».

(marginal glosses:)
collection of stories by Albert Camus

inaccessible (fig.)

nous... we felt the same way about them / nouvelle... short story of the collection
Il... It was a question of

dreary

worn-looking

boredom

de... moreover

celle... the one with a helmet and boots

A... Within reach of / cramped

faisaient... pretended / hooded cape worn traditionally by North African men

Avez-vous compris?

1. A l'âge de quinze ans, l'auteur...
   a. adorait lire.
   b. avait une maladie grave, la boulimie.
2. Comme jeune homme, l'auteur...
   a. était militaire dans l'armée française.
   b. n'avait pas d'amis français.
3. D'après l'auteur, les Français en Algérie...
   a. avaient beaucoup de relations avec les Algériens.
   b. ne s'intéressaient pas aux Algériens.
4. Dans le passage de *l'Exil et le Royaume* que Boudjera a lu, il était question...
   a. d'Arabes itinérants qui vendaient des burnous.
   b. de trois Français voyageant dans le Sahara.

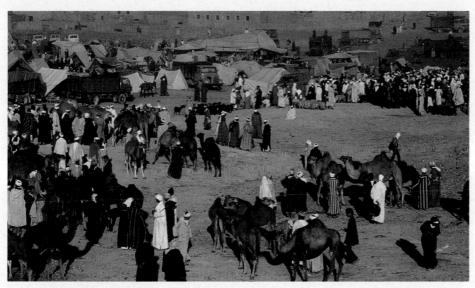

Sud marocain: rassemblement de la tribu.

5. Dans l'autocar...
   a. il n' y avait que des Français.
   b. il y avait surtout des Arabes.
6. Les trois Français de l'autocar...
   a. voyageaient dans le désert pour connaître des Arabes.
   b. connaissaient la misère tout comme les Arabes.
7. Dans sa lecture de Camus, l'auteur a découvert...
   a. des Français qui avaient traumatisé son adolescence.
   b. des Français humains et vulnérables comme lui.

VOCABULAIRE

La géographie et la nature

une falaise	a cliff
un fleuve	a river
un marais	a swamp
un orage	a storm
un pin	a pine tree
une rive	shore, bank (*of river*)

une rivière	a stream, brook
le sable	sand

Mots apparentés: une baie, un désert, une dune, une forêt, un glacier, une île, une jungle, un palmier, une péninsule, une plaine, des rapides (*m. pl.*) une vallée, un volcan

Mots descriptifs: **désertique, montagneux/ montagneuse, souterrain(e), tropical(e)**

Les points cardinaux Cardinal points

le nord, le sud, l'est (*m.*), **l'ouest** (*m.*)

Les moyens de transports et les points de départ
Means of transport and points of departure

un autocar	a cross-country bus
un camion	a truck, semi
une camionnette	a pick-up truck, small van
une croiseur	a cruiser (also, a cruise)
une gare routière	bus station, depot
un paquebot	an ocean liner
un quai	a platform (*train station, etc.*)
une voie	a railroad track, path, roadway
une voiture de location	a rental car

Mots apparentés: **une ambulance, un aéroport, un ferry-boat, un hélicoptère, une station de métro, un véhicule**

La description des voyages

aérien(ne)	by air
lent(e)	slow
reposant(e)	restful

Mots apparentés: **confortable, dangereux/dangereuse, économique, fatigant(e), pratique, rapide**

à travers le monde	throughout the world
jusqu'à (la gare)	to, as far as, up to (the station)
respecter les limites de vitesse	to observe the speed limit
sans arrêts	with no stopovers

Mots apparentés: **complètement, confortablement, fréquemment, généralement, prudemment, rapidement**

Les préparatifs du voyageur
Getting ready to travel

un billet aller-retour	a round-trip ticket
un renseignement	a piece of information

Mots apparentés: **une agence de voyages, l'arrivée** (*f.*)**, les bagages** (*m. pl.*)**, une brochure, un chèque de voyage, un consulat, la contrebande, la destination, l'itinéraire** (*m.*)**, le nécessaire, le point de départ**

emporter	to take (something) with you
faire des valises	to pack suitcases
se faire faire une piqûre	to get a shot
s'informer	to find out information

Mots apparentés: **confirmer, réserver**

Pour voyager en avion
Traveling by plane

la carte d'embarquement	boarding pass
le comptoir	counter
l'excédent de poids	excess weight
le guichet	ticket window
le mal de l'air	air sickness
un retard	a delay
la salle d'attente	the waiting room
le tableau d'affichage	the schedule display board
la traversée	the crossing
enregistrer les bagages	to check luggage
faire la queue	to stand in line
peser	to weigh

Mots apparentés: **à bord de l'avion, annoncer, la cabine, la descente, un(e) employé(e), l'hôtesse de l'air** (*f.*)**, un passager/une passagère, le steward**

Pour voyager à l'étranger
Traveling abroad

le contrôle de police	police checkpoint
la douane	customs office
le douanier	customs officer

les impôts	direct taxes
les taxes	indirect taxes

Mots apparentés: la déclaration de douane, l'exemption de douane

fouiller	to look through, search
rapporter	to take (carry) something home with you
remplir un formulaire	to fill out a form

Mot apparenté: déclarer

Mots et expressions utiles

à l'étranger	abroad, in another country
A quel moment est-ce qu'on... ?	At what time (point) does one . . . ?
de temps en temps	from time to time
l'an dernier	last year
Ah ça, c'est marrant!	That's funny (odd)!
Pas possible!	Impossible!
C'est vrai?	Really?
Génial!	Neat!
Quel désastre!	What a mess!
Ah, bon?	Is that right? Really?
Quelle horreur!	How awful!
Oh, là là! Et alors... ?	Good heavens! And then what?

Les adjectifs

affiché(e)	posted (*on a wall, etc.*)
blessé(e)	wounded
compris(e)	included
efficace	useful, efficacious
portatif/portative	portable
pris(e)	taken

Mots apparentés: australien(ne), celte, extraordinaire, microbien(ne), parasitaire, polluant(e)

Les substantifs

une banlieue	a suburb
un château-fort	a fortified stronghold, castle

un chercheur (une chercheuse)	a researcher
l'essence (*f.*)	gasoline
un état	a state, a country
la façon (de)	the way, style, fashion (of)
une femme (un homme) d'affaires	a businesswoman, businessman
la hauteur	height (*of mountain, etc.*)
les heures de pointe	rush hour(s)
un monde fou	a large crowd
le Moyen Âge	the Middle Ages
une quarantaine (de...)	about forty(—)
la suite	the result, continuation
un trajet	a trip, journey
un type (*fam.*)	a guy, chap
un voyage d'affaires	a business trip
un wagon	a railway car

Mots apparentés: une autoroute, une caravane, un cow-boy, l'ennui (*m.*), une maladie, le peuple, le plaisir, les ruines (*f. pl.*), une situation, une tente

Verbes

avoir l'air suspect	to look suspicious
briller	to shine
dépasser	to surpass, go beyond
essayer	to try
montrer	to show, point out
redouter	to fear, worry about
résoudre	to resolve
se déplacer	to go someplace, move around
se trouver	to be located
timbrer	to mark, stamp
tomber malade	to fall ill

Mots apparentés: détacher, développer, consommer, monter, protéger, prouver, récupérer, s'approcher de, s'habituer à, souffrir, surveiller, transporter

GRAMMAIRE ET EXERCICES

8.1 Expressing Location, Destination, and Origin: Prepositions + Place Names

A. Use the prepositions **à** (*to, at, in*) and **de** (*from*) with names of cities.

Agnès Rouet habite **à Paris.**	*Agnes Rouet lives in Paris.*
Raoul va rentrer **à Montréal** pour les vacances.	*Raoul is going to go home to Montreal for (the) vacation.*
Julien Leroux revient **de Moscou** demain soir.	*Julien Leroux is coming back from Moscow tomorrow evening.*

B. French place names (other than cities) can be masculine or feminine. In general, place names ending in **-e** are feminine, and all others are masculine. Usually, the definite article must be used with the name of the country. (Some exceptions will be seen in the examples that follow.)

La France est un pays beaucoup plus vieux que **les États-Unis.**	*France is a much older country than the United States.*

QUELQUES PAYS ET CONTINENTS FÉMININS		
l'Algérie	l'Espagne	l'Afrique
l'Angleterre	la France	l'Asie
l'Allemagne	la Grèce	l'Australie
la Belgique	l'Italie	l'Europe
la Chine	la Russie	l'Amérique du Nord
l'Égypte	la Suisse	l'Amérique du Sud

Exceptions: **le** Mexi**que**, **le** Cambodg**e**, **le** Zaïr**e**

QUELQUES PAYS MASCULINS		
le Brésil	le Japon	le Portugal
le Canada	le Luxembourg	le Sénégal
le Danemark	le Maroc	le Viêt-nam
les États-Unis	les Pays-Bas	

C. With <u>feminine place names, use the preposition **en**</u> to express *to* or *in*, and <u>**de (d')** to express *from*</u>. Notice that the article is not used here.

Mon amie Min rentre **en Chine** l'été prochain.	My friend Min is going back (home) to China next summer.
Ce train-là arrive **d'Espagne**, je crois.	That train is coming from Spain, I believe.

D. With masculine place names, **à** and **de** are used with the definite article: **au, aux** (with plural names), **du, des** (with plural names).

Il y a beaucoup de plaines et de forêts **au Canada.**	There are lots of plains and forests in Canada.
Je suis allé **aux États-Unis** l'année dernière.	I went to the United States last year.
Julien m'a écrit une lettre **du Japon.**	Julien wrote me a letter from Japan.
Cette étudiante vient **des Pays-Bas.**	This student is from the Netherlands.

E. The use of prepositions with names of American states is not as clearly defined as for other place names. **En** and **de** are used for feminine states: **en Californie, en Floride, de Louisiane, de Caroline du Nord. Dans le (l')** and **du (de l')** are generally used for masculine states: **dans le Michigan, dans l'Ohio; du Minnesota, de l'Iowa.***

SUMMARY: PREPOSITIONS WITH PLACE NAMES				
	Cities	*Feminine countries and masculine countries beginning with a vowel*	*Masculine countries beginning with a consonant*	*Plural countries*
to, in, at	**à** **à** Paris **à** Moscou	**en** **en** Belgique **en** Israël	**au** **au** Portugal **au** Viêt-nam	**aux** **aux** États-Unis **aux** Pays-Bas
from	**de (d')** **de** Tokyo **d'**Athènes	**de (d')** **de** France **de** Chine	**du** **du** Canada **du** Sénégal	**des** **des** États-Unis **des** Pays-Bas

---

*But: *au* Texas, *au* Nouveau-Mexique.

Exercice 1. Le tour du monde

Vous posez des questions à un jeune globe-trotter.

MODÈLE: l'Amérique du Sud / le Pérou →
Allez-vous en Amérique du Sud?
Oui, je vais au Pérou.

1. l'Europe / le Portugal et l'Espagne
2. l'Asie / la Chine et l'Inde
3. l'Afrique / le Zaïre et le Sénégal
4. l'Afrique du Nord / la Tunisie et le Maroc
5. l'Amérique du Nord / les États-Unis: la Californie et le Texas
6. le Canada / Montréal et Toronto
7. la Louisiane / Baton Rouge et la Nouvelle-Orléans
8. l'Amérique du Sud / le Brésil et l'Argentine

Exercice 2. Circuits internationaux

Les amis d'Adrienne comparent leurs voyages à l'étranger. Posez la question avec le verbe **visiter** (sans préposition), et répondez avec le verbe **aller** et le nom d'un autre pays de la même région.

MODÈLE: le Portugal → Tu as déjà visité le Portugal?
Non, mais je suis allé(e) en Espagne.

Réponses possibles: en Algérie, en Angleterre, au Brésil, en Californie, au Canada, au Chili, au Danemark, en Égypte, aux États-Unis, en Floride, en Grèce, en Irlande, en Italie, au Luxembourg, au Mexique, au Pérou, en Suède, en Suisse, au Togo, en Tunisie

1. l'Israël
2. le Maroc
3. l'Écosse (*Scotland*)
4. la Finlande
5. l'Allemagne
6. l'Alaska
7. l'Argentine
8. le Sénégal

Exercice 3. Le marché international

Savez-vous d'où viennent les produits et les aliments suivants?

MODÈLES: D'où viennent les stylos Waterman? →
Les stylos Waterman viennent de France.

D'où viennent les Toyotas? →
Les Toyotas viennent du Japon.

Quelques réponses possibles: Afrique, Allemagne, Amérique du Sud, Californie, Canada, États-Unis, France, Italie, Japon, Louisiane, Mexique, Portugal, Suède, Suisse

D'où viennent... ?

1. les Volkswagens
2. les Volvos
3. les appareils Sony
4. les meilleures montres (à votre avis!)
5. les meilleures bicyclettes
6. les meilleurs vins

D'où vient... ?

7. le meilleur café
8. le porto
9. le chili con carne
10. le sushi
11. le jambalaya
12. le sirop d'érable

8.2 Verbs Followed by Infinitives

You have often used a conjugated verb followed by a second verb in the infinitive form, e.g., **j'aime chanter.** You may have noticed that some verbs require the preposition **à** or **de** before the infinitive, and others don't.

VERB + INFINITIVE		
adorer	désirer	devoir
aimer	espérer	pouvoir
détester	préférer	savoir
	vouloir	il faut

Sarah **espère aller** en Suisse cet hiver.

Sarah hopes to go to Switzerland this winter.

Sais-tu **parler** espagnol?

Do you know how to speak Spanish?

VERB + à + INFINITIVE	
apprendre à	hésiter à
avoir du mal à (*have trouble*)	inviter (quelqu'un) à
commencer à	se préparer à
continuer à	réussir à

Julien Leroux **se prépare à partir** au Japon. Une compagnie de télévision japonaise l'**a invité à venir** passer un mois dans leur pays.

Julien Leroux is getting ready to go to Japan. A Japanese television company has invited him to come spend a month in their country.

VERB + **de** + INFINITIVE
avoir besoin/envie/peur/raison/tort... de être + *adjective* (content, triste, etc.) + de accepter de   oublier de décider de   refuser de essayer de   rêver de finir de

As-tu **fini de faire** ta valise? — Non, j'ai encore **besoin de choisir** des chaussures. **Es**-tu **content de partir?**

Have you finished packing your suitcase? — No, I still have to choose some shoes. Are you happy to leave?

▮ Exercice 4. Comment apprendre une langue étrangère

Raoul Durand vous offre des conseils pour apprendre le français. Remplacez les tirets par une préposition quand il le faut (**à, de**).

Est-ce que vous rêvez _____[1] parler français comme un Français? Quand on commence _____[2] étudier une langue étrangère, on a d'habitude beaucoup de mal _____[3] communiquer dans cette nouvelle langue. Quand on a appris _____[4] s'exprimer, même un peu, il faut _____[5] aller dans un pays où on parle cette langue. Si vous apprenez le français, je vous conseille d'aller en France ou au Québec, par exemple.

Une fois que vous êtes dans un pays francophone, vous devez essayer _____[6] parler la langue avec les gens. Même si certaines personnes refusent _____[7] parler français avec vous, ne soyez pas découragé! Si vous désirez _____[8] faire des progrès, vous devez aussi _____[9] accepter _____[10] faire des fautes.* N'hésitez pas _____[11] profiter de toutes les occasions de parler et d'écouter le français. Souvent, les gens seront[†] heureux _____[12] vous aider. S'il le faut, demandez aux gens de parler plus lentement.

Si vous continuez _____[13] faire des efforts, je vous assure que vous allez réussir _____[14] bien parler français. Persévérez, et ne soyez pas trop impatient!

---

*__fautes__ = mistakes
[†] __seront__ = will be

8.3 *Describing Actions with Adverbs*

Adverbs are words that describe actions. Some common adverbs that you probably know are **beaucoup, bien, encore, ici, mal, souvent,** and **tôt.**

Moi, j'ai **beaucoup** voyagé cette année. —Et moi, j'ai voyagé très **peu.**	*I've traveled a lot this year. —I've traveled very little.*

Many French adverbs end in **-ment,** which corresponds to the English *-ly* ending. If an adjective ends in a consonant, add **-ment** to the feminine to form the adverb.

lent(e)	**lente**ment
certain(e)	**certaine**ment
actif/active	**active**ment
franc(he)	**franche**ment
long(ue)	**longue**ment
particulier/particulière	**particulière**ment
(mal)heureux/(mal)heureuse	**(mal)heureuse**ment
entier/entière	**entière**ment

Malheureusement, M. et Mme Lasalle n'ont pas pu partir en vacances.	*Unfortunately, Mr. and Mrs. Lasalle were not able to go away on vacation.*

If an adjective ends in a vowel, there is no need to add an **-e** to form the adverb.

absolu	**absolu**ment
vrai	**vrai**ment
facile	**facile**ment

Vous croyez **vraiment** qu'il va faire beau à la montagne au mois de novembre?	*Do you really think it's going to be nice (weather) in the mountains in November?*

If an adjective ends in **-ent** or **-ant,** remove that ending and add **-emment** or **-amment,** respectively. Both **-emment** and **-amment** are pronounced *-amment.*

fréqu**ent**	fréqu**emment**
évid**ent**	évid**emment**
cour**ant**	cour**amment**
const**ant**	const**amment**

Je vais **fréquemment** chez ma cousine Chantal.	*I often go to my cousin Chantal's house.*
Raoul parle **couramment** le français.	*Raoul speaks French fluently.*

▌ **Exercice 5.** Stéréotypes

Employez des adverbes avec **-ment** pour compléter ces images stéréotypées.

MODÈLE: Une personne sincère répond... →
Une personne sincère répond sincèrement.

1. Un monsieur sérieux parle...
2. Une personne calme répond toujours très...
3. Une jeune femme élégante s'habille...
4. Un étudiant attentif écoute...
5. Un garçon actif participe... dans des sports.
6. Un psychiatre discret parle... de ses patients.
7. Un jeune homme naïf parle...
8. Une voiture lente roule...
9. Un patient nerveux dit bonjour à son dentiste...
10. Un père patient agit toujours très... envers ses enfants.

8.4 Before and After: avant de + Infinitive; après + Past Infinitive

You already know that the prepositions **avant** (*before*) and **après** (*after*) are often used with nouns, just as in English, to indicate the order of events.

Je voudrais apprendre à mieux parler français **avant mon voyage** en Europe l'été prochain.

I'd like to learn to speak better French before my trip to Europe next summer.

Après son séjour en Russie, Julien comprenait mieux la situation politique du pays.

After his stay in Russia, Julien understood better the political situation in that country.

To express *before doing something*, use **avant** + **de** followed by an infinitive.

On doit acheter un billet **avant de monter** dans le train.

One must buy a ticket before getting on the train.

Sarah a étudié le français pendant trois ans **avant d'aller** en France.

Sarah studied French for three years before going to France.

To express *after doing something*, use **après** followed by a *past* infinitive. The past infinitive = **avoir** or **être** + past participle.

Après avoir trouvé nos places dans le train, nous avons mis nos valises dans le filet au-dessus de nos têtes.

After finding our seats on the train, we put our bags in the rack over our heads.

Apres être retournée trois fois à l'agence de voyages, Claudine a réussi à acheter les billets d'avion.

After returning three times to the travel agency, Claudine succeeded in buying the airplane tickets.

Notice that the past participle in this construction follows the usual rules on subject agreement if the verb is conjugated with **être**.

Exercice 6. Dans le bon ordre

Dans quel ordre faites-vous les choses suivantes? Répondez avec **avant de** + un infinitif.

MODÈLE: faire la vaisselle, dîner →
Je dîne avant de faire la vaisselle.

A PROPOS DE LA TOILETTE

1. me brosser les dents, prendre le petit déjeuner
2. me laver, m'habiller
3. me laver les cheveux, aller chez le coiffeur

A PROPOS DES VOYAGES

4. m'informer sur un endroit, visiter cet endroit
5. regarder la carte, faire un voyage
6. changer mon argent, arriver dans un pays étranger

Exercice 7. Priorités

Que fait l'étudiant typique dans ces situations? Employez **après avoir/être** + un participe passé.

MODÈLE: passer des examens/étudier →
Un étudiant typique passe des examens **après avoir** étudié.

1. finir ses devoirs/regarder la télé
2. aller en cours/étudier
3. lire des articles/écrire une thèse
4. regarder son manuel de laboratoire/écouter les cassettes
5. écrire une composition/réfléchir au sujet
6. répondre aux questions du prof/écouter les questions du prof

8.5 *Using* **tout**

The word **tout** can be used as an adjective or as a pronoun. As an adjective, **tout** agrees with the noun it modifies in gender and number: **tout, toute, tous, toutes.**

Femenine

Raoul a passé **toute** la journée
à faire ses valises.

*Raoul spent all day packing his
suitcases.*

Plurafeminine Masculine

Il emporte **tous** les jeans
qu'il a.

*He's taking with him all the jeans
he has.*

As a pronoun, the masculine singular form **tout** corresponds to the English
everything. In this use, it is invariable in spelling.

Aujourd'hui **tout** va mal.

Today everything is going badly.

Tu as **tout** mis dans cette petite
valise?

*Did you put everything in this
little suitcase?*

Pronunciation Hint
tou~~t~~, tout~~e~~, tou~~s~~, tout~~es~~

Exercice 8. Généralités

Complétez ces phrases et dites si vous êtes d'accord ou non. Utilisez **tout,
tous, toute, toutes.**

1. _____ les enfants sont amusants.
2. _____ les étudiants ont beaucoup d'ambition.
3. _____ le journalisme vire parfois au sensationnalisme.
4. _____ les petites filles préfèrent jouer à la poupée.
5. _____ la musique rock est vulgaire.
6. _____ les religions aident l'humanité.
7. _____ les hommes politiques sont malhonnêtes.
8. _____ les vices ne sont pas punis.

Et maintenant, complétez ces proverbes avec le pronom **tout.** Dites si vous les
trouvez raisonnables ou pas.

1. _____ est bien qui finit bien.
2. Qui risque _____ perd _____.
3. _____ est pour le mieux.

8.6 What Was Going On: Another Use of the imparfait

The **passé composé** and the **imparfait** are both past tenses. The tense you use
depends on how you regard the past action: for instance, as a completed action
or as an ongoing situation in the past.

A. You already know that habitual or repeated actions in the past are expressed
with the **imparfait (Grammaire 6.1).**

| **Tous les ans,** nous **faisions** un voyage en Grèce. | *Every year, we used to travel (would travel) to Greece.* |
| **D'habitude,** nous **allions** d'abord à Athènes. | *Usually, we went (would go) to Athens first.* |

Expressions often used with the **imparfait** to emphasize past habitual action include **souvent, toujours, d'habitude, tous les ans (jours).**

You also know that a past state or ongoing condition is described with the **imparfait (Grammaire 6.3).**

| Je **savais** qu'il ne **voulait** pas me parler. | *I knew that he didn't want to talk to me.* |
| Il **faisait** froid ce jour-là, mais le soleil **brillait.** | *It was cold that day, but the sun was shining.* |

B. The **imparfait** can also be used with action verbs to describe an action *in progress* in the past. English speakers usually express this with *was* + the *-ing* form of the verb: *We were dancing, I was watching,* and so on.

| (C'est Christine Lasalle qui parle.) La veille du départ, tout le monde était occupé. Bernard **finissait** du travail, moi j'**étudiais** notre itinéraire et les filles **faisaient** leurs valises. | *(Christine Lasalle is speaking.) The night before our departure, everyone was busy. Bernard was finishing some work, I was studying our itinerary, and the girls were packing their suitcases.* |

The **imparfait** is often used in this way with conjunctions such as **pendant que** (*while*) to emphasize that several actions were in progress at the same time in the past.

| J'**essayais** de lire le journal **pendant que** les autres passagers **regardaient** le film. | *I was trying to read the newspaper while the other passengers were watching the movie.* |
| **Pendant que** Bernard et Christine **s'installaient** dans la chambre, les filles **exploraient** les couloirs de l'hôtel. | *While Bernard and Christine were getting settled in the room, the girls explored (were exploring) the corridors of the hotel.* |

C. The **passé composé,** on the other hand, presents an action as a single event, completed at one time in the past.

| **Soudain** Sylvie s'**est levée,** puis **est partie** sans dire un mot. | *Suddenly Sylvie got up and left without saying a word.* |
| A Paris, il y avait trop de choses à faire. Je ne pouvais pas choisir entre toutes les possibilités. **Finalement,** j'**ai décidé** de passer la journée au Louvre. | *In Paris, there were too many things to do. I couldn't choose among all the possibilities. Finally, I decided to spend the day at the Louvre.* |

Expressions often used with the **passé composé** include **puis, ensuite, enfin, finalement, soudain, tout à coup** (*all at once*).

D. The **imparfait** and **passé composé** are often used together to describe what was going on **(imparfait)** when something else happened **(passé composé)**.

Je **prenais** un café quand le train **est arrivé.**	*I was having a cup of coffee when the train arrived.*
Moi, je **dormais** quand vous **êtes parti.**	*I was sleeping when you left.*
Que **faisiez**-vous quand je vous **ai téléphoné?**	*What were you doing when I called you?*

You will learn more about using these two tenses in later chapters.

SUMMARY OF PAST TENSE USES
Imparfait
Repeated past actions   Nous **allions** au Maroc tous les étés.
Description of past states   Ce jour-là, il **faisait** très beau et les enfants **avaient** trop chaud.
Past action in progress   Une heure avant le départ, Bernard **faisait** encore ses valises.
Passé composé
A single past action   L'année dernière, nous **sommes allés** en Tunisie.
An interrupting action   J'attendais le bus, quand il **a commencé** à pleuvoir.

▌ **Exercice 9.** Vous rappelez-vous?

Quel âge aviez-vous...

1. quand vous avez passé la nuit chez un(e) ami(e) pour la première fois?
2. quand vous avez voyagé sans vos parents pour la première fois?
3. quand vous avez pris l'avion pour la première fois?
4. quand vous avez reçu votre premier appareil-photo?
5. quand vous avez eu votre permis de conduire?

Exercice 10. Temps instable!

Un dimanche au mois de mars, Adrienne et ses amis décident de faire une petite excursion aux gorges du Verdon, à une centaine de kilomètres de Marseille. Dites quel temps il faisait à chaque moment de leur journée.

> MODÈLE: il (faire) frais / Adrienne (se lever) →
> Il faisait frais quand Adrienne s'est levée.

1. il (faire) du soleil / ils (partir)
2. le ciel (être) couvert / ils (prendre) de l'essence à une station service
3. il (faire) très frais / ils (arriver) aux gorges
4. ils (faire) un pique-nique / il (commencer) à pleuvoir
5. il (neiger) / ils (arriver) en altitude

Exercice 11. Un vol mouvementé

Barbara était en vacances. Elle allait visiter New York et passer quelques jours chez sa cousine. Elle voyageait seule et voulait se reposer. Malheureusement, il y a eu beaucoup d'incidents pendant le vol...

> MODÈLE: regarder par la fenêtre... quelqu'un / renverser du café sur elle →
> Barbara regardait par la fenêtre quand quelqu'un a renversé du café sur elle.

1. lire un roman... le passager à côté d'elle / commencer à lui parler
2. écouter de la musique classique... un sac / tomber sur elle
3. dormir paisiblement... l'hôtesse de l'air / décider de faire une annonce au haut-parleur
4. prendre son repas... l'avion / traverser une zone de turbulences
5. parler à son voisin... le pilote / annoncer qu'il fallait boucler les ceintures de sécurité

Exercice 12. Une année à l'université de Grenoble

Un ami de Raoul lui raconte le séjour qu'il a fait à Grenoble l'année dernière. Utilisez **l'imparfait** ou **le passé composé**.

Quand j'étais à Grenoble, j'étais très occupé. Tous les jours, je (avoir)[1] cours le matin de 8 heures à 11 heures. L'après-midi, je (étudier)[2], en général, à la bibliothèque. Le week-end, avec des amis, nous (faire)[3] du tourisme. Le samedi, nous (rester)[4] en ville et le dimanche, nous (aller)[5] à la campagne.

En octobre, nous (faire)[6] une excursion très intéressante à Genève. Pour Noël, je (rentrer)[7] chez moi. En février, je (aller)[8] faire du ski en Italie. Comme il (faire)[9] très beau, je (rentrer)[10] bien bronzé.

De temps en temps, je (manger)[11] chez les Gauthier, des amis français très sympathiques. Pendant ces dîners entre amis, je (perfectionner)[12] mon français.

Finalement, au début du mois de mai, je (quitter)[13] la France et je (être)[14] triste de partir.

9

Le voyageur dans le monde francophone

Marché aux fleurs à Dakar, Sénégal

In **Chapitre 9** you will learn to talk about trips you have taken and how to deal with travel-related situations such as finding lodging, driving, making purchases, and resolving unexpected problems. You will also learn about places to visit in the French-speaking world.

THÈMES

L'arrivée

En voiture!

Comment se débrouiller

On fait des achats

LECTURES

Lettre du Maroc

La presse en direct: Invitation au Sénégal

GRAMMAIRE

9.1 Expressing Events in the Recent Past: **venir de** + Infinitive

9.2 Other Uses of the Pronoun **en**

9.3 Verbs for Traveling: The Verbs **conduire** and **suivre**

9.4 Using Pronouns with Commands

9.5 Using Two Object Pronouns Together

9.6 Making Distinctions: The Question **lequel?** and the Answer **celui**

9.7 Expressing Extremes: The Superlative

 # CTIVITÉS ET LECTURES

 ## *L'arrivée*

Attention! Étudier Grammaire 9.1 et 9.2

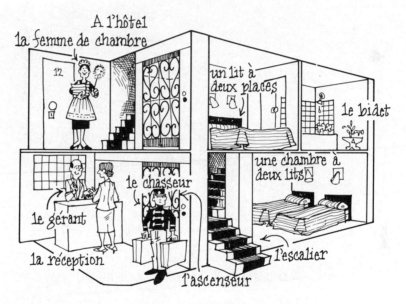

A l'hôtel
la femme de chambre
un lit à deux places
le bidet
une chambre à deux lits
le chasseur
le gérant
la réception
l'escalier
l'ascenseur

—Avez-vous une chambre avec salle de bains pour deux nuits?
—Je suis désolé, madame. Nous n'avons plus de chambres avec salle de bains, mais il m'en reste une avec douche. Vous voulez la voir?

—Je viens d'arriver. Est-ce que vous avez une chambre de libre?
—Je regrette, monsieur. Nous venons de louer la dernière chambre. L'hôtel est toujours complet la semaine de Pâques.

321

—Je voudrais régler ma note, s'il vous plaît.
—Bien, monsieur. Vous avez des suppléments à payer.

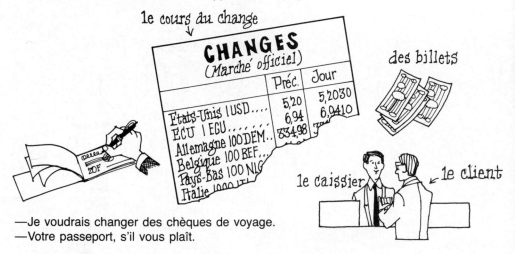

—Je voudrais changer des chèques de voyage.
—Votre passeport, s'il vous plaît.

Activité 1. Les besoins du voyageur

Voici des choses qui influencent les voyageurs quand ils choisissent un hôtel (ou motel). Décidez lesquelles sont importantes pour vous. Ensuite, comparez vos réponses avec celles de votre partenaire et expliquez vos raisons.

MODÈLE: la télévision en couleur →

    É1: Moi, je peux m'en passer. Je vais dans un hôtel (motel) pour dormir.

    É2: Moi, j'en ai absolument besoin. J'aime me détendre avant de m'endormir.

1. la possibilité d'avoir un animal dans la chambre
2. une salle de bains
3. une piscine chauffée
4. des prix modérés
5. la climatisation
6. le téléphone dans la chambre
7. des chambres accessibles aux handicapés
8. une salle de remise en forme
9. un ascenseur (si le bâtiment a plusieurs étages)
10. un bar
11. ?

Vocabulaire utile
J'en ai absolument besoin.
J'en ai envie mais je peux m'en passer.
Je n'en ai pas besoin et d'ailleurs, je n'en ai pàs envie.

▌ **Activité 2.** Le Guide Michelin

Consultez le Guide Michelin. Quels renseignements y trouvez-vous sur ces hôtels à Clermont-Ferrand? Répondez aux questions à la page suivante.

🏨 **Coubertin** Ⓜ, 25 av. Libération ✆ 73 93 22 22, Télex 990096, Fax 73 34 88 66, 🍴 –
🖘 🔲 ☎ 占 ⟷ – 🏛 25 à 300 🆎 ⓪ Ⓔ 🆅🆂🅰
R 55/130 – 🖙 30 – **81 ch** 270/300, 9 appart. – ½ P 230/270.

🏨 **Gallieni**, 51 r. Bonnabaud ✆ 73 93 59 69, Télex 392779, Fax 73 34 89 29 – 🛗 🔲 ☎
– 🏛 150. 🆎 ⓪ Ⓔ 🆅🆂🅰
Le Charade (fermé sam. et dim.) R 105bc/190 – **80 ch** 🖙 240/390.

🏠 **Gd H. Midi,** 39 av. Union Soviétique ✆ 73 92 44 98 – 🛗 🍴 rest 🔲 ☎ ⓪ Ⓔ 🆅🆂🅰
🖘 R 50/115 🍷 enf. 34 – 🖙 23 – **39 ch** 140/220 – ½ P 210/230

🏠 **Floride II** Ⓜ sans rest, cours R. Poincaré ✆ 73 35 00 20 – 🛗 🔲 ☎ ⟷ Ⓟ Ⓔ 🆅🆂🅰
🖙 22 – **29 ch** 185/210.

🏠 **Régina** sans rest, 14 r. Bonnabaud ✆ 73 93 44 76 – ☎
fermé 15 déc. au 2 janv. – 🖙 21 – **26 ch** 100/230

L'installation

Les chambres des hôtels que nous recommandons possèdent,
en général, des installations sanitaires complètes. Il est toutefois possible que dans les catégories 🏨, 🏠 et 🔺, certaines
chambres en soient dépourvues.

30 ch	Nombre de chambres
🛗	Ascenseur
🔲	Air conditionné
🔲	Télévision dans la chambre
🍴	Établissement en partie réservé aux non-fumeurs
☎	Téléphone dans la chambre relié par standard
☎	Téléphone dans la chambre, direct avec l'extérieur
占	Chambres accessibles aux handicapés physiques
🍴	Repas servis au jardin ou en terrasse
🏋	Salle de remise en forme
🏊 🏊	Piscine : de plein air ou couverte
🏖 🌳	Plage aménagée – Jardin de repos
🎾	Tennis à l'hôtel
🏛 25 à 150	Salles de conférences : capacité des salles
🚗	Garage dans l'hôtel (généralement payant)
Ⓟ	Parking réservé à la clientèle
🐕	Accès interdit aux chiens (dans tout ou partie de l'éta-blissement)
Fax	Transmission de documents par télécopie
mai-oct.	Période d'ouverture, communiquée par l'hôtelier
sais.	Ouverture probable en saison mais dates non précisées. En l'absence de mention, l'établissement est ouvert toute l'année.

CATÉGORIES

🏰🏰	Grand luxe et tradition	XXXXX	
🏯	Grand confort	XXXX	
🏨	Très confortable	XXX	
🏠	De bon confort	XX	
🏠	Assez confortable	X	
🔺	Simple mais convenable		
Ⓜ	Dans sa catégorie, hôtel d'équipement moderne		
sans rest.	L'hôtel n'a pas de restaurant		
	Le restaurant possède des chambres	avec ch.	

1. Lesquels de ces hôtels n'ont pas de restaurant?
2. Lequel a des chambres accessibles aux handicapés?
3. Comment s'appelle le restaurant de l'hôtel Gallieni? Quels jours est-il fermé?
4. Quels hôtels servent le petit déjeuner?
5. Lesquels ont un parking?
6. Lesquels ont une salle de conférences?
7. Lesquels ont le téléphone dans la chambre?
8. Lequel n'accepte pas les cartes de crédit?
9. Lequel a le moins de chambres?
10. Quels sont les meilleurs hôtels selon le Guide?

▌ **Activité 3.** Le voyageur se débrouille

Dites si ces situations se présentent au moment de l'arrivée à l'hôtel, pendant le séjour, ou au moment du départ de l'hôtel. Qu'est-ce qui vient de se passer dans chaque situation?

MODÈLE: Le gérant dit qu'il y a une chambre de libre avec salle de bains. →
C'est au moment de l'arrivée. Le voyageur vient de demander s'il y a une chambre de libre.

SITUATIONS

1. Le gérant présente la note au client et lui explique pourquoi il y a des suppléments à payer.
2. Le chasseur remercie le voyageur et met l'argent dans sa poche.
3. Le voyageur demande le cours du change à la réception.
4. Le gérant donne la clé de la chambre au voyageur.
5. Le chasseur monte les bagages.
6. Le voyageur vérifie tous les calculs sur sa note.
7. L'employé prend les chèques de voyage et rend de l'argent liquide au voyageur.
8. Le gérant dit au voyageur qu'il y a une chambre sans salle de bains.
9. Le voyageur endosse quelques chèques de voyage.
10. Le gérant explique que les taxes et le service sont compris.

SUGGESTIONS

demander s'il y a une chambre
   de libre

demander la note

remplir la fiche

prendre une chambre

décider de changer de l'argent

toucher des chèques de voyage

donner un pourboire

téléphoner à la réception

■ **Activité 4.** Les expériences d'Adrienne

Qu'est-ce qu'Adrienne vient de faire?

En voiture!

Attention! Étudier Grammaire 9.3 et 9.4

Faites le plein et vérifiez le niveau d'huile, s'il vous plaît.

Donnez-moi une voiture qui ne consomme pas trop d'essence.

Oui, dites-lui de mettre des nouveaux pneus. Les vieux sont en très mauvais état.

Tu vois ce feu rouge! Ne le brûle pas!

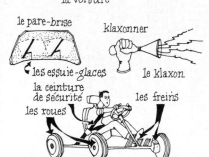

Activité 5. Devinettes: La voiture et la route

De quoi s'agit-il dans ces conseils? Discutez avec votre partenaire.

a. les freins
b. le klaxon
c. le radiateur
d. les clignotants
e. le feu rouge

f. la ceinture de sécurité
g. de l'essence
h. un(e) mécanicien(ne)
i. les autres conducteurs
j. les limitations de vitesse

1. Mettez-les pour indiquer aux autres conducteurs que vous changez de direction.

) 2. Elles sont indiquées le long de la route. Ne les dépassez pas quand vous conduisez ou vous risquez de recevoir une contravention.

3. Mettez-en dans le réservoir de temps en temps ou votre voiture ne marchera plus.

4. Parlez-lui si votre voiture ne marche pas bien. Cette personne peut vous aider.

5. C'est la règle numéro un! Attachez-la chaque fois que vous vous mettez au volant d'une voiture ou que vous êtes passager/passagère.

6. Ces gens conduisent parfois comme des fous, mais ne les insultez pas. Ça peut très mal tourner!

7. Ils sont essentiels, mais employez-les avec prudence. Ne vous en servez pas trop quand il y a du verglas.

8. Servez-vous-en pour avertir les autres, mais attention! Ni trop fort ni trop souvent!

9. Mettez-y de l'eau de temps en temps pour refroidir votre moteur.

10. Arrêtez-vous quand vous le voyez. Ne le brûlez jamais.

■ **Activité 6.** Conseils

Dites si vous êtes d'accord ou non avec ces suggestions et expliquez pourquoi (pas).

MODÈLE: N'essayez pas de dépasser une voiture à tout prix. →
　　　　　 C'est une très bonne idée. Comme ça, on évite les accidents et c'est plus poli.

1. N'accélérez pas quand quelqu'un vous double.
2. Ne prenez pas d'alcool quand vous allez conduire.
3. Reposez-vous toutes les deux heures pendant de longs trajets.
4. En cas de doute, freinez plutôt que d'accélérer.
5. Démarrez et freinez doucement.
6. Mettez une lampe de poche, vos papiers d'assurance, et les numéros d'urgence dans la boîte à gants.
7. Soyez courtois et n'insultez pas les autres conducteurs sur la route.
8. Respectez les limitations de vitesse indiquées le long de la route.
9. Évitez de vous dépêcher pendant les derniers kilomètres d'un voyage.
10. N'abusez pas des phares et du klaxon pour montrer votre impatience envers les autres conducteurs.

Vocabulaire utile
conserver de l'essence
éviter les accidents
être prêt(e) à toute éventualité
ne pas irriter les autres conducteurs
rester calme
réduire la pollution
garder votre voiture en bon état
mieux observer le paysage

Note culturelle

PAYS FRANCOPHONES DE LA CEE

Supposez que vous vouliez voyager en voiture de Strasbourg, en France, à Amsterdam, aux Pays-Bas. Vous allez traverser deux pays francophones avant d'arriver aux Pays-Bas: le Luxembourg et la Belgique. Au Luxembourg, on parle français et un dialecte allemand; en Belgique, c'est le français, parlé par les Wallons, et le flamand, apparenté au hollandais. Ces deux pays bilingues font partie du groupe des six membres fondateurs de la CEE (Communauté économique européenne), instituée officiellement le 1er janvier 1958. Outre ces pays, il y avait la France, les Pays-Bas, l'Italie et l'ancienne République fédérale allemande. La CEE compte aujourd'hui douze membres avec, en plus, le Danemark, le Royaume-Uni, l'Irlande (depuis 1973), la Grèce (depuis 1981), l'Espagne et le Portugal (depuis 1986).

Si, lors de[1] votre voyage, vous payez votre essence en espèces, il vous faudra le payer en francs luxembourgeois au Luxembourg, en francs belges en Belgique et en florins aux Pays-Bas. Mais la CEE vise à créer[2] un seul système monétaire d'ici au 1er janvier 1999. Plus besoin de francs luxembourgeois, de francs belges, ou de francs français alors. Si tout va comme prévu, il vous faudra tout simplement des écus européens, la future monnaie de la CEE. Déjà utilisé pour les achats intereuropéens et coté en Bourse,[3] l'ECU, nom d'une très ancienne monnaie française, est aussi un acronyme pour *European Currency Unit*.

[1]lors... *during*   [2]vise... *plans to implement*   [3]*stock market*

Activité 7. La signalisation routière

a. Carrefour à sens giratoire
b. Arrêt interdit
c. Zone piétonne
d. Chaussée particulièrement glissante
e. Interdiction de tourner à gauche à la prochaine intersection
f. Accès interdit à tous les véhicules à moteur
g. Hôpital ou clinique assurant les urgences
h. Virage à droite
i. Sens interdit
j. Signaux sonores interdits

ATTACHONS LA CEINTURE DE SÉCURITÉ !

■ **Activité 8.** Les réactions du conducteur

Décidez des meilleures choses à faire dans les situations suivantes.

> MODÈLE: Il commence à beaucoup neiger. →
> Quand il commence à beaucoup neiger, on conduit lentement et on n'appuie pas sur les freins. On met les essuie-glaces et quelquefois, on allume aussi les phares.

1. Il y a du verglas dans la rue et la voiture commence à glisser.
2. Il pleut et il y a du brouillard.
3. On décide de tourner à gauche.
4. Un enfant se précipite dans la rue pour chercher son ballon.
5. On roule vite et, tout d'un coup, le feu passe à l'orange.
6. On voit qu'une voiture de sport rapide nous suit de très près.
7. ?

On met sa ceinture de sécurité.
On freine aussi vite que possible.
On ralentit et on conduit lentement.
On accélère et on brûle le feu rouge.
On met les essuie-glaces et les phares.
On arrête la voiture immédiatement.
On conduit lentement et on n'utilise pas les freins.
On crie des injures.
On met plus d'air dans les pneus.
On conduit très prudemment.
On klaxonne très fort.
On met les clignotants.
?

"Respectez les limitations de vitesse, ralentissez pour mieux observer les paysages, la flore et la faune. Avec une pollution et une consommation réduites, notre nature est mieux protégée".

Plaquette réalisée par la Fédération Rhône-Alpes de Protection de la Nature (FRAPNA) pour les Autoroutes du Sud de la France (ASF).

■ **Activité 9.** Entretien: En voiture

1. Est-ce que tu sais conduire une voiture? A quel âge as-tu obtenu ton permis de conduire? Est-ce que tu conduis prudemment? Qui t'a appris à conduire?
2. Si tu conduis, quel type de voiture conduis-tu? Est-ce que cette voiture t'appartient? L'aimes-tu? Quelles voitures sont les plus pratiques? les plus agréables à conduire?
3. As-tu déjà acheté une voiture? Pourquoi? Si tu en as acheté une, qu'est-ce qui a influencé ton choix? Quelle marque de voiture aimerais-tu avoir un jour? Pourquoi?
4. Est-ce que tu as déjà eu un accident sérieux? Est-ce que tu as déjà reçu une contravention? Décris-en les circonstances.
5. Quand tu voyages en voiture, qu'est-ce que tu fais quand tu vois un auto-stoppeur? un cycliste? As-tu déjà fait de l'auto-stop? Pourquoi?

Comment se débrouiller

Attention! Étudier Grammaire 9.5

Expériences de voyage

Après son arrivée à Carcassonne, Raoul Durand est allé chercher son courrier au bureau de poste. L'employé le lui a donné.

Pendant qu'il était au bureau de poste, il a passé un coup de fil interurbain à son cousin qui habite à Orléans.

Sarah Thomas a acheté une télécarte au bureau de poste dès son arrivée à Paris. Elle s'en est servie souvent.

Vers la fin de son séjour au Sénégal, Jean-Yves Lescart s'est trouvé sans argent à Dakar. Il a pensé à ses parents et leur a passé un coup de fil. Ils lui en ont envoyé.

Le cousin de Raoul s'est servi du Minitel pour lui trouver l'horaire des trains de Paris.

Quelqu'un a volé le combiné lecteur C-D auto-radio dans la voiture de Julien Leroux l'année dernière. Il a dû passer au commissariat de police.

▌ **Activité 10.** Devinettes: L'essentiel

a. les agents de police   e. une cabine à cartes
b. les boîtes aux lettres   f. la poste restante
c. le douanier   g. les gendarmes
d. la fiche   h. l'écran du Minitel

1. Quand cette personne demande à voir votre passeport, vous le lui montrez.
2. C'est l'adresse que vous donnez à votre famille quand vous ne savez pas où vous allez loger.
3. Vous êtes dans une ville. Vous allez les y trouver. Ils s'occupent de la circulation et de la sécurité en général. Demandez-leur votre chemin quand vous êtes perdu(e).
4. Elles se trouvent au bureau de poste et dans la rue. Quand vous voulez envoyer des lettres et des cartes postales, vous les y mettez.
5. Si vous circulez sur l'autoroute, vous allez les y rencontrer de temps en temps. Ils s'occupent de la sécurité routière.
6. Quand vous composez le code approprié, vous y voyez les renseignements que vous cherchez.
7. Vous en cherchez une quand vous voulez passer un coup de fil interurbain. Vous y insérez votre télécarte pour payer vos communications téléphoniques.
8. On vous la donne au moment où vous vous enregistrez dans un hôtel ou dans une auberge de jeunesse. Vous y écrivez votre nom, votre adresse, et d'autres renseignements importants.

▌ **Activité 11.** Le savoir-faire

Savez-vous quoi faire dans ces situations? Répondez aux questions et puis, comparez vos réponses et vos raisons avec celles de votre partenaire.

MODÈLE: Un clochard s'approche de vous dans la rue et vous demande de l'argent. Lui en donnez-vous?
Oui, je lui en donne s'il a l'air d'avoir faim.
ou
Non, je ne lui en donne pas. Il est capable de travailler!

1. Vous arrivez à la frontière et le douanier demande à voir votre passeport. Le lui montrez-vous?
2. Vous commencez à parler avec des gens dans un bar. A la fin de la soirée, ils demandent le nom de votre hôtel et le numéro de votre chambre. Les leur donnez-vous?
3. Un gendarme vous arrête et commence à vous dresser une contravention. Vous pensez à lui offrir de l'argent. Lui en offrez-vous?
4. Vous vous inscrivez dans un hôtel et le gérant demande à garder votre passeport pendant votre séjour. Le lui donnez-vous?
5. Vous mangez dans un restaurant où le service n'est pas compris et où votre serveur a été très désagréable. Lui laissez-vous un pourboire?

6. Vous voyez de l'argent dans un petit bol à côté de la femme qui surveille les toilettes publiques. En mettez-vous aussi?

7. Au bureau de poste, un employé va chercher votre courrier à la poste restante. Vous vous demandez s'il faut lui donner un pourboire. Lui en donnez-vous?

8. Au restaurant où vous voulez dîner, le maître d'hôtel vous explique qu'il n'y a pas de table de libre parce que vous n'avez pas réservé à l'avance. Lui offrez-vous de l'argent?

■ Activité 12. Débrouillez vous!

On a parfois des ennuis pendant un voyage. Décidez avec votre camarade de classe comment vous allez vous débrouiller dans ces situations.

MODÈLE: Vous ne pouvez trouver de chambre libre ni dans un hôtel, ni dans une auberge de jeunesse. →
Nous allons chercher le camping municipal et nous allons dormir dans nos sacs de couchage.

SITUATIONS

1. Pendant la nuit, votre camarade tombe malade dans une auberge de jeunesse. Vous craignez une appendicite.

2. Vous vous trouvez sans argent dans une petite ville et vous n'avez pas de carte de crédit. Vous pensez à vos parents.

3. Vous perdez votre passeport.

4. Vous avez besoin d'un médicament, un dimanche à deux heures du matin.

5. Vous désirez recevoir des lettres mais vous n'avez pas d'adresse.

6. Vous êtes fauché(e) après une série de petits désastres et vous avez besoin de téléphoner à des amis dans une autre ville pour leur demander de l'aide.

7. Vous arrivez dans une nouvelle ville et vous voudriez savoir ce qu'il y a d'intéressant à faire.

8. Quelques heures après avoir fait des achats dans un grand magasin, vous découvrez que vous n'avez plus votre carte de crédit.

Vocabulaire utile
l'office du tourisme municipal
l'annuaire téléphonique
le camping municipal
le bureau des objets trouvés
l'ambassade de votre pays
le numéro d'urgence
la pharmacie de garde
la poste restante
le commissariat de police

LECTURE

Lettre du Maroc

Zagora, le 17 mai 1992

Cher Jean-Yves,

Cela fait maintenant une semaine que nous sommes au Maroc. De Tanger, nous avons conduit jusqu'à Fès, la capitale spirituelle et artistique du royaume. La médina° de Fès est un véritable joyau.° Ses ruelles sont si étroites° que seuls les *old city / jewel / narrow* piétons et les mulets peuvent y circuler. Quel choc quand nous sommes arrivés à Casablanca! La capitale économique du Maroc est une énorme métropole moderne, avec ses gratte-ciel et ses embouteillages. Alors qu'à° Fès, la plupart des femmes *Alors... Whereas at* s'habillent de façon traditionnelle, à Casa, tous les styles sont permis, de la djellaba° à *traditional Maghrebian coat* la mini-jupe la plus osée!

Il y a deux jours, nous étions encore à Marrakech. Cette ville a les souks° les plus *Arab markets* colorés du Maroc, et la place Djemaa-el-Fna est animée nuit et jour avec ses charmeurs de serpent, ses porteurs d'eau et ses commerçants ambulants.

De Marrakech, nous avons conduit vers le sud-est, traversant le Haut Atlas et ses pentes rocailleuses. Partout, des villages apparaissent à flanc de° montagne. On ne les *à... on the hillside* distingue qu'au dernier moment, car ils sont faits de la même terre et de la même roche que les montagnes qui les entourent. Jamais je n'avais vu d'habitations humaines en aussi parfaite harmonie avec leur environnement.

Nous voilà donc à Zagora, à la porte du désert. Cette oasis a tellement de charme, que nous avons décidé d'y rester quelques jours pour nous reposer. Le *Guide du routard* avait encore raison; l'hôtel de la Fibule est une bonne affaire. Il ressemble à une kasbah° avec piscine et un patio ombragé où il fait bon se détendre. *old citadel or palace*

Aujourd'hui, Sylvie, Leila, Guite et moi, nous avons fait le tour de l'oasis, puis une randonnée dans le désert, à dos de dromadaire. Nous sommes partis de bonne heure accompagnés d'Ali, le guide de l'hôtel. Les dromadaires sont un peu comme des voitures, certains sont confortables, d'autres pas vraiment. J'ai eu de la chance, mais Guite ne peut pas en dire autant! Elle était vraiment contente quand nous avons fait une halte sous un bosquet de palmiers pour déguster le traditionnel thé à la menthe. Ali avait apporté tout ce qu'il fallait pour le préparer, et il a suffi d'un petit trou° dans le sable *hole* et de quelques morceaux d'écorce° de palmier pour faire un petit feu rapide et faire *bark* bouillir l'eau. C'était sensas! Après la halte, nous nous sommes dirigés vers le désert. Plus de végétation, rien que du sable et des dunes à perte de vue. Lorsqu'après plusieurs heures nous sommes rentrés à l'hôtel, nous ne pensions qu'à une chose: piquer une tête° dans la piscine! *piquer... dive (fam.)*

Cette région est fascinante. Le désert semble sans fin, une mer de sable et de rochers où seuls les nomades osent° s'aventurer. Les oasis sont comme des ports où *dare* l'on fait escale° pour se ravitailler et garder le contact avec la civilisation. L'eau qui coule *fait... stop over* si facilement des robinets en France est ici une ressource très précieuse. Le fleuve Draa, qui serpente tout au long de la vallée désertique, est une ligne de vie sans laquelle tout ne serait que sable et cailloux.° Grâce à Ali, nous découvrons aussi les *stones*

traditions et le mode de vie des habitants. Ce qui nous a frappé depuis notre arrivée, c'est la chaleur et le sens de l'hospitalité des Marocains.

Embrasse la famille de ma part.

Christian

Avez-vous compris?

A. D'après cette lecture, quelle ville est...

1. la capitale spirituelle du Maroc?
2. la capitale économique du Maroc?
3. la ville à la porte du désert?
4. la ville où l'on trouve des gratte-ciel?
5. la ville où la plupart des femmes mettent des vêtements traditionnels?
6. la ville qui a les souks les plus colorés du Maroc?
7. la ville où l'on peut trouver des mini-jupes osées?
8. la ville qui a des petites rues étroites où les voitures ne peuvent pas passer?

    a. Marrakech
    b. Casablanca
    c. Zagora
    d. Fès

B. La visite du désert

1. Comment s'appelait le guide de la visite de l'oasis et de la randonnée dans le désert?   2. En quoi est-ce que les dromadaires ressemblent aux voitures?   3. Qu'est-ce que Christian et ses amis ont bu pendant la halte dans le désert?   4. A quoi est-ce que Christian a comparé le désert?

Note culturelle

UN PAYS DU MAGHREB, LE MAROC

Maghreb veut dire *le (soleil) couchant* en arabe. On appelle ainsi les pays du nord-ouest de l'Afrique, le Maroc, l'Algérie et la Tunisie. Les Maghrébins sont en général musulmans, parlent arabe ou tamazirth, une langue berbère, mais très souvent ils parlent aussi le français, langue enseignée dès l'école primaire.

Des trois pays maghrébins, le Maroc est la seule monarchie. Pays méditerranéen au nord avec sa vaste façade sur l'Atlantique, et saharien au sud, c'est un pays plein de contrastes. Aux rues grouillantes[1] des villes s'opposent les solitudes du désert. Le contraste se retrouve encore parmi les gens; femmes au visage voilé et jeunes filles en jupe courte. Le moderne et le traditionnel se côtoient[2] et se conjuguent[3] dans ce pays, où le tourisme est très développé.

[1]*swarming (with people)* [2]*meet* [3]*combine*

Le chef du village verse le thé traditionnel lors d'une fête en plein air à Zagora, Maroc.

Activité 13. Vacances au Maroc

Il y a deux ans, Bernard et Christine Lasalle ont passé quinze jours au Maroc. Racontez ce qu'ils ont fait pendant leurs vacances.

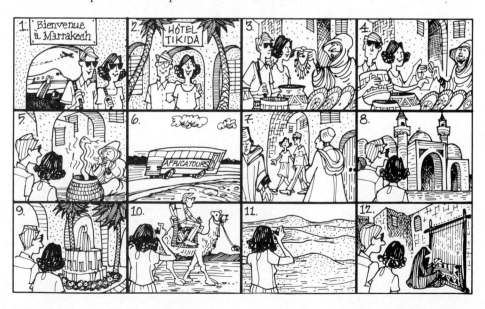

On fait des achats

Attention! Étudier Grammaire 9.6 et 9.7

Un marché à Lomé, au Togo:
—Laquelle de ces jupes est-ce que tu préfères?
—J'aime celle-là.

Un souk à Fès, au Maroc

Au Faubourg St-Honoré à Paris, en France

Un marché aux puces, à Paris

Note culturelle

LES D.O.M. ET LES T.O.M.

Quand on parle de la France, on pense très souvent à Paris et aux provinces, c'est-à-dire principalement à la France métropolitaine. En fait, en plus des quatre-vingt-quinze départements ou divisions administratives de la Métropole, la France comprend quatre départements d'outre-mer, ou D.O.M. Il s'agit de la Réunion située dans l'Océan Indien, de la Guyane française en Amérique du

C'est la fête à Tahiti: Tahitiens en costumes traditionnels la célèbrent par le chant et la danse.

Sud, de la Guadeloupe et de la Martinique dans les Antilles, et des îles Saint-Pierre-et-Miquelon, près de Terre-Neuve.[1] Ces départements ont le même statut que les départements de la Métropole.

Bien que[2] la France n'ait plus de colonies, elle retient quatre territoires d'outre-mer, les T.O.M., qui ont un statut spécial, plus autonome que les D.O.M. La Polynésie française, avec Tahiti, et la Nouvelle Calédonie en font partie.

La France a des relations étroites avec les T.O.M. et ses anciennes colonies dans le Tiers Monde. De nombreux coopérants[3] français, enseignants, médecins, techniciens, travaillent dans ces pays. Par ailleurs, un certain nombre de jeunes Français font leur service national comme coopérants plutôt qu'en tant que[4] militaires. C'est une alternative au service national de dix mois, obligatoire pour tous les jeunes gens[5] français.

[1]*Newfoundland* [2]Bien... *Although* [3]*persons sponsored by the French government to serve in some professional capacity overseas in a former French colony* [4]plutôt... *rather than as* [5]les... *young men*

■ **Activité 14.** Dans un grand magasin

Vous voyagez et vous avez décidé d'acheter certains cadeaux. D'abord, décidez à qui vous allez offrir chaque chose et quelle matière vous allez choisir. Ensuite, comparez vos décisions avec celles de votre partenaire et donnez vos raisons.

MODÈLE: un portefeuille: le portefeuille en cuir, celui en nylon, ou celui en plastique? →

    É1: Moi, je prends celui en cuir pour mon oncle. C'est le plus élégant.

    É2: Et moi, je prends celui en plastique pour mon petit frère. C'est le moins cher.

1. un foulard: celui en coton, celui en soie, ou celui en polyester?
2. des plats: ceux en terre cuite, ceux en cristal, ou ceux en acier poli?
3. un pyjama et une robe de chambre assortis: ceux en nylon, ceux en coton, ou ceux en velours?
4. une bague: celle en or avec un petit diamant, celle en argent avec des turquoises, ou celle en cuivre faite à la main?
5. des boucles d'oreilles: celles avec des perles, celles avec des pierres polies, ou celles avec des rubis?
6. un pantalon: celui en cuir, celui en coton, ou celui en laine?

Vocabulaire utile

C'est le/la plus durable (luxueux/luxueuse, beau/belle, léger/légère...)
C'est le/la moins coûteux/coûteuse (cher/chère, chaud[e], facile à casser...)
C'est le/la plus pratique (durable, original[e], difficile à trouver...)
Ça se lave le mieux (s'use le moins vite, se nettoie facilement...)

Activité 15. Le voyageur fait des achats.

A votre avis, dans quels endroits peut-on trouver ces choses quand on fait des achats à l'étranger? Pourquoi?

MODÈLE: la plus grande variété de marchandises neuves de bonne qualité →

    On la trouve dans un grand magasin parce que les grands magasins vendent les marques les plus connues.

1. les meilleurs prix quand vous avez un budget limité et que vous achetez des objets neufs
2. les vêtements les plus luxueux et les plus chic
3. l'équipement de sport le moins cher
4. la plus grande sélection de souvenirs touristiques
5. la plus grande variété de sucreries (bonbons)
6. le plus de jouets si vous désirez faire un cadeau à un enfant
7. les meilleures occasions si vous cherchez des objets déjà utilisés
8. les objets anciens de la meilleure qualité
9. ?

un marché aux puces	une grande surface
un grand magasin	une confiserie
un magasin de jouets	un magasin d'antiquités
une boutique de luxe	?

▌ **Activité 16.** Interaction: Les commandes

Les étudiants de Mme Martin ont utilisé le catalogue *La Redoute* pour faire des commandes. Demandez à votre partenaire les renseignements dont vous avez besoin pour savoir ce qu'ils ont commandé.

> MODÈLE: É1: Qu'est-ce qu'Albert a commandé?
> É2: Une veste.
> É1: Comment est-elle?
> É2: C'est une veste croisée avec six boutons.

	LOUIS	ALBERT	DENISE
Produit	un maillot de cycliste		demi-bottes
Couleur	bleu, orange et violet	marron	
Description			doublées en laine
Matière			cuir
Taille/Pointure	38	48	
Prix		990F	879F

HOMMES							FEMMES					
Chaussures			Chemises		Costumes		Chaussures			Robes-Tricots-Chemisiers		
Europe	Etats Unis	G.B.	France Europe	Etats Unis G.B.	France Europe	Etats Unis G.B.	Europe	Etats Unis	G.B.	France Europe	Etats Unis	G.B.
39	6	5½	35	14	34	34	36	4½	3	36N	10	32
39½	6½	6	36/37	14½	36	35	36½	5	3½	38N	12	34
40	7	6½	38	15	38	36	37	5½	4	40N	14	36
41	7½	7	39	15½	40	37	37½	6	4½	42N	16	38
41½	8	7½	40/41	16	42	38	38	6½	5	44N	18	40
42	8½	8	42	16½	44	39	39	7	5½	46N	20	42
43	9	8½	43	17	46	40	39½	7½	6	48N	22	44
43½	9½	9	44/45	17½	48	42	40	8	6½			
44	10	9½	46	18			40½	8½	7			
44½	10½	10	47	18½			41	9	7½			
45	11	10½					42	9½	8			

Activité 17. Le lèche-vitrines: Idées cadeaux

Quelle joie! (Quelle horreur?) Pendant une visite à Genève l'été dernier, vous avez trouvé beaucoup de choses originales et vous avez acheté tous vos cadeaux pour Noël. Mais pour qui? Voilà les cadeaux que vous avez achetés et la liste des gens à qui vous voulez les offrir. Décidez lequel (lesquels) vous allez offrir à chaque personne. (Certaines personnes vont en recevoir plusieurs.)

LES PERSONNES

1. votre oncle qui est connaisseur en vins
2. votre grand-mère, qui souffre d'arthrose et qui a toujours peur des cambriolages
3. un ami qui adore cuisiner
4. votre cousine préférée, qui fait souvent de longues randonnées en montagne
5. votre parrain, un homme d'affaires très occupé

Les cadeaux

IDEAL'CAV

Pour la conservation et le vieillissement de vos vins. 3549F

Télécommande universelle: Pilote tous vos appareils commandables (télévision, chaîne-stéréo lecteur C-D, magnétoscope...). 595F

AVEC AMPLI INTEGRE

Portier éléctronique:
Vous permet d'identifier
les personnes qui
sonnent à votre porte,
même la nuit. 2990F.

Répondeur téléphonique:
Prise de ligne sans
décrocher. Touche
secrète. 1490F

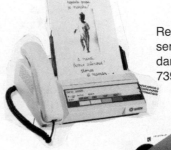

Rend de précieux
services chez vous ou
dans votre entreprise.
7390F

75^F

LE PLATEAU HERMETIQUE

Permet de servir les fromages
directement à table ou de les
conserver. 75F

Lecteur CD portable:
Lecteur laser
s'emporte partout.
Se branche sur
une chaîne ou une
auto-radio. 1290F

LE BALADEUR
ENREGISTREUR

Baladeur enregistreur:
Très pratique pour enregistrer
vos pensées ou vos
messages. 275F

Calorie pédomètre:
Pour le jogging ou la marche.
Affiche la distance parcourue,
le nombre de pas, la vitesse
et les calories dépensées.
699F

Affichage des
calories dépensées

Comment acquérir une
MEMOIRE
EXCEPTIONNELLE
EN 21 JOURS
LIVRE + CA

Pour acquérir une mémoire
exceptionnelle en 21 jours. Livre
et cassette. 145F

▌ **Activité 18.** Entretien: Les cadeaux et les achats

1. Est-ce que tu as jamais reçu un cadeau que tu n'as pas aimé? Qu'est-ce
   que c'était? Qui te l'a donné? Qu'est-ce que tu as dit à la personne qui
   te l'a offert? Qu'est-ce que tu as fait de ce cadeau?

2. Aimes-tu choisir des cadeaux? Trouves-tu difficile de choisir? Pourquoi? Pour qui en achètes-tu? pour quelles occasions?

3. Est-ce que tu rends des choses parfois au magasin où tu les as achetées? Pourquoi?

4. Est-ce qu'il y a de nouveaux produits qui te semblent utiles, même indispensables? (un lecteur-CD? un four à micro-ondes?) Y en a-t-il que tu trouves superflus, peut-être ridicules? (une fourchette électrique?) Quel produit as-tu l'intention d'acheter bientôt?

5. Quand on voyage, on veut parfois offrir des cadeaux faits dans le pays ou dans la région qu'on visite. Qu'est-ce qu'un voyageur peut trouver dans cette ville (ou cette région) qui représente le commerce ou l'artisanat local?

▌ A vous d'écrire!

L'été dernier, un couple belge aux moyens modestes a écrit à la Chambre de Commerce de votre ville parce qu'ils comptaient y passer trois jours et trois nuits. Vous leur avez préparé un itinéraire qui devait leur laisser une impression positive mais réaliste de votre ville et de la région. Ils viennent de faire cette visite et ils ont suivi vos conseils. Maintenant, faites une description de leur visite pour votre patronne. Dites où ils ont logé, où ils ont mangé, les plats et les produits régionaux qu'ils ont découverts, les magasins et les endroits qu'ils ont visités, etc. Est-ce qu'ils ont eu du mal à changer leur argent ou à conduire la voiture qu'ils avaient louée? Votre patronne voudrait tout savoir parce qu'elle est chargée de la promotion du tourisme.

```
Les Maegt sont arrivés, jeudi matin, le 23 juin et ils ont
loué une voiture. Ils ont logé à l'hôtel Carson (au motel
Super Rest) parce que... Le premier jour de leur visite, ils
sont allés...
```

LA PRESSE EN DIRECT

AVANT DE LIRE

Regardez rapidement cette lecture et répondez aux questions.

A. Cette lecture vient probablement...

___ d'un article de journal.

___ d'une brochure préparée par le ministère du tourisme sénégalais.

___ d'une brochure préparée par une agence de voyages.

___ d'un livre sur le Sénégal.

B. En lisant le passage, vous allez apprendre...

___ des informations utiles pour voyageurs.

___ les endroits qu'on va visiter.

___ les activités offertes aux voyageurs.

___ l'histoire du Sénégal.

___ le coût du voyage.

___ le nombre de jours que va durer le voyage.

___ les noms des gens qui vont participer au voyage.

Invitation au Sénégal

SÉNÉGAL

À partir de : 7801

Vous ferez ce que vous n'avez jamais fait, vivrez ce que vous n'imaginiez même pas vivre, verrez ce que vous n'aviez jamais songé[1] voir.

Quand poésie, cocasserie[2], folklore se succèdent au rythme des paysages, l'étonnement et le plaisir sont garantis...

[1]dreamed
[2]comedy

Formalités

Le passeport en cours de validité est nécessaire pour les ressortissants[3]français. Pour les autres nationalités, se renseigner auprès des différents consulats. Aucune vaccination n'est exigée. Traitement antipaludéen[4] recommandé.

Monnaie

100 F CFA = 2 FF. Les billets CFA sont négociables partout en France. Le franc français est accepté partout dans le pays.

Climat

Le littoral sénégalais bénéficie d'un micro-climat de type sud-canarien. Le reste du pays est soumis au climat tropical. Température moyenne : 22° à 27° toute l'année. Plus forte chaleur et quelques brefs orages de juillet à septembre. Prévoir un lainage[5] pour le soir de novembre à mai.

Langue

Le français est la langue officielle. Il est parlé dans tout le pays. Dialectes les plus répandus : wolof, serere, peulh.

Gastronomie

Beaucoup de légumes frais ainsi que poissons et fruits de mer. Fruits exotiques. Ne pas manquer les spécialités de Tiebou Diene (riz au poisson), couscous de mil, poulet Yassa... Excellente bière locale. Jus de fruits du pays.

Achats

Tissus et vêtements africains colorés et très confortables, pagnes aux motifs originaux, batiks, maroquinerie en peau de serpent ou lézard, bijoux fantaisie, poupées, tailleurs de brousse.

OUT OF SENEGAL

1er JOUR : NANGADEF

Rencontre à l'aéroport de Paris. Formalités d'enregistrement et envol à destination de Dakar. Accueil par votre guide et transfert au campement de Keur Kani. Accueil en musique au campement, où une collation vous sera servie. Installation pour la nuit.

2e JOUR : LA LÉGENDE DU LAC ROSE

Petit déjeuner. Matinée libre pour une découverte individuelle du village. En fin de matinée, présentation des différents aspects culturels du Sénégal, et initiation au wolof (dialecte local). Déjeuner au campement. Départ en 4 x 4 pour le tour du fabuleux lac Rose, où vous ferez connaissance avec les ramasseuses[6]de sel. Promenade à travers les dunes de sable et détente sur une immense plage déserte. En fin de journée, vous reprendrez les 4 x 4 pour aller assister, à Kayar, à l'arrivée des pêcheurs. Dîner de spécialités sénégalaises au bord du lac, dans un campement, éclairé par des lampes-tempête. Soirée Contes et Légendes au pied du Baobab Sacré. Retour à Keur Kani pour la nuit.

3e JOUR : LE TRAIN DE BROUSSE

Petit déjeuner au campement. Visite de Dakar en « Car Rapide ». Dépaysement[7]et fou rire[8]garanti... Déjeuner « des Iles » dans un restaurant sénégalais. Transfert à la gare et embarquement à bord du train de brousse, en wagon de 1re classe. Arrivée à Saint-Louis, après cinq heures de voyage. Accueil et transfert au ranch de Dakar Bango. Installation dans les chambres et dîner à la table d'hôte. Promenade nocturne en 4 x 4 dans la brousse. Nuit.

[3]nationals   [4]against malaria   [5]woolen garments

[6]female collectors   [7]change of scenery
[8]giggles

4e JOUR : L'AVENTURE A LA SAINT-LOUISIENNE

Petit déjeuner matinal. Visite d'un parc national : oiseaux, tortues de mer, biches, phacochères... Déjeuner, sous la tente maure, sur la langue de Barbarie, entre fleuve et mer. Après-midi libre : baignade, planche à voile, pêche... Retour au ranch, puis départ pour une visite de Saint-Louis en calèche. Apéritif à l'hôtel de la Poste, où Mermoz[9] tenait ses quartiers, puis dîner chic à la Résidence. Saint-Louis by night. Nuit au ranch.

5e JOUR : OUT OF SENEGAL

Petit déjeuner au ranch. Découverte en 4 x 4 de la brousse africaine. Tour du lac de Guiers, visite de villages Sérères et Peulhs où vous serez accueillis traditionnellement, le long des rizières et sur le lieu de tournage du film « Coup de Torchon ». Pique-nique très stylé « Out of Africa ». Continuation de la promenade. Dîner au ranch, suivi d'un spectacle de lutte africaine.

6e JOUR : DU NORD AU SUD

Petit déjeuner, puis départ en taxi-brousse pour la ville sainte de Touba. Visite de la plus grande mosquée de toute l'Afrique de l'Ouest, rencontre avec des guerriers[10] Mbaye Fall, revêtus de fabuleux costumes. Déjeuner en cours de route. Continuation vers la Petite Côte puis le Sine Saloum.

[9]*Jean Mermoz (1901–1936), French pioneer aviator*   [10]*warriors*

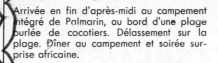

Arrivée en fin d'après-midi au campement intégré de Palmarin, au bord d'une plage ourlée de cocotiers. Délassement sur la plage. Dîner au campement et soirée surprise africaine.

Pour tout autre renseignement :
Office de Tourisme Sénégalais
15, rue Remusat - 75016 Paris - Tél. : 40 50 07 90

Avez-vous compris?

Choisissez la réponse correcte.

1. Pour voyager au Sénégal, les Français ont besoin...
   a. d'une carte d'identité
   b. d'un passeport
   c. d'un visa en plus du passeport
2. Au Sénégal, le climat à l'intérieur du pays est...
   a. un micro-climat
   b. essentiellement tropical
   c. le même toute l'année
3. Au Sénégal, on parle...
   a. uniquement la langue officielle
   b. anglais et français
   c. le français et plusieurs autres langues
4. Pour se déplacer sur les routes du Sénégal, on utilise surtout...
   a. des voitures tout terrain
   b. des petites autos bon marché
   c. des dromadaires

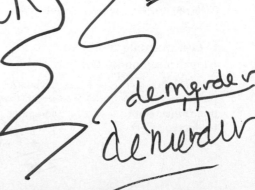

5. Au parc national à Saint-Louis, les touristes peuvent voir...
   a. de magnifiques kasbahs
   b. des vestiges romains
   c. des tortues de mer
6. C'est dans la ville de Touba que se trouve... de l'Afrique de l'Ouest.
   a. le plus grand baobab
   b. le plus vieux refuge d'animaux
   c. la plus grande mosquée
7. Au Sénégal le touriste peut acheter...
   a. de grands chapeaux de paille
   b. de la vaisselle en terre cuite
   c. des objets faits en peau de serpent

VOCABULAIRE

L'argent et la banque
Money and banking

compter	to count
endosser un chèque	to endorse a check
toucher un chèque	to cash a check
un bureau de change	currency exchange office
le cours du change	exchange rate
un distributeur automatique	a cash machine

Mots apparentés: **une carte bancaire**

L'équipement électronique
Electronic equipment

un clavier	keyboard
un écran	screen (*computer, movie*)
une imprimante	computer printer
un lecteur C-D	compact disc player

L'hôtel et le logement
Hotels and lodgings

complet/complète	full (*hotel, train, etc.*)
s'inscrire	to register
monter les bagages	to take the luggage upstairs
régler la note	to pay the bill
une auberge de jeunesse	a youth hostel
un chasseur	a bellhop
la climatisation	air-conditioning
une femme de chambre	a housemaid
une fiche	a form to fill out
un(e) gérant(e)	a manager
une note	a bill
une piscine chauffée	a heated pool
une salle de conférences	a meeting room

une salle de remise en forme	a work-out room
un séjour	a stay
un supplément	a supplementary charge

Mots apparentés: **accessible aux handicapés, un bidet, un client, loger, la réception, un terrain de camping**

Pour téléphoner — To telephone

une cabine à cartes	a phone booth that uses calling cards
le combiné (récepteur)	receiver
la fente	coin slot
les P.T.T.	Postes-Télégraphes-Téléphones (Télécom)

Mots apparentés: **une cabine téléphonique, interurbain(e), un numéro d'urgence, un répondeur téléphonique, une télécarte**

Pour expédier des lettres et des colis — To send letters and parcels

envoyer	to send
expédier une lettre (un colis)	to mail/post a letter (package)
une boîte aux lettres	a mailbox
le courrier	mail
un mandat postal	a money order
la poste restante	general delivery
un timbre-poste	a postage stamp

Les parties et l'essentiel de la voiture — Car parts and equipment

être en bon/mauvais état	to be in good/bad shape
faire le plein	to fill up with gasoline
gonfler les pneus	to inflate the tires
réparer un pneu crevé	to fix a flat
vérifier le niveau d'huile	to check the oil
la boîte à gants	glove compartment
le capot	hood
le clignotant	turn-signal light
le coffre	trunk
les essuie-glaces (*m.*)	windshield wipers
les freins (*m.*)	brakes

le klaxon	horn
le levier de vitesse	gearshift lever
le pare-brise	windshield
le permis de conduire	driver's license
les phares (*m.*)	headlights
la plaque d'immatriculation	license plate
les portières (*f.*)	car doors
les roues (*f.*)	wheels
les vitres (*f.*)	car windows
le volant	steering wheel

Mots apparentés: **un(e) mécanicien(ne), une station-service**

Pour conduire une voiture — Driving a car

arrêter	to stop
avertir	to warn
brûler un feu rouge	to run a red light
démarrer	to take off, start (*a car*)
dépasser la vitesse indiquée	to exceed the posted speed limit
doubler	to pass another vehicle
éviter un accident	to avoid an accident
freiner	to brake
glisser	to slide, skid
klaxonner	to blow the horn
ralentir	to slow down
suivre	to follow
tomber en panne	to have a breakdown

Mots apparentés: **accélérer**

La rue et l'autoroute — Streets and highways

un carrefour	an intersection
la chaussée glissante	slippery pavement
un chemin	a road, path
un commissariat de police	a police station
un conducteur/une conductrice	a driver
une contravention	a ticket (*parking, speeding*)
un gendarme	a highway-patrol officer
un panneau indicateur	a road sign
un(e) piéton(ne)	pedestrian
sens interdit	one-way (*street*)
un trajet	a trip, journey
du verglas	ice, a patch of ice
un virage	a curve

Les matières, les métaux et les pierres
Materials, metals, and stones

l'acier (*m.*)	steel
l'argent (*m.*)	silver
le bois	wood
un caillou	a pebble, stone
le cuir	leather
le cuivre	copper, brass
la laine	wool
la soie	silk
la terre cuite	earthenware, pottery
le velours	velvet
le verre	glass

Mots apparentés: **le ciment, le coton, le cristal, un diamant, la fibre de verre, le nylon, une perle, le plastique, le polyester, un rubis, une turquoise**

Les vêtements et la bijouterie
Clothing and jewelry

Ça te va bien.	That suits you.
Quelle pointure/taille fais-tu?	What shoe size/size do you wear?
assorti(e)	matching
croisé(e)	double-breasted
doublé(e)	lined
léger/légère	lightweight
original(e)	unusual, unique
une bague	a ring
des boucles (*f. pl.*) d'oreilles	earrings
un caleçon	boxer shorts
un collier	a necklace
une combinaison	a woman's slip
une culotte	women's panties
des demi-bottes (*f. pl.*)	short boots
un foulard	a scarf
un maillot	a jersey
une manche	a sleeve
une marque	a brand, trademark
une poche	a pocket
un portefeuille	a billfold, wallet
un slip	men's, women's briefs
un soutien-gorge	a brassiere

Mots apparentés: **luxueux/luxueuse, un pyjama, une robe de chambre**

Les achats et les cadeaux
Purchases and gifts

remercier	to thank someone
un bibelot	a knick knack
des ciseaux (*m. pl.*)	scissors
une confiserie	a candy store
un jouet	a toy
un marché aux puces	a flea market
un sac de couchage	a sleeping bag

Adverbes

au moment de	at the time when (of)
dès l'arrivée	upon arrival
doucement	slowly, gently, quietly
le long de la route	along the way
toutes les (deux) heures	every (two) hours

Mots apparentés: **absolument, calmement, particulièrement, prudemment**

Mots et expressions utiles
Useful words and expressions

Ça peut mal tourner.	That can turn out badly.
Il m'en reste un(e).	I have one left.
Il s'agit de...	It is about/(a question of) . . .
Je peux m'en passer.	I can do without it (them).
Je suis vraiment désolé.	I'm terribly sorry.

Verbes

appartenir à	to belong to
appuyer	to press upon, lean against, support
attraper	to catch, trap
craindre	to fear
se débrouiller	to get by, manage
se dépêcher	to hurry
se détendre	to relax
marcher	to walk
se précipiter	to hasten, hurry
refroidir	to cool (something)
se servir de	to use
sonner	to ring a bell
s'user	to become worn out

Mots apparentés: **abuser de, indiquer, manifester, surveiller**

GRAMMAIRE ET EXERCICES

9.1 Expressing Events in the Recent Past: venir de + Infinitive

To express *to have just* (*done something*), use the present tense of the verb **venir** + **de** + an infinitive.

Est-ce que vous **venez d'arriver**
à Paris? — Oui, nous sommes
arrivés ce matin.
Où est le chasseur? — Il **vient
de monter** les bagages.

*Did you just arrive (Have you just
arrived) in Paris? — Yes, we
arrived this morning.*
*Where's the bellhop? — He's just
taken the bags up.*

Note that the meaning of **venir de** + infinitive is completely different from that of **venir** (*to come*), and the action you are talking about is expressed by the infinitive.

Exercice 1. Ça change!

Marie et Francis Lasalle rendent visite à leur fille (Claudine Colin) et à sa famille à Clermont-Ferrand. Dans le quartier, ils trouvent que beaucoup de choses ont changé depuis leur dernière visite. Pour chaque commentaire de ses parents, trouvez la réponse de Claudine.

MODÈLE: — Il est nouveau, ce mur?
— Oui, on vient de le construire.

1. Cette banque est là
   depuis combien de temps?
2. Ces petits arbres n'étaient
   pas là.
3. Vous n'aviez pas cette
   terrasse dans le jardin.
4. Est-ce que cette maison
   est nouvelle?
5. Ces jeunes gens n'habitaient
   pas en face.
6. Quand est-ce que ce café
   a fermé?

a. On vient de la construire
   cet hiver.
b. Il vient de fermer la
   semaine dernière.
c. Ils viennent d'emménager
   le mois dernier.
d. Bernard vient de l'installer.
   Nous y dînons très souvent.
e. Elle vient d'ouvrir il y a
   un mois.
f. On vient de les planter au
   printemps.

349

Exercice 2. A l'aéroport

Vous êtes au guichet de renseignements à l'aéroport Charles de Gaulle près de Paris. Voici des bribes de conversation que vous entendez. Complétez les phrases avec **venir de** + l'infinitif indiqué.

MODÈLE: Le vol 376 en provenance de Berlin _____, porte numéro 48. (arriver) →

Le vol 376 en provenance de Berlin *vient d'arriver*, porte numéro 48.

1. Je _____ de Londres et je cherche un bureau de change. (arriver)
2. Nous _____ notre vol, et nous ne savons pas quoi faire. (manquer)
3. On _____ mon nom au haut-parleur. (appeler)
4. Est-ce que vous _____ en France? (arriver)
5. Ce monsieur, qui ne parle pas français, _____ son passeport. (perdre)
6. Ces gens _____ que leur vol a été annulé. (apprendre)

9.2 *Other Uses of the Pronoun* en

You have already seen that the pronoun **en** can replace a noun used with **du, de la, de l'**, or **des** (see **Grammaire** 7.5).

Veux-tu **du sucre?** —Non merci, je n'**en** prends pas.

Would you like some sugar? —No thank you, I don't use any.

You have also used **en** whenever a sentence ends with a number or an expression of quantity.

Il y a combien de vols pour Marrakech aujourd'hui? —Il y **en** a **deux.**

How many flights to Marrakech are there today? —There are two.

Vous avez beaucoup de valises, madame? —Non, je n'**en** ai pas **beaucoup.** Seulement une.

Do you have a lot of suitcases, Madam? —No, I don't have many. Only one.

The pronoun **en** is also used in two other ways.

1. **En** can refer to a place of origin used with the preposition **de.**

Est-ce que vous revenez **des États-Unis?** —Oui, j'**en** reviens.

Are you coming back from the United States? —Yes, I'm coming back from there.

Tu vas à l'agence de voyages? —Non, je viens d'**en** sortir.

Are you going to the travel agency? —No, I've just come from there.

2. **En** can also represent a thing or idea preceded by the preposition **de.** The following verbs and expressions are often used with **en.**

avoir besoin (envie, peur) de
être + *adjective* + de
entendre parler de (*to hear about*)
se souvenir de (*to remember*)
se servir de (*to use*)

Adrienne, es-tu contente **de ta
visite à Paris?** — Oui, j'**en**
suis ravie.

Bernard, est-ce que tu te
souviens encore **de ce petit
hôtel minable** à Genève?
— Oui, je m'**en** souviens très
bien!

Christine, veux-tu aller à la
montagne cet été? — Non, je
n'**en** ai pas du tout **envie.**

*Adrienne, are you happy with your
visit to Paris? — Yes, I'm
delighted (with it).*

*Bernard, do you remember that
awful little hotel in Geneva?
— Yes, I remember it very well!*

*Christine, do you want to go to the
mountains this summer? — No,
I don't feel like it at all.*

▌ Exercice 3. Visite à Paris

Bernard et Christine Lasalle passent quelques jours à Paris. Ils dînent ce soir
chez Julien Leroux, qui leur pose beaucoup de questions. Répondez pour eux,
en utilisant le pronom **en.**

MODÈLE: Êtes-vous satisfaits *de votre hôtel?* →
Oui, nous en sommes très satisfaits. Le service est excellent.
ou
Non, nous n'en sommes pas très satisfaits. Le lit n'est pas du
tout confortable, et le service est médiocre.

1. Jusqu'à présent, êtes-vous contents *de votre visite?*
2. Bernard, est-ce que tu te souviens *de ce restaurant brésilien où nous avons
dîné la dernière fois?*
3. Christine, as-tu envie *d'un repas vraiment exotique?*
4. Est-ce que vous vous servez *du guide que je vous ai envoyé?*
5. Avez-vous besoin *de tickets de métro?*
6. Christine, est-ce que tu as entendu parler *de l'exposition Toulouse-Lautrec?*

▌ Exercice 4. En avion

Répondez en utilisant le pronom **en,** quand c'est possible.

MODÈLE: Étiez-vous content(e) *de votre place dans l'avion?* →
Oui, j'en étais très content(e).
ou
Non, je n'en étais pas content(e).

1. Est-ce que vous vous souvenez *de votre dernier voyage? Où êtes-vous allé(e)?*
2. A propos de ce voyage, étiez-vous satisfait(e) *de votre itinéraire?*
3. Est-ce que vous avez eu besoin *de prendre des transports en commun?*
4. Est-ce que vous aviez envie *de voyager plus longtemps?*
5. Aviez-vous peur *d'un accident?*
6. Avez-vous été content(e) *de rentrer à la fin du voyage?*

9.3 *Verbs for Traveling: The Verbs* conduire *and* suivre

Conduire and **suivre** have similar present-tense forms, especially in the singular.

conduire (*to drive*)	
je conduis	nous conduisons
tu conduis	vous conduisez
il/elle/on conduit	ils/elles conduisent

suivre (*to follow*)	
je suis	nous suivons
tu suis	vous suivez
il/elle/on suit	ils/elles suivent

Passé composé: j'ai conduit, j'ai suivi

Pronunciation Hint
As always, final consonants are silent. The **-s-** of the plural forms of **conduire** is pronounced *z*.

Raoul **conduit** bien: il **suit** toujours le code de la route.	*Raoul drives well: he always follows the traffic rules.*
En général, les Français **conduisent** de petites voitures économiques.	*In general, the French drive small, economy cars.*

Other usages: **suivre un cours; se conduire** (*to behave*).

En France, on est obligé de **suivre** des cours pour apprendre à conduire.	*In France, you have to take classes to learn to drive.*

Essaie de bien **te conduire** à
l'école, Nathalie.

*Try to behave well at school,
Nathalie.*

Like **conduire: produire** (*to produce*), **reproduire** (*to reproduce*), **traduire** (*to translate*).

Like **suivre: poursuivre** (*to pursue, chase*).

▌ Exercice 5. Façons de conduire

Dites comment conduisent les personnes indiquées.

> MODÈLE: votre frère → Mon frère conduit imprudemment.
> (prudemment / lentement / trop vite / bien / assez bien / mal / ...)
> Il suit rarement (toujours / en général / ne... pas toujours) le code
> de la route.

1. un garçon / une fille de 18 ans
2. les chauffeurs de taxi
3. votre meilleur(e) ami(e)
4. vos copains

5. les personnes âgées
6. les gens de votre ville
7. un agent de police
8. vous

◤ 9.4 Using Pronouns with Commands

In **Grammaire** 4.4 you saw how command forms of verbs are used to give instructions. Here we will look at the way object pronouns are used with command forms.

As you may recall, object pronouns are usually placed just before the verb.

Est-ce que tu laves ta voiture
régulièrement?   Oui, en
général, je **la lave** tous les
quinze jours.

*Do you wash your car regularly?
— Yes, in general, I wash it
every two weeks.*

A. In *affirmative* commands, pronouns come *after* the verb and are attached to it with a hyphen.

Les phares? Oui, bien sûr,
allume-les. Il commence à
faire nuit.

*The headlights? Yes, of course, turn
them on. It's beginning to get
dark.*

Donnez-lui les clés de la
voiture.

Give him (her) the car keys.

Dépêchez-vous de rentrer avant
la nuit.

Hurry and get home before dark.

The pronouns **me** and **te** become **moi** and **toi** in affirmative commands.

Nathalie, écoute-**moi**.

Nathalie, listen to me.

Lève-**toi** à sept heures et demie. Comme ça, tu seras moins pressé.	*Get up at seven-thirty. That way, you'll be less rushed.*

The pronouns (y) and (en) follow the same placement rules as other object pronouns.

De l'huile? Oui, **prends-en.**	*Some oil? Yes, get some.*
Vous êtes prêts? Alors, **allons-y!**	*You're ready? Let's go, then!*

B. In *negative* commands the pronouns are placed just before the verb and following **ne,** as in declarative sentences.

Ne **l'écoutez** pas. Il ne sait pas de quoi il parle.	*Don't listen to him. He doesn't know what he's talking about.*
Ne **me parle** pas pendant que je conduis.	*Don't talk to me while I'm driving.*

▌ Exercice 6. Bien entretenir sa voiture

Dites si vous êtes d'accord ou non avec les conseils de ce manuel de voiture. Répétez le conseil (ou changez-le) avec un pronom.

> MODÈLES: Lavez souvent le pare-brise. →
> C'est un bon conseil. Lavez-le souvent.
> *ou*
> Ce n'est pas nécessaire. Ne le lavez pas souvent.

1. Gonflez toujours bien vos pneus.
2. Lavez la voiture chaque fois que vous vous en servez.
3. Vérifiez le niveau d'huile une fois par semaine.
4. Réglez le moteur tous les 2.000 km. (*approx. 1,200 miles*).
5. Achetez toujours du super.
6. Ne mettez pas d'autres produits dans le réservoir d'essence.
7. Vérifiez souvent les freins.
8. N'ouvrez pas le bouchon du radiateur quand le moteur est chaud.
9. Mettez de l'eau dans la batterie tous les six mois.
10. Remplacez le filtre du carburateur tous les deux ans.

9.5 Using Two Object Pronouns Together

When two object pronouns occur with the same verb, they always follow a fixed order.

If the indirect object pronoun is **me, te, se, nous,** or **vous,** it will always come first.

Est-ce que tu sais te servir du Minitel? — Oui, Jean-Yves **me** l'a expliqué.	*Do you know how to use the Minitel? — Yes, Jean-Yves explained it to me.*
Est-ce que mes photos sont prêtes, monsieur? — Non, je suis désolé. Je peux **vous les** donner dans une heure.	*Are my pictures ready, sir? — No, I'm sorry. I can give them to you in an hour.*
Tu te rappelles ton premier jour à l'école? — Oui, je **me le** rappelle très bien.	*Do you remember your first day at school? — Yes, I remember it very well.*

If the indirect object is **lui** or **leur,** the order is reversed.

Raoul, as tu envoyé la lettre à tes parents? — Oui, je **la leur** ai envoyée hier.	*Raoul, have you sent the letter to your parents? — Yes, I sent it to them yesterday.*
Voici les cartes que Mme Lescart nous a prêtées. On **les lui** rend maintenant?	*Here are the maps Madame Lescart loaned us. Shall we return them to her now?*

Y and **en** are not usually employed in the same sentence, except in the phrase **il y en a.** They are always placed after other object pronouns.

J'ai téléphoné à mes parents pour leur demander de m'envoyer de l'argent, et ils **m'en** ont envoyé tout de suite.	*I phoned my parents to ask them to send me some money, and they sent me some right away.*
Est-ce que tu as déjà apporté ta pellicule au magasin? — Oui, je **l'y** ai apportée hier soir.	*Have you already taken your film to the store? — Yes, I took it there yesterday evening.*

Remember that in the **passé composé** the pronouns precede the auxiliary verb **avoir** or **être.**

Il ne **me** l'a pas envoyé.	*He didn't send it to me.*
Je **lui en** ai donné.	*I gave him (her) some of it.*

Here is a summary of the order of object pronouns in a declarative sentence or a question.

OBJECT PRONOUNS						
me (m')		le/l'		lui		y
te (t')	+	la/l'	+	leur	+	en + verb
se		les				
nous						
vous						

▌ Exercice 7. Les ennuis de Raoul

Pendant son voyage en France, Raoul Durand doit résoudre certains petits problèmes. Complétez l'histoire en choisissant la réponse correcte entre parenthèses.

1. Raoul est allé chercher son courrier au bureau de poste. Mais l'employé ne _____ a pas donné. (les lui, le leur, le lui)
2. Raoul n'avait pas d'argent, mais il avait besoin d'un billet de train. Alors, ses cousins _____ ont acheté un. (le lui, lui en, la lui)
3. Cela gênait* Raoul d'emprunter de l'argent à ses cousins. Il ne voulait pas _____ emprunter. (leur en, le lui, le leur)
4. Alors, Raoul a décidé de demander encore de l'argent à sa mère au Québec. Il lui a téléphoné pour _____ demander. (y en, lui en, la lui)
5. Malheureusement, sa mère n'avait pas la somme nécessaire. Comme elle ne pouvait pas _____ prêter, Raoul a dû raccourcir son voyage. (la lui, leur en, le lui)
6. De retour à la Nouvelle-Orléans, Raoul pense toujours à son séjour en France. Il _____ souvient avec nostalgie. (se le, s'y, s'en)

▌ Exercice 8. Préparatifs de voyage

Vous allez faire un voyage. Un ami veut tout savoir, et vous répondez patiemment à ses questions.

1. As-tu acheté ton billet à l'agence de voyages?
   — Non, je ne _____ ai pas acheté. (l'y, le lui, lui en)
2. Est-ce que tu as emprunté de l'argent à tes parents?
   — Oui, je _____ ai emprunté. (le lui, t'en, leur en)
3. Est-ce que l'employé du bureau de tourisme t'a donné beaucoup de renseignements?
   — Oui, il _____ a donné beaucoup. (t'en, me les, m'en)
4. Est-ce que tu vas t'acheter de nouveaux vêtements pour le voyage?
   — Non, je ne vais pas _____ acheter. (y en, m'en, me le)
5. Veux-tu emprunter son gros sac à dos à mon frère?
   — Oui, merci, je voudrais bien _____ emprunter. (la lui, l'y, le lui)
6. Est-ce que tes parents vont te prêter leur appareil photo?
   — Oui, ils vont _____ prêter. (me le, m'en, me les)
7. Vont-ils te donner beaucoup de conseils avant ton départ?
   — Oui, ils vont sans doute _____ donner beaucoup. (me les, leur en, m'en)
8. Tu promets de m'envoyer des cartes postales de temps en temps?
   — Oui, je promets de _____ envoyer beaucoup. (t'en, m'en, te les)

---

*gênait = bothered

9.6 Making Distinctions: The Question lequel? and the Answer celui

A. The interrogative **lequel?** (*which one?*) is used to ask about a choice among several objects or people.

Here are the forms of **lequel.**

	SINGULAR	PLURAL
Masculine	**lequel**	**lesquels**
Feminine	**laquelle**	**lesquelles**

The form used must agree with the noun to which it refers.

| Voici plusieurs modèles de manteaux en laine. **Lesquels** voudriez-vous essayer? | *Here are several styles of wool coats. Which ones would you like to try on?* |
| Voici tous nos répondeurs téléphoniques. — **Lequel** est le modèle le plus récent? | *Here are all our answering machines. — Which one is the latest model?* |

B. To point out a previously mentioned object or person, use **celui, celle, ceux,** or **celles.**

DEMONSTRATIVE PRONOUNS		
	Singular	*Plural*
Masculine	**celui**	**ceux**
Feminine	**celle**	**celles**

These demonstrative pronouns have several equivalents in English, depending on how they are used.

| Bernard, regarde ces pulls. Lequel préfères-tu? — **Ceux en laine** sont très beaux. | *Bernard, look at these sweaters. Which one do you prefer? — The wool ones are very beautiful.* |
| Je sais que ma montre retarde, mais **celle de Christine** est toujours en avance. | *I know that my watch is slow, but Christine's is always fast.* |

Tu vois ces garçons là-bas? Eh bien, **celui qui porte l'anorak marron** est le petit ami de Barbara.	*You see those boys over there? Well, the one wearing the brown windbreaker is Barbara's boyfriend.*

The pronoun must agree in gender and number with the noun it replaces.

C. You have seen the use of the suffixes **-ci** (*here*) and **-là** (*there*) to point out the location of the thing being talked about: **ce bracelet-*ci*** (***this** bracelet*), **ce bracelet-*là*** (***that** bracelet*). The suffixes **-ci** and **-là** are used in the same way with the demonstrative pronouns.

Alors, Monsieur, quelle calculatrice prenez-vous? **Celle-ci?** —Non, **celle-là.** Je ne sais pas quel rasoir choisir. Pouvez-vous me conseiller? —Personnellement, je pense que **celui-ci** est bien meilleur.	*Well, sir, which calculator will you take? This one (here)? —No, that one (there). I don't know which razor to choose. Could you give me some advice? —Personally, I think that this one (here) is a lot better.*

▌ Exercice 9. Idées de cadeaux

C'est votre dernier jour à Paris, et vous devez trouver des cadeaux pour votre famille et vos amis. Un ami vous pose des questions sur vos choix. Posez la question pour lui et ensuite, répondez.

> MODÈLE: Vous cherchez une robe. →
> —*Laquelle* de ces robes préfères-tu?
> —*Celle* en soie, parce que (j'aime la couleur/elle est très à la mode/etc.)

Vous cherchez...

1. une montre
2. une bague
3. un portefeuille
4. un collier
5. des boucles d'oreille (*f.*)
6. des sandales (*f.*)
7. des bonbons (*m.*)

a. ceux de la confiserie J. Marot
b. celui en cuir marron (noir, bordeaux, etc.)
c. celles de style indien (classique, original, etc.)
d. celle qui a le bracelet en argent (en cuir, en or, etc.)
e. celui de perles (d'argent, etc.)
f. celles d'Italie (du Brésil, etc.)
g. celle à 125F

▌ Exercice 10. Vos préférences

1. Quels cadeaux préférez-vous: _____ qui coûtent chers, ou _____ qui sont simples mais personnalisés?

2. Quelles cartes d'anniversaire préférez-vous: _____ qui sont amusantes, ou _____ qui sont sentimentales?

3. Quels portefeuilles préférez-vous: _____ en cuir, ou _____ en tissu?

4. Quelles montres préférez-vous: _____ qui sont belles, _____ qui sont durables, ou _____ qui sont faciles à lire?

5. Quels vêtements d'été préférez-vous: _____ en coton, ou _____ qu'on n'a pas besoin de repasser?

6. Quelles cravates préférez-vous: _____ qui sont très originales, ou _____ qui sont plus classiques?

7. Quelles radios préférez-vous: _____ qui sont petites et faciles à porter, ou _____ qui ont un très bon son?

9.7 Expressing Extremes: The Superlative

A. The superlative (*large* → *largest; interesting* → *most/least interesting*) is formed by adding **le plus/moins, la plus/moins,** or **les plus/moins** to an adjective or **le plus/moins** to an adverb.

Tu aimes cette robe? —Oh oui, c'est **la plus jolie.** Et c'est aussi **la moins chère,** n'est-ce pas?	*Do you like this dress? —Oh yes, it's the prettiest (one). And it's also the least expensive, isn't it?*
C'est la cravate que je mets **le moins souvent.**	*This is the necktie I wear the least often.*

If an adjective normally occurs before the noun (see **Grammaire** 4.1), the superlative of the adjective will also come before the noun.

Voilà **le plus grand** marché de la ville.	*There's the largest market in town.*
Denise a beaucoup d'achats à faire. Elle a **la plus longue** liste de tout le monde.	*Denise has a lot of purchases to make. She has the longest list of everyone.*

If the adjective normally comes after the noun, the superlative expression also follows the noun. In this case, *there will be two definite articles:* one preceding the noun and one in the superlative expression.

Vous cherchez un vélo de course? Celui-ci est **le** modèle **le plus léger.**	*You're looking for a racing bike? This one is the fastest model.*
Voilà **le** magasin **le plus cher** de la ville.	*There's the most expensive store in town.*

Remember that **bon** and **mauvais** have irregular comparative forms. These forms are used for the superlative as well.

C'est **le meilleur** magasin de sports de toute la région.	*It's the best sports store in the whole area.*
Quelle est **la meilleure** marque de skis?	*What's the best brand of skis?*
C'est le temps **le pire** que nous avons eu depuis notre arrivée.	*This weather is the worst we've had since we arrived.*

To specify a particular group, use the preposition **de** + noun.

Que pensez-vous de ce manteau? C'est sans doute le plus chaud **du magasin.**	*What do you think of this coat? It's no doubt the warmest (one) in the store.*

B. Superlative quantities are expressed with **le plus de** and **le moins de** (always **le**).

Où veux-tu aller pour chercher une radio? —Je voudrais aller dans le magasin qui a **le plus de** modèles différents.	*Where do you want to go to look for a radio? —I'd like to go to the store that has the most different models.*
Peux-tu me prêter un peu d'argent? —Pourquoi? C'est moi qui ai **le moins d'**argent!	*Can you lend me a little money? —Why? I'm the one who has the least money!*

▌ Exercice 11. Avantages et inconvénients

Complétez ces commentaires avec les superlatifs **le/la/les plus** ou **moins**...

MODÈLE: La vaisselle en porcelaine est ＿＿ ＿＿ luxueuse, mais aussi ＿＿ ＿＿ pratique. →
La vaisselle en porcelaine est *la plus* luxueuse, mais aussi *la moins* pratique.

1. Le coton est le tissu ＿＿ ＿＿ confortable quand il fait chaud.
2. Le polyester est le tissu ＿＿ ＿＿ pratique, mais ＿＿ ＿＿ confortable en été.
3. La laine est le tissu naturel ＿＿ ＿＿ chaud.
4. Les vêtements en soie sont ＿＿ ＿＿ luxueux, mais ils ne sont pas ＿＿ ＿＿ pratiques.
5. Les portefeuilles en cuir sont ＿＿ ＿＿ beaux, mais aussi ＿＿ ＿＿ durables.
6. Les diamants sont les pierres précieuses ＿＿ ＿＿ chères.
7. La vaisselle en plastique est ＿＿ ＿＿ belle, mais aussi ＿＿ ＿＿ fragile.
8. Les verres en cristal sont ＿＿ ＿＿ élégants, mais ＿＿ ＿＿ durables.
9. L'or est le métal ＿＿ ＿＿ précieux.
10. L'aluminium est le métal ＿＿ ＿＿ léger; l'acier est le métal ＿＿ ＿＿ solide.

■ Exercice 12. Connaissez-vous les matières?

MODÈLE: Lequel dure le plus longtemps: le ciment, la fibre de verre, ou le verre? le moins longtemps? →
C'est le ciment qui dure le plus longtemps.
C'est le verre qui dure le moins longtemps.

1. Lequel se casse* le plus facilement: la porcelaine, le fer ou le bois? le moins facilement?
2. Lequel s'use† le plus vite: le polyester, la soie ou le coton? le moins vite?
3. Lequel se lave le mieux: la laine, le cuir ou le polyester? le plus difficilement?
4. Lesquels se nettoient le plus facilement: les tapis, les planchers ou les sols en linoléum? le moins facilement?
5. Lesquels se vendent le plus cher: les perles, les diamants ou les turquoises? le moins cher?
6. Lequel se plie‡ le plus facilement? l'acier, l'aluminium ou le cuivre? le moins facilement?

■ Exercice 13. Géographie et histoire

MODÈLE: Toutes ces montagnes sont hautes: le Mont Whitney (4418 m.), le Mont Blanc (4807 m.) et le Mont Everest (8848 m.). →
La plus haute montagne, c'est le Mont Everest.

1. Tous ces fleuves sont longs: le Mississippi (6 021 km.), le Nil (6 671 km.) et la Loire (1 012 km.).
2. Il fait froid au mois de janvier à Vienne (−3° C), à Moscou (−13° C) et à Paris (0° C).
3. Tous ces pays sont petits: le Luxembourg (2 584 km²), la Suisse (41 288 km²) et la Belgique (30 507 km²).
4. Tous ces pays sont grands: l'Algérie (2 376 400 km²), le Maroc (447 000 km²) et la Tunisie (164 150 km²).
5. Il y a beaucoup d'habitants à Marseille (914 356), à Paris (2 176 243) et à Rouen (573 579). La ville avec...
6. Ces nations sont toutes relativement jeunes: les États-Unis (1776), le Canada (1840) et la Suisse (1874).
7. En France, il y a une seule langue officielle. Au Canada, il y a deux langues. En Suisse, il y en a quatre. Le pays avec...

---

*se... breaks
†s'... wears out
‡plier = to bend, fold

10

L'enseignement et les carrières

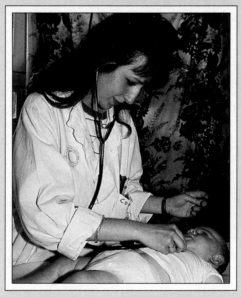

Alger, Algérie: A l'hôpital Mustapha, médecine préventive—examen d'un nourrisson.

In **Chapitre 10** you will learn to talk about the activities and obligations of life at the university. You will also learn to discuss careers and future plans, to make recommendations and give advice.

THÈMES

Le travail et les métiers

L'enseignement et la formation professionnelle

L'avenir

LECTURES

Les 18–25 ans

La presse en direct: Cachez ce féminin

GRAMMAIRE

10.1 Identifying and Describing Professions: **c'est** vs. **il/elle est**

10.2 Saying What You've Been Doing: Present Tense + **depuis**

10.3 **J'y pense:** Other Uses of the Pronoun **y**

10.4 *Must* and *Should*: More About the Verb **devoir**

10.5 Saying What You Will Do: The Future Tense

10.6 Talking About Future Events: **quand** + Future Tense; the **futur antérieur**

ACTIVITÉS ET LECTURES

Le travail et les métiers

Attention! Étudier Grammaire 10.1 et 10.2

Une avocate défend les accusés.

Une chirurgienne opère ses patients.

Un coiffeur coupe les cheveux.

Un cuisinier prépare des repas.

Un fonctionnaire travaille pour le gouvernement.

Une conseillère conjugale aide les mariages en difficulté.

Un instituteur enseigne aux enfants

Un mécanicien répare les autos.

Un médecin généraliste s'occupe des malades.

Cette ouvrière travaille dans la construction.

Un photographe prend des photographies.

Un pompier éteint des incendies.

▌ Activité 1. Les métiers

Trouvez les gens qui font les tâches suivantes et dites où ils travaillent et les qualités dont ils ont besoin pour leur travail.

> MODÈLE: Ils enseignent aux enfants. →
> Ils sont instituteurs. Ils travaillent (dans des écoles primaires). Ils ont besoin (de savoir s'adapter).

LES TÂCHES	LES MÉTIERS
1. Ils soignent les animaux malades.	professeur
2. Ils réparent les voitures qui ne marchent pas.	facteur
3. Ils conduisent un taxi.	ouvrier/ouvrière
4. Ils font le diagnostic et opèrent les malades.	chauffeur de taxi
5. Ils éteignent les incendies.	vétérinaire
6. Ils traitent les maladies nerveuses et mentales.	chirurgien(ne)
7. Ils distribuent le courrier.	mécanicien(ne)
8. Ils enseignent au collège, au lycée ou à l'université.	psychiatre
9. Ils s'occupent des comptes financiers d'une entreprise.	pompier
10. Ils travaillent avec des machines pour produire des autos, des maisons, etc.	comptable

Vocabulaire utile
pouvoir bien travailler sous pression (collaborer avec des collègues...)
savoir s'exprimer de manière claire (s'adapter...)
avoir une voix agréable
avoir des connaissances en informatique (en maths...)
avoir le sens de l'humour (du courage, de l'endurance...)
être raisonnable (courageux/courageuse, efficace, honnête, bien organisé(e)...)

▌ Activité 2. Un jeu

Trouvez la profession des personnes suivantes. Tout le monde a une profession différente.

Il y a trois couples: les Hubert, Jacques et Anne
les Potin, Hugues et Cécile
les Sadouet, Alexandre et Odette

Il y a six professions: médecin   instituteur/institutrice
dentiste   secrétaire
ingénieur   avocat(e)

LES FAITS

1. Anne travaille dans un hôpital mais elle n'est pas médecin.
2. Le mari de l'avocate est ingénieur.
3. La secrétaire est mariée à un médecin.

4. Le mari de la dentiste travaille dans une école.
5. Jacques travaille avec des infirmières.
6. Alexandre enseigne à des enfants.

Activité 3. On cherche un emploi.

Est-ce que ces choses vont avoir de l'importance pour vous quand vous allez chercher un poste à la fin de vos études? Pourquoi (pas)? Comparez vos réponses avec celles de vos camarades de classe.

1. un salaire élevé et des chances d'avancement
2. la possibilité de voyager et de rencontrer beaucoup de gens
3. les avantages en plus du salaire (les assurances, une voiture, etc.)
4. le niveau de pression et de stress
5. la possibilité d'être créateur/créatrice
6. la possibilité de faire du bien pour les autres
7. l'autonomie
8. un métier intéressant et des tâches variées
9. le prestige de l'entreprise
10. la possibilité de vivre près de ma famille
11. de longues vacances et la possibilité de prendre des congés pour des raisons personnelles (naissance d'enfants, etc.)
12. des collègues stimulants
13. ?

...*Oui, être commercial c'est passionnant, mais j'aimerais évoluer.*

J'ai commencé par l'école de vente Sodicam, aujourd'hui je suis chef des ventes.

VOCATION VENTE

SODICAM

Activité 4. Les métiers et le passage du temps

Depuis combien de temps (environ) existent ces métiers? Que font les gens qui les exercent? **Vocabulaire utile:** quelques années, le début du siècle, l'époque de (Napoléon), le (18e siècle), l'ère des (Romains), le début de la civilisation

MODÈLE: commerçant →
Ce métier existe depuis le début de la civilisation. Les commerçants achètent et revendent des marchandises. Ils s'occupent des magasins et des marchés, et parfois ils voyagent.

1. animateur de télé ou de radio
2. bibliothécaire
3. analyste-programmeur
4. chercheur scientifique
5. photographe
6. chef de cuisine
7. travailleur à la chaîne
8. pilote
9. agriculteur
10. enseignant

A Paris, agents de police en uniforme d'été

▌ **Activité 5.** Entretien: Le travail

1. Est-ce que tu travailles maintenant? Pourquoi (pas)? Si oui, où travailles-tu? depuis combien de temps? Qu'est-ce que tu fais? Combien d'heures par semaine travailles-tu? Est-il difficile de travailler et d'étudier en même temps?
2. Sais-tu quelle carrière tu voudrais poursuivre? Depuis quand le sais-tu? Pourquoi l'as-tu choisie?
3. Quels membres de ta famille travaillent? (ton père? ta mère? ton beau-père? etc.) Où est-ce qu'ils travaillent? Depuis combien d'années y travaillent-ils? Que font-ils?
4. Est-ce qu'il y a quelqu'un dans ta famille qui est déjà retraité(e)? depuis quand? Que fait cette personne depuis qu'elle n'a plus besoin de suivre la routine du travail?

L'enseignement et la formation professionnelle

Attention! Étudier Grammaire 10.3 et 10.4

Agnès a réussi au bac à l'âge de 18 ans. Elle a dû bûcher dur avant de le passer.

La cousine d'Agnès n'a pas été reçue. Elle a échoué à quelques examens.

Agnès s'est inscrite à la Faculté des Sciences Humaines et Sociales de l'Université de Paris VII.

Elle a assisté à des conférences. Parfois, elle a séché ses cours.

Au bout de deux ans, elle a reçu un D.E.U.G.

Maintenant, elle fait sa troisième année d'études. Elle est en train de préparer une licence en sociologie.

▮ Activité 6. Devinettes: L'université française

1. On les paie au moment de s'inscrire aux cours.
2. On y réfléchit, on y répond, et si nos réponses sont bonnes, on finit par être reçu(e).
3. On y réussit quand on les prépare, mais on y échoue quand on ne les prépare pas. Personne ne les aime beaucoup!
4. On s'y inscrit au début de l'année scolaire. On les sèche parfois quand on n'a pas envie d'y aller.
5. Quand on n'y réussit pas ou quand on perd tout intérêt, on l'abandonne.
6. C'est le domaine dans lequel on se spécialise.
7. On passe cet examen à la fin du lycée. On est obligé d'y être reçu si on veut faire des études à l'université ou dans une école de formation professionnelle.
8. C'est le diplôme universitaire qu'on reçoit à la fin de la deuxième année d'études après avoir réussi aux examens. Il permet de poursuivre des études plus avancées.

a. le bac (le baccalauréat)
b. les examens
c. les cours
d. les frais d'inscription
e. un programme d'études
f. le D.E.U.G. (diplôme d'études universitaires générales)
g. la spécialisation
h. les questions à un examen

Note culturelle

LABYRINTHE SCOLAIRE

Les jeunes Français vont à l'école primaire à partir de six ans. A quel âge est-ce que les élèves vont au collège? Combien d'années est-ce qu'ils passent au collège? au lycée? Quels diplômes peut-on obtenir? A la fin de quelle classe est-ce qu'on passe le bac? A quel âge environ le passe-t-on? Avec quel bac est-ce qu'on peut faire des études d'ingénieur? des études de médecine? des études littéraires?

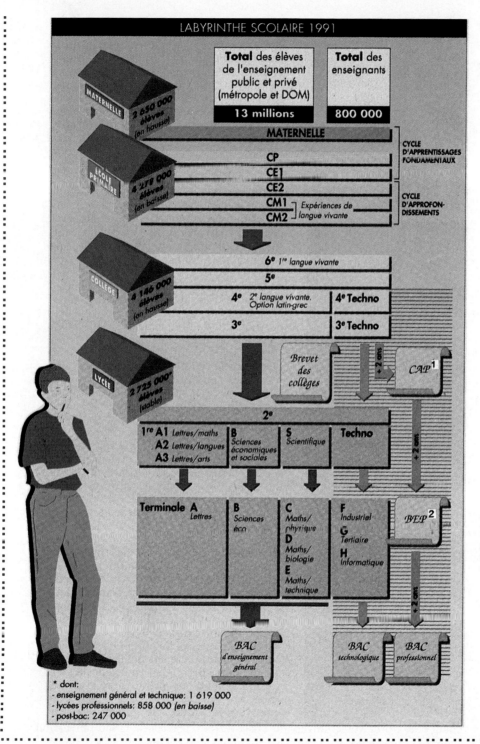

[1]CAP = certificat d'aptitude professionnelle (*basic professional trade diploma certifying skilled workers, office clerks, etc.*)

[2]BEP = brevet d'études professionnelles (*higher level professional trade diploma, mostly for students who do not plan on pursuing a college education*)

▊ **Activité 7.** Interaction: Les études

MODÈLE: É1: Où est-ce que Raoul fait ses études?
É2: A l'Université de Louisiane.
É1: Qu'est-ce qu'il étudie?
É2: Le génie mécanique.

NOM	UNIVERSITÉ	OBJECTIF	MATIÈRE	DEPUIS QUAND?
Raoul Durand		le doctorat d'ingénieur mécanicien		le mois d'août
Agnès Rouet	Université de Paris VII			deux ans et demie
Marise Colin	Université Blaise-Pascal	le D.E.U.G. (diplôme d'études universitaires générales)		
Charles Colin	Lycée Jean-Jacques Rousseau		les sciences économiques et sociales	
Clarisse Colin		le BTS (brevet de technicien supérieur)	l'hôtellerie	

▊ **Activité 8.** Donnez des notes à votre université

Vous recevez des notes à vos examens, n'est-ce pas? Eh bien, voici votre chance de noter votre université. Discutez ces aspects de la vie universitaire avec des camarades de classe, en expliquant vos raisons.

1. le système d'inscription
2. les professeurs
3. le nombre de professeurs par rapport au nombre d'étudiants
4. les cours (qualité, nombre d'étudiants admis, possibilité de suivre les cours essentiels, etc.)
5. les cités universitaires
6. la cuisine dans les restau-U
7. la possibilité de recevoir une bourse
8. la bibliothèque
9. les activités sportives et culturelles
10. la sécurité sur le campus
11. la possibilité de faire des stages ou des études à l'étranger
12. ?

Mentions possibles
très bien
bien
assez bien

Activité 9. Les études et la formation

Voici quelques Français(es) qui sont devenu(e)s des expert(e)s dans leur domaine. A votre avis, qu'est-ce qu'ils ont dû faire pour acquérir leur niveau d'expertise? Répondez aux questions suivantes.

Paul Bocuse, expert en l'art de la cuisine

Catherine Destivelle, championne d'escalade

Jacques Cousteau, océanographe

Simone de Beauvoir, philosophe, féministe et écrivain

Maurice Chevalier, acteur, chanteur et danseur

Charles de Gaulle, général et président de la République

Louis Pasteur, professeur et chercheur scientifique

1. Lesquels ont dû faire des études universitaires? Qu'est-ce qu'ils ont étudié, probablement?
2. Lesquels n'ont pas dû aller à l'université? Pourquoi?
3. Lesquels ont dû faire un stage ou une période d'apprentissage? En quoi? Où l'ont-ils fait?
4. Qui a dû faire des recherches? En quelles matières?
5. Lesquels ont dû suivre un programme d'entraînement physique? Quel type d'entraînement?
6. Qui a dû passer beaucoup de temps à lire et à écrire?
7. Lesquels ont dû prendre des leçons particulières, probablement? Quels types de leçons?
8. Lesquels ont dû beaucoup voyager? Où?

A la sortie du lycée
La Fontaine

Note culturelle

LE BAC, UN RITE DE PASSAGE

Le baccalauréat (ou bac) s'obtient à la fin des études secondaires et donne le titre de bachelier. Ce diplôme national est exigé[1] pour être admis à l'université, et pour être admis comme candidat à la plupart des Grandes Écoles.[2]

Le bac ressemble à un examen tel que le S.A.T. américain en ce qu'il est un examen national. La ressemblance s'arrête là. Alors que les questions d'examen du S.A.T. font appel à la capacité de l'étudiant à sélectionner la réponse correcte parmi plusieurs choix présentés, le bac examine, en plus des connaissances acquises, la capacité d'analyser, d'organiser et de formuler ses idées. En conséquence, l'étudiant français doit écrire ses réponses sous forme de composition où la présentation et l'analyse des idées comptent autant que leur contenu.

[1]required [2]prestigious national schools (tor upper-echelon government administration, military command . . .). To be admitted, students need to pass a highly competitive entrance exam in addition to the bac.

Pour les matières principales, on se présente à un examen écrit; pour quelques matières secondaires, il y a un oral.

La période des examens est souvent un moment de grande tension pour les étudiants et leurs familles, car tout dépend de cet unique examen de fin d'année, et il y a toujours un bon nombre d'étudiants qui échouent. En fait, parmi les étudiants qui arrivent jusqu'en Terminale, le taux de réussite au bac n'est en moyenne[3] que de 70% à 80%. Pour l'ensemble d'une classe d'âge,[4] il y a moins de 50% qui obtiennent le bac.

Il existe plusieurs types de bac, selon la filière[5] choisie au lycée. Depuis 1992, le bac général comprend trois filières: L (littéraire), ES (économique et sociale), S (scientifique).

[3]en... *on the average*   [4]l'ensemble... *students who began school at the same age*   [5]*track*

■ Activité 10. Conseils

Vous allez travailler cet été comme conseiller/conseillère pour des étudiants qui vont s'inscrire dans votre université pour la première fois. Pendant la période d'entraînement pour ce poste, votre supérieur vous donne cette liste des questions le plus fréquemment posées par les futurs étudiants. Décidez avec votre partenaire comment vous allez y répondre.

MODÈLE: Qu'est-ce que je devrais faire si mon/ma camarade de chambre était trop bruyant(e) et désordonné(e)? →
Tu devrais lui dire ce que tu penses. S'il / Si elle refusait de changer ses habitudes, tu devrais demander au service du logement à déménager.

QUESTIONS TYPIQUES

1. Je ne sais pas très bien étudier. Qu'est-ce que je devrais faire pour réussir à mes examens?
2. Qu'est-ce que je devrais faire pour m'informer des possibilités récréatives et culturelles qui existent sur le campus?
3. Je ne veux être ni trop studieux ni trop sociable. Qu'est-ce que je devrais faire pour mener une vie équilibrée?
4. Quels types de vêtements est-ce que je devrais porter à l'université?
5. Si je m'entendais mal avec mon/ma camarade de chambre, qu'est-ce que je devrais faire?
6. Je ne vais connaître personne à l'université. Qu'est-ce que je devrais faire pour rencontrer des gens?
7. Qu'est-ce que je devrais faire si je tombais malade?
8. Si je n'ai pas assez d'argent, est-ce qu'il y a des possibilités de prêt ou de travail? Où est-ce que je pourrais obtenir des informations?
9. Qu'est-ce qu'on devrait faire pour pouvoir s'inscrire dans les cours que l'on veut et aux heures que l'on veut?
10. Qu'est-ce que les étudiants devraient faire s'ils commençaient à se sentir très stressés?

Note culturelle

TÉMOIGNAGES[1] DU PASSÉ

Maître enseignant à ses élèves. Enluminure du commentaire des «Décrétales» par Sinibaldo Fieschi (XIIIe siècle) à la bibliothèque de la Sorbonne, Paris.

Avec le temps qui passe, les connaissances, les conditions de vie et les valeurs changent. Que pensez-vous des témoignages du passé qui suivent? Est-ce qu'il y a des idées qui vous amusent? Est-ce qu'il y en a qui vous choquent?

Conseil d'un professeur à ses étudiants (14ᵉ siècle)

La mémoire doit être acquise en récitant en silence et même à haute voix.[2] Celui qui étudie est comme un bœuf:[3] le bœuf prend les herbes, et sans les mâcher,[4] les envoie dans son estomac qui ensuite les digère pour les transformer en chair et en sang.[5] Il est également utile pour la mémoire de ne jamais changer de livre mais de toujours avoir les mêmes car le changement de livres trouble la mémoire et l'abîme.[6]

L'éducation des filles (d'après Fénelon, 1687)

Rien n'est plus négligé que l'éducation des filles. On suppose qu'on doit leur donner peu d'instruction. L'éducation des garçons passe pour une affaire importante pour tout le monde. Pour les filles, dit-on, il ne faut pas qu'elles soient savantes,[7] le désir de savoir les rend inutiles et pleines de manières: il suffit qu'elles sachent tenir leur maison et obéir à leurs maris sans raisonner.

[1]*opinions* [2]*à... aloud* [3]*ox* [4]*to chew* [5]*en chair... into flesh and blood* [6]*damages it* [7]*learned, scholarly*

L'avenir

Attention! Étudier Grammaire 10.5 et 10.6

> Je deviendrai professeur de génie mécanique.
>
> J'aurai une bourse.
>
> Je ferai de la recherche.

L'année dernière, Raoul a pris la décision de préparer un doctorat.

> Nous irons dans les pays scandinaves.
>
> Nous partirons fin juin, juste après les examens.
>
> Nous aurons besoin de combien d'argent?

Au mois de janvier, Sarah et Agnès ont décidé de voyager ensemble cet été.

> Les heures seront plus longues mais le salaire sera bien meilleur.

> Je ne pourrai pas continuer dans ma capacité d'animateur.

Julien vient de recevoir une offre de poste. Acceptera-t-il de devenir vice-président chargé des relations publiques à TF1?

▌ Activité 11. Que faire pour s'améliorer?

Imaginez que vous avez promis à vos parents et à vos amis de changer certaines de vos mauvaises habitudes. Maintenant, vous dressez la liste de ce que vous changerez. Choisissez les habitudes que vous allez changer et comparez vos réponses avec celles de votre partenaire.

1. Pour améliorer ma santé...
   a. j'arrêterai de fumer.
   b. je ferai plus de gymnastique.
   c. je mangerai moins de snacks salés.
   d. je boirai plus d'eau et moins d'alcool.
   e. ?

2. Dans mes rapports avec les autres...
   a. je passerai plus de temps avec mes parents.
   b. je serai moins agressif/agressive.
   c. je serai plus généreux/généreuse envers les autres.
   d. je chercherai à connaître plus de gens.
   e. ?

3. Pour améliorer ma situation financière...
   a. je ferai des économies.
   b. je chercherai un travail à mi-temps.
   c. j'achèterai des vêtements moins chers.
   d. je mangerai moins souvent au restaurant.
   e. ?

4. Pour devenir une personne plus intéressante...
   a. j'essaierai d'approfondir ma connaissance de l'art.
   b. je lirai davantage.
   c. je ferai plus attention aux événements sportifs professionnels.
   d. je profiterai plus des activités culturelles offertes sur le campus.
   e. ?

5. Pour perdre moins de temps...
   a. je passerai moins de temps à regarder la télé.
   b. je me lèverai plus tôt le matin.
   c. je sortirai moins le soir.
   d. j'apprendrai à étudier d'une manière plus efficace.
   e. ?

Activité 12. Comment sera l'avenir?

Voici des prédictions pour la fin du 20e siècle. Décidez avec votre partenaire comment ces choses changeront la vie (le travail, la famille, la santé, les études, la politique, l'environnement). Donnez des exemples concrets des effets que vous prévoyez. Si vous n'êtes pas d'accord avec une prédiction, expliquez pourquoi.

1. Les entreprises dépendront de plus en plus de l'ordinateur et de l'électronique (des télécommunications, etc.).
2. Moins d'étudiants feront des études traditionnelles.
3. Les gens vivront plus longtemps et la qualité de la vie s'améliorera dans la plupart des pays du monde.
4. Il y aura moins d'agents de conservation dans la nourriture.
5. Les gens consommeront moins d'alcool et ne fumeront plus.
6. On ne pourra plus rouler en voiture dans le centre des grandes villes.
7. Beaucoup de gens pourront travailler chez eux.
8. On aura moins d'espace et les logements seront plus petits.
9. On économisera davantage les ressources naturelles.
10. Il y aura moins d'espèces d'animaux.
11. Les entreprises formeront de plus en plus de liens internationaux.
12. ?

LECTURE

Les 18–25 ans

I y a quelques années encore, les jeunes Français ne se faisaient pas trop de souci pour l'avenir. Il suffisait de travailler sérieusement pour trouver sa place au soleil. Mais comment réussir aujourd'hui? Les choses ont bien changé! Dans la conjoncture° économique actuelle, il faut bien plus. Il faut avoir le bon diplôme, éviter les filières° qui ne mènent à rien, et surtout trouver un travail. Cela n'est pas évident, surtout dans un monde de changement continuel, où tout est si rapidement démodé. Chaque année, la télé montre aux jeunes les difficultés croissantes que rencontrent les bacheliers pour s'inscrire à une fac de leur choix. Les places des bonnes filières sont limitées, la compétition est intense, et les listes d'attente sont longues.

Et pourtant, dans un sens, jamais les jeunes n'ont été aussi gâtés.° Ils profitent des avantages du monde séduisant de la consommation qui facilitent la vie matérielle. Ils ont plus de liberté, de maturité, d'énergie. Alors, le problème? Ils ne sont pas autonomes. Ils ne peuvent pas s'assumer° financièrement.

La crise économique des années 90 touche avant tout la génération des 18–25 ans, bien plus que les adultes et les retraités.° Le taux de chômage° national est de 10%, alors que pour les moins de 25 ans, il est de 20%. Les stages rémunérés,° les contrats de travail à durée déterminée, les travaux d'interim,° sont le lot d'une fraction croissante° de jeunes, et n'offrent pas de solution à long terme. Alors, sortir avec le bon diplôme est devenu vital et paradoxalement plus difficile. Aujourd'hui beaucoup plus de jeunes que dans le passé obtiennent leur bac. Mais que vaut un bachelier°? Il y a trente ans, il pouvait devenir un instituteur et il était quelqu'un. Mais maintenant il faut un D.E.U.G.°...

Et la famille? Heureusement qu'elle est là, protectrice et généreuse. Aujourd'hui, 53% des moins de 24 ans résident chez leurs parents, pour 45% en 1982. L'État, responsable de la législation sociale qui actuellement favorise les retraités, devra trouver une solution. Faut-il donner plus aux jeunes et moins aux vieux? L'idée fait son chemin.°

circumstances

tracks, majors

spoiled

take on full responsibility for themselves

retirees / unemployment rate
stages... paid training periods
travaux... temporary work
lot... fate of an increasing number

student with a bac

diplôme d'études universitaires générales degree after two years of university studies

fait... has been gaining ground

Avez-vous compris?

Vrai ou faux? Si c'est faux, corrigez.

1. V F Si on est reçu au bac, on a peu de difficultés à s'inscrire à la fac de son choix.
2. V F C'est parmi les jeunes que le taux de chômage est le plus élevé.
3. V F Dans la conjoncture économique actuelle, les personnes âgées souffrent autant que les jeunes.
4. V F Grâce aux stages rémunérés, aux travaux d'interim, l'indépendance économique des jeunes est assurée.
5. V F Pour devenir instituteur, il suffit d'avoir son bac.
6. V F Aujourd'hui, moins de jeunes habitent chez leurs parents que pendant les années 80.

7. V F Les jeunes continuent souvent à résider chez leurs parents parce qu'il n'y a pas de conflits entre les générations.

8. V F L'État offre actuellement plus d'avantages matériels aux personnes âgées qu'aux jeunes.

Activité 13. L'avenir de Jean-Yves

Jean-Yves, Sarah et Agnès ont consulté une tireuse de cartes. Racontez ce qu'elle a prédit à Jean-Yves. Utilisez le futur: **Vous serez...**

Activité 14. Les tendances et les modes

On dit que les modes passent et reviennent. En petits groupes, décidez si c'est vrai, et comment, dans un avenir proche, ces choses seront affectées par les modes du passé. Est-ce que nous allons les revoir bientôt sous la même forme? Quelles modifications y verrons-nous?

1. les couleurs
2. les vêtements
3. les nourritures
4. les voitures
5. le cinéma
6. la radio, la télé et la publicité
7. ?

Activité 15. Vingt métiers au féminin

1. Pour qui est destiné ce forum d'information?
2. Quand et où aura-t-il lieu?

3. Avec qui est-ce qu'on pourra y parler?
4. Y aura-t-il des hommes représentant ces métiers? Pourquoi, à votre avis?
5. Quels seront peut-être les autres métiers représentés au forum?

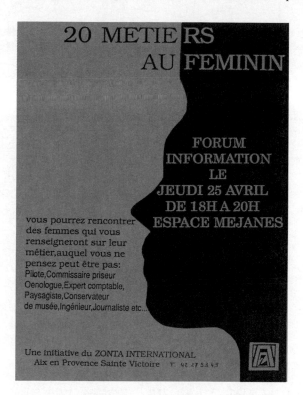

Activité 16. Entretien: Après les études...

1. Qu'est-ce que tu feras quand tu auras terminé tes études? Est-ce que tu te marieras tout de suite? Auras-tu des enfants? Est-ce que tu achèteras une maison ou un appartement? une voiture?
2. Où as-tu l'intention de vivre plus tard? Iras-tu où tu trouveras un poste, ou chercheras-tu un poste dans la ville ou la région où tu voudras habiter? Quels sont les avantages et les inconvénients de chacune de ces formules?
3. Comment est-ce que ta vie va changer quand tu auras trouvé un travail et que tu toucheras un bon salaire? Est-ce que tu feras quelque chose que tu as toujours voulu faire? Quoi, par exemple?
4. Imagine que tu as reçu une offre pour le poste de tes rêves, mais que tu viens d'apprendre que cette entreprise a des filiales qui polluent l'environnement. Accepteras-tu le poste ou non? Pourquoi?
5. Que signifie pour toi «la réussite dans la vie»? l'argent? la satisfaction personnelle? l'aventure?

■ A vous d'écrire!

Après des discussions en cours de sciences sur la technologie et l'avenir, Joël Colin a créé ce dessin pour illustrer ce qu'il prédisait pour l'an 2010. Racontez les prédictions de Joël et dites si vous êtes d'accord avec lui ou non. Expliquez pourquoi.

Joël pense que les gens voyageront dans l'air. Ils pourront se propulser avec des fusées miniatures attachées à leur dos, ou ils prendront... Moi, je pense que...

Vocabulaire utile: un hélicoptère, un climat contrôlé, des liens avec les habitants d'autres systèmes solaires, des voyages dans l'espace, des parachutes, des trains aériens, des villes surélevées, des logements sur piédestal, un robot, un paysage artificiel

LA PRESSE EN DIRECT

AVANT DE LIRE

Les femmes occupent aujourd'hui des postes de plus en plus importants dans le secteur professionnel et dans le gouvernement. En 1991, sous la présidence de François Mitterrand, Édith Cresson a été la première femme dans l'histoire de la République française à devenir Premier Ministre. Benoîte Groult, écrivain et auteur de l'article qui suit, a été reporter et journaliste. Dans son article, elle parle avec humour des difficultés que rencontrent celles qui veulent moderniser la langue.

Pour les noms de métiers en français, il existe en général un homologue féminin pour chaque terme masculin. Ainsi il y a *boulanger* et *boulangère*, *épicier* et *épicière*. Par contre, il existe des professions où il n'y a pas d'homologue féminin. On dit: Madame Giroux est médecin; le médecin s'appelle Madame Giroux. Pouvez-vous citer d'autres exemples? Lesquels? Pourquoi pensez-vous qu'il existe uniquement une forme au masculin pour ces professions?

CACHEZ CE FÉMININ

«Une femme à Matignon,[1] qui aurait osé[2] l'imaginer?»; «comment est-ce arrivé?»; «un événement historique»; «une révolution». . .

Une révolution, tous en sont d'accord, mais attention: la fonction[3] reste virile. On doit dire Madame «le» Premier, Madame «le» ministre pour rappeler que, tout de même, c'est une fonction prestigieuse, donc masculine, que vient d'accaparer[4] cette dame!

On dit Madame la concierge, d'accord, on ne dit pas Madame la ministre, bien que ces deux substantifs se terminent par le même «e» muet. Ce serait[5] un crime de lèse-masculin.[6] La secrétaire du patron, si elle parvient[7] au gouvernement, deviendra Madame «le» secrétaire d'Etat. La loi est claire et simple: l'acceptation des formes féminines est inversement proportionnelle au prestige de la profession.

Vous êtes directrice d'école maternelle, soit, mais dans la haute administration, vous entrez dans un bastion masculin, donc vous serez affublée[8] d'un titre masculin: Madame «le» directeur est servie.

Aucun, aucune journaliste (profession milieu de gamme,[9] donc féminin autorisé) n'a osé transgresser ce puéril tabou, même à l'occasion de la nomination d'Edith Cresson. Ni dans les magazines féminins, qui ne veulent surtout pas «faire du féminisme», ni dans la presse dite sérieuse et qui ne l'est pas en l'occurrence.[10]

Dire Madame «la» ne constitue pourtant ni une revendication sexiste ni une obsession féministe, moins encore un coup de force linguistique. Il s'agit tout bonnement[11] d'adapter la langue à cette nouvelle donne[12] sociale qu'est la présence des femmes dans des fonctions jusque-là réservées aux hommes.

Une langue ne reste vivante qu'à condition d'évoluer. Le français a su le faire dans le passé: au Moyen Age, on disait une barbière, une tisserande[13] ou une diaconesse.[14] Mais nous avons, aujourd'hui, une Académie française qui s'estime propriétaire de la langue lorsqu'elle n'en est que la gardienne.

Elle s'est empressée[15] de faire savoir à la commission pour la féminisation des noms de métiers, créée en 1984, que «le masculin avait, à lui seul, la capacité à représenter les deux genres».[16] Comment s'en étonner? L'Académie a bien cru[17] pendant trois siècles qu'elle avait capacité, à elle seule, de représenter les deux sexes!

Le résultat? Un déluge de solécismes, d'incongruités et d'absurdités dont la première fut[18] l'annonce dans la presse par les trente-neuf académiciens du décès «de leur regretté confrère, Marguerite Yourcenar».

Avec la nomination récente d'un nombre appréciable de femmes au gouvernement, les journalistes se trouvent plus que jamais englués[19] dans un réseau[20] de contradictions dont l'absurdité n'a pu leur échapper.

On apprend par exemple que «Frédérique Bredin est le plus jeune ministre», ce qui est une belle promotion pour «cet inspecteur des Finances, élue député en 1988, puis chargée de mission à l'Elysée».

Quant à Mme Joëlle Timsit, elle est: «Ancien directeur des affaires politiques au Quai d'Orsay et conseiller[21] diplomatique». On dit pourtant couramment une conseillère conjugale. Il est vrai qu'il s'agit alors des affaires du lit et non de celles de l'Etat.

On aurait tort de prendre ces remarques pour un aimable badinage.[22] Ce qui se rapporte au langage est toujours révélateur d'une mentalité. Les mots, on le sait aujourd'hui, ne sont jamais neutres ou innocents, et la langue est le miroir d'une société dont elle reflète les préjugés, les tabous et les désirs inconscients.

L'histoire a d'ailleurs démontré l'importance d'une langue dans la formation ou le maintien d'une identité, qu'elle soit[23] nationale, culturelle ou sexuelle.

Cette mauvaise volonté, voire cette obstination hargneuse[24] à refuser même les féminins les plus évidents (tels que factrice, sculptrice, avocate ou policière) ne sont pas le fait du hasard. Elles témoignent de l'importance de ce pouvoir culturel où s'enracine[25] et se perpétue le pouvoir tout court des hommes sur les femmes.

Dire Madame le docteur, c'est proclamer la supériorité du mâle dont le genre masculin est l'expression grammaticale.

De la gauche à la droite, toutes les femmes se réjouissent qu'une femme soit à la tête du gouvernement, et François Mitterrand restera le premier président à avoir osé faire ce pas décisif. Mais n'est-ce pas l'occasion de mettre les mots en accord avec les faits? Peut-on dire ou écrire sans rire qu'Edith Cresson est «la première Premier»?

Madame la Première, c'est tellement plus beau! Et, avantage supplémentaire: c'est français.

---

[1]*official residence of the Prime Minister* [2]*aurait... would have dared* [3]*office, post* [4]*to grab, claim*
[5]*ce... would be* [6]*crime toward men (by analogy with lèse-majesté)* [7]*manages to attain a position*
[8]*endowed with* [9]*milieu... middle of the road* [10]*en... in this case* [11]*simply* [12]*deal (in card games); situation* [13]*female weaver* [14]*deaconess* [15]*hastened* [16]*genders* [17]*believed (croire)* [18]*was* [19]*stuck*
[20]*network* [21]*senior member of the Diplomatic Corps* [22]*banter* [23]*qu'elle... whether it be* [24]*belligerent, fierce* [25]*où... in which are rooted*

Avez-vous compris?

Complétez les phrases selon l'article.

_____ La nomination d'Édith Cresson comme Premier Ministre est un événement historique parce que...

_____ Les noms des professions prestigieuses sont...

_____ On accepte les formes féminines uniquement pour...

_____ La présence des femmes dans toutes les professions nécessite...

_____ Une langue reste vivante quand...

_____ D'après Groult, l'Académie française insiste sur le status quo de la langue française parce que...

_____ Maintenir les formes des professions prestigieuses uniquement au masculin, c'est...

_____ Il y a de plus en plus d'incongruités et d'absurdités dans la langue si...

_____ Selon Groult, «Madame la Première» est plus beau que...

_____ La langue est le miroir d'une société dont...

a. ...on garde exclusivement les formes au masculin pour certains noms de professions prestigieuses.

b. ...des métiers peu prestigieux.

c. ...au masculin.

d. ...elle évolue.

e. ...c'est la première femme à occuper l'Hôtel Matignon.

f. ...«Madame le Premier».

g. ...ses membres sont presque tous des hommes plutôt misogynes.

h. ...un nouveau vocabulaire.

i. ...elle reflète les préjugés et les tabous.

j. ...proclamer la supériorité du mâle.

VOCABULAIRE

Les métiers	Jobs	un chirurgien/une chirurgienne	a surgeon
un animateur/une animatrice	a talk show host, hostess	un(e) comptable	an accountant
		un écrivain	a writer
un(e) avocat(e)	a lawyer	un(e) enseignant(e)	a teacher, educator
un(e) bibliothécaire	a librarian		

un(e) fonctionnaire	a government employee
un instituteur/une institutrice	a primary school teacher
un ouvrier/une ouvrière	a laborer
un(e) patron(ne)	a boss
un(e) photographe	a photographer
un pompier	a fireman

Mots apparentés: un(e) analyste programmeur, un chef de cuisine, un chercheur, un coiffeur/une coiffeuse, un conseiller/une conseillère, un cuisinier/une cuisinière, un pilote, un(e) psychiatre, un vétérinaire

Le travail et la formation
Work and training

le chef	head, boss
l'entraînement (*m.*)	training
la fabrication	manufacturing
une leçon particulière	a private lesson

Mots apparentés: l'apprentissage (*m.*), l'autonomie (*f.*), l'avancement (*m.*), une carrière, un(e) collègue, une entreprise, l'expertise (*f.*), une fonction, une marchandise, une offre, la paie, un poste, un produit, le salaire

enseigner	to teach
éteindre un incendie	to put out (extinguish) a fire
exercer un métier	to work at a particular job
guérir une maladie	to cure an illness

Mots apparentés: collaborer, défendre les accusés, opérer un patient, réparer, traiter un malade

L'université
The university

une bourse	a scholarship
la cité universitaire	university housing, dormitories
une conférence	a lecture
la formation	education, training
les frais d'inscription (*m.*)	enrollment fees, tuition
une note	a grade, an evaluation
le service de logement	the housing office

une spécialisation	a major (subject)
un stage	an internship

abandonner	to give up, drop (course)
assister à	to attend
bûcher (*fam.*)	to study, cram
échouer à	to fail
être reçu(e)	to pass (an exam)
faire des recherches	to do research
s'inscrire à	to enroll in
passer un examen	to take an exam
poursuivre des études	to pursue studies
préparer un examen	to study for an exam
réussir à un examen	to pass an exam
sécher un cours	to cut class

Mot apparenté: se spécialiser

Les études, les diplômes et les matières
Studies, degrees, and areas of study

le brevet d'études	certificate awarded for successful completion of a course of study
un collège	a middle school, junior high
le D.E.U.G.	diplôme d'études universitaires générales (*awarded after successful completion of a two-year university program*)
un domaine	an area of specialty, major
une école maternelle	a nursery school
le génie mécanique	mechanical engineering
l'hôtellerie (*f.*)	hotel management
un ingénieur mécanicien	a mechanical engineer
la licence	diploma awarded upon successful completion of third-year university exams
une matière	a school subject

Mots apparentés: un diplôme, un doctorat, l'électronique (*f.*), les sciences économiques (*f.*), les sciences sociales (*f.*)

La description

bruyant(e)	noisy
équilibré(e)	balanced; stable
retraité(e)	retired (*from a job*)

Mots apparentés: **amical(e), créateur/créatrice, financier/financière, honnête, professionnel(le), stimulant(e), sûr(e)**

Mots et expressions utiles
Useful words and expressions

avoir lieu	to take place, occur
davantage	a greater amount, more
Depuis combien de temps?	For how long? (How long?)
en même temps	at the same time
en plus de	besides, in addition to
être chargé(e) de	to be in charge of
être en train de	to be in the process of (doing something)
par rapport à	compared to

Substantifs

un congé (*m. pl.*)	a leave, period of vacation
la connaissance	knowledge

un agent de conservation	a food preservative
un emprunt	a loan
un niveau	a level of achievement
une photographie	a photograph
une réussite	a success
la santé	health
la voix	voice

Mots apparentés: **un diagnostic, l'endurance (*f.*), une habitude, une manière, le sens de l'humour, la tension**

Verbes

s'améliorer	to get better, improve oneself
s'exprimer	to express oneself
dresser une liste	to make a list
former des liens	to form contacts, connections
perdre du temps	to lose time, waste time
perdre intérêt (dans)	to lose interest in
prédire	to predict
prévoir	to foresee

Mots apparentés: **s'adapter, diminuer, s'informer, profiter**

G RAMMAIRE ET EXERCICES

10.1 Identifying and Describing Professions: c'est vs. il/elle est

You have often seen and used **c'est** and **ce sont** to identify persons and things. **C'est** and **ce sont** are generally used with nouns.

> Qu'est-ce que c'est? — **C'est un ordinateur.**
>
> *What is that? — It's a computer.*

You have also seen that **il/elle est** and **ils/elles sont** are used with adjectives to describe people and things.

> Est-ce que cet ordinateur est cher? — Oui, **il est cher.**
>
> *Is this computer expensive? — Yes, it's expensive.*

Either of these constructions can be used when you identify someone's profession. Note that with **c'est** and **ce sont**, an article is always used; with a proper name or **il/elle,** no article is used.

> Adrienne **est secrétaire.**
> Jean-Yves? **Il est étudiant.**
> Mme Martin? **C'est un professeur.**
> Ces gens-là? **Ce sont des ouvriers.**
>
> *Adrienne is a secretary.*
> *Jean-Yves is a student.*
> *Mme Martin? She's a teacher.*
>
> *Those people? They are workers.*

If an adjective is included to describe the profession, **c'est/ce sont** is always used instead of **il/elle est, ils/elles sont.**

> Raoul Durand? **C'est un étudiant très sérieux.**
> Ces femmes-là? **Ce sont des journalistes canadiennes.**
>
> *Raoul Durand? He's a very serious student.*
> *Those women? They are Canadian journalists.*

▌▌ **Exercice 1.** Personnages célèbres

Identifiez le métier de ces gens. Utilisez **il/elle est** ou **il/elle était.**

MODÈLE: Jean-Paul Sartre → Il était philosophe.

1. Pierre Salinger   empereur
2. Édith Piaf   écrivain
3. Pablo Picasso   général
4. Marcel Proust   journaliste
5. Jacques Cousteau   chanteur/chanteuse
6. Charles de Gaulle   peintre
7. Charlemagne   océanographe
8. Simone de Beauvoir   physicien(ne)
9. Maurice Chevalier
10. Marie Curie

▌ Exercice 2. Qui est-ce?

Que savez-vous sur les personnages de ce livre? Identifiez-les dans la liste à droite et puis ajoutez quelques détails.

MODÈLE: Sarah Thomas →
    C'est une étudiante américaine. C'est la camarade de chambre d'Agnès Rouet.

1. Claudine Colin   petit garçon
2. Adrienne Petit   étudiant à l'université de Paris VII
3. Julien Leroux   petite fille
4. Victor Colin   professeur dans un lycée
5. Bernard Lasalle   secrétaire
6. Clarisse Colin   infirmière à Lyon
7. Christine Lasalle   cadre* dans une entreprise
8. Joël Colin   journaliste et animateur de télé
9. Jean-Yves Lescart   étudiante en hôtellerie
10. Marie-Christine Lasalle   ingénieur

10.2 *Saying What You've Been Doing: Present Tense + depuis*

To talk about an action or state begun in the past but continuing into the present, French uses the present tense + **depuis** + a length of time or a date.

Agnès **étudie** l'anglais **depuis six ans.**

Agnès has been studying English for six years.

Raoul **travaille** à la bibliothèque **depuis octobre.**

Raoul has been working at the library since October.

*****cadre** = manager, executive

To ask a question about an action or situation continuing in the present, use **depuis quand... ?** or **depuis combien de temps... ?** Remember that the verb is in the *present tense* in French.

Depuis quand étudies-tu le génie civil? —**Depuis** l'année dernière.

Since when have you been studying civil engineering? —Since last year.

Depuis combien de temps est-ce que tu **habites** à la Nouvelle Orléans? —**Depuis** trois ans.

How long have you lived in New Orleans? —Three years.

Note the contrast with the **passé composé + pendant,** which is used for an action or situation that ended at some time in the past.

J'habite ici **depuis** dix ans. Avant, j'**ai habité pendant** deux ans dans l'Ohio.

I have lived here for ten years. Before that, I lived for two years in Ohio.

▌ Exercice 3. Faisons connaissance

Isabelle, une amie canadienne de Raoul Durand, est venue visiter la classe de Mme Martin aujourd'hui. Posez-lui des questions, et puis inventez des réponses.

MODÈLE: Depuis quand / habiter aux États-Unis →
— Depuis quand habitez-vous aux États-Unis?
— J'habite aux États-Unis depuis (trois ans).

1. Depuis combien de temps / étudier l'anglais
2. Depuis quand / être à l'Université de Louisiane
3. Depuis quand / habiter à la Nouvelle-Orléans
4. Depuis combien de temps / connaître Raoul
5. Depuis combien de temps / vous intéresser à la musique cadjine

▌ Exercice 4. L'histoire de Julien Leroux

Reformulez chaque phrase pour changer le point de vue du passé au présent. *A noter:* Julien a maintenant trente-deux ans.

MODÈLE: Julien est venu habiter à Paris à l'âge de vingt-deux ans.
(Julien / habiter à Paris...) →
Julien habite à Paris depuis dix ans.

1. Julien a acheté un appartement à la Défense à l'âge de vingt-huit ans. (Julien / habiter à la Défense...)
2. Sa mère est venue habiter à Paris il y a cinq ans. (Sa mère / être à Paris...)
3. Julien a pris un poste à TF1 à l'âge de vingt-cinq ans. (Julien / travailler pour TF1...)

4. Il a rencontré Bernard Lasalle il y a huit ans. (Il / connaître Bernard Lasalle...)
5. Julien a appris à faire de la voile à l'âge de vingt ans. (Julien / faire de la voile...)

Exercice 5. A ton tour!

Répondez, en employant le présent + **depuis.**

1. Depuis quand es-tu à cette université?
2. Où habites-tu? Depuis combien de temps y habites-tu? Et tes parents, où habitent-ils? Depuis combien de temps?
3. Depuis combien de temps est-ce que tu étudies le français?
4. Depuis quand as-tu ton permis de conduire? ta propre voiture?
5. Sais-tu ce que tu veux devenir? Depuis quel âge est-ce que tu le sais?

10.3 J'y pense: *Other Uses of the Pronoun y*

The pronoun **y** is used to replace a prepositional phrase referring to a place.

As-tu fait des études **en France?** — Oui, j'**y** ai fait deux ans d'études.	*Did you study in France? — Yes, I studied there for two years.*

In this usage, **y** is usually equivalent to English *there,* although *there* is sometimes omitted in English. **Y** can also replace any phrase made up of **à** + a noun indicating an idea or thing.*

Est-ce qu'Albert réussit **à tous ses examens?** — Oui, il **y** réussit toujours.	*Does Albert pass all his exams? — Yes, he always passes them.*
Pensez-vous déjà **à votre future profession?** — Oui, j'**y** pense beaucoup.	*Are you already thinking about your future profession? — Yes, I think about it a lot.*

Here are some of the most frequently used verbs that take **à** before a noun.

assister à (*to attend*)	réussir à un examen (*to pass a test*)
participer à (*to participate in*)	
penser à (*to think about*)	répondre à (*to answer*)
réfléchir à (*to think about*)	s'habituer à (*to get used to*)
	s'intéresser à (*to be interested in*)

---

*Remember that **à** + a person is replaced by an indirect object pronoun (see Grammaire 6.5): **J'écris à ma mère. → Je *lui* écris.**

▌ **Exercice 6.** Votre vie à l'université

Répondez en employant le pronom **y.**

1. Habitez-vous *à la cité universitaire?* Est-ce que la majorité des étudiants y habitent?
2. Êtes-vous déjà allé(e) *au labo de français* cette semaine? Si non, quand allez-vous y aller?
3. Dans vos autres cours, est-ce que vous participez beaucoup *aux discussions en classe?* Répondez-vous souvent *aux questions du professeur?*
4. Assistez-vous parfois *aux matchs de basket?* Combien de fois par semestre (trimestre) y allez-vous? Aimez-vous y assister?
5. Est-ce que vous vous intéressez *à la politique de l'université?*
6. Quand vous êtes arrivé(e) sur le campus, est-ce que vous vous êtes facilement habitué(e) *à la vie universitaire?*

▌ **Exercice 7.** Entre étudiants

Jean-Yves parle avec Marc, un de ses camarades à l'université. Reformulez les phrases en remplaçant les expressions en italique par **y.**

MODÈLE: Je réfléchis *à ce problème.* → J'y réfléchis.

JEAN-YVES: Tu penses déjà aux cours que tu vas suivre le semestre prochain?

MARC: Oui, je pense *à mes cours*[1] depuis longtemps. *J'y pense*

JEAN-YVES: Tu vas t'inscrire au prochain cours d'anglais?

MARC: J'avais l'intention de m'inscrire *à ce cours,*[2] mais maintenant je ne suis pas sûr. La dernière interrogation m'a decouragé. Tu sais, je n'ai pas réussi *à la dernière interrogation.*[3] *Je n'y ai pas réussi*

JEAN-YVES: Eh bien, moi non plus, je n'ai pas réussi *à cette interrogation.*[4] Elle était plus difficile que les autres. Il ne faut pas te décourager pour ça.

MARC: Oui, elle était difficile. Et puis je ne me suis pas encore habitué à l'accent de cette nouvelle assistante américaine.

JEAN-YVES: Moi aussi, j'avais du mal à m'habituer *à son accent*[5] au début. Maintenant ça va. L'autre jour, elle nous a parlé du Congrès américain, et c'était très intéressant. Elle connaît bien le sujet, puisqu'elle s'intéresse spécialement *à ça.*[6]

MARC: Moi, je ne m'intéresse pas du tout *à ça.*[7]

JEAN-YVES: Tu vas au cours d'histoire cet après-midi?

MARC: Oui, je vais *au cours*[8] comme toujours. Pas toi?

JEAN-YVES: Non, je ne vais pas *au cours.*[9] Je suis crevé,* alors je voudrais rentrer me coucher.

MARC: Vas-y. Je te passe mes notes demain.

---

*crevé = exhausted (*fam.*)

10.4 Must and Should: More About the Verb *devoir*

You already know that the present tense of **devoir** is used with an infinitive to express obligation or probability (see **Grammaire** 3.4).

Est-ce que nous **devons finir** de lire le chapitre pour demain?	*Do we have to finish reading the chapter for tomorrow?*
Albert est absent. Il **doit être** malade aujourd'hui.	*Albert is absent. He must be sick today.*

A. The **passé composé** of **devoir** can convey either obligation (*had to*) or probability (*must have*) in the past. The intended meaning is usually clear from the context.

Hier soir, j'**ai dû lire** un roman de Steinbeck pour mon cours d'anglais.	*Last night, I had to read a Steinbeck novel for my English class.*
Barbara a l'air contente. Elle **a dû recevoir** une bonne note à l'examen.	*Barbara looks happy. She must have received a good grade on the exam.*

B. One of the most frequent uses of **devoir** is to convey the notion of *should* or *ought to*. To express *should*, **devoir** is used in the conditional tense.*

CONDITIONAL OF **devoir** (*should*)	
je devrais	nous devrions
tu devrais	vous devriez
il/elle/on devrait	ils/elles devraient

Si tu veux connaître plus d'étudiants, tu **devrais habiter** sur le campus.	*If you want to know more students, you should live on campus.*
Mme Martin nous a dit que nous ne **devrions** pas tout **traduire** en anglais.	*Madame Martin told us that we shouldn't translate everything into English.*

---

*You will learn about using other verbs in the conditional in Chapter 12. The forms of **vouloir** and **aimer** meaning *would like* (**je voudrais, tu aimerais**, etc.) are also conditional forms.

■ Exercice 8. Obligations d'hier soir

Dans le cours de Mme Martin, on parle de ce qu'on voulait faire hier soir, et de ce qu'on a dû faire.

> MODÈLE: Jacqueline voulait assister à une compétition de gymnastique, mais... (faire du babysitting) →
> Jacqueline voulait assister à une compétition de gymnastique, mais *elle a dû faire du babysitting.*

1. Mme Martin voulait aller voir un film belge, mais... (corriger des devoirs).
2. Denise et moi, nous voulions aller à une soirée, mais... (faire nos devoirs).
3. Daniel et Louis voulaient jouer au basket, mais... (aller à la bibliothèque).
4. Je voulais me coucher tôt, mais... (étudier jusqu'à minuit).
5. Albert voulait lire un roman, mais... (aider un camarade avec ses devoirs de français).
6. Et vous? Qu'est-ce que vous vouliez faire? Qu'est-ce que vous avez dû faire?

■ Exercice 9. Les préoccupations des étudiants

Certains étudiants de Mme Martin parlent de leurs soucis, et d'autres étudiants leur donnent des conseils. Employez **devoir** au conditionnel.

> MODÈLE: Je ne comprends pas tout ce qu'on dit sur les cassettes de français. (les écouter plusieurs fois) →
> Alors, tu devrais *les écouter plusieurs fois.*

Conseils à donner
demander à Albert de l'aider à préparer l'examen
abandonner le cours
annuler le cours de demain
étudier à la bibliothèque
bien réfléchir avant de choisir des cours
bien apprendre vos rôles
?

1. Moi, je n'ai que de très mauvaises notes dans mon cours de sciences économiques. Tu...
2. Nous devons tous nous inscrire bientôt aux cours du prochain semestre. Vous...
3. Louis et son camarade de chambre ont du mal à étudier chez eux à cause du bruit que font leurs voisins. Ils...
4. Jacqueline et moi devons présenter un sketch dans le cours de français après-demain. Vous...

5. Daniel a peur de rater son examen de littérature anglaise. Il...
6. Mme Martin a envie d'assister à une conférence demain à l'heure du cours de français. Elle...

10.5 Saying What You Will Do: The Future Tense

You have already learned to talk about plans and future actions with the verb **aller** + infinitive.

Je **vais sécher** mes cours demain.

I'm going to skip my classes tomorrow.

A. Both French and English also have a future tense. In English, the future is formed by adding the auxiliary verb *will* (*will go, will read*, etc.). In French, a set of future tense endings are added to the future stem.

For most verbs, the future stem is the infinitive; the endings are **-ai, -as, -a, -ons, -ez, -ont.** For infinitives ending in **-re,** the final **-e** is dropped before adding the future endings.

FUTURE TENSE		
parler	**finir**	**attendre**
je parler**ai**	je finir**ai**	j'attendr**ai**
tu parler**as**	tu finir**as**	tu attendr**as**
il/elle/on parler**a**	il/elle/on finir**a**	il/elle/on attendr**a**
nous parler**ons**	nous finir**ons**	nous attendr**ons**
vous parler**ez**	vous finir**ez**	vous attendr**ez**
ils/elles parler**ont**	ils/elles finir**ont**	ils/elles attendr**ont**

-Er verbs like **acheter** and **appeler** keep the spelling changes used in present-tense singular forms in all forms of the future tense.

	PRÉSENT	FUTUR
acheter	j'ach**è**te nous achetons	j'ach**è**terai nous ach**è**terons
appeler	j'appe**ll**e nous appelons	j'appe**ll**erai nous appe**ll**erons

Demain, Jacqueline **parlera** de son examen avec Mme Martin.	*Tomorrow, Jacqueline will speak with Mme Martin about her exam.*
Nous ne **finirons** pas ce chapitre cette semaine.	*We won't finish this chapter this week.*
Est-ce que tu **vendras** tes livres à la fin du semestre?	*Will you sell your books at the end of the semester?*

B. Some verbs form the future tense with an irregular stem instead of the infinitive. Notice that all future stems, both regular and irregular, end in **-r**.

IRREGULAR FUTURE STEMS					
aller	**ir-**	j'**ir**ai	devoir	**devr-**	je **devr**ai
être	**ser-**	je **ser**ai	recevoir	**recevr-**	je **recevr**ai
faire	**fer-**	je **fer**ai	venir	**viendr-**	je **viendr**ai
avoir	**aur-**	j'**aur**ai	vouloir	**voudr-**	je **voudr**ai
savoir	**saur-**	je **saur**ai	voir	**verr-**	je **verr**ai
pouvoir	**pourr-**	je **pourr**ai	envoyer	**enverr-**	j'**enverr**ai

Après mes études, je **ferai** un voyage en Europe.	*After college, I will take a trip to Europe.*
Est-ce que ton ami **pourra** t'accompagner?	*Will your friend be able to go with you?*

Note also the irregular future tenses of these impersonal expressions:

il pleuvra (*it will rain*)   **il faudra** (*it will be necessary*)

C. Use the preposition **dans** with the future tense to indicate how much time will elapse before something takes place.

Albert **finira** ses études **dans deux ans.**	*Albert will finish his studies in two years.*
Sarah **rentrera** aux États-Unis **dans trois mois.**	*Sarah will go home to the United States in three months.*

▌ **Exercice 10.** Intentions et impossibilités

Répondez d'abord pour vous-même, et puis pour votre meilleur(e) ami(e), en employant le futur.

MODÈLE: Pourrez-vous aller au restaurant ce soir? →
Oui, moi j'irai au restaurant ce soir, et mon ami ira aussi au restaurant.
ou

Non, je n'irai pas au restaurant ce soir, et mon ami n'ira pas non plus au restaurant.

Pourrez-vous...

1. vous coucher tôt ce soir?
2. dormir jusqu'à dix heures demain?
3. finir tous vos devoirs avant le week-end?
4. réussir à tous vos examens ce semestre?
5. acheter bientôt un ordinateur?
6. faire des progrès en français avant la fin de l'année?
7. parler couramment le français à la fin de l'année?
8. aller en France cette année?
9. gagner beaucoup d'argent cet été?
10. prendre une semaine de vacances la semaine prochaine?

■ **Exercice 11.** Quel avenir!

Les étudiants de Mme Martin imaginent l'avenir de leurs camarades. Employez le futur des verbes indiqués.

DENISE ALLMAN

Denise _____¹ de la chance. Elle _____² la première femme candidate à la présidence américaine. Elle _____³ les élections, et son mari et elle _____⁴ vivre à la Maison Blanche.

aller
avoir
être
gagner

Denise _____⁵ travailler de longues heures, mais son mari et elle _____⁶ visiter beaucoup de pays dans le monde. En France, elle _____⁷ un discours en français qui _____⁸ tous les Français.

devoir
faire
impressionner
pouvoir

LOUIS THIBAUDET

Un jour, en faisant un dîner pour des amis, Louis _____⁹ ses talents culinaires. Il _____¹⁰ en France pour travailler avec un chef, et puis il _____¹¹ en Louisiane. Il _____¹² un restaurant, où nous _____¹³ tous dîner.

aller
découvrir
ouvrir
revenir

Au bout de quelques années, Louis _____¹⁴ un des chefs les plus connus des États-Unis, du monde même! Il _____¹⁵ beaucoup de livres, et il _____¹⁶ sa propre émission à la télé, qui _____¹⁷ «Thibaudet's Kitchen».

s'appeler
avoir
devenir
écrire

future Proche

10.6 Talking About Future Events: quand + Future Tense; the Futur Antérieur _(will happen earlier in French)_ Future

A. Generally, the future tense is used in French in the same way as the English future with _will_. However, in some cases where English uses the present tense to refer to a future action, French requires the future tense. This happens primarily after words like **quand** (_when_).

> **Quand** j'_irai_ à Paris, je **voudrai** visiter tous les musées d'art moderne.
>
> _When I go to Paris, I will want to visit all the modern art museums._

Other conjunctions that require the future in this context are **lorsque** (_when_), **dès que** (_as soon as_), and **aussitôt que** (_as soon as_).

> Nous **pourrons** partir, **aussitôt que** Sarah _arrivera_.
>
> _We can leave as soon as Sarah gets here._

The future tense is used in the same way when someone is telling someone else when to do something in the future.

> **Téléphone**-moi **dès que** tu _arriveras_ à Paris.
>
> _Call me as soon as you arrive in Paris._

Modal Verbs need infinitive Verbs

B. There is another future tense that sometimes occurs after **quand,** etc., that you should be able to recognize and understand. French sometimes uses the **futur antérieur** or future perfect tense to indicate that one event will have been completed before a second one occurs.

Past Participle — Futur

> **Dès que** j'**aurai** **fini** mes études, je pourrai aller en Europe.
>
> _As soon as I have finished my studies, I'll be able to go to Europe._

The **futur antérieur** is a compound tense like the **passé composé.** It uses the future of **avoir** or **être** as the auxiliary verb, along with the past participles you already know.

> j'aurai fini — _I will have finished_
> ils auront étudié — _they will have studied_
> je serai parti(e) — _I will have left_
> elle se sera couchée — _she will have gone to bed_

The **futur antérieur** may also be used in other contexts to emphasize the completion of a future action.

> Nous **aurons fini** de lire le livre avant la fin de l'année.
>
> _We will have finished reading the book before the end of the year._

▌ **Exercice 12.** Sois plus optimiste!

Daniel parle de ses espoirs pour l'avenir proche, mais sans beaucoup de confiance. Albert, plus optimiste, essaie de l'encourager. Remplacez **si** + présent par **quand** + futur.

MODÈLE: DANIEL: Je serai surpris si mes copains se souviennent de mon anniversaire.

ALBERT: Tu seras surpris quand tes copains se souviendront de ton anniversaire.

1. Je serai heureux si je réussis à l'examen de chimie.
2. Je serai très surpris si je reçois un A dans le cours de français.
3. Je rencontrerai la famille de Raoul si je vais à Montréal cet été.
4. Je n'aurai plus de soucis si je trouve un job d'été.
5. Je serai ravi si ma petite amie décide de passer l'été ici.

11

La santé et les urgences

In **Chapitre 11** you will learn to talk about keeping in shape and staying healthy. You will also learn how to describe illnesses and accidents. You will continue to talk about past experiences and will learn more ways to express necessity.

Derrière le comptoir d'une pharmacie à Paris

THÈMES

Les parties du corps

Être en forme

Les maladies et les traitements

Les accidents et les urgences

LECTURES

Visite médicale (extrait de *Les récrés du petit Nicolas*)

La presse en direct: Pourquoi vieillit-on?

GRAMMAIRE

11.1 Expressing Obligation: **il faut que** + Subjunctive

11.2 More About the Subjunctive

11.3 Emotions and Changes of State: Reflexive Verbs; **rendre** + Adjective

11.4 Asking Questions with **qu'est-ce qui**

11.5 Narrating in the Past Tense: More on the **passé composé** and the **imparfait**

Les parties du corps

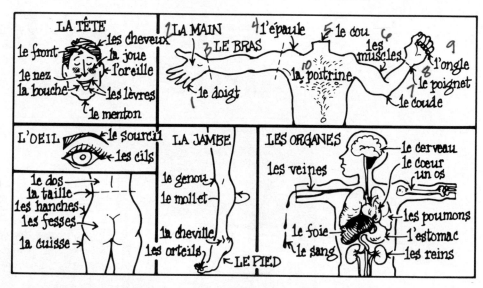

Activité 1. Les parties du corps

Nommez les parties du corps qu'on utilise pour faire ces activités.

1. jouer au tennis
2. jouer aux échecs
3. danser
4. assister à un concert de rock
5. faire de l'escalade
6. chanter dans une chorale
7. manger et digérer
8. planter des géraniums
9. ?

Activité 2. Définitions: Les parties du corps

1. le cœur
2. la bouche
3. les cils
4. les poumons
5. le genou
6. le sang
7. ?

a. petits poils fins qui protègent l'œil
b. l'articulation principale de la jambe
c. organe que l'on utilise pour parler et manger
d. organes que l'on utilise pour respirer

e. liquide rouge qui circule dans les veines et les artères
f. organe central qui fait circuler le sang
g. ?

LE DON D'ORGANES

CAMPAGNE EN FAVEUR
DU DON D'ORGANES POUR L'ENFANT

Être en forme

Attention! Étudier Grammaire 11.1 et 11.2

Il faut que vous mangiez beaucoup de fruits et de légumes.

Il faut que je fasse de l'exercice tous les jours pour me sentir en forme.

Il vaut mieux que nous dormions bien avant les examens.

Il est très important que tu sois prudente quand tu te bronzes. C'est mauvais pour la peau.

Il est indispensable qu'on se détende de temps en temps.

Il est nécessaire qu'on aille chez le dentiste une fois par an. (Il faut aussi qu'on ait un peu de courage!)

Il est important qu'on ne consomme pas trop d'alcool.

Perdre du poids, oui, mais pas trop! Il ne faut pas que vous maigrissiez trop.

▌ **Activité 3.** La santé

Quand quelqu'un demande des conseils au sujet de sa santé, que répondez-vous? Lisez ces situations et discutez avec votre partenaire avant de décider si vous trouvez les recommandations raisonnables ou non. Expliquez vos opinions.

1. Je prends du poids très facilement et je veux garder la ligne.
   a. Il faut que tu fasses de la gymnastique en plein air tous les jours.
   b. Évite tous les aliments qui contiennent du sucre et des matières grasses.
   c. Il vaut mieux que tu prennes des pilules qui coupent l'appétit.
   d. Il est indispensable que tu te pèses tous les jours. ___*Weigh self*___

2. Je voudrais être plus calme, plus équilibré(e), et m'entendre bien avec les autres.
   a. Il faut que tu apprennes des techniques pour te détendre.
   b. Tu devrais être poli(e) envers tout le monde.
   c. Il faut compter jusqu'à dix chaque fois que tu commences à te fâcher.
   d. Ne parle pas avec les gens qui t'énervent.

3. Nous n'avons pas assez d'énergie et nous voudrions être en forme.
   a. Il faut que vous dormiez huit heures par nuit.
   b. Il est important que vous preniez des vitamines tous les jours.
   c. Il faut que vous mangiez une nourriture riche en protéines.
   d. Il vaut mieux que vous mangiez quelque chose de sucré seulement quand vous vous sentez fatiguées.

 Stupide

4. Tout m'énerve! J'ai besoin de m'inquiéter moins, de contrôler la tension et le stress dans ma vie.
   a. Il faut que tu te détendes tous les jours.
   b. Il faut boire un verre de vin tous les jours.
   c. Évite les calmants. Tu peux en prendre l'habitude.
   d. Il faut que tu travailles plus dur! Le travail fait oublier le stress.

Stupid

5. Qu'est-ce que nous pouvons faire pour rester en bonne santé?
   a. Il faut que vous alliez chez le médecin chaque fois que vous vous sentez mal.
   b. Il est essentiel que vous mangiez une nourriture équilibrée.
   c. Ne fumez pas.
   d. Ne prenez jamais de boissons alcoolisées.

LE SOLEIL BRILLE L'IMPRUDENCE BRÛLE

Note culturelle

LES CURES THERMALES

Dégustation d'eau minérale à une fontaine publique à la station thermale de Vittel

Les stations thermales[1] accueillent chaque année 650.000 curistes[2] en France. C'est une vieille tradition qui remonte au temps des Romains. De nos jours, les eaux thermales continuent à être appréciées pour leurs propriétés curatives. Les curistes boivent chaque jour leur ration d'eau thermale, prennent des bains ou des douches d'eau thermale et suivent un régime spécial sous surveillance médicale. Les soins médicaux reçus en cure sont remboursés par la Sécurité sociale. Parmi les 104 stations agréées[3] par la Sécurité sociale, figurent de nombreuses spécialisations, telles que le traitement des maladies de la peau, des affections respiratoires, des problèmes de la circulation, des maladies psychosomatiques, et de l'ostéoporose. C'est le médecin traitant qui décide d'un traitement en cure, précise la station proposée, l'orientation thérapeutique indiquée, et qui remplit les formulaires nécessaires de prise en charge préalable[4] de la Sécurité sociale. Ce sont avant tout des malades qui vont se faire soigner dans les stations thermales. Cependant bien des vacanciers s'y rendent aussi, pour profiter du bénéfice des sources thermales, et pour jouir de la vie sociale, souvent animée, de ces endroits.

[1]*stations . . . spas* [2]*people taking the waters (at a spa)* [3]*accredited* [4]*prise... prior formal agreement for reimbursement*

Activité 4. Êtes-vous facile à vivre?

Répondez aux questions suivantes, puis évaluez vos points pour savoir comment les autres vous perçoivent.

	OUI	NON	PARFOIS
1. Je m'énerve quand j'oublie quelque chose.	____	____	____
2. Je me mets en colère quand ma famille me dit ce qu'il faut que je fasse.	____	____	____
3. Je suis furieux/furieuse quand il faut que je refasse un devoir.	____	____	____
4. Ça m'irrite quand quelqu'un conduit lentement devant moi.	____	____	____
5. Je rouspète quand mes parents (mes camarades de chambre) me demandent d'aider avec le ménage.	____	____	____
6. Je ne suis pas très poli(e) avec les commerçants qui me font attendre.	____	____	____
7. Je fais la tête quand je veux sortir et que l'on me dit qu'il vaut mieux que je reste chez moi.	____	____	____
8. Je refuse de parler à ceux qui me déplaisent.	____	____	____

Pour déterminer comment les autres vous voient: oui = 2 points, parfois = 1 point, non = 0 points.

De 12 à 16 points: Il faut que vous vous détendiez. Vous êtes impossible à vivre!

De 6 à 10 points: Vous avez un tempérament assez équilibré. (Mais ne vous en vantez pas! Vous n'êtes pas un ange!)

De 0 à 4 points: Félicitations! Vous êtes une personne très calme et équilibrée.

Activité 5. La vie à l'université

Discutez la liste suivante avec votre partenaire et décidez des problèmes qui sont importants sur votre campus. Ensuite, dites ce qu'il faut que votre université fasse pour empêcher que les étudiants aient des ennuis dans ces domaines.

MODÈLE: Il faut que l'université interdise la vente du tabac sur le campus.

l'alcool	la tension et le stress
le manque de sommeil	le manque d'exercice
le bruit	le tabac (surtout la fumée)
les calmants	les snacks salés, riches en
les drogues	matières grasses ou sucrés

Vocabulaire utile
distribuer de la documentation au sujet de...
imposer des restrictions sur... dans les résidences universitaires
interdire qu'on fume dans tous les bâtiments du campus

Remore

exiger que tous les étudiants mangent au restau-U

~~enlever~~ toutes les nourritures malsaines des distributeurs

organiser plus d'activités sportives

servir seulement du café décaféiné et des tisanes dans les restau-U

loger les filles et les garçons dans des résidences séparées

?

▐ **Activité 6.**

MARCHEZ, NAGEZ, ROULEZ...

La sédentarité, le travail de bureau sont les pires ennemis de votre forme. Même si vous ne pouvez pratiquer un sport régulièrement, vous pouvez au moins marcher. Prenez l'habitude de descendre à la station précédente, ne vous garez pas juste devant chez vous, montez vos étages à pied (c'est bon pour les chevilles), accroupissez-vous pour ramasser quelque chose (c'est bon pour les cuisses), respirez plusieurs fois par jour très profondément pour oxygéner tout votre corps.

Et le week-end essayez d'aller à la piscine avec les enfants ou faites un peu de bicyclette: vous vous sentirez tellement mieux après.

LE GUIDE PRATIQUE DE VOTRE LIGNE

MAIGRIR EN FORME

Substi 500

Corrigez les phrases fausses, d'après cet article dans le *Guide pratique de votre ligne*. D'après ce guide pratique, c'est une bonne idée de...

1. garer votre voiture tout près de chez vous.
2. vous accroupir pour ramasser les objets que vous laissez tomber.
3. monter l'escalier au lieu de prendre l'ascenseur.
4. courir, si vous ne pouvez pas pratiquer de sport régulièrement.
5. respirer profondément plusieurs fois par jour.
6. mener une vie sédentaire toute la journée.

Et vous... Faites-vous assez de gymnastique pendant la semaine? Est-ce que vous suivez les conseils offerts par ce guide? lesquels? Quelles autres formes d'exercice faites-vous chaque semaine?

Les maladies et les traitements

Attention! Étudier Grammaire 11.3 et 11.4

ILS NE SE SENTENT PAS BIEN.

■ **Activité 7.** Devinettes: Les remèdes

Identifiez ces remèdes traditionnels. Lesquels prenez-vous de temps en temps? Pourquoi?

1. Qu'est-ce qui peut arrêter une toux persistante?
2. Qu'est-ce qui a la forme d'une petite boule? (On l'avale.)
3. Qu'est-ce qu'on met dans le nez pour le déboucher?
4. Qu'est-ce qui guérit certaines maladies microbiennes? (On les prend sous forme de pilules ou en piqûres.)
5. Qu'est-ce que beaucoup de gens prennent comme supplement alimentaire? (Parfois on en prend quand on se sent un peu faible. Ceux qui mangent une nourriture équilibrée n'en ont pas souvent besoin.)
6. Qu'est-ce que les médecins prescrivent parfois aux gens qui ne peuvent pas s'endormir? (Il ne faut jamais les prendre avec de l'alcool.)
7. Quel est le remède le plus commun contre les maux de tête?
8. Qu'est-ce qu'on se met sur la peau quand on a une éruption de boutons?

a. des somnifères
b. des vitamines
c. des antibiotiques
d. de l'aspirine

e. du sirop
f. de la pommade
g. des gouttes pour le nez
h. une pilule

■ **Activité 8.** Les maladies et les symptômes

Décrivez les symptômes de ces maladies. Quels en sont les traitements typiques?

MODÈLE: les oreillons → *mumps*

On tousse, on a de la fièvre, on a mal aux oreilles et les joues enflées. Parfois on a des sensations pénibles si on avale quelque chose d'acide. Si on a les oreillons, il faut se reposer et ne pas trop se déplacer.

1. la grippe — *flu*
2. une pneumonie
3. un rhume
4. l'appendicite
5. le diabète

Vocabulaire utile
avoir le vertige
se sentir faible
avoir une soif fréquente et persistante
avoir mal a la gorge (du côté droit...)
avoir de la diarrhée (mal au cœur, la nausée)
avoir des douleurs (partout, dans la poitrine quand on respire...)
avoir de la température (le pouls rapide, faible...)
souffrir (de)
?

▊ **Activité 9.** On se soigne

Tout le monde a ses remèdes préférés. Qu'est-ce que vous faites pour soigner les maladies ou les problèmes suivants?

MODÈLE: Quand je suis enrhumé(e)... →

É1: Moi, quand je suis enrhumé(e), je prends de la vitamine C.

É2: Ça, c'est de la superstition! Moi, je nourris un rhume. Je mange beaucoup.

É1: Tu parles de superstition!

1. Quand je tousse beaucoup...
2. Si j'ai mal à la tête, ...
3. Quand je ne me sens pas bien et que je ne sais pas pourquoi...
4. Si quelque chose me rend furieux/furieuse...
5. Quand j'ai le nez et les sinus bouchés...
6. Si j'ai la grippe, je préfère...
7. Les nuits où j'ai de l'insomnie...
8. Quand j'ai mal au cœur...
9. Quand une nourriture me rend malade...
10. Quand je suis trop stressé(e) et déprimé(e)...

▊ *Note culturelle*

LA SÉCURITÉ SOCIALE

Cabinet dentaire à Chambéry: Le dentiste examine les radios d'une cliente.

Comme la plupart des pays industrialisés d'Europe occidentale, la France a un régime national d'assurance[1] maladie: la Sécurité sociale. La quasi-totalité des Français (99%) sont aujourd'hui couverts par la Sécu, qui rembourse en moyenne 70% des frais médicaux. Soixante-treize pourcent des Français ont en outre une assurance complémentaire de mutuelles[2] ou de compagnies privées pour financer les frais non couverts par la Sécu. Sous le système de la Sécu française, les assurés peuvent consulter les médecins de leur choix, mais les tarifs des honoraires[3] remboursés par la Sécu sont fixes. L'assurance maladie de la Sécu est considérée comme un acquis,[4] par les Français, quelque soit[5] leur orientation politique. La Sécurité sociale a connu beaucoup de transformations depuis une cinquantaine d'années. En plus des assurances sociales (maladie, maternité, décès, invalidité, vieillesse), elle comprend l'assurance contre les accidents du travail et les allocations pour familles nombreuses.

[1]*insurance* [2]*une... mutual benefit insurance company* [3]*physicians' fees* [4]*given* [5]*quelque... whatever*

Je dorm

Les étrangers qui voyagent en France, qu'ils soient touristes ou étudiants, ne sont pas couverts par la Sécurité sociale française, puisqu'ils n'y cotisent[6] pas.

[6]*subscribe, pay membership fees*

■ **Activité 10.** Les idées reçues

Avec votre partenaire, utilisez ce questionnaire préparé par la Sécurité sociale française pour tester votre savoir-faire dans le domaine des soins médicaux. Corrigez les phrases fausses.

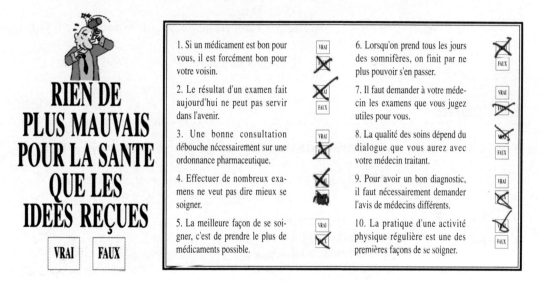

RIEN DE PLUS MAUVAIS POUR LA SANTE QUE LES IDÉES REÇUES

| VRAI | FAUX |

1. Si un médicament est bon pour vous, il est forcément bon pour votre voisin.

2. Le résultat d'un examen fait aujourd'hui ne peut pas servir dans l'avenir.

3. Une bonne consultation débouche nécessairement sur une ordonnance pharmaceutique.

4. Effectuer de nombreux examens ne veut pas dire mieux se soigner.

5. La meilleure façon de se soigner, c'est de prendre le plus de médicaments possible.

6. Lorsqu'on prend tous les jours des somnifères, on finit par ne plus pouvoir s'en passer.

7. Il faut demander à votre médecin les examens que vous jugez utiles pour vous.

8. La qualité des soins dépend du dialogue que vous aurez avec votre médecin traitant.

9. Pour avoir un bon diagnostic, il faut nécessairement demander l'avis de médecins différents.

10. La pratique d'une activité physique régulière est une des premières façons de se soigner.

■ **Activité 11.** Description d'une maladie

Choisissez un(e) partenaire et utilisez les questions suivantes comme guide pour lui décrire une maladie que vous avez eue.

1. La maladie: Quelle maladie avez-vous eue? Qu'est-ce qui vous a rendu(e) malade?
2. Les symptômes: Est-ce que vous avez perdu l'appétit? Quels symptômes aviez-vous?
3. Les soins médicaux: Êtes-vous allé(e) chez le médecin? Vous a-t-il/elle fait une ordonnance?
4. Les soins chez vous: Qu'est-ce que vous avez dû faire pour vous soigner pendant cette maladie?
5. La durée de la maladie: Vous avez été malade pendant combien de temps? Qu'est-ce que vous avez fait pendant cette période?

6. La période de guérison: Comment vous vous êtes senti(e) après cette maladie? Pendant combien de temps?
7. Les précautions: Que ferez-vous à l'avenir pour éviter d'attraper cette maladie?

■ **Activité 12.** Situation

Vous ne vous sentez pas bien et vous allez consulter le médecin. Avec votre partenaire, jouez les rôles du médecin et du malade. Le médecin aura besoin de faire un diagnostic et de prescrire un traitement.

MÉDECIN: Comment allez-vous aujourd'hui?
VOUS: Je ne me sens pas très bien, Docteur. J'ai...
MÉDECIN: Et depuis quand est-ce que vous... ?
VOUS: Depuis...
MÉDECIN: Eh bien, je pense que vous avez... Il faut que vous... et vous avez besoin de...
VOUS: Et quand est-ce que je pourrai... ?
MÉDECIN: ...

LECTURE

Visite médicale par Jean-Jacques Sempé et René Goscinny

Le petit Nicolas raconte l'aventure de la visite médicale scolaire, événement annuel dans les écoles françaises.

C e matin, on ne va pas à l'école, mais ce n'est pas chouette,° parce qu'on doit aller au dispensaire se faire examiner, pour voir si on n'est pas malades et si on n'est pas fous.° En classe, on nous avait donné à chacun un papier que nous devions apporter à nos papas et à nos mamans, expliquant qu'on devait aller au dispensaire, avec nos certificats de vaccin, nos mamans et nos carnets scolaires.° La maîtresse nous a dit qu'on nous ferait° passer un «test». Un test, c'est quand on vous fait faire des petits dessins pour voir si vous n'êtes pas fous.

Quand je suis arrivé au dispensaire avec ma maman, Rufus, Geoffroy, Eudes, Agnan, Maixent et Alceste étaient déjà là, et ils ne rigolaient° pas. Il faut dire que les maisons des docteurs, moi, ça m'a toujours fait peur. C'est tout blanc et ça sent° les médicaments.

Le docteur a commencé par nous peser.° —Allez, a dit le docteur, toi d'abord; et il a montré Alceste, qui a demandé qu'on lui laisse finir son petit pain au chocolat, puisqu'il n'avait plus de poches où le mettre. Le docteur a poussé un soupir,° et puis il m'a fait monter sur la balance° et il a grondé° Joachim qui mettait le pied pour que j'aie l'air d'être plus lourd. Agnan ne voulait pas se peser, mais sa maman lui a promis des tas de cadeaux, alors Agnan y est allé en tremblant drôlement, et quand ça a été fini, il s'est jeté dans les bras de sa maman en pleurant. Rufus et Clotaire ont voulu se peser

great

crazy

carnets... *school records / would make*

weren't laughing, having fun
they smell like

weigh

a... *sighed*
scale / scolded

ensemble pour rigoler, et pendant que le docteur était occupé à les gronder, Geoffroy a donné un coup de pied° à Eudes pour se venger du coup de poing sur le nez. Le docteur s'est mis en colère, il a dit qu'il en avait assez, que si nous continuions à faire les guignols,° il nous purgerait tous et qu'il aurait dû devenir avocat comme son père le lui conseillait. Après, le docteur nous a fait tirer la langue,° il nous a écoutés dans la poitrine avec un appareil, et il nous a fait tousser et il a grondé Alceste à cause des miettes.°

coup... kick

faire... act like clowns
tirer... stick out our tongues

(bread) crumbs

Ensuite, le docteur nous a fait asseoir à une table; il nous a donné du papier et des crayons et il nous a dit:

—Mes enfants, dessinez ce qui vous passe par la tête, et je vous préviens, le premier qui fera le singe° recevra une fessée° dont il se souviendra!

—Essayez et j'appelle Albert [le chauffeur]! a crié Geoffroy.

—Dessine! a crié le docteur.

On s'est mis au travail. Moi, j'ai dessiné un gâteau au chocolat; Alceste, un cassoulet toulousain.° C'est lui qui me l'a dit, parce qu'on ne reconnaissait pas du premier coup. Agnan, il a dessiné la carte de France avec les départements et les chefs-lieux;° Eudes et Maixent ont dessiné un cow-boy à cheval; Geoffroy a dessiné un château avec des tas° d'autos autour et il a écrit: «Ma maison»; Clotaire n'a rien dessiné du tout parce

fera... acts up / spanking

cassoulet... stew with white beans (specialty of Toulouse)
county seats

a bunch of

qu'il a dit qu'il n'avait pas été prévenu et qu'il n'avait rien préparé. Rufus, lui, il a dessiné Agnan tout nu° et il a écrit: «Agnan est un chouchou°». Agnan l'a vu et il s'est mis à pleurer et Eudes a crié: «M'sieur! Maixent a copié!» C'était chouette, on parlait, on rigolait, Agnan pleurait, Eudes et Maixent se battaient, et puis les mamans sont venues avec Albert.

naked / teacher's pet

Quand nous sommes partis, le docteur était assis au bout de la table, sans rien dire et en faisant de gros soupirs. La dame en blanc lui apportait un verre d'eau et des pilules, et le docteur dessinait des revolvers.

Il est fou, le docteur!

Avez-vous compris?

1. Pourquoi est-ce que les enfants ne sont pas allés à l'école ce matin?
2. Qu'est-ce qu'ils devaient apporter au dispensaire?
3. Qu'est-ce qu'ils allaient faire chez le docteur, d'après la maîtresse?
4. Pourquoi est-ce que le petit Nicolas n'aimait pas aller au dispensaire?
5. Qu'est-ce que le docteur a fait d'abord?
6. Pourquoi est-ce qu'il a grondé Joachim? Rufus et Clotaire? Geoffroy?
7. Qu'est-ce que les enfants devaient faire pour le test?
8. Quand les enfants sont partis, qu'est-ce que le docteur a fait? Pourquoi?

Les accidents et les urgences

Attention! Étudier Grammaire 11.5

Qu'est-ce qui s'est passé?

Ils allaient trop vite, tous les deux.

Le petit garçon a été renversé par la voiture.

On l'a emmené à l'hôpital.

Le chirurgien a opéré d'urgence.

blesse

le pouls

Il s'est évanoui. *fainted*

Je me suis blessé!
Je me suis coupé le bras!

Moi aussi! J'ai une belle cicatrice! *scar*

Moi, je me suis cassé le bras!

une blessure

se fouler la cheville

des béquilles

un plâtre

le bras cassé

Activité 13 Au service des urgences

Dites lesquelles de ces victimes ont reçu ou vont recevoir les traitements suivants. Expliquez pourquoi.

1. Lesquelles de ces personnes ont été opérées d'urgence?
    a. quelqu'un qui a été renversé par une voiture
    b. un monsieur de cinquante ans qui a eu une crise cardiaque
    c. un garçon qui a reçu une décharge électrique

2. A qui est-ce qu'on a dû faire une piqûre?
   a. un campeur qui s'est coupé la main
   b. un enfant qui a été mordu par un chien
   c. une fille qui a eu une crise d'appendicite
3. Qui sera obligé de marcher avec des béquilles?
   a. une fille qui s'est foulé la cheville
   b. un petit garçon qui est tombé d'un arbre
   c. une dame qui s'est empoisonnée en mélangeant des médicaments incompatibles
4. Qui a eu besoin d'un pansement?
   a. une petite fille qui a eu un accident de vélo
   b. une femme qui a été frappée à la tête par une balle de golf
   c. quelqu'un qui s'est brûlé la main et les deux pieds
5. Qui aura besoin de passer quelques jours à l'hôpital?
   a. quelqu'un qui s'est cassé la jambe
   b. un pompier qui a respiré trop de fumée
   c. un enfant qui a avalé un bouton

■ **Activité 14.** Qu'est-ce qui est arrivé?

Dites ce qui est arrivé à ces personnes et ce qu'elles faisaient au moment de leur accident.

Activité 15. Une mauvaise expérience

Activité 16. Accidents

Avez-vous eu ou connaissez-vous quelqu'un qui a eu un accident dans les lieux suivants ou les circonstances suivantes? Qu'est-ce qui s'est passé?

1. à la maison
2. à l'université
3. pendant les vacances
4. au travail
5. dans la rue
6. sur l'autoroute
7. dans un pays étranger
8. ?

Vocabulaire utile: glisser, trébucher, se heurter contre, se faire mal, renverser, laisser tomber

Activité 17. Entretien: La santé et la vie

1. Est-ce que tu es en bonne santé? Te considères-tu en forme? Qu'est-ce que tu fais pour être une personne à la santé solide? Quelles sont les mauvaises habitudes que tu devrais changer?
2. As-tu jamais été hospitalisé(e)? Quand et pour quelle raison? Combien de temps y es-tu resté(e)? Voudrais-tu y retourner? Pourquoi?
3. A ton avis, quel rôle l'état mental joue-t-il dans la santé et dans la guérison des maladies? Peux-tu citer des exemples?

4. Aimerais-tu vivre jusqu'à l'âge de cent ans? Jusqu'à quel âge, peut-être? Quels sont les inconvénients de vivre longtemps? Quels en sont les avantages?

5. Qu'est-ce que tu penses de l'euthanasie? du suicide avec l'aide d'un médecin? Dans quelles circonstances sont-ils peut-être admissibles? Dans quels cas est-ce que ces solutions te semblent inacceptables?

6. A l'avenir, nous verrons de plus en plus de modifications génétiques dans les guérisons et dans la prévention des maladies. Y a-t-il des dangers? Lesquels?

▌ A vous d'écrire!

La lettre que vous venez de recevoir de votre correspondant français contient le paragraphe suivant. Répondez à ses questions sur les Américains et la santé.

Je viens de lire un autre article consacré aux Américains et à leur santé. Franchement, je n'arrive pas à les comprendre. Pourquoi est-ce qu'ils continuent à utiliser autant leurs voitures alors qu'ils cherchent par tous les moyens à s'entraîner dans des clubs de gym? Pourquoi est-ce que les gens qui mangent du son afin de réduire leur taux de cholestérol sont les mêmes qui vont dans des fast-foods? Tu peux m'expliquer tout ça?

LA PRESSE EN DIRECT

AVANT DE LIRE

A. De quel périodique vient probablement cet article?
_____ *Cyclisme*   ✗ *Science illustrée*
_____ *Cuisines et vins*   _____ *20 ans*

B. À votre avis, quels facteurs permettent à certaines personnes de vivre beaucoup plus longtemps que d'autres?
_____ l'environnement   _____ les gènes
_____ leur attitude   _____ les maisons de retraite
_____ la gérontologie   _____ le régime

C. Lisez cette description d'une famille française et dites si ces traits ont été produits par leur hérédité ou par leur environnement?
_____ Ils ont le sens de l'humour.
_____ Ils sont de taille moyenne.
_____ Ils ont tendance à avoir des maladies coronaires.
_____ Personne dans la famille n'a jamais été diabétique.
_____ Ils s'intéressent à tout et adorent parler.

Pourquoi vieillit-on

Quels sont les facteurs qui permettent à certaines personnes de vivre beaucoup plus longtemps que d'autres?

Trois mille centenaires vivent actuellement en France et l'on ne connaît toujours pas la part de l'inné - programme génétique - et de l'acquis[1] - hygiène, environnement, etc. - dans ce phénomène de longévité. L'importance des gènes en cas de longévité maximale est rendue probable par l'existence des familles de centenaires et par leurs meilleures défenses immunitaires: rares sont en effet les personnes âgées de plus de 100 ans qui meurent[2] de cancer.

Pourtant, des études ont également montré que l'espérance de vie[3] est proportionnelle aux progrès de l'hygiène et de la prévention. En 1749, elle était de 25,7 ans pour la femme et de 23 ans pour l'homme. Suite au grand boom du XXe siècle, les femmes peuvent désormais espérer vivre 80 ans en moyenne. Les hommes, eux, sont toujours moins bien lotis,[4] avec 72 ans d'espérance de vie. Un écart qui s'explique par une consommation excessive de tabac et d'alcool par les hommes et la baisse du taux de mortalité des femmes en couches.[5] La différence devrait cependant s'amenuiser[6] avec l'uniformisation des rôles dans la société.

Nous sommes inégaux devant la mort mais aussi devant la vieillesse. Les mystères du vieillissement restent presque complets, même si l'on sait désormais comment évoluent les cellules avec le temps. Selon le professeur Robert, chercheur au CNRS[7] «nous mourons par étapes». Les cellules ne sont pas immortelles, ne vieillissent pas de la même façon et il existe une limite à leur multiplication. Les organes circulatoires et respiratoires, le cœur et les vaisseaux sanguins, le tissu conjonctif cèdent[8] plus vite aux effets destructeurs du temps. La peau vieillit également rapidement. Le vieillissement cérébral, lui, est en réalité beaucoup plus lent qu'on ne le pensait. Si la perte neuronale existe bel et bien,[9] elle n'affecte pas le cerveau dans sa totalité.

La gérontologie - ou étude de la vieillesse - est née récemment. Un sondage[10] effectué auprès de personnes âgées a montré que la poursuite des activités après la retraite semblait tout aussi importante pour eux que la prise de médicaments.

[1]acquired (characteristics)

[2]die
[3]l'espérance... life expectancy

[4]moins... less well-off

[5]en... in childbirth
[6]diminish

[7]Centre National de la Recherche Scientifique

[8]give way

[9]truly, indeed

[10]poll

Avez-vous compris?

Vrai ou faux? Si c'est faux, corrigez.

1. V F Il y a aujourd'hui trois mille personnes en France qui ont plus de 100 ans.
2. V F Les chercheurs ont déterminé la part exacte de l'hérédité dans la longévité.
3. V F En général, les personnes de plus de 100 ans sont atteintes de cancer.
4. V F Il est établi que l'hygiène et la prévention des maladies contribuent à la longévité.
5. V F Dans l'ensemble, les femmes vivent plus longtemps que les hommes.
6. V F Il y a de plus en plus de femmes qui meurent au moment de l'accouchement.
7. V F Grâce aux travaux des chercheurs, on peut expliquer aujourd'hui la plupart des mystères du vieillissement.
8. V F Toutes les cellules du corps humain vieillissent de la même façon avec le temps.

9. V F Bien que l'on perde des neurones avec l'âge, le cerveau n'en est que partiellement affecté.

10. V F Le plus important pour les retraités, c'est de prendre des médicaments contre la sénilité.

Dans l'ensemble, la conclusion principale de cet article, c'est que...

a. la différence d'espérance de vie entre hommes et femmes disparaîtra à l'avenir à cause de l'uniformisation de leurs rôles dans la société.

b. le vieillissement est inévitable.

c. le vieillissement provient d'un mélange complexe de facteurs biologiques et environnementaux.

VOCABULAIRE

Les maladies et les symptômes
Illnesses and symptoms

enrhumé(e)	to have a cold
faible	weak
gonflé(e)	swollen
pénible	painful

Mots apparentés: **génétique, persistant(e), stressé(e), transmis(e)**

une douleur	a pain
une éruption	a rash, breaking out
la grippe	the flu
le mal au cœur	heartburn, nausea
un mal de tête (des maux de tête)	a headache (headaches)
les oreillons (*m. pl.*)	mumps
le pouls	pulse
un rhume	a cold
des tâches rouges (*f. pl.*)	a rash
une toux	a cough

Mots apparentés: **une allergie, l'appendicite** (*f.*)**, le diabète, la diarrhée, la fièvre, une inflammation, l'insomnie** (*f.*)**, la nausée, la pneumonie, une sensation, la température**

avoir le vertige	to feel dizzy
s'évanouir	to faint
guérir	to cure, to get well
maigrir	to lose weight, get skinny
se moucher	to blow one's nose
pleurer	to weep, cry
respirer	to breathe
se sentir	to feel
soigner	to care for, treat
tousser	to cough

Mots apparentés: **perdre l'appétit, souffrir**

Les accidents et les urgences
Accidents and emergencies

une blessure	a wound
une cicatrice	a scar
le service des urgences	the emergency room

Mots apparentés: **une crise cardiaque, une décharge électrique**

se blesser	to injure oneself
se brûler	to burn oneself
casser	to break

Ce multiple Choice.
Pick Correct Verb in Subjunctive Body Parts Irregular Subjunctive
fill in Verb Sickness/Accidents Verbs
3 questions in RN Comp Verbs
Themes of CURES Chapter

Vocabulaire **417**

se couper	to cut oneself
se faire mal	to hurt oneself
se fouler la cheville	to sprain an ankle
se heurter contre	to bump against
laisser tomber	to drop (something)
rendre malade	to make (someone) sick
trébucher	to stumble, trip

Mots apparentés: **s'empoisonner**

Rester en forme — Staying in shape

garder la ligne	to watch one's weight, keep one's figure
mener une vie équilibrée	to lead a well-balanced life
se peser	to weigh oneself
prendre (perdre) du poids	to put on (lose) weight
se soigner	to take care of oneself
suivre un régime	to diet

Les traitements, les remèdes et les services médicaux
Treatments, remedies, and medical services

une béquille	crutches
un calmant	a tranquilizer
un comprimé	a tablet (pill)
une gélule	a capsule
des gouttes pour le nez (f.)	nose drops
la guérison	cure
un pansement	a bandage
une pilule	a pill
une piqûre	a shot
un somnifère	a sleeping pill
du sparadrap	adhesive tape

Mots apparentés: **les antibiotiques** (*m.*), **l'aspirine** (*f.*), **la pommade, un remède, le sirop, un supplément alimentaire, une vitamine**

avaler	to swallow
déboucher	to unclog, clear up
emmener (quelqu'un) à l'hôpital	to take (someone) to the hospital
enlever	to remove
exiger	to require
interdire	to forbid
prescrire	to prescribe

prendre le pouls	to take (someone's) pulse
soulager	to ease, relieve, comfort

Mots apparentés: **consoler, hospitaliser, nourrir**

La description

dur(e)	hard, harsh
facile à vivre	easy to live with
malsain(e)	unhealthy

Mots apparentés: **admissible, décaféiné, gras(se), inacceptable, incompatible, poli(e), sédentaire, sucré**

Substantifs

la durée	duration, length
une échelle	a ladder
une idée reçue	a preconception
un manque	a lack, shortage
le son	bran
un sourire	a smile
une tisane	an herbal tea

Mots apparentés: **un ange, le courage, une drogue, un état mental, l'euthanasie** (*f.*), **la fumée, une modification, la prévention, le suicide, la superstition, une technique, le tempérament**

Verbes

contenir	to contain
crier	to cry out, yell
déplaire	to displease
ennuyer	to annoy, to bore
faire la tête	to pout
faire partie de	to belong to
se mettre en colère	to get angry
mordre	to bite
ramasser	to gather up, pick up
reconnaître	to recognize
sonner	to ring (a bell)

Mots apparentés: **se faire bronzer, se changer, se considérer, contrôler, refaire**

Mots et expressions utiles

à l'aide de	with the help of
Au secours!	Help!
en plein air	outdoors, in the open air
Félicitations!	Congratulations!
il vaut mieux	it's better to . . .

**G** RAMMAIRE ET EXERCICES

11.1 Expressing Obligation: il faut que + Subjunctive

A. As you have seen, the expression **il faut** is followed by an infinitive when obligation is stated in a general sense without mentioning a specific person.

> **Il faut faire** de l'exercice pour maigrir.

> *One (People) must get some exercise to lose weight.*

If a specific person *is* mentioned, then **il faut** is followed not by an infinitive but by the conjunction **que,** and a conjugated verb. This verb must be conjugated in a special form called the present subjunctive.*

> Sarah, nous avons pris du poids. **Il faut que nous mangions** moins de desserts.

> Emmanuel a mal à la gorge. **Il faut que j'appelle** le médecin.

> *Sarah, we have gained some weight. We must eat fewer desserts.*

> *Emmanuel has a sore throat. I must call the doctor.*

B. To form the present subjunctive of most verbs, add the endings **-e, -es, -e, -ions, -iez, -ent** to the stem.

For most verbs, the subjunctive stem is the same as the stem for the **ils/elles** present indicative form.

parler	finir	vendre
Indicative ils **parl**ent	*Indicative* ils **finiss**ent	*Indicative* ils **vend**ent
Subjunctive que je parl**e** que tu parl**es** qu'il/elle/on parl**e** que nous parl**ions** que vous parl**iez** qu'ils/elles parl**ent**	*Subjunctive* que je finiss**e** que tu finiss**es** qu'il/elle/on finiss**e** que nous finiss**ions** que vous finiss**iez** qu'ils/elles finiss**ent**	*Subjunctive* que je vend**e** que tu vend**es** qu'il/elle/on vend**e** que nous vend**ions** que vous vend**iez** qu'ils/elles vend**ent**

---

*All other tenses you have studied so far—the **présent,** the **passé composé,** the **imparfait,** the **futur**—are in what grammarians call the indicative mood. You will learn more about the difference between the subjunctive and the indicative moods in the next grammar section and in the following chapters.

418

Marie-Christine! Nathalie! Taisez-vous! Il faut que vous **dormiez** maintenant. Il est déjà tard.

Marie-Christine! Nathalie! Quiet down! You've got to sleep now. It's late already.

Il faut que je **vende** ma télévision—je la regarde trop souvent.

I must sell my television—I watch it too much.

C. The subjunctive is used after other expressions denoting obligation or necessity, such as **il est nécessaire que.**

Vous êtes fatigué. **Il est nécessaire** que vous vous **reposiez** un peu.

You're tired. You must rest a little.

Note that **il ne faut pas que** always means *must not.* To say that someone doesn't have to do something, use **il n'est pas nécessaire que** + the subjunctive tense.

Il n'est pas nécessaire que tu **dormes** dix heures par jour. Huit heures devraient suffire.

You don't have to sleep ten hours a day. Eight hours should be enough.

Here are some other expressions that require the use of the subjunctive.

il est essentiel que
il est important que
il est indispendable que
il vaut mieux que (*it's better*)

Emmanuel a encore de la fièvre ce soir. **Il vaut mieux qu'il reste** chez lui.

Emmanuel still has a fever this evening. He had better stay home.

▌ **Exercice 1.** Bonnes intentions

Bernard Lasalle vient d'avoir quarante ans. Il prend des résolutions pour se remettre en forme, et sa femme Christine l'encourage.

MODÈLE: Je devrais marcher plus. (nous) →
Oui, il faut que nous marchions plus.

1. Je devrais perdre au moins cinq kilos. (tu)
2. Je devrais manger moins de sucreries. (nous)
3. Au restaurant, je devrais choisir des plats moins nourrissants. (nous)
4. Je devrais arrêter de manger entre les repas. (on)
5. Je devrais dormir au moins huit heures par nuit. (tu)
6. Je devrais regarder moins de télévision. (nous)

7. Je devrais acheter une bicyclette. (tu)
8. Je devrais me mettre à faire du sport. (on)

▌ **Exercice 2.** Instructions

Sarah Thomas garde un petit garçon malade. Elle pose donc beaucoup de questions à ses parents. Répondez en employant le subjonctif avec une des expressions suivantes: **il faut que, il ne faut pas que, il est nécessaire que, il n'est pas nécessaire que.**

MODÈLE: Faut-il que je joue avec Jérémy toute la soirée? →
Non, il n'est pas nécessaire que tu joues avec lui toute la soirée.

Faut-il...

1. que je prépare le dîner de Jérémy?
2. qu'il finisse tout son dîner?
3. qu'il reste tout le temps au lit?
4. qu'il m'obéisse toujours?
5. qu'il s'endorme plus tôt que d'habitude?
6. que je réponde quand il m'appelle?
7. que je lui donne des médicaments?
8. que je lui mette un pyjama plus chaud?
9. que je prenne sa température?

11.2 More About the Subjunctive

A. A few verbs do not follow the regular subjunctive pattern presented in **Grammaire 11.1.**

Some verbs that are irregular in the present tense of the indicative are conjugated like regular verbs in the subjunctive. Irregular verbs of this type that you have studied so far include **conduire, connaître, dire, dormir, écrire, lire, mettre, partir, sentir, servir, sortir, suivre.**

écrire → (écriv-)	
que j'**écriv**e	que nous **écriv**ions
que tu **écriv**es	que vous **écriv**iez
qu'il/elle/on **écriv**e	qu'ils/elles **écriv**ent

B. Some verbs use an irregular stem in the subjunctive.

faire → (fass–)	
que je **fass**e	que nous **fass**ions
que tu **fass**es	que vous **fass**iez
qu'il/elle/on **fass**e	qu'ils/elles **fass**ent

C. A few verbs use two different stems in the subjunctive: one for the **nous** and **vous** forms and another for all the other forms.

aller STEMS: **aill-, all-**	boire STEMS: **boiv-, buv-**	prendre STEMS: **prenn-, pren-**
Subjunctive	*Subjunctive*	*Subjunctive*
que j'**aill**e	que je **boiv**e	que je **prenn**e
que tu **aill**es	que tu **boiv**es	que tu **prenn**es
qu'il/elle/on **aill**e	qu'il/elle/on **boiv**e	qu'il/elle/on **prenn**e
que **nous all**ions	que **nous buv**ions	que **nous pren**ions
que **vous all**iez	que **vous buv**iez	que **vous pren**iez
qu'ils/elles **aill**ent	qu'ils/elles **boiv**ent	qu'ils/elles **prenn**ent

Pronunciation Hint

The **aille** forms are pronounced like the second syllable of **(je) trav*aille*.**

D. The subjunctive forms of **avoir** and **être** have irregularities in both the stem and the endings.

avoir	être
Subjunctive	*Subjunctive*
que j'**aie**	que je **sois**
que tu **aies**	que tu **sois**
qu'il/elle/on **ait**	qu'il/elle/on **soit**
que nous **ayons**	que nous **soyons**
que vous **ayez**	que vous **soyez**
qu'ils/elles **aient**	qu'ils/elles **soient**

Pronunciation Hint

The **ai-** and **ay-** forms are pronounced just like the indicative present **j'ai.**

▌ Exercice 3. Ennuis de santé

Marie Lasalle parle de quelques problèmes de santé. Son amie a toujours un conseil à lui donner. Employez les différentes expressions impersonnelles et le subjonctif.

MODÈLE: J'ai du mal à lire avec mes lunettes. (aller consulter l'opticien) →
Il faut que tu ailles consulter l'opticien.

CONSEILS

boire moins d'alcool
apprendre à se détendre de temps en temps
boire moins de café
aller jouer dehors quand il fait froid
être actif mais aussi prudent
prendre de la vitamine C
faire attention aux ingrédients des plats qu'elle mange

1. Je suis souvent enrhumée.
2. Mon fils est souvent fatigué parce qu'il ne dort pas bien.
3. Ma belle-fille a souvent des maux de tête. Elle est très stressée.
4. Leurs enfants sont tout le temps malades en hiver.
5. Francis est en train de grossir.
6. Ma voisine a beaucoup d'allergies alimentaires.
7. Son mari se fait souvent mal pendant son cours de karaté.

▌ Exercice 4. En période d'examen

Vous donnez des conseils à un(e) camarade à propos de la semaine des examens. Faites des phrases en indiquant la fréquence souhaitable de chaque activité (**de temps en temps, tous les jours, tous les soirs, deux fois par jour, tout le temps,** etc.).

MODÈLE: (dormir suffisamment) →
Il est essentiel que tu dormes suffisamment chaque nuit.

1. se détendre
2. manger des repas équilibrés
3. faire de l'exercice
4. boire de l'alcool

5. aller travailler à la bibliothèque
6. sortir avec des amis
7. relire ses notes
8. être très sérieux (sérieuse)

11.3 Emotions and Changes of State: Reflexive Verbs; rendre + Adjective

A. Many French reflexive verbs describe a change of emotional state. These often correspond to an English expression with *get* or *become* plus an adjective.

s'ennuyer (*to get bored, be bored*)
se fâcher, se mettre en colère (*to get angry*)
s'impatienter (*to become impatient*)
s'inquiéter (*to worry, become worried*)
se calmer (*to calm down, become calm*)

Mon père **s'est mis en colère** quand je lui ai dit que j'avais raté l'examen.	*My father got angry when I told him I failed the exam.*
Calme-toi, Bernard! On va y arriver à l'heure.	*Calm down, Bernard! We're going to get there on time.*

Use the reflexive verb **se sentir** to tell how you feel.

Tu te sens mieux? —Oui, ce matin j'avais encore mal à la tête, mais maintenant **je me sens bien.**	*Are you feeling better? —Yes, this morning I still had a headache, but now I feel fine.*

B. To say that something *makes* you happy, sad, etc., use the verb **rendre** + the appropriate adjective.

Je bois peu de café parce que la caféine **me rend nerveux.** —Moi aussi, ça **me rend très nerveuse.**	*I don't drink much coffee because caffeine makes me nervous. —Me too, it makes me very nervous.*
Tu as eu ce nouveau poste? —Oui, je l'ai eu. Je l'ai dit à Christine ce matin, et ça **l'a rendue très heureuse.**	*Did you get that new job? —Yes, I got it. I told Christine this morning, and it made her very happy.*

You may already know the following expressions for describing emotional states.

être de bonne humeur (*to be in a good mood*)
être de mauvaise humeur (*to be in a bad mood*)
être déprimé(e) (*to be depressed*)

Jean-Yves **est** souvent **de mauvaise humeur** après son cours de statistique.	*Jean-Yves is often in a bad mood after his statistics course.*

C. You can use the following expressions to talk about getting sick.

tomber malade (*to get sick*)
attraper un rhume/une grippe (*to catch a cold/the flu*)

Agnès **est tombée malade** hier soir. Elle a dû **attraper la grippe** du moment.	*Agnès got sick last night. She must have caught the flu that's going around.*

Exercice 5. Réactions

Trouvez la terminaison qui convient pour finir les phrases.

a. elle marche un peu pour se calmer.
b. cela la rend triste.
c. il se fâche et il est de mauvaise humeur le lendemain matin.
d. il s'ennuie et s'impatiente.
e. il se sent très mal et il prend des médicaments.
f. elle se demande où elle est.
g. sont tous déprimés.
h. cela le rend très heureux.

1. Quand Daniel ne peut pas dormir parce que son voisin joue de la guitare électrique très fort, ...
2. Quand Louis doit faire la queue longtemps dans les bureaux administratifs de l'université, ...
3. Barbara s'inquiète. Quand il est une heure du matin et que sa camarade de chambre n'est pas encore rentrée...
4. Quand Jacqueline est très nerveuse avant un examen...
5. Quand Raoul reçoit un coup de téléphone d'un copain de Montréal, ...
6. Quand le petit ami de Denise doit travailler et n'a pas le temps de la voir, ...
7. Quand Albert attrape un gros rhume, ...
8. Quand les notes à un examen ne sont pas très bonnes, Mme Martin et ses étudiants...

11.4 Asking Questions with qu'est-ce qui

In **Grammaire** 7.4 you saw that the form of a French question depends on two things: (1) whether you are asking about people or things, and (2) the function of the person or thing in the sentence (subject, direct object, or object of a preposition). Use the question form **qu'est-ce qui** when you are asking about a *thing* that is the *subject* of the sentence.

Qu'est-ce qui vous a rendu malade? — Ça devait être les fruits de mer que j'ai mangés au restaurant.

What made you sick? — It must have been the shellfish I ate at the restaurant.

Qu'est-ce qui la fait tousser comme ça? — C'est peut-être la fumée dans cette salle.

What's making her cough like that? — It might be the smoke in this room.

Qu'est-ce qui is frequently used with the following expressions.

Qu'est-ce qui se passe? — Il a dû y avoir un accident.

What's going on? — There must have been an accident.

Qu'est-ce qui s'est passé quand les gendarmes sont arrivés? —Tout le monde est vite parti.

What happened when the police got there? —Everyone quickly left.

—Ça ne va pas aujourd'hui.
—**Qu'est-ce qui ne va pas?**
—J'ai très mal au ventre.

—I'm not doing well today.
—What's the matter?
—I have a very bad stomachache.

Because **qu'est-ce qui** takes the place of the subject in the sentence, it is directly followed by the verb. (Except when an object pronoun or **ne** comes between the subject and the verb.)

Qu'est-ce qui *fait* ce bruit?
— C'est le moteur.
Qu'est-ce qui *t'a rendu* malade?

What's making that noise? —It's the engine.
What made you sick?

On the other hand, **qu'est-ce que** is directly followed by the subject because it is used to ask about a thing that is the direct object in the sentence.

Qu'est-ce que *vous* avez pris pour votre mal de tête?
— De l'aspirine.

What did you take for your headache? —Some aspirin.

▌ **Exercice 6.** La santé mentale

Voici des questions tirées d'un test psychologique. Employez **qu'est-ce que...** ou **qu'est-ce qui...** , et puis répondez à la question.

1. _____ vous rend heureux/heureuse?
2. _____ vous admirez le plus chez les gens?
3. _____ vous intéresse dans la vie?
4. _____ vous fait peur?
5. _____ vous déprime?
6. _____ vous faites quand vous êtes déprimé(e)?
7. _____ vous fait pleurer?
8. _____ vous aimez faire pour vous détendre?

11.5 Narrating in the Past Tense: More on the passé composé and the imparfait

You have already seen some of the ways in which the two past tenses, the **passé composé** and the **imparfait,** are used to present different perspectives on a past action or state. (See **Grammaire** 6.1, 6.3, and 8.6.) In addition to expressing repeated or habitual past actions, the **imparfait** is used to describe a past state or a past action in progress. The **passé composé,** on the other hand, is used to present an action as a single event, completed at one point in time in the past.

DESCRIPTION: imparfait

C'**était** le dernier jour de nos
vacances à Megève. Il **faisait**
froid, et les pistes **étaient** très
glissantes.

*It was the last day of our vacation
at Megève. It was cold, and the
slopes were very slippery.*

PAST ACTION IN PROGRESS: imparfait

Nous **descendions** la grande
piste pour la dernière fois.

*We were going down the big slope
for the last time.*

SINGLE EVENT: passé composé

Je **suis tombée** et je me **suis
cassé** le bras.

I fell down and broke my arm.

When telling a story in the past, a French speaker usually uses both of these past tenses.

As you read the following narrative, notice how the **passé composé** and **imparfait** are combined. Identify each past tense, and then tell why that tense is used.

Passé Composé

a single event that is part of the main story line

Imparfait

Background information
Description of the situation or state of affairs
An ongoing action

Une expérience que je n'oublierai jamais, c'est un départ de vacances de ski, en particulier un voyage en train de Clermont-Ferrand à Chalon-sur-Saône. *J'avais* (1) deux changements à faire, dont* un à Lyon. A ce changement, je *me suis trompée* (2) de train,† et je *suis partie* (3) dans une direction opposée à celle de Chalon. *Je m'en suis rendu compte* (4) seulement lorsque je *suis arrivée* (5) au terminus! Le problème *était* (6) qu'il *était* (7) neuf heures et demie du soir, et que le foyer‡ où je *devais* (8) me rendre à Chalon *fermait* (9) précisément à neuf heures et demie! J'*ai* donc *dû* (10) téléphoner rapide-

---

*dont = including
†je... = I took the wrong train
‡le foyer = hostel

ment au foyer pour leur demander de m'attendre avant de fermer les portes.

Je *revenais* (11) du téléphone quand je *me suis rendu compte* (12) avec horreur que j'avais oublié mon sac de voyage, avec toutes mes affaires, dans le train. Il *fallait* (13) que je me dépêche d'aller le rechercher sur le quai, à l'autre bout de la gare, parce que le prochain train pour Lyon *allait* (14) bientôt arriver.

J'y *suis* enfin *arrivée* (15), et le train n'y *était* (16) plus! Prise de panique, je *suis* vite *allée* (17) chercher un chef de gare.* Après plusieurs coups de téléphone, il m'*a dit* (18): «Un employé a vu votre sac et va vous le rapporter.»

Heureusement, le train de Lyon, qui *était* (19) le dernier de cette nuit, *avait* (20) un peu de retard, et l'employé *est arrivé* (21) juste quelques secondes avant le départ du train.

Arrivée enfin à Chalon, je *devais* (22) me rendre au foyer. Mais il *était* (23) une heure du matin, et il n'y *avait* (24) plus de taxi. Je *suis* donc *partie* (25) au hasard dans les rues, et j'*ai* enfin *trouvé* (26) le foyer, grâce aux plans des bus affichés dans les rues. Mon voyage *s'est* donc *terminé* (27) au foyer à deux heures du matin.

■ Exercice 7. Quels ennuis!

Marise Colin raconte les difficultés qu'elle a eues pour se garer à la fac. Mettez les verbes entre parenthèses au passé composé ou à l'imparfait.

C'(être)[1] un jeudi après-midi et j'(avoir)[2] cours à la fac. Je (prendre)[3] la voiture parce que j'(être)[4] pressée.

Malheureusement, je (ne pas trouver)[5] de place pour me garer sur le parking. Donc, je (prendre)[6] une petite rue à côté de la fac. La rue (être)[7] tellement étroite, et il y (avoir)[8] tant de voitures garées des deux côtés, qu'il (être)[9] presque impossible de passer. Pas de chance! Une autre voiture venait dans l'autre direction et (s'avancer)[10] vers moi. Il a fallu que je me gare entre deux voitures pour la laisser passer. Quand je suis sortie de cette place pour repartir, je (mal estimer)[11] les distances, et ma voiture (frôler†)[12] le côté de la voiture qui (être)[13] devant moi. Je (essayer)[14] de partir pour me garer ailleurs,‡ quand je (entendre)[15] quelqu'un m'appeler. C'(être)[16] une étudiante qui (se trouver)[17] de l'autre côté de la rue et qui (être)[18] la propriétaire de la voiture! Je n'ai vraiment pas eu de chance ce jour-là!

---

*un chef de gare = stationmaster
†frôler = to scrape
‡ailleurs = elsewhere

▐ **Exercice 8.** Une enfant pas très sage

Adrienne Petit raconte une expérience effrayante de son enfance. Mettez les verbes entre parenthèses au passé composé ou à l'imparfait.

Ce jour-là, nous (être)[1] à la plage avec des amis. Mon meilleur ami, Pedro, (vouloir)[2] me montrer des gros rochers dans la mer, pas très loin de la plage. Je ne (savoir)[3] pas très bien nager mais je lui (dire),[4] pour l'impressionner, que je ne (avoir)[5] pas besoin de bouée,* et nous (partir).[6]

Nous (arriver)[7] près des rochers sans problème, car je (avoir)[8] pied.† Nous (être)[9] très contents. Voilà qu'au retour, le vent s'est levé et la mer a commencé à s'agiter. Pedro (nager)[10] tranquillement, mais moi, je (avoir)[11] du mal à avancer. Je (sauter)[12] pour rester à la surface et je (boire)[13] la tasse.‡

Tout d'un coup, je (avoir)[14] très peur. Je (penser)[15]: «Je vais me noyer!» Je (continuer)[16] à m'agiter désespérément et à avaler de l'eau salée. Je me (demander)[17]: «Mais où est donc la plage? Ce n'était pas si loin que ça!» Quand nous (arriver),[18] je (se coucher)[19] sur le sable et je (pleurer).[20] Je (se promettre)[21] de prendre des leçons de natation.

---

*__la bouée__ = life preserver
†__je...__ = I could touch bottom.
‡__je...__ = I got mouthfuls of water.

12

La famille et les valeurs en société

In **Chapitre 12** you will be talking about friendship, marriage, and other types of human relationships as you learn new ways to state your feelings about what people do today and what they did in the past.

Nouvelle image de tendresse paternelle

THÈMES

L'amour, l'amitié et la famille

La famille et les valeurs

Les générations se regardent

LECTURES

Laure Bérard: La famille telle que je la vois

La presse en direct: Les couples longue distance

GRAMMAIRE

12.1 Each Other: Reciprocal Use of Reflexive Pronouns

12.2 Review of Object Pronouns: Direct and Indirect Objects

12.3 Expressing Desires with the Subjunctive

12.4 A Past in the Past: the **plus-que-parfait**

12.5 The Verbs **craindre** and **se plaindre**

12.6 Expressing Feelings with the Subjunctive; the Past Subjunctive

ACTIVITÉS ET LECTURES

L'amour, l'amitié et la famille

Attention! Étudier Grammaire 12.1 et 12.2

Elles s'embrassent.

Ils se sont rencontrés.

Ils se serrent la main.

LE MARIAGE

le maire   le prêtre   la mariée   ←le marié

les demoiselles d'honneur   le garçon d'honneur

LE BAPTÊME
(la mère - le père)

la marraine   les arrière-grands-parents

le parrain

le filleul   la filleule

UN ENTERREMENT la veuve
le deuil
une couronne
la tombe

▌ Activité 1. Définitions: Les cérémonies de la vie

1. Cette femme porte l'enfant au baptême et s'engage à s'occuper de lui en cas de décès des parents.
2. C'est la période entre le moment où deux personnes se font des promesses solennelles, et leur mariage.
3. C'est le lien qui existe entre les personnes qui s'entendent bien et qui sont ami(e)s.
4. Cet objet symbolise une union durable. Les mariés l'échangent pendant la cérémonie du mariage.
5. Tout le monde est très triste pendant cette cérémonie. On dit adieu au mort.
6. C'est le voyage de noces que font les nouveaux mariés.
7. Cette femme ou cette petite fille a un rôle spécial dans la cérémonie du mariage.
8. Cet homme est le témoin du marié. C'est lui qui est chargé de ne pas perdre l'alliance avant la cérémonie.

la demoiselle d'honneur
l'enterrement
l'alliance
la marraine
la lune de miel
le garçon d'honneur
l'amitié
les fiançailles

▌ Activité 2. L'amitió

Décrivez vos rapports avec votre meilleur(e) ami(e) en vous servant de ce guide. Lesquelles des déclarations suivantes ne reflètent pas votre sens de l'amitié? Pourquoi? Comparez vos réponses avec celles d'un(e) partenaire.

1. Nous nous prêtons de l'argent. (des vêtements, notre voiture...)
2. Nous nous entendons bien et nous ne nous disputons jamais.
3. Nous avons une passion commune. Nous adorons tous/toutes les deux le chocolat (le cinéma, la pêche...).

4. Nous mentons l'un(e) pour l'autre quand il le faut.
5. Nous nous confions tous nos secrets sans hésiter.
6. Nous ne nous vexons jamais. Nous nous connaissons depuis longtemps et nous nous comprenons.
7. Nous nous voyons ou nous nous téléphonons plusieurs fois par semaine.
8. Nous avons tous/toutes les deux le sens de l'humour et nous rions beaucoup ensemble.
9. Nous nous aidons et nous nous répétons toutes les rumeurs ou les critiques que nous entendons sur l'autre.
10. Nous ne nous critiquons pas si nous faisons des bêtises (ou pire).
11. ?

Activité 3. L'histoire de Bernard et Christine

Racontez l'histoire d'amour de Bernard et Christine Lasalle. Tout a commencé pendant une soirée chez Julien Leroux.

Activité 4. Entretien: L'amour et l'amitié

1. Que représente l'amitié pour vous? Qu'est-ce que vous attendez d'un(e) ami(e)? Pourquoi?
2. Quelles sont les qualités de votre meilleur(e) ami(e)? Quels sont ses défauts?
3. Vous disputez-vous souvent? Pour quelle raisons?
4. Qu'est-ce qui rend une amitié durable: la compréhension, la loyauté ou le soutien moral? Y a-t-il d'autres facteurs clés qui y contribuent? Lesquels?

C'est la fête de la musique!
La rue devient salle de concert
pour les musiciens et
les badauds.

5. Considérez-vous votre meilleur(e) ami(e) comme un membre de votre famille? Pouvez-vous compter sur lui/elle?
6. Comment imaginez-vous la personne avec qui vous aimeriez partager votre vie? Si vous êtes déjà marié(e), comment est votre époux/épouse?
7. Dans un couple, pensez-vous qu'il vaut mieux se compléter ou être semblable? Est-ce qu'une relation peut survivre si on est très différent(e)? Pourquoi (pas)?

La famille et les valeurs

Attention! Étudier Grammaire 12.3 et 12.4

Je souhaite que vous
attendiez un peu avant
de vous marier.

J'exige que tu fasses
tes devoirs tous les
jours.

Si mes filles se marient,
j'aimerais qu'elles fassent
autre chose que les tâches
ménagères.

Peut - être

Papa, je voudrais que tu ne fumes plus. C'est mauvais pour la santé.

J'aimerais que mes parents ne m'imposent pas tant de restrictions.

Les enfants, je veux que vous me rangiez cette pièce. Je veux que vous ramassiez tous vos jouets.

Mais pourquoi tu as refait le budget? Je l'avais déjà fait moi-même!

Ma petite-fille a vingt-deux ans et elle est encore célibataire. Moi, à son âge j'avais abandonné mes études et j'étais mère de famille!

▌ **Activité 5.** Consultons les parents.

Des étudiant(e)s en première année d'université ont écrit les choses suivantes à leurs parents. Mettez-vous à la place des parents et répondez pour eux.

MODÈLE: Mon camarade de chambre me demande de lui prêter de l'argent mais il ne me le rend pas. →
Nous exigeons que tu ne lui en prêtes plus. Nous ne sommes pas riches!

Cool

1. C'est chouette ici où j'habite. Personne ne se couche jamais avant deux heures du matin!
2. J'adore cette vie! J'ai rencontré des anarchistes, des athées! Ça me fait réfléchir, vous savez.
3. Génial! On vient d'installer un hot tub et un sauna dans la résidence!
4. Je suis fauché(e). Je ne sais pas très bien comment j'ai fait, mais mon compte en banque est à zéro. Vous pouvez y déposer un peu d'argent le plus tôt possible, s'il vous plaît?
5. Je ne sais pas quoi faire. Ma camarade de chambre vient de découvrir qu'elle est enceinte et elle a peur de le dire à ses parents.
6. Mes copains sont impressionnés. Je peux identifier le goût de n'importe quelle bière au bar Papillon.
7. J'ai décidé de déménager dans une résidence mixte, le semestre prochain. C'est un bon moyen d'apprendre à vivre avec l'autre sexe, non?

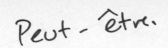
Peut-être.

8. Il y a des étudiants qui rentrent soûls parfois. Le lendemain matin, la salle de bains commune est dégoûtante!

9. Comment manger cette nourriture dégueulasse qu'on nous sert? Moi, je refuse et je prends tous mes repas au restaurant. C'est cher mais je ne vois pas d'autre solution.

10. Mon camarade de chambre a installé des pots de marijuana dans notre chambre. Ça m'inquiète un peu.

Vocabulaire utile

Nous voudrions (souhaitons, préférons, désirons, recommandons...) que tu...
Nous ne voulons (permettons...) absolument pas que tu...

Activité 6. Opinions divergentes

Un jeune couple va avoir leur premier enfant et tous les deux posent beaucoup de questions à deux pédiatres qui leur donnent des conseils contradictoires. Jouez le rôle des pédiatres avec votre partenaire et répondez à leur place.

MODÈLE: Est-ce qu'on devrait réconforter le bébé quand il se fait mal ou devrait-on le laisser pleurer? →
P1: Il est important qu'on le réconforte. Il aura besoin de se sentir protégé.
P2: Pas du tout! Il est indispensable qu'on le laisse pleurer. Si on se précipite vers lui chaque fois qu'il se fait mal, il n'apprendra jamais à être indépendant.

1. laisser pleurer le bébé ou le prendre dans les bras quand il pleure
2. priver l'enfant d'affection quand il se conduit mal ou lui montrer de l'affection même si on est obligé de le punir
3. allaiter le bébé ou lui donner le biberon
4. mettre l'enfant dans une crèche ou décider qu'un parent restera à la maison avec lui
5. avoir un accouchement naturel ou sous anesthésie
6. permettre ou interdire que l'enfant ait des petits pistolets comme jouets
7. défendre que l'enfant regarde la télé ou lui permettre de le faire de temps en temps
8. utiliser des couches jetables ou des couches lavables
9. ?

Activité 7. La famille et les lois

Dans beaucoup de pays, il y a des lois qui affectent la famille. Que pensez-vous de celles-ci? Pourquoi?

MODÈLE: une loi qui exige que tous les enfants soient vaccinés contre la varicelle →
É1: Moi, je trouve qu'il est bon que le gouvernement exige que tous les enfants soient vaccinés contre la varicelle. C'est une maladie contagieuse.

> É2: Je ne suis pas d'accord. Je n'aime pas que le gouvernement impose tant de restrictions. La santé est une affaire personnelle.

1. une loi qui donne des allocations familiales aux familles nombreuses
2. une loi qui diminue les impôts pour ceux qui ont des enfants à charge
3. une loi qui limite le nombre d'enfants qu'un couple peut avoir
4. une loi qui exige que les femmes aient la permission de leur mari avant de se faire avorter
5. une loi qui dit que l'homme est le chef de famille
6. une loi qui intervient dans les disputes sérieuses entre époux
7. une loi qui exige que tous les enfants suivent un cours d'éducation sexuelle
8. une loi qui refuse de reconnaître l'union libre comme légale
9. une loi qui exige que les jeunes de moins de vingt et un ans aient la permission de leurs parents pour se marier
10. ?

Vocabulaire utile

encourager la naissance des enfants (le sexisme...)
diminuer la liberté de l'individu (le danger de... , l'influence de...)
décourager la violence dans le couple (le divorce...)
protéger l'époux ou l'épouse plus vulnérable (les enfants...)

Note culturelle

LES MÉTAMORPHOSES DE LA FAMILLE

La famille française de la fin du XXe siècle a cessé d'être typique et se présente sous des aspects divers. Quand le mariage a lieu, les conjoints ont souvent déjà vécu ensemble quelques mois, voire[1] quelques années. Bien souvent la famille est constituée par des couples aux liens[2] fragiles, qui passent successivement par l'union libre, le mariage, et le divorce. Néanmoins, les enfants de ces couples ont des liens étroits[3] non seulement avec leurs seuls père et mère, mais encore et surtout avec la grand-mère, le grand-père, et parfois aussi les arrière-grands-parents. Ces aïeux[4] représentent souvent le point de repère[5] pour tous les membres de la famille quelque soit leur situation maritale ou filiale particulière.

   Un nouveau vocabulaire signale les métamorphoses de la famille. Le terme *famille monoparentale* se substitue au terme *famille dissociée* des années soixante. Il y a aussi les familles *recomposées,* constituées de conjoints successifs, légaux ou non. Cependant, la famille française a su en général s'adapter à l'évolution des mœurs et, dans des contextes nouveaux, elle conserve

[1]*indeed, even*   [2]*ties*   [3]*close, tight*   [4]*grandparents, forebears*   [5]*reference*

Sortie avec les grands-parents aux Tuileries

toujours son rôle essentiel. De plus, le prestige des grands-parents s'est aujourd'hui accru[6]. Et mainte[7] grand-mère se sent bien heureuse de se savoir entourée de[8] sa grande famille.

[6]*increased*   [7]*many a*   [8]*se sent... feels satisfied to be surrounded by*

▌ Activité 8. Bonnes et mauvaises raisons

Julien Leroux a monté une émission sur la famille d'aujourd'hui. Lisez les raisons que ces personnes ont données pour justifier leurs décisions et décidez avec un partenaire si elles vous semblent logiques. Pourquoi (pas)?

Interviewés

1. une femme qui s'est mariée à l'âge de dix-sept ans
   a. Je n'avais pas assez d'expérience puisque mes parents ne m'avaient pas permis de sortir avec des garçons auparavant.
   b. Toutes mes amies s'étaient déjà mariées.
   c. Je m'étais brouillée avec un petit ami et je voulais lui prouver qu'il n'avait pas d'importance pour moi.
2. un homme qui a exigé que sa femme ne travaille pas et qu'elle reste à la maison
   a. Dans ma famille les femmes n'avaient jamais travaillé en dehors de la maison.
   b. J'avais toujours voulu être celui qui gagnerait notre vie.
   c. Toutes les femmes de mes amis avaient choisi de rester à la maison.
3. un garçon qui a arrêté ses études à la fin du collège (à l'âge de seize ans)
   a. Personne dans ma famille n'était jamais allé à l'université.
   b. Mon père avait arrêté ses études à l'âge de seize ans.
   c. Je n'avais jamais aimé étudier et je trouvais que c'était une perte de temps et d'argent de continuer mes études.

4. une mère qui a décidé de travailler et de mettre ses enfants dans une crèche
   a. J'avais reçu un diplôme universitaire et je me voyais en femme indépendante. Je m'ennuyais à la maison.
   b. Ma sœur l'avait déjà fait et sa famille était contente de sa décision.
   c. Mon mari ne gagnait pas beaucoup; d'ailleurs, je voulais un peu d'argent pour pouvoir m'acheter des trucs pour moi.
5. une personne qui a divorcé
   a. La lune de miel était finie et l'ennui s'était installé.
   b. Ses parents ne m'avaient jamais aimé(e) et me faisaient souvent des remarques désagréables.
   c. J'avais rencontré quelqu'un qui avait les mêmes idées que moi.

Activité 9. Les valeurs de la famille

Que pensent les parents américains d'aujourd'hui? Décrivez leurs réactions si leur fils ou leur fille propose de faire les choses suivantes.

1. épouser quelqu'un d'un autre pays
2. fonder un foyer et élever des enfants
3. loger dans une résidence universitaire où les garçons et les filles vivent séparément
4. remettre en question la religion de la famille
5. participer à des manifestations politiques
6. divorcer parce qu'il/elle s'entend mal avec son épouse/époux
7. abandonner les études universitaires pour fonder une entreprise
8. vivre avec quelqu'un avant de se marier avec lui/elle
9. essayer des drogues
10. prendre une année de vacances avant de faire des études professionnelles ou de chercher un poste

Vocabulaire utile
Certains sont contents que...
D'autres ne veulent pas que...
Ils n'acceptent pas que...
Ça leur est égal que...

LECTURE

La famille telle que je la vois

Laure Bérard parle de sa famille.

Je dois reconnaître que nous formons une famille un peu particulière puisque mon père, ma mère, mon frère et moi, nous avons des idées très différentes dans beaucoup de domaines; mais en quelque sorte, c'est cc qui fait la richesse de notre famille.

Mon père est assez matérialiste et accorde beaucoup d'importance à la réussite professionnelle. Son bonheur° est souvent relié à son travail et aux plaisirs que l'argent lui procure. *happiness*

Ma mère et moi, nous accordons plus d'importance au monde des idées et notre bonheur dépend davantage de nos échanges avec les autres. C'est peut-être en partie pour cette grande différence que mes parents ont divorcé, car, bien que cela aurait pu créer un équilibre, ils se sont rendu compte un jour que leurs différences d'idées les avaient un peu trop éloignés l'un de l'autre.

Mon frère semble prendre le même chemin° que mon père. Bien que plus jeune que moi, il a préféré arrêter ses études une année après le bac pour travailler. Mais mon frère a heureusement hérité de la douceur de ma mère, et il semble être aussi romantique qu'elle en ce qui concerne l'amour. Il fait partie des rares personnes de son âge qui recherchent avant tout la qualité et non la quantité de conquêtes féminines. Mais dans cette recherche, je pense que lui aussi bien que ma mère ne sont pas assez réalistes et beaucoup trop idéalistes, ce qui ne les rend pas toujours heureux. *path, direction*

Mais il y a une idée que nous partageons, c'est l'importance que nous accordons aux loisirs. Nous nous sommes rendu compte avec l'expérience que ceux-ci étaient nécessaires au bonheur de la famille. Nous faisons beaucoup de montagne ensemble et il m'arrive également de partir en vacances avec ma mère. Ainsi les loisirs nous ont permis de nous connaître un peu mieux et de vivre le plus harmonieusement possible malgré nos différences.

Et qu'en est-il de la notion de famille en général?

Il est vrai que l'avenir de la famille, depuis une ou deux décennies,° ne semble pas très «rose», mais j'avoue ne pas être aussi pessimiste que la plupart des gens. Je crois que ce que certains appellent «l'éclatement»° de la famille a aussi des effets positifs. La famille est en effet quelque chose qu'on ne choisit pas. Et il ne faut pas oublier qu'il y a quelques années, certaines personnes étaient encore prisonnières des obligations familiales. Certaines femmes, par exemple, ne se mariaient pas pour s'occuper de leurs parents toute leur vie. A cette époque là, on se préoccupait davantage de ce que pensaient les membres de la famille. *decades* *rupture*

Les effets de la vie moderne sur cet ancien modèle familial ont donc aussi participé à la naissance d'une nouvelle liberté individuelle. Les médias semblent également avoir joué une part importante dans la modification de l'importance de la famille; les grands-parents étaient auparavant ceux qui transmettaient la sagesse.° Mais ce changement est positif en quelque sorte puisque les enfants ont désormais° la possibilité d'écouter davantage d'opinions, et ne sont plus uniquement influencés par leur entourage familial. *wisdom* *henceforth, from now on*

Je pense donc qu'à l'avenir il se peut que l'attachement familial soit moins basé sur l'hypocrisie et d'une certaine façon beaucoup plus sincère.

Avez-vous compris?

1. Qu'est-ce qui fait la richesse de la famille de Laure?
2. Qu'est-ce qui est très important pour le père de Laure? En quoi Laure et sa mère sont-elles différentes du père?
3. Quel choix est-ce que le frère de Laure a fait?

4. En quoi est-ce que Laure considère son frère comme exceptionnel?
5. Pourquoi est-ce que toute la famille partage les mêmes ideés sur l'importance des loisirs?
6. Quelle est l'attitude de Laure vis-à-vis de «l'éclatement» de la famille?
7. Qu'est-ce que Laure donne comme exemples des aspects négatifs de la famille traditionnelle?
8. Qui transmettait les valeurs et la sagesse autrefois? et aujourd'hui?
9. Selon Laure, quels avantages présentent aujourd'hui les liens familiaux?

Les générations se regardent

Attention! Étudier Grammaire 12.5 et 12.6

Je crains que les jeunes d'aujourd'hui ne sachent pas grand-chose sur l'histoire.

Il est bon qu'aujourd'hui les hommes fassent aussi des tâches ménagères.

Ah zut! Même si c'est mon fils, c'est dommage qu'il vienne me voir si souvent! J'ai l'impression d'être surveillé!

Mes parents craignent que je perde mon temps!

Je suis désolé que ta grand-mère soit morte. Mes condoléances.

Tu es surpris sans doute que les femmes aient gagné plus de sièges dans les élections.

J'ai peur que notre avenir ne soit pas aussi prometteur que vous ne le pensez.

Tu te plains que je ne te dise rien, mais tu es toujours trop occupée pour m'écouter.

▌ **Activité 10.** Hier et aujourd'hui

Est-ce qu'on voyait les choses suivantes il y a cinquante ans? et aujourd'hui? A votre avis, quelle est de nos jours l'opinion de la majorité des gens? Êtes-vous d'accord avec cette opinion? Pourquoi?

> MODÈLE: Une femme se marie et garde son nom de jeune fille. →
> Il y a cinquante ans, on trouvait impensable qu'une femme mariée garde son nom de jeune fille, mais ce n'est pas extraordinaire aujourd'hui. Moi, je trouve normal qu'elle le garde.

1. Une femme de cinquante-deux ans épouse un homme de vingt-neuf ans.
2. Deux personnes du même sexe fondent un foyer et adoptent un enfant.
3. Un couple qui s'entend mal, divorce.
4. Deux époux travaillent dans des villes différentes et ne se voient que le week-end.
5. Une femme conduit chaque fois que toute la famille sort en voiture.
6. Un couple décide de vivre ensemble avant de se marier.
7. Un homme/une femme célibataire adopte un enfant.
8. Un mari décide de rester à la maison pour s'occuper des enfants et du ménage alors que sa femme travaille.
9. Une femme gagne plus que son mari.
10. ?

Vocabulaire utile
On trouve (trouvait)... que...
Moi, je trouve... que...
surprenant, étonnant, chouette, choquant, immoral, bête, raisonnable...

▌ **Activité 11.** Les Vincent en visite à Paris

Édouard et Florence Vincent ont des idées et des valeurs d'une autre époque. Que pensent-ils de ce qu'ils voient pendant leur séjour à Paris? Avec votre partenaire, jouez les rôles de Florence et d'Édouard dans ces situations. Qu'est-ce qu'ils se disent?

1.

—C'est terrible que les jeunes
  d'aujourd'hui...
—Oui, Édouard! Je regrette qu'ils...

2.

—Je suis ravie que...
—Moi aussi, Florence. Je voudrais que
  tous les jeunes...

3.

—C'est bizarre qu'on...
—Je suis d'accord, Édouard. Je m'étonne
  qu'on...

4.

—Il est déplorable que...
—Ah, Florence, je suis heureux que
  mes pauvres parents...

5.

—Tu sais, Édouard, je crains que
  l'influence américaine...
—Moi, j'ai peur que les enfants
  d'aujourd'hui...

6.

—Il est absurde que les jeunes mères
  modernes...
—Tu as raison, Florence. Je trouve qu'il
  est impensable que...

Note culturelle

LES FEMMES SALARIÉES: UNE PERSPECTIVE MASCULINE

L'accroissement[1] du travail féminin est un des événements majeurs de l'évolution sociale de ces dernières années. Deux tiers des femmes de vingt-cinq à cinquante-quatre ans occupent un emploi. L'idée de la femme au foyer a été remplacée par celle de la femme au travail. La diminution du nombre des mariages, le nombre croissant de femmes seules, avec ou sans enfants, la nécessité pour un couple de disposer de deux salaires expliquent, au moins en partie, l'augmentation du travail au féminin.

Ce sondage a été réalisé du 17 au 19 février 1992 auprès d'un échantillon[2] national de 831 hommes représentatifs de la population masculine. D'après les hommes qui ont répondu à ce sondage, qu'est-ce qui caractérise l'attitude des femmes au travail? Quelles critiques de ces femmes font les interviewés? Quand une femme reprend le poste occupé auparavant par un homme, devrait-elle avoir le même salaire que l'homme?

[1]increase   [2]sample

QUAND ILS SE PENCHENT SUR LE TRAVAIL DES COPINES...

Ambitieuses, intrigantes, émotives, indisponibles, mais tout de même dynamiques et efficaces. Voilà comment notre panel masculin juge ses consœurs.

Pour chacun des qualificatifs suivants, pourriez-vous me dire si, selon vous, il s'applique plutôt bien ou plutôt mal à l'attitude des femmes au travail?

	Plutôt bien	Plutôt mal	Ne se prononcent pas
L'ambition	84%	14%	2%
L'assiduité	54%	44%	2%
Le dynamisme	85%	14%	1%
Le goût du travail	84%	14%	2%
L'efficacité[1]	82%	16%	2%
La disponibilité[2]	26%	72%	2%
L'esprit d'équipe	53%	45%	2%
Le goût de l'intrigue	55%	43%	2%
L'émotivité[3]	71%	27%	2%

[1]efficiency
[2]availability

[3]empathy

Lorsqu'une femme accède à un poste qu'un homme occupait avant elle, trouvez-vous normal qu'elle reçoive le même salaire que lui?

Tout à fait normal	85%
Plutôt normal	13%
Plutôt pas normal	1%
Pas normal du tout	–
Ne se prononcent pas	1%

Tout à fait normal + Plutôt normal = 98%

Activité 12. La publicité et les traditions familiales

Regardez ces deux réclames et répondez aux questions.

1. Laquelle de ces réclames représente un point de vue traditionnel du rôle de la femme dans la société française?
2. Laquelle est faite à l'intention des féministes (hommes et femmes)?
3. Pourquoi est-ce que la compagnie Ménastyl a choisi une grand-mère pour présenter son produit?
4. Qu'est-ce que ces deux réclames suggèrent à propos de la famille et de l'institution du mariage?
5. Trouvez-vous que ces deux réclames sont destinées à des gens de niveaux socio-économiques différents? Pourquoi (pas)?

Activité 13. L'avenir

Voici des prédictions pour l'avenir. Qu'en pensez-vous? Pourquoi? Quels effets vont-elles avoir sur la famille?

MODÈLE: Les médecins feront des diagnostics plus exacts grâce à l'emploi de l'ordinateur. →

E1: Moi, j'ai peur que ça puisse causer des ennuis financiers à la famille. La médecine coûte de plus en plus chère.

E2. Oui, mais j'en suis ravi(e)! Nous vivrons plus longtemps et peut-être que nous pourrons connaître nos arrière-grands-parents.

1. La population augmentera de plus en plus vite, et il n'y aura pas assez de ressources pour tout le monde.
2. L'emploi de robots diminuera le nombre de postes dangereux dans les usines.
3. Tout le monde ressentira davantage de tension et de stress.
4. Les gens pourront vivre et travailler beaucoup plus longtemps.
5. Plus de mères choisiront de rester à la maison avec leurs enfants au lieu d'aller au travail.
6. Plus de gens refuseront des promotions qui forcent la famille à déménager dans une autre ville.
7. Il y aura moins d'émissions de télé avec de la violence.
8. La technologie rendra la vie plus facile et plus agréable.

Activité 14. Entretien: La famille

1. Trouves-tu que la qualité de la vie est meilleure aujourd'hui qu'à l'époque de nos parents et de nos grands-parents? Pourquoi (pas)?
2. Il y a quelques années, c'étaient les hommes qui invitaient les femmes et qui payaient quand ils sortaient ensemble. Que fait-on aujourd'hui?
3. Est-ce que tu penses que nos parents et nos grands-parents passaient plus de temps avec leurs enfants que les parents d'aujourd'hui ne passent avec leurs enfants? Pourquoi (pas)?
4. Es-tu d'accord que les enfants d'aujourd'hui n'ont pas d'imagination parce qu'ils passent trop de temps devant la télé? Quels jeux et distractions préféraient nos parents et nos grands-parents?
5. Pour quelles raisons est-ce que beaucoup de jeunes d'aujourd'hui retournent vivre chez leurs parents? Est-ce que cela crée des difficultés pour eux? et pour leurs parents?

A vous d'écrire!

Une jeune femme a écrit cette lettre à Mamie, au *Courrier Anonyme*. Lisez la lettre et répondez à la place de Mamie.

Chère Mamie,

J'ai 20 ans, et depuis un an je sors avec un homme que j'adore. Nous avons des projets d'avenir très sérieux ensemble. Malheureusement, mes parents ne veulent pas le recevoir chez nous. (Nous avons peur que nos familles se fâchent entre elles.) Mon ami est très vexé et humilié et il souffre de leur attitude. Alors il a décidé de ne plus se marier car il redoute que ma famille fasse un scandale le jour du mariage. Déjà mes parents ne sont pas très aimables avec ceux de mon ami. Nous ne savons plus du tout quoi faire tous les deux. J'ai peur que toutes ces histoires ne fassent craquer son amour pour moi. S'il te plaît, Mamie, donne-moi un conseil.

Dominique (Rouen)

Ma chère Dominique,

Le seul conseil que je puisse te donner, c'est de... Sinon, ... Bonne chance, Dominique!

LA PRESSE EN DIRECT

AVANT DE LIRE

Lisez rapidement les titres et les sous-titres de l'article suivant.

- Qu'est-ce que c'est qu'un couple longue distance?
- Qui choisit de vivre de cette manière?
- Pourquoi y a-t-il davantage de couples longue distance de nos jours qu'il y a vingt-cinq ans?

Maintenant, réfléchissez un peu à ce style de vie.

- Quels en sont les effets probables sur la famille? Quels avantages y voyez-vous? Quels inconvénients?

MAMAN TRAVAILLE A PARIS, PAPA A LYON. COMMENT ÇA MARCHE?
LES COUPLES LONGUE DISTANCE

Comment organiser sa vie quand on est un couple "bi-carrière" nanti[1] d'enfants? C'est la quadrature du cercle[2] quotidienne que s'offrent de plus en plus de jeunes cadres soucieux[3] d'élargir leur horizon en même temps que leur expérience professionnelle.

Par Christiane Collange

Depuis une dizaine d'années, les mouvements professionnels au long cours se compliquent chez les cad'sup'[4] en veine de[5] promotions. Leurs chères moitiés, devenues souvent des travailleuses à part entière, hésitent à les suivre en mettant en péril leur propre avenir. Les carrières féminines étant encore plus délicates à manager que les devenirs masculins, les femmes «exécutives» ou membres d'une profession libérale posent des problèmes presque insolubles aux directeurs des

[1]*with* [2]*la quadrature... the squaring of the circle* [3]*concerned about* [4]*upper management* [5]*en... aspiring to*

relations humaines et aux chasseurs de têtes.[6] Que ce soit pour leur brillant époux ou pour elles-mêmes, les promotions baladeuses[7] leur font plus peur qu'envie. Une enquête sur «la mobilité des managers européens» affirme que la famille est le frein essentiel à la mobilité du cadre européen. Le travail du conjoint étant la première raison de dissuasion, avant les enfants.

La complainte des couples «longue distance»

Tous les couples «longue distance» évoquent les mêmes discussions, les mêmes hésitations, la même culpabilité[8] de laisser partir, la même mauvaise conscience de faire passer une carrière avant la vie commune, les mêmes craintes de voir la relation s'effriter[9] ou éclater. Que faire? On n'a pas réussi HEC[10] pour rester toute sa vie à la maison... Il ne suffit pas d'être ensemble pour être heureux... Aimer ne consiste pas à mettre l'autre en prison mais à l'encourager à se réaliser...

Tous les arguments se ressemblent, toutes les peurs aussi. Disons-le tout net: les femmes qui ont fait des études, qui se sont bagarrées pour se faire une place, qui savent combien le mariage est fragile dans le monde actuel et qui accordent à leur autonomie financière une importance justifiée, ces femmes-là ne sont pas prêtes à remettre entre d'autres mains que les leurs les rênes de leur destin.[11] Frustrées de leur devenir professionnel, elles craignent d'avoir des mariages de courte durée!

Changer de ville sans changer de résidence familiale

Elles préfèrent courir le risque de l'absence. Tu pars ou je pars, l'autre reste avec les enfants.

Ceux qui, hommes ou femmes, travaillent ainsi loin de leur famille ne cessent d'augmenter. Dans l'armée on les appelle les «célibataires géographiques.» A l'Education nationale on redoute comme la peste les «profs TGV» qui découpent leur semaine entre leur profession et leur famille. Les congés maladie pour dépression risquent de se multiplier.

Tous les témoignages de conjoints «longue distance» concordent: au début c'est tonifiant, on a l'impression de vivre une vie plus excitante, on travaille à corps perdu, et les retrouvailles sont une fête.

Mais plus le temps passe, plus la séparation se fait pesante. De l'avis général, la communauté réduite aux weekends ne devrait pas se prolonger au-delà de trois ans. Les enfants, en particulier, posent problème.

En majorité, les enfants survivent et trouvent leur compte en prenant leur revanche de tendresse en fin de semaine. Mais le couple? Peut-il s'accommoder de ces relations sporadiques, de ces courtes retrouvailles pour permettre de renouer,[12] chaque fin de semaine, les fils[13] d'une intimité chaotique? Dans la majorité des couples que nous avons rencontrés, la séparation n'a pas été ressentie comme destructrice. Pour quelques semaines, quelques mois ou même quelques années, il semble que la distance confère à l'amour une saveur particulière. A trois conditions cependant.

— Primo: ne pas avoir un tempérament jaloux. Sinon c'est proprement insupportable: la moindre faille prend des proportions gigantesques, le moindre doute tourne à l'obsession.

— Secundo: s'accrocher au téléphone comme à une bouée pour préserver son intimité de couple de la noyade. S'appeler tous les jours, plusieurs fois par jour si possible.

—Tertio: savoir, vouloir, exiger que cette situation soit limitée dans le temps.

Modeler une carrière masculine sur les impératifs professionnels de l'épouse: le cas n'est pas encore banal, mais il n'est plus exceptionnel. Reste que dans l'immense majorité des cas c'est la femme qui tente de réaménager son emploi pour éviter la séparation. Si elle n'y parvient[14] pas, il ne restera que trois solutions:

— la frustration professionnelle du mari refusant une promotion;

— la frustration professionnelle de la femme abandonnant son activité;

— la séparation pour ne frustrer, professionnellement, ni l'un ni l'autre.

La troisième solution fait souvent moins peur, pour l'avenir du couple, que les deux autres.

---

[6]chasseurs... *executive search agencies* (*headhunters*)   [7]*which require relocation*   [8]*guilt*   [9]*to crumble away, disintegrate*   [10]Hautes Etudes Commerciales   [11]*control*   [12]*resume*   [13]*threads*   [14]*Si... If she doesn't succeed...*

Avez-vous compris?

Vrai ou faux, selon l'article? Si c'est faux, corrigez.

1. _____ De nos jours, la vie des cadres se complique parce que le mari et la femme ont tous les deux envie d'avancer dans leur profession.

2. _____ Les carrières masculines sont plus difficiles à manager que celles des femmes.

3. _____ En général, c'est l'éducation des enfants qui est le frein essentiel à la mobilité du cadre européen.

4. _____ Le choix de vivre séparés est souvent le meilleur compromis qui permet au mari et à la femme de se réaliser dans leur vie professionnelle.

5. ____ . Certains couples qui vivent séparés à cause de leurs choix professionnels risquent parfois d'avoir des problèmes de santé.

6. ____ . La plupart des couples longue distance ne voient aucun problème à la séparation à long terme une fois qu'ils s'y habituent.

VOCABULAIRE

Les fiançailles et le mariage
Engagement and marriage

une alliance	a wedding ring
une bague de fiançailles	an engagement ring
la lune de miel	honeymoon
des nouveaux mariés	newlyweds
un témoin	a witness
l'union libre (*f.*)	living together outside of marriage
un voyage de noces	a honeymoon

Mots apparentés: **une cérémonie, le/la fiancé(e), se fiancer, le/la marié(e), se marier**

La famille et la naissance des enfants
Family and having children

célibataire	unmarried, single
enceinte	pregnant
l'accouchement (*m.*)	childbirth
un biberon	a baby bottle
le chef de famille	head of the family
des couches (*f.*)	diapers
une crèche	a child care center
le/la filleul(e)	godchild
le foyer	home (and family)
la marraine	godmother
le parrain	godfather
élever	to bring up, raise (*child*)
protéger	to protect

ressembler à	to look like, resemble
surveiller	to watch over

Mots apparentés: **adopter, l'anesthésie (*f.*), avorter, le baptême, le divorce, domestique, familial(e), une génération, un(e) pédiatre**

La mort   Death

une couronne	a wreath of flowers
le décès	death
le deuil	mourning
un enterrement	a burial, funeral
un veuf/une veuve	a widower, widow

Mots apparentés: **les condoléances (*f.*), la tombe**

L'expression d'action réciproque
Expressing reciprocal action

tous/toutes les deux	both
l'un(e) à l'autre	to one another
se confier	to confide in one another
s'embrasser	to kiss, hug one another
se faire des promesses	to promise each other
se prêter	to lend to one another
se répéter	to tell one another
se serrer la main	to shake hands

Mots apparentés: **s'aider, se comprendre, se connaître, se critiquer, se dire, se parler, se regarder, se rencontrer, se téléphoner, se voir**

Les jugements et les opinions
Judgments and opinions

Ça fait réfléchir.	That makes you think.
Ça m'est égal.	It doesn't matter to me.
C'est dommage.	That's a shame.
Je suis désolé(e) que...	I'm really sorry that . . .
bête	stupid, silly
choquant(e)	shocking
chouette	swell, neat, great
dégoûtant(e)	disgusting
dégueulasse (*fam.*)	sickening
étonnant(e)	astonishing
génial(e)	nice, swell, neat
impensable	unthinkable
pire	worse
ravi(e)	delighted
surprenant(e)	surprising

Mots apparentés: **absurde, bizarre, déplorable, désagréable, exact(e), immoral(e), médiocre, normal(e), traditionnel(le)**

Les sentiments et les rapports avec les autres
Feelings and relations with others

Je ne sais pas quoi faire.	I don't know what to do.
puissant(e)	powerful
l'amour (*m.*)	love
la haine	hate
une valeur	a value
se brouiller	to quarrel with, break up
se conduire (bien/mal)	to behave (well/badly)
s'entendre (avec)	to get along (with)
faire des remarques	to make critical remarks
intervenir	to intervene
mentir	to lie
réconforter	to comfort
se vexer	to get annoyed

Mots apparentés: **l'affection** (*f.*), **consulter, une critique, décourager, une dispute, le divorce, encourager, jaloux/jalouse, juger, possessif/possessive, regretter, la rumeur, le sens de l'humeur, se séparer, l'unité** (*f.*), **la violence**

Mots et expressions utiles
Useful words and expressions

Adieu.	Farewell. Good-bye.
Bonne nuit.	Good night.
d'ailleurs	moreover, furthermore, besides
davantage	more
en cas de	in case of
en dehors de	outside (of)
envers	toward, to
grâce à	thanks to
la plupart	most, the majority
même si	even if
puisque	since

Quand — Saying when

(à) l'époque (de)	time, day (*in my grandfather's time*)
auparavant	previously, before
le moment où	the time when (something occurred)
le plus tôt possible	as soon (quickly) as possible
quand il le faut	whenever one has to (when necessary)

La description

athée	atheist, atheistic
chargé(e) de	having responsibility for
établi(e)	established
occupé(e)	busy
pauvre	poor
solennel(le)	solemn
soûl(e)	drunk

Mots apparentés: **dépendant(e), destiné(e), féministe, contagieux/contagieuse, légal(e), nombreux/nombreuse, politique, prometteur/prometteuse, surpris(e)**

Substantifs

une allocation	an allotment, pension
une bougie	a candle
une émission	a broadcast
un emploi	a job
un ennui	a trouble, worry
une loi	a law

une manifestation	a political demonstration	permettre	to permit
un moyen	a means (*of doing something*)	poser une question	to ask a question
		présenter	to introduce (*one person to another*)
une perte	a loss		
un tissu	a fabric	priver	to deprive
un truc	a gadget	refaire	to redo
une usine	a factory	remettre en question	to call into question, query

Mots apparentés: un(e) anarchiste, un budget, une drogue, un effet, un gouvernement, l'individu, une maxime, un objet, un point de vue, un robot, le sexisme, la société

sembler	to appear, seem
souhaiter	to wish
tenir	to hold

Mots apparentés: affecter, exister, participer à, proposer, recommencer, symboliser, terminer

Verbes

allumer	to light (*a fire*), turn on lights
augmenter	to increase, enlarge
déposer	to deposit
échanger	to exchange
s'engager	to commit oneself
s'étonner	to be surprised, astonished
s'installer	to settle in
perdre son temps	to waste one's time

GRAMMAIRE ET EXERCICES

12.1 Each Other: Reciprocal Use of Reflexive Pronouns

You have often used reflexive pronouns in verbal constructions such as **je me lève, nous nous promenons,** and **elle se rappelle.** Another common use of the plural reflexive pronouns **(nous, vous, se)** is to express reciprocal actions. These are expressed in English with *each other.*

Depuis quand connais-tu ton mari? — Nous **nous connaissons** depuis vingt ans.

How long have you known your husband? — We have known each other for twenty years.

C'est triste, mais mon frère et sa belle-mère **se détestent** vraiment.

It's sad, but my brother and his mother-in-law really hate each other.

Like other reflexive verbs, reciprocal expressions take **être** as the auxiliary verb in the **passé composé.** Remember, also, that the past participle usually agrees with the subject.

Agnès et Sarah **se sont connues** aux États-Unis il y a trois ans.

Agnès and Sarah met in the United States three years ago.

Almost any verb that can take a direct or indirect object can be used reciprocally. Reciprocal and non-reciprocal constructions can usually be distinguished by their context, which will indicate how to interpret the reflexive pronoun.

Nos enfants et leurs grands-parents ne **se voient** pas souvent, mais ils **s'amusent** bien quand ils sont ensemble.

Our children and their grandparents don't often see each other, but they enjoy themselves a lot when they're together.

The following verbs are commonly used with reciprocal meaning:

s'admirer	se connaître	s'entendre*	se voir
s'aider	se détester	se quitter	se revoir
s'aimer	se donner rendez-vous	se regarder	
se comprendre	s'écrire	se rencontrer	

---

*S'entendre (*to get along*) has two possible constructions: **s'entendre** and **s'entendre avec quelqu'un.**

Mes parents **s'entendent** toujours bien.

My parents always get along well (with each other).

Je **m'entends** bien **avec mes parents.**

I get along well with my parents.

451

▌ Exercice 1. L'amitié

Exprimez ce qui se passe en amitié, en vous servant de verbes pronominaux réciproques.

> MODÈLE: Je t'envoie des cartes postales quand je pars en vacances et tu m'envoies aussi des cartes postales. →
> Nous nous envoyons des cartes postales.

1. Je te dis bonjour et tu me dis bonjour.
2. Je t'embrasse et tu m'embrasses.
3. Je te téléphone et tu me téléphones.
4. Je t'invite à dîner de temps en temps et tu m'invites aussi à dîner.
5. Je t'écoute quand tu as des ennuis et tu m'écoutes aussi.
6. Je te parle avec beaucoup de plaisir et tu me parles aussi avec plaisir.
7. Je te raconte tous mes secrets et tu me racontes aussi tes secrets.
8. Je te trouve sympathique et tu me trouves aussi sympathique.

▌ Exercice 2. Tout est bien qui finit bien.

Choisissez un des verbes indiqués et conjuguez-le, s'il le faut, au temps correct.

Mes amis Monique et Charles ont une histoire assez drôle. La première fois qu'ils _____,[1] ça n'a pas été du tout le coup de foudre. Au contraire, ils _____[2]! C'était chez un ami qui les avait invités tous les deux et qui les avait présentés l'un à l'autre. Pauvre Charles, il était tellement nerveux qu'il a renversé le punch sur Monique. Et Monique a trouvé Charles beaucoup trop timide et maladroit. Naturellement, ils n'ont pas eu très envie de _____[3] après.

se détester
se revoir
se rencontrer

Mais, quinze jours plus tard, ils _____[4] une deuxième fois, à la bibliothèque. Ils avaient tous les deux des problèmes difficiles à faire en maths, alors ils _____[5] à faire leur travail. A la fin de cette soirée, ils _____[6] pour le lendemain, et depuis, ils ne veulent plus _____.[7] Aujourd'hui, ils sont mari et femme, et ils _____[8] à merveille. Donc, il vaut mieux ne pas se fier aux premières impressions!

se donner rendez-vous
se quitter
s'aider
se rencontrer
s'entendre

▌ Exercice 3. Réciprocités

Agnès Rouet parle à Jean-Yves, qui répète tout ce qu'elle dit. Transformez les phrases selon le modèle.

MODÈLE: Ma mère me comprend bien et je comprends bien ma mère. →
Alors, vous vous comprenez bien!

1. Richard donne rendez-vous à Sylvie tous les jours, et Sylvie lui donne aussi rendez-vous tous les jours.
2. Ma cousine Marie m'écrit souvent et moi aussi je lui écris souvent.
3. Mon frère aime beaucoup sa femme et elle l'aime aussi beaucoup.
4. Ma belle-sœur me téléphone souvent et moi aussi je lui téléphone souvent.
5. Mon parrain parle souvent à mon père et mon père lui parle souvent.
6. Ma grand-mère deteste son voisin et il la déteste aussi.

12.2 *Review of Object Pronouns: Direct and Indirect Objects*

You have seen and used many different kinds of French pronouns. Just as in English, one factor that determines the choice of the appropriate French pronoun is the function of the pronoun in the sentence, e.g., *he likes **me*** (subject), vs. *I like **him*** (direct object). In this section we will review direct and indirect object pronouns.

A. As you know, **me, te, nous,** and **vous** are used both as direct and indirect objects. The remaining forms, however, are different for direct and indirect objects:

DIRECT OBJECTS	INDIRECT OBJECTS
le (l')	lui
la (l')	leur
les	

B. To choose the appropriate pronoun, you need to understand the relationship between a verb and its related object. Remember that a direct object denotes who or what is immediately acted upon by the verb.

Nathalie voit souvent **sa grand-mère.** → *Nathalie sees her grandmother often.*
Elle **la** voit souvent. *She sees **her** often.*

An indirect object, on the other hand, includes the idea of *to* or *for* and usually refers to people.

Il a écrit à **sa fiancée.** → *He wrote to his fiancée.*
Il **lui** a écrit. *He wrote (to) **her**.*

Remember that, in French, a direct object will have no preposition before it, while a third-person indirect object is preceded by **à** or one of its contracted forms **au** or **aux**.

DIRECT OBJECT

J'ai beaucoup aimé **ce film.** →	*I really liked that film.*
Je **l'**ai beaucoup aimé.	*I really liked **it**.*

INDIRECT OBJECT

Christine téléphone souvent **à ses parents.** →	*Christine phones her parents often.*
Elle **leur** téléphone souvent.	*She phones **them** often.*

C. It is important to realize that the kind of object a French verb takes is not necessarily the same as that for the corresponding English verb. For this reason, you should pay close attention to the meaning of new verbs and also note whether or not they require a preposition before a noun. Some French verbs require prepositions where their English counterparts do not, and vice versa. Here are some examples of verbs in each category.

Verbs that take direct objects (no preposition in French):

chercher	*to look for*	(Je cherche mon stylo.)
écouter	*to listen to*	(Nous écoutons la radio.)
regarder	*to look at*	(Elle a regardé la télé hier soir.)

Verbs that take indirect objects (no preposition in English):

répondre à	*to answer*	(J'ai répondu à ma mère.)
plaire à	*to please*	(Charles plaît aux parents de Marie.)
obéir à	*to obey*	(Joël obéit à ses grands-parents.)
ressembler à	*to resemble*	(Tu ressembles à ton père.)
téléphoner à	*to telephone*	(J'ai téléphoné à ma sœur.)

Many verbs can be used with both direct and indirect objects.

Camille, montre ton dessin à papa.	*Camille, show your drawing to Daddy.*
—Je ne veux pas **le lui** montrer.	*—I don't want to show it to him.*
Maman, tu peux m'expliquer cette réponse?	*Mom, can you explain this answer to me?*
—Oui, je **te l'**expliquerai.	*—Yes, I'll explain it to you.*

Some other verbs that often occur with two pronoun objects: **apporter, dire, emprunter, expliquer, donner, montrer,** and **prêter.**

▌ **Exercice 4.** Quel amour!

Louis est amoureux d'une jeune fille qu'il a rencontrée récemment, et il explique à Albert à quel point ils s'entendent bien. Albert est un peu sceptique.

MODÈLE: LOUIS: Nous nous voyons tous les jours. →
ALBERT: Tu la vois tous les jours?
LOUIS: Nous nous parlons plusieurs fois par jour.
ALBERT: Tu lui parles plusieurs fois par jour?

1. Nous nous retrouvons au moins deux fois par jour.
2. Nous nous téléphonons tous les soirs.
3. Nous nous écrivons des lettres chaque semaine.
4. Nous nous offrons beaucoup de petits cadeaux.
5. Nous nous aidons à faire tous nos devoirs.
6. Nous nous écoutons toujours très attentivement.
7. Nous nous disons tout.
8. Nous nous comprenons parfaitement.

▌ **Exercice 5.** Obligations familiales

Imaginez quels seront vos rapports avec vos parents quand ils seront vieux. Complétez la question avec **les** ou **leur,** et puis répondez.

MODÈLE: Est-ce que vous _____ téléphonerez tous les jours? →
Est-ce que vous *leur* téléphonerez tous les jours?
Oui, je leur téléphonerai tous les jours.
ou
Non, je ne leur téléphonerai pas tous les jours.

Quand vos parents seront vieux, est-ce que...

1. vous _____ inviterez à venir habiter chez vous?
2. vous _____ emprunterez de l'argent, ou vous _____ en prêterez?
3. vous _____ obéirez, quand ils vous diront ce qu'il faut faire?
4. vous _____ direz quand ils se mêleront trop de vos affaires?
5. vous _____ répondrez patiemment, quand ils vous poseront la même question pour la dixième fois?
6. vous _____ écouterez, quand ils raconteront la même histoire cent fois?
7. vous _____ aiderez à faire les travaux ménagers et les courses?
8. vous _____ ressemblerez, quand vous serez vieux (vieille)?

▌ **Exercice 6.** Situations

Que faites-vous dans les situations suivantes? Utilisez le verbe entre parenthèses et deux pronoms objets (**le, la,** ou **les** et **lui** ou **leur**).

MODÈLE: Un(e) ami(e) voudrait emprunter cinq dollars. (prêter) →
Je les lui prête. (Je ne les lui prête pas.)

1. Un(e) ami(e) voudrait regarder vos réponses pendant un examen. (montrer)
2. Une personne que vous ne connaissez pas bien voudrait emprunter votre livre de français pour le week-end. (donner)

3. Votre ami(e) voudrait les cinq dollars que vous lui avez empruntés la semaine dernière. (rendre)
4. Vos parents voudraient savoir tous vos secrets. (dire)
5. Un autre étudiant dans la classe de français voudrait comprendre la différence entre le mariage et l'union libre. (expliquer)
6. Vos parents voudraient voir vos notes à la fin du semestre. (montrer)
7. Un étranger dans la rue vous demande votre numéro de téléphone. (dire)
8. Votre camarade de chambre voudrait lire la lettre d'amour que vous avez reçue (montrer).

12.3 *Expressing Desires with the Subjunctive*

You already know how to use the verb **vouloir** with an infinitive to tell what someone wants to do.

> Nous **voulons** nous **marier** l'année prochaine.   *We want to get married next year.*

A. To say what someone wants someone else to do, however, French uses **que** plus a subject (referring to the other person) and a verb in the subjunctive. Notice that this is very different from the equivalent English construction.

> Nos parents **veulent que nous attendions** encore un an.   *Our parents want us to wait another year.*
>
> Nous **voudrions que nos amis soient** à notre mariage.   *We would like our friends to be at our wedding.*

B. This same construction (**que** + subject + subjunctive verb form) is generally used after any verb that expresses a desire that someone else do something. The following verbs are commonly used in this way.

demander que   (*to ask*)   préférer que
désirer que   recommander que
exiger que   (*to require*)   souhaiter que   *to want or wish*
j'aimerais (tu aimerais, etc.) que   suggérer que
je voudrais (tu voudrais, etc.) que

> **J'aimerais** que vous m'**aidiez.**   *I would like you to help me.*
>
> Mon père **souhaite que** je **finisse** mes études avant de me marier.   *My father hopes that I'll finish school before getting married.*
>
> Jean-Yves **a demandé que** nous l'**attendions.**   *Jean-Yves asked that we wait for him.*

C. Here are the subjunctive forms of the verbs **pouvoir, savoir,** and **venir. Pouvoir** and **savoir** have only one subjunctive stem.

pouvoir SUBJUNCTIVE STEM: **puiss-**	
que je **puiss**e	que nous **puiss**ions
que tu **puiss**es	que vous **puiss**iez
qu'il/elle/on **puiss**e	qu'ils/elles **puiss**ent

savoir SUBJUNCTIVE STEM: **sach-**	
que je **sach**e	que nous **sach**ions
que tu **sach**es	que vous **sach**iez
qu'il/elle/on **sach**e	qu'ils/elles **sach**ent

Les parents sévères exigent que leurs jeunes enfants **sachent** leur numéro de téléphone avant de sortir seuls.

Strict parents insist that their children know their telephone number before going out alone.

J'aimerais que mes amies **puissent** m'accompagner au cinéma.

I'd like my friends to be able to go with me to the movies.

Venir, like **prendre** (see **Grammaire** 11.2), has two subjunctive stems. **Devenir** and **revenir** follow the same pattern.

venir SUBJUNCTIVE STEMS: **vienn-, ven-**	
que je **vienn**e	que nous **ven**ions
que tu **vienn**es	que vous **ven**iez
qu'il/elle/on **vienn**e	qu'ils/elles **vienn**ent

Exercice 7. Des opinions divergentes

Les membres d'une famille ne sont pas toujours d'accord. Voici certains problèmes des étudiants de Mme Martin. Complétez les phrases.

MODÈLE: Denise aime faire beaucoup d'achats. Ses parents suggèrent qu'elle... →
Ses parents suggèrent qu'elle ne fasse pas autant d'achats.

1. Denise ne veut pas rester chez ses parents. Mais sa mère préfère qu'elle...
2. Barbara sort avec Paul, un jeune avocat de trente ans. Ses parents aimeraient qu'elle...
3. Daniel et son frère ne sont jamais à l'heure. Leurs parents souhaitent qu'ils...

4. La petite sœur de Jacqueline veut savoir tout ce que fait Jacqueline. Jacqueline ne veut pas que sa sœur...
5. Albert ne trouve pas le temps de faire de la gymnastique. Son père suggère qu'il...
6. Louis n'a pas envie de devenir avocat. Mais sa famille aimerait qu'il...

 ## Exercice 8. Ton meilleur ami et toi...

Répondez à ces questions à propos de votre amitié.

MODÈLE: Tu voudrais que vous vous voyiez plus souvent? →
Oui, je voudrais que nous nous voyions plus souvent.

1. Tu préfères que vous vous téléphoniez le soir, ou que vous vous voyiez pendant la journée?
2. Tu voudrais que vous sortiez plus souvent ou moins souvent?
3. Tu désires que vous sortiez davantage en compagnie d'autres amis?
4. Tu souhaites que vous passiez plus de temps ensemble?
5. Tu aimerais que vos familles se rencontrent?
6. Tu veux que vous restiez longtemps amis?

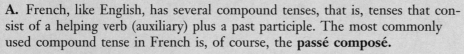

12.4 A Past in the Past: the plus-que-parfait

A. French, like English, has several compound tenses, that is, tenses that consist of a helping verb (auxiliary) plus a past participle. The most commonly used compound tense in French is, of course, the **passé composé.**

J'ai rencontré mon fiancé
quand je **suis allée** au Canada
l'année dernière.

I met my fiancé when I went to Canada last year.

B. Other compound tenses are formed in the same way, but with the helping verb in a tense other than the present. You have already seen, for example, the future perfect tense.

Elle n'**aura** pas encore **fini** ses études quand elle se mariera.

She will not have finished school when she gets married.

C. The **plus-que-parfait** (pluperfect or past perfect) is a compound tense with the helping verb in the **imparfait.** The **plus-que-parfait** is used to tell what *had* happened before something else in the past.

Mon mari **avait** déjà **fait** son service militaire quand nous nous sommes rencontrés.

My husband had already done his military service when we met.

Tu **étais allé** en Afrique avant ce voyage, n'est-ce pas? — Oui, j'y **étais allé** une fois quand j'étais très jeune.	*You had gone to Africa before this trip, right? — Yes, I had gone once when I was very young.*

You should be able to recognize and understand the **plus-que-parfait** when you encounter it, especially in written French.

▌ Exercice 9. Dans le bon ordre

Voici quelques faits dans la vie de Mme Martin. Dites dans quel ordre les deux actions sont arrivées en les numérotant.

MODÈLE: ① Elle avait déjà parlé français à la maison quand elle a commencé ② à l'apprendre à l'école.

1. Elle avait déjà décidé de devenir professeur quand elle est allée à l'université.
2. Quand elle est allée en France pour la première fois, elle avait déjà choisi de se spécialiser en français.
3. Elle avait déjà beaucoup parlé français quand elle est allée en France.
4. Elle avait déjà rencontré son mari quand elle a fini ses études.
5. Quand elle a commencé à enseigner, elle s'était déjà mariée.
6. Elle s'était déjà installée en Louisiane quand elle a eu son poste à l'université.

▌ Exercice 10. Une mauvaise journée

Jean-Yves a passé une journée bien frustrante. Dites pourquoi en utilisant le plus-que-parfait.

MODÈLE: Jean-Yves a voulu faire du café au lait pour le petit déjeuner, mais il (oublier) d'acheter du lait. →
Jean-Yves a voulu faire du café au lait pour le petit déjeuner, mais il avait oublié d'acheter du lait.

1. Il est arrivé au quai du métro à 8h32, mais son train (partir) à 01h30.
2. Quand il a voulu rendre sa dissertation en cours d'anglais, il a découvert qu'il la (oublier) chez lui.
3. Il est allé chercher des petits pains à la boulangerie, mais le boulanger (vendre) les derniers petits pains.
4. Un ami l'a invité au cinéma, mais Jean-Yves (voir) le film la semaine précédente.
5. Quand il a téléphoné à Agnès à 10h30 du soir, elle (se coucher déjà) et elle s'est fâchée.

12.5 *The Verbs* craindre *and se* plaindre

As you will see in the next section, Grammaire 12.6, the subjunctive is used after verbs that express an opinion or a feeling about some event or state of affairs. Two such verbs are the verbs **craindre** (*to fear*) and **se plaindre** (*to complain*). They have similar conjugation patterns.

craindre (*to fear*)	
Present Tense	
je crain**s**	nous craignons
tu crain**s**	vous craignez
il/elle/on crain**t**	ils/elles craignent
Passé composé: j'ai craint, etc.	

La mère de Jean-Yves **craint** qu'il ait du mal à trouver un emploi.	*Jean-Yves' mother fears that he will have trouble finding a job.*
Les Vincent **se plaignent** que le coût de la vie devienne de plus en plus lourd.	*The Vincents complain that the cost of living is becoming more and more difficult to bear.*

Both **craindre** and **se plaindre** can also be followed by **de** + infinitive.

Elle ne dit rien parce qu'elle **craint d'offenser** sa belle-mère.	*She doesn't say anything because she is afraid of offending her mother-in-law.*
Bernard **se plaint d'avoir** trop de travail.	*Bernard complains about having too much work.*

Se plaindre is also followed by **de** when used with a noun, whereas **craindre** is not.

Quand elle est de mauvaise humeur, Nathalie **se plaint de** ses sœurs.	*When Nathalie is in a bad mood, she complains about her sisters.*
Quelquefois, les petits enfants **craignent** les gros chiens.	*Sometimes, little children are afraid of large dogs.*

 Exercice 11. Craintes et plaintes

Répondez avec une phrase.

1. Qui craint le plus d'être seul, les jeunes ou les vieux?
2. Qui craint le plus la mort, les jeunes ou les vieux?

3. Que craignez-vous davantage, les serpents ou les rats?

4. Qui craint le plus d'avoir des problèmes d'argent: vos amis, vos parents, ou vos grands-parents?

5. Qui se plaint le plus des tâches ménagères: vous, votre père, votre mère, votre frère ou votre sœur?

6. Qui se plaint le plus de l'état de notre société: vos amis, vos parents, ou vos grands-parents?

7. Vous les étudiants, de quoi vous plaignez-vous le plus: de la quantité de devoirs ou du coût des études?

8. De quoi se plaignent les professeurs: que les cours soient trop courts, que les étudiants ne travaillent pas assez, ou qu'ils soient mal payés?

12.6 Expressing Feelings with the Subjunctive; the Past Subjunctive

You have already seen how subjunctive forms are used after expressions of necessity and of desire when these pertain to the actions of another person.

Mme Martin **voudrait** que ses enfants **apprennent** l'anglais et le français.	*Mme Martin would like her children to learn English and French.*

A. Subjunctive forms are also used when expressing a feeling or an attitude about some event or state of affairs.

Je suis heureux que mes parents **puissent** voyager maintenant qu'ils sont à la retraite.	*I'm glad my parents can travel now that they're retired.*
C'est dommage que tu **sois** si occupé. **J'aimerais** que tu nous **accompagnes** en vacances.	*It's a shame you're so busy. I'd like you to go on vacation with us.*

There are many different expressions that can be used in this way. Here are some examples.

être + *adjective*
être content, être heureux que   *to be glad, happy*
êre déçu que   *to be disappointed*
être désolé que   *to be sorry*
être furieux que   *to be furious*
être étonné, surpris que   *to be surprised*
être ravi que   *to be delighted*
être triste que   *to be sad*

OTHER VERBS

avoir honte que	se plaindre que
avoir peur que	regretter que
craindre que	

IMPERSONAL EXPRESSIONS

c'est dommage que (*it's a shame, it's too bad*)

il est + *adjectif* + que (*il est bon/juste/naturel/rare/préférable que*)

B. So far, you have been using the present subjunctive. There is also a past subjunctive that is identical to the **passé composé** except that the auxiliary verb (**avoir** or **être**) is in the subjunctive. You may occasionally encounter these forms in your reading or hear them in conversation.

Il est bon que tu **aies** déjà **fini** ton travail.	*It's good that you've already finished your work.*
J'ai peur que Raoul **se soit perdu** en route.	*I'm afraid Raoul got lost on the way.*
Je suis ravi que vous **ayez rencontré** mes parents.	*I'm delighted that you met my parents.*

▌ Exercice 12. Le conflit entre les générations

Exprimez votre réaction aux faits suivants, en employant une des expressions indiquées (à l'affirmatif ou au négatif) et le subjonctif.

MODÈLE: Un Américain ne se sent pas obligé d'inviter ses parents âgés à habiter chez lui. →
Il est naturel qu'un Américain ne se sente pas obligé d'inviter ses parents âgés à habiter chez lui.

c'est dommage que	il est regrettable que
il est rare que	il est naturel que
il est inévitable que	il est étonnant que
il est préférable que	il est bon que
il est honteux que	

1. Les jeunes et les vieux ne s'entendent pas bien.
2. Les jeunes ne font pas attention aux conseils de leurs aînés.
3. Les jeunes ne peuvent pas profiter de l'expérience de leurs aînés.
4. Nous sommes obligés de répéter les erreurs de nos parents.
5. Un jeune Américain n'a pas envie d'habiter longtemps chez ses parents.
6. Beaucoup de vieilles personnes ne croient plus pouvoir contribuer à la société.
7. Un Américain ne se sent pas obligé d'assurer les besoins matériels de ses parents.
8. Un certain nombre de personnes âgées sont abandonnées par leurs enfants.

Exercice 13. Que c'est triste!

Clarisse Colin rencontre une amie qu'elle n'a pas vue depuis longtemps. Employez une des expressions suivantes et le subjonctif pour exprimer ses réactions à chaque nouvelle que son amie lui raconte.

MODÈLE: Mon petit ami ne veut plus me voir. →
Je suis désolée que ton petit ami ne veuille plus te voir.

il est bon/naturel/préférable que
je suis contente/heureuse/déçue/désolée/étonnée/triste que
je regrette que
c'est dommage que

1. Mes parents ont divorcé il y a quelques mois.
2. Ils ont vendu la maison.
3. Ma sœur et moi, nous avons déménagé.
4. Mon grand-père est à l'hôpital.
5. Mon frère a envie d'aller vivre en Afrique.
6. Je n'ai pas encore mon baccalauréat.
7. Je dois repasser des examens le mois prochain.
8. Tous mes amis partent à l'étranger cet été.
9. Moi, je ne peux pas y aller.
10. Je me sens vraiment triste. J'ai vraiment le cafard.

13

Le cinéma et les médias

In **Chapitre 13** you will be talking about entertainment and various sources of information as you discuss movies and the mass media. You will also discuss advertising and consumer values, and you will learn how to say what you would do in various hypothetical situations.

Le coup d'œil professionnel de Louis Malle, vétéran du cinéma français

THÈMES

On se distrait

On s'informe

La publicité et la consommation

LECTURES

Gérard Depardieu, géant du 7ᵉ art

La presse en direct: Pas de liberté sans liberté de la presse

GRAMMAIRE

13.1 The Relative Pronoun **dont**

13.2 The Indefinite Relatives **ce qui, ce que,** and **ce dont**

13.3 Expressing Doubt and Uncertainty with the Subjunctive

13.4 The Present Participle

13.5 Saying What You Would Do: The Conditional

ACTIVITÉS ET LECTURES

 ## On se distrait

Attention! Étudier Grammaire 13.1 et 13.2

Je n'allume jamais la télé. C'est une chose dont je n'ai pas besoin.

Les intrigues dans les feuilletons me fascinent. C'est ce que j'aime le plus.

Pour moi, ce qui est agaçant sur les chaînes commerciales, c'est l'interruption constante par la publicité.

C'est l'émission en direct de Moscou dont je t'ai parlé.

465

■ **Activité 1.** Devinettes: Le cinéma et la télé

un documentaire	un film d'épouvante
l'animateur/l'animatrice	la musique de fond
l'intrigue	les réclames
un film d'évasion	la vedette

1. Cette personne interprète des rôles dans des films et dans des pièces.
2. Ce sont de petits films dont le but est commercial. On les passe à la télé pendant ou entre les émissions.
3. C'est la personne qui anime une émission de télé, qui interviewe des participants ou qui dirige un jeu.
4. C'est ce qu'on recherche pour échapper à la réalité, mais ce type de film n'est pas très intellectuel.
5. C'est ce qui contribue à créer l'ambiance d'un film ou d'une émission à la télé. Elle peut être sentimentale, dramatique ou pleine de suspense.
6. C'est ce qui suggère l'action de base d'un scénario.
7. Les adolescents adorent ce type de film. Il leur donne des frissons d'horreur.
8. C'est un type de film dont le but est éducatif.

■ **Activité 2.** Émissions de télévision

Voici quelques choix offerts par la chaîne TF1. Quel est le genre de chacune de ces émissions? Lesquelles voudriez-vous voir? Pourquoi? Quels genres de personnes voudraient voir celles qui ne vous disent rien?

  8:00   *LE DISNEY CLUB*
12:05   *DIMANCHE MARTIN*
       Jacque Martin rit et fait rire les téléspectateurs en compagnie de vedettes.
12:25   *LE JUSTE PRIX*
13:15   *REPORTAGES*
       Ah, quel bonheur d'être collectionneur! L'équipe de Reportages a voulu savoir ce qui fait courir les collectionneurs infatigables.
16:30   *L'ODYSSÉE SOUS-MARINE DE L'ÉQUIPE COUSTEAU*
       Document inédit qui retrace l'épopée de six hommes qui ont prouvé qu'il était possible de vivre pendant trois semaines dans une base installée à cent mètres de profondeur

18:05   *CULTURE PUB*
         Les Télévisions Espagnoles
18:55   *TÉLÉFOOT*
         Résumé de la Coupe d'Europe
         Présentation: Thierry Roland
20:00   *MILADY*
         *Formé dans la meilleure tradition hippique militaire à l'École nationale
         d'équitation de Saumur, le commandant Gardefort fait des sacrifices pour
         acheter une jument, Milady. Plus tard, sans ressources, il doit la vendre
         afin de pouvoir régler à son ex-épouse le paiement de sa pension. (1h30)*
22:05   *LE DIVAN*
         (invité: Max Gallo)
         *Homme politique, romancier, historien, il raconte son parcours d'intellec-
         tuel de gauche*
 0:50   *LA NUIT SUR LA UNE*
         Mikhail Rudy et le Fine Arts Quartet interprètent Bach.

Vocabulaire utile
une émission de sport (de variétés)
un drame sentimental (psychologique)
un film d'aventure
une comédie (musicale)
des informations
un reportage
un documentaire
un jeu
des dessins animés
une interview

Activité 3. Qu'est-ce que vous allez choisir?

Quel type de film ou d'émission de télé voudriez-vous voir dans les circonstances suivantes? Pourquoi?

MODÈLE: Si j'invitais mon professeur de français...   →
           Si j'invitais mon professeur de français, je choisirais un film fran-
           çais. (Mais doublé en anglais! Il/Elle comprend mieux que moi.)

1. Si j'avais passé une semaine dure et que j'étais fatigué(e), je voudrais
   voir...
2. Si je sortais avec une personne intellectuelle, on aimerait...
3. Si j'en avais marre de la vie quotidienne et que je voulais un peu
   d'évasion, je préférerais...
4. Si j'invitais mon/ma meilleur(e) ami(e), nous aimerions voir...
5. Si j'emmenais un enfant ou un adolescent au cinéma, il préférerait voir...
6. Si j'invitais mes parents, ils aimeraient...

7. Si je voulais beaucoup rire, je préférerais...
8. Si je me sentais triste et que j'avais le cafard, je voudrais voir...

■ **Activité 4.** Influences subtiles

Voici quelques opinions sur les effets de la télévision et des films sur le public. Parlez-en avec votre partenaire et si vous êtes d'accord avec elles, donnez des exemples. Si vous n'êtes pas d'accord, dites pourquoi.

MODÈLE: Les enfants qui regardent la télé ont du mal à se concentrer. →
É1: C'est ce que je pense. Les réclames et les séquences des émissions changent si souvent qu'on n'arrive pas à se concentrer. On s'habitue aux interruptions. →
É2: Non, ce n'est pas ce qui se passe! Aujourd'hui les gens peuvent se concentrer aussi bien qu'à l'époque de nos grands-parents. Et ils apprennent beaucoup plus sur le monde qu'avant.

1. Depuis que tout le monde a la télé, la conversation entre les membres de la famille a disparu.
2. Plus les gens de pays différents regardent les mêmes films et les mêmes émissions, plus leurs cultures ont tendance à se ressembler.
3. Les films et la télé ont plus d'influence sur les enfants que les idées de leurs parents.
4. On peut attribuer l'augmentation de la violence et du crime à l'influence de la télé et du cinéma.
5. Les gens ont perdu toute imagination à cause de la télé. Ils ne savent plus s'amuser autrement.
6. Le gouvernement devrait censurer la violence, la sexualité et l'emploi de mots grossiers dans les médias.

Est-ce que la télévision est devenue plus importante que la conversation?

■ **Activité 5.** Entretien: L'audiovisuel

1. Il y a combien de chaînes de télé dans cette ville? Laquelle préfères-tu? Pourquoi? Quelles sont tes émissions préférées?
2. Vas-tu souvent au cinéma? avec qui? Quel types de films choisis-tu?
3. Pourquoi est-ce que les gens vont dans les salles de cinéma au lieu de regarder des vidéos chez eux? Qu'est-ce-que tu préfères faire? Est-ce que tu penses que les vidéos remplaceront un jour les salles de cinéma?
4. Imagine que tu peux choisir les émissions de télé que les U.S.A. vont exporter. Quels sont tes trois premiers choix? Lesquelles préfères-tu qu'on n'exporte pas?
5. Aimes-tu écouter la radio? Quels types d'émissions écoutes-tu le plus souvent? Est-ce qu'il y a des types d'émissions que tu voudrais entendre plus souvent?

LECTURE

Gérard Depardieu, géant du 7ᵉ art

Gérard Depardieu a une boulimie d'apprendre ce qui ne s'apprend pas. C'est aujourd'hui l'acteur numéro un du cinéma français. Son prestige est si bien assuré qu'on en a fait le président du jury du 45ᵉ festival de Cannes. Et pourtant, rien ne laissait prévoir° une telle trajectoire professionnelle pour Gérard Depardieu. — *anticipate, foresee*

Il a passé sa petite enfance à Châteauroux dans un quartier pauvre, connu pour sa délinquance juvénile. Son père ne savait ni lire ni écrire, et le jeune garçon avait des rapports difficiles avec sa mère. A 13 ans, il s'enfuit,° et réussit à survivre tant bien que mal dans un milieu adulte dominé par la violence et la crainte. — *ran away*

Le miracle se produit quand Depardieu voit le *Don Juan* de Molière au théâtre de Châteauroux. Il en est ébloui.° Il se rend à Paris, où il suit des cours d'art dramatique. Il découvre la griserie° de la culture, et ses maîtres découvrent son incroyable talent. Pour son premier contact avec une caméra, il est à peine âgé de 17 ans. — *dazzled / intoxication*

A 43 ans, il a largement dépassé le cap des cinquante films. Tous les genres y sont représentés et les cinéastes les plus renommés, impressionnés par la vitalité de ce colosse, utilisent au mieux son talent. Depardieu est le Rodin dans *Camille Claudel* avant d'être l'immortel Cyrano de Bergerac dans le film de Jean-Paul Rappeneau. Bien qu'en position de gagner les meilleures récompenses, ce chef-d'œuvre° ne décroche qu'un Oscar à Hollywood, et cela pour les — *masterpiece*

Gérard Depardieu, un des Grands du cinéma français

costumes. Question de réalité économique ou de géopolitique du cinéma? Certains parlent de mauvaise foi.° Peu importe. Quoi qu'il en soit,° le succès s'impose. Plus d'un million de spectateurs ont déjà vu *Cyrano de Bergerac* en Amérique et le film bat de nombreux records dans le monde entier. Il n'y a pas de doute, Depardieu, ce géant poète, s'inscrit dans la lignée des grands acteurs français. Chacun de ses films est un coffre magique où son ancienne pauvreté n'arrête pas de trouver des trésors.

mauvaise... dishonesty / Quoi... Whatever the case may be

Avez-vous compris?

Selon l'article, vrai ou faux? Si c'est faux, corrigez.

V F 1. Depardieu est actuellement l'acteur français le plus célèbre.
V F 2. Les parents de Depardieu s'intéressaient particulièrement au cinéma.
V F 3. Très tôt dans sa vie, Depardieu a dû faire face à la violence du monde adulte.
V F 4. C'est une pièce de Molière qui a influencé de manière décisive la vie de Depardieu.
V F 5. A Paris, Depardieu a enseigné l'art dramatique.
V F 6. En l'espace de 26 ans, Depardieu a joué dans plus de cinquante pièces de théâtre.
V F 7. Hollywood n'a pas encore reconnu le génie de Depardieu.
V F 8. La pauvreté de l'enfance de Depardieu est aujourd'hui un handicap sérieux pour la carrière future de l'acteur.

On s'informe

Attention! Étudier Grammaire 13.3 et 13.4

SOMMAIRE

Éditoriaux .... page 2
Caricature politique .... page 2
Courrier des lecteurs .... page 3
Bulletin météorologique .... page 9
Chronique des sports .... page 10
Les petites annonces .... page 21
Chronique mondaine .... page 24
L'horoscope .... page 27
Courrier du cœur .... page 27
Mots croisés .... page 28
Télé-radio .... page 28
Bandes dessinées .... page 30

Je doute que ce journal nous ait donné tous les faits sur la manifestation contre les Verts!

Je me tiens au courant des nouvelles modes en lisant des articles sur les collections des couturiers.

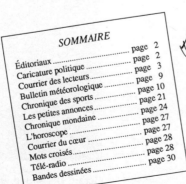

Tiens! Bobby Watson est mort!
Je l'ai appris en lisant Le Carnet
du Jour.

Penses-tu qu'on puisse croire
ce que dit l'horoscope?

—C'est incroyable que le gouvernement prenne de telles mesures!
—Je suis furieuse que le président soit parti en visite officielle dans un
pays de régime dictatorial.

Activité 6. Comment vous informez-vous?

Voici une liste de sources d'informations. Desquelles vous servez-vous? Les
utilisez-vous de temps en temps ou régulièrement? Comparez avec votre partenaire ce que vous lisez, écoutez et regardez.

1. journal national, local ou régional
2. journal quotidien, hebdomadaire ou mensuel
3. journal spécialisé (finance, religion...)
4. périodique spécialisé (magazine féminin, sciences populaires, voitures...)
5. radio (informations, interviews, analyses)
6. télévision (informations, documentaires, magazines)
7. ?

▌ **Activité 7.** On lit le journal.

A quelle page et sous quelle rubrique allez-vous trouver ces renseignements? A votre avis, quels autres renseignements peut-on trouver sous la même rubrique?

1. les commentaires de l'éditeur du journal
2. les annonces de fiançailles
3. des critiques de films et de livres
4. le nom du coureur-automobile qui est en train de gagner la Coupe de France, Lille-Monaco
5. l'opinion du président de l'Académie de Médecine sur la recherche sur le SIDA
6. le jour, l'heure et l'endroit où sera enterré un vieux monsieur qui vient de mourir
7. une analyse des changements proposés pour l'enseignement public
8. le temps qu'il fera demain
9. quelles seront les nouvelles modes de l'automne
10. ce qui s'est passé pendant une manifestation
11. une lettre critiquant le maire de votre ville
12. des recettes de cuisine
13. ?

SOMMAIRE

Éditoriaux .... page 2
Courrier des lecteurs .... page 5
La vie politique .... page 6
Météo .... page 10
La vie au féminin .... page 11
La vie de l'éducation .... page 13
La vie scientifique .... page 14
La vie sportive .... page 18
Les petites annonces .... page 21
Le carnet du jour .... page 24
Détente .... page 26
L'horoscope .... page 27
Télé-radio .... page 28
L'actualité .... page 30

▌ **Activité 8.** Comment s'informe-t-on le mieux?

A votre avis, que devraient faire les personnes suivantes pour rester informées?

1. Un étudiant en politique internationale s'informe le mieux...
   a. en achetant des livres sur les sciences politiques et économiques.
   b. en s'abonnant à un journal qui parle dans ses articles de ce qui se passe dans tous les pays du monde.
   c. en lisant la chronique mondaine du journal.
   d. en regardant des reportages à la télé.
2. Un professeur de sciences peut rester au courant des dernières recherches dans son domaine...
   a. en lisant des revues populaires et techniques sur la science.

    b. en achetant des journaux populaires qui publient des articles sur les extra-terrestres.

    c. en regardant des documentaires à la télé.

    d. en regardant des séries de science-fiction à la télé.

3. Un candidat qui se présente à la présidence peut juger comment organiser sa campagne...

    a. en étudiant des sondages professionnels.

    b. en lisant une grande variété de journaux.

    c. en faisant la connaissance de gens aux opinions variées.

    d. en utilisant les conseils d'une agence publicitaire.

4. Un P.D.G. qui veut que son entreprise soit compétitive peut se tenir au courant du monde des affaires...

    a. en lisant des journaux sur l'économie.

    b. en lisant les éditoriaux dans le journal.

    c. en approfondissant ses connaissances sur les nouvelles technologies.

    d. en s'abonnant à un service d'informations sur ordinateur.

5. Le directeur d'un journal pourra attirer plus de lecteurs...

    a. en publiant plus d'articles sur les vedettes et les autres célébrités.

    b. en éliminant les bandes dessinées.

    c. en mettant plus de couleur et d'articles à sensation dans son journal.

    d. en approfondissant la qualité intellectuelle des articles de son journal.

▌ Activité 9. Les effets des médias

Y a-t-il des choses qu'on ne devrait pas montrer à la télé? Qu'est-ce qui est acceptable? Est-ce que cela dépend des circonstances? Expliquez votre opinion.

> Je ne crois pas que ce soit une bonne idée parce que...
> Je doute que ce soit acceptable parce que...
> Je trouve que c'est une bonne idée parce que...

1. l'exécution d'un criminel
2. des soldats en train de se battre et de se faire tuer dans une guerre
3. la naissance d'un bébé
4. une émission spéciale sur la vie d'un cambrioleur connu
5. des policiers en train d'arrêter quelqu'un
6. la victime d'une tragédie qui vient d'apprendre la mauvaise nouvelle
7. les réunions du président et son conseil des ministres
8. l'accusé d'un crime avant qu'il soit jugé

Vocabulaire utile

Ça représente la réalité.

Ça fait réfléchir les téléspectateurs (lecteurs...).

En voyant ça, on apprend à se protéger.

Cela décourage les gens qui pensent faire la même chose.

Les gens sont toujours curieux.

On a le droit de protéger sa vie privée.

Les gens deviennent blasés et commencent à accepter n'importe quoi.

MARDI : HEURE PAR HEURE

				LA CINQ 5	M6	CANAL+
de 5.00 à 9.00	6.27 UNE PREMIÈRE 7.30 CLUB DOROTHÉE 8.27 FLASH 8.30 LE MAGAZINE DE L'OBJET 9.00 HAINE ET PASSIONS 9.40 CLUB DOROTHÉE	6.45 TÉLÉMATIN 8.30 AMOUREUSE-MENT VÔTRE 9.00 L'ÉTÉ EN BASKETS		5.00 JOURNAL 8.00 DESSINS ANIMÉS 9.02 BELLE RIVE 9.52 VIVE LA VIE	6.00 MATIN CHAUD 8.00 NANS LE BERGER 8.30 SÉBASTIEN ET LA MARY-MORGANE 9.00 PLEIN LES BAFFLES	7.00 CABOU CADIN 8.00 CBS EVENING NEWS 8.25 THROB 8.45 CABOU CADIN 9.00 ALLAN QUATERMAIN ET LES MINES DU ROI SALOMON
10.00	10.45 ET AVEC LES OREILLES			10.18 LES THIBAULT	10.00 BOULEVARD DES CLIPS	10.35 FLASH 10.40 LA VOIE LACTÉE
11.00	11.10 C'EST DEJA DEMAIN 11.35 ON NE VIT QU'UNE FOIS	11.00 AVENTURES-VOYAGES 11.25 GORRI LE DIABLE 11.55 FLASH		11.30 FLASH 11.38 CAPITOL	11.00 GRAND PRIX 11.30 SÉBASTIEN ET LA MARY-MORGANE 11.55 HIT HIT HIT HOURRA !	
12.00	12.00 TOURNEZ... MANÈGE 12.30 FLASH 12.35 LE JUSTE PRIX	12.05 KAZCADO 12.30 FLASH 12.35 LES MARIÉS DE L'A2	12.00 ESTIVALES	12.30 JOURNAL	12.05 GRAFFI'6 12.30 JOURNAL 12.45 LA PETITE MAISON DANS LA PRAIRIE	12.30 T.N.T.
13.00	13.00 JOURNAL 13.40 CÔTE OUEST	13.00 JOURNAL 13.40 LA SONATE PATHÉTIQUE	13.00 40° A L'OMBRE DE LA 3 13.30 CAP DANGER	13.30 MIKE HAMMER	13.30 POIGNE DE FER ET SÉDUCTION 13.55 NANS LE BERGER	13.00 FLASH 13.05 TOP 50 13.30 SOAP
14.00	14.25 DES AGENTS TRÈS SPÉCIAUX	14.05 JEUNES DOCTEURS 14.45 BING PARADE	14.00 40° A L'OMBRE DE LA 3	14.20 LE TRANSFUGE	14.20 POT BOUILLE	14.00 A.I.D.S. TROP JEUNE POUR MOURIR
15.00	15.15 LE GERFAUT	15.40 LES EYGLE-TIÈRE		16.00 CAPITAINE FURILLO 16.50 DESSINS ANIMÉS	15.15 FAITES-MOI 6	15.25 FILM D'ANIMATION 15.45 WOODY ET LES ROBOTS
16.00	16.30 CLUB DOROTHÉE	16.30 LE CHIRURGIEN DE SAINT CHAD			16.15 CLIP COMBAT 16.55 HIT HIT HIT HOURRA !	
17.00		17.30 QUOI DE NEUF DOCTEUR ? 17.55 FRANCK, CHASSEUR DE FAUVES	17.00 AMUSE 3		17.05 HAWAII POLICE D'ÉTAT	17.10 CINÉMA DANS LES SALLES 17.40 SUPERMAN
18.00	18.10 CHIPS	18.45 DES CHIFFRES ET DES LETTRES	18.00 COLORADO	18.05 RIPTIDE 18.55 JOURNAL	18.00 JOURNAL 18.15 LES ROUTES DU PARADIS	18.05 CABOU CADIN 18.50 TRIP TRAP
19.00	19.00 SANTA BARBARA 19.30 LA ROUE DE LA FORTUNE	19.10 JOURNAL RÉGIONAL 19.35 L'ARCHE D'OR	19.00 JOURNAL 19.53 JOUEZ LA CASE	19.03 L'HOMME QUI VALAIT 3 MILLIARDS 19.58 JOURNAL	19.00 LES TÊTES BRÛLÉES 19.54 FLASH	19.00 TOP 50 19.25 FLASH 19.30 STALAG 13 19.58 OBJECTIF NUL
20.00	20.00 JOURNAL TAPIS VERT	20.00 JOURNAL	20.01 LA CLASSE		20.00 CHACUN CHEZ SOI	20.05 STARQUIZZ 20.30 FLASH
20.30	20.30 FILM MONSIEUR PAPA de Philippe Monnier avec Nathalie Baye	20.35 FILM LES CHARIOTS DE FEU de Hugh Hudson avec Ben Cross	20.30 FILM LE SCANDALE de Claude Chabrol avec Maurice Ronet	20.30 FILM LA GROSSE PAGAILLE de Steno avec Rita Pavone	20.30 FILM TV L'HOMME PAR QUI LE SCANDALE ARRIVE de Robert Leiberman avec Robert Conrad	20.31 FILM REMO SANS ARME ET DANGEREUX de Guy Hamilton avec Fred War
de 22.00 à 5.00	22.05 HISTOIRES NATURELLES 23.00 CANNON 23.50 LA SOIRÉE CONTINUE (VOIR P. 25)	22.35 DÉBAT 23.40 JOURNAL 0.00 HISTOIRES COURTES 0.25 JAZZ 0.55 FIN	22.20 JOURNAL 22.40 TÉLÉVISION RÉGIONALE	22.15 MIKE HAMMER 23.10 DE PARFAITS GENTILS HOMMES 0.00 LA SOIRÉE CONTINUE (VOIR P. 29)	22.05 CAGNEY ET LACEY 22.55 DESTINATION DANGER 23.45 LA SOIRÉE CONTINUE (VOIR P. 30)	22.20 FLASH 22.25 L'OR SE BARRE 0.00 LA SOIRÉE CONTINUE (VOIR P. 30) 3.00 FIN

Note culturelle

LE PAYSAGE[1] AUDIOVISUEL FRANÇAIS

Il y a quelques années encore, la télévision française était entièrement sous le monopole du gouvernement français. En 1986, la chaîne TF1 (Télévision Fran çaise 1), devient une chaîne privée, et le nouveau PAF, *paysage audiovisuel français* est né. Chaînes gouvernementales ou commerciales, certains règlements s'appliquent à toutes. Cinquante pourcent des programmes doivent être d'origine française, le temps consacré à la publicité est limité, et les réclames pour l'alcool et le tabac sont interdites.

Il y a actuellement 6 chaînes de télévision en France, la TF1, Antenne 2 (A2), France Régions 3 (FR3), Canal +, Modulation 6 (M6), et La Sept. TF1 et M6 sont des chaînes privées. Canal + est une chaîne pour adultes et doit être payée séparément. Les fonds pour les chaînes de télé proviennent essentielle- ment de la publicité, des patronages,[2] et de *la redevance,* un impôt annuel sur les téléviseurs couleurs payé par leurs propriétaires.

Les chaînes privées ont surtout importé des feuilletons et des séries américaines, du genre de *Dallas, Falcon Crest, Columbo, Miami Vice.* Doublés en français, la plupart de ces émissions sont néanmoins devenues très populaires chez le Français moyen. Les chaînes sous régie gouvernementale[3] offrent en général des émissions de haute qualité, où la publicité, plus limitée, n'interrompt aucun programme.

[1]*landscape* [2]*sponsors* [3]sous... *under state control*

Activité 10. Julien fait un reportage.

Julien est allé à la fête du 14 juillet à Paris. Maintenant, il est en train de pré- parer son reportage. Racontez ce qu'il a vu et puis, décidez avec votre parte- naire quel titre convient le mieux à son reportage. Expliquez pourquoi vous avez fait ce choix et rejeté les autres.

Titres suggérés
La fête du 14 juillet gâchée par le racisme
Des «Bikers» terrorisent les spectateurs à la fête du 14 juillet
Nouveau record: Une foule immense remplit Paris pour la fête du 14 juillet
Le crime s'empare de nos rues!
Manifestation contre l'armée
La France: pays de la diversité
?

Note culturelle

LA FÊTE DE LA MUSIQUE

Tous les ans, en l'honneur du premier jour de l'été, les trottoirs des villes de France se transforment en autant d'estrades[1] ouvertes à tous ceux qui savent jouer d'un instrument. C'est la fête de la musique.

Créée en 1983, la fête de la musique est devenue une sorte de nouvel an musical qui se fête en plein air. Les jeunes comme les vieux, les amateurs comme les pros, tous ont l'occasion de conquérir le public. Les spectateurs se promènent de place en place, s'arrêtent ici un instant pour savourer un air de jazz, ou là pour danser sur un tempo de *reggae*. Certains en profitent pour voir gratuitement leur idole préférée. D'autres passent la nuit à rêver en écoutant une sonate de Mozart. L'essentiel est que partout l'on célèbre la musique.

[1]en autant... *into as many theaters (as there are streets)*

FETE DE LA MUSIQUE?

Vendredi 21 juin, les musiciens n'en feront qu'à leur Fête.

• • •

Débutant, amateur éclairé ou professionnel chevronné, que vous aimiez le jazz, le rock, le rap ou J.S. Bach descendez dans la rue avec vos instruments et partagez votre plaisir avec un public disponible. Tous les lieux possibles et imaginables peuvent accueillir votre concert, fruit de l'inspiration du moment ou projet longuement mûri. Seule règle du jeu: la gratuité de votre concert. Dans toute la France, vous trouverez des interlocuteurs privilégiés dans les Directions Régionales des Affaires Culturelles, qui vous fourniront gratuitement affiches et bandeaux pour promouvoir votre manifestation. Pour vous assurer de leur soutien, pensez aussi à prévenir les autorités de votre ville.

• • •

Et si vous ne jouez d'aucun instrument, découvrez la musique des autres: la surprise est au coin de la rue. Par ailleurs, vous pouvez vous-mêmes participer à l'organisation des concerts ou les accueillir, sur votre lieu de travail, au sein d'une association, d'une école...

• • •

Pour tous, rendez-vous sur 3615 Musique. Vous y trouverez tous les renseignements pratiques pour vous aider à faire la Fête et les concerts annoncés dans toute la France. Mieux encore: vous pouvez vous-mêmes signaler votre projet.

FAITES DE LA MUSIQUE!

La publicité et la consommation

Attention! Étudiez Grammaire 13.5

Et si vous achetiez notre produit, vous auriez beaucoup d'énergie dès la fin de la première semaine.

Pourquoi perdre des années à préparer le bac? Vous gagneriez plus d'argent en vous inscrivant dans notre école préparatoire.

Ça me tente. Si j'écrivais à l'agence Amour Parfait, peut-être que je rencontrerais l'homme de mes rêves.

la caissière

Vous ne saviez pas que ce produit était en solde? Vous pourriez en avoir trois pour le prix d'un seul.

Si je n'avais pas le Minitel, je perdrais beaucoup de temps à chercher des renseignements.

Tu ferais mieux de m'écouter. Tu ne perdrais pas autant d'argent si tu ne croyais pas tout ce que tu lis sur la Bourse.

▌ **Activité 11.** Êtes-vous crédule?

Dites oui ou non et comparez vos réponses avec celles de vos camarades de classe.

1. Si une jeune personne frappait à ma porte le soir et me demandait de l'argent pour aider à payer les frais médicaux de son bébé malade...
   a. je lui en donnerais.
   b. je refuserais de lui en donner.
   c. j'essaierais de vérifier son histoire avant de lui en donner.
   d. ?
2. Si quelqu'un que je ne connaissais pas offrait de me vendre une chaîne-stéréo pour $25...
   a. je réfléchirais avant de me décider.
   b. je lui dirais non tout de suite.
   c. j'irais à la police.
   d. ?
3. Si je recevais une lettre me menaçant de conséquences sévères à moins que je n'envoie cinq copies de cette lettre à cinq autres personnes...
   a. je ferais ce que la lettre me demande de faire.
   b. je jetterais la lettre à la poubelle.
   c. je me plaindrais aux services postaux.
   d. ?
4. Si une agence immobilière m'invitait à passer des vacances gratuites à la montagne...
   a. je ne répondrais pas parce que j'aurais peur que ces vacances ne soient pas complètement gratuites.
   b. j'accepterais tout de suite.
   c. je serais sceptique et j'exigerais qu'on m'explique les conditions à remplir avant d'y penser sérieusement.
   d. ?

5. Si on me demandait d'investir dans un projet où je pourrais doubler mon investissement en un mois...

   a. je saurais que je prends des risques, mais je le ferais si je connaissais bien la personne.

   b. je n'investirais pas, même si je connaissais la personne.

   c. j'aurais besoin d'obtenir tous les détails possibles, même si je connaissais la personne.

   d. ?

▌ **Activité 12.** La télévision sans pubs

Qu'est-ce qui se passerait s'il n'y avait pas de publicité à la télé? Dites si ces commentaires vous paraissent vrais ou faux, et corrigez ceux qui vous semblent faux.

S'il n'y avait pas de pubs commerciales et politiques à la télé...

1. les consommateurs seraient mal informés.
2. la télé serait moins amusante.
3. les gens dépenseraient moins d'argent parce qu'ils achèteraient moins de choses.
4. on pourrait regarder son émission préférée sans interruption.
5. les enfants n'apprendraient pas à être si matérialistes.
6. nous ne saurions pas quels produits acheter ni pour quels candidats voter.
7. les gens seraient moins bien informés sur les affaires du pays.
8. chacun prendrait des décisions plus raisonnables.
9. les gens seraient moins crédules.

▌ **Activité 13.** La publicité: Voix séduisante

Identifiez le produit dont parle chacune de ces réclames publiées dans des revues françaises. A quel type de gens est-ce que chacune est destinée? (à des personnes crédules, conformistes, snobs, sceptiques, à des gens qui se permettent tout, qui voudraient impressionner... , qui cherchent...) Et vous, est-ce qu'elles vous séduisent aussi?

MODÈLE: *Au pays des horloges, le temps s'arrête.* →
          C'est un pays qui voudrait attirer les voyageurs qui recherchent le calme ou qui aiment les choses anciennes.
          Moi, cette réclame m'attirerait parce que j'aime l'idée que l'heure n'a pas d'importance.

LES PRODUITS

a. les services d'une voyante

b. du café en poudre

c. un plat congelé

d. une revue

e. un club de vacances

f. des bonbons au chocolat

g. une teinture pour les cheveux

h. une voiture de luxe

LES RÉCLAMES

1. *Vous y trouverez la langueur des rivages colombiens et la sensualité de ses filles. Il a le parfum de cette terre et il est sa musique.*
2. *Ce gratin de macaronis à la bolognaise congelé vous offre le goût du temps où l'on avait le temps.*
3. *Si vous n'êtes pas parfaitement satisfaite de cette émulsion colorante, nous vous rembourserons intégralement votre achat.*
4. *Quand je me permets ce que j'aime, je m'en veux. Quand je ne me le permets pas, je m'en veux aussi.*
5. *Elle est parfaite pour mon jogging au club, mes contrats et mes soirées d'opéra, mes excursions à la campagne.*
6. *Pendant son séjour chez nous, Caroline a découvert qu'elle avait un mari charmant et deux adorables gamins. Du coup, ils sont restés une semaine de plus.*
7. *Passez-vous de ce magazine, et l'époque se passera de vous!*
8. *J'aimerais provoquer gratuitement pour vous les changements que vous désirez dans votre vie. Pour cela, je vous enverrai gratuitement mon talisman personnel, après l'avoir spécialement magnétisé.*

■ **Activité 14.** Un conte de fée du 20ᵉ siècle

Regardez cette réclame et répondez aux questions suivantes.

ROSIERES, ROSIERES,
DIS-MOI CE QUE NOUS ALLONS
LUI MIJOTER CE SOIR

1. A quel conte de fée cette réclame fait-elle allusion?
2. Qu'est-ce qui rend cette femme séduisante?

3. Pourquoi nous fait-elle penser à une sorcière?
4. A qui est-ce que cette réclame est destinée, à votre avis?
5. Diriez-vous que cette publicité est plutôt féministe ou traditionaliste? Appréciez-vous la manière dont elle est faite?

■ Activité 15. Êtes-vous doué(e) pour la publicité?

Si une agence de publicité vous consultait, qu'est-ce que vous recommanderiez pour le marketing de ces produits à la télé?

MODÈLE: des céréales en couleurs →
Je ferais une publicité pour ces céréales avec des personnages de dessins animés ou d'autres émissions pour enfants. Je les passerais le samedi matin entre huit heures et onze heures.

Les produits

un jouet	un lave-vaisselle
une bière	une chaîne-stéréo Hi-Fi compact
des snacks	un concert de rock
de l'aspirine	des pneus

■ Activité 16. Discussion: Le marketing d'un journal

Imaginez que vous êtes chargé(e) d'augmenter le nombre d'abonnés pour un journal conservateur. Discutez avec un partenaire ou en petits groupes, les changements que vous feriez dans ce journal (plus de couleur, de faits impressionnants, de jeux pour enfants, d'articles sur la vie privée des gens célèbres, moins/plus de publicité, d'analyse, etc.).

■ A vous d'écrire!

Les produits exotiques qui viennent de l'étranger attirent toujours les consommateurs curieux. Voici une réclame pour un produit que vous allez reconnaître.

CURIEUSE LAITUE

Cette laitue avec ses feuilles larges, denses et croquantes ressemble à s'y méprendre à un chou vert! Enveloppée dans un film microperforé, elle se conserve deux semaines dans le réfrigérateur et offre l'avantage, en plus, de n'avoir aucun déchet.
- Salade Iceberg Pascual -
13 F env.

Maintenant, inventez une réclame pour ce lit relevable fabriqué en France. Vous pouvez l'offrir en solde si vous voulez, ou même le vendre avec un cadeau *gratuit*. C'est vous qui êtes le spécialiste en marketing.

LA PRESSE EN DIRECT

AVANT DE LIRE

Parmi les expressions suivantes, lesquelles sont incompatibles avec l'idée de la liberté de la presse?

_____ la censure d'articles
_____ la libre circulation
_____ le controle gouvernemental
_____ la saisie de journaux
_____ des reporters emprisonnés
_____ un seul point de vue exprimé
_____ des reportages impartiaux
_____ l'interdiction des journaux de l'opposition

PAS DE LIBERTÉ SANS LIBERTÉ DE LA PRESSE

Par Sonia Benjamin

« Tout individu a droit à la liberté d'opinion et d'expression », tel est l'article 19 de la Déclaration Universelle des Droits de l'Homme. Mais au moins 200 journalistes quelque part dans le monde ont été empêchés d'appliquer ce droit élémentaire. La Journée Internationale de la Liberté de la presse organisée en France mettra en évidence ces faits.

Pour la deuxième année consécutive, l'association *Reporters Sans Frontières*, organisation indépendante en faveur des journalistes, a mis sur pied[1] cette journée (le 3 mai). Son objectif est de sensibiliser le grand public, afin de le mobiliser et de faire pression sur les gouvernements qui violent la liberté d'expression.

Chaque année, des dizaines de journalistes sont assassinés. Plus d'une centaine sont emprisonnés. Les saisies,[2] les interdictions, la censure sont une pratique courante dans plus de la moitié des pays du monde. Aujourd'hui encore, un milliard et demi d'hommes et de femmes vivent dans des régi-

[1] *a... has set up*

[2] *seizure, confiscation*

mes qui bafouent[3] quotidienne-
ment le droit à l'information.

L'année 1991, selon *Reporters Sans Frontières*, a été la
pire des années depuis longtemps en ce qui concerne la
liberté de la presse : 1.445 atta-
ques contre la liberté d'expression, au moins 72 journalistes
tués et 121 autres en prison.
Parmi ceux là, certains sont
enfermés depuis plus de 15
ans (en Libye, au Vietnam);

beaucoup n'ont jamais été
accusés précisément de quoi
que ce soit, ou jugés.

Inclus dans les journalistes
tués, 20 l'ont été en Yougoslavie, dont plusieurs travaillant
pour des radios et télévisions.
La guerre en Irak a fait 4 morts
parmi les reporters, tandis
qu'en Arménie 3 sont tombés,
10 en Colombie, 8 au Pérou,
5 au Mexique, etc.

[3]*jeer, scoff at, hold up to ridicule*

PROGRAMME

En France, plusieurs actions
seront organisées lors de cette
Journée : toutes les chaînes de
télévision et toutes les radios
diffuseront ce jour-là, quatre
fois pendant 20 secondes, un
clip sur les manquements[4] à la
liberté de la presse. Les quoti-
diens, hebdomadaires et men-
suels publieront le dessin de
Plantu (voir l'illustration) choisi
comme logo de cette Journée
et témoignant[5] des violations de
la liberté d'expression.

Le soir du 3 mai les chaînes
de télévision (TF1, Antenne 2
et FR3) présenteront le même
reportage sur le non-respect de
cette liberté. Par ailleurs, il
sera vendu chez les marchands
de journaux un recueil, *Cent
dessins pour la liberté[6] de la
presse*, présenté sous forme de
magazine et spécialement
conçu à l'occasion de cet évé-

nement par des Français et des
étrangers qui ont fait don de
leurs productions. De même,
les sociétés de presse qui se
chargeront de la diffusion de
ces magazines le feront gratuitement. Le produit de la vente
de cet ouvrage alimentera[7] un
fonds d'aide aux journalistes
victimes de la répression. Ce
fonds permettra, tout au long
de l'année, d'envoyer des avo-
cats, ou des médecins dans les
cas de mauvais traitements.

Pour finir, laissons la parole
aux responsables de *Reporters
Sans Frontières* : « La liberté
de la presse est la première des
libertés. Les dictateurs le
savent. Ils étranglent[8] d'abord
les médias et peuvent, ensuite,
étouffer[9] les autres libertés.
Dans le silence. Si de la liberté
de la presse on ne fait pas
toujours, chez nous, le meilleur usage, elle reste — ne
l'oublions pas — un extraordinaire privilège ».

[4]*lapse, breaches*
[5]*bearing witness to, testifying to*
[6]*book, collection*

[7]*will supply, support*
[8]*strangle*
[9]*stifle, suppress*

Avez-vous compris?

1. Quel est l'objectif de l'association *Reporters Sans Frontières?*
2. Quelle est la date de la journée nationale de la liberté de la presse?
3. Est-il question de protéger uniquement la presse écrite?
4. Qu'est ce que les régimes politiques dictatoriaux imposent en général à la presse?
5. Lors de la journée du 3 mai, organisée par *Reporters Sans Frontières*, que feront toutes les chaînes de télévision? Que fera la presse écrite?
6. A quoi sert le fonds d'aide créé par la vente du recueil, *Cent dessins pour la liberté de la presse?*
7. Pourquoi la liberté de la presse est-elle la première à être éliminée par les dictateurs?

VOCABULAIRE

Les journaux et les périodiques
Newspapers and periodicals

hebdomadaire	weekly
mensuel(le)	monthly
quotidien(ne)	daily
une actualité	a piece of news
un but	a goal
une caricature	a political cartoon
la chronique mondaine	society page
un genre	a type, kind
un lecteur/une lectrice	a reader
les mots croisés	crossword puzzle
une rubrique	a headline
un sondage	a poll, survey
s'abonner (à)	to subscribe

Mots apparentés: **une analyse, une annonce, attribuer, censurer, contribuer, critiquer, un éditorial, l'horoscope** (*m.*)**, local(e), national(e), régional(e)**

Le cinéma

un film d'épouvante	a horror film
l'intrigue (*f.*)	plot
le metteur en scène	director
la mise en scène	setting
la musique de fond	background music
le réalisateur/la réalisatrice	producer
une réalisation	a production
une salle de cinéma	a movie theater
le scénario	script
une vedette	a star
interpréter un rôle	to act a role, interpret
tourner un film	to make a film

Mots apparentés: **un acteur/une actrice, un admirateur/une admiratrice, un(e) célébrité, la colorisation, une comédie, un drame, une tragédie**

La télévision

un animateur/une animatrice	a program's host, hostess
une émission	a TV program
un feuilleton	a soap opera
les informations (*f.*)	the news
un jeu	a game show
une pièce	a play
une série policière	a mystery (serial)
un téléspectateur/une téléspectatrice	a viewer
animer	to host (a show, program)
diffuser	to broadcast
durer	to last (a certain length of time)

Mots apparentés: **le bulletin météorologique, un documentaire, un(e) participant(e), un reportage, le suspense**

La consommation et la publicité
Consumption and advertising

une agence publicitaire	an advertising agency
une augmentation	a raise, increase
les connaissances	knowledge
un consommateur/une consommatrice	a consumer
des frais	expenses
une réclame	an advertisement
attirer	to attract
dépenser	to spend (money)
rembourser	to reimburse, repay
séduire	to appeal to
tenter	to tempt

Mots apparentés: **commercial(e), compétitif/compétitive, une conséquence, la création, crédule, destiner, un développement, fasciner, investir, un investissement, matérialiste, un(e) publiciste, sceptique, une théorie, une variété**

La description des films et des émissions
Describing films and programs

agaçant(e)	irritating, annoying
doublé(e)	dubbed
plein(e) de	full of
séduisant(e)	appealing

Mots apparentés: acceptable, analytique, comique, conformiste, déshumanisant(e), dramatique, éducatif/éducative, informatif/informative, psychologique, sentimental(e), sévère, suggestif/suggestive, traditionaliste

Mots et expressions utiles

autant que	as much as
avoir le cafard	to have the blues, feel sad
c'est ce que j'aime le mieux	what I like best
ce qui compte pour moi	what counts for me
dès (+ *noun*)	as soon as, early as
du coup	all at once, suddenly
en avoir marre (de)	to be fed up, tired of
en direct	live, not recorded
en solde	on sale
être en train de	to be in the process of
faire mieux de	to do better
n'importe quoi	no matter what, anything
plutôt	rather

Substantifs

la Bourse	stock exchange
le conseil des ministres	presidential cabinet, council of ministers
un conte de fée	a fairy tale
un coureur automobile	a race car driver
un couturier/une couturière	a clothing designer
la détente	relaxation
l'évasion (*f.*)	escape, relaxation
une foule	a crowd
un frisson	a quiver, chill
la guerre	war
un mot grossier	a vulgar word
une poubelle	a garbage can

le sida	AIDS (syndrôme immunologique des déficiences acquises)
un sorcier/une sorcière	a sorcerer, witch
la teinture	color, tint
une voyante	a female fortune-teller

Mots apparentés: un(e) accusé(e), le café en poudre, un chef de gouvernement, le crime, une dictature, l'énergie (*f.*), une exécution, un(e) extra-terrestre, l'horreur (*f.*), une interruption, l'intimité (*f.*), la présidence, un prisonnier/une prisonnière, le racisme, un soldat

Verbes

disparaître	to disappear
se distraire	to have fun
échapper (à)	to escape (from)
en vouloir à quelqu'un	to be mad at, angry with someone
gâcher	to spoil, ruin
jeter	to throw, toss
se passer de	to do without (something)
prendre une décision	to make a decision
se tenir au courant	to keep up-to-date

Mots apparentés: se concentrer, éliminer, exporter, s'exposer, menacer, organiser, se présenter, protester, remplacer, se suicider, terroriser, torturer, voter

# GRAMMAIRE ET EXERCICES

13.1 *The Relative Pronoun dont*

You are already familiar with the relative pronouns **qui, que,** and **où** (**Grammaire** 6.4). Remember that both **qui** and **que** are used for people and things. The choice between **qui** and **que** depends on whether the preceding noun is the subject or direct object of the verb that follows.

SUBJECT

J'ai un ami **qui** n'a pas de télévision.	*I have a friend who doesn't have a television.*
Ce sont les émissions sportives **qui** m'ennuient le plus.	*It's the sports shows that bore me the most.*

DIRECT OBJECT

Catherine Deneuve est une actrice **que** j'admire beaucoup.	*Catherine Deneuve is an actress that I admire a lot.*
«France Info» était la station de radio **que** j'écoutais le plus.	*"France Info" was the radio station that I listened to the most.*

A. The relative pronoun **dont** is also used for both people and things. **Dont** is used whenever the verb or verbal expression that follows requires the preposition **de.**

WITH **de**	WITH **dont** (RELATIVE CLAUSE)
J'ai besoin **de** ce magazine.	Je n'ai pas acheté le magazine **dont** j'ai besoin.
I need this magazine.	*I didn't buy the magazine (that) I need.*
Ils parlaient **de** cet homme à la télé.	C'est l'homme **dont** ils parlaient à la télé.
They were talking about this man on TV.	*That's the man (whom) they were talking about on TV.*

B. Dont is also used when **de** occurs as part of a possessive construction.

WITH **de**	WITH **dont** (RELATIVE CLAUSE)
Je connais le frère **de** cette journaliste.	C'est la journaliste **dont** je connais le frère.
I know that reporter's brother.	*That's the reporter whose brother I know.*

Les émissions **de** cette chaîne sont en anglais.	C'est la seule chaîne **dont** les émissions sont en anglais.
This station's broadcasts are in English.	*It's the only station whose broadcasts are in English.*

 ## Exercice 1. Qu'en dis-tu?

Répondez en employant le pronom relatif **dont**.

> MODÈLE: Tu te souviens de Walter Cronkite? (Oui, c'est un journaliste...) →
> Oui, c'est un journaliste dont je me souviens.
> *ou*
> Non, ce n'est pas un journaliste dont je me souviens.

1. Tu te souviens de *Jaws?* (Oui, c'est un film...)
2. Tu as entendu parler de Gérard Depardieu? (Oui, c'est un acteur...)
3. Tu as vu beaucoup de films de François Truffaut? (Oui, c'est un metteur en scène...)
4. Tu connais les films de Claude Chabrol? (Oui, c'est un metteur en scène...)
5. Tu as besoin de regarder la météo à la télé? (Oui, c'est une source d'information...)
6. Tu as envie de regarder des feuilletons? (Oui, c'est une distraction...)
7. Tu es content(e) des informations à la télé? (Oui, ce sont des émissions...)

13.2 *The Indefinite Relatives ce qui, ce que, and ce dont*

Ce qui, ce que, and **ce dont** are called indefinite relative pronouns. They are used when the thing or idea referred to is unspecified; they often express the word *what* in English. The rules governing usage are the same as for **qui, que,** and **dont.**

Sais-tu **ce qui** s'est passé dans le dernier épisode?	*Do you know what happened in the last episode?*
Je ne vois pas **ce que** tu aimes dans cette émission.	*I can't see what you like about that show.*
Ces reportages scientifiques sont trop techniques—je ne comprends jamais **ce dont** ils parlent.	*These science reports are too technical—I never understand what they're talking about.*

Ce qui, ce que, and **ce dont** are often combined with **tout,** meaning *everything.*

Ça t'ennuie qu'il regarde la télé?
—Non, mais c'est **tout ce qu'**il veut faire!

It bothers you that he watches TV?
—No, but that's all he wants to do.

The indefinite relatives are also frequently used in conversation to introduce a new idea.

Ce qui compte, c'est que le travail lui plaise.
Ce que j'aime, c'est voir un vieux film dans une salle de cinéma.

What counts is that he likes the work.
What I like is to see an old movie in a movie theater.

Exercice 2. Définitions

Cherchez la bonne définition pour chaque type d'émission ou de film et complétez-la avec **ce qui** ou **ce que**.

1. _____ fait parfois pleurer les téléspectateurs.
2. _____ donne des frissons aux adolescents.
3. _____ préfèrent les enfants.
4. _____ explique quel temps il va faire demain.
5. _____ regarde une personne sérieuse.
6. _____ cherche une personne qui voudrait rire.

a. C'est une comédie.
b. C'est un documentaire.
c. Ce sont les feuilletons.
d. Ce sont les dessins animés.
e. C'est le bulletin météorologique.
f. C'est un film d'épouvante.

Exercice 3. «Ma meilleure amie m'a piqué mon jules!»

Adrienne parle de l'intrigue de son feuilleton favori avec une collègue de travail. Complétez leur conversation en employant **ce qui, ce que (ce qu'),** ou **ce dont**.

—La pauvre Jacqueline! Elle ne sait pas _____[1] elle doit faire. Elle vient d'apprendre que son mari Maurice est parti en vacances avec sa meilleure amie, Evelyne.

—Et sait-elle _____[2] se passe au bureau avec Annick, la secrétaire?

—Non, ça, elle ne le sait pas encore. _____[3] l'énerve vraiment, c'est qu'ils ont pris sa voiture quand ils sont partis. Alors elle va chez sa mère pour lui demander _____[4] elle pense de tout cela. Mais tout _____[5] intéresse sa mère, c'est l'argent. Alors naturellement, puisque Maurice est très riche, elle trouve qu'elle devrait rester avec lui.

—Et c'est _____[6] elle fait?

—Pour l'instant, oui. Mais tu sais _____[7] va se passer? Elle va apprendre qu'elle est enceinte. Et ça, ce n'est pas du tout _____[8] elle avait envie.

—Quel drame! Je ne vois vraiment pas pourquoi tu regardes ces bêtises!

13.3 Expressing Doubt and Uncertainty with the Subjunctive

You have already seen how the subjunctive is used to express necessity, desires, and feelings about some event or situation (see **Grammaire** 11.2, 12.3, and 12.6). The subjunctive is also used when expressing *doubt* or *uncertainty* about some event or state of affairs.

The following chart shows all the possible beliefs one can have about the likelihood of some event. These beliefs can range from impossibility to certainty. Notice that the indicative is used for something that is probable or certain, whereas the subjunctive is used for anything that is impossible, unlikely, or merely possible.

SUBJUNCTIVE	
Impossible	il est impossible que il n'est pas possible que
Unlikely, doubtful	il est peu probable que il est douteux que je doute que je ne crois pas, je ne pense pas que
Possible, uncertain	il est possible que il n'est pas certain que je ne suis pas certain(e)/sûr(e) que

INDICATIVE	
Likely, probable	il est probable que je crois que, je pense que
Certain	il est certain que il est vrai que il est sûr que il est clair que je suis certain(e)/sûr(e) que

SUBJUNCTIVE

Il est impossible que tous les
journaux **aient** la même
opinion sur cet événement.

*It's impossible for all the
newspapers to have the same
opinion of this event.*

Je doute que cela **soit** vrai, même si tu l'as lu dans le journal.	*I doubt that that is true, even if you read it in the newspaper.*
Il est possible que le président **fasse** une conférence de presse ce soir.	*It's possible the president will hold a press conference tonight.*

INDICATIVE

Il est probable que la presse lui **posera** beaucoup de questions.	*It's likely that the press will ask him a lot of questions.*
Il est certain que les sports **sont** plus populaires que la politique.	*It is certain that sports are more popular than politics.*

▌ Exercice 4. Problèmes sentimentaux

Voici une lettre du «Courrier du cœur» d'un magazine de jeunes. Employez la forme correcte du verbe indiqué: indicatif (présent ou futur) ou subjonctif (présent).

Je n'ai pas de chance. Je suis sûre que mon petit ami _____[1] (sortir) avec d'autres filles, bien qu'il me dise que non. Il est clair qu'il _____[2] (avoir) envie de me quitter. Je suis certaine qu'il _____[3] (trouver) bientôt une nouvelle petite amie. Il est même probable qu'il _____[4] (connaître) déjà une autre fille avec qui il aimerait sortir. Et je suis sûre que moi, je ne _____[5] (trouver) pas quelqu'un d'autre. Il est certain que je _____[6] (s'ennuyer) toute seule chez moi.

Danielle

Chère Danielle,

Il est possible que vous _____[7] (se tromper*), n'est-ce pas? Il n'est pas du tout certain que votre petit ami _____[8] (avoir) envie de vous quitter. Il faut que vous lui en parliez franchement. Il est possible qu'il _____[9] (sortir) avec d'autres filles, mais je ne crois pas que ce _____[10] (être) une raison de désespérer. De toute façon, il est impossible que vous et lui _____[11] (être) vraiment heureux ensemble, si vous ne pouvez pas avoir entièrement confiance en lui. Et même s'il voulait vous quitter, je doute que vous n'_____[12] (avoir) pas la possibilité de sortir avec d'autres garçons. Soyez plus optimiste! Ayez confiance en vous!

---

se tromper = to be mistaken

13.4 *The Present Participle*

Every French verb has a present participle form ending in **-ant**. This ending is the equivalent of *-ing* in English. The present participle is most commonly used with the preposition **en** to express a simultaneous action or the means of doing something.

Je me détends **en écoutant** la radio.	*I relax while (by) listening to the radio.*
Jean-Yves aime écouter de la musique **en faisant** ses devoirs.	*Jean-Yves likes to listen to music while doing his homework.*
Tu pourrais vendre toutes ces affaires **en mettant** une annonce dans le journal.	*You could sell all these things by placing an ad in the newspaper.*

Although the English equivalent is the *-ing* form of the verb, note that *-ing* forms have many other uses in English that are *not* expressed with the present participle in French.

Elle pleurait quand je l'ai trouvée.	*She was crying when I found her.*
Il parle sans réfléchir à ce qu'il dit.	*He talks without thinking about what he's saying.*

The present participle is formed by using the stem of the present-tense **nous** form with the ending **-ant**.

parler	**parl**ons	parl**ant**
attendre	**attend**ons	attend**ant**
partir	**part**ons	part**ant**
finir	**finiss**ons	finiss**ant**
faire	**fais**ons	fais**ant**

Three verbs have irregular present participles.

avoir	**ayant**
être	**étant**
savoir	**sachant**

Exercice 5. Les bons emplois du journal

Un journal sert à beaucoup de choses. Associez l'activité et la rubrique du journal, puis faites une phrase en employant **en** + le participe présent.

MODÈLE: bien rire → lire les bandes dessinées
On peut bien rire en lisant les bandes dessinées.

On peut...

1. _____ savoir si ce sera une bonne journée pour un pique-nique
2. _____ demander des conseils en matière d'amour
3. _____ trouver les meilleurs prix
4. _____ passer le temps et enrichir son vocabulaire
5. _____ faire des projets pour la soirée
6. _____ apprendre toutes les rumeurs sur les célébrités

a. étudier les petites annonces
b. regarder la rubrique télé-radio
c. lire la chronique mondaine
d. écrire au «Courrier du cœur»
e. faire les mots croisés
f. consulter le bulletin météorologique

13.5 Saying What You Would Do: The Conditional

A. You are already familiar with some conditional verb forms, such as **je voudrais** and **j'aimerais.** These forms are used to make requests and suggestions politely. They are usually expressed by *would* + verb in English (*I would like*). Compare the following sentences, to see how the conditional makes a statement less direct.

Je **veux** que tu essaies ce produit.	*I want you to try this product.*
Je **voudrais** que tu essaies ce produit.	*I'd like you to try this product.*

The conditional of other verbs is often used in the same way.

Est-ce que vous **pouvez** nous recommander un bon restaurant?	*Can you recommend a good restaurant for us?*
Est-ce que vous **pourriez** nous recommander un bon restaurant?	*Could you (Would you be able to) recommend a good restaurant for us?*
Avez-vous l'heure?	*Do you have the time? (What time is it?)*
Auriez-vous l'heure?	*Would you have the time? (Could you tell me what time it is?)*

The most common use of the conditional is to express the result of some hypothetical situation. In English, this is expressed by *would* + verb.

Les Américains **regarderaient** davantage la télévision s'il y avait moins de publicité.

Americans would watch more TV if there were less advertising.

B. The conditional is formed in French by using the same stem as the future with the endings of the **imparfait: -ais, -ais, -ait, -ions, -iez, -aient.** Remember that the future stem of regular verbs is the same as the infinitive, except for **-re** verbs, which drop the final **-e.**

	CONDITIONAL		
	parler	**finir**	**vendre**
je	parler**ais**	finir**ais**	vendr**ais**
tu	parler**ais**	finir**ais**	vendr**ais**
il/elle/on	parler**ait**	finir**ait**	vendr**ait**
nous	parler**ions**	finir**ions**	vendr**ions**
vous	parler**iez**	finir**iez**	vendr**iez**
ils/elles	parler**aient**	finir**aient**	vendr**aient**

Nous **parlerions** plus souvent le français si nous avions des amis francophones.

A ta place, je **finirais** mon travail avant de sortir.

Cet ordinateur se **vendrait** mieux si on lui donnait un autre nom.

We would speak French more often if we had some French-speaking friends.

If I were you, I'd finish my work before going out.

This computer would sell better if they gave it another name.

Because the conditional stem is the same as the future stem, any verb that is irregular in the future is also irregular in the conditional.

aller	j'**ir**ais	devoir	je **devr**ais
être	je **ser**ais	recevoir	je **recevr**ais
faire	je **fer**ais	venir	je **viendr**ais
avoir	j'**aur**ais	vouloir	je **voudr**ais
savoir	je **saur**ais	voir	je **verr**ais
pouvoir	je **pourr**ais	envoyer	j'**enverr**ais

Si vous alliez en France cet été, vous **pourriez** rendre visite à nos amis à Strasbourg. Moi, je **viendrais** vous rejoindre en août, et on **irait** ensemble à Londres.

If you went to France this summer, you could visit our friends in Strasbourg. I would come and join you in August, and we'd go together to London.

C. Notice that a statement in the conditional is often accompanied by a clause beginning with **si** (*if*). The verb following **si** is usually in the **imparfait.**

Monsieur Vincent, que **feriez-vous si** vous **aviez** un million de francs?	*Mr. Vincent, what would you do if you had a million francs?*
Si mes parents **achetaient** un ordinateur, je **pourrais** m'en servir.	*If my parents bought a computer, I could use it.*

▌ Exercice 6. Par politesse

Sarah Thomas se trouve dans une Maison de la Presse à Paris, où elle veut demander beaucoup de choses. Reformulez ses phrases pour les rendre plus polies, en employant le conditionnel.

> MODÈLE: *Avez*-vous de la monnaie? → Auriez-vous de la monnaie?

1. *Pouvez*-vous m'indiquer la station de métro la plus proche?
2. Est-ce que vous *avez* l'heure?
3. Je *veux* aussi *Le Nouvel Observateur.*
4. Est-ce que vous *pouvez* me commander ce livre?
5. Quand est-ce que je *dois* revenir le chercher?

▌ Exercice 7. Si le monde était idéal, ...

Transformez les phrases en employant le conditionnel pour décrire un monde idéal.

> MODÈLE: Dans le monde réel, on a besoin de se méfier des étrangers. → Dans un monde idéal, on n'aurait pas besoin de se méfier des étrangers.

Dans le monde réel, ...

1. on ne peut pas toujours croire ce qu'on vous dit.
2. nous sommes souvent influencés par des messages subtils ou subliminaux.
3. on profite quelquefois de la crédulité des gens.
4. mentir est quelquefois utile.
5. les gens dépensent beaucoup d'argent pour des produits inutiles.
6. on ne connaît pas toujours la qualité d'un produit avant de l'acheter.
7. le travail occupe une très grande partie de notre vie.
8. il n'y a pas assez d'emplois pour tous ceux qui veulent travailler.

Exercice 8. Habitudes de consommateur

Un ami parle de ses habitudes quand il fait des achats. Comparez vos habitudes, en expliquant ce que vous feriez et en employant des phrases au conditionnel.

MODÈLE: Quand je reçois de l'argent, je le dépense tout de suite. →
Moi aussi, si je recevais de l'argent, je le dépenserais tout de suite.
ou
Moi non, si je recevais de l'argent, je ne le dépenserais pas tout de suite.

1. Quand je veux vraiment acheter quelque chose, je suis très impatient(e).
2. Quand je suis déprimé(e), j'ai envie de faire des achats.
3. Quand j'ai envie de faire des achats, je laisse mes cartes de crédit à la maison.
4. Quand je fais beaucoup d'achats, je suis encore plus déprimé(e).
5. Quand j'achète quelque chose de cher, je vais dans tous les magasins pour trouver le meilleur prix.
6. Quand je n'aime pas quelque chose, je le rapporte au magasin.

14

La société contemporaine

In **Chapitre 14** you will talk about what constitutes a good living environment and the ecological problems we face today. You will refine your ability to speculate about the future and learn to express regret.

Journée de la Terre à Paris: Les problèmes écologiques ne connaissent pas de frontières.

THÈMES

Quelles sont vos valeurs?

Respectons la nature!

Le monde de demain

LECTURES

Perspectives d'avenir

La presse en direct: La nouvelle vague verte

GRAMMAIRE

14.1 The Verb **vivre**

14.2 Possession: Possessive Pronouns

14.3 Past Hypothetical Conditions: The Past Conditional

14.4 Should Have: The Past Conditional of **devoir**

14.5 The Subjunctive with Conjunctions

14.6 Overview of the Subjunctive: Infinitive vs. **que** + Subjunctive

ACTIVITÉS ET LECTURES

 ## Quelles sont vos valeurs?

Attention! Étudier Grammaire 14.1 et 14.2

—C'est la tienne?
—Mais non, ce n'est pas la mienne!
C'est la sienne!

Tu vis dans un quartier dangereux, tu sais. Le mien est plus sûr.

J'aime les chiens mais le leur me rend fou! Il aboie toute la nuit!

J'apprécie les œuvres d'art, mais les leurs, pas du tout!

Les gens qui vivent dans les grandes villes doivent apprendre à respecter les droits des autres.

Je sais que tu es contre la pollution, donc, je te dis franchement que la tienne me rend malade.

497

▮ **Activité 1.** L'environnement

Respectez-vous votre environnement? Imaginez les choses suivantes et répondez aux questions en utilisant **le mien/la mienne, le tien/la tienne, le/la nôtre.**

> MODÈLE: une ville où l'air est toujours sain →
> É1: Est-ce ta ville?
> É2: Oui, c'est la mienne. (Non, ce n'est pas la mienne.)
> É1: C'est la mienne aussi. (Ce n'est pas la mienne non plus.)

1. une voiture qui consomme très peu d'essence
2. une famille ou des camarades de chambre qui recyclent tous leurs déchets
3. une ville où tous les enfants prennent un petit déjeuner nourrissant tous les matins
4. une chambre en ordre, où il n'y a pas de fumée de tabac
5. un pays qui contrôle soigneusement tous ses déchets industriels
6. un monde où tous les pays collaborent pour préserver le système écologique de la planète
7. une famille ou des camarades de chambre qui ne gaspillent pas l'électricité
8. un état où il n'y a pas de pauvreté

JE FAIS UN GESTE VERT DE PLUS

"Je me branche sur l'environnement.

"Je désire être informé en permanence sur les problèmes écologiques de notre époque, contribuer activement à la défense de l'environnement dans ma vie, mon quartier, ma région.

*"Envoyez-moi un **abonnement gratuit de 3 mois** à votre journal "La Baleine".*

LES AMIS DE LA TERRE
MEMBRE DE FRIENDS OF THE EARTH/INTERNATIONAL

Nom : _____

Prénom : _____

Adresse : _____

▮ **Activité 2.** Comparaisons: La ville moderne et votre ville

Habitez-vous dans une ville moderne et agréable? Votre ville possède-t-elle tous les éléments qui pourraient la rendre agréable? Dites si les choses suivantes s'y trouvent.

> MODÈLE: une salle de spectacle municipale? →
> Oui, dans la nôtre, il y a une salle de spectacle. (Non, pas dans la nôtre. Mais nous avons des théâtres privés.)

1. un centre ville animé?
2. un bon système de transports en commun?
3. des crèches subventionnées par l'état ou la municipalité?
4. des rues piétonnes?
5. une variété de divertissements pour les gens de tout âge?
6. des boutiques et des restaurants ethniques?
7. un climat doux et un cadre agréable?
8. des concerts et des expositions?
9. la possibilité de faire du sport et des centres de récréation pour tout le monde?
10. des vieux quartiers intéressants?
11. ?

Activité 3. Vivons en harmonie!

Que feraient les gens dans une ville où les habitants vivraient en harmonie?

MODÈLE: klaxonner →
Ils ne klaxonneraient jamais, sauf quand il y aurait vraiment un danger d'accident.

1. jeter des papiers et des bouteilles par terre
2. écrire sur les murs
3. baisser le son de leur télé ou de leur chaîne-stéréo
4. recycler les objets en verre, en plastique, en papier, en aluminium
5. fumer dans les endroits publics
6. créer des abris pour les gens sans famille, ou pour les pauvres
7. laisser des détritus sur le trottoir
8. créer du travail pour les chômeurs
9. ne pas conduire trop vite
10. respecter les droits des autres dans tous les domaines
11. ?

Activité 4. Le campus et la ville

Est-ce que ces choses causent des problèmes sur votre campus ou dans la ville où est située votre université? Dites oui ou non, puis, proposez des changements pour améliorer la situation.

MODÈLE: le stationnement →
É1: Oui, sur le campus il n'y a jamais assez de stationnement. On devrait construire un garage énorme.
É2: Non, à mon avis, les étudiants devraient prendre le bus! Mais au centre ville, on devrait enlever les parcomètres.

1. le bruit
2. la détérioration des bâtiments
3. l'intensité de la circulation
4. la qualité de l'air
5. la sécurité
6. les quartiers vétustes
7. le manque de logements à prix modéré
8. le ramassage des ordures
9. ?

■ **Activité 5.** Comment améliorer la qualité de votre environnement?

Complétez ces phrases et comparez vos réponses avec celles de votre partenaire.

1. J'irais plus souvent au centre ville si...
2. Les autres étudiants et moi, nous ferions plus de sport ou de gym si...
3. Notre ville serait plus agréable si...
4. La vie culturelle du campus serait plus intéressante si...
5. On fumerait moins dans les bâtiments du campus si...
6. Il y aurait moins de crime dans les rues de la ville si...
7. L'air de la ville serait moins pollué si...
8. Les étudiants en fac utiliseraient souvent les transports en commun si...
9. Il y aurait moins de pauvreté dans la ville si...
10. Tout le monde s'intéresserait plus à la préservation des quartiers historiques de la ville si...

Respectons la nature!

Attention! Étudier Grammaire 14.3 et 14.4

Moi, je trouve que nous aurions dû nettoyer les rivières il y a quelques années.

Si nous avions dépensé moins d'argent pour les armements, nous en aurions eu plus à dépenser pour les programmes sociaux.

Le culte du bronzage ne se serait jamais développé si les gens avaient su que le soleil pouvait causer le cancer de la peau.

On aurait dû enlever les déchets de cette plage plus tôt. Elle est beaucoup plus agréable maintenant!

Si les gens avaient choisi de marcher au lieu de circuler partout en voiture, nous aurions ou moins de smog et de déchets toxiques.

Je me demande parfois ce que le monde serait devenu si on n'avait jamais lancé la première bombe nucléaire.

Activité 6. Faux-pas contre l'environnement

Dites ce que Raoul a fait et ce qu'il aurait dû faire, en expliquant pourquoi.

■ **Activité 7.** Interaction: On s'adapte.

MODÈLE: É1: Que faisait Mme Martin l'année dernière?
          É2: Elle se servait d'insecticides pour protéger ses tomates.

	L'ANNÉE DERNIÈRE	CETTE ANNÉE
Mme Martin		met des coccinelles dans le jardin pour qu'elles mangent les pucerons
Jacqueline	jetait les objets en verre, en plastique et en aluminium dans la poubelle	
Daniel	conduisait sa voiture quand il allait à la fac	
Barbara		fait partie d'un groupe qui plante des arbres dans le jardin public
Louis	jetait des papiers d'emballage par terre	
la compagnie où travaille le mari de Mme Martin		a installé un système de filtrage et recycle les déchets toxiques

Note culturelle

LES ÉCOLOS

Parmi les partis politiques qui représentent actuellement le mouvement
écologique en France, *Les Verts* et *Génération Écologie* sont les plus connus.
Le premier est considéré plus radical, et le second tend davantage à travailler

à l'intérieur du système politique traditionnel. Ces deux partis écologiques bénéficient d'une grande popularité et représentent une force importante dans plusieurs régions et gouvernements locaux. Ils se battent pour trouver et mettre en œuvre[1] des solutions de remplacement lorsque des projets sont considérés comme nuisibles[2] à l'environnement. On a reproché à l'idéologie écologiste de refuser le progrès et d'empêcher[3] la création de nouveaux emplois. Les écolos répondent que si le développement se fait contre l'environnement, il ne sera pas durable.

[1]mettre... enact, *put to work*   [2]*harmful*   [3]*prevent*

L'écologie
vivons la
tous
ensemble

Désastre écologique: des dauphins, victimes de la pollution.

▌ **Activité 8.** L'héritage du passé

Dites oui ou non et justifiez vos réponses.

1. Si les pays du monde entier s'étaient mis d'accord il y a quelques années pour limiter l'échappement des hydrocarbures dans l'atmosphère...
   a. nos lacs et nos forêts n'auraient pas été détruits par la pluie acide.
   b. le trou de la couche d'ozone ne se serait pas élargi si rapidement.
   c. on n'aurait jamais eu à fermer des plages en été.
   d. ?
2. Si on avait inventé des voitures qui n'émettaient pas de fumée toxique...
   a. personne n'aurait jamais été obligé de vivre dans un logement vétuste et malsain.

b. l'air, dans beaucoup de villes du monde, ne serait pas devenu dangereux à respirer.

c. nous n'aurions jamais mangé des aliments contaminés par des produits toxiques.

d. ?

3. Nous n'aurions jamais empoisonné notre environnement si...

a. nous avions fait des recherches pour trouver plus de sources d'énergie renouvelable.

b. les industries avaient cherché des moyens de limiter leurs déchets.

c. nous avions construit plus de centrales nucléaires.

d. ?

4. Si nous avions reconnu l'importance des eaux et des forêts...

a. beaucoup d'espèces d'animaux n'auraient pas disparu.

b. les gouvernements se seraient sérieusement intéressés à la distribution égale des ressources.

c. les fleuves et les lacs ne seraient pas pollués aujourd'hui.

d. ?

5. Si l'on avait passé des lois limitant la vente des armes à feu...

a. bien moins d'Américains auraient été victimes de crimes violents et passionnels.

b. il y aurait eu moins de guerres.

c. nous serions plus en sécurité dans nos rues aujourd'hui.

d. ?

▮ **Activité 9.** Qu'est-ce que vous auriez fait?

Voici quelques décisions qui ont été prises dans le passé. Auriez-vous fait les mêmes choses dans les mêmes circonstances? Si non, quelle décision auriez-vous prise? Pourquoi?

Est-ce que vous auriez...

1. caché le nombre de morts et de blessés au moment de la catastrophe nucléaire de Tchernobyl?

2. lancé une bombe atomique sur Nagasaki, trois jours après la destruction d'Hiroshima?

3. mis feu à plus de 600 puits de pétrole au Koweït, malgré le danger mondial de pollution de l'atmosphère prédit par certains écologistes?

4. déplacé tous les pauvres de leur quartier pour créer une bonne impression de la ville où les délégués d'un congrès international sur l'écologie devaient se réunir?

5. mangé des plats contenant des insectes comestibles, afin de persuader le monde qu'il ignore une source de nourriture importante et pas chère?

6. pris la décision de mettre du fluor dans les réserves d'eau municipales malgré les protestations de certains citoyens?

7. continué de fabriquer et de vendre à l'étranger un produit jugé dangereux dans votre pays?

▮ **Activité 10.** Discussion: Un coup d'œil rétrospectif

Voici quelques problèmes que le monde affronte à la fin du 20ᵉ siècle. Discutez par petits groupes ou avec un partenaire ce qu'on aurait dû faire pour les éviter.

1. la surpopulation
2. la contamination de l'air et des eaux
3. l'exode vers les banlieues et la séparation des classes sociales dans les pays industrialisés
4. la quantité excessive d'ordures
5. l'abus de la drogue
6. la manipulation de l'économie mondiale par les financiers et les grandes industries

ARDECHE FAUNE

AIDEZ NOUS A SAUVER L'AIGLE LE PLUS MENACE DE FRANCE

L'AIGLE DE BONELLI A BESOIN DE VOUS...

EDF GDF

 # *Le monde de demain*

Attention! Étudier Grammaire 14.5 et 14.6

Bien que les liens entre les nations du monde se resserrent, les peuples du monde veulent conserver leur identité ethnique.

L'économie du monde se maintiendra bien pourvu que nous puissions comprendre les complexités de la finance internationale.

Vivrons-nous un jour dans des maisons «intelligentes» qui surveilleront la climatisation et le système de sécurité sans que nous soyons obligés de nous en occuper?

Est-ce possible que nous mettions fin au racisme avant le milieu du 21ᵉ siècle?

La surpopulation restera un problème grave à moins que les gens ne se rendent compte de ses conséquences.

Les sociologues-démographes devront se rendre compte que la famille nucléaire ne représente plus la famille d'aujourd'hui.

▌ **Activité 11.** L'ami(e) pessimiste

Vous êtes un(e) optimiste bien informé(e) et vous essayez d'expliquer à votre ami(e) pessimiste ce que vous avez appris. Malheureusement, toutes ses réponses vous découragent. Comment répondra-t-il/elle probablement à vos remarques?

1. C'est merveilleux! Je suis sûr(e) que ce congrès international réussira enfin à trouver le moyen de contrôler les émissions de fluorcarbures dans l'atmosphère.
2. Génial! On vient de découvrir le gène qui cause l'obésité. Nous pourrons demander une petite modification génétique qui ne coûte pas chère et puis, nous pourrons manger tout ce que nous voulons!
3. Tu sais, dans ces nouvelles maisons «intelligentes» que les informaticiens sont en train d'inventer, la porte s'ouvrira toute seule, au son de ta voix.
4. Dans quelques années, nous pourrons tous travailler chez nous. Nous aurons des réunions par téléconférence, nous nous verrons sur un énorme écran de télé, et nous nous enverrons notre travail par ordinateur et par fax.
5. Je suis ravi(e)! On vient d'annoncer qu'on va limiter la déforestation d'arbres pour sauver les anciennes forêts de sapins et leur écosystème.
6. Tiens! On vient d'inventer une balance programmée qui te dira non seulement ton poids, mais combien tu pesais le jour d'avant, et même, si tu as pris ou perdu du poids la semaine précédente.

a. Oui, pour que nous ayons tous plus de complications dans notre vie. Imagine le coût des réparations quand ça se cassera!
b. Ah bon? Ça, c'est une idée, quoique ça puisse créer une sensation d'isolement qui provoquera un état de déprime, tu sais.

c. A moins qu'ils ne le fassent, nous porterons tous des masques à oxygène dans deux ans.

d. Bonne nouvelle à moins que des centaines de gens ne perdent leur travail à cause de ça!

e. Oh, là là! Excellente façon de contrôler ton poids avant que tu te suicides de désespoir!

f. Chouette! Pourvu que ça ne nous rallonge pas le nez ni que ça ne nous fasse perdre les cheveux!

Note culturelle

IMMIGRATION OU INVASION?

Dans une banlieue parisienne: Quelles que soient leurs origines, ils sont copains avant tout.

Le débat sur l'immigration est devenu très épineux[1] en France. Certains ne parlent plus d'immigration, mais d'invasion.

Selon les statistiques officielles, la population française comprend aujourd'hui 8% d'étrangers, soit 4,5 millions, dont un tiers[2] est d'origine nord-africaine.

Les tensions raciales se sont accrues au cours des dernières années. Près de la moitié des Français sont favorables au renvoi[3] des immigrés au chômage depuis plus d'un an, et plus de la moitié des Français veulent empêcher[4] l'entrée de nouveaux immigrés en France.

[1]*thorny, touchy* [2]*third* [3]*expulsion from the country* [4]*prevent*

Cependant, bien des Français combattent la montée du racisme, et insistent sur le fait qu'il s'agit avant tout d'un problème culturel; certains Français se sentent menacés par les différences de coutumes et de religion des nouveaux-venus et ont peur de perdre leur identité dans une société pluriculturelle. S.O.S. racisme, un mouvement de solidarité entre Français et métis, immigrés ou non, a pour but de résister à la vague raciste et xénophobe, quel que soit[5] son objet. Leur slogan: *touche pas à mon pote*, porte un message simple et direct: touche pas à mes copains, quels qu'ils soient.[6]

[5]quel que... *whatever*   [6]quels... *whoever they may be*

▌▌ **Activité 12.** Prédictions pour l'avenir

Dites si vous croyez oui ou non que ces prédictions se réaliseront, et expliquez pourquoi.

1. Nous pourrons choisir le sexe, le quotient intellectuel et l'apparence physique des bébés à l'avenir.
2. Le racisme disparaîtra au 21e siècle.
3. Tous les pays d'Europe formeront une féderation. Chacun des pays européens que nous connaissons aujourd'hui aura le même statut dans cette union que les états aux États-Unis.
4. La plupart des gens travailleront moins et on ne verra plus de pauvreté.
5. L'énergie nucléaire sera remplacée par l'énergie solaire.
6. Les États-Unis deviendront un pays bilingue dans moins de 25 ans.
7. L'écologie de la planète sera sérieusement affectée par des tremblements de terre et des éruptions volcaniques.
8. Les criminels ne pourront plus opérer sans être appréhendés et punis, à cause de la rapidité des télécommunications.
9. L'intérêt pour les arts se développera au 21e siècle.
10. Les inégalités sociales augmenteront. Les personnes qui savent rester au courant et se servir de la technologie sauront se débrouiller, les autres non.

Vocabulaire utile

Je doute que ce soit...
Je pense que ce sera...
Je ne crois pas que nous (puissions)...
Je crois que nous (aurons)...
Ça ne fera aucune différence...

Rendez-vous de **LA PAIX**

1er JUIN à AUBAGNE

à l'initiative de l'Appel des Cent

• *pour l'arrêt de tous les essais nucléaires*
• *contre le commerce des armes*
• *pour un seul droit international:*
  celui des peuples égaux.

RASSEMBLEMENT à 15 HEURES AU CENTRE VILLE

▌▌ **Activité 13.** Si j'avais plus d'influence...

Que feriez-vous à la place de ces gens pour aider à résoudre les problèmes écologiques et sociaux que nous affrontons aujourd'hui?

MODÈLE: Si vous étiez professeur de français et que vous vous intéressiez aux problèmes écologiques... →
Si j'étais professeur de français, je discuterais ces problèmes dans mes cours. Je voudrais que mes étudiants lisent des livres et des articles sur l'écologie. J'exigerais qu'ils écrivent des compositions sur ce sujet. Nous regarderions des films français sur l'écologie.

1. Si vous étiez rédacteur en chef d'un journal et que vous vouliez aider à arrêter l'exode vers les banlieues...
2. Si vous étiez chef de gouvernement et que vous vouliez que les immigrés s'intègrent bien dans la population de votre pays...
3. Si vous étiez un(e) sportif/sportive connu(e) et que vous vouliez créer plus d'activités pour les enfants pauvres qui habitent dans des quartiers vétustes...
4. Si vous étiez vedette de cinéma et que vous étiez très concerné(e) par l'écologie...
5. Si vous étiez président d'une université et que vous vouliez créer plus de débouchés pour les étudiants qui préparent leur diplôme dans votre université...
6. Si vous étiez médecin et que vous vouliez améliorer le sort des personnes âgées (logement, nourriture, soins médicaux, loisirs)...

LECTURE

Perspectives d'avenir

Au cours des lectures précédentes, de jeunes Français nous ont fait part à plusieurs reprises de leurs opinions. Il convient,° en ce dernier chapitre, de leur laisser encore une fois la parole. Comment voient-ils le monde de demain? Qu'est-ce qui les préoccupe le plus?

is suitable, proper

Joëlle Maillard note que «dans les vingt dernières années, beaucoup de choses ont changé dans le monde. Les frontières se sont ouvertes considérablement. Il est maintenant possible à n'importe qui de voyager dans le monde entier. Nous sommes dans une ère où les différences culturelles se côtoient° partout et à tout moment. Ce phénomène s'est largement accentué... avec l'ouverture Est-Ouest qui... a mis fin au mythe de l'irréconciliabilité des pays à gouvernements différenciés tels que l'URSS et les USA. Il faut espérer que cette ouverture permettra aux différents peuples de se comprendre et de s'accepter tels qu'ils sont.» Christiane Charlier pense «que l'avenir nous réserve de bonnes et mauvaises surprises évidemment, mais deux phénomènes émergeront. Ainsi la montée des nationalismes, dont on témoigne dans une quantité de pays regroupant plusieurs nations, semblera morceler le monde encore plus. Cette fragmentation politique s'accompagnera d'une série d'alliances économiques. L'interdépendance économique sera un bon moyen de garder sous contrôle le fanatisme qui pourrait venir avec une indépendance politique nouvellement acquise.»

se... meet, mix

En ce qui concerne l'Europe, Jean-Paul Benoît a foi en l'économie de l'Europe unie. «La Communauté européenne, dit-il, sera une grande puissance économique, mais pas une puissance politique, puisque chaque pays veut garder le libre choix de sa politique étrangère.» Et Pierre Delors ajoute,° «La réussite de l'Europe sera marquée *adds* par l'émergence d'une puissance économique libérale... Les différents pays européens n'ont pas le choix. Chaque pays pris indépendamment dispose d'une économie trop faible pour résister à la puissance des États-Unis, du Japon... En revanche, une Europe unie dispose de ressources suffisantes pour résister à la compétition mondiale.»

Pour plusieurs jeunes, la préservation de l'environnement est une préoccupation majeure. «J'ai toujours vécu en contact direct avec la nature, dit Laure Bérard, et j'ai appris à la respecter. Je me sens ainsi plus capable d'apporter ma part à la sauvegarde de l'environnement, grâce à quelques petites précautions. Et puis, il est vrai qu'on est de plus en plus sensibilisés aux problèmes écologiques par les médias, et leur influence semble être très bénéfique. Elle permet à certaines personnes de faire un retour aux sources afin d'apprendre à respecter la nature, ce que ces personnes ont souvent oublié.»

Il y a aussi des préoccupations plus personnelles, celle de l'emploi surtout, et des tranformations du marché du travail. Pour Nathalie Lanier, «tout évolue. Ce qui est important aujourd'hui ne le sera plus demain. Ainsi, il faut s'attendre à être toujours formé, même pendant notre vie professionnelle.» Et Carine Rozet ajoute: «Aujourd'hui les jeunes doivent faire de longues études pour accéder à un emploi honorable; on demande de plus en plus de gens compétents sans les former véritablement. L'avenir exigera des techniciens capables de faire fonctionner tous les appareils issus des dernières technologies.»

Sur le plan personnel, la famille reste un point de repère important. «Je crois en l'avenir de la famille, dit Jérôme Sabatier. Je suis optimiste et je pense que la famille au sens large (grands-parents, oncles, tantes, cousins, cousines) joue toujours un rôle très important et continuera pour longtemps encore.» Et il y a, bien sûr, les aspirations personnelles de chacun. Carine Rozet semble parler pour tous, quand elle dit: «Ce qui m'importe le plus, c'est de réussir ma vie tout court,° peut-être en fondant une famille et *tout... simply* en faisant un métier que j'aime. Je ne veux surtout pas perdre ma vie à la gagner.°» *(simply) earn (a living), working (at any job, just to survive)*

Avez-vous compris?

1. Selon Joëlle, pourquoi est-il plus facile de voyager dans le monde aujourd'hui?
2. A quoi est-ce que l'ouverture Est-Ouest a mis fin?
3. D'après Christiane Charlier, quels sont les deux phénomènes qui émergeront sur la scène internationale?
4. Quelles conséquences aura la montée des nationalismes?
5. Selon Jean-Paul Benoît, pourquoi la Communauté européenne ne sera-t-elle pas une puissance politique?
6. Comment est-ce que Laure Bérard a appris à respecter la nature?
7. Quel rôle jouent les médias en ce qui concerne les problèmes écologiques?
8. D'après Nathalie Lanier, est-ce qu'on peut acquérir sa formation professionnelle une fois pour toutes?

9. Comment est-ce que Jérôme Sabatier voit la famille à l'avenir?
10. Quelles sont les aspirations de Carine Rozet?

LA PRESSE EN DIRECT

AVANT DE LIRE

La lutte contre la pollution a créé l'écomarketing. L'écomarketing est...

a. le marketing le plus économique possible.
b. le marketing de produits ne mettant pas en péril l'environnement.
c. le marketing de l'habitat des êtres vivants.

La protection de l'environnement, c'est...

a. conserver le style de vie actuel de tous les habitants des pays industrialisés.
b. utiliser davantage les ressources naturelles de la planète pour produire de l'essence et de l'électricité.
c. prendre conscience de la fragilité de l'environnement et vivre en conséquence.

De ce qui suit, qu'est-ce qui semble incompatible avec la protection de l'environnement?

_____ une consommation accrue des ressources naturelles de la planète
_____ le recyclage de produits
_____ une plus grande utilisation de pétrole
_____ l'élimination de forêts tropicales
_____ un mode de vie plus simple, en harmonie avec la nature
_____ produire et vendre toujours plus d'objets
_____ mettre des étiquettes vertes sur tous les produits
_____ sauvegarder à tout prix l'actuel style de vie privilégiée des habitants des pays développés

LA NOUVELLE VAGUE VERTE
Par Philippe Godard

Hier subversive, l'écologie est devenue aujourd'hui un argument de marketing au profit des entreprises. Mais sous ce vernis vert, qui recouvre pratiquement tous les produits et toutes les idées, que reste-t-il de sincère?

La France a viré[1] au vert, un phénomène annoncé depuis une vingtaine d'années. Le plus amusant dans ce beau pays qui est le nôtre et qui n'a jamais vraiment fait figure[2] de pionnier en matière de protection de l'environnement, c'est qu'aujourd'hui tout le monde se flatte[3] d'être écologiste.

Ce sentiment est actuellement particulièrement sensible[4] chez nos hommes politiques, toutes formations confondues. Quel maire, quel député, quel ministre oserait[5] à présent prétendre ignorer ou même minimiser l'importance d'un tel argument avant de se présenter devant les urnes? Mais nos élus[6] ne

[1]turned toward
[2]n'a... has never been considered as
[3]claim, profess
[4]perceptible
[5]would dare
[6]elected officials

font que rattraper un train en marche dans lequel les chefs d'entreprises, apparemment plus attentifs aux aspirations de nos concitoyens ou de leurs clients, sont déjà sérieusement installés.

Il suffit de lire les journaux, d'écouter la radio, de regarder la télévision, de suivre les publicités et, tout simplement, de se promener dans les rayons des magasins pour se rendre compte de l'ampleur[7] de la vague verte. On ne parle plus que d'usines propres, de technologies propres, et même de produits propres. Le consommateur peut maintenant puiser à satiété dans une large gamme[8] de lessive sans phosphate, d'essence sans plomb, de piles[9] sans mercure, de couches pour bébés blanchies à l'oxygène, de déodorants sans risque pour la couche d'ozone, de shampooings naturels, d'emballages en carton recyclés, de sacs plastiques biodégradables.

NAISSANCE DE L'ECOMARKETING

Les fabricants et les distributeurs se lancent les uns après les autres au secours de la planète, certains en prenant en charge la sauvegarde des forêts, d'autres, la préservation des flamants roses en Camargue, d'autres, en participant aux journées mondiales pour la Terre, d'autres encore, en parrainant les villes fleuries. Dans l'attente d'un label officiel, réclamé et annoncé par le ministre de l'Environnement, chacun appose sur ses produits son propre logo écologique, toujours identifiable à sa couleur verte.

Bref, le vert est à la mode. Hypocrisie? Récupération? Une chose est sûre: l'écologie, réconciliée en apparence avec la forme la plus active du capitalisme, est devenue un véritable et sérieux argument de vente et de promotion. La France, qui s'est toujours distinguée de ses voisines européennes par son retard en matière de lutte[10] contre la pollution, vit enfin à l'heure de l'écomarketing.

VERTS ACTIFS OU PASSIFS

Selon la filiale française de Saatchi & Saatchi, l'une des plus importantes agences de publicité, «le phénomène vert est indiscutable, mais encore faut-il savoir à quel niveau de prise de conscience[11] nous nous trouvons.» Une étude très poussée menée par cette société identifie en effet deux types de consommateurs «verts».

La premier est jugé actif. Conscient de la fragilité de l'environnement et soucieux d'agir pour sa protection, il va rejeter les circuits classiques de distribution, pour acheter des produits non emballés[12] et totalement biologiques ou biodégradables. Il constitue encore une minorité. Le second, qui représente la majorité, se contentera de consommer «normalement», se donnant bonne conscience en achetant des produits estampillés[13] «verts». La raison de cette attitude contradictoire? Le désir, selon cette étude, de ne pas voir son mode de vie remis en cause par des produits verts plus chers ou plus complexes. Des conclusions d'une enquête réalisée en 1990, 62% des Français se disaient préoccupés par la protection de l'environnement, mais seulement 10% étaient prêts à payer plus cher des produits ne mettant pas en péril l'environnement. Une attitude bien française, qui veut que l'on critique plutôt qu'on agisse.

[7]magnitude
[8]puiser... take his pick from a large selection
[9]batteries
[10]fight
[11]prise... awareness
[12]packaged
[13]stamped

Avez-vous compris?

Complétez les phrases.

1. _____ Traditionnellement, la France n'a jamais été à l'avant-garde...
2. _____ Pour être populaires, tous les hommes politiques doivent s'intéresser à l'écologie...
3. _____ La vague verte qui prend de plus en plus d'ampleur...
4. _____ Le but des lessives sans phosphate, de l'essence sans plomb, des emballages recyclables...
5. _____ Chaque fabriquant crée son propre logo écologique, de couleur verte, bien sûr, ...
6. _____ Bien que les entreprises prétendent vouloir produire mieux et polluer moins...
7. _____ Une minorité de consommateurs «verts» actifs sélectionnent les produits qu'ils achètent...
8. _____ La plupart des consommateurs «verts» vont acheter des produits avec un label vert...

a. le but est souvent et avant tout de vendre plus sous l'étiquette verte.
b. quel que soit leur parti.
c. en attendant que le Ministère de l'Environnement crée un label officiel.
d. mais ne sont pas vraiment prêts à dépenser plus pour protéger l'environnement.
e. en ce qui concerne la protection de l'environnement.
f. touche beaucoup de secteurs de la consommation ménagère.
g. pour leurs qualités biologiques ou biodégradables, même si le prix est plus élevé.
h. c'est d'avoir des produits propres, biodégradables et recyclables.

■ A vous d'écrire!

Vous vous présentez aux élections du 24 avril comme candidat RPR.* Vous êtes donc, conservateur/conservatrice. Il faut convaincre les gens que l'énergie nucléaire est propre, sans danger, et la meilleure solution du point de vue économique. Voici une lettre de votre principal adversaire, M. Antoine Waechter, du parti écologiste. Écrivez une lettre pour présenter votre position au public.

Madame, Monsieur,

Le 24 avril, votre vote va décider d'un choix de société pour les sept ans à venir.

Une question se pose à nous: notre société est-elle en progrès?

Pour ma part, je crois au progrès que nous choisissons, et non à celui qu'on nous impose.

Supportez-vous le commerce des armes qui entretient la guerre, la dictature et la misère dans le monde? Acceptez-vous le saccage de la nature, la destruction de vos paysages? Avez-vous choisi le programme électro-nucléaire ruineux, inutile et dangereux imposé depuis dix-huit ans? Pouvez-vous renoncer à l'identité de la région où vous vivez?

Où est le progrès?

Dans cette société bloquée et sans espoir, les écologistes proposent de privilégier la solidarité et la vie.

En votant écologiste, vous manifesterez nettement votre volonté de mettre un terme à l'étouffement de la démocratie. Vous ferez le choix des mesures à prendre pour l'avenir de notre société et pour l'épanouissement des femmes et des hommes de notre pays.

L'écologie est au rendez-vous.
Plus qu'un vote, c'est le choix de la vie.

Sans votre aide, je ne peux rien.
Ne l'oubliez pas.

Antoine Waechter

---

*Rassemblement pour la République (*Gaullist party*)

VOCABULAIRE

La ville et les problèmes sociaux
The city and social concerns

malsain(e)	unhealthy
piéton(ne)	pedestrian
sain(e)	healthy
subventionné(e)	subsidized
vétuste	run-down, in poor condition

Mots apparentés: **animé(e), ethnique, international(e), municipal(e), sanitaire, sûr(e), urbain(e)**

un abri	a shelter
un arrondissement	a city zone (*Paris*)
une banlieue	a suburb
un bruit	a noise
un chômeur/une chômeuse	an unemployed person
le désespoir	despair
les environs (*m.*)	surroundings
un exode	an exodus
l'isolement (*m.*)	isolation
un parcomètre	parking meter
la pauvreté	poverty
la saleté	filth
la surpopulation	overpopulation

Mots apparentés: **un(e) citoyen(ne), la complexité, une complication, une dépression, la destruction, la détérioration, l'économie (*f.*), une habitation, l'intensité (*f.*), une municipalité, un(e) sociologue, une statistique**

s'adresser à	to address oneself to
affronter	to confront, face (*a problem*)
améliorer	to improve
baisser	to lower
déplacer	to move
s'établir	to settle in
se réunir	to hold a meeting

Mots apparentés: **construire, s'intégrer, se respecter**

La nature, l'environnement et la technologie
Nature, the environment, and technology

un(e) blessé(e)	a wounded person
une centrale nucléaire	a nuclear power plant
une coccinelle	a ladybug
la couche d'ozone	the ozone layer
les déchets (*m.*)	wastes
les eaux (*f.*)	waters (*collective:* rivers, etc.)
un échappement	a leak, (*car*) exhaust
le fluor	fluoride
un paysage	a landscape
un puceron	an aphid
un puits de pétrole	an oil well
la déforestation	logging, cutting trees
une recherche	a piece of research
un trou	a hole

Mots apparentés: **l'air (*m.*), les armements (*m.*), l'atmosphère (*f.*), une bombe, le climat, la conservation, la contamination, un détergent, un/une écologiste, l'électricité (*f.*), une émission toxique, une éruption volcanique, le filtrage, un gène, l'héritage (*m.*), l'hydrocarbure (*m.*), industrialisé(e)s, un insecte, l'insecticide (*m.*), un masque à oxygène, le recyclage, une ressource**

couler	to flow
cueillir	to pick, gather, harvest
émettre	to emit
fabriquer	to manufacture
gaspiller	to waste
jeter par terre	to throw down
lancer	to drop, throw
respirer	to breathe
survivre	to survive

Mots apparentés: **empoisonner, limiter, polluer, provoquer, recycler**

Mots et vocabulaire utiles
Useful words and vocabulary

à prix modéré	at a moderate price
en bon état	in good condition
harmonieusement	harmoniously
Oh, là là!	My goodness!
malgré	in spite of
malheureusement	unfortunately
le milieu	the middle
soigneusement	carefully
Tiens!	Well!
tôt	soon, early

Conjonctions

à moins que	unless
bien que	although
jusqu'à ce que	until
pour que	so that
pourvu que	provided that
quoique	although
sans que	without

La description

bilingue	bilingual
comestible	edible
doux/douce	pure, sweet, soft
fou/folle	crazy
merveilleux/ merveilleuse	marvelous
mignon(ne)	cute
nourrissant(e)	nourishing
passionnel(le)	of passion (crime)
prédit(e)	predicted
privé(e)	private

Mots apparentés: **diversifié(e), égal(e), expérimental(e), grave, incapable, physique, prononcé(e), rétrospectif/rétrospective**

Substantifs

une balance	a scale (for weighing)
des centaines	hundreds
un congrès	a meeting, convention
un coup d'œil	a glance
un divertissement	an entertainment
un droit	a right (to something)
un faux-pas	an error
une flèche	an arrow
un lien	a link, connection
une lumière	a light
une œuvre d'art	a work of art
un papier d'emballage	wrapping paper
le poids	weight
un rédacteur/une rédactrice	an editor
une réparation	a repair
le statut	status
le tabac	tobacco

Mots apparentés: **l'apparence (f.), le cancer, un culte, un(e) délégué(e), un(e) démographe, la distribution, un fax, la finance, l'harmonie (f.), une impression, le Koweït, la manipulation, l'obésité (f.), un programme, le quotient intellectuel, la rapidité, une téléconférence, le volume**

Verbes

aboyer	to bark
avoir à	to have to (do something)
s'élargir	to get bigger
fermer	to shut, close
se maintenir	to maintain
s'ouvrir	to open
peindre	to paint
pousser	to grow, to push
se resserrer	to shrink, become tighter
revoir	to see again
se servir	to use

Mots apparentés: **apprécier, appréhender, diviser, stériliser**

GRAMMAIRE ET EXERCICES

14.1 The Verb vivre

The verb **vivre** is irregular but is similar to **écrire** in the present, imperfect, and subjunctive.

vivre (*to live*)	
je vis	nous vivons
tu vis	vous vivez
il/elle/on vit	ils/elles vivent
Passé composé: j'ai vécu	

Subjonctif: que je vive

Like **vivre: survivre** (*to survive*)

Je **vis** à la Nouvelle-Orléans depuis dix ans.	*I've been living in New Orleans for ten years.*
Mes parents **vivaient** à Toronto quand je suis né.	*My parents were living in Toronto when I was born.*
L'accident était horrible, mais miraculeusement, tout le monde **a survécu.**	*The accident was horrible, but miraculously, everyone survived.*

■ Exercice 1. La vie en ville

Les étudiants de Mme Martin sont en train de discuter la qualité de la vie en ville. Complétez leurs phrases avec les formes appropriées de **vivre.**

1. ALBERT: Je trouve que le bruit est un problème. Si on _____¹ dans une ville, il faut penser aux autres. Il faut que les gens qui _____² dans le même quartier fassent attention au niveau de bruit.

2. BARBARA: Moi, je pense que les gens dépendent trop de leur voiture. Je _____³ chez mes parents tout près d'une ligne d'autobus, alors, je prends le bus pour aller en fac.

3. DANIEL: La propreté est importante. Si vous _____⁴ dans une ville, il ne faut jamais rien jeter par terre.

4. JACQUELINE: Moi, j'aimerais que les gens portent plus d'intérêt aux vieux quartiers. Si nous _____⁵ dans une ville où les gens s'intéressaient à leur histoire, nous verrions plus d'intérêt pour leur préservation.

516

5. LOUIS: Pour moi, le centre-ville est important. Je _____[6] dans une ville dont le centre est complètement mort. C'est triste.

6. DENISE: Moi, je trouve que la sécurité a une importance primordiale. J'aimerais pouvoir me promener seule la nuit sans avoir peur, mais nous _____[7] dans un quartier qui n'est pas très sûr et je ne peux pas le faire.

Exercice 2. Raoul parle de ses grands-parents.

Employez une des formes de **vivre** ou **survivre**.

Mes grands-parents ont eu une vie heureuse. Ils _____[1] quarante ans dans une jolie petite maison en ville. Malheureusement, rien n' _____[2] de leur quartier; aujourd'hui il n'y a que des parkings et des gratte-ciel à cet endroit.

Ma grand-mère était une femme traditionnelle. Elle _____[3] pour son mari et ses enfants. Mon grand-père est encore en bonne santé. J'espère qu'il _____[4] jusqu'à cent ans! Il a la chance d'avoir des enfants qui s'occupent de lui, et il _____[5] dans un immeuble spécialement aménagé pour les personnes âgées. Malheureusement, beaucoup de personnes âgées _____[6] aujourd'hui dans la pauvreté, la solitude et la crainte.

a survécu
ont vécu

vivent
vivra
vivait
vit

14.2 Possession: Possessive Pronouns

In English, the possessive pronouns are *mine, yours, his, hers, its, ours, theirs*.

Do I have your assignments? — Yes, here's *mine*, and Albert is bringing you *his*.

In French, the possessive pronouns must agree in gender and number with the noun they replace. Thus, each pronoun has three or four possible forms.

	SINGULIER		PLURIEL	
mine	le mien	la mienne	les miens	les miennes
yours	le tien	la tienne	les tiens	les tiennes
his	le sien	la sienne	les siens	les siennes
hers	le sien	la sienne	les siens	les siennes
its	le sien	la sienne	les siens	les siennes
ours	le nôtre	la nôtre	les nôtres	
yours	le vôtre	la vôtre	les vôtres	
theirs	le leur	la leur	les leurs	

Peux-tu me prêter **ta bicyclette?** **La mienne** a un pneu crevé. J'ai la chance d'avoir **des voisins** très sympathiques. — **Les nôtres** aussi sont très gentils.	*Can you lend me your bike? Mine has a flat tire. I'm lucky to have very nice neighbors. — Ours too are very nice.*

Note in particular that the gender and number of the pronoun matches that of the noun it replaces, not that of the possessor. Thus, in the French equivalent of *John has his*, the choice of **le sien** or **la sienne** for *his* does not depend on John, but rather on the noun being replaced. For example, if it replaces **un permis de conduire**, the possessive pronoun is **le sien;** if it replaces **une carte d'identité**, the possessive pronoun is **la sienne.**

Ces lunettes ne sont pas à moi. Est-ce qu'elles sont à Raoul? — Oui, ce sont **les siennes.**	*These glasses are not mine. Are they Raoul's? — Yes, they're his.*

The possessive pronoun **le sien** and its other forms (**la sienne, les siens, les siennes**) can all express *his, her,* or *its.* The intended meaning is generally clear from context.

Est-ce que **ces livres** sont à ta grand-mère? — Oui, ce sont **les siens.**	*Are these books your grandmother's? — Yes, they're hers.*

▌ Exercice 3. Le meilleur des mondes

Claudine Colin a rencontré une dame très fière de sa maison et de son quartier. Donnez les réponses de Claudine.

MODÈLE: *Notre quartier* a tous les commerces essentiels. →
Le nôtre aussi a tous les commerces essentiels.

1. *Notre maison* possède tout le confort moderne.
2. *Nos voisins* sont très gentils.
3. *Notre jardin* est très grand.
4. *Le maire de notre municipalité* est très ouvert aux nouvelles initiatives.
5. *Notre rue* est très tranquille.
6. *Les fleurs de notre jardin* sont très jolies en ce moment.
7. *Nos écoles* sont de très bonne qualité.

▌ Exercice 4. Comparaisons

As-tu beaucoup de choses en commun avec ton/ta meilleur(e) ami(e)?

MODÈLE: Ton travail est intéressant ou ennuyeux? → Le mien est intéressant/ennuyeux.
Et celui de ton/ta meilleur(e) ami(e)? → Le sien est ennuyeux/intéressant.

1. En général, ta voiture est propre ou sale?
   Et celle de ton meilleur ami?
2. En général, ta chambre est en ordre ou en désordre?
   Et celle de ton meilleur ami?
3. Tes vêtements sont chic ou pratiques?
   Et ceux de ton ami?
4. Ton/Ta camarade de chambre est facile ou difficile à vivre?
   Et celui/celle de ton ami?
5. Ton emploi du temps est très chargé ou très léger?
   Et celui de ton ami?
6. En général, tes notes sont très bonnes ou moyennes?
   Et celles de ton ami?

14.3 Past Hypothetical Conditions: The Past Conditional

The past conditional is a compound tense consisting of the conditional form of the helping verb **avoir** or **être** + past participle. The past conditional expresses a hypothetical event or situation in the past. It is usually equivalent to *would have* in English.

Nous avons fait du camping le week-end passé et il a fait très froid. Si nous avions su quel temps il allait faire, nous **serions restés** à la maison.	*We went camping last weekend and it was very cold. If we had known what the weather was going to be like, we would have stayed at home.*
Si j'avais vécu au siècle dernier, **j'aurais été** plus heureuse. **J'aurais pu** vivre dans un monde plus simple.	*If I had lived in the last century, I would have been happier. I could have lived (would have been able to live) in a simpler world.*

Here are the forms of the past conditional (**le conditionnel passé**) for the verbs **finir** (*would have finished*) and **arriver** (*would have arrived*).

CONDITIONNEL PASSÉ	
j'aurais fini	je serais arrivé(e)
tu aurais fini	tu serais arrivé(e)
il/elle/on aurait fini	il/elle/on serait arrivé(e)
nous aurions fini	nous serions arrivé(e)s
vous auriez fini	vous seriez arrivé(e)(s)
ils/elles auraient fini	ils/elles seraient arrivé(e)s

In **Grammaire** 13.5 you saw how French expresses a hypothetical condition and its result, through use of the imperfect followed by the conditional.

Si j'**avais** un grand terrain, j'y **planterais** beaucoup d'arbres.	*If I had a large property, I would plant lots of trees on it.*

To express a *past* hypothetical condition and a *past* result, French uses **si** + the **plus-que-parfait** and the past conditional. Remember that the **plus-que-parfait** consists of the **imparfait** of **avoir** or **être** + the past participle.

Si j'**avais eu** un grand terrain, j'y **aurais planté** beaucoup d'arbres.	*If I had had a large property, I would have planted lots of trees on it.*
Si vous **étiez allés** en Provence, vous **auriez vu** les conséquences de plusieurs incendies de forêt.	*If you had gone to Provence, you would have seen the results of several forest fires.*

▌ Exercice 5. Est-ce déjà trop tard?

Pour chaque phrase, trouvez les verbes au conditionnel présent ou passé et dites s'il s'agit d'une conséquence encore possible ou d'une conclusion qui n'est plus réalisable.

MODÈLES: On ne serait pas obligé de fermer certaines plages aujourd'hui si l'eau n'était pas polluée. (conclusion encore possible)

Ces poissons ne seraient pas morts si l'usine n'avait pas déversé ses déchets toxiques dans le lac. (conclusion plus réalisable)

1. Si on avait agi plus tôt, on aurait pu sauver de l'extinction le condor de Californie.
2. On pourrait encore protéger la couche d'ozone si tous les pays du monde se mettaient d'accord pour limiter l'échappement des hydro-carbures.
3. Si les gens circulaient moins en voiture, on aurait moins de smog et de déchets toxiques.
4. On aurait pu sauver la forêt tropicale d'Amazonie il y a vingt ans.
5. Les pays du Tiers Monde éviteraient les problèmes des pays industri-alisés s'ils prenaient des mesures dès aujourd'hui pour protéger l'en-vironnement.
6. On aurait de belles forêts en Europe si les industries limitaient ces déchets toxiques qui sont à l'origine des pluies acides.

▌ Exercice 6. Moi, j'aurais fait autrement!

Marie Lasalle est écologiste, mais elle a du mal à changer les habitudes de Francis. Voici ce qu'elle lui dit quand il rentre du supermarché. Complétez les phrases en mettant le verbe au conditionnel passé.

1. Moi, je _____ (ne pas acheter) ces sacs poubelle non-biodégradables.
2. Si tu avais pris le bus au lieu de la voiture, ça _____ (être) mieux pour l'environnement.
3. On _____ (ne pas jeter) tout ce plastique à la poubelle si tu n'avais pas choisi des légumes emballés dans du plastique.
4. Est-ce que tu sais que tu _____ (pouvoir) trouver une lessive sans phosphates?
5. Si tu avais emporté nos filets à provisions,* tu _____ (ne pas rentrer) avec tous ces sacs en plastique.
6. Moi, je _____ (préférer) du papier hygiénique fabriqué avec du papier recyclé.
7. Si tu avais réfléchi un peu plus, tu _____ (se rendre compte) qu'on vend beaucoup de produits «verts» au supermarché maintenant.

14.4 Should Have: The Past Conditional of devoir

You have already seen that the verb **devoir** has a variety of meanings when it is used with an infinitive. The present tense of **devoir** + *infinitive* conveys the notion of obligation and means *must*.

Nous **devons** consommer moins d'énergie.	*We must use less energy.*

The present conditional of **devoir** + *infinitive* is used to express a suggestion or a softened obligation. It also means *ought to* or *should*.

Les écologistes disent que nous **devrions** tous faire attention à l'environnement.	*The ecologists say we should all pay attention to the environment.*
A mon avis, nous **devrions** être moins dépendants de la voiture.	*In my opinion, we ought to be less dependent on the automobile.*

The past conditional of **devoir** (**j'aurais dû**) + infinitive expresses *should have*. It may be thought of as the tense of regret.

On **aurait dû prévoir** les effets nuisibles de l'automobile.	*They should have foreseen the harmful effects of the automobile.*
Tu n'**aurais** pas **dû** acheter cette voiture-là — elle consomme trop d'essence.	*You shouldn't have bought that car — it consumes too much gas.*

---

*filets... = string bags traditionally used for groceries in France

Remember that English *would have* is expressed with the past conditional of any verb.

Si j'avais su cela, j'**aurais acheté** une autre voiture.	*If I had known that, I would have bought a different car.*
Moi, à ta place, je me **serais** mieux **renseigné.**	*If I were you, I would have found out more about it.*

 Exercice 7. Sagesse rétrospective

Raoul et des camarades parlent de ce qu'on aurait dû faire pour éviter les problèmes écologiques actuels. Employez le conditionnel passé de **devoir.**

1. Nous _____ faire attention à ces problèmes il y a longtemps.
2. J'_____ mieux m'informer sur l'écologie.
3. Les partis politiques _____ s'intéresser beaucoup plus tôt aux problèmes de l'environnement.
4. Le gouvernement _____ imposer aux industries des règles beaucoup plus strictes.
5. Nos législateurs _____ voter des lois pour empêcher la pollution de l'atmosphère et des eaux.
6. Vous les Américains, vous _____ donner l'exemple aux autres pays du monde.

14.5 The Subjunctive with Conjunctions

Certain French conjunctions require the following verb to be in the subjunctive.

Il faudra prendre des mesures sévères, **pour que** les gens **comprennent** la gravité de la situation.	*It will be necessary to take some drastic steps, so that people will understand the seriousness of the situation.*

The conjunctions that require the use of the subjunctive generally include some element of uncertainty, in the sense that they introduce an event that may or may not actually take place. Here are the most commonly used conjunctions that require the subjunctive.

TIME

avant que   *before*
jusqu'à ce que   *until*

PURPOSE

afin que, pour que   *so that*

RESTRICTION

bien que, quoique   *although, even though*
à moins que   *unless*
pourvu que, à condition que   *provided that*
sans que   *without*

Ces migrations humaines vont continuer **jusqu'à ce qu**'on **réussisse** à mieux partager les richesses du monde.	*These human migrations are going to continue until we succeed in better dividing the riches of the world.*
Quoique les anciennes forces tyranniques ne **soient** plus au pouvoir, ces pays ont encore beaucoup de graves problèmes à résoudre.	*Although the old tyrannical forces are no longer in power, these countries still have many serious problems to solve.*
Ces problèmes ne seront pas résolus **sans que** les habitants du pays **n'endurent** certaines privations.	*These problems will not be solved without the inhabitants of the country enduring certain hardships.*

▌ Exercice 8. Impératifs écologiques

Complétez les phrases de façon logique en choisissant une des conjonctions indiquées.

1. Il faut que les gouvernements des pays tropicaux arrêtent de développer certaines zones _____ ils ne détruisent toute la forêt tropicale et l'équilibre du climat.

   avant que
   à moins que
   jusqu'à ce que
   sans que

2. Des milliers d'insectes tropicaux disparaîtront _____ l'homme les connaisse.

3. La terre s'échauffera progressivement _____ nous ne réduisions la pollution atmosphérique.

4. Les industries continueront à polluer _____ le gouvernement les oblige à payer de fortes amendes.

5. Le gouvernement continue à s'opposer aux mesures nécessaires _____ l'urgence du problème soit évidente.

   à condition que
   quoique
   pour que

6. Nous devrions aider le développement économique des pays du Tiers Monde, _____ ce développement soit soumis à des priorités écologiques.

7. Il faudrait enseigner les principes de l'écologie à l'école, _____ les enfants acquièrent très jeunes une conscience écologique.

14.6 Overview of the Subjunctive: Infinitive vs. que + Subjunctive

A. You are now familiar with the main uses of the subjunctive in French. Here is a summary of the kinds of verbs and verbal expressions that are followed by the subjunctive.

NECESSITY (GRAMMAIRE 11.1–11.2)

(il faut que, il est nécessaire/essentiel que, etc.)

Il est indispensable que nous nous **arrêtions** de gaspiller tant de ressources naturelles.	*It is absolutely essential that we stop wasting so many natural resources.*

DESIRE (GRAMMAIRE 12.3)

(vouloir, désirer, exiger, suggérer que, etc.)

La majorité des citoyens **voudrait que** le gouvernement **prenne** une position plus agressive.	*The majority of the citizens would like the government to take a more aggressive stance.*

FEELINGS (GRAMMAIRE 12.6)

(il est bon/naturel que, avoir peur, être heureux/désolé que, etc.)

Il est naturel que les gens ne **veuillent** pas changer leurs habitudes.	*It's natural that people don't want to change their habits.*

UNCERTAINTY, DOUBT (GRAMMAIRE 13.3)

(il est possible/impossible/douteux que, douter, ne pas croire que, etc.)

Les pessimistes **ne croient pas** **qu'**on **puisse** encore sauver la planète.	*Pessimists do not believe that we can still save the planet.*

CERTAIN CONJUNCTIONS (GRAMMAIRE 14.5)

(avant que, jusqu'à ce que, pour que, pourvu que, bien que, etc.)

Bien que la situation **soit** très grave et inquiétante, je préfère être optimiste.	*Although the situation is very serious and worrisome, I prefer to be optimistic.*

Notice that in most of these cases, the event or situation expressed with the subjunctive is seen *not* so much *in its reality* but rather as a potential event or situation that may or may not be realized. And where the situation is a real one, the emphasis is not on that situation but rather on someone's attitude toward it. So, in general, the indicative focuses on the reality of the event or situation, and the subjunctive in some way suggests its unreality.

B. The preceding uses of the subjunctive usually involve someone expressing a feeling or opinion concerning *someone else*.

Les écologistes voudraient que **le gouvernement** prenne une position plus agressive.

Les pessimistes ne croient pas qu'**on** puisse encore sauver la planète.

Remember that, when someone expresses a feeling or opinion about him- or herself, it is usually preferable to use an infinitive instead of **que** + subjunctive.

Mes parents veulent **que je travaille,** mais moi, **je** ne veux pas **travailler.**	*My parents want me to work, but I don't want to work.*
Mes amis ont peur **que je ne finisse** pas mes études, et moi aussi, j'ai peur de ne pas les finir.	*My friends are afraid I won't finish school, and I'm also afraid of not finishing it.*

▌ Exercice 9. Responsabilités

Reformulez la phrase pour être plus spécifique, en remplaçant l'infinitif par **que** + le subjonctif.

MODÈLE: Il faut *penser* aux conséquences de ces actions. (les industries) →
Il faut que les industries pensent aux conséquences de ces actions.

1. Il est indispensable *de changer* nos habitudes. (nous)
2. Il vaut mieux *chercher* des solutions ensemble. (les pays du monde)
3. Il est important *d'agir* dans le proche avenir. (le gouvernement)
4. Il sera impossible *de renverser* la situation sans les efforts et les sacrifices de tout le monde. (nous)
5. Je voudrais *apprendre* beaucoup plus sur l'écologie. (tout le monde)
6. Ce serait dommage *de ne pas pouvoir* sauver ces magnifiques forêts. (on)

APPENDIX A: INTERACTIONS CHARTS

■ **Activité 7.**
Interaction:
Cette semaine
(*Chapter 2*)

MODÈLE:
É2: Que fait Julien lundi matin?
É1: Il se lève à 6h 30.

	MARISE COLIN (CLERMONT-FERRAND)	CHRISTINE LASALLE (LYON)	JULIEN LEROUX (PARIS)
lundi matin	arrive à l'université à neuf heures	commence à travailler à l'hôpital à sept heures	
mercredi soir	étudie à la maison		s'entraîne au gymnase
samedi après-midi		fait des courses avec son mari Bernard	

■ **Activité 11.**
Interaction:
Distractions
favorites
(*Chapter 2*)

MODÈLE:
É2: Pourquoi est-ce que Charles va à la salle d'exposition municipale?
É1: Il y a une exposition de photos.

	LES ACTIVITÉS	LES ENDROITS
Charles Colin		à la salle d'exposition municipale
Jean-Yves Lescart	un festival de cinéma samedi soir	
Agnès Rouet		au Centre Georges Pompidou
Emmanuel Colin	un match de foot vendredi après-midi	au stade
Nathalie et Marie-Christine	un cirque samedi matin	
Sarah Thomas		

Activité 5.
Interaction:
Les activités
d'une
semaine
typique
(*Chapter 3*)

MODÈLE:
É2: Que fait Sarah le lundi matin?
É1: Elle prend le metro à huit heures moins le quart pour aller à la fac.
É2: Toi aussi, tu prends le métro pour venir à la fac?
É1: Non. Moi, je viens en voiture. (Oui, c'est très rapide.)

	LUNDI MATIN	JEUDI APRÈS-MIDI	SAMEDI
Sarah Thomas (Paris)		fait la queue pour acheter ses provisions pour le dîner	prend le train au Château de Chantilly
Jean-Yves Lescart (Paris)	étudie dans sa chambre jusqu'à 9 heures		
Raoul Durand (La Nouvelle-Orléans)		travaille à la bibliothèque de l'université	
Charles Colin (Clermont-Ferrand)	va au lycée à pied		joue au football avec son équipe

Activité 15.
Interaction:
Les courses
dans le
quartier
(*Chapter 4*)

MODÈLE:
É2: Quelle course fait Marie Lasalle?
É1: Elle fait nettoyer des vêtements en laine.
É2: Où va-t-elle?
É1: Elle va au pressing.

	COURSE	FRÉQUENCE	ENDROIT
Marie Lasalle		de temps en temps	
Bernard Lasalle	acheter des produits pour faire du bricolage		
Jean-Yves Lescart			au lavomatic
Agnès Rouet	acheter des fleurs		chez le fleuriste
Claudine Colin	laisser une ordonnance	une fois par mois	
Francis Lasalle		quand il a des invités à dîner	chez le marchand de vin

Activité 2.
Interaction:
Les activités de
la semaine
(*Chapter 5*)

MODÈLE:
É2: Qu'est-ce que Jean-Yves
a fait vendredi?
É1: Il a réparé sa
mobylette.
É2: Tu as une mob, toi?
É1: Oui, j'ai une mob.
(Non, moi, j'ai une
voiture.)

	MERCREDI	JEUDI	VENDREDI
Jean-Yves Lescart		Il a étudié toute la matinée.	
Agnès Rouet	Elle a rencontré un ami à la projection du film *Shoa*, le film qu'elle doit voir pour son cours d'histoire contemporaine.		Elle a choisi une nouvelle robe dans une petite boutique.
Sarah Thomas		Elle a parlé au téléphone avec sa famille en Amérique.	Elle a assisté à une exposition de peinture contemporaine.

Activité 14.
Interaction:
Traditions
(*Chapter 6*)

MODÈLE:
É2: Quel est la date de la
Fête des Rois?
É1: C'est le 6 janvier.

FÊTE	DATE	ACTIVITÉ
la Fête des Rois	*le 6 Janvier*	Elle a fait une galette et elle a invité des amis chez elle.
Mardi gras	*c'est au mois de février*	Elle s'est déguisée en Aliénor d'Aquitaine et elle est allée à un bal masqué avec un ami.
dimanche de Pâques	au mois de mars ou d'avril	
la Fête nationale	*14 juillet*	L'après-midi, elle a pique-niqué avec des amis et ce soir-là, elle a dansé dans la rue.
la Toussaint	le 1er novembre	
la veille de Noël	le 24 décembre	

■ **Activité 8.**   Interaction: La France gastronomique
(Chapter 7)

MODÈLE: É2: Pour quels produits est-ce que Reims est connue?
    É1: Pour le champagne.

VILLE	RÉGION?	PRODUITS
Reims	en Champagne	*Champagne*
Strasbourg	*Alsace*	la choucroute la bière
Rouen	*Normandy*	*les pommes*
Orléans	dans la vallée de la Loire	
Dijon	en Bourgogne	les vins les escargots la moutarde
Marseille	en Provence	la Bouillabaisse
Nice		la salade niçoise
Rennes		
Montélimar	dans le Dauphiné	
Vichy	en Auvergne	
Périgueux		

▌ **Activité 3.** Interaction: Visitez la France (*Chapter 8*)

MODÈLE: É2: Où se trouve le Bassin Acquitain?
É1: Au sud-ouest de la France.
É2: Qu'est-ce qu'on peut faire dans cette région?
É1: On peut déguster du vin de Bordeaux.

RÉGIONS	SITUATION	ATTRACTIONS
le Bassin Acquitain		
la vallée de la Loire		
l'Alsace	à l'est de la France	C'est le pays de châteaux-forts du Moyen-Âge et des Vosges.
la Camargue		
la Bretagne	au nord-ouest de la France	C'est le pays celte, le pays des dolmens et des menhirs.
le Pays Basque	au sud de la France	C'est le pays des Pyrénées, et de la langue et de la culture basques.
la Provence	au sud-est de la France	C'est le pays des fleurs et des ruines romaines.
l'Auvergne		

Activité 16.
Interaction:
Les commandes
(*Chapter 9*)

MODÈLE:
É2: Qu'est-ce que Louis a
acheté?
É1: Un maillot de cycliste.
É2: De quelle taille?
É1: Du 38.

	LOUIS	ALBERT	DENISE
Produit		une veste	
Couleur			cognac
Description	manches longues, col à fermeture éclair	veste croisée 6 boutons	
Matière	85% polyester 15% coton	laine pure	
Taille/pointure			40
Prix	299F		

Activité 7. Interaction: Les études (*Chapter 10*)

MODÈLE: É2: Quel diplôme prépare Raoul?
É1: Un doctorat.
É2: Depuis quand fait-il des études?
É1: Depuis le mois d'août. (Depuis quelques mois.).

NOM	UNIVERSITÉ	OBJECTIF	MATIÈRE	DEPUIS QUAND?
Raoul Durand	Université de Louisiane		le génie mécanique	
Agnès Rouet		la licence	la sociologie	
Marise Colin			le français	le mois d'octobre
Charles Colin		le bac B		deux ans
Clarisse Colin	École Victor Hugo			neuf mois

■ **Activité 7.** Interaction: On s'adapte (*Chapter 14*)

MODÈLE: É2: Que fait Mme Martin cette année?
          É1: Elle met des coccinelles dans le jardin pour qu'elles mangent les pucerons.

	L'ANNÉE DERNIÈRE	CETTE ANNÉE
Mme Martin	se servait d'insecticides pour protéger ses tomates.	
Jacqueline		divise les ordures et emporte tous les déchets recyclables au centre de recyclage
Daniel		prend le métro ou le bus tous les jours
Barbara	a cueilli un bouquet de fleurs dans le jardin public	
Louis		met ses papiers d'emballage dans la poubelle
la compagnie où travaille le mari de Mme Martin	déversait des déchets toxiques dans la rivière près de l'usine	

APPENDIX B: VERB + VERB CONSTRUCTIONS

1. Some verbs directly precede an infinitive, with no intervening preposition (**J'aime danser**).

aimer	espérer	pouvoir	valoir (il vaut
aller	faire	préférer	mieux)
désirer	falloir (il faut)	savoir	venir*
détester	laisser	souhaiter	vouloir
devoir	penser		

2. Some verbs require the preposition **à** before the infinitive (**Il commence à parler**).

aider à	commencer à	s'habituer à	se préparer à
s'amuser à	continuer à	hésiter à	réussir à
apprendre à	se décider à	s'intéresser à	servir à
arriver à	demander à	inviter à	tenir à
chercher à	encourager à	se mettre à	

3. Some verbs require the preposition **de** before the infinitive (**Nous essayons de travailler**).

accepter de	demander de	interdire de	proposer de
s'arrêter de	dire de	offrir de	refuser de
avoir peur de	empêcher de	oublier de	regretter de
cesser de	essayer de	parler de	remercier de
choisir de	éviter de	permettre de	rêver de
conseiller de	s'excuser de	persuader de	risquer de
décider de	finir de	promettre de	venir de*

---

*When used as a verb of motion, **venir** has no preposition before an infinitive: **Je viens vous aider.** *I'm coming to help you.* However, the preposition **de** is used before the infinitive in the **passé récent** construction: **Je viens de l'aider.** *I've just helped him/her.*

APPENDIX C: CONJUGATION OF REGULAR AND IRREGULAR VERBS

1. Auxiliary verbs

VERB	INDICATIVE			CONDITIONAL	SUBJUNCTIVE	IMPERATIVE
	Present	*Imperfect*	*Future*	*Conditional*	*Present*	
avoir*	ai	avais	aurai	aurais	aie	
(*to have*)	as	avais	auras	aurais	aies	aie
ayant	a	avait	aura	aurait	ait	
eu	avons	avions	aurons	aurions	ayons	ayons
	avez	aviez	aurez	auriez	ayez	ayez
	ont	avaient	auront	auraient	aient	
	Passé composé	*Pluperfect*		*Past Conditional*		
	ai eu	avais eu		aurais eu		
	as eu	avais eu		aurais eu		
	a eu	avait eu		aurait eu		
	avons eu	avions eu		aurions eu		
	avez eu	aviez eu		auriez eu		
	ont eu	avaient eu		auraient eu		
	Present	*Imperfect*	*Future*	*Conditional*	*Present*	
être	suis	étais	serai	serais	sois	
(*to be*)	es	étais	seras	serais	sois	sois
étant	est	était	sera	serait	soit	
été	sommes	étions	serons	serions	soyons	soyons
	êtes	étiez	serez	seriez	soyez	soyez
	sont	étaient	seront	seraient	soient	
	Passé composé	*Pluperfect*		*Past Conditional*		
	ai été	avais été		aurais été		
	as été	avais été		aurais été		
	a été	avait été		aurait été		
	avons été	avions été		aurions été		
	avez été	aviez été		auriez été		
	ont été	avaient été		auraient été		

*The left-hand column of each chart contains the infinitive, the present participle, and the past participle of each verb. Conjugated verbs are shown without subject pronouns.

2. Regular verbs

VERB	INDICATIVE			CONDITIONAL	SUBJUNC-TIVE	IMPERATIVE
-er Verbs	*Present*	*Imperfect*	*Future*	*Conditional*	*Present*	
parler	parle	parlais	parlerai	parlerais	parle	
(*to speak*)	parles	parlais	parleras	parlerais	parles	parle
parlant	parle	parlait	parlera	parlerait	parle	
parlé	parlons	parlions	parlerons	parlerions	parlions	parlons
	parlez	parliez	parlerez	parleriez	parliez	parlez
	parlent	parlaient	parleront	parleraient	parlent	
	*Passé composé**		*Pluperfect*		*Past Conditional*	
	ai parlé		avais parlé		aurais parlé	
	as parlé		avais parlé		aurais parlé	
	a parlé		avait parlé		aurait parlé	
	avons parlé		avions parlé		aurions parlé	
	avez parlé		aviez parlé		auriez parlé	
	ont parlé		avaient parlé		auraient parlé	
-ir Verbs	*Present*	*Imperfect*	*Future*	*Conditional*	*Present*	
finir	finis	finissais	finirai	finirais	finisse	
(*to finish*)	finis	finissais	finiras	finirais	finisses	finis
finissant	finit	finissait	finira	finirait	finisse	
fini	finissons	finissions	finirons	finirions	finissions	finissons
	finissez	finissiez	finirez	finiriez	finissiez	finissez
	finissent	finissaient	finiront	finiraient	finissent	
	*Passé composé**		*Pluperfect*		*Past Conditional*	
	ai fini		avais fini		aurais fini	
	as fini		avais fini		aurais fini	
	a fini		avait fini		aurait fini	
	avons fini		avions fini		aurions fini	
	avez fini		aviez fini		auriez fini	
	ont fini		avaient fini		auraient fini	
-re Verbs	*Present*	*Imperfect*	*Future*	*Conditional*	*Present*	
perdre	perds	perdais	perdrai	perdrais	perde	
(*to lose*)	perds	perdais	perdras	perdrais	perdes	perds
perdant	perd	perdait	perdra	perdrait	perde	
perdu	perdons	perdions	perdrons	perdrions	perdions	perdons
	perdez	perdiez	perdrez	perdriez	perdiez	perdez
	perdent	perdaient	perdront	perdraient	perdent	
	*Passé composé**		*Pluperfect*		*Past Conditional*	
	ai perdu		avais perdu		aurais perdu	
	as perdu		avais perdu		aurais perdu	
	a perdu		avait perdu		aurait perdu	
	avons perdu		avions perdu		aurions perdu	
	avez perdu		aviez perdu		auriez perdu	
	ont perdu		avaient perdu		auraient perdu	

*Certain intransitive verbs are conjugated with **être** instead of **avoir** in compound tenses. Regular verbs conjugated with **être** include **arriver, monter, passer, rentrer, rester, retourner, tomber,** and **descendre.**

3. *-er* Verbs with spelling changes

Certain verbs ending in **-er** require spelling changes. Models for each kind of change are listed here. Forms showing stem changes are in boldface type.

VERB	PRESENT	IMPERFECT	PASSÉ COMPOSÉ	FUTURE	CONDI-TIONAL	PRESENT SUBJUNCTIVE	IMPERATIVE
commencer*	commence	**commençais**	ai commencé	commencerai	commencerais	commence	
(*to begin*)	commences	**commençais**	as commencé	commenceras	commencerais	commences	commence
commençant	commence	**commençait**	a commencé	commencera	commencerait	commence	
commencé	**commençons**	commencions	avons commencé	commencerons	commencerions	commencions	**commençons**
	commencez	commenciez	avez commencé	commencerez	commenceriez	commenciez	commencez
	commencent	**commençaient**	ont commencé	commenceront	commenceraient	commencent	
manger*	mange	**mangeais**	ai mangé	mangerai	mangerais	mange	
(*to eat*)	manges	**mangeais**	as mangé	mangeras	mangerais	manges	mange
mangeant	mange	**mangeait**	a mangé	mangera	mangerait	mange	
mangé	**mangeons**	mangions	avons mangé	mangerons	mangerions	mangions	**mangeons**
	mangez	mangiez	avez mangé	mangerez	mangeriez	mangiez	mangez
	mangent	**mangeaient**	ont mangé	mangeront	mangeraient	mangent	
appeler†	**appelle**	appelais	ai appelé	**appellerai**	**appellerais**	**appelle**	
(*to call*)	**appelles**	appelais	as appelé	**appelleras**	**appellerais**	**appelles**	**appelle**
appelant	**appelle**	appelait	a appelé	**appellera**	**appellerait**	**appelle**	
appelé	appelons	appelions	avons appelé	**appellerons**	**appellerions**	appelions	appelons
	appelez	appeliez	avez appelé	**appellerez**	**appelleriez**	appeliez	appelez
	appellent	appelaient	ont appelé	**appelleront**	**appelleraient**	**appellent**	
essayer††	**essaie**	essayais	ai essayé	**essaierai**	**essaierais**	**essaie**	
(*to try*)	**essaies**	essayais	as essayé	**essaieras**	**essaierais**	**essaies**	**essaie**
essayant	**essaie**	essayait	a essayé	**essaiera**	**essaierait**	**essaie**	
essayé	essayons	essayions	avons essayé	**essaierons**	**essaierions**	essayions	essayons
	essayez	essayiez	avez essayé	**essaierez**	**essaieriez**	essayiez	essayez
	essaient	essayaient	ont essayé	**essaieront**	**essaieraient**	**essaient**	
acheter‡	**achète**	achetais	ai acheté	**achèterai**	**achèterais**	**achète**	
(*to buy*)	**achètes**	achetais	as acheté	**achèteras**	**achèterais**	**achètes**	**achète**
achetant	**achète**	achetait	a acheté	**achètera**	**achèterait**	**achète**	
acheté	achetons	achetions	avons acheté	**achèterons**	**achèterions**	achetions	achetons
	achetez	achetiez	avez acheté	**achèterez**	**achèteriez**	achetiez	achetez
	achètent	achetaient	ont acheté	**achèteront**	**achèteraient**	**achètent**	
préférer§	**préfère**	préférais	ai préféré	préférerai	préférerais	**préfère**	
(*to prefer*)	**préfères**	préférais	as préféré	préféreras	préférerais	**préfères**	**préfère**
préférant	**préfère**	préférait	a préféré	préférera	préférerait	**préfère**	
préféré	préférons	préférions	avons préféré	préférerons	préférerions	préférions	préférons
	préférez	préfériez	avez préféré	préférerez	préféreriez	préfériez	préférez
	préfèrent	préféraient	ont préféré	préféreront	préféreraient	**préfèrent**	

*Verbs like **commencer**: dénoncer, divorcer, menacer, placer, prononcer, remplacer, tracer
Verbs like **manger: bouger, changer, dégager, engager, exiger, juger, loger, mélanger, nager, obliger, partager, voyager
†Verbs like **appeler**: épeler, jeter, projeter, (se) rappeler
††Verbs like **essayer**: employer, (s')ennuyer, nettoyer, payer
‡Verbs like **acheter**: achever, amener, emmener, (se) lever, promener
§Verbs like **préférer**: célébrer, considérer, espérer, (s')inquiéter, pénétrer, posséder, répéter, révéler, suggérer

4. Pronominal verbs

VERB	INDICATIVE			CONDITIONAL	SUB-JUNCTIVE	IMPERATIVE
	Present	*Imperfect*	*Future*	*Conditional*	*Present*	
se laver	me lave	me lavais	me laverai	me laverais	me lave	
(*to wash*	te laves	te lavais	te laveras	te laverais	te laves	lave-toi
onself)	se lave	se lavait	se lavera	se laverait	se lave	
se lavant	nous lavons	nous lavions	nous laverons	nous laverions	nous lavions	lavons-nous
lavé	vous lavez	vous laviez	vous laverez	vous laveriez	vous laviez	lavez-vous
	se lavent	se lavaient	se laveront	se laveraient	se lavent	
	Passé composé	*Pluperfect*		*Past Conditional*		
	me suis lavé(e)	m'étais lavé(e)		me serais lavé(e)		
	t'es lavé(e)	t'étais lavé(e)		te serais lavé(e)		
	s'est lavé(e)	s'était lavé(e)		se serait lavé(e)		
	nous sommes lavé(e)s	nous étions lavé(e)s		nous serions lavé(e)s		
	vous êtes lavé(e)(s)	vous étiez lavé(e)(s)		vous seriez lavé(e)(s)		
	se sont lavé(e)s	s'étaient lavé(e)s		se seraient lavé(e)s		

5. Irregular verbs

VERB	PRESENT	PASSÉ COMPOSÉ	IMPERFECT	FUTURE	CONDI-TIONAL	PRESENT SUBJUNCTIVE	IMPERATIVE
aller	vais	suis allé(e)	allais	irai	irais	aille	
(*to go*)	vas	es allé(e)	allais	iras	irais	ailles	va
allant	va	est allé(e)	allait	ira	irait	aille	
allé	allons	sommes allé(e)s	allions	irons	irions	allions	allons
	allez	êtes allé(e)(s)	alliez	irez	iriez	alliez	allez
	vont	sont allé(e)s	allaient	iront	iraient	aillent	
boire	bois	ai bu	buvais	boirai	boirais	boive	
(*to drink*)	bois	as bu	buvais	boiras	boirais	boives	bois
buvant	boit	a bu	buvait	boira	boirait	boive	
bu	buvons	avons bu	buvions	boirons	boirions	buvions	buvons
	buvez	avez bu	buviez	boirez	boiriez	buviez	buvez
	boivent	ont bu	buvaient	boiront	boiraient	boivent	
conduire*	conduis	ai conduit	conduisais	conduirai	conduirais	conduise	
(*to lead,*	conduis	as conduit	conduisais	conduiras	conduirais	conduises	conduis
to drive)	conduit	a conduit	conduisait	conduira	conduirait	conduise	
conduisant	conduisons	avons conduit	conduisions	conduirons	conduirions	conduisions	conduisons
conduit	conduisez	avez conduit	conduisiez	conduirez	conduiriez	conduisiez	conduisez
	conduisent	ont conduit	conduisaient	conduiront	conduiraient	conduisent	
connaître	connais	ai connu	connaissais	connaîtrai	connaîtrais	connaisse	
(*to be*	connais	as connu	connaissais	connaîtras	connaîtrais	connaisses	connais
acquainted	connaît	a connu	connaissait	connaîtra	connaîtrait	connaisse	
with)	connaissons	avons connu	connaissions	connaîtrons	connaîtrions	connaissions	connaissons
connaissant	connaissez	avez connu	connaissiez	connaîtrez	connaîtriez	connaissiez	connaissez
connu	connaissent	ont connu	connaissaient	connaîtront	connaîtraient	connaissent	

*Verbs like **conduire: détruire, réduire, traduire**

VERB	PRESENT	PASSÉ COMPOSÉ	IMPERFECT	FUTURE	CONDI-TIONAL	PRESENT SUBJUNCTIVE	IMPERATIVE
courir	cours	ai couru	courais	courrai	courrais	coure	
(*to run*)	cours	as couru	courais	courras	courrais	coures	cours
courant	court	a couru	courait	courra	courrait	coure	
couru	courons	avons couru	courions	courrons	courrions	courions	courons
	courez	avez couru	couriez	courrez	courriez	couriez	courez
	courent	ont couru	couraient	courront	courraient	courent	
craindre*	crains	ai craint	craignais	craindrai	craindrais	craigne	
(*to fear*)	crains	as craint	craignais	craindras	craindrais	craignes	crains
craignant	craint	a craint	craignait	craindra	craindrait	craigne	
craint	craignons	avons craint	craignions	craindrons	craindrions	craignions	craignons
	craignez	avez craint	craigniez	craindrez	craindriez	craigniez	craignez
	craignent	ont craint	craignaient	craindront	craindraient	craignent	
croire	crois	ai cru	croyais	croirai	croirais	croie	
(*to believe*)	crois	as cru	croyais	croiras	croirais	croies	crois
croyant	croit	a cru	croyait	croira	croirait	croie	
cru	croyons	avons cru	croyions	croirons	croirions	croyions	croyons
	croyez	avez cru	croyiez	croirez	croiriez	croyiez	croyez
	croient	ont cru	croyaient	croiront	croiraient	croient	
devoir	dois	ai dû	devais	devrai	devrais	doive	
(*to have to,*	dois	as dû	devais	devras	devrais	doives	dois
to owe)	doit	a dû	devait	devra	devrait	doive	
devant	devons	avons dû	devions	devrons	devrions	devions	devons
dû	devez	avez dû	deviez	devrez	devriez	deviez	devez
	doivent	ont dû	devaient	devront	devraient	doivent	
dire**	dis	ai dit	disais	dirai	dirais	dise	
(*to say,*	dis	as dit	disais	diras	dirais	dises	dis
to tell)	dit	a dit	disait	dira	dirait	dise	
disant	disons	avons dit	disions	dirons	dirions	disions	disons
dit	dites	avez dit	disiez	direz	diriez	disiez	dites
	disent	ont dit	disaient	diront	diraient	disent	
dormir†	dors	ai dormi	dormais	dormirai	dormirais	dorme	
(*to sleep*)	dors	as dormi	dormais	dormiras	dormirais	dormes	dors
dormant	dort	a dormi	dormait	dormira	dormirait	dorme	
dormi	dormons	avons dormi	dormions	dormirons	dormirions	dormions	dormons
	dormez	avez dormi	dormiez	dormirez	dormiriez	dormiez	dormez
	dorment	ont dormi	dormaient	dormiront	dormiraient	dorment	
écrire††	écris	ai écrit	écrivais	écrirai	écrirais	écrive	
(*to write*)	écris	as écrit	écrivais	écriras	écrirais	écrives	écris
écrivant	écrit	a écrit	écrivait	écrira	écrirait	écrive	
écrit	écrivons	avons écrit	écrivions	écrirons	écririons	écrivions	écrivons
	écrivez	avez écrit	écriviez	écrirez	écririez	écriviez	écrivez
	écrivent	ont écrit	écrivaient	écriront	écriraient	écrivent	
envoyer	envoie	ai envoyé	envoyais	enverrai	enverrais	envoie	
(*to send*)	envoies	as envoyé	envoyais	enverras	enverrais	envoies	envoie
envoyant	envoie	a envoyé	envoyait	enverra	enverrait	envoie	
envoyé	envoyons	avons envoyé	envoyions	enverrons	enverrions	envoyions	envoyons
	envoyez	avez envoyé	envoyiez	enverrez	enverriez	envoyiez	envoyez
	envoient	ont envoyé	envoyaient	enverront	enverraient	envoient	

*Verbs like **craindre**: atteindre, éteindre, plaindre
Verbs like **dire: contredire (vous contredisez), interdire (vous interdisez), prédire (vous prédisez)
†Verbs like **dormir**: mentir, partir, repartir, sentir, servir, sortir. (**Partir, repartir,** and **sortir** are conjugated with **être**.)
††Verbs like **écrire**: décrire

VERB	PRESENT	PASSÉ COMPOSÉ	IMPERFECT	FUTURE	CONDITIONAL	PRESENT SUBJUNCTIVE	IMPERATIVE
faire	fais	ai fait	faisais	ferai	ferais	fasse	
(*to do,*	fais	as fait	faisais	feras	ferais	fasses	fais
to make)	fait	a fait	faisait	fera	ferait	fasse	
faisant	faisons	avons fait	faisions	ferons	ferions	fassions	faisons
fait	faites	avez fait	faisiez	ferez	feriez	fassiez	faites
	font	ont fait	faisaient	feront	feraient	fassent	
falloir	il faut	il a fallu	il fallait	il faudra	il faudrait	il faille	
(*to be*							
necessary)							
fallu							
lire	lis	ai lu	lisais	lirai	lirais	lise	
(*to read*)	lis	as lu	lisais	liras	lirais	lises	lis
lisant	lit	a lu	lisait	lira	lirait	lise	
lu	lisons	avons lu	lisions	lirons	lirions	lisions	lisons
	lisez	avez lu	lisiez	lirez	liriez	lisiez	lisez
	lisent	ont lu	lisaient	liront	liraient	lisent	
mettre*	mets	ai mis	mettais	mettrai	mettrais	mette	
(*to put*)	mets	as mis	mettais	mettras	mettrais	mettes	mets
mettant	met	a mis	mettait	mettra	mettrait	mette	
mis	mettons	avons mis	mettions	mettrons	mettrions	mettions	mettons
	mettez	avez mis	mettiez	mettrez	mettriez	mettiez	mettez
	mettent	ont mis	mettaient	mettront	mettraient	mettent	
mourir	meurs	suis mort(e)	mourais	mourrai	mourrais	meure	
(*to die*)	meurs	es mort(e)	mourais	mourras	mourrais	meures	meurs
mourant	meurt	est mort(e)	mourait	mourra	mourrait	meure	
mort	mourons	sommes mort(e)s	mourions	mourrons	mourrions	mourions	mourons
	mourez	êtes mort(e)(s)	mouriez	mourrez	mourriez	mouriez	mourez
	meurent	sont mort(e)s	mouraient	mourront	mourraient	meurent	
ouvrir*	ouvre	ai ouvert	ouvrais	ouvrirai	ouvrirais	ouvre	
(*to open*)	ouvres	as ouvert	ouvrais	ouvriras	ouvrirais	ouvres	ouvre
ouvrant	ouvre	a ouvert	ouvrait	ouvrira	ouvrirait	ouvre	
ouvert	ouvrons	avons ouvert	ouvrions	ouvrirons	ouvririons	ouvrions	ouvrons
	ouvrez	avez ouvert	ouvriez	ouvrirez	ouvririez	ouvriez	ouvrez
	ouvrent	ont ouvert	ouvraient	ouvriront	ouvriraient	ouvrent	
plaire	plais	ai plu	plaisais	plairai	plairais	plaise	
(*to please*)	plais	as plu	plaisais	plairas	plairais	plaises	plais
plaisant	plaît	a plu	plaisait	plaira	plairait	plaise	
plu	plaisons	avons plu	plaisions	plairons	plairions	plaisions	plaisons
	plaisez	avez plu	plaisiez	plairez	plairiez	plaisiez	plaisez
	plaisent	ont plu	plaisaient	plairont	plairaient	plaisent	
pleuvoir	il pleut	il a plu	il pleuvait	il pleuvra	il pleuvrait	il pleuve	
(*to rain*)							
pleuvant							
plu							
pouvoir	peux (puis)	ai pu	pouvais	pourrai	pourrais	puisse	
(*to be able*)	peux	as pu	pouvais	pourras	pourrais	puisses	
pouvant	peut	a pu	pouvait	pourra	pourrait	puisse	
pu	pouvons	avons pu	pouvions	pourrons	pourrions	puissions	
	pouvez	avez pu	pouviez	pourrez	pourriez	puissiez	
	peuvent	ont pu	pouvaient	pourront	pourraient	puissent	

*Verbs like **mettre**: permettre, promettre, remettre
Verbs like **ouvrir: couvrir, découvrir, offrir, souffrir

VERB	PRESENT	PASSÉ COMPOSÉ	IMPERFECT	FUTURE	CONDITIONAL	PRESENT SUBJUNCTIVE	IMPERATIVE
prendre*	prends	ai pris	prenais	prendrai	prendrais	prenne	
(*to take*)	prends	as pris	prenais	prendras	prendrais	prennes	prends
prenant	prend	a pris	prenait	prendra	prendrait	prenne	
pris	prenons	avons pris	prenions	prendrons	prendrions	prenions	prenons
	prenez	avez pris	preniez	prendrez	prendriez	preniez	prenez
	prennent	ont pris	prenaient	prendront	prendraient	prennent	
recevoir**	reçois	ai reçu	recevais	recevrai	recevrais	reçoive	
(*to receive*)	reçois	as reçu	recevais	recevras	recevrais	reçoives	reçois
recevant	reçoit	a reçu	recevait	recevra	recevrait	reçoive	
reçu	recevons	avons reçu	recevions	recevrons	recevrions	recevions	recevons
	recevez	avez reçu	receviez	recevrez	recevriez	receviez	recevez
	reçoivent	ont reçu	recevaient	recevront	recevraient	reçoivent	
rire†	ris	ai ri	riais	rirai	rirais	rie	
(*to laugh*)	ris	as ri	riais	riras	rirais	ries	ris
riant	rit	a ri	riait	rira	rirait	rie	
ri	rions	avons ri	riions	rirons	ririons	riions	rions
	riez	avez ri	riiez	rirez	ririez	riiez	riez
	rient	ont ri	riaient	riront	riraient	rient	
savoir	sais	ai su	savais	saurai	saurais	sache	
(*to know*)	sais	as su	savais	sauras	saurais	saches	sache
sachant	sait	a su	savait	saura	saurait	sache	
su	savons	avons su	savions	saurons	saurions	sachions	sachons
	savez	avez su	saviez	saurez	sauriez	sachiez	sachez
	savent	ont su	savaient	sauront	sauraient	sachent	
suivre	suis	ai suivi	suivais	suivrai	suivrais	suive	
(*to follow*)	suis	as suivi	suivais	suivras	suivrais	suives	suis
suivant	suit	a suivi	suivait	suivra	suivrait	suive	
suivi	suivons	avons suivi	suivions	suivrons	suivrions	suivions	suivons
	suivez	avez suivi	suiviez	suivrez	suivriez	suiviez	suivez
	suivent	ont suivi	suivaient	suivront	suivraient	suivent	
tenir	tiens	ai tenu	tenais	tiendrai	tiendrais	tienne	
(*to hold,*	tiens	as tenu	tenais	tiendras	tiendrais	tiennes	tiens
to keep)	tient	a tenu	tenait	tiendra	tiendrait	tienne	
tenant	tenons	avons tenu	tenions	tiendrons	tiendrions	tenions	tenons
tenu	tenez	avez tenu	teniez	tiendrez	tiendriez	teniez	tenez
	tiennent	ont tenu	tenaient	tiendront	tiendraient	tiennent	
venir††	viens	suis venu(e)	venais	viendrai	viendrais	vienne	
(*to come*)	viens	es venu(e)	venais	viendras	viendrais	viennes	viens
venant	vient	est venu(e)	venait	viendra	viendrait	vienne	
venu	venons	sommes venu(e)s	venions	viendrons	viendrions	venions	venons
	venez	êtes venu(e)(s)	veniez	viendrez	viendriez	veniez	venez
	viennent	sont venu(e)s	venaient	viendront	viendraient	viennent	

*Verbs like **prendre**: apprendre, comprendre, surprendre
Verbs like **recevoir: apercevoir, s'apercevoir de, décevoir
†Verbs like **rire**: sourire
††Verbs like **venir**: devenir (elle est devenue), revenir (elle est revenue), maintenir (elle a maintenu), obtenir (elle a obtenu), se souvenir de (elle s'est souvenue de...), tenir (elle a tenu)

VERB	PRESENT	PASSÉ COMPOSÉ	IMPERFECT	FUTURE	CONDI-TIONAL	PRESENT SUBJUNCTIVE	IMPERATIVE
vivre*	vis	ai vécu	vivais	vivrai	vivrais	vive	
(*to live*)	vis	as vécu	vivais	vivras	vivrais	vives	vis
vivant	vit	a vécu	vivait	vivra	vivrait	vive	
vécu	vivons	avons vécu	vivions	vivrons	vivrions	vivions	vivons
	vivez	avez vécu	viviez	vivrez	vivriez	viviez	vivez
	vivent	ont vécu	vivaient	vivront	vivraient	vivent	
voir**	vois	ai vu	voyais	verrai	verrais	voie	
(*to see*)	vois	as vu	voyais	verras	verrais	voies	vois
voyant	voit	a vu	voyait	verra	verrait	voie	
vu	voyons	avons vu	voyions	verrons	verrions	voyions	voyons
	voyez	avez vu	voyiez	verrez	verriez	voyiez	voyez
	voient	ont vu	voyaient	verront	verraient	voient	
vouloir	veux	ai voulu	voulais	voudrai	voudrais	veuille	
(*to wish,*	veux	as voulu	voulais	voudras	voudrais	veuilles	veuille
to want)	veut	a voulu	voulait	voudra	voudrait	veuille	
voulant	voulons	avons voulu	voulions	voudrons	voudrions	voulions	veuillons
voulu	voulez	avez voulu	vouliez	voudrez	voudriez	vouliez	veuillez
	veulent	ont voulu	voulaient	voudront	voudraient	veuillent	

*Like **vivre: survivre**
Like **voir: prévoir, revoir

APPENDIX D: ANSWERS TO GRAMMAR EXERCISES

PREMIÈRE ÉTAPE

Ex. 1. 1. oui 2. non 3. non 4. oui 5. oui **Ex. 2.** 1. c. 2. a. 3. b. 4. d
Ex. 3. 1. petit, petite 2. grande, grand 3. vieille 4. beau 5. noir 6. moyen
Ex. 4. 1. Je, je 2. Il 3. Elle, Ils 4. nous 5. Elles 6. Tu **Ex. 5.** 1. suis 2. est 3. sommes 4. est 5. sont 6. sont 7. es **Ex. 6.** 1. ne sont pas 2. n'est pas 3. n'es pas 4. n'êtes pas 5. ne sont pas 6. ne suis pas 7. ne sommes pas 8. n'est pas **Ex. 7.** 1. un, un, un 2. un, un, un, un, le 3. un, un, le 4. une, une, une 5. une, une 6. une, la
Ex. 8. 1. L' 2. Les 3. Les 4. La 5. Le **Ex. 9.** 1. une, une 2. une, un, un, un 3. des, des 4. un, des, un, des 5. une, un, une, un **Ex. 10.** 1. a 2. a 3. b 4. a 5. b

DEUXIÈME ÉTAPE

Ex. 1. 1. des 2. un 3. des 4. un 5. des 6. de 7. de **Ex. 2.** 1. Oui, il y a une bicyclette. (Non, il n'y a pas de bicyclette.) 2. Oui, il y a une grande fenêtre. (Non, il n'y a pas de grande fenêtre.) 3. Oui, il y a une horloge. (Non, il n'y a pas d'horloge.) 4. Oui, il y a une plante. (Non, il n'y a pas de plante.) 5. Oui, il y a une télévision en couleurs. (Non, il n'y a pas de télévision en couleurs.) 6. Oui, il y a une lampe. (Non, il n'y a pas de lampe.) 7. Oui, il y a un téléphone. (Non, il n'y a pas de téléphone.) 8. Oui, il y a un tableau noir. (Non, il n'y a pas de tableau noir.) **Ex. 3.** 1. Qui est-ce? 2. Qu'est-ce que c'est? 3. Qui est-ce? 4. Qui est-ce? 5. Qu'est-ce que c'est? 6. Qu'est-ce que c'est? **Ex. 4.** 1. c 2. e 3. a 4. b 5. d **Ex. 5.** 1. Il est quatre heures vingt. 2. Il est six heures et quart. 3. Il est huit heures treize. 4. Il est une heure dix. 5. Il est sept heures sept. 6. Il est cinq heures et demie. 7. Il est neuf heures moins sept. 8. Il est trois heures moins vingt. 9. Il est midi. (Il est minuit.) 10. Il est dix heures quarante-cinq. (Il est onze heures moins le quart.) **Ex. 6.** 1. Il est quinze heures. Il est trois heures de l'après-midi. 2. Il est sept heures quinze. Il est sept heures et quart du matin. 3. Il est treize heures trente. Il est une heure et demie de l'après-midi. 4. Il est vingt heures. Il est huit heures du soir. 5. Il est vingt-deux heures trente. Il est dix heures et demie du soir. 6. Il est dix heures quarante-cinq. Il est onze heures moins le quart du matin. 7. Il est dix-huit heures vingt. Il est six heures vingt du soir. 8. Il est dix-neuf heures. Il est sept heures du soir. 9. Il est seize heures quarante-cinq. Il est cinq heures moins le quart de l'après-midi. 10. Il est onze heures cinquante. Il est midi moins dix. (Due to an error in the textbook numbering, there is no **Ex. 7.**) **Ex. 8.** 1. avons 2. avons 3. ai 4. a 5. ont 6. avez 7. avez 8. as 9. as **Ex. 9.** 1. des, de 2. un, de 3. une, de 4. un, de 5. un, de 6. un, d' **Ex. 10.** 1. Oui, j'ai un chien. (Non, je n'ai pas de chien.) 2. Oui, j'ai un appartement. (Non, je n'ai pas d'appartement.) 3. Oui, j'ai un poste de télévision dans ma chambre. (Non, je n'ai pas de poste de télévision dans ma chambre.) 4. Oui, j'ai un ordinateur. (Non, je n'ai pas d'ordinateur.) 5. Oui, j'ai une radio dans ma voiture. (Non, je n'ai pas de radio dans ma voiture.) 6. Oui, j'ai un cours de maths. (Non, je n'ai pas de cours de maths.) 7. Oui, j'ai un complexe d'infériorité. (Non, je n'ai pas de complexe d'infériorité.) 8. Oui, j'ai une guitare. (Non, je n'ai pas de guitare.) **Ex. 11** 1. Daniel est sympathique et intelligent. 2. Barbara est sportive et généreuse. 3. Louis est beau et raisonnable. 4. Albert est grand et mince. 5. Denise est blonde et belle. 6. Jacqueline est petite et intelligente. **Ex. 12.** 1. Catherine Deneuve est (n'est pas) belle. Un tigre est (n'est pas) beau. Une vieille Ford est (n'est pas) belle. Une peinture de Picasso est (n'est pas) belle. 2. Le chocolat est (n'est pas) bon. La com-

pagnie est (n'est pas) bonne. Sœur Thérésa est (n'est pas) bonne. Le fast-food est (n'est pas) bon. 3. Une motocyclette est (n'est pas) dangereuse. Une bombe est (n'est pas) dangereuse. Le tennis est (n'est pas) dangereux. La politique est (n'est pas) dangereuse. 4. Un livre de science-fiction est (n'est pas) amusant. La politique est (n'est pas) amusante. Un examen de physique est (n'est pas) amusant. Un film de Woody Allen est (n'est pas) amusant. 5. L'astronomie est (n'est pas) vieille. Le Louvre est (n'est pas) vieux. Le président américain est (n'est pas) vieux. L'université où je suis est (n'est pas) vieille.
Ex. 13. 1. sérieux, nerveux, intelligents, amusants 2. patient, compétent, raisonnable, amusant 3. long, compliqué, amusant, intéressant 4. beaux, amusants, sportifs, individualistes 5. belles, intelligentes, sérieuses, timides 6. belle, compliquée, facile, mystérieuse

CHAPITRE 1

Ex. 1. 1. soixante (60), soixante-dix (70), quatre-vingts (80), quatre-vingt-dix (90), cent (100) 2. soixante et un (61), soixante et onze (71), quatre-vingt-un (81), quatre-vingt-onze (91) 3. soixante-deux (62), soixante-douze (72), quatre-vingt-deux (82), quatre-vingt-douze (92) 4. soixante-cinq (65), soixante-quinze (75), quatre-vingt-cinq (85), quatre-vingt-quinze (95) 5. soixante-six (66), soixante-seize (76), quatre-vingt-six (86), quatre-vingt-seize (96) 6. soixante-sept (67), soixante-dix-sept (77), quatre-vingt-sept (87), quatre-vingt-dix-sept (97) **Ex. 2.** 1. Marie Lasalle a soixante-neuf ans. 2. Francis Lasalle a soixante-dix ans. 3. Victor Colin a quarante-neuf ans. 4. Claudine Colin a quarante-cinq ans. 5. Marise et Clarisse ont dix-neuf ans. 6. Charles a dix-sept ans. 7. Emmanuel a quinze ans. **Ex. 3.** 1. soixante-cinq, dix, quatre-vingts, trente 2. quatre-vingt-sept, cinquante-trois, quarante, seize 3. vingt, cinquante-cinq, soixante-dix, quatre-vingt-un 4. quatre-vingt-dix-huit, soixante-quinze, vingt et un, soixante 5. soixante-dix-sept, trente-huit, quatre-vingt-deux, quatre-vingt-dix-sept 6. quatre-vingt-onze, dix-huit, trente-neuf, soixante-dix-huit 7. quarante-cinq, soixante-deux, quatre-vingt-six, quarante-trois 8. quatre-vingt-trois, soixante-seize, soixante-quatre, quatre-vingt dix 9. cinquante-trois, soixante-sept, zéro sept, cent 10. quatre-vingt-douze, quatre-vingt-deux, soixante-quinze, soixante et un **Ex. 4.** 1. ta 2. tes 3. Mon 4. Mes 5. Mon 6. ma 7. ma 8. Mes 9. Mon 10. ma 11. ta 12. ses 13. son 14. ses **Ex. 5.** 1. votre 2. votre 3. votre 4. votre 5. vos 6. vos 7. vos 8. leur 9. Notre 10. nos 11. leur 12. Leurs **Ex. 6.** 1. Ses 2. Son, son 3. Sa 4. Son, son 5. Leurs 6. Leur 7. Leur 8. ses, Son **Ex. 7.** 1. aimes, aime 2. aimez, aimons 3. Aimez, aime 4. aime, aime 5. aiment, aiment **Ex. 8.** 1. aime 2. aime 3. aiment 4. aimons 5. aiment 6. aime 7. aimez **Ex. 9.** *Model answers:* 1. Mes grands-parents n'aiment pas jouer au golf, mais ils aiment jouer aux cartes. 2. Ma mère n'aime pas skier, mais elle aime faire des promenades. 3. Mon père n'aime pas écouter du rock, mais il aime écouter de la musique classique. 4. Mon petit ami n'aime pas jouer du piano, mais il aime chanter. 5. Mon professeur de français n'aime pas aller au cinéma, mais il (elle) aime danser. 6. Je n'aime pas jouer au tennis, mais j'aime dormir tard. **Ex. 10.** 1. vous, moi 2. lui 3. elle 4. eux **Ex. 11.** 1. vient 2. viennent 3. vient, vient 4. viennent 5. venez, venons 6. viens, viens **Ex. 12.** 1. le 5 mai 1982 (le cinq mai mille neuf cent quatre-vingt-deux). 2. le 16 août 1990 (le seize août mille neuf cent quatre-vingt-dix). 3. le 6 janvier 1987 (le six janvier mille neuf cent quatre-vingt-sept). 4. le 28 février 1962 (le vingt-huit février mille neuf cent soixante-deux). 5. le 14 septembre 1975 (le quatorze septembre mille neuf cent soixante-quinze). 6. le 1er décembre 1934 (le premier décembre mille neuf cent trente-

quatre). **Ex. 13.** 1. trente-quatre mille cent cinquante. 2. soixante-six mille cinq cents. 3. soixante-quatre mille deux cents. 4. vingt-neuf mille deux cents. 5. soixante-seize mille six cents. 6. trente-trois mille. 7. quarante-six mille. 8. treize mille cent. 9. soixante-quinze mille quinze. 10. quatre-vingt-treize mille trois cent deux. **Ex. 14.** 1. c 2. e 3. a 4. b 5. d **Ex. 15.** l. étudions 2. travaillons (étudions) 3. étudiez 4. étudie 5. étudie 6. habitez 7. habitons 8. habite 9. habite 10. travaillent 11. travaillent 12. travaille 13. travailles **Ex. 16.** 1. rencontre 2. déjeunons 3. parlons 4. joue 5. cherche 6. rentre 7. cuisine 8. jouons 9. écoutons 10. dansons **Ex. 17.** 1. de ma famille. 2. des petites filles. 3. de la voisine. 4. des voisins. 5. des grands-parents. 6. du voisin. 7. de l'oncle de Jean. 8. du cousin de Jean. **Ex. 18.** 1. La grand-mère, c'est la femme du grand-père. 2. La tante, c'est la femme de l'oncle. 3. Le cousin, c'est le fils de l'oncle et de la tante. 4. La cousine, c'est la sœur du cousin. 5. La belle-sœur, c'est la femme du frère. 6. La nièce, c'est la fille de l'oncle et de la tante. 7. Le grand-père, c'est le père de la mère ou du père. 8. L'oncle, c'est le père du cousin (des cousins) (de la cousine) (des cousines).

CHAPITRE 2

Ex. 1. 1. Il fait du soleil. (Il fait beau.) 2. Il fait froid. 3. Il pleut. 4. Il fait gris. (Il fait du brouillard.) (Le ciel est couvert.) 5. Il fait chaud. 6. Il neige. 7. Il fait du vent. 8. Il y a des nuages. (Le ciel est couvert.) **Ex. 2.** 1. faisons 2. fait 3. fait 4. fait 5. font 6. fais 7. faire 8. fait 9. fait 10. faisons **Ex. 3.** 1. Marie fait du tricot. 2. Marie-Christine fait de la bicyclette (du vélo). 3. Camille et son chien se promènent. 4. Nathalie fait de la peinture. 5. Bernard et Francis font de la voile. 6. Christine fait de l'aérobic. **Ex. 4.** 1. offres 2. espère 3. préfères 4. achète 5. appelle 6. mangeons 7. ouvrent 8. répète **Ex. 5.** 1. me lève 2. se réveille 3. se lève 4. nous habillons 5. nous promener 6. s'amuse 7. nous reposons 8. me coucher 9. se coucher **Ex. 6.** *Model answers:* 1. Oui,

en général, je me couche tard. (Non, en général, je ne me couche pas tard.) (Non, je me couche de bonne heure.) 2. Oui, je me réveille souvent la nuit. (Non, je ne me réveille pas souvent la nuit.) (Non, d'habitude, je ne me réveille pas la nuit.) 3. Oui, j'aime me lever de bonne heure. (Non, je n'aime pas me lever de bonne heure.) (Non, j'aime me lever tard.) 4. En général, je m'habille en cinq minutes. (En général, je ne m'habille pas en cinq minutes, je m'habille en un quart d'heure.) 5. Oui, mes camarades et moi, nous nous amusons le vendredi soir. (Non, nous ne nous amusons pas le vendredi soir.) (Non, nous nous amusons le samedi soir.) 6. Oui, d'habitude, mes amis et moi, nous nous reposons le week-end. (Non, d'habitude, nous ne nous reposons pas le week-end.) (Non, d'habitude, nous nous amusons le week-end.) 7. Mon restaurant préféré s'appelle La Tour d'Argent. 8. Je préfère me promener à la campagne. 9. Je préfère me baigner dans un lac. **Ex. 7.** 1. vais à la 2. allons 3. allez au 4. vont au 5. allons aux 6. vas au 7. va à l' 8. au **Ex. 8.** *Model answers:* 1. Oui, j'y vais deux fois par semaine. (Non, je n'y vais jamais.) 2. Oui, j'y vais quelquefois. (Non, je n'y vais jamais.) 3. Oui, j'y vais une fois par semaine. (Non, je n'y vais pas souvent.) 4. Oui, j'y vais tous les jours. (Non, je n'y vais pas souvent.) 5. Oui, j'y vais quelquefois. (Non, je n'y vais jamais.) 6. Oui, j'y vais une fois par semaine. (Non, je n'y vais pas souvent.) 7. Oui, j'y vais souvent. (Non, je n'y vais jamais.) 8. Oui, j'y vais le dimanche (tous les dimanches). (Non, je n'y vais pas souvent.) **Ex. 9.** 1. Oui, on regarde beaucoup la télévision. 2. Non, on ne mange pas toujours des hamburgers. 3. Non, on ne va pas au restaurant tous les jours. 4. Non, on ne dîne pas à huit heures du soir. 5. Non, on ne rentre pas à la maison à midi pour déjeuner. 6. Oui, on aime les films français. 7. Oui, on aime aller au théâtre. 8. Non, on ne fait pas de promenades en famille le dimanche après-midi. **Ex. 10.** 1. veux (peux) 2. veux 3. voulons 4. veulent 5. pouvons 6. pouvez 7. peux 8. peuvent 9. veut

10. peux (veux) **Ex. 11.** 1. Oui, je voudrais dîner dans un bon restaurant français. (Non, je ne voudrais pas dîner dans un bon restaurant français.) 2. Oui, je voudrais manger des escargots. (Non, je ne voudrais pas manger des escargots.) 3. Oui, je voudrais habiter à Paris. (Non, je ne voudrais pas habiter à Paris.) 4. Oui, je voudrais travailler à Wall Street. (Non, je ne voudrais pas travailler à Wall Street.) 5. Oui, je voudrais faire de la plongée sous-marine. (Non, je ne voudrais pas faire de la plongée sous-marine.) 6. Oui, je voudrais faire des études de médecine. (Non, je ne voudrais pas faire des études de médecine.) 7. Oui, je voudrais visiter une autre planète. (Non, je ne voudrais pas visiter une autre planète.) 8. Oui, je voudrais être président(e) des États-Unis. (Non, je ne voudrais pas être président(e) des États-Unis.) **Ex. 12.** 1. savez; Oui, je sais faire du ski nautique. (Non, je ne sais pas faire du ski nautique.) 2. sait; Oui, il/elle sait faire la cuisine. (Non, il/elle ne sait pas faire la cuisine.) 3. sait; Oui, il/elle sait réparer une voiture. (Non, il/elle ne sait pas réparer une voiture.) 4. savez; Oui, nous savons jouer au bridge. (Non, nous ne savons pas jouer au bridge.) 5. savent; Oui, ils savent utiliser un ordinateur. (Non, ils ne savent pas utiliser un ordinateur.) 6. Savez; Oui, je sais/nous savons parler grec. (Non, je ne sais pas/nous ne savons pas parler grec.)

CHAPITRE 3

Ex. 1. 1. Le bureau de Mme Martin est devant le tableau noir. 2. Les livres de Mme Martin sont sur son bureau. 3. Elle est devant la classe. 4. Elle est près du tableau. 5. Le pupitre de Daniel est à côté du pupitre d'Albert. 6. Il regarde un match de football dans le parc en face du bâtiment des cours. 7. Barbara est trop loin du tableau noir. 8. La salle 300A se trouve entre les salles 300 et 301. **Ex. 2.** 1. Comment va maman? 2. Qu'est-ce que Charles fait? (Que fait Charles?) 3. Où est papa? 4. Qu'est-ce que Jean-Claude fait? (Que fait Jean-Claude?) 5. Qui est Michel? 6. Comment est-il? 7. Comment s'appelle le

nouveau bébé des voisins? 8. Comment est ce bébé? 9. Comment va sa mère? 10. Quand est-ce que tes vacances commencent? (Quand commencent tes vacances?) **Ex. 3.** 1. Combien de temps est-ce que vous restez? (Combien de temps restez-vous?) 2. Où est-ce que vous logez? (Où logez-vous?) 3. Qu'est-ce que vous faites? (Que faites-vous?) 4. Quels musées est-ce que vous visitez? (Quels musées visitez-vous?) 5. Comment est-ce que vous vous déplacez à Paris? (Comment vous déplacez-vous à Paris?) 6. Pourquoi est-ce que vous allez à Paris? (Pourquoi allez-vous à Paris?) 7. Qu'est-ce que vous achetez? 8. Quelles boutiques est-ce que vous préférez? (Quelles boutiques préférez-vous?) 9. Avec qui est-ce que vous voyagez? (Avec qui voyagez-vous?) **Ex. 4.** 1. prends 2. prennent 3. apprends 4. comprends 5. prendre 6. comprennent 7. apprenons 8. Prenez **Ex. 5.** *Model answers:* 1. Alors, tu dois te déplacer à bicyclette. 2. Vous devez appeler un taxi. 3. Bon, vous devez étudier le plan du métro. 4. On doit arriver plus tôt. 5. Il doit aller au travail à pied. 6. Ils doivent étudier le plan du métro de la ville. 7. Tu dois prendre le bus. 8. Elle doit appeler un taxi. **Ex. 6.** 1. Ce, ces 2. Ces, ces 3. Cette 4. Ces, Cette, ce 5. Ces, cette 6. Cet **Ex. 7.** 1. Ces chaussures-ci 2. Ces sandales-là 3. Ces bottes-là 4. Ces ballerines-ci 5. ces tennis-ci **Ex. 8.** 1. du, des 2. des 3. de l', du, du, de la 4. de 5. du, de l' 6. du 7. d' **Ex. 9.** 1. Je prends du lait / du café / du vin / de l'eau minérale. 2. Je prends une tasse de bière / de café / de chocolat chaud / de thé. 3. Je ne prends jamais de whisky / de champagne français / de Coca / de café. 4. J'aime commander de la bière / du vin / du Coca / du jus de fruit. 5. J'aime prendre un verre de thé glacé / de Coca / d'eau froide / de jus de fruit. 6. Je prends du café / du thé / du lait / du vin. 7. Je prends du Coca / du café / du thé / de l'eau minérale. 8. Je prends beaucoup d'eau / de jus d'orange / de thé / de Coca. **Ex. 10.** 1. part, pars 2. partent 3. part 4. pars, partons 5. partent **Ex. 11.** *Model an-*

swers: 1. Non, ils ne sortent pas seuls la nuit. Moi, je ne sors jamais seul(e). 2. Non, ils partent en vacances une fois par an. Moi, je pars en vacances deux fois par an, en été et en hiver. 3. Beaucoup d'étudiants américains partent en Floride, mais la majorité des étudiants ne partent pas. Moi, je pars en Californie. 4. Non, la plupart des Américains ne partent pas en Europe. Moi, je pars à la campagne. 5. Si, les Américains dorment dans des hôtels quand ils voyagent. Moi, je fais du camping, je dors dans une tente. 6. Non, ils ne sortent pas tous les soirs. Moi, je sors seulement le week-end. 7. Non, ils s'endorment vers huit heures. Moi, je m'endors vers onze heures. 8. Non, ils mangent en famille et dorment dans leurs lits. Moi, je mange devant la télé, mais je ne dors pas devant la télé. **Ex. 12.** 1. vas 2. vais 3. va 4. allons 5. vont 6. vont 7. allez 8. vais **Ex. 13.** *Model answers:* 1. Ce soir, je vais faire mes devoirs/je vais sortir avec des amis. (Ce soir, je vais regarder la télé. Je suis fatigué[e].) 2. Demain matin, je vais me lever à sept heures/je vais dormir jusqu'à neuf heures. (Demain matin, je vais rester au lit. C'est le week-end.) 3. Demain, je vais travailler pendant quelques heures/je vais faire une longue promenade. (Demain je vais beaucoup travailler. J'ai un examen.) 4. Demain à midi, je vais manger un sandwich chez moi/je vais déjeuner avec un(e) ami(e). (Demain à midi, je vais au restaurant. C'est l'anniversaire de maman.) 5. Demain soir, je vais regarder mon émission favorite à la télé/je vais écrire une lettre à un(e) ami(e). (Demain soir, je vais sortir avec des amis.) 6. Ce week-end, nous allons faire du ski nautique/nous allons regarder un film ensemble. (Ce week-end, nous allons faire un pique-nique.) 7. Samedi soir, nous allons rester à la maison et jouer aux cartes/ nous allons assister à un concert symphonique. (Samedi soir, nous allons nous coucher très tôt. Nous devons nous lever à cinq heures, dimanche.) 8. Dimanche après-midi, je vais passer l'après-midi en famille/je vais faire une promenade en voiture. (Je vais aller voir un ami à l'hôpital.) **Ex. 14.**

Model answers: 1. Aujourd'hui, Agnès ne va pas dormir jusqu'à sept heures et quart; elle va se lever à six heures. 2. Aujourd'hui, elle ne va pas prendre sa douche avant le petit déjeuner; elle va prendre sa douche après le petit déjeuner. 3. Aujourd'hui, elle ne va pas manger un croissant au petit déjeuner; elle va manger une tartine. 4. Aujourd'hui, elle ne va pas prendre le métro; elle va prendre l'autobus. 5. Aujourd'hui, elle ne va pas retrouver ses amis au café, elle va aller à la bibliothèque 6. Aujourd'hui, elle ne va pas acheter un sandwich et un fruit; elle va acheter une crêpe et un jus d'orange. 7. Aujourd'hui, elle ne va pas se promener dans le jardin public; elle va se promener en ville. 8. Aujourd'hui, elle ne va pas travailler à la bibliothèque; elle va travailler à la maison. 9. Aujourd'hui, elle ne va pas rentrer vers six heures et préparer son dîner; elle va dîner au restaurant. 10. Aujourd'hui, elle ne va pas regarder le journal à la télévision; elle va sortir avec ses amis. 11. Aujourd'hui, elle ne va pas étudier sa leçon de japonais; elle va écouter de la musique. 12. Aujourd'hui, elle ne va pas se coucher à onze heures; elle va se coucher à minuit.

CHAPITRE 4

Ex. 1. 1. une vieille maison 2. une belle cheminée 3. un petit réfrigérateur 4. une bonne cuisinière 5. un grand sauna 6. un nouveau numéro de téléphone **Ex. 2.** 1. Mais non, j'ai une grande chambre. 2. Mais non, j'ai un vieil appartement. 3. Mais non, j'ai un nouveau blue-jean. 4. Mais non, j'ai des vieilles chaussures. 5. Mais non, j'ai une petite Mercedes. 6. Mais non, j'ai un petit chien. 7. Mais non, j'ai un autre chien qui est grand. 8. Mais non, j'ai un mauvais dictionnaire de français. 9. Mais non, j'ai un vieux professeur de français. 10. Mais non, j'ai des vieux amis.

Ex. 3. *Model answers:* 1. Un lave-vaisselle est aussi utile qu'un réfrigérateur, mais un réfrigérateur est plus important qu'un lave-vaisselle. 2. Un appartement est moins cher qu'une maison, mais une maison est plus agréable qu'un appartement. 3. Un studio est plus économique qu'un deux-pièces, mais un deux-pièces est plus confortable qu'un studio. 4. Un immeuble moderne est plus confortable qu'un vieil immeuble, mais un vieil immeuble est plus beau qu'un immeuble moderne. 5. Une chaîne stéréo est plus amusante qu'une radio, mais une radio est moins chère qu'une chaîne stéréo. 6. Un jardin est aussi agréable qu'un balcon, mais un balcon est moins beau qu'un jardin. 7. Un détecteur de fumée est plus important qu'un répondeur téléphonique, mais un répondeur téléphonique est plus utile qu'un détecteur de fumée. 8. Un micro-ordinateur est plus utile qu'un magnétoscope, mais un magnétoscope est plus amusant qu'un micro-ordinateur. **Ex. 4.** 1. plus d' 2. autant de 3. moins de 4. plus de 5. moins de 6. autant de 7. plus de 8. autant de 9. plus de 10. plus d' **Ex. 5.** 1. Oui, leur jardin est plus grand que notre jardin. (Oui, notre jardin est moins grand.) 2. Oui, leur chaîne stéréo est plus moderne et marche mieux que notre chaîne stéréo. (Oui, notre chaîne stéréo est moins moderne et marche moins bien.) 3. Oui, leurs meubles sont plus élégants et moins vieux que nos meubles. (Oui, nos meubles sont moins élégants et plus vieux.) 4. Oui, leur lave-vaisselle est plus moderne que notre lave-vaisselle. (Oui, notre lave-vaisselle est plus vieux.) 5. Oui, leur tapis d'Orient est plus beau que notre tapis. (Oui, notre tapis est moins beau.) 6. Oui, ils ont plus de télévisions que nous. (Oui, nous avons moins de télévisions.) 7. Oui, ils ont plus de travail que nous. (Oui, nous avons moins de travail.) 8. Oui, nous sommes aussi heureux qu'eux. **Ex. 6.** 1. agir 2. agissent 3. choisis 4. réfléchissent 5. réussissent 6. finir 7. bâtit 8. finit 9. choisissent 10. vieillit **Ex. 7.** 1. Lavez ces verres de cristal, s'il vous plaît. 2. Range ta chambre, s'il te plaît. 3. Finissez d'abord votre déjeuner, s'il vous plaît. 4. Va prendre un bain, s'il te plaît. 5. Sors tout de suite de la cuisine. 6. Donne à manger au chien, s'il te plaît. 7. N'oublie pas d'aller chez le coiffeur, s'il te plaît.

8. Venez au marché avec moi, s'il vous plaît. 9. Sois gentil avec les filles de nos invités, s'il te plaît. 10. Ne prends pas ta douche à la dernière minute, s'il te plaît. **Ex. 8.** 1. Fais moins de bruit, s'il te plaît. 2. Allez jouer dans le salon, s'il vous plaît. 3. Baisse le son, s'il te plaît. 4. Parle plus fort, s'il te plaît. 5. Ferme la porte, s'il te plaît. **Ex. 9.** 1. attends 2. prends 3. entends 4. prenons 5. vend 6. perds 7. prenons 8. attendons 9. perd 10. descendons 11. entendons **Ex. 10.** 1. Là voilà! 2. Les voilà! 3. La voilà! 4. Le voilà! 5. Le voilà! 6. Les voilà! 7. Les voilà! 8. La voilà! **Ex. 11.** 1. Oui, je les arrose quelquefois / souvent / une fois par semaine. (Non, je ne les arrose jamais. Ma sœur les arrose.) 2. Oui, je la fais quelquefois / souvent / une fois par semaine. (Non, je ne la fais jamais. Mon père la fait.) 3. Oui, je la fais quelquefois / souvent / une fois par semaine. (Non, je ne la fais jamais. Mon frère la fait.) 4. Oui, je l'essuie quelquefois / souvent / une fois par semaine. (Non, je ne l'essuie jamais. Ma mère l'essuie.) 5. Oui, je le fais quelquefois / souvent / une fois par semaine. (Non, je ne le fais jamais. Mon père le fait.) 6. Oui, je les repasse quelquefois / souvent / une fois par semaine. (Non, je ne les repasse jamais. Ma sœur les repasse.) 7. Oui, je le fais quelquefois / souvent / une fois par semaine. (Non, je ne le fais jamais. Mes frères et sœurs le font.) 8. Oui, je la nettoie quelquefois / souvent / une fois par semaine. (Non, je ne la nettoie jamais. Ma mère la nettoie.) 9. Oui, je les achète quelquefois / souvent / une fois par semaine. (Non, je ne les achète jamais. Mon père les achète.) 10. Oui, je le passe quelquefois / souvent / une fois par semaine. (Non, je ne le passe jamais. Mon frère le passe.) **Ex. 12.** 1. Oui, je vais la ranger. (Non, je ne vais pas la ranger.) 2. Oui, je vais la faire. (Non, je ne vais pas la faire.) 3. Oui, je vais les repasser. (Non, je ne vais pas les repasser.) 4. Oui, je vais les faire. (Non, je ne vais pas les faire.) 5. Oui, je les aime. (Non, je ne les aime pas.) 6. Oui, je les prends. (Non, je ne les prends pas.) 7. Oui, je vais venir vous voir. (Non, je ne vais pas

venir vous voir.) 8. Je vais l'inviter à la maison ce week-end. (Je ne vais pas l'inviter à la maison.) **Ex. 13.** 1. le 2. le 3. le 4. Le 5. t' 6. m' 7. te 8. la 9. le (les) 10. t' 11. l' 12. me 13. les 14. te 15. t' **Ex. 14.** 1. connaissez, connaissons 2. connais, connais 3. connaît, connaît 4. connaissez, connais 5. connaissent, connaissent **Ex. 15.** 1. Connais 2. connais 3. sais 4. connais 5. sais 6. connais 7. sais (connais) 8. sais 9. Sais 10. sais (connais) **Ex. 16.** 1. il a faim 2. il a soif 3. il a sommeil 4. il a chaud 5. il a froid 6. il a envie 7. il a besoin 8. il a peur **Ex. 17.** 1. j'ai besoin 2. j'ai besoin 3. j'ai faim 4. je n'ai pas envie 5. j'ai soif 6. j'ai envie 7. nous avons de la chance 8. j'ai raison 9. a l'air 10. je n'ai certainement pas honte

CHAPITRE 5

Ex. 1. *Model answers:* 1. Hier j'ai acheté un disque (des provisions) (Hier je n'ai rien acheté.) 2. Hier j'ai écouté de la musique classique. (Hier je n'ai pas écouté de la musique.) 3. Hier j'ai parlé français avec mes amis au café. (Hier je n'ai pas parlé français.) 4. Hier j'ai mangé un hamburger pour le déjeuner. (Hier je n'ai pas mangé de hamburger.) 5. Hier j'ai préparé le dîner pour ma famille. (Hier je n'ai pas préparé le dîner.) 6. Hier j'ai promené mon chien au parc. (Hier je n'ai pas promené mon chien.) 7. Hier j'ai téléphoné à un(e) ami(e) à Paris. (Hier je n'ai pas téléphoné à un[e] ami[e].) 8. Hier j'ai joué à un jeu de société avec mes camarades de chambre. (Hier je n'ai pas joué à un jeu de société.) 9. Hier j'ai assisté à des cours de huit heures à midi. (Hier je n'ai pas assisté à des cours.) 10. Hier j'ai regardé un film à la télévision. (Hier je n'ai pas regardé de film.) **Ex. 2.** 1. Daniel et Louis ont acheté des boissons. 2. Barbara et Jacqueline ont apporté des hamburgers et des chips. 3. Nous avons mangé des crêpes aussi. 4. Mme Martin a apporté des disques français. 5. Tout le monde a parlé français. 6. Même Mme Martin a dansé. 7. Nous avons regardé des photos de cette année. 8. Denise a présenté un album de photos à Pierre.

9. Pierre a embrassé tout le monde. 10. Quelques étudiants ont pleuré. **Ex. 3.** *Model answers:* 1. Moi, je n'ai pas rendu visite à une amie. (Moi aussi, j'ai rendu visite à une amie. J'ai rendu visite à mon amie Claire.) 2. Moi, je n'ai pas fini un devoir pour mon cours d'anglais. (Moi aussi, j'ai fini un devoir pour mon cours d'anglais.) 3. Moi, je n'ai pas entendu de nouvelle chanson à la radio. (Moi aussi, j'ai entendu une nouvelle chanson à la radio. J'ai entendu une chanson de Prince.) 4. Moi, je n'ai pas choisi de nouveau compact-disc. (Moi aussi, j'ai choisi un nouveau compact-disc. J'ai choisi un compact-disc de Jean-Jacques Goldman.) 5. Moi, je n'ai pas réfléchi avant de faire mon budget. (Moi aussi, j'ai réfléchi avant de faire mon budget.) 6. Moi, je n'ai pas répondu à une lettre. (Moi aussi, j'ai répondu à une lettre. J'ai répondu à une lettre de ma grand-mère.) 7. Moi, je n'ai pas perdu mes clés. (Moi aussi, j'ai perdu mes clés.) 8. Moi, je n'ai pas dormi pendant une conférence ennuyeuse. (Moi aussi, j'ai dormi pendant une conférence ennuyeuse. J'ai dormi pendant la conférence de philosophie.) 9. Moi, je n'ai pas bavardé avec des copains au café. (Moi aussi, j'ai bavardé avec des copains au café.) 10. Moi, je n'ai pas attendu le bus pendant une demi-heure. (Moi aussi, j'ai attendu le bus pendant une demi-heure.) **Ex. 4.** 1. tu n'as pas répondu 2. j'ai perdu 3. j'ai beaucoup réfléchi 4. j'ai décidé 5. Tu as réussi 6. j'ai vendu 7. (ils) m'ont donné 8. j'ai déjà attendu 9. Tu as déjà fini **Ex. 5.** *Model answers:* 1. Je suis sorti(e) sans prendre de petit déjeuner hier matin. (Je ne suis jamais sorti[e] sans prendre de petit déjeuner.) 2. Je suis allé(e) faire des courses au supermarché la semaine dernière. (Je ne suis jamais allé[e] faire des courses au supermarché.) 3. Je suis monté(e) dans un ascenseur à la bibliothèque ce matin. (Je ne suis jamais monté[e] dans un ascenseur.) 4. Je suis tombé(e) dans l'escalier l'année dernière. (Je ne suis jamais tombé[e].) 5. Je suis parti(e) à la campagne pour le week-end le mois dernier. (Je ne suis jamais parti[e] pour le week-end.) 6. Je suis arrivé(e) en classe en retard hier. (Je ne suis

jamais arrivé[e] en classe en retard.) 7. Je suis devenu(e) furieux/furieuse contre un agent de police l'été dernier. (Je ne suis jamais devenu[e] furieux/furieuse contre un agent de police.) 8. Je suis entré(e) dans une discothèque vendredi soir. (Je ne suis jamais entré[e] dans une discothèque.) 9. Je suis resté(e) au lit jusqu'à midi dimanche dernier. (Je ne suis jamais resté[e] au lit jusqu'à midi.) 10. Je suis rentré(e) après minuit samedi dernier. (Je ne suis jamais rentré[e] après minuit.) **Ex. 6.** 1. Nous sommes partis à cinq heures vendredi soir. 2. Nous sommes arrivés à Mégève vers dix heures. 3. Samedi matin, les enfants sont allés sur les pistes de bonne heure. 4. Victor et moi, nous sommes restés au lit un peu plus longtemps. 5. Marise et Clarisse sont montées et descendues plusieurs fois. 6. Heureusement, elles ne sont pas tombées. 7. A midi, nous sommes revenus au chalet pour déjeuner. 8. Le soir, tout le monde est sorti dîner. 9. Dimanche matin, les enfants sont retournés sur les pistes à neuf heures. 10. Nous sommes rentrés à Clermont-Ferrand à dix heures. **Ex. 7.** 1. Raoul est allé à la plage. 2. Il s'est couché sur sa serviette. 3. Il s'est endormi. 4. Il s'est réveillé une heure après. 5. Il s'est précipité dans l'eau. 6. Il s'est exclamé: «Zut! Que c'est froid!» 7. Il est resté dans l'eau cinq minutes. 8. Il s'est séché au soleil. 9. Il est rentré chez lui, tout bronzé. **Ex. 8.** 1. Oui, je suis allé(e) chez le coiffeur. (Non, je ne suis pas allé[e] chez le coiffeur.) 2. Oui, je me suis reposé(e). (Non, je ne me suis pas reposé[e].) 3. Oui, je me suis douché(e). (Non, je ne me suis pas douché[e].) 4. Oui, j'ai pris un bain moussant. (Non, je n'ai pas pris de bain moussant.) 5. Oui, je me suis brossé les dents. (Non, je ne me suis pas brossé les dents.) 6. Oui, je me suis fait les ongles et je me suis maquillé(e). (Non, je ne me suis pas fait les ongles et je ne me suis pas maquillé[e].) 7. Oui, je me suis rasé(e) avec mon rasoir électrique. (Non, je ne me suis pas rasé[e] avec mon rasoir électrique.) 8. Oui, je me suis habillé(e). (Non, je ne me suis pas habillé[e].) 9. Oui, je me suis beaucoup amusé(e) et je suis rentré(e) après minuit. (Non, je ne me suis pas beaucoup amusé[e] et je ne suis pas rentré[e] après minuit.) 10. Oui, je me suis couché(e) et je me suis tout de suite endormi(e). (Non, je ne me suis pas couché[e] et je ne me suis pas tout de suite endormi[e].) **Ex. 9.** 1. Oui, j'ai fait mon lit ce matin. (Non, je n'ai pas fait mon lit ce matin.) 2. Oui, j'ai lu un magazine. (Non, je n'ai pas lu de magazine.) 3. Oui, j'ai bu un Coca. (Non, je n'ai pas bu de Coca.) 4. Oui, j'ai reçu un coup de téléphone. (Non, je n'ai pas reçu de coup de téléphone.) 5. Oui, j'ai écrit une lettre à quelqu'un. (Non, je n'ai pas écrit de lettre.) 6. Oui, j'ai mis un manteau pour sortir. (Non, je n'ai pas mis de manteau pour sortir.) 7. Oui, j'ai pris le bus. (Non, je n'ai pas pris le bus.) 8. Oui, j'ai conduit ma voiture. (Non, je n'ai pas conduit ma voiture.) 9. Oui, j'ai eu un accident. (Non, je n'ai pas eu d'accident.) 10. Oui, j'ai été en retard pour un cours. (Non, je n'ai pas été en retard pour un cours.) **Ex. 10.** 1. Adrienne est montée à Paris... 2. ...elle est montée dans le train et a cherché sa place. 3. Elle a pensé... 4. ...elle est allée... Elle a choisi...elle a commandé 5. Elle a vu... 6. ...le train est entré... 7. ...Adrienne s'est endormie. 8. Quand elle s'est réveillée, elle a regardé... 9. ...elle est arrivée à Paris. 10. Elle a beaucoup aimé son voyage. **Ex. 11.** 1. Il a beaucoup plu. 2. J'ai eu... 3. J'ai pris ...j'ai lu... 4. J'ai reçu... 5. Agnès et Sarah sont venues me voir...Sarah nous a offert... 6. Nous avons eu... 7. ...nous avons pris...nous avons vu... 8. Je leur ai dit...j'ai dû courir... 9. J'ai ouvert...j'ai vu...j'ai été découragé. 10. J'ai mis...j'ai ouvert... je suis allé au lit. **Ex. 12.** 1. quelqu'un 2. déjà 3. quelque chose 4. toujours 5. encore **Ex. 13.** 1. Non, nous ne connaissons personne à Marseille. 2. Non, nous n'avons rien acheté. 3. Non, nous n'avons plus d'achats à faire. 4. Non, nous n'avons pas encore visité le port. 5. Non, nous n'avons pas encore goûté la bouillabaisse. 6. Non, nous n'avons plus envie de nous promener en ville. **Ex. 14.** 1. Non, je n'ai qu'une chambre. 2. Non, je n'ai qu'une bicyclette. 3. Non, ils n'ont

qu'un appartement. 4. Non, il n'y a que des autobus. 5. Non, ils n'ont que quinze jours de vacances. 6. Non, je n'ai visité que la côte Est. 7. Non, je n'aime que le rock. 8. Non, je n'ai étudié que le français.

CHAPITRE 6

Ex. 1. 1. j'allais 2. j'adorais 3. j'aimais 4. je m'amusais 5. je rentais 1. nous allions 2. nous faisions 3. nous nous promenions 4. nous faisions 5. nous finissions **Ex. 2.** 1. Le matin, M. et Mme Rouet se levaient toujours à cinq heures. 2. Mme Rouet prenait le bus pour aller au travail. 3. Elle devait attendre l'autobus une demi-heure. 4. M. Rouet allait au travail en voiture... 5. Il y avait toujours beaucoup de circulation. 6. M. Rouet arrivait au bureau furieux. 7. Il était obligé de déjeuner en ville, et ça coûtait cher. 8. Leurs enfants allaient à l'école en bus. 9. Ils finissaient les cours à seize heures trente. 10. Ils rentraient à la maison et restaient seuls jusqu'à dix-neuf heures. 11. Le soir, M. Rouet était fatigué et mécontent... 12. Ah non! C'en était trop! **Ex. 3A.** 1. lis, lis 2. lisent 3. écrivez, écrivons 4. écrivez, écris, écrire 5. dit, dit, disent, dites **Ex. 3B.** 1. J'ai déjà lu, j'ai aussi écrit, as dit 2. avez lu, j'ai lu, a aussi écrit, avez dit **Ex. 3C.** 1. disait 2. écrivions, lisions 3. lisais, écrivais **Ex. 4.** 1. était 2. étais 3. avais 4. avais 5. avais 6. devais 7. voulais 8. était 9. savais 10. avais 11. voulais 12. était **Ex. 5.** 1. qui 2. que 3. où 4. où 5. que 6. qui 7. qui 8. où 9. qu' 10. où 11. que 12. que **Ex. 6.** 1. J'avais deux cousines qui nous racontaient des histoires fascinantes. 2. Il y avait un parc près de chez nous où nous jouions souvent. 3. Je faisais aussi des promenades à bicyclette que j'aimais beaucoup. 4. Il y avait une maîtresse qui nous apprenait les noms de toutes les plantes. 5. Je jouais avec une petite fille qui avait un gros chien. 6. J'adorais la colonie de vacances où j'allais en été. 7. A la colo, j'avais une copine que j'aimais beaucoup. 8. Il y avait une piscine près de chez nous où je nageais souvent. **Ex. 7.** 1. leur 2. nous 3. nous 4. vous 5. nous 6. te

7. m' 8. leur **Ex. 8.** 1. Oui, je devais leur demander la permission. (Non, je n'avais pas besoin de leur demander la permission.) 2. Oui, je pouvais lui téléphoner tous les soirs. (Non, je ne pouvais pas lui téléphoner tous les soirs.) 3. Oui, je lui écrivais. (Non, je ne lui écrivais pas.) 4. Oui, je leur écrivais des mots pendant les cours. (Non, je ne leur écrivais pas de mots pendant les cours.) 5. Oui, je leur posais beaucoup de questions. (Non, je ne leur posais pas beaucoup de questions.) 6. Oui, je lui offrais des cadeaux. (Non, je ne lui offrais pas de cadeaux.) **Ex. 9.** 1. Non maman, je ne lui ai pas écrit. 2. Non maman, je ne leur ai pas rendu les cassettes. 3. Non maman, je ne t'ai pas promis de rester à la maison. 4. Non maman, je ne vous ai pas dit que j'avais des devoirs à faire. 5. Non maman, tu ne m'as pas prêté le scotch. 6. Non maman, je ne lui ai pas donné d'eau. **Ex. 10.** 1. Moi, je m'entendais (ne m'entendais pas) très bien avec mes professeurs et mes camarades de classe. 2. Moi je m'inquiétais (ne m'inquiétais pas) au sujet de mes notes aux examens. 3. Moi, je me rendais (ne me rendais pas) compte qu'il fallait travailler dur pour réussir dans la vie. 4. Moi, je me fâchais (ne me fâchais jamais) avec mes copains. 5. Moi, je voulais (ne voulais pas) me marier avant l'âge de vingt-cinq ans. 6. Moi, je me disputais de temps en temps (ne me disputais jamais) avec mes parents. 7. Mon père s'en allait (ne s'en allait pas) fréquemment en voyage d'affaires. 8. Moi, je m'occupais (ne m'occupais pas) de la voiture de mes parents (que je conduisais de temps en temps [que je ne conduisais jamais]). **Ex. 11.** 1. s'inquiète 2. se rend compte 3. s'occupe 4. s'en va 5. s'est bien amusée 6. s'est entendue 7. s'est disputée 8. s'en est allée 9. s'inquiétait 10. se débrouillait 11. s'en allait 12. se rendait compte 13. se rappelait **Ex. 12.** 1. Elle croit à l'égalité des sexes. 2. Ils ne croient pas à la punition corporelle. 3. Nous croyons à la démocratie. 4. Tu crois à l'amitié. 5. Je crois à la tradition. 6. Vous croyez au mariage. **Ex. 13.** 1. voit 2. voyons 3. croyez 4. vois 5. voit 6. croient 7. croit 8. crois

Ex. 14. 1. toi, moi 2. lui, eux 3. nous, vous 4. elle et moi 5. elles, eux 6. toi, toi

CHAPITRE 7

Ex. 1. Je déteste / je n'aime pas / j'aime beaucoup le lait. Je ne bois jamais de lait. / Je bois quelquefois du lait. / Je bois du lait tous les jours. 2. Je déteste / je n'aime pas / j'aime beaucoup le jus d'orange. Je ne bois jamais de jus d'orange. / Je bois quelquefois du jus d'orange. / Je bois du jus d'orange tous les jours. 3. Je déteste / je n'aime pas / j'aime beaucoup le whisky. Je ne bois jamais de whisky. / Je bois quelquefois du whisky. / Je bois du whisky tous les jours. 4. Je déteste / je n'aime pas / j'aime beaucoup la bière chaude. Je ne bois jamais de bière chaude. / Je bois quelquefois de la bière chaude. / Je bois de la bière chaude tous les jours. 5. Je déteste / je n'aime pas / j'aime beaucoup les légumes. Je ne mange jamais de légumes. / Je mange quelquefois des légumes. / Je mange des légumes tous les jours. 6. Je déteste / je n'aime pas / j'aime beaucoup la salade. Je ne mange jamais de salade. / Je mange quelquefois de la salade. / Je mange de la salade tous les jours. 7. Je déteste / je n'aime pas / j'aime beaucoup le yaourt. Je ne mange jamais de yaourt. / Je mange quelquefois du yaourt. / Je mange du yaourt tous les jours. 8. Je déteste / je n'aime pas / j'aime beaucoup les hamburgers. Je ne mange jamais de hamburgers. / Je mange quelquefois des hamburgers. / Je mange des hamburgers tous les jours. 9. Je déteste / je n'aime pas / j'aime beaucoup les escargots. Je ne mange jamais d'escargots. / Je mange quelquefois des escargots. / Je mange des escargots tous les jours. 10. Je déteste / je n'aime pas / j'aime beaucoup la soupe à l'oignon. Je ne mange jamais de soupe à l'oignon. / Je mange quelquefois de la soupe à l'oignon. / Je mange de la soupe à l'oignon tous les jours. **Ex. 2.** 1. la 2. de la 3. des 4. de la 5. des 6. les 7. des 8. les 9. de la (une) 10. une 11. la 12. du 13. de 14. des 15. de 16. d' **Ex. 3.** *Model answers:* 1. deux tasses de café 2. trois

verres d'eau 3. quatre œufs 4. une bouteille de vin 5. une livre de beurre 6. peu de viande 7. un litre de whisky 8. beaucoup de fruits **Ex. 4.** *Model answers:* 1. Je bois du café / du jus d'orange / du thé. 2. Ils boivent de l'eau / du lait / du Coca. 3. Nous buvons du Coca / de l'eau minérale / de la bière. 4. Il boit du vin. 5. Ce sont les Anglais qui boivent le plus de thé. 6. J'ai bu du café / du thé / du chocolat chaud. 7. Je buvais du lait / de l'eau. 8. Nous buvions (ne buvions pas) beaucoup de jus d'orange. 9. Mon père / ma mère buvait du café. Mes parents buvaient du café. 10. On a bu du Coca / de la bière / du whisky / du vin. **Ex. 5.** 1. mettez, mets 2. mets, ai déjà mis, mettre, mets 3. a promis, promet 4. permettent, permettaient **Ex. 6.** 1. Qui 2. qu'est-ce que 3. qui 4. Qui 5. qu'est-ce qu' 6. quoi **Ex. 7.** 1. Qui est-ce que tu as invité? (Qui as-tu invité?) 2. Qui a invité Mme Martin? 3. Avec qui est-ce que Louis doit venir? (Avec qui Louis doit-il venir?) 4. Qui est-ce que Raoul va amener? (Qui Raoul va-t-il amener?) 5. Qu'est-ce que tu as fait? (Qu'as-tu fait?) 6. Qui a fait ce bon hors-d'œuvre? 7. A qui est-ce que tu as demandé d'apporter des chips? (A qui as-tu demandé d'apporter des chips?) 8. De quoi est-ce que vous avez besoin? (De quoi avez-vous besoin?) 9. Qu'est-ce que Louis a apporté? (Que Louis a-t-il apporté?) 10. De quoi est-ce que tu veux parler? (De quoi veux-tu parler?) **Ex. 8.** 1. Oui, j'en voudrais. (Non, je n'en voudrais pas.) 2. Oui, j'en bois. (Non, je n'en bois pas.) 3. Oui, j'en mets. (Non, je n'en mets pas.) 4. Oui, j'aime en prendre à tous les repas. (Non, je n'aime pas en prendre à tous les repas.) 5. Oui, j'en prends à tous les repas. (Non, je n'en prends pas à tous les repas.) 6. Oui, j'en mange de temps en temps. (Non, je n'en mange pas.) 7. Oui, j'en mange beaucoup. (Non, je n'en mange pas beaucoup.) 8. Oui, j'en mange. (Non, je n'en mange pas.) **Ex. 9.** 1. Il y en a neuf. Il y en a six. Il y en a plus dans une équipe de hockey sur glace. 2. Il en faut plus pour aller à Moscou. 3. Il y en a plus dans une portion de crème

caramel. 4. Il y en a beaucoup. Il y en a peu. Il y en a moins dans une pomme. 5. Non, il n'y en a pas beaucoup. Il y en a plus dans un croissant. 6. Il y en a beaucoup. Il y en a peu. Oui, il y en a autant. 7. Ils en ont déjà vendu beaucoup. **Ex. 10.** 1. Non, ils en ont mangé plus. 2. Non, ils en ont mangé plus. 3. Oui, ils en ont mangé moins. 4. Non, ils en ont mangé autant. 5. Non, ils en ont consommé plus. 6. Oui, ils en ont consommé plus. 7. Non, ils en ont consommé moins. **Ex. 11.** 1. servent, sert 2. servi, Servez 3. sens, sers, servait 4. sentait, servait 5. te sens, me sens, a servis

CHAPITRE 8

Ex. 1. 1. Allez-vous en Europe? Oui, je vais au Portugal et en Espagne. 2. Allez-vous en Asie? Oui, je vais en Chine et en Inde. 3. Allez-vous en Afrique? Oui, je vais au Zaïre et au Sénégal. 4. Allez-vous en Afrique du Nord? Oui, je vais en Tunisie et au Maroc. 5. Allez-vous en Amérique du Nord? Oui, je vais aux États-Unis: en Californie et au Texas. 6. Allez-vous au Canada? Oui, je vais à Montréal et à Toronto. 7. Allez-vous en Louisiane? Oui, je vais à Baton Rouge et à la Nouvelle Orléans. 8. Allez-vous en Amérique du Sud? Oui, je vais au Brésil et en Argentine. **Ex. 2.** *Model answers:* 1. Tu as déjà visité l'Israël? Non, mais je suis allé(e) en Égypte. 2. Tu as déjà visité le Maroc? Non, mais je suis allé(e) en Algérie. 3. Tu as déjà visité l'Écosse? Non, mais je suis allé(e) en Angleterre. 4. Tu as déjà visité la Finlande? Non, mais je suis allé(e) au Danemark. 5. Tu as déjà visité l'Allemagne? Non, mais je suis allé(e) en Suisse. 6. Tu as déjà visité l'Alaska? Non, mais je suis allé(e) au Canada. 7. Tu as déjà visité l'Argentine? Non, mais je suis allé(e) au Pérou. 8. Tu as déjà visité le Sénégal? Non, mais je suis allé(e) au Togo. **Ex. 3.** 1. Les Volkswagens viennent d'Allemagne. 2. Les Volvos viennent de Suède. 3. Les appareils Sony viennent du Japon. 4. Les meilleures montres viennent de Suisse/du Japon. 5. Les meilleures bicyclettes viennent de France. 6. Les meilleurs vins viennent de France. 7. Le meilleur café vient d'Amérique du Sud. 8. Le porto vient du Portugal. 9. Le chili con carne vient du Mexique. 10. Le sushi vient du Japon. 11. Le jambalaya vient de Louisiane. 12. Le sirop d'érable vient du Canada. **Ex. 4.** 1. de 2. à 3. à 4. à 5. (rien) 6. de 7. de 8. (rien) 9. (rien) 10. de 11. à 12. de 13. à 14. à **Ex. 5.** 1. sérieusement 2. calmement 3. élégamment 4. attentivement 5. activement 6. discrètement 7. naïvement 8. lentement 9. nerveusement 10. patiemment **Ex. 6.** 1. Je prends le petit déjeuner avant de me brosser les dents. 2. Je me lave avant de m'habiller. 3. Je me lave les cheveux avant d'aller chez le coiffeur. 4. Je m'informe sur un endroit avant de visiter cet endroit. 5. Je regarde la carte avant de faire un voyage. 6. J'arrive dans un pays étranger avant de changer mon argent. (Je change mon argent avant d'arriver dans un pays étranger.) **Ex. 7.** 1. Un étudiant typique regarde la télé après avoir fini ses devoirs. 2. Un étudiant typique étudie après être allé en cours. 3. Un étudiant typique écrit une thèse après avoir lu des articles. 4. Un étudiant typique écoute les cassettes après avoir regardé son manuel de laboratoire. 5. Un étudiant typique écrit une composition après avoir réfléchi au sujet. 6. Un étudiant typique répond après avoir écouté les questions du prof. **Ex. 8.** 1. Tous 2. Tous 3. Tout 4. Toutes 5. Toute 6. Toutes 7. Tous 8. Tous 1. Tout 2. tout, tout 3. Tout **Ex. 9.** *Model answers:* 1. J'avais huit ans quand j'ai passé la nuit chez un(e) ami(e) pour la première fois. 2. J'avais quinze ans quand j'ai voyagé sans mes parents pour la première fois. 3. J'avais six ans quand j'ai pris l'avion pour la première fois. 4. J'avais neuf ans quand j'ai reçu mon premier appareil photo. 5. J'avais seize ans quand j'ai eu mon permis de conduire. **Ex. 10.** 1. Il faisait du soleil quand ils sont partis. 2. Le ciel était couvert quand ils ont pris de l'essence à une station-service. 3. Il faisait très frais quand ils sont arrivés aux gorges. 4. Ils faisaient un pique-nique quand il a commencé à pleuvoir. 5. Il neigeait quand ils sont

arrivés en altitude. **Ex. 11.** 1. Barbara lisait un roman quand le passager à côté d'elle a commencé à lui parler. 2. Elle écoutait de la musique classique quand un sac est tombé sur elle. 3. Elle dormait paisiblement quand l'hôtesse de l'air a décidé de faire une annonce au haut-parleur. 4. Elle prenait son repas quand l'avion a traversé une zone de turbulences. 5. Elle parlait à son voisin quand le pilote a annoncé qu'il fallait boucler les ceintures de sécurité. **Ex. 12.** 1. J'avais 2. j'étudiais 3. faisions 4. restions 5. allions 6. avons fait 7. suis rentré 8. suis allé 9. faisait 10. suis rentré 11. mangeais 12. perfectionnais (j'ai perfectionné) 13. j'ai quitté 14. étais

CHAPITRE 9

Ex. 1. 1. e 2. f 3. d 4. a 5. c 6. b
Ex. 2. 1. viens d'arriver 2. venons de manquer 3. vient d'appeler 4. venez d'arriver 5. vient de perdre 6. viennent d'apprendre **Ex. 3.** *Model answers:* 1. Oui, nous en sommes très contents. Paris est une ville passionnante. (Non, nous n'en sommes pas contents. Il pleut tous les jours et il fait froid.) 2. Oui, je m'en souviens. La cuisine était excellente. (Non, je ne m'en souviens pas. Comment s'appelle-t-il?) 3. Oui, j'en ai envie. Qu'est-ce que vous me proposez? (Non, je n'en ai pas envie. Je préfère un repas simple.) 4. Oui, nous nous en servons. Il est très utile. (Non, nous ne nous en servons pas. Nous connaissons bien Paris.) 5. Oui, nous en avons besoin. Nous prenons souvent le métro. (Non, nous n'en avons pas besoin. Nous avons une voiture.) 6. Oui, j'en ai entendu parler. On dit qu'elle est très intéressante. (Non, je n'en ai pas entendu parler. L'as-tu vue?) **Ex. 4.** *Model answers:* 1. Oui, je m'en souviens. Je suis allé(e) à Londres. (Non, je ne m'en souviens pas.) 2. Oui, j'en étais satisfait(e). (Non, je n'en étais pas satisfait[e].) 3. Oui, j'en ai eu besoin. J'ai pris le bus et le métro. (Non, je n'en ai pas eu besoin.) 4. Oui, j'en avais envie. (Non, je n'en avais pas envie.) 5. Oui,

j'en avais peur. (Non, je n'en avais pas peur.) 6. Oui, j'en ai été content(e). (Non, je n'en ai pas été content[e].) **Ex. 5.** *Model answers:* 1. Un garçon/une fille de 18 ans conduit trop vite. Il/Elle observe rarement le code de la route. 2. Les chauffeurs de taxi conduisent prudemment. En général, ils observent le code de la route. 3. Mon/Ma meilleur(e) ami(e) conduit bien. Il/Elle observe toujours le code de la route. 4. Mes copains conduisent mal. Ils n'observent pas toujours le code de la route. 5. Les personnes âgées conduisent lentement. Elles suivent toujours le code de la route. 6. Les gens de ma ville conduisent assez bien. En général, ils observent le code de la route. 7. Un agent de police conduit bien. Il observe toujours le code de la route. 8. Je conduis imprudemment. J'observe rarement le code de la route. **Ex. 6.** 1. C'est un bon conseil. Gonflez-les toujours bien. (Ce n'est pas nécessaire. Ne les gonflez pas toujours bien.) 2. C'est un bon conseil. Lavez-la chaque fois que vous vous en servez. (Ce n'est pas nécessaire. Ne la lavez pas chaque fois que vous vous en servez.) 3. C'est un bon conseil. Vérifiez-le une fois par semaine. (Ce n'est pas nécessaire. Ne le vérifiez pas une fois par semaine.) 4. C'est un bon conseil. Réglez-le tous les 2.000 km. (Ce n'est pas nécessaire. Ne le réglez pas tous les 2.000 km.) 5. C'est un bon conseil. Achetez-en toujours. (Ce n'est pas nécessaire. N'en achetez pas toujours.) 6. C'est un bon conseil. N'en mettez pas. (Ce n'est pas nécessaire. Mettez-en.) 7. C'est un bon conseil. Vérifiez-les souvent. (Ce n'est pas nécessaire. Ne les vérifiez pas souvent.) 8. C'est un bon conseil. Ne l'ouvrez pas quand le moteur est chaud. (Ce n'est pas nécessaire. Ouvrez-le quand le moteur est chaud.) 9. C'est un bon conseil. Mettez-en tous les six mois. (Ce n'est pas nécessaire. N'en mettez pas tous les six mois.) 10. C'est un bon conseil. Remplacez-le tous les deux ans. (Ce n'est pas nécessaire. Ne le remplacez pas tous les deux ans.) **Ex. 7.** 1. le lui 2. lui en 3. leur en 4. lui en 5. la lui 6. s'en **Ex. 8.** 1. l'y 2. leur en 3. m'en 4. m'en 5. le lui 6. me le

7. m'en 8. t'en **Ex. 9.** 1. Laquelle de ces montres préfères-tu? d. 2. Laquelle de ces bagues préfères-tu? g. 3. Lequel de ces portefeuilles préfères-tu? b. 4. Lequel de ces colliers préfères-tu? e. 5. Lesquelles de ces boucles d'oreilles préfères-tu? c. 6. Lesquelles de ces sandales préfères-tu? f. 7. Lesquels de ces bonbons préfères-tu? a. **Ex. 10.** 1. ceux, ceux. Je préfère ceux qui coûtent cher / ceux qui sont simples mais personnalisés. 2. celles, celles. Je préfère celles qui sont amusantes / celles qui sont sentimentales. 3. ceux, ceux. Je préfère ceux en cuir / ceux en tissu. 4. celles, celles, celles. Je préfère celles qui sont belles / celles qui sont durables / celles qui sont faciles à lire. 5. ceux, ceux. Je préfère ceux en coton / ceux qu'on n'a pas besoin de repasser. 6. celles, celles. Je préfère celles qui sont très originales / celles qui sont plus classiques. 7. celles, celles. Je préfère celles qui sont petites et faciles à porter / celles qui ont un très bon son. **Ex. 11.** 1. le plus 2. le plus 3. le plus 4. les plus, les plus 5. les plus, les moins 6. les plus 7. la moins, la moins 8. les plus, les moins 9. le plus 10. le plus, le plus **Ex. 12.** 1. C'est la porcelaine qui se casse le plus facilement. C'est le fer qui se casse le moins facilement. 2. C'est la soie qui s'use le plus vite. C'est le polyester qui s'use le moins vite. 3. C'est le polyester qui se lave le mieux. C'est le cuir qui se lave le plus difficilement. 4. Ce sont les sols en linoléum qui se nettoient le plus facilement. Ce sont les tapis qui se nettoient le moins facilement. 5. Ce sont les diamants qui se vendent le plus cher. Ce sont les turquoises qui se vendent le moins cher. 6. C'est l'aluminium qui se plie le plus facilement. C'est l'acier qui se plie le moins facilement. **Ex. 13.** 1. Le plus long fleuve, c'est le Nil. 2. Il fait le plus froid au mois de janvier à Moscou. 3. Le plus petit pays, c'est le Luxembourg. 4. Le plus grand pays, c'est l'Algérie. 5. La ville avec le plus d'habitants, c'est Paris. 6. La plus jeune nation, c'est la Suisse. 7. Le pays avec le plus de langues officielles, c'est la Suisse.

CHAPITRE 10

Ex. 1. 1. Il est journaliste. 2. Elle était chanteuse. 3. Il était peintre. 4. Il était écrivain. 5. Il est océanographe. 6. Il était général. 7. Il était empereur. 8. Elle était écrivain. 9. Il était chanteur. 10. Elle était physicienne. **Ex. 2.** *Model answers:* 1. C'est un professeur dans un lycée. C'est la femme de Victor. 2. C'est une secrétaire. C'est une jeune fille de 28 ans. 3. C'est un journaliste et animateur de télé. C'est un jeune homme qui voyage beaucoup. 4. C'est un cadre dans une entreprise. C'est le beau-frère de Bernard Lasalle. 5. C'est un ingénieur. C'est le fils de Francis Lasalle. 6. C'est une étudiante en hôtellerie. C'est la sœur de Marise. 7. C'est une infirmière à Lyon. C'est la femme de Bernard. 8. C'est un petit garçon. C'est le frère de Clarisse. 9. C'est un étudiant à l'université de Paris VII. C'est l'ami d'Agnès Rouet. 10. C'est une petite fille. C'est la cousine de Marise. **Ex. 3.** *Model answers:* 1. Depuis combien de temps étudiez-vous (est-ce que vous étudiez) l'anglais? J'étudie l'anglais depuis (dix ans). 2. Depuis quand êtes-vous (est-ce que vous êtes) à l'Université de Louisiane? Je suis à l'Université de Louisiane depuis (l'année dernière). 3. Depuis quand habitez-vous (est-ce que vous habitez) à la Nouvelle-Orléans? J'habite à la Nouvelle-Orléans depuis (le mois de février). 4. Depuis combien de temps connaissez-vous (est-ce que vous connaissez) Raoul? Je connais Raoul depuis (un an). 5. Depuis combien de temps vous intéressez-vous (est-ce que vous vous intéressez) à la musique cadjine? Je m'intéresse à la musique cadjine depuis (deux ans). **Ex. 4.** 1. Julien habite à la Défense depuis quatre ans. 2. Sa mère est à Paris depuis cinq ans. 3. Julien travaille pour TF1 depuis sept ans. 4. Il connaît Bernard Lasalle depuis huit ans. 5. Julien fait de la voile depuis douze ans. **Ex. 5.** *Model answers:* 1. Je suis à l'université depuis (deux ans). 2. J'habite (à la cité universitaire). J'y habite depuis (un an). Mes parents habitent (à la campagne). Ils y habitent depuis (vingt-cinq ans).

3. J'étudie le français depuis (six mois). 4. J'ai mon permis de conduire depuis (l'année dernière). J'ai ma propre voiture depuis (l'année dernière). 5. Je sais (ne sais pas) ce que je veux devenir. Je le sais depuis l'âge de (quinze ans). **Ex. 6.** *Model answers:* 1. J'y habite (n'y habite pas). La majorité des étudiants y habitent (n'y habitent pas). 2. J'y suis déjà allé(e) (n'y suis pas encore allé[e]) cette semaine. Je vais y aller (cet après-midi). 3. J'y participe (n'y participe pas) beaucoup. J'y réponds (n'y réponds pas) souvent. 4. J'y assiste parfois (n'y assiste jamais). J'y vais (quatre fois) par semestre/trimestre. J'aime (je n'aime pas) y assister. 5. Je m'y intéresse (ne m'y intéresse pas). 6. Je m'y suis (ne m'y suis pas) facilement habitué(e). **Ex. 7.** 1. j'y pense depuis longtemps. 2. J'avais l'intention de m'y inscrire. 3. je n'y ai pas réussi. 4. je n'y ai pas réussi. 5. j'avais du mal à m'y habituer. 6. elle s'y intéresse spécialement. 7. je ne m'y intéresse pas du tout. 8. j'y vais. 9. je n'y vais pas. **Ex. 8.** 1. mais elle a dû corriger des devoirs. 2. mais nous avons dû faire nos devoirs. 3. mais ils ont dû aller à la bibliothèque. 4. mais j'ai dû étudier jusqu'à minuit. 5. mais il a dû aider un camarade avec ses devoirs de français. 6. *Model answer:* Je voulais sortir avec mes amis mais j'ai dû travailler. **Ex. 9.** 1. Tu devrais abandonner le cours. 2. Vous devriez bien réfléchir avant de choisir des cours. 3. Ils devraient étudier à la bibliothèque. 4. Vous devriez bien apprendre vos rôles. 5. Il devrait demander à Albert de l'aider à préparer l'examen. 6. Elle devrait annuler le cours de demain. **Ex. 10.** 1. Oui, je me coucherai tôt ce soir, et mon ami se couchera tôt aussi. (Non, je ne me coucherai pas tôt ce soir, et mon ami ne se couchera pas tôt non plus.) 2. Oui, je dormirai jusqu'à dix heures demain, et mon ami dormira aussi jusqu'à dix heures. (Non, je ne dormirai pas jusqu'à dix heures demain, et mon ami ne dormira pas jusqu'à dix heures non plus.) 3. Oui, je finirai tous mes devoirs avant le week-end, et mon ami finira aussi tous ses devoirs avant le week-end. (Non, je ne finirai

pas tous mes devoirs avant le week-end, et mon ami ne finira pas tous ses devoirs avant le week-end non plus.) 4. Oui, je réussirai à tous mes examens ce semestre, et mon ami réussira aussi à tous ses examens ce semestre. (Non, je ne réussirai pas à tous mes examens ce semestre, et mon ami ne réussira pas à tous ses examens non plus.) 5. Oui, j'achèterai bientôt un ordinateur, et mon ami achètera bientôt un ordinateur aussi. (Non, je n'achèterai pas bientôt d'ordinateur, et mon ami n'achètera pas d'ordinateur non plus.) 6. Oui, je ferai des progrès en français avant la fin de l'année, et mon ami fera aussi des progrès en français avant la fin de l'année. (Non, je ne ferai pas de progrès en français avant la fin de l'année, et mon ami ne fera pas de progrès non plus.) 7. Oui, je parlerai couramment le français à la fin de l'année, et mon ami parlera couramment le français aussi à la fin de l'année. (Non, je ne parlerai pas couramment le français à la fin de l'année, et mon ami ne parlera pas couramment non plus.) 8. Oui, j'irai en France cette année, et mon ami ira aussi en France cette année. (Non, je n'irai pas en France cette année, et mon ami n'ira pas en France non plus.) 9. Oui, je gagnerai beaucoup d'argent cet été, et mon ami gagnera aussi beaucoup d'argent cet été. (Non, je ne gagnerai pas beaucoup d'argent cet été, et mon ami ne gagnera pas beaucoup d'argent cet été non plus.) 10. Oui, je prendrai une semaine de vacances la semaine prochaine, et mon ami prendra aussi une semaine de vacances la semaine prochaine. (Non, je ne prendrai pas une semaine de vacances la semaine prochaine, et mon ami ne prendra pas une semaine de vacances non plus.) **Ex. 11.** 1. aura 2. sera 3. gagnera 4. iront 5. devra 6. pourront 7. fera 8. impressionnera 9. découvrira 10. ira 11. reviendra 12. ouvrira 13. irons 14. deviendra 15. écrira 16. aura 17. s'appellera **Ex. 12.** 1. Tu seras heureux quand tu réussiras à l'examen de chimie. 2. Tu seras très surpris quand tu recevras un A dans le cours de français. 3. Tu rencontreras la famille de Raoul quand tu iras à Montréal cet été. 4. Tu n'auras

plus de soucis quand tu trouveras un job d'été. 5. Tu seras ravi quand ta petite amie décidera de passer l'été ici.

CHAPITRE 11

Ex. 1. 1. Oui, il faut que tu perdes au moins cinq kilos. 2. Oui, il faut que nous mangions moins de sucreries. 3. Oui, il faut que nous choisissions des plats moins nourrissants. 4. Oui, il faut qu'on arrête de manger entre les repas. 5. Oui, il faut que tu dormes au moins huit heures par nuit. 6. Oui, il faut que nous regardions moins de télévision. 7. Oui, il faut que tu achètes une bicyclette. 8. Oui, il faut qu'on se mette à faire du sport. **Ex. 2.** *Model answers:* 1. Oui, il faut que tu prépares le dîner de Jérémy. 2. Non, il n'est pas nécessaire qu'il finisse son dîner. 3. Oui, il faut qu'il reste tout le temps au lit. 4. Oui, il faut qu'il t'obéisse toujours. 5. Non, il n'est pas nécessaire qu'il s'endorme plus tôt que d'habitude. 6. Oui, il est nécessaire que tu répondes quand il t'appelle. 7. Oui, il est nécessaire que tu lui donnes des médicaments. 8. Non, il n'est pas nécessaire que tu lui mettes un pyjama plus chaud. 9. Oui, il faut que tu prennes sa température.

Ex. 3. *Model answers:* 1. Il vaut mieux que tu prennes de la vitamine C. 2. Il est essentiel qu'il boive moins de café. 3. Il est indispensable qu'elle apprenne à se détendre de temps en temps. 4. Il ne faut pas qu'ils aillent jouer dehors quand il fait froid. 5. Il est nécessaire qu'il boive moins d'alcool. 6. Il est important qu'elle fasse attention aux ingrédients des plats qu'elle mange. 7. Il faut qu'il soit actif mais aussi prudent. **Ex. 4.** *Model answers:* 1. Il est indispensable que tu te détendes de temps en temps. 2. Il vaut mieux que tu manges des repas équilibrés tous les jours. 3. Il faut que tu fasses de l'exercice quatre fois par semaine. 4. Il est essentiel que tu ne boives jamais d'alcool. 5. Il est nécessaire que tu ailles travailler à la bibliothèque tous les soirs. 6. Il faut que tu sortes avec des amis une fois par semaine. 7. Il est indispensable que tu relises tes notes tous les jours. 8. Il vaut mieux que tu sois toujours très

sérieux/sérieuse. **Ex. 5.** 1. c 2. d 3. f 4. a 5. h 6. b 7. e 8. g **Ex. 6.** *Model answers:* 1. Qu'est-ce qui... Une bonne note me rend heureux/heureuse. 2. Qu'est-ce que... C'est l'honnêteté que j'admire le plus dans les gens. 3. Qu'est-ce qui... L'histoire et la politique m'intéressent. 4. Qu'est-ce qui... La possibilité d'une guerre nucléaire me fait peur. 5. Qu'est-ce qui... Les examens me dépriment. 6. Qu'est-ce que... Je reste chez moi quand je suis déprimé(e). 7. Qu'est-ce qui... Les films tristes me font pleurer. 8. Qu'est-ce que... J'aime écouter de la musique pour me détendre. **Ex. 7.** 1. était 2. avais 3. j'ai pris 4. étais 5. n'ai pas trouvé 6. j'ai pris 7. était 8. avait 9. était 10. s'avançait 11. j'ai mal estimé 12. a frôlé 13. était 14. essayais 15. j'ai entendu 16. était 17. se trouvait 18. était **Ex. 8.** 1. étions 2. voulait 3. savais 4. ai dit 5. n'avais 6. sommes partis 7. sommes arrivés 8. j'avais 9. étions 10. nageait 11. j'avais 12. sautais 13. buvais 14. j'ai eu 15. j'ai pensé 16. continuais 17. me suis demandé (me demandais) 18. sommes arrivés 19. me suis couchée 20. j'ai pleuré 21. me suis promis

CHAPITRE 12

Ex. 1. 1. Nous nous disons bonjour. 2. Nous nous embrassons. 3. Nous nous téléphonons. 4. Nous nous invitons à dîner. 5. Nous nous écoutons. 6. Nous nous parlons avec plaisir. 7. Nous nous racontons nos secrets. 8. Nous nous trouvons sympathiques. **Ex. 2.** 1. se sont rencontrés 2. se sont détestés 3. se revoir 4. se sont rencontrés 5. se sont aidés 6. se sont donné rendez-vous 7. se quitter 8. s'entendent **Ex. 3.** 1. Alors, ils se donnent rendez-vous tous les jours! 2. Alors, vous vous écrivez souvent! 3. Alors, ils s'aiment beaucoup! 4. Alors, vous vous téléphonez souvent! 5. Alors, ils se parlent souvent! 6. Alors, ils se détestent! **Ex. 4.** 1. Tu la retrouves au moins deux fois par jour? 2. Tu lui téléphones tous les soirs? 3. Tu lui écris des lettres chaque semaine? 4. Tu lui offres beaucoup de petits cadeaux?

5. Tu l'aides à faire ses devoirs? 6. Tu l'écoutes toujours très attentivement? 7. Tu lui dis tout? 8. Tu la comprends parfaitement? **Ex. 5.** 1. les. Oui (Non), je les inviterai (ne les inviterai pas) à venir habiter chez moi. 2. leur, leur. Je leur emprunterai (prêterai) de l'argent. 3. leur. Oui (Non), je leur obéirai (ne leur obéirai pas) quand ils me diront ce qu'il faut faire. 4. leur. Oui (Non), je leur dirai (ne leur dirai pas) quand ils se mêleront trop de mes affaires. 5. leur. Oui (Non), je leur répondrai (ne leur répondrai pas) patiemment quand ils me poseront la même question pour la dixième fois. 6. les. Oui (Non), je les écouterai (ne les écouterai pas) quand ils raconteront la même histoire cent fois. 7. les. Oui (Non), je les aiderai (ne les aiderai pas) à faire les travaux ménagers et les courses. 8. leur. Oui (Non), je leur ressemblerai (ne leur ressemblerai pas) quand je serai vieux/vieille. **Ex. 6.** 1. Je les lui montre. (Je ne les lui montre pas.) 2. Je le lui donne. (Je ne le lui donne pas.) 3. Je les lui rends. (Je ne les lui rends pas.) 4. Je les leur dis. (Je ne les leur dis pas.) 5. Je la lui explique. (Je ne la lui explique pas.) 6. Je les leur montre. (Je ne les leur montre pas.) 7. Je le lui dis. (Je ne le lui dis pas.) 8. Je la lui montre. (Je ne la lui montre pas.) **Ex. 7.** *Model answers:* 1. qu'elle reste chez eux. 2. qu'elle sorte avec un jeune homme de son âge. 3. qu'ils soient toujours à l'heure. 4. que sa sœur sache tout ce qu'elle fait. 5. qu'il fasse de la gymnastique au lieu de regarder la télé. 6. qu'il devienne avocat. **Ex. 8.** *Model answers:* 1. Je préfère que nous nous téléphonions le soir (que nous nous voyions pendant la journée). 2. Je voudrais que nous sortions plus souvent (moins souvent). 3. Je désire (ne désire pas) que nous sortions davantage en compagnie d'autres amis. 4. Je souhaite (ne souhaite pas) que nous passions plus de temps ensemble. 5. J'aimerais (n'aimerais pas) que nos familles se rencontrent. 6. Je veux (ne veux pas) que nous restions longtemps amis. **Ex. 9.** 1. (1) Elle avait déjà décidé de devenir professeur (2) elle est allée à l'université. 2. (2) Elle est allée en France pour la première

fois. (1) elle avait déjà choisi de se spécialiser en français. 3. (1) Elle avait déjà beaucoup parlé français (2) elle est allée en France. 4. (1) Elle avait déjà rencontré son mari (2) elle a fini ses études. 5. (2) Elle a commencé à enseigner (1) elle s'était déjà mariée. 6. (1) Elle s'était déjà installée en Louisiane. (2) elle a eu son poste à l'université. **Ex. 10.** 1. son train était parti à 8h30. 2. il l'avait oubliée chez lui. 3. le boulanger avait vendu les derniers petits pains. 4. Jean-Yves avait vu le film la semaine précédente. 5. elle s'était déjà couchée et elle s'est fâchée. **Ex. 11.** *Model answers:* 1. Ce sont les vieux qui craignent le plus d'être seuls. 2. Ce sont les vieux qui craignent le plus la mort. 3. Je crains les serpents davantage que les rats. 4. Ce sont mes amis qui craignent le plus d'avoir des problèmes d'argent. 5. C'est mon frère qui se plaint le plus des tâches ménagères. 6. Ce sont mes parents qui se plaignent le plus de l'état de notre société. 7. Nous nous plaignons le plus de la quantité de devoirs. 8. Les professeurs se plaignent que les étudiants ne travaillent pas assez. **Ex. 12.** *Model answers:* 1. Il est regrettable que les jeunes et les vieux ne s'entendent pas bien. 2. Il est inévitable que les jeunes ne fassent pas attention aux conseils de leurs aînés. 3. C'est dommage que les jeunes ne puissent pas profiter de l'expérience de leurs aînés. 4. Il est regrettable que nous soyons obligés de répéter les erreurs de nos parents. 5. Il est naturel qu'un jeune Américain n'ait pas envie d'habiter longtemps chez ses parents. 6. C'est dommage que beaucoup de vieilles personnes ne croient plus pouvoir contribuer à la société. 7. Il est étonnant qu'un Américain ne se sente pas obligé d'assurer les besoins matériels de ses parents. 8. Il est honteux qu'un certain nombre de personnes âgées soient abandonnées par leurs enfants. **Ex. 13.** *Model answers:* 1. Je suis triste que tes parents aient divorcé. 2. C'est dommage qu'ils aient vendu la maison. 3. Il est préférable que ta sœur et toi, vous ayez déménagé. 4. Je suis désolée que ton grand-père soit à l'hôpital. 5. Je suis étonnée que ton frère ait envie d'aller vivre en Afrique. 6. C'est

dommage que tu n'aies pas encore ton baccalauréat. 7. Il est regrettable que tu doives repasser les examens le mois prochain. 8. Je suis heureuse que tes amis partent à l'étranger cet été. 9. Je regrette que tu ne puisses pas y aller. 10. Je suis désolée que tu te sentes triste et que tu aies le cafard.

CHAPITRE 13

Ex. 1. 1. Oui, c'est un film dont je me souviens. (Non, ce n'est pas un film dont je me souviens.) 2. Oui, c'est un acteur dont j'ai entendu parler. (Non, ce n'est pas un acteur dont j'ai entendu parler.) 3. Oui, c'est un metteur en scène dont j'ai vu beaucoup de films. (Non, ce n'est pas un metteur en scène dont j'ai vu beaucoup de films.) 4. Oui, c'est un metteur en scène dont je connais les films. (Non, ce n'est pas un metteur en scène dont je connais les films.) 5. Oui, c'est une source d'information dont j'ai besoin. (Non, ce n'est pas une source d'information dont j'ai besoin.) 6. Oui, c'est une distraction dont j'ai envie. (Non, ce n'est pas une distraction dont j'ai envie.) 7. Oui, ce sont des émissions dont je suis content(e). (Non, ce ne sont pas des émissions dont je suis content[e].) **Ex. 2.** 1. ce qui: c 2. ce qui: f 3. ce que: d 4. ce qui: e 5. ce que: b 6. ce que: a **Ex. 3.** 1. ce qu' 2. ce qui 3. Ce qui 4. ce qu' 5. ce qui 6. ce qu' 7. ce qui 8. ce dont **Ex. 4.** 1. sort 2. a 3. trouvera 4. connaît 5. trouverai 6. m'ennuierai 7. vous trompiez 8. ait 9. sorte 10. soit 11. soyez 12. ayez **Ex. 5.** 1. f: On peut savoir si ce sera une bonne journée pour un pique-nique en consultant le bulletin météorologique. 2. d: On peut demander des conseils en matière d'amour en écrivant au «Courrier du cœur». 3. a: On peut trouver les meilleurs prix en étudiant les petites annonces. 4. e: On peut passer le temps et enrichir son vocabulaire en faisant les mots croisés. 5. b: On peut faire des projets pour la soirée en regardant la rubrique télé-radio. 6. c: On peut apprendre toutes les rumeurs sur les célébrités en lisant la chronique mondaine. **Ex. 6.** 1. Pourriez-vous m'indiquer la station de métro la plus proche? 2. Est-ce que vous auriez l'heure? 3. Je voudrais aussi *Le Nouvel Observateur*. 4. Est-ce que vous pourriez me commander ce livre? 5. Quand est-ce que je devrais revenir le chercher? **Ex. 7.** 1. Dans un monde idéal, on pourrait toujours croire ce qu'on vous dit. 2. Dans un monde idéal, nous ne serions pas influencés par des messages subtils ou subliminaux. 3. Dans un monde idéal, on ne profiterait jamais de la crédulité des gens 4. Dans un monde idéal, mentir ne serait jamais utile. 5. Dans un monde idéal, les gens ne dépenseraient pas d'argent pour des produits inutiles. 6. Dans un monde idéal, on connaîtrait toujours la qualité d'un produit avant de l'acheter. 7. Dans un monde idéal, le travail n'occuperait pas une très grande partie de notre vie. 8. Dans un monde idéal, il y aurait assez d'emplois pour tous ceux qui veulent travailler. **Ex. 8.** 1. Si je voulais vraiment acheter quelque chose, je serais (ne serais pas) très impatient(e). 2. Si j'étais déprimé(e), j'aurais (n'aurais pas) envie de faire des achats. 3. Si j'avais envie de faire des achats, je laisserais (ne laisserais pas) mes cartes de crédit à la maison. 4. Si je faisais beaucoup d'achats, je

(Credits continued from p. iv)

serais encore (ne serais plus) déprimé(e). 5. Si j'achetais quelque chose de cher, j'irais (je n'irais pas) dans tous les magasins pour trouver le meilleur prix. 6. Si je n'aimais pas quelque chose, je le rapporterais (ne le rapporterais pas) au magasin.

CHAPITRE 14

Ex. 1. 1. vit 2. vivent 3. vis 4. vivez 5. vivions 6. vis 7. vivons **Ex. 2.** 1. ont vécu 2. a survécu 3. vivait 4. vivra 5. vit 6. vivent **Ex. 3.** 1. La nôtre aussi possède tout le confort moderne. 2. Les nôtres aussi sont très gentils. 3. Le nôtre aussi est très grand. 4. Le nôtre aussi est très ouvert aux nouvelles initiatives. 5. La nôtre aussi est très tranquille. 6. Les nôtres aussi sont très jolies en ce moment. 7. Les nôtres aussi sont de très bonne qualité. **Ex. 4.** 1. La mienne est propre/sale. La sienne est propre/sale. 2. La mienne est en ordre/en désordre. La sienne est en ordre/en désordre. 3. Les miens sont chic/pratiques. Le siens sont chic/pratiques. 4. Le mien/La mienne est facile/difficile à vivre. Le sien/La sienne est facile/difficile à vivre. 5. Le mien est très chargé/très léger. Le

sien est très chargé/très léger. 6. Les miennes sont très bonnes/moyennes. Les siennes sont très bonnes/moyennes. **Ex. 5.** 1. Conclusion plus réalisable 2. Conclusion encore possible 3. Conclusion encore possible 4. Conclusion plus réalisable 5. Conclusion encore possible 6. Conclusion encore possible **Ex. 6.** 1. n'aurais pas acheté 2. aurait été 3. n'aurait pas jeté 4. aurais pu 5. ne serais pas rentré 6. aurais préféré 7. te serais rendu compte **Ex. 7.** 1. aurions dû 2. aurais dû 3. auraient dû 4. aurait dû 5. auraient dû 6. auriez dû **Ex. 8.** 1. avant qu' 2. sans que 3. à moins que 4. jusqu'à ce que 5. quoique 6. à condition que 7. pour que **Ex. 9.** 1. Il est indispensable que nous changions nos habitudes. 2. Il vaut mieux que les pays du monde cherchent des solutions ensemble. 3. Il est important que le gouvernement agisse dans le proche avenir. 4. Il sera impossible que nous renversions la situation sans les efforts et les sacrifices de tout le monde. 5. Je voudrais que tout le monde apprenne beaucoup plus sur l'écologie. 6. Ce serait dommage qu'on ne puisse pas sauver ces magnifiques forêts.

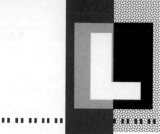

LEXIQUE: VOCABULAIRE FRANÇAIS-ANGLAIS

This vocabulary contains French words and expressions used in this book, with their contextual meanings. The gender of nouns is indicated by the abbreviations *m.* or *f.* Both masculine and feminine forms of adjectives are shown.

All words and expressions from chapter vocabulary lists are included, with the exception of exact cognates. Conjugated verb forms, present participles, and regular past participles are not included. In general, regular adverbs do not appear if the adjectives upon which they are based are included (e.g. **lent[e], lentement**); regular past participles used as adjectives do not appear if the verbs upon which they are based are included (e.g. **varier, varié[e]**). Words beginning with aspirate *h* are preceded by an asterisk (*).

Abbreviations

A.	archaic	*intr.*	intransitive
ab.	abbreviation	*irreg.*	irregular (verb)
adj.	adjective	*lit.*	literary
adv.	adverb	*m.*	masculine
art.	article	*pl.*	plural
conj.	conjunction	*p.p.*	past participle
f.	feminine	*prep.*	preposition
fam.	familiar, popular	*pron.*	pronoun
fig.	figurative	*s.*	singular
Gram.	grammar term	*trans.*	transitive
interj.	interjection		

à *prep.* to; at; in; with
abandonner to give up; to abandon, to desert
abîmer to ruin
abonné(e) *m., f.* subscriber
abonnement *m.* subscription
s'abonner (à) to subscribe (to)
abords *m. pl.* surroundings, approach; **d'abord** *adv.* first, first of all
aboyer (il aboie) to bark (*dog*)
abri *m.* shelter; **à l'abri de** sheltered from
abricot *m.* apricot
absent(e) *adj.* absent
absolu(e) *adj.* absolute
absolument *adv.* absolutely
abstrait(e) *adj.* abstract
absurde *adj.* absurd
absurdité *f.* absurdity
abus *m.* abuse; misuse; **abus de la drogue** drug abuse
abuser de to misuse, abuse
académicien(ne) *m., f.* academician, member of French Academy

académie *f.* academy; **Académie Française** French Academy
Acadie *f.* Acadia (Nova Scotia)
acadien(ne) *adj.* Acadian; **Acadien(ne)** *m., f.* Acadian (person)
accaparer to seize upon, monopolize
accéder (j'accède) to accede; to gain access
accélérer (j'accélère) to accelerate
accentuer to accentuate, emphasize, stress
acceptation *f.* acceptance
accepter (de) to accept; to agree to
accès *m.* access; **accès interdit** no entry
accessible *adj.* accessible; **accessible aux handicapés** accessible to the handicapped
accident *m.* accident; **éviter un accident** to avoid an accident
accompagner to accompany
accord *m.* agreement; **d'accord** all right, O.K.; **être d'accord** to agree, be in agreement; **se mettre**

d'accord to reconcile, come to an agreement
accorder to grant, bestow, confer
accouchement *m.* childbirth, delivery
accoucher to give birth
accrocher to hang up; to hook
accroissement *m.* growth
s'accroître (*like* **croître**) to increase, enlarge
s'accroupir to squat, crouch down
accru(e) *adj.* increased
accueil *m.* greeting, welcome
accueilli(e) *adj.* welcomed, greeted
accueillir (*like* **cueillir**) to welcome, to greet
accusé(e) *m., f.* accused, defendant; **défendre les accusés** to defend the accused
accuser... de to accuse . . . of
achat *m.* purchase; **faire des achats** to go shopping
acheter (j'achète) to buy; **acheter des provisions** to buy groceries
acheteur/acheteuse *m., f.* buyer

acide *adj.* acid; tart, sour; **pluie** (*f.*) **acide** acid rain

acier *m.* steel

acquérir (*p.p.* **acquis**) *irreg.* to acquire, obtain

acquis(e) *adj.* acquired; *m.* possession, acquisition

acronyme *m.* acronym, abbreviation

acte *m.* act

acteur/actrice *m.*, *f.* actor/actress

actif/active *adj.* active; working; *m. pl.* people in the work force

action *f.* action, gesture; **Jour** (*m.*) **de l'Action de Grâce** Thanksgiving Day (*U.S., Canada*)

activité *f.* activity

actualité *f.* piece of news

actuel(le) *adj.* present, current

actuellement *adv.* now, at the present time

adapter to adapt; **s'adapter à** to adapt oneself to; to get accustomed to

addition *f.* bill, tab (in a restaurant); addition

adieu *interj.* good-bye

adjectif *m.* adjective

admettre (*like* **mettre**) to admit, accept

administratif/administrative *adj.* administrative

admirateur/admiratrice *m.*, *f.* admirer

admirer to admire; **s'admirer** to admire oneself, one another

admis(e) *adj.* admitted, allowed

adolescent(e) (*fam.* **ado**) *m.*, *f.*, *adj.* adolescent, teenager

adopter to adopt

adorer to adore, worship; to admire; to be fond of

adresse *f.* address

adresser to address, speak to; **s'adresser à** to speak to; to appeal to

adulte *m.*, *f.* adult; *adj.* adult

adultère *m.* adultery; *adj.* adulterous

adverbe *m.* adverb

adversaire *m.*, *f.* opponent, adversary

aérien(ne) *adj.* aerial, by air; **aérien** airline

aérobic *f.* aerobics; *adj.* aerobic; **faire de l'aérobic** to do aerobics

aéroport *m.* airport

affaire *f.* affair; business matter; *pl.* belongings; business; **homme/femme d'affaires** *m.*, *f.* businessman/businesswoman; **une bonne affaire** a bargain; **voyage** (*m.*) **d'affaires** business trip

affecter to affect

affection *f.* affection; illness, ailment

affectueux/affectueuse *adj.* affectionate

affichage *m.* display; advertisement; **tableau** (*m.*) **d'affichage** schedule display board

affiche *f.* poster; billboard

affiché(e) *adj.* posted, displayed; ticketed

afficher to display; to hang up; to make a show of

affirmatif/affirmative *adj.* affirmative

affirmer to affirm, assert

affreux/affreuse *adj.* horrible, frightful

affronter to face, confront

affublé(e) *adj. fam.* dressed up, rigged out

afin de *prep.* to, in order to; **afin que** *conj.* so, so that

africain(e) *adj.* African

Afrique *f.* Africa

agaçant(e) *adj.* annoying, irritating

âge *m.* age; years; epoch; **à cet âge-là** at that age; **d'un certain âge** middle-aged; **Moyen Âge** *m. s.* Middle Ages; **quel âge avez-vous?** how old are you?

âgé(e) *adj.* aged; old; elderly

agence *f.* agency; **agence de voyages** travel agency; **agence immobilière** real estate agency; **agence publicitaire** advertising agency

agent *m.* agent; **agent de police** police officer; **agent de voyages** travel agent

agir to act; **il s'agit de** it's about, it's a question of

s'agiter to be in movement, bustle about

agneau *m.* lamb, **gigot** (*m.*) **d'agneau** leg of lamb

s'agrandir to grow larger, widen

agréable *adj.* pleasant, nice, agreeable

agréé(e) *adj.* licensed, authorized

agréer to accept, recognize

agressif/agressive *adj.* aggressive

agriculteur/agricultrice *m.*, *f.* cultivator, farmer

ah bon? (ah oui?) *interj.* really?

aide *f.* help, assistance; **à l'aide de** with the help of; **fonds** (*m.*) **d'aide** charitable fund

aider to help; **s'aider** to help one another

aïeul(e) (*m. pl.* **aïeux**) *m.*, *f.* ancestor

ail *m.* garlic

ailleurs *adv.* elsewhere; **d'ailleurs** *adv.* moreover; anyway; **par ailleurs** otherwise, besides

aimable *adj.* likeable, friendly

aimer to like; to love; **aimer bien** to like; **aimer mieux** to prefer

aîné(e) *m.*, *f.* oldest sibling

ainsi *conj.* thus, so, such as; **ainsi que** *conj.* as well as, in the same way as

air *m.* air; look; tune; **au grand air** in the open air; **avoir l'air (de)** to seem, look (like); **de plein air** outdoor; **en plein air** outdoors, in the open air; **hôtesse** (*f.*) **de l'air** flight attendant, stewardess; **le mal de l'air** airsickness

aise *f.* ease, comfort; **être mal à l'aise** to be uncomfortable

aisé(e) *adj.* comfortable; well-off; easy, effortless

ajouter to add

alcool *m.* alcohol

alcoolique *adj.* alcoholic

alcoolisé(e) *adj.* alcoholic

Algérie *f.* Algeria

algérien(ne) *adj.* Algerian; **Algérien(ne)** *m.*, *f.* Algerian (person)

aliment *m.* food, nourishment

alimentaire *adj.* alimentary, pertaining to food

alimentation *f.* food, feeding, nourishment; **magasin** (*m.*) **d'alimentation** food store

alimenter to feed; to supply

Allemagne *f.* Germany

allemand(e) *adj.* German; *m.* German (language); **Allemand(e)** *m.*, *f.* German (person)

aller *irreg.* to go; **aller** + *inf.* to be going to + *inf.*; **allons-y!** here goes! **billet aller-retour** *m.* round-trip ticket; **comment allez-vous?** how are you?

allergie *f.* allergy

alliance *f.* alliance, connection; wedding ring

allié(e) *adj.* allied; **troupes** (*f.*) **alliées** allied troops (*allied countries of World War II*)

s'allier (à) to ally, join together; to be linked to

allô *interj.* hello (*phone greeting*)

allocation *f.* allotment; pension

allumer to light (a fire); to turn on (lights)

allumette *f.* match, matchstick

allusion *f.* allusion; **faire allusion à** to allude, make allusion to

alors *adv.* then, in that case, therefore; **alors que** *conj.* while, whereas

Alpes *f. pl.* the Alpes

alphabétique *adj.* alphabetical

alpin(e) *adj.* alpine; **ski** (*m.*) **alpin** downhill skiing

alpiniste *m., f.* mountaineer; *adj.* mountain-climbing

Alsace *f.* Alsace (*eastern French province*)

alsacien(ne) *adj.* Alsatian, from Alsace; *m.* Alsatian (language); **Alsacien(ne)** *m., f.* Alsatian (person)

alternatif/alternative *adj.* alternative

amateur *m.* amateur; connoisseur

Amazone *f.* Amazon River

ambassade *f.* embassy

ambiance *f.* atmosphere, surroundings

ambitieux/ambitieuse *adj.* ambitious

ambulant(e) *adj.* itinerant, traveling

âme *f.* soul; spirit

améliorer to improve, better; **s'améliorer** to improve (oneself)

aménagé(e) *adj.* equipped, set up

aménagement *m.* fitting (out)

amende *f.* fine; **payer une amende** to pay a fine

amener (j'amène) to bring; to take (a person)

s'amenuiser to become smaller, narrower

américain(e) *adj.* American; **Américain(e)** *m., f.* American (person)

Amérique *f.* America; **Amérique du Nord (du Sud)** North (South) America

ami(e) *m., f.* friend; **petit(e) ami(e)** boyfriend/girlfriend

amical(e) *adj.* friendly

amitié *f.* friendship

amour *m.* love

amoureusement *adv.* lovingly

amoureux/amoureuse *adj.* in love; **tomber amoureux/amoureuse (de)** to fall in love (with)

ampleur *f.* breadth, volume

amusant(e) *adj.* amusing, fun

amuser to entertain, amuse; **s'amuser (à)** to have fun, have a good time

an *m.* year; **avoir (vingt) ans** to be (twenty) years old; **Jour** (*m.*) **de l'an** New Year's Day; **l'an dernier** last year; **par an** per year, each year; **tous les ans** every year

analyse *f.* analysis

analyser to analyze

analyste-programmeur/analyste-programmeuse *m., f.* software engineer

analytique *adj.* analytical

anarchiste *m., f.* anarchist

ancêtre *m., f.* ancestor

ancien(ne) *adj.* old, antique; former, ancient

anesthésie *f.* anesthesia

anesthésiste *m., f.* anesthesiologist, anesthetist

ange *m.* angel

anglais(e) *adj.* English; *m.* English (language)

Angleterre *f.* England

anglophone *adj.* English-speaking

anglo-saxon(ne) *adj.* Anglo-Saxon

angoisse *f.* anguish, anxiety

animal *m.* animal; **animal domestique** pet (animal)

animateur/animatrice *m., f.* host/hostess (*radio, T.V.*)

animé(e) *adj.* animated, lively; motivated; **dessins** (*m. pl.*) **animés** (film) cartoons

animer to animate; to motivate, organize; to host (show)

animisme *m.* animism (*belief in the soul as vital principle*)

année *f.* year; **l'année dernière** last year; **l'année scolaire** academic, school year; **les années cinquante** the fifties

annexé(e) *adj.* annexed, attached

anniversaire *m.* anniversary; birthday; **bon anniversaire** happy birthday

annonce *f.* announcement, ad; **petites annonces** (classified) ads

annoncer (nous annonçons) to announce, declare

annuaire *m.* phone directory

annuel(le) *adj.* annual, yearly

annuler to cancel, annul

anonyme *adj.* anonymous

anorak *m.* windbreaker, ski jacket

antenne *f.* antenna; **Antenne 2** name of a French TV channel

antibiotique *m.* antibiotic

antillais(e) *adj.* from the West Indies (*Antilles*)

Antilles *f. pl.* the West Indies

antipaludéen(ne) *adj.* antimalarial

août August

aperçu *m.* glimpse, view

apéritif *m.* before-dinner drink, aperitif

apocalyptique *adj.* apocalyptic

apparaître (*like* **connaître**) to appear

appareil *m.* apparatus; device; appliance; (still) camera; **appareil ménager** household appliance; **appareil-photo** camera

apparemment *adv.* apparently

apparence *f.* appearance

apparenté(e) *adj.* related; **mot** (*m.*) **apparenté** cognate

appartement *m.* apartment

appartenir (*like* **tenir**) **à** to belong to

appel *m.* call; **faire appel à** to call upon, appeal to; **poste** (*m.*) **d'appel d'urgence** emergency phone

appeler (j'appelle) to call; to name; **comment s'appelle... ?** what's his/her name? **comment vous appelez-vous?** what's your name? **je m'appelle...** my name is . . .; **s'appeler** to be named, called

appendicite *f.* appendicitis

appétit *m.* appetite; **l'appétit vient en mangeant** the more you eat the more you want; **bon appétit** enjoy your meal; **perdre l'appétit** to lose one's appetite

appliquer to apply; **s'appliquer à** to apply (oneself) to

apporter to bring; to furnish

apposer to affix, place

appréciable *adj.* appreciable

apprécier to appreciate, value

appréhender to seize, arrest; to dread

apprendre (*like* **prendre**) to learn; to teach; **apprendre à** to learn (how) to

apprentissage *m.* apprenticeship

s'approcher de to approach, draw near

approfondir to deepen; to develop (theme, subject, question)

approprié(e) *adj.* appropriate, proper, suitable

approuver to approve

approximatif/approximative *adj.* approximate

appuyer (j'appuie) to press; to support

après *prep.* after; **après avoir (être)...** after having. . .; **après que** *conj.* after; when; **d'après** *prep.* according to

après-demain *adv.* the day after tomorrow

après-midi *m.* afternoon

aptitude *f.* aptitude, fitness; **certificat**

(*m.*) **d'aptitude professionnelle
(C.A.P.)** vocational diploma

arabe *adj.* Arabic, Arab; *m.* Arabic
(language); **Arabe** *m., f.* Arab
(person)

arachide *f.* peanut

arbre *m.* tree; **ramassage** (*m.*)
d'arbres logging, tree cutting

arc *m.* arch

archaïque *adj.* archaic

architecte *m., f.* architect

ardeur *f.* ardor, zealousness

arène *f.* arena; bullring; (open air)
amphitheater

argent *m.* money; silver; **argent de
poche** allowance, pocket money;
changer de l'argent to change
currency; **déposer (retirer) de
l'argent** to deposit (withdraw)
money

Argentine *f.* Argentina

argot *m.* slang, argot

argotique *adj.* slang, slangy

arme *f.* weapon

armé(e) *adj.* armed

armement *m.* armament, arms

Arménie *f.* Armenia

arménien(ne) *adj.* Armenian

arranger (nous arrangeons) to
arrange; to accommodate

arrêt *m.* stop; **arrêt d'autobus** bus
stop; **sans arrêt(s)** ceaselessly;
nonstop

arrêter (de) to stop; to arrest;
s'arrêter de to stop (oneself)

arrière *adv.* back, rear; **à l'arrière de**
behind

arrière-grand-parent *m., f.* great-
grandparent

arrivée *f.* arrival; **dès l'arrivée** upon
arrival

arriver to arrive; to happen; **arriver à**
to manage to, succeed in

arrondissement *m.* city zone (*division
of Paris*)

arroser to water; to sprinkle; to wash
down

art *m.* art; **arts dramatiques** theater,
theater arts; **objet** (*m.*) **d'art** piece
of art; **œuvre** (*f.*) **d'art** work of art

artère *f.* artery

arthrose *f.* arthrosis, joint
inflammation

articulation *f.* joint (*limb*)

artifice *m.* artifice, scheme, strategy;
feux (*m. pl.*) **d'artifice** fireworks

artisan(e) *m., f.* artisan, craftsperson

artiste *m., f.* artist

artistique *adj.* artistic

ascenseur *m.* elevator

aseptisé(e) *adj.* asepticized

Asie *f.* Asia

asperges *f. pl.* asparagus

aspirateur *m.* vacuum cleaner; **passer
l'aspirateur** to vacuum

aspirine *f.* aspirin

assassiner to murder, assassinate

asseoir (*p.p.* **assis**) *irreg.* to seat;
asseyez-vous sit down; **s'asseoir** to
sit down

assez (de) *adv.* enough; rather; quite;
en avoir assez *fam.* to be fed up

assiduité *f.* assiduousness

assiette *f.* plate

assis(e) *adj.* seated

assistance *f.* assistance, help; social
welfare

assistant(e) *m., f.* assistant; helper;
teaching assistant

assister to help, assist; **assister à** to
attend, go to (concert, etc.)

associer to associate

assorti(e) *adj.* assorted; matching;
matched

assumer to assume; to take on

assurance *f.* assurance; *pl.* insurance;
assurances maladie health
insurance

assuré(e) *m., f.* insured person; *adj.*
ensured, assured

assurer to insure; to assure; **s'assurer**
to make certain, ascertain

astronomie *f.* astronomy

athée *m., f.* atheist

Athènes Athens

Atlantique *m.* Atlantic Ocean

atmosphère *f.* atmosphere

atomique *adj.* atomic

atout *m.* advantage; trump (*in cards*)

attachement *m.* tie, attachment

attacher to tie; to attach; to buckle

attaquer to attack

atteint(e) *adj.* stricken; affected

attendre to wait for; **s'attendre à** to
expect, anticipate

attente *f.* wait; expectation; **liste** (*f.*)
d'attente waiting list; **salle** (*f.*)
d'attente waiting room

attentif/attentive *adj.* attentive

attention *f.* attention; **attention à**
watch out for; **faire attention à** to
pay attention to

atténuer to attenuate, lessen

attirer to attract; to draw

attraction *f.* attraction; ride; event;
parc (*m.*) **d'attractions** amusement
park

attraper to catch; **attraper une
contravention** to get a traffic ticket

attribuer to attribute

auberge *f.* inn; **auberge de jeunesse**
youth hostel

aucun(e) (ne... aucun[e]) *adj., pron.*
none; no one, not one, not any

audio-visuel(le) *adj.* audiovisual; *m.*
audiovisual, broadcast media

augmentation *f.* increase, raise

augmenter to increase

aujourd'hui *adv.* today; nowadays; at
present; **encore aujourd'hui** still
today

auparavant *adv.* previously

auprès de *prep.* close to; with

aussi *adv.* also; so; as; consequently;
aussi bien que as well as; **aussi...
que** as. . .as; **moi aussi** me too

aussitôt *conj.* immediately, at once,
right then; **aussitôt que** as soon as

Australie *f.* Australia

australien(ne) *adj.* Australian;
Australien(ne) *m., f.* Australian
(person)

autant *adv.* as much, so much, as
many, so many; just as soon; **autant
de** as many. . .as; **autant que** *conj.*
as much as, as many as

auteur *m.* author

auto *f.* car, auto; **salon** (*m.*) **de l'auto**
auto show

autobus (*fam.* **bus**) *m.* bus; **arrêt** (*m.*)
d'autobus bus stop

autocar *m.* (interurban) bus

automatique *adj.* automatic;
distributeur (*m.*) **automatique**
automatic teller

automne *m.* autumn; **en automne** in
the autumn

automobile (*fam.* **auto**) *f.* automobile,
car; **coureur** (*m.*) **automobile** race
car driver

autonome *adj.* autonomous

autonomie *f.* autonomy

autorisé(e) *adj.* authorized

autoroute *f.* freeway

auto-stop *m.* hitchhiking; **faire de
l'auto-stop** to hitchhike

auto-stoppeur/auto-stoppeuse *m., f.*
hitchhiker

autour (de) *prep.* around

autre *adj., pron.* other; another; *m., f.*
l'un(e) l'autre one another

autrefois *adv.* formerly, in the past
autrement *adv.* otherwise
Autriche *f.* Austria
auxiliaire *m.*, *Gram.* auxiliary (verb)
avaler to swallow
avance *f.* advance; **à l'avance** beforehand; **d'avance** in advance, earlier, ahead of time; **en avance** early
avancement *m.* promotion; advancement
avancer (nous avançons) to advance; **s'avancer vers** to approach, come upon
avant *adv.* before (in time); *prep.* before, in advance of; *m.* front; **avant de** (+ *inf.*) *prep.* before; **avant que** *conj.* (+ *subj.*) before
avantage *m.* advantage, benefit
avantageux/avantageuse *adj.* advantageous
avant-garde advanced, ahead of its time
avec *prep.* with
avenir *m.* future; **à l'avenir** in the future, henceforth
aventure *f.* adventure; **film** (*m.*) **d'aventure(s)** adventure movie
s'aventurer à to dare, venture to
aventureux/aventureuse *adj.* adventurous
avertir to warn, forewarn
avion *m.* airplane; **à bord de l'avion** on the plane; **en avion** by plane; **par avion** air mail; **piloter un avion** to fly a plane; **prendre l'avion** to take a plane
avis *m.* opinion; **à son (mon, votre) avis** in his/her (my, your) opinion; **demander l'avis de** to ask the opinion of
avocat *m.* avocado
avocat(e) *m.*, *f.* lawyer
avoir (*p.p.* **eu**) *irreg.* to have; *m. s.* holdings, assets; **avoir à** to have to, be obliged to; **avoir (20) ans** to be (20) years old; **avoir besoin de** to need; **avoir chaud** to be hot, warm; **avoir confiance en** to have confidence in; **avoir de la chance** to be lucky; **avoir de la patience** to be patient; **avoir du mal à** to have a hard time; **avoir envie de** to feel like; to want to; **avoir faim** to be hungry; **avoir froid** to be cold; **avoir honte (de)** to be ashamed (of); **avoir horreur de** to hate; **avoir l'air (de)** to look (like); **avoir**

le cafard to be depressed, have the blues; **avoir le mal de l'air** to be airsick; **avoir le mal de mer** to be seasick; **avoir le vertige** to feel dizzy; **avoir lieu** to take place; **avoir l'intention de** to have the intention to; **avoir mal à la tête (à la gorge, aux dents)** to have a headache (a sore throat, a toothache); **avoir mal au cœur** to have indigestion, heartburn; **avoir peur (de)** to be afraid (of); **avoir raison** to be right; **avoir soif** to be thirsty; **avoir sommeil** to be sleepy; **avoir tendance à** to tend to; **avoir tort** to be wrong; **avoir un accident** to have an accident; **en avoir assez, en avoir marre** *fam.* to be fed up with, sick of; **il y a** there is, there are; ago
avoisinant(e) *adj.* neighboring
avorter to abort; **se faire avorter** to have an abortion
avouer to confess, admit
avril April; **poisson** (*m.*) **d'avril** April Fool's joke, hoax
axé(e) sur *adj.* centered on
azur *m.* azure, blue; **Côte** (*f.*) **d'Azur** French Riviera

baccalauréat (*fam.* **bac**) *m.* French secondary school degree
bachelier/bachelière *m.*, *f.* holder of the French secondary school degree
bactériologique *adj.* bacteriological
badinage *m.* teasing, bantering
bafouer to scoff, jeer at
bagages *m. pl.* luggage; **enregistrer les bagages** to check in luggage; **monter les bagages** to carry the luggage upstairs
bague *f.* ring (*jewelry*); **bague de fiançailles** engagement ring
baguette *f.* thin loaf of French bread, baguette
bahut *m. fam.* school
baie *f.* bay
baignade *f.* swim, swimming
baigner to bathe; **se baigner** to bathe (oneself); to swim
baignoire *f.* bathtub
bain *m.* bath; **prendre un bain (moussant)** to take a (bubble) bath; **salle** (*f.*) **de bain(s)** bathroom
baisse *f.* reduction, lowering
baisser to lower
bal *m.* ball, dance; **bal masqué** costume ball, party

se balader *fam.* to take a walk, stroll
baladeur/baladeuse *adj.* roaming, sauntering
balance *f.* scale(s) (for weighing)
balayer (je balaie) to sweep
balcon *m.* balcony
baleine *f.* whale
balle *f.* (small) ball
ballerines *f. pl.* flat shoes, slippers
ballon *m.* (inflated) ball; balloon
banal(e) *adj.* commonplace; trite
banalité *f.* banality, triteness
banane *f.* banana
bancaire *adj.* banking, bank; **carte** (*f.*) **bancaire** bank card, credit card
bande *f.* band; group; gang; **bande dessinée** comic strip; *pl.* comics
bandeau *m.* (arm, head) band
banlieue *f.* suburbs; **en banlieue** in the suburbs
banque *f.* bank; **compte** (*m.*) **en banque** bank account
baptême *m.* baptism
barbe *f.* beard
baron *m.* baron; cut of lamb or beef
bas(se) *adj.* low; *m.* stocking(s); bottom; *adv.* low, softly; **bas** (*m. pl.*) **de nylon** nylon stockings; **là-bas** *adv.* over there; **table** (*f.*) **basse** coffee table
base *f.* base; basis; **à base de (lait)** (milk) product; **de base** basic
basé(e) (sur) *adj.* based (on)
basket *m.*, *fam.* basketball; **jouer au basket** to play basketball
basque: Pays (*m.*) **Basque** the Basque countries
bassin *m.* basin; pond
bateau *m.* boat; **en bateau** by boat, in a boat
bâtiment *m.* building
bâtir to build
bâtonnet *m.* small stick; twig
battant *m.* leaf; flap; door
batterie *f.* (car) battery
battre (*p.p.* **battu**) *irreg.* to beat; **battre les records** to beat the record(s); **se battre** to fight
bavarder to chat; to talk
béarnais(e) *adj.* from the Béarn region; **sauce** (*f.*) **béarnaise** sauce made of butter and eggs
beau (bel, belle [beaux, belles]) *adj.* beautiful; handsome; **il fait beau** it's nice (weather) outside
beaucoup *adv.* much, many
beau-frère *m.* brother-in-law
beau-père *m.* father-in-law; stepfather

beauté *f.* beauty
beaux-arts *m. pl.* fine arts
beaux-parents *m. pl.* in-laws; stepparents
bébé *m.* baby
bec *m.* beak; spout; **bec verseur** pouring spout, tap; mouth (*fam.*)
bel et bien *adv.* entirely, fairly, quite
belge *adj.* Belgian
Belgique *f.* Belgium
belle-fille *f.* daughter-in-law; stepdaughter
belle-mère *f.* mother-in-law; stepmother
belle-sœur *f.* sister-in-law
belligérance *f.* belligerency, aggressiveness
bénéfice *m.* profit; benefit
bénéficier de to profit, benefit from
bénéfique *adj.* profitable, beneficient
bénévole *adj.* kindly, indulgent; unpaid, voluntary
béquille *f.* crutch
berbère *adj.* Berber
besoin *m.* need; **avoir besoin de** to need; **faire ses besoins** *fam.* to defecate
bête *adj.* silly; stupid
bêtise *f.* foolishness; foolish thing; **faire des bêtises** to do stupid, silly things
beurre *m.* butter
beurré(e) *adj.* buttered
bibelot *m.* knick-knack
biberon *m.* (baby's) bottle
bibliothécaire *m., f.* librarian
bibliothèque *f.* library
biche *f.* doe, hind
bicyclette *f.* bicycle; **faire de la bicyclette** to cycle, go biking
bien *adv.* well, quite; comfortable; *m.* good; *pl.* goods, belongings; **aimer bien** to like; **aussi bien que** as well as; **bel et bien** entirely, fairly, quite; **bien cuit** well-done (meat); **bien de (d', des)** many; **bien, et toi?** fine, and you?; **bien que** *conj.* (+ *subj.*) although; **bien sûr** *interj.* of course; **eh bien** *interj.* well!; **je vais bien** I'm fine; **merci bien** thanks a lot; **ou bien** or else; **s'amuser bien** to have a good time; **s'entendre bien** to get along; **se sentir bien** to feel well; **très bien, merci** very well, thank you; **vouloir bien** to be willing (to)
bientôt *adv.* soon; **à bientôt!** *interj.* see you soon!

bienvenu(e) *m., f.* welcome
bière *f.* beer
bifteck *m.* steak
bijou *m.* jewel; piece of jewelry
bijouterie *f.* jewelry; jewelry store
bilingue *adj.* bilingual
billard *m.* billiards, pool
billet *m.* ticket; **billet aller-retour** round-trip ticket
biodégradable *adj.* biodegradable
biologie *f.* biology
biologique *adj.* biological
biologiste *m., f.* biologist
bis *adv.* twice, repeat
biscuit (sec) *m.* cookie
bise *f., fam.* kiss, smack; **grosses bises** love and kisses; **se faire la bise** to kiss each other on the cheeks
bisous *m. pl., fam.* kisses
bistrot *m.* bistro, bar
blague *f.* joke
blanc(he) *adj.* white; **blanc** (*m.*) **de poulet** breast of chicken
blanchi(e) *adj.* bleached
blasé(e) *adj.* indifferent, blasé
blessé(e) *adj.* wounded, injured; *m., f.* wounded person
blesser to wound; to hurt (feelings); **se blesser** to hurt oneself
blessure *f.* wound
bleu(e) *adj.* blue; *m.* blue (cheese)
blond(e) *adj.* blond
bloqué(e) *adj.* stopped, halted; blocked
blouson *m.* windbreaker; (waist-length) jacket
blue-jean *m.* jeans
bœuf *m.* beef; ox; **rôti** (*m.*) **de bœuf** roast beef
boire (*p.p.* **bu**) *irreg.* to drink; **boire la tasse** *fam.* to get a mouthful of water
bois *m.* wood; forest
boisson *f.* drink, beverage
boîte *f.* box; can; **boîte à gants** glove compartment; **boîte aux lettres** mailbox; **ouvre-boîte** *m. inv.* can opener
bol *m.* bowl; wide coffee cup
bolognais(e): à la bolognaise meat-based pasta sauce
bombardement *m.* bombardment, shelling
bombe *f.* bomb
bon(ne) *adj.* good; charitable; right, correct; *f.* maid, chambermaid; **ah bon?** really?; **bon anniversaire** happy birthday; **bon appétit!** enjoy

your meal! **bon chic bon genre (BCBG)** preppie; **bon marché** *adj. inv.* cheap, inexpensive; **bonne chance** good luck; **bonne nuit** *interj.* good night; **de bonne heure** early; **de bonne humeur** in a good mood; **en bon état** in good condition; **en bonne forme** fit, healthy; **en bonne santé** in good health; **une bonne affaire** a bargain
bonbon *m.* (piece of) candy
bonheur *m.* happiness
bonjour *interj.* hello
bonnement: tout bonnement *adv.* simply, naïvely, plainly
bonsoir *interj.* good evening
bord *m.* edge; windowsill; (river) bank, seashore; side (politics); **à bord de (l'avion)** on board (the plane); **au bord de** on the banks (shore) of
bosquet *m.* grove, thicket
botte *f.* boot; **demi-botte** half-boot
botté(e) *adj.* wearing (military) boots
bouche *f.* mouth
bouché(e) *adj.* plugged up
boucherie *f.* butcher shop; **boucherie-charcuterie** *f.* combination butcher and deli
bouchon *m.* plug; stopper
boucle *f.* curl; **boucle d'oreille** earring
bouclé(e) *adj.* curly
boue *f.* mud
bouée *f.* buoy; life preserver
bougie *f.* candle
bouillabaisse *f.* bouillabaisse (*fish soup from Provence*)
bouillir (*p.p.* **bouilli**) *irreg.* to boil; **faire bouillir** to boil, bring to a boil
boulanger/boulangère *m., f.* baker
boulangerie *f.* bakery; **boulangerie-pâtisserie** *f.* bakery-pastry shop
boule *f.* ball; lump
boulimie *f.* bulimia
boulimique *adj.* bulimic
boulot *m., fam.* job; work; **métro-boulot-dodo** *fam.* the daily grind, the rat race
boum *f., fam.* party
Bourgogne *f.* Burgundy (*French province*)
bourse *f.* scholarship; stock exchange
bousculer to push, bump against
bout *m.* end; **au bout (de)** at the end (of)
bouteille *f.* bottle

boutique *f.* shop, store
bouton *m.* button; pimple
branche *f.* branch; sector
branché(e) *adj.*, *m.*, *f.*, *fam.* "with it," cool (person); **branché(e) (sur)** *adj.* hooked, tuned (into)
brancher to plug in; **se brancher (sur)** to connect up (with)
bras *m.* arm
brasserie *f.* bar-restaurant
bref/brève *adj.* short, brief; **(en) bref** in short
Brésil *m.* Brazil
brésilien(ne) *adj.* Brazilian
Bretagne *f.* Brittany (*region of France*)
breton(ne) *adj.* from Brittany (*region of France*); *m.* Breton (language)
breuvage *m.* drink (Canada); brew
brevet *m.* diploma; certificate; **brevet d'études** lower school diploma in France; **brevet d'études professionnelles (BEP)** high-level trade diploma
bribes *f. pl.* scraps, snippets
bricolage *m.* do-it-yourself, home projects; **faire du bricolage** to tinker, putter around the house
bricoler to putter around the house
brie *m.* Brie (cheese)
brillant(e) *adj.* brilliant; shining
briller to shine, gleam
brin *m.* sprig; shoot, blade (of grass)
brique *f.* brick
bronzage *m.* tanning
bronzé(e) *adj.* suntanned
se bronzer to tan (oneself)
brosse *f.* brush; chalkboard eraser; **brosse à dents** toothbrush
brosser to brush; **se brosser les dents** to brush one's teeth
brouillard *m.* fog; **il y a du brouillard** it's foggy
se brouiller avec to quarrel, break up with
brousse *f.* bush, wilderness
bruit *m.* noise
brûler to burn (up); **brûler un feu rouge** to run a red light; **se brûler** to burn oneself
brun(e) *adj.* brown; dark-haired
Bruxelles Brussels
bruyammant *adv.* noisily
bruyant(e) *adj.* noisy
bûche *f.* log; **bûche de Noël** yule-log
bûcher *fam.* to study, cram
buffet *m.* buffet; train station cafeteria
buisson *m.* bush, shrubbery
buissonnière: faire l'école

buissonnière to cut class, play hooky
bulletin *m.* bulletin, report; **bulletin météorologique** weather report
bureau *m.* office; desk; **bureau de change** (foreign) currency exchange; **bureau de poste** post office
burnous *m.* burnoose (*hooded cloak worn by North Africans*)
bus *m.* bus
but *m.* goal, objective

C.A.P. (Certificat [*m.*] d'Aptitude Professionnelle) vocational certificate granted in France
C.E.E. (Communauté [*f.*] Économique Européenne) European Economic Community (E.E.C.)
ça this, that; it; **ça alors!** wow!; **ça m'est égal** it's all the same to me; **ça te va?** is that OK with you? **ça te va bien** that looks good on you; **ça va?** *fam.* how's it going? **ça va** fine; it's going well; **comme ci, comme ça** so-so
cabine *f.* cabin; booth; **cabine à cartes** phone booth using calling cards; **cabine téléphonique** phone booth
cabinet *m.* office; study; closet
cache-cache: jouer à cache-cache to play hide-and-seek
cacher to hide
cad' sup' (cadre [*m.*] supérieur) *fam.* business executive
cadeau *m.* present, gift; **faire (offrir) un cadeau à** to give a present to
cadet(te) *m.*, *f.* younger brother or sister
Cadjin(e) *m.*, *f.* Cadjun, Acadian (person); **cadjin(e)** *adj.* Cadjun; Acadian
cadre *m.* frame; setting; (business) executive, manager
cafard *m.* cockroach, bug; *fam.* the blues, depression; **avoir le cafard** to be depressed
café *m.* coffee; café; **café au lait** coffee with milk; **café en poudre** instant coffee; **café-tabac** *m.* bar-tobacconist; **café-théâtre** *m.* cabaret, night club; **terrasse (*f.*) de café** sidewalk café
caféine *f.* caffeine
cafétéria *f.* cafeteria, dining hall, self-service
cafetière *f.* coffee pot, coffee maker

cahier *m.* notebook, workbook
cahoter to jolt, shake, bump
caille *f.* quail
caillou *m.* pebble, stone
Caire (le) *m.* Cairo
caisse *f.* cash register; box, crate; *fam.* car
caissier/caissière *m.*, *f.* cashier
cajun *adj.* Cajun (*Acadian from Louisiana*)
calcul *m.* calculation; arithmetic; calculus
calculatrice *f.* calculator
calculer to calculate, figure
calèche *f.* light carriage
caleçon *m.* boxer shorts
Californie *f.* California
californien(ne) *adj.* Californian
calmant *m.* tranquilizer
calme *m.*, *adj.* calm
calmement *adv.* calmly
se calmer to quiet down
camarade *m.*, *f.* friend, companion; **camarade de chambre** roommate; **camarade de classe** classmate, schoolmate
Cambodge *m.* Kampuchea
cambriolage *m.* burglary
cambrioleur/cambrioleuse *m.*, *f.* burglar
caméra *f.* movie camera
camion *m.* truck
camionnette *f.* pickup truck
campagne *m.* countryside, country; campaign; **à la campagne** in the country
campement *m.* camp, encampement
campeur/campeuse *m.*, *f.* camper
camping *m.* camping; campground; **faire du camping** to go camping; **terrain (*m.*) de camping** campground
canadien(ne) *adj.* Canadian; **Canadien(ne)** *m.*, *f.* Canadian (person)
canal *m.* channel; canal
canapé *m.* sofa, couch; **canapé transformable** convertible sofa, sofabed
canard *m.* duck; **canard à l'orange** duck with orange sauce
canarien(ne) *adj.* pertaining to the Canary Islands
candidat(e) *m.*, *f.* candidate; applicant
canin(e) *adj.* canine
canoë *m.* canoe; **faire du canoë** to canoe, go canoeing
canon *m.* cannon

cantine *f.* (school) cafeteria
canyoning *m.* canyon-climbing
cap *m.* cape (*geographical*); head
capable *adj.* capable, able; **être capable de** to be capable of
capacité *f.* ability; capacity
capitaine *m.* captain
capital(e) *adj.* capital, chief; *f.* capital (city)
capitalisme *m.* capitalism
capituler to capitulate
capot *m.* hood (of car)
capter to capture; to captivate
car *conj.* for, because; *m.* interurban bus
caractériser to characterize; **se caractériser** to be characterized
Caraïbes *f. pl.* Caribbean (islands); **mer** (*f.*) **des Caraïbes** Caribbean (sea)
caramel *m.* caramel; **crème** (*f.*) **caramel** caramel custard
caramélisé(e) *adj.* caramelized
caravane *f.* (camping) trailer
carbone *m.* carbon; **hydrate** (*m.*) **de carbone** carbohydrate
carburateur *m.* carburetor
cardiaque *adj.* cardiac; **crise** (*f.*) **cardiaque** heart attack
cardinal(e) *adj.* cardinal (point, number); **point** (*m.*) **cardinal** cardinal point
Carême *m.* Lent
caresser to caress; to pet
caricature *f.* caricature; political cartoon
carnaval *m.* carnival; **Roi** (*m.*) **Carnaval** Mardi Gras king
carnet *m.* notebook; booklet; log
carotte *f.* carrot
carpette *f.* rug
carrefour *m.* intersection, crossroad
carrière *f.* career
carrousel *m.* roundabout; (baggage) carousel
carte *f.* card; map; menu; **cabine** (*f.*) **à cartes** telephone booth using calling cards; **carte bancaire** bank card, credit card; **carte de crédit** credit card; **carte d'embarquement** boarding pass; **carte de vœux** greeting card; **carte d'identité** identification card; **carte du monde** map of the world; **carte postale** postcard; **carte routière** road map; **jouer aux cartes** to play cards; **tireuse** (*f.*) **de cartes** fortune teller
carton *m.* cardboard

cas *m.* case; **en cas de, au cas où** in case of, in the event of
cascade *f.* waterfall, cascade
casque *m.* helmet
casqué(e) *adj.* helmeted
cassé(e) *adj.* broken
casse-croûte *m.* snack, light lunch
casser to break; **facile à casser** *adj.* breakable; **se casser le bras** to break one's arm
cassoulet *m.* stew with duck and beans (*Toulouse region*)
cataclysme *m.* cataclysm
catégorie *f.* category, class
catégoriquement *adv.* categorically
cathédrale *f.* cathedral
catholicisme *m.* Catholicism
cause *f.* cause; **à cause de** because of; **(re)mettre en cause** to question; to implicate
causer to cause; *fam.* to talk, chat
cavalier/cavalière *m., f.* horseback rider; *adj.* cavalier
cave *f.* cellar; wine cellar
cd: lecteur-cd *m.* compact disc player
ce (cet, cette, ces) *adj.* this, that, these, those
ceci *pron.* this
céder (je cède) to give in; to give up; to give away
ceinture *f.* belt; seat, safety belt; **ceinture de sécurité** seat belt, safety belt
cela *pron.* that
célèbre *adj.* famous
célébrer (je célèbre) to celebrate
célébrité *f.* celebrity, personality
céleri *m.* celery
célibataire *m., f., adj.* single, unmarried (person)
cellule *f.* cell; nucleus
celte *adj.* Celtic
celui (ceux, celle, celles) *pron.* the one, the ones, this one, that one, these, those
cendre *f.* ash
cendrier *m.* ashtray
censure *f.* censorship
censurer to censor
cent *adj.* one hundred
centaine *f.* about one hundred
centenaire *m., f.* one-hundred-year-old person
centième *adj.* hundredth
central(e) *adj.* central, main; *f.* power station; **centrale** (*f.*) **nucléaire** nuclear power plant
centralisme *m.* centralism, centralization

centre *m.* center; **centre commercial** shopping center, mall; **centre-ville** *m.* downtown
cependant *adv.* in the meantime; meanwhile; *conj.* yet, still, however, nevertheless
cercle *m.* circle
céréales *f. pl.* cereals; grains
cérébral(e) *adj.* cerebral
cérémonie *f.* ceremony
cerise *f.* cherry
certain(e) *adj.* sure; particular; certain; **d'un certain âge** middle-aged
certificat *m.* certificate; diploma; **certificat d'aptitude professionnelle (C.A.P.)** French vocational diploma
cerveau *m.* brain
cesser (de) to stop, cease
chacal *m.* jackal
chacun(e) *pron.* each, each one, every one
chaîne *f.* channel; chain; **chaîne** (*f.*) **stéréo** stereo system
chair *f.* flesh
chaise *f.* chair
chaleur *f.* heat; warmth
chambre *f.* bedroom; chamber, room; **camarade de chambre** *m., f.* roommate; **chambre à coucher** bedroom; **femme** (*f.*) **de chambre** maid, chambermaid; **musique** (*f.*) **de chambre** chamber music
champignon *m.* mushroom
champion(ne) *m., f.* champion
championnat *m.* tournament; championship
chance *f.* luck; possibility; opportunity; **avoir de la chance** to be lucky; **bonne chance** good luck
Chandeleur *f.* Candlemas (*Catholic festival on February 2*), Ground Hog Day
change *m.* currency exchange; **bureau** (*m.*) **de change** (foreign) currency exchange; **cours** (*m.*) **de change** exchange rate
changement *m.* change
changer (nous changeons) (de) to change; to exchange; **changer de l'argent** to exchange currency
chanson *f.* song
chansonnier/chansonnière *m., f.* singer (or songwriter)
chant *m.* song; birdsong
chanter to sing; **chanter à tue-tête** to sing at the top of one's lungs
chanteur/chanteuse *m., f.* singer

chantier *m.* work area, building site
Chantilly: crème (*f.*) **Chantilly** whipped cream
Chanuka *m.* Hanukkah
chapeau *m.* hat
chapelle *f.* chapel
chapitre *m.* chapter
chaque *adj.* each, every
char *m.* wagon; **faire du char à voile** to go landsailing
charcuterie *f.* deli; cold cuts; pork butcher's shop
charge *f.* load; fee; maintenance fee; **charges comprises** utilities included; **enfant** (*m.*, *f.*) **à charge** dependent child; **prendre en charge** to take over, take responsibility for; **prise** (*f.*) **en charge** coverage
chargé(e) (de) *adj.* in charge of, responsible for; heavy, loaded; busy
se charger de to take on (responsibility)
charmant(e) *adj.* charming
charme *m.* charm
charmeur/charmeuse *m.*, *f.* charmer; **charmeur** (*m.*) **de serpents** snake charmer
charnière *f.* hinge; turning-point
charte *f.* charter; deed, title
chasseur/chasseuse *m.*, *f.* hunter; *m.* bellhop; **chasseur de têtes** headhunter, employment agent; **lapin** (*m.*) **chasseur** rabbit prepared with wine and mushrooms
chat(te) *m.*, *f.* cat
châtain(e) *adj.* chestnut colored, auburn (hair)
château *m.* castle; **château de sable** sand castle; **château-fort** *m.* castle; fortress
chateaubriand *m.* porterhouse steak
châtelain(e) *m.*, *f.* owner, tenant of a *château*
chaud(e) *adj.* warm; hot; **avoir chaud** to feel warm, hot; **il fait chaud** it (the weather) is warm, hot
chaudière *f.* syrup bucket; boiler
chauffage *m.* heat; heating system
chauffé(e) *adj.* heated; **piscine** (*f.*) **chauffée** heated swimming pool
chauffer to heat (up); **faire chauffer** to heat (up)
chauffeur/chauffeuse *m.*, *f.* chauffeur; driver; **chauffeur de taxi** taxi (cab) driver
chaussée *f.* pavement; **chaussée glissante** slippery pavement

chausser to put on shoes, boots
chaussettes *f. pl.* socks
chaussures *f. pl.* shoes
chauvin(e) *m.*, *f.* chauvinist; *adj.* chauvinistic
chef *m.* leader; head; *fam.* boss; **chef de cuisine** head cook, chef; **chef de famille** head of household; **chef de gare** station-master; **chef de gouvernement** head of state; **rédacteur/rédactrice en chef** *m.*, *f.* editor in chief; **terrine** (*f.*) **du chef** chef's special pâté
chef-d'œuvre *m.* masterpiece
chef-lieu (*pl.* **chefs-lieux**) county seat
chemin *m.* way; road; path; **faire son chemin** to gain ground
cheminée *f.* chimney; fireplace; hearth
chemise *f.* shirt
chemisier *m.* blouse
chèque *m.* check; **chèque de voyage** traveler's check; **endosser un chèque** to endorse a check; **toucher un check** (compute) to cash a check
cher/chère *adj.* dear; expensive; **coûter (se vendre) cher** to be expensive; **payer cher** to pay dearly
chercher to look for; to pick up; **chercher à** to try to
chercheur/chercheuse *m.*, *f.* seeker; researcher; **chercheur/chercheuse scientifique** scientist, scientific researcher
cheval *m.* horse; **monter à cheval** to ride, go horseback riding
chevalier *m.* knight
cheveu *m.* (strand of) hair; **cheveux** *m. pl.* hair; **laque** (*f.*) **à cheveux** hair spray; **se brosser (se couper) les cheveux** to brush (to cut) one's hair
cheville *f.* ankle; **se fouler la cheville** to sprain one's ankle
chez *prep.* at, to, in (the house, family, business or country of); among, in the works of; **passer chez quelqu'un** to stop by someone's home
chic *m.* chic; style; *adj. inv.* chic, stylish; **bon chic bon genre (BCBG)** preppie
chien(ne) *m.*, *f.* dog
chiffonné(e) *adj.* rumpled; annoyed, vexed
chiffre *m.* number, digit
chimie *f.* chemistry

Chine *f.* China
chinois(e) *adj.* Chinese
chirurgie *f.* surgery
chirurgien(ne) *m.*, *f.* surgeon
choc *m.* shock
chocolat *m.* chocolate; **éclair** (*m.*) **au chocolat** chocolate eclair; **pain** (*m.*) **au chocolat** chocolate-filled roll
chœur *m.* chorus; **chanter en chœur** to sing in chorus
choisir (de) to choose (to)
choix *m.* choice; **au choix** of your choosing
cholestérol *m.* cholesterol
chômage *m.* unemployment; **en chômage** unemployed; **taux** (*m.*) **de chômage** unemployment rate
chômeur/chômeuse *m.*, *f.* unemployed person
choquant(e) *adj.* shocking
choquer to shock; to strike, knock
chorale *f.* choral society; choir
chose *f.* thing; **pas grand-chose** not much; **quelque chose** something; **quelque chose d'important** something important
chou *m.* cabbage
chouchou(te) *m.*, *f.*, *fam.* pet, darling
choucroute *f.* sauerkraut with meats (*Alsatian dish*)
chouette *adj. inv.*, *fam.* super, neat, great
chronique *f.* chronicle, news; **chronique mondaine** society page
chrysanthème *m.* chrysanthemum
ciao! ciao!, bye! (*Italian*)
cible *f.* target
cicatrice *f.* scar
ci-dessous *adv.* below
ci-dessus *adv.* above, previously
cidre *m.* (apple) cider
ciel *m.* sky, heaven; **gratte-ciel** *m. inv.* skyscraper
cil *m.* eyelash
ciment *m.* cement
cinéaste *m.*, *f.* film director, movie maker
ciné-club *m.* film club
cinéma (*fam.* **ciné**) *m.* cinema, movies; **salle** (*f.*) **de cinéma** movie theater
cinémathèque *f.* film library
cinéphile *m.*, *f.* film lover
cinoche *m.*, *fam.* movies, cinema
cinquantaine *f.* about fifty
cinquante *adj.* fifty
cinquième *adj.* fifth
circonscription *f.* circumscription; area

circonstance *f.* circumstance;
occurrence
circuit *m.* circuit; organized tour
circulation *f.* traffic
circulatoire *adj.* circulatory
circuler to circulate; to travel
cirer to wax; to polish
cirque *m.* circus
ciseaux *m. pl.* scissors
citadin(e) *m., f.* city dweller
cité *f.* (area in a) city; **cité
universitaire** university residence
complex
citer to cite, quote
citoyen(ne) *m., f.* citizen
citron *m.* lemon; *adj. inv.* lemon-
colored
citrouille *f.* pumpkin
civière *f.* stretcher
civil(e) *adj.* civil; *m., f.* civilian; **état**
(*m.*) **civil** civil, marital status; **génie**
(*m.*) **civil** civil engineering
civilisation *f.* civilization
civique *adj.* civic
clair(e) *adj.* light, bright; light-
colored; clear; evident; **le plus clair
de son temps** the greatest part of
one's time
classe *f.* class; classroom; **camarade
de classe** *m., f.* classmate; **première
(deuxième) classe** first (second)
class; **salle** (*f.*) **de classe** classroom
classique *adj.* classical; classic;
musique (*f.*) **classique** classical
music
clavier *m.* keyboard
clé, clef *f.* key
client(e) *m., f.* customer, client
clientèle *f.* clientele, customers
clignotant *m.* turn signal, blinker
climat *m.* climate
climatisation *f.* air-conditioning
climatisé(e) *adj.* air-conditioned
clinique *f.* clinic; private hospital
clip *m.* videoclip, video segment
clochard(e) *m., f.* hobo
clope *m., fam.* cigarette, cigarette butt
clouté: passage (*m.*) **clouté**
(pedestrian) crosswalk
coca *m., fam.* cola drink
coccinelle *f.* ladybug
cocher to check off (*appropriate entry
in a form*)
cocotier *m.* coconut tree
code *m.* code; **code de la route**
highway regulation; **code postal**
postal, zip code
cœur *m.* heart; **courrier** (*m.*) **du**

cœur "lonelyhearts" column; **mal**
(*m.*) **au cœur** indigestion, heartburn
coffre *m.* chest; trunk (of car)
cohabitation *f.* cohabitation, living
together
coiffeur/coiffeuse *m., f.* hairdresser
coiffure *f.* coiffure, hairstyle;
hairdressing; **salon** (*m.*) **de coiffure**
beauty salon
coin *m.* corner; **café** (*m.*) **du coin**
corner café; **coin de la rue** street
corner
coincé(e) *adj.* cornered; stymied
col *m.* collar
colère *f.* anger; **se mettre en colère**
to get angry
**colin-maillard: jouer à colin-
maillard** to play blindman's-buff
colis *m.* package; **expédier un colis**
to send a package
collaborer to collaborate, work
together
collation *f.* light meal
collectif/collective *adj.* collective
collectionneur/collectionneuse *m., f.*
collector
collège *m.* junior and high school in
France
collègue *m., f.* colleague
collier *m.* necklace
colline *f.* hill
Colombie *f.* Columbia
colombien(ne) *adj.* Columbian
colonie *f.* colony; **colonie de
vacances** (*fam.* **colo**) summer camp
coloniser to colonize
colorant(e) *adj.* coloring
coloré(e) *adj.* colorful
colorisation *f.* colorization (of films)
colosse *m.* Colossus
combattre (*like* **battre**) to fight
combien (de) *adv.* how much; how
many
combinaison *f.* combination; woman's
slip
combiné *m.* combination (*electronics*);
combiné récepteur telephone
receiver
combiner to combine
comédie *f.* comedy; theater; **comédie
musicale** musical comedy
comédien(ne) *m., f.* actor/actress;
comedian
comestible *adj.* edible
comique *adj.* funny, comical, comic
commandant *m.* commanding officer,
commander
commande *f.* order

commander to order (a meal); to give
orders
comme *adv.* as, like, how; **comme ci,
comme ça** so-so
commémorer to commemorate, mark
commencer (nous commençons) to
begin
comment *adv.* how; **comment allez-
vous?** how are you?; **comment ça
va?** how are you? how's it going?
comment est-il/elle? what's he/she
look like? **comment s'appelle... ?**
what's his/her name? **comment
vous appelez-vous?** what's your
name?
commentaire *m.* commentary, remark
commentateur/commentatrice *m., f.*
commentator
commerçant(e) *m., f.* merchant,
storekeeper
commerce *m.* business
commercial(e) *adj.* commercial;
business; **centre** (*m.*) **commercial**
shopping center, mall
commissaire-priseur *m.* auction
appraiser, auctioneer
commissariat (de police) *m.* police
station
commission *f.* commission; errand;
faire les commissions to do the
grocery shopping
commode *f.* dresser; chest of drawers;
adj. convenient; comfortable
commun(e) *adj.* ordinary, common,
usual; popular
communauté *f.* community
communication *f.* communication;
phone call
communiquer to communicate; to
adjoin
compagnie *f.* company; **en
compagnie de** in company with, in
the company of
compagnon/compagne *m., f.*
companion
comparaison *f.* comparison
comparer to compare; **se comparer à**
to compare (oneself) to
compétent(e) *adj.* competent, able
compétitif/compétitive *adj.*
competitive
compétition *f.* competition
complainte *f.* complaint
complément *m.* complement
complémentaire *adj.* complementary
complet/complète *adj.* complete;
whole; filled; booked (hotel, tickets);
pain (*m.*) **complet** whole grain bread

complètement *adv.* completely

compléter (je complète) to complete, finish

complexe *m., adj.* complex

complexité *f.* complexity

compliqué(e) *adj.* complicated

se compliquer to become complicated

comporter to include; **se comporter** to behave

composé(e) *adj.* composed; **passé** (*m.*) **composé** *Gram.* present perfect

composer to compose (music, typesetting); **composer un numéro** to dial a number (*telephone*)

compote *f.* compote, stewed fruit

compréhensif/compréhensive *adj.* understanding

compréhension *f.* understanding

comprendre (*like* **prendre**) to understand; to comprise, include

comprimé *m.* tablet, pill

compris(e) *adj.* included; **service compris** tip included; **y compris** *prep.* including

compromettre (*like* **mettre**) to compromise

comptable *m., f.* accountant; **expert/ agent-comptable** *m.* certified public accountant

compte *m.* account; **compte** (*m.*) **en banque** bank account; **se rendre compte de/que** to realize (that)

compter (sur) to plan (on); to intend; to count (on someone)

compteur *m.* counter (*device*)

comptoir *m.* counter, bar (in café)

comté *m.* county

se concentrer (sur) to concentrate (on)

concerner to concern; **en ce qui concerne** with regard to, concerning

se concerter (pour) to act in concert (to)

concierge *m., f.* concierge, building manager

concitoyen(ne) *m., f.* fellow-citizen

concombre *m.* cucumber

concorder to agree, tally

concours *m.* competition, contest; assistance

concret/concrète *adj.* concrete, tangible

conçu(e) *adj.* conceived, designed

condition *f.* condition; **à condition de/que** *prep., conj.* provided that

conditionné(e) *adj.* conditioned; **air conditionné(e)** *adj.* air-conditioned

conditionnel *m., Gram.* conditional

condoléances *f. pl.* condolences, sympathy

conducteur/conductrice *m., f.* driver

conduire (*p.p.* **conduit**) *irreg.* to drive; to take; to conduct; **permis** (*m.*) **de conduire** driver's license; **se conduire** to behave

conduite *f.* behavior; driving; guidance

conférence *f.* lecture; conference; **salle** (*f.*) **de conférence** meeting room

confiance *f.* confidence; **avoir confiance en** to have confidence in; **faire confiance à** to trust

confier to confide; to give; **se confier à** to put one's trust in, confide in

confirmer to strengthen; to confirm

confiserie *f.* candy shop; candy

confiture *f.* jam, preserves

conflit *m.* conflict

confondu(e) *adj.* confused, mingled

conformiste *adj.* conformist

confort *m.* comfort; amenities

confortable *adj.* comfortable

confortablement *adv.* comfortably

confrère *m.* colleague, fellow-member

congé *m.* leave (from work), vacation

congélateur *m.* freezer

congelé(e) *adj.* (deep) frozen

congrès *m.* congress, meeting, convention

conjoint(e) *m., f.* spouse

conjonctif/conjonctive *adj.* connective; conjunctive

conjonction *f., Gram.* conjunction

conjoncture *f.* conjuncture; contingency

conjugal(e) *adj.* conjugal, married

conjugué(e) *adj., Gram.* conjugated

conjuguer *Gram.* to conjugate; **se conjuguer** to join together

connaissance *f.* knowledge; acquaintance; consciousness; **faire connaissance** to get acquainted; **faire la connaissance de** to meet (for the first time)

connaisseur/connaisseuse *m., f.* expert; connoisseur

connaître (*p.p.* **connu**) *irreg.* to know; to be acquainted with; **se connaître** to get to know one another, to meet

connu(e) *adj.* known; famous

conquérir (*p.p.* **conquis**) *irreg.* to conquer

conquête *f.* conquest

consacrer to consecrate; to devote

conscience *f.* conscience; consciousness; **prendre conscience de** to become aware of; **prise** (*f.*) **de conscience** awareness, becoming aware

conscient(e) *adj.* conscious

consécration *f.* consecration; ratification

consécutif/consécutive *adj.* consecutive

conseil *m.* (piece of) advice; council; **Conseil de l'Europe** European Council; **conseil des ministres** presidential cabinet; **demander conseil à** to ask advice of; **donner (suivre) des conseils** to give (follow) advice

conseiller (de) to advise (to); to counsel

conseiller/conseillère *m., f.* advisor; counselor

conséquence *f.* consequence; **en conséquence** accordingly, as a result

conséquent: par conséquent *conj.* therefore, accordingly

conservateur/conservatrice *adj.* conservative; *m.* food preservative; **conservateur/conservatrice de musée** *m., f.* museum curator

conservation *f.* conserving; preservation

conserve *f.* preserve(s), canned food

conserver to conserve; to preserve; **se conserver** to remain fresh

considérablement *adv.* considerably

considération *f.* consideration

considérer (je considère) to consider

consigne *f.* order(s), rule(s)

consister (à, en) to consist (in, of)

consœur *f.* colleague, member of sisterhood

consoler to console

consommateur/consommatrice *m., f.* consumer

consommation *f.* consumption; consumerism

consommer to consume; spend

constamment *adv.* constantly

constant(e) *adj.* constant, unceasing

constituer to constitute

constructeur/constructrice *m., f.* builder; manufacturer

construire (*like* **conduire**) to construct, build

construit(e) *adj.* constructed, built

consulat *m.* consulate

consultation *f.* consulting; consultation

consulter to consult

contact *m.* contact; **rester en contact avec** to remain in contact with; **verres** (*m. pl.*) **de contact** contact lenses

contacter to contact

contagieux/contagieuse *adj.* contagious

contaminé(e) *adj.* contaminated

conte *m.* tale, story; **conte de fée(s)** fairy tale

contemporain(e) *adj.* contemporary

contenant *m.* container

contenir (*like* **tenir**) to contain

content(e) *adj.* content; happy; **être content(e) de (que)** to be happy about (that)

se contenter de to be content with, satisfied with

contenu *m.* contents

contexte *m.* context

continuel(le) *adj.* continual

continuer (à, de) to continue

contradictoire *adj.* contradictory

contrainte *f.* constraint

contraire *adj.* opposite; *m.* opposite; **au contraire** on the contrary

contrairement (à) *adv.* contrarily, contrary (to)

contraste *m.* contrast

contrat *m.* contract

contravention *f.* traffic ticket; minor violation; **attraper une contravention** to get a traffic ticket

contre *prep.* against; contrasted with; **par contre** on the other hand

contrebande *f.* contraband

contredanse *f.* quadrille, country dance

contribuer to contribute

contrôle *m.* control; check-point; inspection; **contrôle de police** police checkpoint

contrôler to check, verify; to stamp

contrôleur/contrôleuse *m., f.* ticket collector; conductor

controversé(e) *adj.* controversial

convaincre (*like* **vaincre**) to convince; **se convaincre** to convince oneself

convaincu(e) *adj.* sincere, earnest; convinced

convenable *adj.* proper; appropriate

convenir (*like* **venir**) to fit; to be suitable

converger (nous convergeons) to converge

coopérant(e) *m., f.* member of **la Coopération** (*French national service corps*)

coopération *f.* cooperation

copain/copine *m., f., fam.* friend, pal

copie *f.* copy; imitation

copier to copy

copieux/copieuse *adj.* copious, abundant

coq *m.* rooster; **coq au vin** chicken prepared with (red) wine

coquille *f.* seashell; **coquilles Saint-Jacques** scallops served in their shells

corde *f.* rope, cord; **sauter à la corde** to jump rope

cordial(e) *adj.* cordial, warm

cordonnier/cordonnière *m., f.* shoemaker, cobbler

corps *m.* body

correct(e) *adj.* correct

correspondant(e) *m., f.* correspondent; pen pal; *adj.* corresponding

correspondre to correspond

corriger (nous corrigeons) to correct

Corse *f.* Corsica

costume *m.* suit (of clothes); costume

cote *f.* quota; share; **cote de la Bourse** stock prices

côte *f.* coast; rib; side; **Côte d'Azur** French Riviera

côté *m.* side; **à côté (de)** *prep.* by, near, next to; at one's side; **(d')à côté** (from) next door; **côté cour** on the backyard side; **de l'autre côté (de)** from, on the other side (of); **du côté droit (gauche)** on the right (left) side

côtelette *f.* cutlet, (lamb, pork) chop

cotiser to pay dues

coton *m.* cotton; **en coton** (made of) cotton

se côtoyer (ils se côtoient) to keep close to; to frequent

cou *m.* neck

couchage: sac (*m.*) **de couchage** sleeping bag

couchant: soleil (*m.*) **couchant** setting sun

couche *f.* layer; stratum; *pl.* (baby's) diapers; *pl.* childbirth; **couche d'ozone** ozone layer

coucher to put to bed; **chambre** (*f.*) **à coucher** bedroom; **se coucher** to go to bed; to set (sun)

coude *m.* elbow

coudre (*p.p.* **cousu**) *irreg.* to sew

couler to flow, run; to lead; to spend

couleur *f.* color; **de quelle couleur est... ?** what color is. . .?

couloir *m.* hall(way), corridor

coup *m.* blow; coup; (gun) shot; influence; **à coup sûr** certainly, surely; **coup de fil** *fam.* phone call; **coup de foudre** lightning bolt; love at first sight; **coup de pied** kick; **coup de poing** punch, blow with a fist; **coup de téléphone** telephone call; **coup d'œil** glance; **du coup** now at last; suddenly; **du premier coup** at once; **tout à coup** *adv.* suddenly; **tout d'un coup** *adv.* at once, all at once

coupe *f.* trophy, cup; glass (*champagne*)

couper to cut; to divide; to censor; **se couper** to cut oneself; **se couper les cheveux** to cut one's hair

coupon *m.* coupon; ticket stub

cour *f.* yard; barnyard; court; **côté cour** on the backyard side

courageux/courageuse *adj.* courageous

couramment *adv.* fluently; commonly

courant(e) *adj.* frequent; general, everyday; *m.* current; **rester au courant** to keep up to date; **se tenir au courant** to keep informed

coureur/coureuse *m., f.* runner; **coureur automobile** race car driver

courir (*p.p.* **couru**) *irreg.* to run

couronne *f.* crown; funeral wreath (*flowers*)

couronner to crown; to finish off

courrier *m.* mail; **courrier du cœur** "lonelyhearts" column

cours *m.* course; rate; price; **au cours de** *prep.* during; **cours du change** exchange rate; **en cours** current, present; **en cours de route** on the way; **sécher un cours** (*fam.*) to cut class, play hooky; **suivre un cours** to take a course

course *f.* race; errand; **au pas de course** at a run; **course cycliste** bicycle race; **faire les courses** to do the shopping (errands); **vélo** (*m.*) **de course** racing bike

court(e) *adj.* short (*not used for people*); *m.* (tennis) court; **tout court** *adv.* simply, merely

courtois(e) *adj.* polite, courteous

couscous *m.* couscous (*North African cracked wheat dish*)

cousin(e) *m., f.* cousin

coût *m.* cost; **coût de la vie** cost of living
couteau *m.* knife
coûter to cost; **coûte que coûte** at all costs; **coûter cher** to be expensive
coûteux/coûteuse *adj.* costly, expensive
coutume *f.* custom
couturier/couturière *m., f.* fashion designer; dressmaker
couvert(e) *adj.* covered; cloudy; *m.* table setting; **couvert(e) de** covered with; **mettre le couvert** to set the table
couverture *f.* blanket
couvrir (*like* **ouvrir**) to cover
crabe *m.* crab
craie *f.* chalk
craindre (*p.p.* **craint**) *irreg.* to fear
crainte *f.* fear
craquer to crack; to break down
cravate *f.* tie
crayon *m.* pencil
créateur/créatrice *m., f.* creator; *adj.* creative
création *f.* creation
crèche *f.* child care center
crédible *adj.* credible
crédit *m.* credit; *pl.* funds, investments; **carte** (*f.*) **de crédit** credit card
crédule *adj.* credulous, naïve
crédulité *f.* credulousness
créer to create
crème *f.* cream; **crème à raser** shaving cream; **crème caramel** caramel custard; **crème Chantilly** whipped cream; **crème d'asperges** cream of asparagus soup
créole *adj.* Creole; *m.* Creole (language)
crêpe *f.* crepe, French pancake
creux/creuse *adj.* hollow; *m.* hollow
crevant(e) *adj. fam.* exhausting
crevé(e) *adj.* punctured; *fam.* tired out, exhausted; **pneu** (*m.*) **crevé** flat tire
crevette *f.* shrimp
crier to cry out; to shout; **crier des injures** to shout insults
criminel(le) *m., f.* criminal
crise *f.* crisis; recession; depression; **crise cardiaque** heart attack; **crise (nerveuse) de dépression** nervous breakdown; **crise économique** recession; depression
cristal *m.* crystal

critère *m.* criterion
critique *f.* criticism; critique; *m., f.* critic; *adj.* critical
critiquer to criticize
croire (*p.p.* **cru**) *irreg.* to believe
croisé(e) *adj.* crossed; double-breasted (suit); **mots** (*m. pl.*) **croisés** crossword puzzle
croiser to cross; to run across
croiseur *m.* cruiser (ship)
croisière *f.* cruise
croissance *f.* growth, development
croissant(e) *adj.* growing; *m.* croissant (roll); crescent
croix *f.* cross; **Croix Rouge** Red Cross
croquant(e) *adj.* crisp
croque-monsieur *m.* French grilled cheese and ham sandwich
crottin *m.* (animal) dung; regional cheese type
croustillant(e) *adj.* crisp, crusty
cru(e) *adj.* raw
crudité *f.* raw vegetable; *pl.* plate of raw vegetables
crustacé *m.* crustacea, shellfish
cueillir *irreg.* to pick, gather
cuillère, cuiller *f. m.* spoon
cuir *m.* leather; **en cuir** (made of) leather
cuire (*p.p.* **cuit**) *irreg.* to cook; to bake; **cuire à feu vif** to cook on high heat; **cuire à la vapeur** to steam; **faire cuire** to cook
cuisine *f.* cooking; cuisine; kitchen; **balance** (*f.*) **de cuisine** cooking scale; **chef** (*m.*) **de cuisine** head cook, chef; **faire la cuisine** to cook; **livre** (*m.*) **de cuisine** cookbook; **nouvelle cuisine** light, low-fat cuisine; **recette** (*f.*) **(de cuisine)** recipe
cuisiner to cook
cuisinier/cuisinière *m., f.* cook; *f.* stove, range; **cuisinière à gaz (électrique)** gas (electric) stove
cuisse *f.* thigh; leg
cuisson *f.* cooking (process)
cuit(e) *adj.* cooked; **bien cuit(e)** well done (meat); **terre** (*f.*) **cuite** earthenware, pottery
cuivre *m.* copper; brass
culinaire *adj.* culinary
culot *m., fam.* nerve, audacity
culpabilité *f.* guilt
culpable *adj.* guilty
culte *m.* cult, religion
culturel(le) *adj.* cultural

Cupidon *m.* Cupid
curatif/curative *adj.* curative
cure *f.* treatment; **en cure** at a health spa
curieux/curieuse *adj.* curious
curiosité *f.* curiosity
curiste *m., f.* person undergoing a cure (at a spa)
cyclisme *m.* bicycle riding
cycliste *m., f.* bicycle rider, cyclist; *adj.* cycling
cyprès *m.* cypress (tree)

D.E.U.G. (Diplôme d'études universitaires générales) two-year university degree in France
d'abord *adv.* first, first of all
d'ailleurs *adv.* besides, moreover
dame *f.* lady, woman
Danemark *m.* Denmark
dangereux/dangereuse *adj.* dangerous
dans *prep.* within, in
dansant(e) *adj.* dancing; **nuitée** (*f.*) **dansante** dance, ball
danse *f.* dance; dancing
danser to dance
danseur/danseuse *m., f.* dancer
date *f.* date (time); **date de naissance** date of birth
davantage *adv.* more
de *prep.* from, of about
débat *m.* debate
déboisement *m.* deforestation
débouché *m.* opening, demand; market for
déboucher to unclog, clear up; **déboucher sur** to emerge, open out onto
debout *adv.* standing, up, awake; **être debout** to be standing up
débris *m.* debris, refuse
débrouiller to disentangle; **se débrouiller** to manage, get along
début *m.* beginning; **au début (de)** in, at the beginning (of)
décaféiné(e) *adj.* decaffeinated
déceler (je décèle) to disclose, divulge
décembre December
décennie *f.* decade
décentralisé(e) *adj.* decentralized
décès *m.* demise, death
décharge *f.* (electrical) discharge; unloading
déchets *m. pl.* (industrial) waste; debris
décider (de) to decide (to); **se décider (à)** to make up one's mind (to)

décisif/décisive *adj.* decisive
décision *f.* decision; **prendre une décision** to make a decision
déclaration *f.* declaration, statement; **déclaration de douane** customs declaration
déclarer to declare
décor *m.* decor; scenery
décorer (de) to decorate (with)
découpé(e) *adj.* cut up
découper to cut up
décourager (nous décourageons) to discourage
découvert(e) *adj.* discovered; *f.* discovery
découvrir (*like* **ouvrir**) to discover, learn
décrétale *f.* papal letter
décrire (*like* **écrire**) to describe
décrocher *fam.* to get, receive (an honor)
déçu(e) *adj.* disappointed
dedans *prep., adv.* within, inside
défaut *m.* defect, fault
défendre to defend; **défendre de** to forbid; **défendre les accusés** to defend the accused
défense *f.* defense
déficience *f.* deficiency
défier to challenge, defy
défilé *m.* procession, parade
défiler to march, march by
définir to define
définition *f.* definition
dégoûtant(e) *adj.* disgusting
dégueulasse *adj., fam.* sickening
se déguiser to disguise oneself, wear a costume
dégustation *f.* tasting, eating
déguster to taste; to relish; to eat, drink
dehors *adv.* out-of-doors; outside; **en dehors de** outside of, besides
déjà *adv.* already
déjeuner to have lunch; *m.* lunch; **petit déjeuner** breakfast
delà: au delà de *prep.* beyond
délassement *m.* rest, relaxation
délégué(e) *m., f.* delegate
délicat(e) *adj.* delicate; touchy, sensitive
délice *m.* delight
délicieux/délicieuse *adj.* delicious
délinquance *f.* delinquency
déluge *m.* deluge, flood
demain *adv.* tomorrow; **à demain** see you tomorrow
demande *f.* request; application

demander to ask; **demander conseil à** to ask advice of
démarche *f.* (necessary) step; approach (to someone for request, favor)
démarrer to start (a car); to take off
déménagement *m.* moving (out of a house)
déménager (nous déménageons) to move (house)
demi(e) *adj.* half; **il est minuit et demi** it's twelve-thirty A M
demi-bottes *f. pl.* half-boots (*apparel*)
demi-douzaine *f.* half-dozen
demi-frère *m.* half-brother; stepbrother
demi-heure *f.* half an hour
demi-livre *f.* half-pound (*250 grams*)
demi-sœur *f.* half-sister; stepsister
démission *f.* resignation (from a job)
démocratie *f.* democracy
démodé(e) *adj.* out of style, old-fashioned
démographe *m., f.* demographer
demoiselle *f.* young lady; single, unmarried woman
démolir to demolish, destroy
démonstratif/démonstrative *adj.* demonstrative
démontrer to demonstrate
démuni(e) *adj.* impoverished
dent *f.* tooth; **brosse** (*f.*) **à dents** toothbrush; **se brosser les dents** to brush one's teeth
dentifrice *m.* toothpaste
dentiste *m., f.* dentist
déodorant *m.* deodorant
départ *m.* departure; **point** (*m.*) **de départ** starting point
département *m.* department; district
dépasser to go beyond; to pass, surpass; **dépasser la vitesse indiquée** to exceed the posted speed limit
dépaysement *m.* disorientation; change of scene
se dépêcher (de) to hurry (to)
dépendance *f.* dependency
dépendant(e) *adj.* dependent
dépendre (de) to depend (on)
dépenser to spend
déplacement *m.* moving, change of place; travel
déplacer (nous déplaçons) to displace; to shift; to remove; **se déplacer** to move around, go somewhere
déplaire(à) (*like* **plaire**) to displease

déplorable *adj.* deplorable, lamentable
déporté(e) *adj.* deported
déposer to deposit; **déposer de l'argent** to deposit money
dépourvu(e) *adj.* bereft; lacking
dépression *f.* depression; breakdown; **crise** (*f.*) **de dépression** nervous breakdown
déprimé(e) *adj.* depressed; **être déprimé(e)** to be depressed
depuis (que) *prep.* since; **depuis combien de temps** how long
député *m.* delegate, deputy
dérangement *m.* disarrangement, disturbance
déranger (nous dérangeons) to disturb; to bother
dériver to derive
dernier/dernière *adj.* last, most recent; past; **la dernière fois** the last time; **l'an dernier (l'année dernière)** last year
se dérouler to unfold; to develop
derrière *prep.* behind; *m.* back, rear
dès *prep.* from (then on); **dès l'arrivée** upon arrival; **dès que** *conj.* as soon as
désagréable *adj.* disagreeable, unpleasant
désastre *m.* disaster
descendre *intr.* to go down; *trans.* to take down; **descendre de** to get out of
descente *f.* descent
descriptif/descriptive *adj.* descriptive
désert(e) *adj.* desert, deserted; *m.* desert; wilderness
déserté(e) *adj.* deserted
désertique *adj.* desert, pertaining to the desert
désespérément *adv.* desperately
se désespérer (je me désespère) to despair, be in despair
désespoir *m.* despair
se déshabiller to get undressed
déshumanisant(e) *adj.* dehumanizing
désir *m.* desire
désirable *adj.* desirable
désirer to want, desire
désolé(e) *adj.* desolate; very sorry
désordonné(e) *adj.* disorderly, messy
désordre *m.* disorder, confusion; **en désordre** disorderly, untidy
désorganisé(e) *adj.* disorganized
désormais *adv.* henceforth
desservir to serve (district) (*in transportation*)

dessin *m.* drawing; **dessins animés** (film) cartoons
dessiné(e) *adj.* drawn, sketched; **bande** (*f.*) **dessinée** comic strip; *pl.* comics
dessiner to draw
dessous *adv.* under, underneath; **au-dessous de** *prep.* below, underneath; **ci-dessous** *adv.* below
dessus *adv.* above; over; on; **au-dessus de** *prep.* above; **ci-dessus** *adv.* above, previously
destin *m.* fate
destiné(e) à *adj.* designed for, aimed at
destiner to destine; to intend, mean
destructeur/destructrice *adj.* destructive
détacher to detach, unfasten
détail *m.* detail
détaillé(e) *adj.* detailed
détecteur *m.* detector; **détecteur de fumée** smoke detector
se détendre to relax
détente *f.* relaxation; detente
détergent *m.* detergent
détérioration *f.* deterioration
déterminer to determine
détester to detest; to hate
détritus *m.* detritus, refuse
détroit *m.* strait(s)
détruire (*like* **conduire**) to destroy
détruit(e) *adj.* destroyed
deuil *m.* mourning
deux *adj.* two; **deux-pièces** *m. s.* two-room apartment in France (*not including kitchen*); **tous/toutes les deux** both (of them)
deuxième *adj.* second; **Deuxième Guerre** (*f.*) **mondiale** Second World War
devant *prep.* before, in front of
développement *m.* development
développer to spread out; to develop; **se développer** to expand; to develop
devenir (*like* **venir**) to become; *m.* evolution, change
déverser to pour, discharge
deviner to guess
devinette *f.* riddle, conundrum
devoir (*p.p.* **dû**) *irreg.* to be obliged to, to have to; to owe; *m.* duty; *m. pl.* homework; **faire ses devoirs** to do one's homework
dévoré(e) *adj.* devoured
d'habitude *adv.* usually
diabète *m.* diabetes

diagnostic *m.* diagnosis
diagonale *f.* diagonal (stripe)
dialecte *m.* dialect, regional language
diamant *m.* diamond
diapositive (*fam.* **diapo**) *f.* (photographic) slide
diarrhée *f.* diarrhea
dictateur/dictatrice *m., f.* dictator
dictatorial(e) *adj.* dictatorial
dictature *f.* dictatorship
dictée *f.* dictation
dictionnaire *m.* dictionary
dieu *m.* god
différence *f.* difference
différencié(e) *adj.* different; differentiating
différent(e) *adj.* different
difficile *adj.* difficult; **difficile à vivre avec** hard to get along with
difficulté *f.* difficulty
diffuser to broadcast
diffusion *f.* broadcasting
digérer (**je digère**) to digest
digne *adj.* worthy
dilué(e) *adj.* diluted
dimanche *m.* Sunday
diminuer to lessen, diminish
diminution *f.* diminution, reduction
dinde *f.* turkey; **dinde rôtie** roast turkey
dîner to dine, have dinner; *m.* dinner
diplomatique *adj.* diplomatic
diplôme *m.* diploma
dire (*p.p.* **dit**) *irreg.* to tell; to say; to speak; **c'est-à-dire** that is to say, namely; **se dire** to say to one another; **vouloir dire** to mean
direct(e) *adj.* direct, straight; through, fast (train); **en direct** live (broadcasting); **pronom** (*m.*) (**complément**) **d'objet direct** *Gram.* direct object pronoun
directeur/directrice *m., f.* director
direction *f.* direction; management; leadership
directives *f. pl.* rules of conduct, directives
diriger (**nous dirigeons**) to direct; to govern, control; **se diriger vers** to go, make one's way, toward
discipliner to discipline
discothèque *f.* discothèque
discours *m.* discourse; speech
discuter (de) to discuss
disparaître (*like* **connaître**) to disappear
dispensaire *m.* dispensary, clinic
dispersé(e) *adj.* dispersed, scattered

disponibilité *f.* availability
disposer de to have (available); to dispose, make use of
dispute *f.* quarrel
se disputer (avec) to quarrel (with)
disque *m.* record, recording
disquette *f.* diskette
dissertation *f.* essay, term paper
dissocié(e) *adj.* disunited, dissociated
distingué(e) *adj.* distinguished; **veuillez agréer l'expression de mes sentiments les plus distingués** yours very truly
distinguer to distinguish; **se distinguer** to distinguish oneself
distraction *f.* recreation; entertainment; distraction
se distraire (*like* **traire**) to have fun, amuse oneself
distribuer to distribute
distributeur/distributrice *m., f.* distributor; *m.* vending machine; **distributeur automatique** automatic teller machine
divan *m.* couch, divan; sofa-bed
divers(e) *adj.* changing; varied
diversifié(e) *adj.* diversified
se diversifier to change, vary; to become different
diversité *f.* diversity
divertissement *m.* amusement, pastime
diviser to divide
divorcé(e) *adj.* divorced; *m., f.* divorced person
divorcer (**nous divorçons**) to divorce
dixième *adj.* tenth
dizaine *f.* about ten
docteur *m. f.* doctor
doctorat *m.* doctoral degree, Ph.D.
documentaire *m.* documentary; *adj.* documentary
dodo *fam.* sleep; **fais-dodo** traditional Louisiana dance
doigt *m.* finger
domaine *m.* domain; specialty
domestique *adj.* domestic; *m., f.* servant; **animal** (*m.*) **domestique** pet (animal)
domicile *m.* domicile, place of residence, home; **à domicile** at home; **sans domicile fixe (S.D.F.)** homeless
dominer to rule
dommage *m.* damage; pity; **c'est dommage** it's too bad, what a pity
don *m.* gift, grant
donc *conj.* then; therefore

donjon *m.* keep (of castle); dungeon

donner to give; **donner à manger** to feed (animals); **donner sur** to open out onto; **se donner rendez-vous** to make a date, an appointment

dont *pron.* whose, of which, of whom, from whom, about which

doré(e) *adj.* gold; golden

dormir *irreg.* to sleep

dos *m.* back; **à dos de cheval** on horseback; **sac** (*m.*) **à dos** backpack

douane *f.* customs; **déclaration** (*f.*) **de douane** customs declaration; **droits** (*m. pl.*) **de douane** duty; **exemption** (*f.*) **de douane** exemption from customs duty; **passer par la douane** to go through customs

douanier/douanière *m., f.* customs officer

doublé(e) *adj.* lined (clothing); dubbed (film); **un film doublé** dubbed movie

doubler to pass (a car); to double; to dub

doucement *adv.* gently, softly; sweetly; slowly

douceur *f.* softness; gentleness; sweetness

douche *f.* shower (bath)

se doucher to take a shower

doué(e) *adj.* talented, gifted; bright; **être doué(e) pour** to be talented in

douleur *f.* pain

doute *m.* doubt; **sans doute** probably, no doubt

douter (de) to doubt

douteux/douteuse *adj.* doubtful, uncertain, dubious

doux/douce *adj.* sweet, kindly, pleasant; soft, gentle

douzaine *f.* dozen; about twelve

douze *adj.* twelve

douzième *adj.* twelfth

dramatique *adj.* dramatic; **arts** (*m. pl.*) **dramatiques** theater, theater arts

drame *m.* drama

dresser to set, draw (up); to arrange; **dresser une liste** to draw up a list

drogue *f.* drug

se droguer to take drugs

droit *adv.* straight on; *m.* law; right; fee; **à droite (de)** on the right (of); **aller tout droit** to go straight ahead; **avoir droit à** to have a right to; **avoir le droit de** to be allowed to; **droits** (*m. pl.*) **de douane**

(customs) duty; **du côté droit** on the right side

drôle (de) *adj.* droll, funny, amusing

drôlement *adv.* really, terribly; oddly

dromadaire *m.* dromedary

dû (due) *adj.* due, owing to

dur(e) *adj.* hard; difficult; **en dur** in concrete, in stone; **œuf** (*m.*) **dur** hard-boiled egg; **travailler dur** to work hard

durée *f.* duration, length

durer to last, continue; to endure; to last a long time

dynamique *adj.* dynamic

dynamisme *m.* dynamism

eau *f.* water; **eau minérale** mineral water; **eau nature** plain water; **eau thermale** hot spring; **eaux** *f. pl.* waters, bodies of water

ébloui(e) *adj.* dazzled, amazed

écart *m.* separation, divergence

échafaudage *m.* scaffolding

échange *m.* exchange; **étudiant(e)** (*m., f.*) **d'échange** exchange student

échanger (nous échangeons) to exchange

échantillon *m.* sample

échappement *m.* leak; car exhaust

échapper (à) to escape; **s'échapper** to escape, break free

s'échauffer to warm up, heat up (become heated)

échec *m.* failure; checkmate; *pl.* chess; **jouer aux échecs** to play chess

échelle *f.* scale; ladder

échouer (à) to fail

éclair (au chocolat) *m.* chocolate éclair (custard pastry)

éclairage *m.* lighting, illumination

éclairé(e) *adj.* lit, lighted

éclat *m.* outburst, blaze, display; **voler en éclats** to fly into pieces, shatter

éclatement *m.* bursting, rupture

éclater to break out, up

école *f.* school; **école de filles** girls' school; **école maternelle** pre-school, kindergarten; **école primaire (secondaire)** primary (secondary) school; **faire l'école buissonnière** to skip school, play hooky

écolier/écolière *m., f.* primary school student

écologie *f.* ecology

écologique *adj.* ecological

écologiste (*fam.* **écolo**) *m., f.* ecologist (*in politics*)

écomarketing *m.* ecology-conscious marketing

économe *adj.* thrifty, economical

économie *f.* economy; *pl.* savings; **faire des économies** to save (money)

économique *adj.* economic, financial; **Communauté** (*f.*) **Économique Européenne (CEE)** European Community (EEC); **crise** (*f.*) **économique** recession, depression; **sciences** (*f. pl.*) **économiques** economics

économiser to save

écorce *f.* bark; crust

écossais(e) *adj.* Scottish

Écosse *f.* Scotland

écouter to listen

écran *m.* screen

écraser to crush; to run over

écrevisse *f.* crayfish

s'écrier to cry out, exclaim

écrire (*p.p.* **écrit**) *irreg.* to write

écrit(e) *adj.* written

écriture *f.* writing; handwriting

écrivain *m.* writer, author

écu *m.* shield; *A.* crown (three francs); **ECU** European Currency Unit

écurie *f.* (horse) stable(s)

édifice *m.* building, edifice

éditeur/éditrice *m., f.* editor; publisher

édition *f.* publishing; edition

éditorial *m.* editorial (column)

éducatif/éducative *adj.* educational

éducation *f.* upbringing; breeding; education

effectuer to effect, carry out; to accomplish

effet *m.* effect; **en effet** as a matter of fact, indeed

efficace *adj.* efficacious, efficient, useful

efficacité *f.* efficiency

s'efforcer (nous nous efforçons) de to make an effort to

effort *m.* effort, attempt; **faire un (des) effort(s) pour** to try, make an effort to

effrayant(e) *adj.* terrifying, frightening

s'effriter to crumble, disintegrate

égal(e) *adj.* equal; all the same; **cela (ça) m'est égal** I don't care, it's all the same to me

également *adv.* equally; likewise, also

église *f.* (Catholic) church

égoïste *adj.* selfish; *m., f.* selfish person

Égypte *f.* Egypt
eh! *interj.* hey!; **eh bien!** well!; now then!
élaboré(e) *adj.* elaborate; complex
élargir to widen; to stretch; **s'élargir** to get bigger
élection *f.* election
électricité *f.* electricity
électrique *adj.* electric; **cuisinière** (*f.*) **électrique** electric stove; **décharge** (*f.*) **électrique** electrical discharge
électrochoc *m.* electric shock
électronique *adj.* electronic; *f.* electronics; **portier** (*m.*) **électronique** TV surveillance monitor
électronucléaire *adj.* electro-nuclear
élégant(e) *adj.* elegant, stylish
élément *m.* element
élémentaire *adj.* primary (school); elementary
éléphant *m.* elephant
élève *m., f.* pupil, student
élevé(e) *adj.* high; raised; brought up
élever (j'élève) to raise; to lift up; **s'élever** to rise
élimination *f.* elimination
éliminer to eliminate
elle *pron.* she; her; **elle-même** herself
elles *pron. f.* they; them
élocution *f.* elocution; **leçon** (*f.*) **d'élocution** speech lesson
éloigné(e) (de) *adj.* distant, remote (from)
élu(e) *adj.* elected
émasculation *f.* emasculation, castration
emballage *m.* wrapping, packaging; **papier** (*m.*) **d'emballage** paper wrapper
emballé(e) *adj.* wrapped
embarquement *m.* embarkation; **carte** (*f.*) **d'embarquement** boarding pass
embarras *m.* obstacle; embarrassment; superfluity; **embarras du choix** too much to choose from
embarrassant(e) *adj.* embarrassing
embarrassé(e) *adj.* embarrassed
embêtant(e) *adj. fam.* tiresome, boring
embêter to annoy; to bore
embouteillage *m.* traffic jam
embrasser to kiss; to embrace; **s'embrasser** to embrace or kiss each other
émergence *f.* emergence

émerger (nous émergeons) to emerge
émetteur *m.* transmitter
émettre (*like* **mettre**) to emit, broadcast; to utter
émission *f.* program; broadcast; emission; **émission toxique** toxic emission
emménager (nous emménageons) to move in
emmener (j'emmène) to take along; to take (someone somewhere); **emmener quelqu'un à l'hôpital** to take someone to the hospital
émotif/émotive *adj.* emotive; emotional
émotionnel(le) *adj.* emotional
émouvant(e) *adj.* moving, touching; thrilling
s'emparer de to take possession of, seize
empêcher (de) to prevent; to preclude
empereur *m.* emperor
emploi *m.* use; job; **emploi d'été** summer job; **emploi du temps** schedule
employé(e) *m., f.* employee
employer (j'emploie) to use; to employ
empoisonner to poison; **s'empoisonner** to poison oneself
emporter to take (something somewhere)
s'empresser to hurry, hasten
emprisonné(e) *adj.* imprisoned
emprunt *m.* loan
emprunter to borrow
émulsion *f.* emulsion
en *prep.* in; to; while; within; into; at; like; in the form of; by; *pron.* of him, of her, of it, of them; from him, by him, etc.; some of it; any
encadré(e) *adj.* guided, supervised
enceinte *adj. f.* pregnant
enchanté(e) *adj.* enchanted; pleased
enchanteur/enchanteresse *adj.* bewitching, enchanting
encore *adv.* still; again; yet; even; more; **encore aujourd'hui** still today; **ne... pas encore** not yet
encourager (nous encourageons) (à) to encourage (to)
s'endormir to fall asleep
endosser to endorse; **endosser un chèque** to endorse, sign a check
endroit *m.* place, spot

endurant(e) *adj.* patient, long-suffering
énergie *f.* energy
énergique *adj.* energetic
énerver to irritate; **s'énerver** to get upset, annoyed, irritated
enfance *f.* childhood; **petite enfance** early childhood
enfant *m., f.* child
enfermé(e) *adj.* locked up
enfin *adv.* finally, at last
enfoui(e) *adj.* buried
s'enfuir (*like* **fuir**) to run away, escape
s'engager (nous nous engageons) to commit oneself
englué(e) *adj.* stuck; limed
engoncé(e) *adj.* bundled up, embroiled
enlever (j'enlève) to take away; to remove, take off; **enlever la poussière** to dust (furniture)
enluminure *f.* illuminating; illumination
ennemi(e) *m., f.* enemy
ennui *m.* trouble, worry; boredom
ennuyer (j'ennuie) to bother; to bore; **s'ennuyer** to be bored, get bored
ennuyeux/ennuyeuse *adj.* boring; annoying
énorme *adj.* huge, enormous
énormément de *adv.* a great deal; a great many
enquête *f.* inquiry; investigation
s'enraciner to take root, become established
enregistrement *m.* registration; recording
enregistrer to record; to register (luggage); **enregistrer les bagages** to check in luggage
enregistreur *m.* tape recorder
enrhumé(e): être enrhumé(e) to have a cold
enrichir to enrich
enseignant(e) *m., f.* teacher, instructor
enseignement *m.* teaching; education
enseigner to teach
ensemble *adv.* together; *m.* ensemble; whole
ensoleillé(e) *adj.* sunny
ensuite *adv.* next; then
entendre to hear; **entendre parler de** to hear about; **s'entendre (bien, mal) avec** to get along (well, badly) with

entente *f.* understanding

enterrement *m.* funeral, burial

enterrer to bury

enthousiaste *adj.* enthusiastic

entier/entière *adj.* entire, whole, complete

entourage *m.* circle of friends, set

entouré(e) de *adj.* surrounded by

entourer (de) to surround (with)

entraînement *m.* (athletic) training, coaching

s'entraîner to work out; to train

entre *prep.* between, among

entrée *f.* entrance, entry; admission; first course

entremets *m.* sweet; dessert

entreprise *f.* enterprise, business

entrer (dans) to go into, enter

entretenir (*like* **tenir**) to maintain, keep up

entretien *m.* conversation; interview; maintenance (*house*)

entrevue *f.* (job) interview

enveloppe *f.* envelope

s'envelopper to wrap oneself

envers *prep.* to; toward; in respect to; **à l'envers** upside down; inside out

envie *f.* desire; **avoir envie de** to want; to feel like

environ *adv.* about, approximately; *m. pl.* neighborhood, surroundings; outskirts

environnement *m.* environment; milieu

environnemental(e) *adj.* environmental

envisageable *adj.* imaginable, conceivable

envoyer (j'envoie) to send

épais(se) *adj.* thick

s'épanouir to bloom, blossom

épanouissement *m.* blooming, development

épaule *f.* shoulder

épicé(e) *adj.* spicy

épicerie *f.* grocery store

épices *f. pl.* spices

épicier/épicière *m., f.* grocer

épicurisme *m.* Epicureanism

épinards *m. pl.* spinach

épineux/épineuse *adj.* thorny; ticklish

épisode *m.* episode

éplucher to peel, clean

éponger (nous épongeons) to sponge, mop

épopée *f.* epic (poem)

époque *f.* epoch, period, era; time; **à l'époque de** at the time of

épouser to marry

épouvantable *adj.* frightful, terrible

épouvante *f.* terror; **film** (*m.*) **d'épouvante** horror film

époux/épouse *m., f.* spouse; husband/wife

éprouver to feel; to experience; to test

équilibre *m.* equilibrium, balance

équilibré(e) *adj.* balanced, well balanced; **mener une vie équilibrée** to lead a balanced life

équipe *f.* team; working group

équipé(e) *adj.* equipped

équipement *m.* equipment; gear

équitation *f.* horseback riding

équivalent(e) *adj.* equivalent

érable *m.* maple; **sève** (*f.*) **d'érable** maple sap; **sirop** (*m.*) **d'érable** maple syrup; **sucre** (*m.*) **d'érable** maple sugar

érablière *f.* maple tree grove

ère *f.* era

erreur *f.* error; mistake

éruption *f.* eruption; (skin) rash; **éruption volcanique** volcanic eruption

escalade *f.* climbing; **faire de l'escalade** to go rock climbing, mountain climbing

escale *f.* stop(over); **faire escale** to make a stopover

escalier *m.* stairs, stairway; **rampe** (*f.*) **de l'escalier** stair banister

escalope *f.* (veal) scallop

escargot *m.* snail; escargot

esclave *m., f.* slave

espace *m.* space

Espagne *f.* Spain

espagnol(e) *adj.* Spanish; *m.* Spanish (language)

espèce *f.* species; **en espèces** in cash; **une espèce de** a kind of

espérance *f.* hope; expectancy; **espérance de vie** life expectancy

espérer (j'espère) to hope

esplanade *f.* promenade, esplanade

espoir *m.* hope

esprit *m.* mind; spirit; wit

essai *m.* essay; attempt; trial

essayer (j'essaie) (de) to try (to)

essence *f.* gasoline, gas; essence

essentiel(le) *adj.* essential

essuie-glace(s) *m. inv.* windshield wiper

essuyer (j'essuie) to wipe

est *m.* east

estampillé(e) *adj.* stamped, marked

esthétique *adj.* esthetic

estimer to value; to estimate; **s'estimer** to think oneself

estomac *m.* stomach

s'estomper to become blurred, dimmed

estrade *f.* dais, platform

estudiantin(e) *adj.* student

et *conj.* and, **et toi (vous)?** and you?

établi(e) *adj.* established, set up

établir to establish, set up; **s'établir** to settle; to set up

établissement *m.* settlement; establishment

étage *m.* floor (of building); **premier étage** second floor (*American*)

étagère *f.* shelving

étanche *adj.* impervious, tight; separate

étape *f.* stage; stopping place

état *m.* state; shape; **en bon (mauvais) état** in good (bad) condition; **état civil** civil status; marital status; **homme** (*m.*) **d'état** statesman

États-Unis *m. pl.* United States (of America)

été *m.* summer; **en été** in summer

éteindre (*like* **craindre**) to put out; to turn off; **éteindre un incendie** to put out a fire; **s'éteindre** to go out (light)

éteint(e) *adj.* extinguished; dead

ethnique *adj.* ethnic

étiquette *f.* label

étoffe *f.* cloth, fabric

étoile *f.* star

étonnant(e) *adj.* astonishing, surprising

s'étonner de to be surprised, astonished at

étouffement *m.* suffocation, smothering

étouffer to smother

étourdi(e) *adj.* dizzy; *m., f.* scatterbrained

étrange *adj.* strange

étranger/étrangère *adj.* foreign; *m., f.* stranger; foreigner; **à l'étranger** abroad, overseas; **langue** (*f.*) **étrangère** foreign language

étrangler to strangle

être (*p.p.* **été**) *irreg.* to be; *m.* being; **c'est (ce n'est pas)** it's (it isn't);

comment est-il/elle? what's he/she like? **être à la retraite** to be retired; **être à l'heure** to be on time; **être au régime** to be on a diet; **être chargé(e) de** to be responsible for; **être d'accord** to agree; **être de bonne (de mauvaise) humeur** to be in a good (bad) mood; **être d'origine française (italienne, etc.)** to be of French (Italian, etc.) origin; **être en avance** to be early; **être en (bonne) forme** to be in shape; **être en retard** to be late; **être en train de** to be in the process of; **être fauché(e)** *fam.* to be broke, without money; **être fier (fière) de** to be proud of; **être obligé(e) de** to be obligated, have to; **être pressé(e)** to be in a hurry; **être prêt(e)** to be ready; **être ravi(e) de** to be delighted that; **être reçu(e) à un examen** to pass a test

étroit(e) *adj.* narrow, small

étude *f.* study; *pl.* studies; **brevet** (*m.*) **d'études** lower school diploma, certificat in France; **faire des études** to study

étudiant(e) *m., f.* student

étudier to study

euh *interj.* Hm!

Europe *f.* Europe

européen(ne) *adj.* European; **Européen(ne)** *m., f.* European (person)

euthanasie *f.* euthanasia

eux *pron., m. pl.* them; **eux-mêmes** *pron.* themselves

s'évader to escape

s'évanouir to faint

évasion *f.* escape; **film** (*m.*) **d'évasion** escape film

événement *m.* event

éventualité *f.* possibility

évidemment *adv.* evidently, obviously

évidence *f.* evidence; **mettre en évidence** to display, show off

évident(e) *adj.* obvious, clear

évier *m.* (kitchen) sink

éviter to avoid; **éviter un accident** to avoid an accident

évoluer to evolve, advance

évolution *f.* evolution, development

évoquer to evoke, call to mind

exact(e) *adj.* exact, correct

examen *m.* test, exam; **échouer à un examen** to fail a test; **passer un**

examen to take an exam; **préparer un examen** to study for a test; **rater un examen** to fail a test; **réussir à un examen** to pass a test; **se présenter à un examen** to take a test

examiner to examine

excédent *m.* excess, surplus; **excédent de poids** overweight (luggage)

excellent(e) *adj.* excellent

excepté *prep.* except

exceptionnel(le) *adj.* exceptional

excessif/excessive *adj.* excessive

excitant(e) *adj.* exciting

s'exclamer to exclaim

exclusivement *adv.* exclusively

excursion *f.* excursion, outing; **faire une excursion** to go on an outing

s'excuser (de) to excuse oneself (for); **excusez-moi** excuse me, pardon me

exécution *f.* carrying out; execution

exemple *m.* example; **par exemple** for example

exemption *f.* exemption; **exemption de douane** exemption from customs duty

exercer (nous exerçons) to exercise; to practice; **exercer un métier** to work at a particular job

exercice *m.* exercise; **faire de l'exercice** to do exercise(s)

exigeant(e) *adj.* demanding; difficult

exiger (nous exigeons) to demand

exil *m.* exile

exister to exist; **il existe** (*inv.*) there is, are

exode *m.* exodus

exotique *adj.* exotic; foreign

expédier to send, ship; **expédier une lettre (un colis)** to send a letter (a package)

expédition *f.* shipping; expedition

expérience *f.* experience; experiment

expérimental(e) *adj.* experimental

expérimenté(e) *adj.* experienced

expérimenter to experiment

expert(e) *m., f.* expert; **expert-comptable** *m.* certified public accountant

expertise *f.* (expert) appraisal, report

explication *f.* explanation

expliquer to explain

explorateur/exploratrice *m., f.* explorer

explorer to explore

exporter to export

exposer to expose; to display

exposition *f.* exhibition; show

exprimer to express; **s'exprimer** to express oneself

extérieur(e) *adj., m.* exterior; outside; **à l'extérieur** (on the) outside, out-of-doors

extrait(e) (de) *adj.* excerpted, extracted (from); *m.* excerpt; extract

extraordinaire *adj.* extraordinary

extraterrestre *adj.* extraterrestrial

extroverti(e) *adj.* extroverted

fabricant(e) *m., f.* manufacturer

fabrication *f.* manufacture

fabriquer to manufacture

fabuleux/fabuleuse *adj.* fabulous; incredible

fac *f., fam.* (**faculté**) university department or school; **en fac** at the university

face *f.* face; façade; **en face (de)** *prep.* opposite, facing; **faire face à** to confront

fâché(e) *adj.* angry, annoyed

fâcher to anger; to annoy; **se fâcher** to get angry

facile *adj.* easy; **facile à vivre** easy to get along with

faciliter to facilitate

façon *f.* way, manner, fashion; **de façon (bizarre)** in a (funny) way; **de toute façon** anyhow, in any case

façonné(e) *adj.* fashioned, shaped

facteur *m.* factor; mail carrier

facture *f.* bill (to pay)

faculté *f.* ability; school of a university (fam. **fac**); **faculté des sciences naturelles** School of Natural Science

faible *adj.* weak; small

faim *f.* hunger; **avoir faim** to be hungry

faire to do; to make; to form; to be; **faire appel à** to appeal to, call upon; **faire attention à** to pay attention to; **faire beau (il fait beau)** to be nice out, good weather (it's nice out); **faire chaud (il fait chaud)** to be warm, hot (out) (it's warm, hot); **faire chauffer** to heat up; **faire confiance à** to trust; **faire connaissance avec** to get acquainted with; **faire cuire** to cook; **faire de la bicyclette** to cycle, go biking; **faire de l'aérobique** to do aerobics; **faire de la gymnastique** (*fam.* **gym**) to do gymnastics; to exercise; **faire de la peinture** to paint; **faire de la planche à voile** to go windsurfing; **faire de la plongée sous-marine** to go scuba-diving; **faire de la voile** to sail, go sailing; **faire de l'escalade** to go climbing, rock-climbing; **faire de l'exercice** to do exercises; to exercise; **faire des achats** to go shopping; **faire des bêtises** to do something silly, stupid; **faire des courses** to do the shopping, errands; **faire des économies** to save money; **faire des efforts pour** to try, make an effort to; **faire des études** to study; **faire des opérations** to conduct transactions; **faire des progrès** to make progress; **faire des projets** to make plans; **faire des recherches** to do research; **faire des remarques** to criticize, make snide remarks; **faire dodo** *fam.* to go to sleep; **faire du babysitting** to babysit; **faire du bateau** to go boating; **faire du bricolage** to tinker, putter around the house; **faire du camping** to camp, go camping; **faire du canoë** to go canoeing; **faire du char à voile** to go landsailing; **faire du français** to study French; **faire du jogging** to jog; **faire du karaté** to do karate; **faire du lèche-vitrines** to go window-shopping; **faire du patin à glace** to go ice-skating; **faire du ski** to ski; **faire du ski nautique** to go water-skiing; **faire du soleil (il fait du soleil)** to be sunny (it's sunny); **faire du sport** to do sports; **faire du surf** to go surfing; **faire du tourisme** to go sightseeing; **faire du vélo** to go cycling; to bicycle; **faire du vent (il fait du vent)** to be windy (it's windy); **faire faire** to have done, make someone do something; **faire fortune** to make a fortune, get rich; **faire frais (il fait frais)** to be cool (out) (it's cool); **faire froid (il fait froid)** to be cold (out) (it's cold); **faire la connaissance de** to get acquainted with; **faire la cuisine** to cook; **faire la fête** to party; **faire la lecture à** to read to; **faire la lessive** to do the laundry; **faire la queue** to stand in line, to queue up; **faire la sieste** to take a nap; **faire la tête** to sulk, pout; to make faces; **faire la vaisselle** to do the dishes; **faire l'école buissonnière** to cut class, play hooky; **faire le lit** to make the bed; **faire le ménage** to do housework; **faire le plein (d'essence)** to fill up (with gas); **faire le réveillon** to see the New Year in; **faire le(s) guignol(s)** to act foolish, ridiculous; **faire le singe** to play the fool; **faire les provisions** to buy groceries; **faire les travaux ménagers** to do housework; **faire les valises** to pack one's bags; **faire le tour de** to go around; to tour; **faire mieux de** to do better; **faire mine de** to pretend to; **faire nuit** to grow dark; to fall (night); **faire obstacle à** to stand in the way of; **faire partie de** to belong to; **faire penser à** to make (someone) think about; **faire peur à** to scare, frighten; **faire pression sur** to put pressure on; **faire provision de** to lay in a stock of; **faire rendez-vous** to make an appointment; **faire sa toilette** to wash up, get ready; **faire ses besoins** *fam.* to defecate; **faire ses devoirs** to do one's homework; **faire cadeau à** to give a gift to; **faire un coup de fil** *fam.* to make a phone call; **faire une annonce** to make an announcement; **faire une commande** to order; **faire une excursion** to go on an outing; **faire une *halte** to make a stop; to halt; **faire une promenade** to go for a walk; **faire une promenade en voiture** to take a (car) ride; **faire un pique-nique** to go on a picnic; **faire un safari** to go on a safari; **faire un scandale** to create a scandal, a scene; **faire un stage** to do an internship; **faire un voyage** to take a trip; **se faire des promesses** to promise one another; **se faire du mal** to hurt oneself, one another; **se faire faire une piqûre** to get a shot; **se faire la bise** to greet with a kiss; **se faire mal** to hurt, injure oneself; **s'en faire** to worry, be concerned

fais-dodo *m.* traditional Saturday evening dance party (*Louisiana*)

fait(e) *adj.* made; *m.* fact; **fait(e) à la main** hand-made; **tout à fait** *adv.* completely, entirely

falaise *f.* cliff

falloir (*p.p.* **fallu**) *irreg.* to be necessary; to be lacking; **il me faut** I need

falot(e) *adj.* insignificant, colorless

fameux/fameuse *adj.* famous

familial(e) *adj.* family

familier/familière *adj.* familiar

famille *f.* family; **chef** (*m.*) **de famille** head of household; **en famille** with one's family

fana *m., f.* fan, fanatic

fanatisme *m.* fanaticism

fantaisie *f.* fantasy; **bijoux** (*m. pl.*) **de fantaisie** costume jewelry

fantôme *m.* phantom; ghost

farci(e) *adj.* stuffed

farine *f.* flour

fascinant(e) *adj.* fascinating

fasciner to fascinate

fatigant(e) *adj.* tiring

fatigué(e) *adj.* tired

fatiguer to tire; **se fatiguer** to get tired

fauché(e) *adj., fam.* broke, without money

faune *f.* fauna

faute *f.* fault, mistake

fauteuil *m.* armchair, easy chair

faux/fausse *adj.* false

faux pas *m.* blunder, error

faveur *f.* favor; **en faveur de** supporting, backing

favori(te) *adj.* favorite

favoriser to favor

fédéral(e) *adj.* federal

fédération *f.* federation

fée *f.* fairy; **conte** (*m.*) **de fée(s)** fairy tale

félicitations *f. pl.* congratulations

se féliciter de to congratulate oneself for

féminin(e) *adj.* feminine

féminisation *f.* feminisation

féminisme *m.* feminism

féministe *adj.* feminist

femme *f.* woman; wife; **femme au foyer** homemaker; **femme d'affaires** businesswoman; **femme de chambre** maid, servant; **femme de ménage** cleaning woman, housekeeper

fenêtre *f.* window

fente *f.* coin slot

fer *m.* iron; **fer à repasser** (clothes) iron

ferme *adj.* firm; *f.* farm
fermé(e) *adj.* closed
fermer to close
fermeture *f.* closing; closure
fermier/fermière *m.*, *f.* farmer
fesse *f.* buttock
fessée *f.* spanking
fête *f.* celebration, holiday; party; *pl.* **fêtes de fin d'année** Christmas season; **fête de la quémande** Cajun custom of begging for a chicken (to make traditional gumbo); **fête des Mères (des Pères)** Mother's (Father's) Day; **fête des Morts** Day of the Dead, All Souls' Day; **fête des Rois** Feast of the Magi, Epiphany; **fête nationale française** July 14, Bastille Day
fêter to celebrate; to observe a holiday; **se fêter** to be celebrated
feu *m.* fire; traffic light; **brûler un feu rouge** to run a red light; **cuire à feu vif** to cook on high heat; **feu au grand air** campfire; **feu de signalisation** traffic light; **feux (pl.) d'artifice** fireworks; **mettre feu à** to set fire to
feuille *f.* leaf; **feuilles de menthe** mint leaves
feuilleton *m.* (radio, TV) serial, soap opera
fève *f.* bean
février February
fiançailles *f. pl.* engagement; **bague (f.) de fiançailles** engagement ring
fiancé(e) *m.*, *f.* fiancé(e), betrothed
se fiancer (nous nous fiançons) to become engaged
fibre *f.* fiber, filament; **fibre de verre** fiberglass
fiche *f.* index card; form (to fill out); deposit slip
fidèle *adj.* faithful
fier/fière *adj.* proud; **être fier/fière de** to be proud of
fièvre *f.* fever
figé(e) *adj.* fixed, set; completely still
figure *f.* face; figure; **faire figure de** to play the part of
figurer to appear
fil *m.* thread; cord; **passer un coup de fil** *fam.* to make a phone call
filet *m.* net; string bag; luggage rack; fillet (*fish, meat*)
filial(e) *adj.* filial
filière *f.* channel, path; track, major (in school)
fille *f.* girl; daughter; **belle-fille**

daughter-in-law; **école (f.) de filles** girls' school; **jeune fille** girl, young woman; **petite fille** little girl; **petite-fille** granddaughter
filleul(e) *m.*, *f.* godchild
film *m.* film; movie; **film d'épouvante** horror movie; **film d'évasion** escape film; **passer un film** to show a movie; **tourner un film** to shoot, make a movie
fils *m.* son; **petit-fils** grandson
filtrage *m.* filtering
filtre *m.* filter
fin(e) *adj.* fine; thin; *f.* end; purpose; **à la fin de** at the end of; **en fin d'après-midi** in the late afternoon; **extra-fin** *adj.* superfine; **fines herbes** *f. pl.* culinary herbs (*parsley, chervil, etc.*); **mettre fin à** to put an end to
finalement *adv.* finally
financement *m.* financing
financer (nous finançons) to finance
financier/financière *adj.* financial; *m.*, *f.* financier
finir (de) to finish; **finir par** to finish up by
Finlande *f.* Finland
firme *f.* firm, company
fixe *adj.* fixed; **sans domicile fixe (S.D.F.)** homeless
flacon *m.* bottle, flask
flageolet *m.* kidney bean
flamand *m.* Flemish (language)
flamant *m.* flamingo
flambé(e) *adj.* flambé; set on fire
flan *m.* baked caramel custard
flanc *m.* side; **à flanc de montagne** on the mountainside
flâneur/flâneuse *m.*, *f.* stroller; dawdler
flaque *f.* puddle
se flatter de to take credit for; to feel sure that
flèche *f.* arrow
fleur *f.* flower
fleuri(e) *adj.* decorated with flowers
fleuriste *m.*, *f.* florist
fleuve *m.* river (flowing into the sea)
flic *m.*, *fam.* cop, police officer
Floride *f.* Florida
flottant(e) *adj.* floating
fluor *m.* fluoride
fluorcarbure *m.* fluorocarbon
flux *m.* flow
foi *f.* faith; **avoir foi en** to have faith in
foie *m.* liver; **pâté (m.) de foie gras** goose liver pâté

foire *f.* fair; show
fois *f.* time, occasion; **à la fois** at the same time; **deux fois par semaine** twice a week; **la dernière (première) fois** the last (first) time; **une fois** once
folklorique *adj.* traditional; folk
fonction *f.* function; use, office; **en fonction de** as a function of; according to
fonctionnaire *m.*, *f.* government employee, civil servant
fonctionnement *m.* working order, functioning
fonctionner to function, work
fond *m.* bottom; back, background; *pl.* funds, funding; **au fond** basically; **musique (f.) de fond** background music; **ski (m.) de fond** cross-country skiing
fondateur/fondatrice *m.*, *f.* founder; *adj.* founding
fonder to found; **fonder un foyer** to start a home and family
football (fam. foot) *m.* soccer; **match (m.) de foot** soccer game
force *f.* strength; **à (la) force de** through the strength of
forcément *adv.* necessarily
forêt *f.* forest
formalité *f.* formality
formation *f.* formation; education, training
forme *f.* form; shape; figure; **en (bonne, pleine) forme** physically fit; **rester en forme** to stay in shape; **salle (f.) de remise en forme** fitness, conditioning room; **se mettre en forme** to get into shape; **se sentir en forme** to feel fit; **sous (en) forme de** in the form of
former to form, shape; to train; **former des liens** to make ties; **se former** to form, get organized
formidable *adj.* great; wonderful; formidable
formulaire *m.* form (to fill out); **remplir un formulaire** to fill out a form
formule *f.* formula; form
formuler to formulate
fort *adv.* strongly; loudly, loud; very; often; a lot; **parler fort** to speak loudly
fort(e) *adj.* strong; heavy; heavy-set; high (heat); **château-fort** *m.* medieval citadel, fortress

fortune *f.* fortune; **faire fortune** to make a fortune, get rich

fou (fol, folle) *adj.* crazy, mad; **fou rire** *m.* uncontrollable laughter; **un monde fou** a huge crowd (of people)

foudre *f.* lightning; **coup** (*m.*) **de foudre** thunderbolt; love at first sight

fouiller to search; to go through (luggage)

foulard *m.* scarf

foule *f.* crowd

fouler to press; to trample; to crush; **se fouler la cheville** to sprain one's ankle

four *m.* oven; **four à micro-ondes** microwave oven

fourchette *f.* fork

fourme *f.* type of blue cheese

foyer *m.* hearth; home; student residence; **femme** (*f.*) **au foyer** homemaker

fragilité *f.* fragility

frais/fraîche *adj.* fresh; cool; *m. pl.* fees; expenses; **faire frais (il fait frais)** to be cool (out) (it's cool); **frais** (*m. pl.*) **d'inscription (de scolarité)** school, university (tuition) fees

fraise *f.* strawberry

framboise *f.* raspberry

franc(he) *adj.* frank; truthful; honest; *m.* franc (French, *Swiss currency*)

français(e) *adj.* French; *m.* French (language); **Français(e)** *m., f.* Frenchman/Frenchwoman

franchement *adv.* frankly

franco-américain(e) *adj.* French-American

francophone *adj.* French-speaking, of the French language

frapper to strike; to knock

fredonner to hum (a tune)

frein *m.* brake

freiner to brake

fréquemment *adv.* frequently

fréquence *f.* frequency

fréquent(e) *adj.* frequent

fréquenter to frequent, visit frequently

frère *m.* brother; **beau-frère** brother-in-law; **demi-frère** half-brother; stepbrother

frérot *m., fam.* little brother

friandise *f.* gourmet treat, tidbit

fringué(e) *adj., fam.* dressed up

fringues *f. pl., fam.* clothes

frisé(e) *adj.* curly

frisson *m.* shiver, chill

frit(e) *adj.* fried; *f. pl.* French fries

friteuse *f.* French fryer

froid(e) *adj.* cold; *m.* cold; **avoir froid** to be cold; **faire froid (il fait froid)** to be cold (out) (it's cold)

frôler to touch lightly, brush

fromage *m.* cheese

front *m.* forehead; front

frontalier/frontalière *adj.* frontier, border

frontière *f.* frontier; border

frs. *ab.* **francs** *m.* francs (currency)

fruit *m.* fruit; **fruits** (*pl.*) **de mer** seafood; **jus** (*m.*) **de fruit** fruit juice; **presse-fruits** *m. inv.* fruit juicer

frustrant(e) *adj.* frustrating

frustré(e) *adj.* frustrated

frustrer to frustrate

fuir (*p.p.* **fui**) *irreg.* to flee, run away; to shun

fumé(e) *adj.* smoked

fumée *f.* smoke; **détecteur** (*m.*) **de fumée** smoke detector

fumer to smoke

fumeur/fumeuse *m., f.* smoker

furieux/furieuse *adj.* furious

fusée *f.* rocket; spaceship

futur(e) *adj.* future; *m., Gram.* future (tense); future (*time*)

gâcher to spoil, bungle

gagnant(e) *m., f.* winner

gagner to win; to earn; **gagner sa vie** to earn one's living

gai(e) *adj.* gay, cheerful

gaieté *f.* gaiety; cheerfulness; **de gaieté de cœur** of one's own free will

galette *f.* pancake; tart, pie; **galette des rois** Twelfth Night cake

gamin(e) *m., f., fam.* kid, youngster

gamme *f.* range, gamut

gant *m.* glove; **boîte** (*f.*) **à gants** glove compartment

garanti(e) *adj.* guaranteed; *f.* guarantee; safeguard

garantir to guarantee

garçon *m.* boy; café waiter; **garçon d'honneur** best man; groomsman

garde *f.* watch; *m., f.* guard; **pharmacie** (*f.*) **de garde** all-night pharmacy; **prendre garde à** to take care to

garder to keep, retain; to take care of; **garder la ligne** to watch one's weight

gardien(ne) *m., f.* guardian; caretaker

gare *f.* station, train station; **chef** (*m.*) **de gare** station master; **gare routière** bus station, depot

garé(e) *adj.* parked

garer to park; **garer la voiture** to park the car

garni(e) *adj.* garnished; furnished

gaspiller to waste

gastronomie *f.* gastronomy

gastronomique *adj.* gastronomical

gâté(e) *adj.* spoiled, coddled

gâteau *m.* cake; **morceau** (*m.*) **de gâteau** slice of cake; **petit gâteau** cookie

gauche *adj.* left; *f.* left; **à gauche** on the, to the left; **de gauche** on the left

gaz *m.* gas; **cuisinière** (*f.*) **à gaz** gas stove

gazette *f.* gazette, news sheet

gazon *m.* lawn; **tondre le gazon** to mow the lawn

géant(e) *m., f., adj.* giant

gelée *f.* aspic; **œufs** (*m. pl.*) **en gelée** eggs in aspic

gelule *f.* capsule

gênant(e) *adj.* annoying

gendarme *m.* gendarme (*French state police officer*)

gendarmerie *f.* gendarmes' headquarters

gène *m.* gene

gêner to annoy, bother

général(e) *adj.* general; *m.* general; **en général** in general

généralement *adv.* generally

généralisation *f.* generalization

généraliser to generalize

généraliste *m., f.* general practitioner (M.D.)

généralité *f.* generality

génération *f.* generation

généreux/généreuse *adj.* generous

génétique *adj.* genetic

Genève Geneva

génial(e) *adj.* brilliant, inspired, *fam.* neat

génie *m.* genius; genie; engineering; **génie civil** civil engineering; **génie mécanique** mechanical engineering

génital(e) *adj.* genital

genou (*pl.* **genoux**) *m.* knee; **sur les genoux** on (in) someone's lap

genre *m.* gender; kind, type; **bon chic bon genre (BCBG)** preppie

gens *m. pl.* people; **jeunes gens** young men; young people

gentil(le) *adj.* nice, kind
gentiment *adv.* nicely, prettily
géographie *f.* geography
géographique *adj.* geographic
géopolitique *f.* geopolitics
géranium *m.* geranium
gérant(e) *m., f.* manager
germanique *adj.* Germanic
gérontologie *f.* gerontology
geste *m.* gesture; movement
ghanéen(ne) *adj.* from Ghana
gigantesque *adj.* gigantic
gigot (d'agneau) *m.* leg of lamb
gigue *f.* jig
giratoire *adj.* gyratory; **carrefour** (*m.*) **à sens giratoire** roundabout, traffic circle
givré(e) *adj.* frosted, iced; **orange** (*f.*) **givrée** orange sherbet (served in a hollowed-out orange)
glace *f.* ice cream; ice; mirror; **essuie-glace(s)** *m. inv.* windshield wiper; **faire du patin à glace** to go ice-skating; *****hockey** (*m.*) **sur glace** ice hockey
glacé(e) *adj.* iced; frozen
glacière *f.* glacier
glissant(e) *adj.* slippery; **chaussée** (*f.*) **glissante** slippery pavement
glisser to slide; to slip
glorieusement *adv.* gloriously
gonflé(e) *adj.* swollen; inflated
gonfler to inflate; to swell; **gonfler les pneus** to inflate the tires
gorge *f.* throat; gorge; **avoir mal à la gorge** to have a sore throat; **soutien-gorge** *m.* bra, brassiere
gosse *m., f., fam.* youngster, kid
gothique *adj.* gothic
gousse *f.* pod, shell; **gousse d'ail** garlic clove
goût *m.* taste
goûter to taste
goutte *f.* drop; **gouttes** (*f. pl.*) **pour le nez, gouttes nasales** nose drops
gouvernement *m.* government; **chef** (*m.*) **de gouvernement** head of state
gouvernemental(e) *adj.* governmental
grâce *f.* grace; pardon; **grâce à** *prep.* thanks to; **jour** (*m.*) **de l'Action de Grâce** Thanksgiving Day (*U.S., Canada*)
graisse *f.* grease, fat
graisseux/graisseuse *adj.* fatty
grammaire *f.* grammar
grammatical(e) *adj.* grammatical
gramme *m.* gram
grand(e) *adj.* great; large; big; tall

grand-chose (pas grand-chose) *pron. m.* much (not much); **grande surface** *f.* mall; superstore; **grandes vacances** *f. pl.* summer vacation; **grand magasin** *m.* department store; **Train** (*m.*) **à Grande Vitesse (TGV)** French high-speed bullet train
grand-mère *f.* grandmother
grand-père *m.* grandfather
grands-parents *m. pl.* grandparents
grange *f.* barn
gras(se) *adj.* fat; oily; rich; **Mardi** (*m.*) **gras** Mardi Gras, Shrove Tuesday; **matière** (*f.*) **grasse** fat (content of food); **pâté** (*m.*) **de foie gras** goose liver pâté
gratin *m.* dish cooked with breadcrumbs, cream and cheese
gratte-ciel *m.* skyscraper
gratuit(e) *adj.* free (of charge)
grave *adj.* grave, serious
gravité *f.* seriousness
gravure *f.* engraving; print
grec/grecque *adj.* Greek
Grèce *f.* Greece
gribiche: sauce (*f.*) **gribiche** vinaigrette dressing with chopped egg
grillé(e) *adj.* toasted; grilled; broiled
grille-pain *m. inv.* toaster
griller to broil, toast
grille-viande *m. inv.* broiler
grippe *f.* flu
gris(e) *adj.* gray; **il fait gris** the weather is overcast
grisaille *f.* grayness
griserie *f.* intoxication; exhilaration
grogner to grumble, complain
gronder to scold, reprimand
gros(se) *adj.* big; fat; stout; loud; **grosses bises** hugs and kisses (*closing of letter*)
grossier/grossière *adj.* vulgar, gross; **mot** (*m.*) **grossier** vulgar word
grossir to gain weight
grouillant(e) *adj.* crawling, swarming
groupe *m.* group
gruyère *m.* Gruyère (*Swiss cheese*)
guérir to cure; **guérir une maladie** to cure an illness
guérison *f.* cure; recovery
guerre *f.* war; **Deuxième Guerre mondiale** Second World War
guerrier/guerrière *m., f.* warrior
guichet *m.* (ticket) window, counter, booth
guide *m., f.* guide; *m.* guidebook; instructions

guignol *m.* Punch and Judy (show); **faire le(s) guignol(s)** to act foolish, ridiculous
guillotiner to guillotine
guitare *f.* guitar
Guyane française *f.* French Guyana
gymnase *m.* gymnasium
gymnastique (*fam.* **gym**) *f.* gymnastics; exercise; **faire de la gymnastique** to do gymnastics, exercises

s'habiller to get dressed
habitant(e) *m., f.* inhabitant; resident
habitation *f.* lodging, housing; **Habitation à loyer modéré (HLM)** French public housing
habiter to live, dwell
habitude *f.* habit; **comme d'habitude** as usual; **d'habitude** *adv.* usually, habitually; **prendre l'habitude de** to get into the habit of
habituel(le) *adj.* habitual, usual
s'habituer à to get used to
*****haché(e)** *adj.* ground; chopped up (meat)
*****haine** *f.* hatred
*****halles** *f. pl.* covered market
*****halte** *f.* stop, halt; **faire une *halte** to make a stop
*****Hambourgeois(e)** *m., f.* person from Hamburg
*****hanche** *f.* hip; haunch
*****handicapé(e)** *m., f.* handicapped person; **accessible aux handicapés** *adj.* accessible to handicapped persons
*****hargneux/hargneuse** *adj.* snarling; peevish, cross
*****haricot** *m.* bean; *****haricots verts** green beans
harmonie *f.* harmony
harmonieusement *adv.* harmoniously
harmonium *m.* small organ, house organ
*****hasard** *m.* chance, luck; **au *hasard** *adv.* randomly
*****haut(e)** *adj.* high; higher; tall; upper; *m.* top; height; **à *haute voix** out loud; **en *haut (de)** upstairs, above, at the top of
*****hauteur** *f.* height
*****haut-parleur** (*pl.* **haut-parleurs**) *m.* speaker, loudspeaker
hebdomadaire *m., adj.* weekly
hébergement *m.* lodging, accommodations
*****hein?** *interj.* eh? what?

hélas! *interj.* alas!

hélicoptère *m.* helicopter

herbe *f.* grass; **fines herbes** *pl.* culinary herbs (*parsley, chervil, etc.*)

hérédité *f.* heredity

héritage *m.* inheritance; heritage

hériter (de) to inherit

hermétique *adj.* hermetic; sealed; **plateau** (*m.*) **hermétique** covered serving tray

héroïque *adj.* heroic

hésitation *f.* hesitation

hésiter (à) to hesitate (to)

heure *f.* hour; time; **à la même heure** at the same time; **à l'heure** on time; per hour; **à quelle heure** what time; **de bonne heure** early; **demi-heure** *f.* half-hour; **heures** (*pl.*) **de pointe** rush hour(s); **il est une heure et demie** it's one-thirty; **quelle heure est-il?** what time is it? **tout à l'heure** in a short while; a short while ago; **toutes les deux heures** every two hours

heureusement *adv.* fortunately

heureux/heureuse *adj.* happy; fortunate

se *heurter contre to bump against

hier *adv.* yesterday; **hier soir** yesterday evening

***hiérarchiquement** *adv.* hierarchically

hippique *adj.* equine; relating to horses

histoire *f.* history; story

historien(ne) *m., f.* historian

historique *adj.* historical, historic

hitlérien(ne) *adj.* (pertaining to) Hitler

hiver *m.* winter; **en hiver** in the winter

***hockey** *m.* hockey; ***hockey sur glace** ice hockey

***hollandais(e)** *adj.* Dutch; **sauce** (*f.*) **hollandaise** Hollandaise sauce (*butter, eggs, lemon juice*)

***Hollande** *f.* Holland, Low Countries

***homard** *m.* lobster

homme *m.* man; **homme d'affaires** businessman; **homme d'état** statesman; **homme politique** politician

homogénéisation *f.* homogenization

homogénéiser to homogenize

homologue *m.* homologue, corresponding element

hongrois(e) *adj.* Hungarian

honnête *adj.* honest

honneur *m.* honor; **demoiselle** (*f.*) **d'honneur** bridesmaid; **en**

l'honneur de in honor of; **garçon** (*m.*) **d'honneur** best man; groomsman; **prix** (*m.*) **d'honneur** award, prize

honorable *adj.* respectable, honorable

honoraires *m. pl.* fees, honorarium

***honte** *f.* shame; **avoir honte de** to be ashamed of

***honteux/honteuse** *adj.* shameful; ashamed

hôpital *m.* hospital; **emmener quelqu'un à l'hôpital** to take someone to the hospital

horaire *m.* schedule

horloge *f.* clock

horreur *f.* horror; **avoir horreur de** to hate, detest; **quelle horreur!** how awful!

***hors de** *prep.* out of, outside of

***hors-d'œuvre** *m.* appetizer

hospitaliser to hospitalize

hospitalité *f.* hospitality

hôte/hôtesse *m., f.* host/hostess; guest; **hôtesse** (*f.*) **de l'air** flight attendant, stewardess; **table** (*f.*) **d'hôte** table d'hôte, family style; prix fixe meal

hôtel *m.* hotel; public building, hall; **maître** (*m.*) **d'hôtel** maître d'; head waiter

hôtelier/hôtelière *m., f.* hotel-keeper

hôtellerie *f.* inn; hotel trade

hôtesse *f.* hostess; **hôtesse de l'air** flight attendant, stewardess

***hotte** *f.* hood (over stove); ***hotte aspirante** ventilating hood

huile *f.* oil; **huile d'olive** olive oil; **peinture** (*f.*) **à l'huile** oil painting

huit *adj.* eight

huîtres *f. pl.* oysters

humain(e) *adj.* human; *m.* human being

humanité *f.* humanity

humeur *f.* temperament, disposition; mood; **être de bonne (mauvaise) humeur** to be in a good (bad) mood

humide *adj.* humid; damp

humilié(e) *adj.* humiliated

humour *m.* humor; **avoir le sens de l'humour** to have a sense of humor

hydrate *m.* hydrate; **hydrate de carbone** carbohydrate

hydrocarbure *m.* hydrocarbon

hygiène *f.* health, sanitation

hygiénique *adj.* healthy, sanitary; **papier** (*m.*) **hygiénique** toilet paper

hypocrisie *f.* hypocrisy

ici *adv.* here

idéal(e) *adj.* ideal; *m.* ideal

idealiste *adj.* idealistic; *m., f.* idealist

idée *f.* idea; **idée reçue** preconception

identifier to identify

identité *f.* identity

idéologie *f.* ideology

idiot(e) *adj.* idiotic, foolish

idole *f.* idol

ignoré(e) *adj.* unknown

ignorer to not know, to be ignorant of

il *pron.* he; it; there; **il y a** there is, there are; ago; **il y a... que** for (+ *period of time*); it's been . . . since

île *f.* island

illustrer to illustrate

ils *pron.* they

image *f.* picture; image

imaginer to imagine

immatriculation *f.* registering, registration; **plaque** (*f.*) **d'immatriculation** license plate

immédiat(e) *adj.* immediate

immeuble *m.* (apartment or office) building

immigrant(e) *m., f.* immigrant

immigré(e) *m., f.* immigrant

immobilier/immobilière *adj.* (pertaining to) real estate; *m.* real estate; **agence** (*f.*) **immobilière** real estate agency

immoral(e) *adj.* immoral

immortel(le) *adj.* immortal

immuable *adj.* immutable, unchanging

immunitaire *adj.* immune

immunologique *adj.* immunological

imparfait *m., Gram.* imperfect (*verb tense*)

impartial(e) *adj.* impartial

impatient(e) *adj.* impatient

s'impatienter to grow impatient, lose patience

impensable *adj.* unthinkable

impératif *m., Gram.* imperative, command

impérial(e) *adj.* imperial

impersonnel(le) *adj.* impersonal

impoli(e) *adj.* impolite

important(e) *adj.* important; large, sizeable

importé(e) *adj.* imported

importer to import; to matter; **n'importe quel(le)** any, no matter which; **n'importe qui** anyone; **n'importe quoi** anything (at all)

imposant(e) *adj.* imposing

imposer to impose; **s'imposer** to be necessary; to assert oneself

impossibilité *f.* impossibility
impôts *m. pl.* direct taxes
impressionnant(e) *adj.* impressive
impressionner to impress
impressionniste *m., f., adj.* impressionist
imprimante *f.* (electronic) printer
imprudemment *adv.* imprudently, unwisely
impulsif/impulsive *adj.* impulsive
inacceptable *adj.* unacceptable
incendie *m.* fire, house fire
incertitude *f.* uncertainty, doubt
inclus(e) *adj.* included
incompétent(e) *adj.* incompetent
incongruité *f.* incongruity
inconscient(e) *adj.* unconscious
inconvénient *m.* disadvantage
incrédule *adj.* unbelieving
incroyable *adj.* unbelievable
Inde *f.* India
indéfini(e) *adj.* indefinite
indemnisation *f.* indemnification; compensation
indépendamment *adv.* independently
indépendance *f.* independence
indépendant(e) *adj.* independent
indicateur/indicatrice *adj.* indicatory; **panneau** (*m.*) **indicateur** road sign
indicatif *m., Gram.* indicative (*mood*)
indications *f. pl.* instructions; information sign
indice *m.* evidence
indien(ne) *adj.* Indian
indiqué(e) *adj.* indicated
indiquer to indicate; to point out
indirect(e) *adj.* indirect; **pronom** (*m.*) **d'objet indirect** *Gram.* indirect object pronoun
indiscutable *adj.* indisputable
indisponible *adj.* unavailable
individu *m.* individual, person
individualiste *adj.* individualistic, nonconformist
individuel(le) *adj.* individual; private
industrialisé(e) *adj.* industrialized
industrie *f.* industry
industriel(le) *adj.* industrial
inédit(e) *adj.* unpublished; original
inégal(e) *adj.* unequal; uneven
inégalité *f.* inequality
inévitable *adj.* unavoidable
infatigable *adj.* indefatigable
infériorité *f.* inferiority
infinitif *m., Gram.* infinitive
infirmier/infirmière *m., f.* nurse
influencer (nous influençons) to influence

informaticien(ne) *m., f.* computer scientist
informatif/informative *adj.* informative
information *f.* information, data; *pl.* news (broadcast)
informatique *f.* computer science
informer to inform; **s'informer** to become informed
ingénieur *m.* engineer; **ingénieur mécanicien** mechanical engineer
ingrédient *m.* ingredient
initiale *f.* initial (letter)
injure *f.* wrong, injury; insult
injurier to insult, call names
injuste *adj.* unjust, unfair
inné(e) *adj.* innate
innocent(e) *adj.* innocent
inoculer to inoculate
inoubliable *adj.* unforgettable
inquiet/inquiète *adj.* worried
inquiétant(e) *adj.* disturbing, upsetting
inquiéter (j'inquiète) to worry; **s'inquiéter (de)** to be worried (about)
inscription *f.* matriculation; registration; **fiche** (*f.*) **d'inscription** registration form; **frais** (*m. pl.*) **d'inscription** university fees, tuition
inscrire (*like* **écrire**) to register, enroll; to check in; **s'inscrire (à)** to join; to enroll; to register
insecte *m.* insect
insérer (j'insère) to insert
insister to insist; **insister sur** to stress
insolite *adj.* unusual
insomnie *f.* insomnia
inspecter to inspect
inspecteur/inspectrice *m., f.* inspector
instable *adj.* unstable
installer to install; to set up; **s'installer (dans)** to settle down, settle in
institué(e) *adj.* established
institut *m.* institute; establishment
instituteur/institutrice *m., f.* elementary school teacher
insulte *f.* insult
insulter to insult
intact(e) *adj.* undamaged, intact
intégralement *adv.* fully
intégrer (j'intègre) to integrate; **s'intégrer (à)** to integrate oneself, get assimilated (into)
intellectuel(le) *adj.* intellectual; **quotient** (*m.*) **intellectuel** intelligence quotient (I.Q.)

intelligent(e) *adj.* intelligent
intensité *f.* intensity
interdépendance *f.* interdependence
interdiction *f.* prohibition
interdire (*like* **dire, vous interdisez**) **(de)** to forbid (to)
interdit(e) *adj.* forbidden, prohibited; **sens** (*m.*) **interdit** one-way (street)
intéressant(e) *adj.* interesting
intéresser to interest; **s'intéresser à** to take an interest in
intérêt *m.* interest, concern; **perdre intérêt dans** to lose interest in
intereuropéen(ne) *adj.* Intereuropean
intérieur(e) *m.* interior; **à l'intérieur** inside
intérim *m.* interim
international(e) *adj.* international
interne *m., f.* boarding student
interprétation *f.* interpretation
interpréter (j'interprète) to interpret; **interpréter un rôle** to interpret, act a role
interrogatif/interrogative *adj., Gram.* interrogative
interrogation *f.* interrogation; quiz
interrogatoire *m.* interrogatory, examination
interrompre (*like* **rompre**) to interrupt
interrompu(e) *adj.* interrupted
interurbain(e) *adj.* interurban
intervenir (*like* **venir**) to intervene
interviewer to interview
intime *adj.* intimate; private
intimité *f.* intimacy, privacy
intolérable *adj.* unbearable
intrigant(e) *adj.* intriguing, scheming
intrigue *f.* plot; intrigue
introduit(e) *adj.* introduced
inutile *adj.* useless
invalidité *f.* infirmity, disablement
inventaire *m.* inventory
inventer to invent
inverse *m.* opposite
inversement *adv.* inversely
investir to invest
investissement *m.* investment
invité(e) *m., f.* guest; *adj.* invited
inviter to invite
Irlande *f.* Ireland
irréconciliabilité *f.* irreconcilability
irriter to irritate
isolement *m.* isolation, loneliness
Israël *m.* Israel
issu(e) (de) *adj.* from, descended from
Italie *f.* Italy
italien(ne) *adj.* Italian

italique *m.* italics; **en italique** in italics

itinéraire *m.* itinerary

itinérant(e) *adj.* itinerant

jaloux/jalouse *adj.* jealous

jamais (ne... jamais) *adv.* never, ever

jambalaya *m.* traditional Cajun rice stew

jambe *f.* leg; **jambe cassée** broken leg

jambon *m.* ham

janvier January

Japon *m.* Japan

japonais(e) *adj.* Japanese; *m.* Japanese (language); **Japonais(e)** *m., f.* Japanese (person)

jardin *m.* garden; **jardin public** public park

jardiner to garden

jaune *adj.* yellow; **jaune** (*m.*) **d'œuf** egg yolk

je *pron.* I

jean *m.* (blue)jeans

jetable *adj.* disposable

jeter (je jette) to throw; to throw away; **jeter par terre** to throw down (on the floor)

jeu *m.* game; game show; **jeu vidéo** video game; **salon** (*m.*) **de jeux** gaming room

jeudi *m.* Thursday

jeune *adj.* young; *m. pl.* young people, youth; **jeune fille** *f.* girl, young woman; **jeunes gens** *m. pl.* young men; young people

jeunesse *f.* youth; **auberge** (*f.*) **de jeunesse** youth hostel

jogging *m.* jogging; **faire du jogging** to go jogging

joie *f.* joy

joindre (*like* **craindre**) to join; to attach; **se joindre à** to join, adhere to

joli(e) *adj.* pretty

jongleur/jongleuse *m., f.* juggler

joue *f.* cheek

jouer to play; **jouer à** to play (a sport or game); **jouer à cache-cache** to play hide and seek; **jouer au tennis** to play cards; **jouer de la guitare** to play the guitare; **jouer un rôle** to play a role; **jouer un tour** to play a trick

jouet *m.* toy

joueur/joueuse *m., f.* player

jouir de to enjoy

jour *m.* day; **à jour** up to date; **de nos jours** these days, currently; **il y a deux jours** two days ago; **jour de l'Action de Grâce** Thanksgiving Day (*U.S., Canada*); **le Jour de l'an** New Year's Day; **par jour** per day, each day; **plat** (*m.*) **du jour** today's special (*restaurant*); **soupe** (*f.*) **du jour** soup of the day; **tous les jours** every day

journal *m.* newspaper; journal, diary

journalisme *m.* journalism

journaliste *m., f.* reporter, newscaster, journalist

journée *f.* day (*duration*); **journée typique** typical day; **toute la journée** all day long

joyau *m.* jewel

joyeux/joyeuse *adj.* joyous; happy, joyful

jugement *m.* judgment

juger (nous jugeons) to judge

juillet July

juin June

jumeau/jumelle *m., f.* twin

jument *f.* mare

jupe *f.* skirt; **mini-jupe** mini-skirt

jus *m.* juice; **jus de fruit** fruit juice; **jus d'orange** orange juice

jusqu'à *prep.* until, up to; **jusqu'à ce que** *conj.* until; **jusqu'à présent** up to now, until now

juste *adj.* just; right, exact; *adv.* precisely; accurately

juvénile *adj.* juvenile, youthful

karaté *m.* karate; **faire du karaté** to do karate

kilo *m.* kilogram

kilométrage *m.* distance in kilometers

kilomètre *m.* kilometer

kiosque *m.* kiosk

klaxon *m.* (car) horn

klaxonner to blow the (car) horn

km. ab. **kilomètre** *m.* kilometer

Koweit *m.* Kuwait

la *art., f.* the; *pron., f.* it, her

là: oh, là, là! *interj.* good heavens, my goodness!; **là-bas** *adv.* other there

laboratoire (*fam.* **labo**) *m.* laboratory

labyrinthe *m.* labyrinth, maze

lac *m.* lake; **au bord du lac** on the lake shore

laid(e) *adj.* ugly

lainage *m.* woollen (article, garment)

laine *f.* wool

laisser to let, allow; to leave, leave behind; **laisser tomber** to drop

laissez-passer *m.* pass, permit

lait *m.* milk; **à base de lait** milk-based; **café** (*m.*) **au lait** coffee with hot milk

laitier/laitière *adj.* pertaining to milk; **produits** (*m. pl.*) **laitiers** dairy products

laitue *f.* lettuce

lamelle *f.* thin slice

lampe *f.* lamp; light fixture, **lampe de poche** flashlight; **lampe-tempête** *f.* storm lantern

lancer (nous lançons) to launch; to throw; to drop; **se lancer** to plunge; to dash off; to launch oneself

langage *m.* language; jargon; specialized vocabulary

langue *f.* language; tongue; **langue étrangère** foreign language; **tirer la langue** to stick out one's tongue

langueur *f.* languor, listlessness

lapin *m.* rabbit; **lapin** (*m.*) **chasseur** rabbit prepared with wine and mushrooms

laque *f.* hair spray; **laque à cheveux** hair spray

lardon *m.* larding bacon

large *adj.* wide; **au large** in the open sea; **de long en large** up and down, to and fro

largement *adv.* largely; widely

lasagne *f.* lasagna

latent(e) *adj.* latent

latin(e) *adj.* Latin; *m.* Latin

lauréat(e) *m., f.* prize-winner, laureate

lavable *adj.* washable

lavabo *m.* (wash, bathroom) sink

laver to wash; **machine** (*f.*) **à laver** washing machine; **se laver** to wash (oneself), get washed; **se laver les cheveux** to wash one's hair

lave-vaisselle *m.* (automatic) dishwasher

laverie *m.* laundromat

le *art., m.* the; *pron., m.* it, him

lèche-vitrines: faire du lèche-vitrines *fam.* to go window-shopping

leçon *f.* lesson; **leçon d'élocution** speech lesson; **leçon particulière** private lesson

lecteur/lectrice *m., f.* reader; *m.* disk drive; (compact disk) player

lecture *f.* reading

légal(e) *adj.* legal

légendaire *adj.* legendary
légende *f.* legend
léger/légère *adj.* light; light-weight; slight; mild
légèrement *adv.* lightly; slightly
législateur/législatrice *m., f.* legislator
législation *f.* legislation
légume *m.* vegetable
lendemain *m.* next day, day after, following day
lent(e) *adj.* slow
lequel/laquelle (lesquels/lesquelles) *pron.* which one, who, whom, which
les *art., pl.* the; *pron., pl.* them
lessive *f.* laundry; **faire la lessive** to do the laundry
lettre *f.* letter; **boîte** (*f.*) **aux lettres** mailbox; **expédier une lettre** to send a letter; **papier** (*m.*) **à lettres** stationery, letter paper
leur *adj.* their; *pron.* to them; *pron.* theirs
lever (je lève) to raise, lift; **se lever** to get up; to get out of bed
levier *m.* lever; **levier de vitesse** gear shift (*lever*)
lèvres *f. pl.* lips
lézard *m.* lizard
libanais(e) *adj.* Lebanese
libéral(e) *adj.* liberal
libération *f.* releasing; liberation
libérer (je libère) to free; **se libérer** to free oneself
liberté *f.* freedom
librairie *f.* bookstore
libre *adj.* free; available; vacant; **temps** (*m.*) **libre** leisure time; **union** (*f.*) **libre** living together, common-law marriage
Libye *f.* Libya
licence *f.* French university degree, equivalent to bachelor's degree; license; permission
licorne *f.* unicorn
lien *m.* tie, bond; **former des liens** to form ties
lier to bind; to link; **se lier à** to link oneself, attach oneself to
lieu *m.* place; **au lieu de** *prep.* instead of, in the place of; **avoir lieu** to take place; **chef-lieu** (*pl.* **chefs-lieux**) chief town (of department)
ligne *f.* line; bus line; figure; **garder la ligne** to watch one's weight
limitation *f.* limit; restriction
limite *f.* limit; boundary; **respecter**

les limites de vitesse to obey the speed limit(s)
limiter to limit
limonade *f.* lemonade; soft drink
linguistique *adj.* language; linguistic
linoléum *m.* linoleum
liqueur *f.* liquor
liquide *m., adj.* liquid
lire (*p.p.* **lu**) *irreg.* to read
liste *f.* list; **dresser une liste** to draw up a list
lit *m.* bed; **faire son lit** to make one's bed
litre *m.* liter
littéraire *adj.* literary
littéralement *adv.* literally
littoral *m.* coast, coastline
livre *m.* book; *f.* pound (*half-kilo*); **livre** (*m.*) **de cuisine** cookbook
local(e) *adj.* local
locataire *m., f.* renter, tenant
location *f.* rental; **bureau** (*m.*) **de location** rental office; **voiture** (*f.*) **de location** rental car
loge *f.* concierge's apartment
logement *m.* housing, lodgings; **service** (*m.*) **de logement** housing office
loger (nous logeons) to house; to dwell
logique *adj.* logical
loi *f.* law
loin (de) *adv., prep.* far, at a distance (from)
loisirs *m. pl.* leisure activities
Londres London
long(ue) *adj.* long; slow; **à long terme** long term; **au long cours** overseas, ocean (trip); **de long** in length; **de long en large** up and down, to and fro; **le long de** *prep.* along, alongside; **le long de la route** along the way; **tout au long de** the length of
longévité *f.* longevity
longtemps *adv.* long; (for) a long time; **il y a longtemps** a long time ago
longuement *adv.* for a long time, lengthily
lors de *prep.* at the time of
lorsque *conj.* when
loterie *f.* lottery
loti(e): être bien loti(e) *adj.* to be well provided for, well off
louer to rent; to reserve; **à louer** for rent

louisianais(e) *adj.* from Louisiana
Louisiane *f.* Louisiana
lourd(e) *adj.* heavy
loyauté *f.* loyalty
loyer *m.* rent (payment); **Habitation** (*f.*) **à loyer modéré (HLM)** French public housing
lui *pron.* he; it; to him; to her; to it; **lui-même** himself
lumière *f.* light
lundi *m.* Monday
lune *f.* moon; **lune de miel** honeymoon
lunettes *f. pl.* eyeglasses
lutte *f.* struggle, battle; wrestling
luxe *m.* luxury; **de luxe** luxury; first-class
luxueux/luxueuse *adj.* luxurious
lycée *m.* French secondary school
lys *m.* lily

ma *adj. f. s.* my
mâcher to chew
machine *f.* machine; **machine à laver** washing machine
Madame (Mme) (*pl.* **Mesdames**) madam; lady
Mademoiselle (Mlle) (*pl.* **Mesdemoiselles**) Miss
magasin *m.* store; **grand magasin** department store; **magasin d'alimentation** food store
mage: Roi mage *m.* one of the Magi
Maghreb *m.* Maghreb, French-speaking North Africa
maghrébin(e) *adj.* from French-speaking North Africa
magique *adj.* magic
magnétiser to magnetize
magnétophone *m.* tape recorder
magnétoscope *m.* videocassette recorder (VCR)
magnifique *adj.* magnificent
mai May
maigrir to grow thin
maillot *m.* jersey, T-shirt
main *f.* hand; **fait(e) à la main** hand-made; **se serrer la main** to shake hands
maint(e) *adj., lit.* many
maintenant *adv.* now
maintenir (*like* **tenir**) to maintain; to keep up; **se maintenir** to last; to hold together
maintien *m.* keeping, upholding
maire *m.* mayor

mairie *f.* town hall

mais *conj.* but; *interj.* why

maison *f.* house; company, firm; **à la maison** at home; **maison de la presse** newsstand; **maîtresse** (*f.*) **de maison** homemaker; **tarte** (*f.*) **maison** house special pie

maître/maîtresse *m., f.* master/mistress; elementary school teacher; **maître d'hôtel** maître d'; head waiter; **maîtresse** (*f.*) **de maison** homemaker

majeur(e) *adj.* major

majoritaire *adj.* of, in the majority

majorité *f.* majority

mal *adv.* badly; *m.* evil; pain (*pl.* maux); **avoir du mal à** to have a hard time; **avoir mal à la gorge** to have a sore throat; **avoir mal au cœur** to have indigestion, heartburn; **ça peut tourner mal** that could turn out badly; **être mal à l'aise** to be uncomfortable; **mal de l'air** airsickness; **mal de mer** seasickness; **mal de tête** headache; **se faire (du) mal** to hurt oneself

malade *adj.* sick; *m., f.* sick person; **rendre malade** to make (someone) sick; **tomber malade** to get sick; **traiter un(e) malade** to treat a patient

maladie *f.* illness, disease; **assurance(s)** (*f.*) **maladie** health insurance; **guérir une maladie** to cure an illness

mâle *m.* male

malgré *prep.* in spite of

malheur *m.* misfortune, calamity

malheureusement *adv.* unfortunately

malheureux/malheureuse *adj.* unhappy; miserable

malsain(e) *adj.* unhealthy

maman *f., fam.* mom, mommy

mamy (mami) *f., fam.* grandma

manche *f.* sleeve; La Manche English Channel; **outre-manche** *adv.* across the (English) Channel

mandarine *f.* tangerine; mandarin orange

mandat *m.* mandate; **mandat postal** postal money order; **mandat télégraphique** telegram, express letter

manger (nous mangeons) to eat; **salle** (*f.*) **à manger** dining room

manière *f.* manner, way; *pl.* affectations

manifestation *f.* (political) demonstration; manifestation

manifester to show, display

manque *m.* lack, shortage

manquement *m.* failure, shortcoming

manquer (de) to miss; to fail; to lack; to be lacking; **il ne manquait plus que ça** that's all we needed

manteau *m.* coat, overcoat; **manteau de pluie** raincoat

manuel *m.* manual; textbook

se maquiller to put on makeup

marais *m.* swamp, marsh

marchand(e) *m., f.* merchant, shopkeeper; **marchand** (*m.*) **de vins** wine seller

marchandise *f.* merchandise

marche *f.* walk; walking, hiking; (stair) step; **en marche** in motion, moving

marché *m.* market; **bon marché** *adj. inv.* cheap, inexpensive; **marché aux puces** flea market; **marché du travail** job market

marcher to walk; to work, go (*device*)

mardi *m.* Tuesday; **Mardi gras** Mardi Gras, Shrove Tuesday

marge *f.* margin; **en marge** in the margin(s)

mari *m.* husband

mariage *m.* marriage; wedding

marié(e) *m., f.* groom/bride; *adj.* married; **jeunes (nouveaux) mariés** *m. pl.* newlyweds, newly-married couple

marier to link, join; to perform the marriage ceremony; **se marier** to get married

marinière: moules (*f. pl.*) **marinières** mussels with onion and parsley sauce

marital(e) *adj.* conjugal

marmite *f.* (stew) pot

Maroc *m.* Morocco

marocain(e) *adj.* Moroccan; **Marocain(e)** *m., f.* Moroccan (*person*)

maroquinerie *f.* leather goods

marque *f.* mark; trade name, brand

marqué(e) *adj.* marked

marraine *f.* godmother

marrant(e) *adj. fam.* funny, queer; **ah ça, c'est marrant** now, that's funny

marre: en avoir marre (de) *fam.* to be fed up with

marron *adj. inv.* brown; maroon; *m.* chestnut

mars March

mas *m.* small farmhouse (*south of France*)

masculin(e) *adj.* masculine

masque *m.* mask; **masque à oxygène** oxygen mask

masqué(e) *adj.* masked; **bal** (*m.*) **masqué** costume party, ball

masse *f.* mass

match *m.* game; **match de foot (de tennis)** soccer (tennis) game

matelas *m.* mattress

matérialiste *adj.* materialistic

matériel(le) *adj.* material

maternel(le) *adj.* maternal; **l'école** (*f.*) **maternelle** nursery school, pre-school

maternité *f.* maternity

mathématiques (*fam.* **maths**) *f. pl.* mathematics

matière *f.* academic subject; matter; **en matière de** in the matter of; **matière grasse** fat

matin *m.* morning; **dix heures du matin** ten A.M.

matinal(e) *adj.* morning

matinée *f.* morning (*duration*)

matrimonial(e) *adj.* marriage, matrimonial

maturité *f.* maturity

maure *adj.* Moorish

mauvais(e) *adj.* bad; wrong; **en mauvais état** in bad condition; **être de mauvaise humeur** to be in a bad mood; **mauvaise volonté** *f.* ill will

maximal(e) *adj.* maximum

maxime *f.* maxim

me (m') *pron.* me; to me

mécanicien(ne) *m., f.* mechanic; technician; **ingénieur** (*m.*) **mécanicien** mechanical engineer

mécanique *adj.* mechanical, power; **génie** (*m.*) **mécanique** mechanical engineering

méchant(e) *adj.* naughty, bad; wicked

mécontent(e) *adj.* dissatisfied; unhappy

médecin *m.* doctor

médecine *f.* medicine (*study, profession*)

médias *m. pl.* media

médiatique *adj.* (pertaining to the) media

médical(e) *adj.* medical

médicament *m.* medication; drug

médiéval(e) *adj.* medieval

médiocre *adj.* mediocre

Méditerranée: mer (*f.*)
Méditerranée Mediterranean Sea
méditerranéen(ne) *adj.*
Mediterranean
se méfier de to be wary of
meilleur(e) *adj.* better
mélange *m.* mixture; blend
mélanger (nous mélangeons) to mix;
to mingle
mêler to mix; **se mêler de** to get
involved in
mélodie *f.* song, melody
membre *m.* member
même *adj.* same; itself; very same;
adv. even; **à la même heure** at the
same time; **à même** right into; **de
même** the same, likewise; **en
même temps** at the same time;
même si even if; **quand même**
anyway; even though; **tout de
même** all the same, for all that
mémoire *f.* memory
mémorable *adj.* memorable, eventful
(trip)
menace *f.* threat
menacer (nous menaçons) (de) to
threaten (to)
ménage *m.* housekeeping; household;
faire le ménage to do the
housework; **femme** (*f.*) **de ménage**
cleaning woman, housekeeper; **pain**
(*m.*) **de ménage** home-baked bread
ménager/ménagère *m., f.*
homemaker; *adj.* pertaining to the
home; housekeeping; **appareil** (*m.*)
ménager household appliance;
tâches (*f. pl.*) **ménagères**
housework
mené(e) *adj.* guided, directed;
conducted
mener (je mène) to take; to lead;
mener une vie équilibrée to lead a
balanced life
mensuel(le) *adj.* monthly
mental(e) *adj.* mental
mentalité *f.* mentality
menthe *f.* mint
mention *f.* announcement; grade,
evaluation (*school, university*)
mentionner to mention
mentir (*like* **partir**) to lie
s'y méprendre (*like* **prendre**) to make
a mistake; to misunderstand
mer *f.* sea; **au bord de la mer** at the
seashore; **département** (*m.*) **d'outre-
mer (D.O.M.)** French overseas
department; **fruits** (*m. pl.*) **de mer**

seafood; **mal** (*m.*) **de mer**
seasickness
merci *interj.* thanks; **merci bien**
thanks a lot
mercredi *m.* Wednesday
mercure *m.* mercury
mère *f.* mother; **belle-mère** mother-
in-law; stepmother; **fête** (*f.*) **des
Mères** Mother's Day; **grand-mère**
grandmother
méridional(e) *adj.* southern;
Mediterranean (*in France*)
merveille *f.* marvel; delight
merveilleux/merveilleuse *adj.*
marvelous; delightful
mes *adj. m., f., pl.* my
messe *f.* (Catholic) Mass; **messe de
minuit** midnight Mass
mesure *f.* measure; extent; **à vos
mesures** custom-made; **prendre
des mesures** to take measures
métal *m.* metal
métallique *adj.* metallic
métamorphose *f.* metamorphosis,
change
météorologie (*fam.* **météo**)
meteorology, weather forecasting
météorologique *adj.* meteorological,
weather; **bulletin** (*m.*)
météorologique weather forecast
méthode *f.* method
métier *m.* trade, profession,
occupation; **exercer un métier** to
work at a particular job
métis(se) *m., f.* of mixed race; hybrid
mètre *m.* meter
métro *m.* subway (train, system); **plan**
(*m.*) **du métro** subway map; **station**
(*f.*) **de métro** metro station
métropole *f.* metropolis; mainland
France
métropolitain(e) *adj.* metropolitan;
referring to mainland France
metteur/metteuse en scène *m., f.*
producer; film director
mettre (*p.p.* **mis**) *irreg.* to put; to put
on; to turn on; to take (time);
mettre des vêtements to put on
clothes; **mettre en évidence** to
bring to light; **mettre en œuvre** to
put into practice; **mettre (le) feu à**
to set fire to; **mettre fin (à)** to end,
put an end (to); **mettre le couvert
(la table)** to set the table; **mettre
sur pied** to establish, create;
mettre un terme à to put an end
to; **se mettre à** to begin to; **se**

mettre à la place de to put oneself
in the place of; **se mettre d'accord**
to reach an agreement; **se mettre
en colère** to get angry; **se mettre
en forme** to get into shape
meuble *m.* piece of furniture
meunière: sole (*f.*) **meunière** sole
sautéed in light batter
Mexique *m.* Mexico
mi: à mi-temps half-time, part-time
(work)
microbien(ne) *adj.* microbial,
microbic
microbiologie *f.* microbiology
micro-onde *f.* microwave; **four** (*m.*) **à
micro-ondes** microwave oven
micro-ordinateur (*fam.* **micro**) *m.*
personal computer
microperforé(e) *adj.* microperforated
midi *m.* noon; south-central France; **à
midi** at noon
miel *m.* honey; **lune** (*f.*) **de miel**
honeymoon
mien(ne) (le/la) *m., f. pron.* mine
miette *f.* crumb
mieux *adv.* better; **aimer mieux** to
prefer; **faire mieux de** to do better
to; **le mieux** the best; **tant mieux**
so much the better; **valoir mieux** to
be better
mignon(ne) *adj.* cute
mijoter to simmer; *fam.* to cook
mil *m.* millet
milieu *m.* environment; milieu;
middle; **au milieu de** in the middle
of
militaire *m.* serviceman, soldier;
military; *adj.* military
mille *adj.* thousand
milliard *m.* billion
millier *m.* (around) a thousand
mi-long(ue) *adj.* medium-length
minable *adj.* sorry-looking, shabby
mince *adj.* thin; slender
mine *f.* appearance, look; **faire mine
de** to pretend to
minéral(e) *adj.* mineral; **eau** (*f.*)
minérale mineral water
mini-jupe *f.* mini-skirt
minimiser to minimize
ministère *m.* ministry
ministre *m.* minister; **conseil** (*m.*) **des
ministres** presidential cabinet;
premier ministre prime minister
Minitel *m.* French personal
communications terminal
minoritaire *adj.* minority

minorité *f.* minority

minuit midnight; **à minuit** at midnight; **messe de minuit** midnight Mass

minutie *f.* meticulousness

miraculeusement *adv.* miraculously

miroir *m.* mirror; **œufs** (*m. pl.*) **miroir** eggs fried in butter

mise *f.* putting; **mise en scène** production, staging, setting; direction

misère *f.* misery, poverty

mitraillette *f.* machine gun

mixer to blend (in a blender)

mixte *adj.* coed (school)

mobiliser to mobilize

mobilité *f.* mobility

mobylette (*fam.* **mob, moby**) *f.* moped, scooter

mode *f.* fashion, style; *m.*, *Gram.* mood; mode; method; **à la mode** in style; **mode** (*m.*) **de vie** lifestyle

modèle *m.* model; pattern

modéré(e) *adj.* moderate; **à prix modéré** at a moderate price; **Habitation** (*f.*) **à Loyer Modéré (HLM)** French public housing

moderne *adj.* modern

moderniser to modernize

modeste *adj.* modest, humble

mœurs *f. pl.* mores, morals, customs

moi *pron.* I, me; **à moi** mine; **moi aussi** (**moi non plus**) me too (me neither)

moindre *adj.* less, smaller, slighter

moins *adv.* less; **à moins que** *conj.* unless; **au moins** at least; **le moins** the least; **moins de/que** fewer than

mois *m.* month

moitié *m.* half; **ma chère moitié** *fam.* my better half

mollet *m.* calf (of leg)

mollusque *m.* mollusc

moment *m.* moment; **à tout moment** always; **au bon moment** at the right time; **au moment de** at the time when; **en ce moment** now, currently; **le moment où** the time when (something occurred)

momie *f.* mummy

monarchie *f.* monarchy

mondain(e) *adj.* worldly; pertaining to high society; **chronique** (*f.*) **mondaine** society page

monde *m.* world; people; society; **à travers le monde** throughout the world; **carte** (*f.*) **du monde** map of the world; **Coupe** (*f.*) **du Monde** World Cup (soccer); **faire le tour du monde** to go around the world; **tiers monde** Third World, developing countries; **tour** (*m.*) **du monde** trip around the world; **tout le monde** everyone; **un monde fou** a huge crowd (of people)

mondial(e) *adj.* world; worldwide; **Deuxième Guerre** (*f.*) **mondiale** Second World War

monétaire *adj.* monetary

moniteur/monitrice *m., f.* coach; instructor; supervisor

monnaie *f.* change; coins; currency; **petite monnaie** small change

monoparental(e) *adj.* single-parent

monopole *m.* monopoly

Monsieur (M.) (*pl.* **Messieurs**) mister; gentleman; sir

mont *m.* hill; mountain

montagne *f.* mountain; **à la montagne** in the mountains

montagneux/montagneuse *adj.* mountainous

montée *f.* rise, ascent; going up

monter to set up, organize; to put on; to carry up; to go up; to climb into; **monter à bicyclette** to go bicycle riding; **monter à cheval** to go horseback riding; **monter les bagages** to carry the luggage upstairs

montre *f.* watch; wristwatch

montrer to show

se moquer de to make fun of; to mock

moquette *f.* wall-to-wall carpeting

moral(e) *adj.* moral; psychological; *m.* state of mind, spirits; **remonter le moral** to cheer someone up

morceau *m.* piece; **morceau de gâteau** piece of cake

morceler (je morcelle) to break up, cut up

mordre to bite

morille *f.* morel (*mushroom*)

mort *f.* death

mort(e) *adj.* dead; *m., f.* dead person; **jour** (*m.*) (**fête** [*f.*]) **des Morts** Day of the Dead, All Souls' Day

mortalité *f.* mortality

mortel(le) *adj.* mortal; fatal; *fam.* deadly dull

Moscou Moscow

mosquée *f.* mosque

mot *m.* word; **mot apparenté** related word, cognate; **mot grossier** vulgar word; **mots croisés** crossword puzzle; **petit mot** note, brief letter

moteur *m.* motor; engine

motif *m.* design, pattern

motocyclette (*fam.* **moto**) *f.* motorcycle, motorbike

se moucher to wipe or blow one's nose

moulage *m.* casting, mold

moule *f.* mussel; **moules marinières** mussels with onion and parsley sauce

moulin *m.* mill; **moulin à café** coffee grinder

mourir (*p.p.* **mort**) *irreg.* to die

moussant(e): prendre un bain moussant to take a bubble bath

mousse *f.* moss; foam; **mousse au chocolat** chocolate mousse

moustache *f.* mustache

moutarde *f.* mustard

mouton *m.* mutton; sheep

mouvement *m.* movement

mouvementé(e) *adj.* animated, eventful

moyen(ne) *adj.* average; *m.* means; way; *f.* average; **de moyens modestes** of modest means; **de taille moyenne** of average height; **en moyenne** on average; **Moyen Âge** *m. s.* Middle Ages

moyenâgeux/moyenâgeuse *adj.* medieval

muet(te) *adj.* silent

muguet *m.* lily of the valley

mulet *m.* mule

multinationale *f.* multinational (corporation)

municipal(e) *adj.* municipal

municipalité *f.* municipality; town

mur *m.* wall

musée *m.* museum; **conservateur/ conservatrice** (*m., f.*) **de musée** museum curator

musical(e) *adj.* musical; **comédie** (*f.*) **musicale** musical comedy, **pièce** (*f.*) **musicale** musical

musicien(ne) *m., f.* musician

musique *f.* music; **musique classique** classical music; **musique de fond** background music

musulman(e) *adj.* Moslem

mutuelle *f.* mutual; insurance company

mystère *m.* mystery

mystérieux/mystérieuse *adj.* mysterious

mythe *m.* myth

nager (nous nageons) to swim
naissance *f.* birth; **date** (*f.*) **de naissance** date of birth
naître (*p.p.* **né**) to be born
nanti(e): être nanti(e) de to be provided with, in possession of
nappe *f.* tablecloth
nasal(e) *adj.* nasal; **gouttes** (*f. pl.*) **nasales** nose drops
natation *f.* swimming
national(e) *adj.* national; **fête** (*f.*) **nationale** French national holiday, Bastille Day (July 14)
nationalisme *m.* nationalism
nationalité *f.* nationality
nature *f.* nature; **eau** (*f.*) **nature** plain water
naturel(le) *adj.* natural; **sciences** (*f. pl.*) **naturelles** natural sciences
nausée *f.* nausea
nautique *adj.* nautical; **faire du ski nautique** to go water skiing
navigateur/navigatrice *m., f.* navigator
naviguer to navigate
navire *m.* ship
ne *adv.* no; not; **ne... aucun(e)** none, not one; **ne... jamais** never, not ever; **ne... ni... ni** neither . . . nor; **ne... pas** no; not; **ne... pas du tout** not at all; **ne... pas encore** not yet; **ne... personne** no one; **ne... plus** no longer, any longer; **ne... que** only; **ne... rien** nothing; **n'est-ce pas?** isn't it (so)? isn't that right?
né(e) *adj.* born
néanmoins *adv.* nevertheless
nécessaire *adj.* necessary; *m.* necessaries, the indispensable
nécessité *f.* need
néerlandais(e) *adj.* Dutch
négatif/négative *adj.* negative
négation *f.* negation
négligé(e) *adj.* neglected
négociable *adj.* negotiable
neige *f.* snow
neiger (il neigeait) to snow; **il neige** it's snowing
nerveux/nerveuse *adj.* nervous
nettement *adv.* distinctly, clearly
nettoyage *m.* cleaning; **nettoyage-à-sec** *m.* dry cleaner's
nettoyer (je nettoie) to clean
neuf *adj.* nine
neuf/neuve *adj.* new, brand-new
neuronal(e) *adj.* pertaining to neurons
neurone *m.* neuron
neutre *adj.* neuter; neutral

neuvième *adj.* ninth
neveu *m.* nephew
New-Yorkais(e) *m., f.* New Yorker
nez *m.* nose; **gouttes** (*f. pl.*) **pour le nez** nose drops
ni neither; nor; **ne... ni... ni** neither . . . nor
niçois(e) *adj.* from Nice; **salade** (*f.*) **niçoise** salad with tomatoes, tuna, and anchovies
nièce *f.* niece
Nil *m.* Nile (River)
niveau *m.* level; **vérifier le niveau d'huile** to check the (motor) oil
noces *f. pl.* wedding; **voyage** (*m.*) **de noces** honeymoon trip
nocturne *adj.* nocturnal, nighttime
Noël *m.* Christmas; **père** (*m.*) **Noël** Santa Claus
noir(e) *adj.* black; **tableau** (*m.*) **noir** blackboard, chalkboard
noix *f.* nut
nom *m.* noun; name
nomades *m. pl.* nomads
nombre *m.* number; quantity
nombreux/nombreuse *adj.* numerous; **une famille** (*f.*) **nombreuse** a large family
nommer to name; to appoint
non *interj.* no; not; **moi non plus** me neither, nor I
nord *m.* north; **Amérique** (*f.*) **du Nord** North America; **nord-africain(e)** *adj.* North African; **nord-est** *m.* Northeast; **nord-ouest** *m.* Northwest
normal(e) *adj.* normal
Normandie *f.* Normandy
norme *f.* norm
Norvège *f.* Norway
nos *adj. m., f., pl.* our; **de nos jours** these days, currently
nostalgie *f.* nostalgia
notamment *adv.* notably; especially
note *f.* note; grade (in school); bill; **régler la note** to pay one's bill
noter to notice; **à noter** worth remembering
notre *adj. m., f., s.* our
nôtre (le/la) *pron.* ours; our own; **les nôtres** *pl.* ours; our people
nourrir to feed, nourish; **se nourrir** to eat, nourish oneself
nourrissant(e) *adj.* nourishing
nourriture *f.* food
nous *pron.* we; us
nouveau (nouvel, nouvelle) *adj.* new; **nouvelle cuisine** *f.* French low-fat

cooking; **nouveaux mariés** *m. pl.* newlyweds
nouvelle *f.* piece of news; short story; *pl.* news, current events; **bonne(s) nouvelle(s)** good news
Nouvelle-Calédonie *f.* New Caledonia
Nouvelle-Écosse *f.* Nova Scotia
nouvellement *adv.* newly, recently
Nouvelle-Orléans *f.* New Orleans
novembre November
se noyer to drown
nu(e) *adj.* naked; bare
nuage *m.* cloud; **il y a des nuages** it's cloudy
nucléaire *adj.* nuclear; **centrale** (*f.*) **nucléaire** nuclear power plant
nuisible *adj.* harmful, damaging
nuit *f.* night; **bonne nuit** *interj.* good night; **il fait nuit** it's dark out, night is falling; **table** (*f.*) **de nuit** night table; **toute la nuit** all night long
nuitée *f.* whole night; **nuitée dansante** dance, ball
numéro *m.* number; **numéro de téléphone** telephone number; **numéro d'urgence(s)** emergency number
numéroter to number
nuque *f.* nape, back of the neck
nylon *m.* nylon; **bas** (*m. pl.*) **de nylon** nylon stockings

obéir (à) to obey
obéissant(e) *adj.* obedient
obésité *f.* obesity
objectif *m.* goal, objective
objet *m.* objective; object; **bureau** (*m.*) **des objets trouvés** lost and found office; **pronom** (*m.*) **d'objet direct (indirect)** direct (indirect) object pronoun
obligatoire *adj.* obligatory; mandatory
obligé(e) *adj.* obliged, required; **être obligé(e) de** to be obliged to
obliger (nous obligeons) (à) to oblige (to); to compel (to)
obscurité *f.* darkness; obscurity
observateur/observatrice *m., f.* observer
observer to observe
obstacle *m.* obstacle; **faire obstacle à** to stand in the way of
obstination *f.* obstinateness
obtenir (*like* **tenir**) to obtain, get
obus *m.* shell, shrapnel
occasion *f.* opportunity; occasion;

bargain; **à l'occasion** when necessary; **à l'occasion de** on the occasion of; **avoir l'occasion de** to have the chance to; **(une voiture) d'occasion** used, second-hand (*car*)

occidental(e) *adj.* western, occidental

occitan *m.* Provençal (*language spoken in the south of France*)

occupé(e) *adj.* occupied; held; busy

occuper to occupy; **s'occuper de** to look after, be interested in

occurrence *f.* occurrence, event; **en l'occurence** in, under the circumstances

océan *m.* ocean; **océan Atlantique** Atlantic Ocean; **océan Indien** Indian Ocean

océanographe *m., f.* oceanographer

octobre October

odeur *f.* odor, smell

odoriférant(e) *adj.* odoriferous, strong-smelling

Odyssée *f.* odyssey, wanderings

œil (*pl.* **yeux**) *m.* eye; look; **coup** (*m.*) **d'œil** glance; **mon œil!** *interj.* my eye!

œnologue *m., f.* œnologist, wine researcher

œuf *m.* egg; **jaune** (*m.*) **d'œuf** egg yolk; **œuf au plat** fried egg; **œuf dur** hard-boiled egg; **œufs en gelée** eggs in aspic; **œufs miroir** eggs fried in butter

œuvre *f.* work; artistic work; ***hors-d'œuvre** *m.* hors-d'œuvre, appetizer; **mettre en œuvre** to use, bring into play; **œuvre d'art** work of art

offenser to offend, insult

offert(e) *adj.* offered

officiel(le) *adj.* official

offre *f.* offer

offrir (*like* **ouvrir**) to offer; **offrir des cadeaux** to give presents

oignon *m.* onion

oiseau *m.* bird

olive *f.* olive; **huile** (*f.*) **d'olive** olive oil

olivier *m.* olive tree

olympique *adj.* Olympic; **Jeux** (*m. pl.*) **olympiques** Olympics, Olympic Games

ombragé(e) *adj.* shady

omelette *f.* omelet

omniprésent(e) *adj.* omnipresent

oncle *m.* uncle

onde *f.* wave; **micro-onde** *f.* microwave

ongle *m.* (finger, toe) nail

onze *adj.* eleven

opéra *m.* opera

opération *f.* operation; **faire des opérations** to conduct (business) transactions

opérer (**j'opère**) to operate; to perform; **opérer un(e) patient(e)** to operate on a patient

opposé(e) *adj.* opposing, opposite

opposer to oppose; **s'opposer à** to be opposed to

opticien(ne) *m., f.* optician

optimal(e) *adj.* optimal, the best possible

optimiste *adj.* optimistic; *m., f.* optimist

or *m.* gold

orage *m.* storm

oral(e) *adj.* oral; *m.* oral exam

orange *adj. inv.* orange; *m.* orange (*color*); *f.* orange (*fruit*); **canard** (*m.*) **à l'orange** duck with orange sauce; **jus** (*m.*) **d'orange** orange juice; **orange** (*f.*) **givrée** orange sherbet (served in a hollowed-out orange)

orchestre *m.* orchestra

ordinaire *adj.* ordinary

ordinateur *m.* computer; **micro-ordinateur** *m.* personal computer

ordonnance *f.* prescription

ordonner to order, command

ordre *m.* order; command; **en ordre** orderly, neat

ordure *f.* filth; garbage; **vider les ordures** to empty the garbage

oreille *f.* ear; **boucle** (*f.*) **d'oreille** earring

oreillons *m. pl.* mumps

organe *m.* (body) organ

organisation *f.* organization

organisé(e) *adj.* organized; **voyage** (*m.*) **organisé** guided tour

organiser to organize

oriental(e) *adj.* oriental, eastern

s'orienter to find one's bearings

original(e) *adj.* eccentric; original

origine *f.* origin; **d'origine française (italienne, etc.)** of French (Italian, etc.) extraction

orteil *m.* toe

orthographe *f.* spelling

os *m.* bone

osé(e) *adj.* daring

oseille *f.* sorrel, sour grass

oser to dare

ostéoporose *f.* osteoporosis

ou *conj.* or; either; **ou bien** or else

où *adv.* where; *pron.* where, in which; **où est... ?** where is. . .?

oublier (de) to forget (to)

ouest *m.* west; **Afrique** (*f.*) **de l'Ouest** West Africa; **nord-ouest** *m.* Northwest; **sud-ouest** *m.* Southwest

oui *interj.* yes

ourlé(e) de *adj.* hemmed with

outil *m.* tool

outre *prep.* beyond, in addition to; **département** (*m.*) **d'outre-mer (D.O.M.)** French overseas department; **outre-manche** in England, on the other side of the Channel; **outre-mer** *adv.* overseas

ouvert(e) *adj.* open; frank

ouverture *f.* opening

ouvrage *m.* (piece of) work; literary work

ouvre-boîtes *m. inv.* can-opener

ouvrier/ouvrière *m., f.* worker, factory worker

ouvrir (*p.p.* **ouvert**) *irreg.* to open; **s'ouvrir** to open (up)

oxygène *m.* oxygen; peroxide bleach; **masque** (*m.*) **à oxygène** oxygen mask

oxygéner to oxygenate

ozone *m.* ozone; **couche** (*f.*) **d'ozone** ozone layer

P.C.V.: coup (*m.*) **de fil en P.C.V.** reverse charge phone call

P.T.T. *ab.* **l'administration des Postes, Télécommunications et Télédiffusion** *f. pl.* French government communications agency, postal service

pagne *m.* loin-cloth

paie *f.* wages, payment

paillasson *m.* doormat

paille *f.* straw

pain *m.* bread; **pain au chocolat** chocolate-filled roll; **pain complet** whole wheat bread; **pain de ménage** large loaf of home-baked bread; **pain de seigle** rye bread; **pain perdu** French toast; **petit pain** dinner roll

paisiblement *adv.* peacefully

paix *f.* peace

palais *m.* palace; palate (in mouth)

pâle *adj.* pale

palmier *m.* palm tree

paludisme *m.* malaria

panique *f.* panic, scare; **pris(e) de panique** *adj.* panic-stricken

panne *f.* (mechanical) breakdown; **tomber en panne** to have a (mechanical) breakdown
panneau *m.* road sign; billboard; panel; **panneau indicateur** road sign
pansement *m.* bandage
pantalon *m.* (pair of) pants
papa *m., fam.* dad, daddy
papeterie *f.* stationery store, stationers'
papi *m., fam.* grandpa
papier *m.* paper; **papier à lettres** letter paper, stationery; **papier d'emballage** paper wrapper; **papier hygiénique** toilet paper
papillon *m.* butterfly
Pâques *f. pl.* Easter
paquet *m.* package
par *prep.* by, through; **par ailleurs** in other respects, incidentally; **par avion** air mail; **par contre** on the other hand; **par exemple** for example; **par jour** per day, each day; **par rapport à** with regard to, in relation to; **par semaine** per week; **par terre** on the ground
paradis *m.* paradise
paradoxalement *adv.* paradoxically
paragraphe *m.* paragraph
paraître (*like* **connaître**) to appear
parapente *m.* paraplaning
parasitaire *adj.* parasitic
parc *m.* park; **parc d'attractions** amusement park; **parc résidentiel** residential complex
parcomètre *m.* parking meter
parcours *m. s.* route, course, distance to cover
pardon *interj.* pardon me
pare-brise *m.* windshield
parent(e) *m., f.* parent; relative
parenthèse *f.* parenthesis
parfait(e) *adj.* perfect
parfaitement *adv.* perfectly
parfois *adv.* sometimes; now and then
parfum *m.* perfume
parisien(ne) *adj.* Parisian; **Parisien(ne)** *m., f.* Parisian (person)
parking *m.* parking lot
parlement *m.* parliament
parler to speak; to talk; *m.* speech; **entendre parler de** to hear about; **parler à** to speak to; **parler de** to talk about; **se parler** to speak to one another
parmi *prep.* among
parole *f.* word

parrain *m.* godfather
parrainer to sponsor
parsemer (**je parsème**) to sprinkle, strew
part *f.* share, portion; role; **à part** besides; **de ma (votre, sa) part** from me (you, him/her); **d'une part... d'autre part** on the one hand . . . on the other hand; **faire part** to inform; **pour ma part** as for me; **quelque part** somewhere
partager (**nous partageons**) to share
partenaire *m., f.* partner
parti *m.* (political) party
participant(e) *m., f.* participant
participe *m., Gram.* participle; **participe présent** present participle
participer à to participate in
particularisme *m.* particularism
particularité *f.* particularity; peculiarity
particulier/particulière *adj.* particular; **en particulier** *adv.* particularly; **leçon** (*f.*) **particulière** private lesson
particulièrement *adv.* particularly
partie *f.* part; game, match; picnic, outing; **en partie** in part; **faire partie de** to be part of; **partie de sucre** maple sugar gathering
partiellement *adv.* partially
partir to leave; **à partir de** *prep.* starting from; **partir dans un safari (en safari)** to leave on a safari; **partir en vacances** to leave on vacation
partitif/partitive *adj., Gram.* partitive
partout *adv.* everywhere
paru(e) *adj.* appeared, published
parvenir (*like* **venir**) **à** to attain; to succeed in
pas (ne... pas) not; **ne... pas du tout** not at all; **pas grand-chose** not much
passage *m.* passage; passing; **être de passage** to be passing through; **passage clouté** pedestrian crosswalk
passager/passagère *m., f.* passenger
passant(e) *m., f.* passerby
passé(e) *adj.* past, gone, last; spent; *m.* past; **conditionnel** (*m.*) **passé** *Gram.* past conditional; **passé composé** *Gram.* present perfect
passeport *m.* passport
passer *intr.* to pass; to stop by; *trans.* to pass; to cross; to spend (time); **je peux m'en passer** I can get along without it; **passer chez quelqu'un**

to stop by someone's home; **passer l'aspirateur** to vacuum; **passer par la douane** to pass through customs; **passer un coup de fil** to make a phone call; **passer un examen** to take an exam; **passer un film** to show a movie; **se passer** to happen, take place; to go; **se passer de** to do without
passe-temps *m.* pastime, hobby
passif/passive *adj., Gram.* passive
passionnant(e) *adj.* exciting, thrilling
passionné(e) *adj.* passionate; **être passionné(e) de, pour** to be very fond of, interested in
passionnel(le) *adj.* pertaining to the passions
pasteurisation *f.* pasteurization
pasteuriser to pasteurize
pâte *f.* dough; *pl.* pasta, noodles
pâté *m.* liver paste, pâté; **pâté de foie gras** goose liver pâté
pathétique *adj.* pathetic
patiemment *adv.* patiently
patience *f.* patience; **avoir de la patience** to be patient, have patience
patient(e) *adj.* patient; *m., f.* (hospital) patient; **opérer un(e) patient(e)** to operate on a patient
patin *m.* skate, ice skate; **faire du patin à glace** to go ice-skating
patinage *m.* skating
patinoire *f.* skating rink
pâtisserie *f.* pastry; pastry shop
patrie *f.* country; homeland, native land
patrimoine *m.* heritage
patron(ne) *m., f.* boss, employer
patronage *m.* sponsorship
pauvre *adj.* poor, needy; wretched, unfortunate; *m. pl.* the poor
pauvreté *f.* poverty
pavillon *m.* pavilion; summer house
payant(e) *adj.* paying, charged for
payer (**je paie**) to pay, pay for; **payer en espèces** to pay cash; **payer une amende** to pay a fine
pays *m.* country; land
paysage *m.* landscape, scenery
paysagiste *m., f.* landscape designer
paysan(ne) *m., f.* peasant
Pays-Bas *m. pl.* Holland, the Netherlands
péage *m.* toll; **route** (*f.*) **à péage** toll road
peau *f.* skin
pêche *f.* fishing; peach
pêcher to fish

pêcheur/pêcheuse *m., f.* fisherman, fisherwoman

pédiatre *m., f.* pediatrician

pédomètre *m.* pedometer

peindre (*like* **craindre**) to paint

peine *f.* bother, trouble; punishment, sentence; **à peine** hardly

peint(e) *adj.* painted

peintre *m.* painter

peinture *f.* paint; painting

pellicule *f.* (roll of) film

pelouse *f.* lawn

pencher to lean, bend; **se pencher sur** to concentrate on

pendant *prep.* during; **pendant que** *conj.* while

pénétrer (**je pénètre**) to penetrate, reach

pénible *adj.* difficult; painful

péninsule *f.* peninsula

penser to think; to reflect; to expect, intend; **faire penser à** to make one think of; **penser à** to think of (something); **penser de** to think about, have an opinion about

pension *f.* pension, allowance

pente *f.* slope

percevoir (*like* **recevoir**) to perceive

perdre to lose; to waste; **perdre du poids** to lose weight; **perdre du temps** to waste time; **perdre intérêt dans** to lose interest in; **perdre l'appétit** to lose one's appetite; **se perdre** to get lost

perdu(e) *adj.* lost; wasted; **pain** (*m.*) **perdu** French toast

père *m.* father; **fête** (*f.*) **des Pères** Father's Day; **père Noël** Santa Claus

perfectionner to perfect

péril *m.* danger, peril; **mettre en péril** to endanger

période *f.* period (of time)

périodique *m.* periodical

perle *f.* pearl; bead

permanence *f.* permanence; **en permanence** permanently

permettre (*like* **mettre**) **à** to permit, allow, let; **se permettre** to permit oneself; to afford

permis(e) *adj.* permitted; *m.* license; **permis** (*m.*) **de conduire** driver's license

Pérou *m.* Peru

perpendiculaire *adj.* perpendicular

se perpétuer to endure; to become established

persan(e) *adj.* Persian

persévérer (**je persévère**) to persevere

persil *m.* parsley

persillade *f.* chopped parsley

persistant(e) *adj.* persistent

personnage *m.* (fictional) character; personage

personnalisé(e) *adj.* personalized

personnalité *f.* personality; personal character

personne *f.* person; **ne... personne** nobody, no one; **personne d'important** no one important

personnel(le) *adj.* personal; *n. m.* personnel

persuader to persuade, convince

perte *f.* loss; **à perte de vue** as far as the eye can see; **une perte de temps** a waste of time

pesant(e) *adj.* heavy, burdensome

peser (**je pèse**) to weigh; **pèse-fruits** *m. inv.* produce scale; **se peser** to weigh oneself

pessimiste *adj.* pessimistic

pétanque *f.* game of bowling (*south of France*)

petit(e) *adj.* little; short; very young; *m. pl.* young ones; little ones; **petit ami/petite amie** *m., f.* boyfriend/girlfriend; **petit déjeuner** *m.* breakfast; **petite cuillère** *f.* teaspoon; **petite fille** *f.* little girl; **petite monnaie** *f.* small change; **petites annonces** *f. pl.* classified ads; **petit mot** *m.* note, brief letter; **petit pain** *m.* dinner roll; **petits gâteaux** *m. pl.* cookies; **petits pois** *m. pl.* green peas

petite-fille *f.* granddaughter

petit-fils *m.* grandson

pétrole *m.* oil, petroleum; **puits** (*m.*) **de pétrole** oil well

peu *adv.* little, not much; few, not many; not very; **il est peu probable que** it's doubtful that; **peu à peu** little by little; **un peu** a little

peuple *m.* nation; people of a country

peur *f.* fear; **avoir peur (de)** to be afraid (of); **ça me fait peur** that scares me; **faire peur à** to scare, frighten

peut-être *adv.* perhaps, maybe

phacochère *m.* warthog

phare *m.* lighthouse; (car) headlight

pharmaceutique *adj.* pharmaceutical

pharmacie *f.* pharmacy, drugstore; **pharmacie de garde** all-night drugstore

pharmacien(ne) *m., f.* pharmacist

phénomène *m.* phenomenon

philosophe *m., f.* philosopher

philosophie *f.* philosophy

photo *f.* picture, photograph; **appareil-photo** *m.* (still) camera; **prendre des photos** to take photos

photographe *m., f.* photographer

photographie (*fam.* **photo**) *f.* photograph; photography

phrase *f.* sentence

physicien(ne) *m., f.* physicist

physique *adj.* physical; *m.* physical appearance; *f.* physics; **éducation** (*f.*) **physique** physical education

piano *m.* piano; **jouer du piano** to play the piano

pièce *f.* (theatrical) play; piece; coin; room (of a house); each; **deux-pièces** *m.* two-room apartment in France (not including kitchen); **pièce de théâtre** (theatrical) play; **pièce musicale** musical

pied *m.* foot; **à pied** on foot; **au pied de** at the foot of; **avoir pied** to be within one's depth; to touch bottom; **coup** (*m.*) **de pied** kick

pierre *f.* stone

piéton(ne) *adj., m., f.* pedestrian; **zone** (*f.*) **piétonne** pedestrian mall

pile *f.* pile; battery

pilote *m., f.* pilot

piloter to pilot; **piloter un avion** to fly a plane

pilule *f.* pill

pin *m.* pine tree

pingouin *m.* penguin

pionnier/pionnière *m., f.* pioneer

pipi: faire pipi *fam.* to pee

pique-nique *m.* picnic; **faire un pique-nique** to have a picnic

pique-niquer to have a picnic

piquer to prick; *fam.* to steal; to dive (down)

piqûre *f.* shot, injection; **se faire faire une piqûre** to get a shot

pire *adj.* worse

piscine *f.* swimming pool; **piscine chauffée** heated swimming pool

piste *f.* path, trail; course; slope

pistolet *m.* pistol

placard *m.* cupboard, cabinet

place *f.* place; position; seat (*theater, train*); public square; **à votre place** in your place, if I were you; **lit** (*m.*) **à deux places** double bed

plage *f.* beach

plaindre (*like* **craindre**) to pity; **se plaindre (de)** to complain (about)

plaine *f.* plain

plainte *f.* complaint

plaintif/plaintive *adj.* plaintive, sorrowful

plaire (*p.p.* **plu**) à *irreg.* to please; **s'il te (vous) plaît** *interj.* please

plaisanter to joke

plaisir *m.* pleasure; **quel plaisir** what a pleasure

plan *m.* plan; diagram; **plan de la ville** city map; **sur le plan personnel** on a personal level

planche *f.* board; **faire de la planche à voile** to go sailboarding, windsurfing

plancher *m.* (wood) floor

planète *f.* planet

plante *f.* plant

planter to plant; to set; **arroser les plantes** to water the plants

plaque *f.* plate; tablet; **plaque d'immatriculation** license plate

plaquette *f.* cube (of butter)

plastique *m.* plastic

plat(e) *adj.* flat; *m.* dish; course; **œuf** (*m.*) **au plat** fried egg; **plat congelé** frozen entrée; **plat du jour** today's special (*restaurant*); **plat garni** entrée with vegetables; **plat principal** main course

plateau *m.* tray; plateau; **plateau hermétique** covered serving tray

plâtre *m.* plaster; cast

plein(e) (de) *adj.* full (of); **de, en plein air** (in the) open air, outdoor(s); **faire le plein (d'essence)** to fill up (with gasoline); **plein de gens** *fam.* a lot of people

pleurer to cry, weep

pleuvoir (*p.p.* **plu**) *irreg.* to rain; **il pleut** it's raining

plier to fold; **se plier** to bend

plomb *m.* lead (metal); **essence** (*f.*) **sans plomb** unleaded gasoline

plongée *f.* diving; **faire de la plongée sous-marine** to scuba-dive

pluie *f.* rain; **manteau** (*m.*) **de pluie** raincoat

plupart: la plupart (de) most (of); the majority (of)

pluriculturel(le) *adj.* multicultural

plus (de) *adv.* more; more... than... (-er); plus; **de plus en plus** more and more; **en plus (de)** in addition (to); **le/la/les plus** + adj. or adv.

most; **le plus près** the closest; **le plus tôt possible** the earliest; **moi non plus** me neither; **ne... plus** no longer, not anymore; **non plus** neither, not . . . either; **plus tard** later

plusieurs *adj., pron.* several

plus-que-parfait *m., Gram.* pluperfect, past perfect

plutôt *adv.* more; rather; sooner

pneu *m.* tire; **gonfler les pneus** to inflate the tires; **réparer un pneu crevé** to repair a flat tire

pneumatique *adj.* pneumatic, rubber (boat); *n.* local telegram (*ab.* **pneu**)

pneumonie *f.* pneumonia

poche *f.* pocket; **argent** (*m.*) **de poche** pocket money, allowance; **lampe** (*f.*) **de poche** flashlight

poché(e) *adj.* poached (*in cooking*)

poêle *f.* frying pan

poème *m.* poem

poésie *f.* poetry

poète *m.* poet

poids *m.* weight; **excédent** (*m.*) **de poids** overweight (luggage); **prendre (perdre) du poids** to gain (lose) weight

poignet *m.* wrist

poil *m.* hair; bristle

poing *m.* fist; **coup** (*m.*) **de poing** punch, blow (with fist)

point *m.* point; period (*punctuation*); **à point** medium well done (meat); **point de départ** starting point; **point de repère** reference point; landmark; **point de vue** point of view

pointe *f.* peak; point; touch, bit; **heures** (*f. pl.*) **de pointe** rush hour(s); **pointes d'asperge** asparagus tips

pointé(e) *adj.* pointed, aimed

se pointer *fam.* to turn up, show up

pointure *f.* shoe size

poire *f.* pear

poireaux *m. pl.* leeks

pois *m.* pea; **petits pois** green peas

poisson *m.* fish; **poisson d'avril** April Fool's joke, hoax; **poisson fumé** smoked fish; **soupe** (*f.*) **de poisson** fish chowder

poissonnerie *f.* fish market

poitrine *f.* chest; breasts

poivre *m.* pepper; **steak** (*m.*) **au poivre** pepper steak

poivrer to (add) pepper

poli(e) *adj.* polite; polished

police *f.* police; **agent** (*m.*) **de police** police officer; **commissariat** (*m.*) **de police** police station, headquarters; **contrôle** (*m.*) **de police** police checkpoint

policier/policière *adj.* pertaining to the police; *m.* police officer; **roman** (*m.*) **(film [*m.*]) policier** detective novel (film); **série** (*f.*) **policière** mystery (series)

polir to polish

politesse *f.* politeness; good breeding

politique *adj.* political; *f.* politics; policy; **homme/femme politique** *m., f.* politician; **sciences** (*f. pl.*) **politiques** political science

polluant(e) *adj.* polluting

polluer to pollute

Pologne *f.* Poland

polonais(e) *adj.* Polish

Polynésie *f.* Polynesia

pommade *f.* ointment, salve

pomme *f.* apple; **pomme de terre** potato; **pommes frites** French fried potatoes; **pommes vapeur** steamed potatoes; **purée** (*f.*) **de pommes de terre** mashed potatoes; **tarte** (*f.*) **aux pommes** apple tart, pie

pompier *m.* firefighter

populaire *adj.* popular; common

popularité *f.* popularity

porc *m.* pork; **côte** (*f.*) **de porc** pork rib; **côtelette** (*f.*) **de porc** pork chop; **rôti** (*m.*) **de porc** pork roast

porcelaine *f.* porcelain; china

portatif/portative *adj.* portable

porte *f.* door

portée *f.* reach, grasp; **à portée de** within reach

portefeuille *m.* wallet

porter to carry; to wear

porteur/porteuse *m., f.* carrier, bearer; (luggage) porter

portier *m.* doorman, door-keeper; **portier électronique** TV surveillance monitor

portière *f.* car door

porto *m.* port, port wine

poser to put (down); to state; to pose; to ask; **poser une question** to ask a question; **se poser des questions** to wonder

positif/positive *adj.* positive

position *f.* position; stand; **prendre position contre (pour)** to take sides against (for)

posséder (je possède) to possess

possesseur *m.* owner

possessif/possessive *adj.* possessive

possibilité *f.* possibility

possible *adj.* possible; **aussi souvent que possible** as often as possible

postal(e) *adj.* postal, post; **carte** (*f.*) **postale** postcard; **code** (*m.*) **postal** postal code, zip code; **mandat** (*m.*) **postal** postal money order

poste *m.* position; employment; television, radio set; *f.* post office, postal service; **bureau** (*m.*) **de poste** post office; **poste** (*m.*) **d'appel d'urgence** emergency call phone; **poste** (*f.*) **restante** general delivery; **timbre-poste** *m.* postage stamp

pot *m.* pot; jar; pitcher; **prendre un pot** *fam.* to have a drink

potage *m.* soup; **potage de pommes de terre** potato soup

pote (mon pote) *m., fam.* buddy, pal

potentiel(le) *adj.* potential, possible

poterie *f.* pottery

potin *m., fam.* chatter, gossip

poubelle *f.* garbage can

poudre *f.* powder; **café** (*m.*) **en poudre** instant coffee

pouffer to burst out laughing

poulet *m.* chicken; **blanc** (*m.*) **de poulet** chicken breast

pouls *m. s.* pulse; **prendre le pouls** to take (someone's) pulse

poumon *m.* lung

poupée *f.* doll

pour *prep.* for; on account of; in order; for the sake of; **pour que** *conj.* so that, in order that

pourboire *m.* tip, gratuity

pourquoi *adv., conj.* why

poursuite *f.* pursuit

poursuivre (*like* **suivre**) to pursue

pourtant *adv.* however, yet, still, nevertheless

pourvu que *conj.* provided that

poussé(e) *adj.* elaborate; exhaustive

pousser to push; to encourage; to utter, emit; to grow; **pousser un soupir** to sigh, heave a sigh

poussière *f.* dust; **enlever la poussière** to dust (furniture)

pouvoir (*p.p.* **pu**) *irreg.* to be able; *m.* power, strength; **ça peut tourner mal** that could turn out badly; **je peux m'en passer** I can do without it

pratique *adj.* practical; *f.* practice

pratiquement *adv.* practically, almost

pratiquer to practice, exercise

pré *m.* field, meadow

pré-ado *adj., fam.* preadolescent

préalable *adj.* previous, preliminary

préavis *m.* previous warning, advance notice

précaution *f.* precaution

précédent(e) *adj.* preceding

précepte *m.* precept

précieux/précieuse *adj.* precious

se précipiter (dans) to hurry, rush over; to hurl oneself (into)

précis(e) *adj.* precise, fixed, exact

précisément *adv.* precisely, exactly

préciser to state precisely, to specify

précoce *adj.* precocious

prédiction *f.* prediction

prédire (*like* **dire, vous prédisez**) to predict, foretell

prédit(e) *adj.* predicted, foretold

préfabriqué *m.* prefabricated structure

préférable *adj.* preferable, more advisable

préféré(e) *adj.* preferred, favorite

préférer (je préfère) to prefer; to like better

préjugé *m.* prejudice

premier/première *adj.* first; principal; former; **la première fois** the first time; **le premier avril** April Fool's Day

prendre (*p.p.* **pris**) *irreg.* to take; to catch, capture; to choose; to begin to; **prendre conscience de** to realize, become aware of; **prendre de l'essence** to get some gasoline; **prendre des leçons** to take lessons; **prendre des photos** to take photos; **prendre des résolutions** to resolve, make resolutions; **prendre des risques** to take risks; **prendre du poids** to gain weight; **prendre en charge** to take responsibility for; **prendre la retraite** to retire; **prendre le métro** to take the subway; **prendre le pas sur** to take precedence over; **prendre le petit déjeuner** to have breakfast; **prendre le pouls** to take (someone's) pulse; **prendre l'habitude** to get in the habit of; **prendre position** to take sides; **prendre rendez-vous** to make an appointment, a date; **prendre un bain (moussant)** to take a (bubble) bath; **prendre un café** to have a cup of coffee; **prendre une décision** to make a decision; **prendre une douche** to take a shower; **prendre un pot (un verre)** *fam.* to have a drink

préoccupation *f.* preoccupation, worry

préoccuper to preoccupy, concern; **se préoccuper de** to concern, preoccupy oneself with

préparatifs *m. pl.* preparations

préparation *f.* preparation

préparatoire *adj.* preparatory

préparer to prepare; **préparer un examen** to study for a test; **se préparer à** to prepare oneself, get ready for

préposition *f., Gram.* preposition

près (de) *adv.* by, near; **de près** closely; **le plus près** the closest; **près de** *prep.* near, close to; almost

prescrire (*like* **écrire**) to prescribe

présence *f.* presence

présent(e) *adj.* present; *m.* present; **jusqu'à présent** until now; **participe** (*m.*) **présent** *Gram.* present participle

présentation *f.* presentation; appearance of a dish; personal appearance

présentement *adv.* at present, now

présenter to present; to introduce; to put on (a performance); **je vous (te) présente…** I want you to meet. . .; **se présenter (à)** to present, introduce oneself (to); to appear; to arrive at

préservation *f.* preservation

préserver to preserve, conserve

présidence *f.* presidency

président(e) *m., f.* president

presque *adv.* almost, nearly

pressant(e) *adj.* pressing, urgent

presse *f.* press (media); **maison** (*f.*) **de la presse** newsstand

pressé(e) *adj.* in a hurry, rushed; squeezed; **être pressé(e)** to be in a hurry

presse-fruits *m. inv.* fruit juicer

pressing *m.* dry cleaner's

pression *f.* pressure; tension; beer on draft; **faire pression sur** to put pressure on

prestigieux/prestigieuse *adj.* prestigious

prêt(e) *adj.* ready; *m.* loan

prétendre to claim, maintain; to require

prêter to lend, loan; **prêter attention à** to pay attention to; **se prêter** to lend to one another

prêtre *m.* priest
prévenir (*like* **venir**) to warn, inform; to prevent, avert
prévention *f.* prevention
prévoir (*like* **voir**) to foresee; to anticipate
prier to pray; to beg, entreat; to ask (someone); **je vous (t') en prie** please
primaire *adj.* primary; **école** (*f.*) **primaire** primary school
primordial(e) *adj.* primordial, prime
principal(e) *adj.* principal, most important; **plat** (*m.*) **principal** main course
principe *m.* principle
printemps *m.* spring, springtime; **au printemps** in the spring
priorité *f.* right of way; priority
pris(e) *adj.* taken; occupied; busy; *f.* setting; grasp; taking; **pris(e) de panique** panic-stricken; **prise de conscience** consciousness awakening; **prise en charge** taking over, takeover
prisonnier/prisonnière *m., f.* prisoner
privé(e) *adj.* private; deprived of; *m.* private (*military*)
priver to deprive
privilège *m.* privilege
privilégié(e) *adj.* privileged; *m., f.* privileged, fortunate person
privilégier to favor
prix *m.* price; prize; **à prix modéré** at a moderate price; **à tout prix** at all cost(s); **prix d'honneur** award, prize
probable *adj.* probable; **il est peu probable que** it's doubtful that
problème *m.* problem
prochain(e) *adj.* next; near; immediate
proche *adj., adv.* near, close; *m. pl.* close relatives; **dans le proche avenir** in the near future; **futur** (*m.*) **proche** *Gram.* immediate, near future; **tout(e) proche** very near
proclamer to proclaim
procurer to furnish, obtain
producteur/productrice *m., f.* producer
produire (*like* **conduire**) to produce; **se produire** to occur, happen, arise
produit *m.* product; **produits laitiers** dairy products
professeur (*fam.* **prof**) *m.* professor; teacher
professionnel(le) *adj.* professional; *m., f.* professional

profit *m.* profit, benefit; **au profit de** on behalf of, for the benefit of
profiter de to take advantage of, profit from
profond(e) *adj.* deep
profondeur *f.* depth
programmeur/programmeuse *m., f.* programmer; program planner; **analyste-programmeur/analyste-programmeuse** *m., f.* software engineer
programme *m.* program; course program; design, plan
programmé(e) *adj.* programmed
progrès *m.* progress; **faire des progrès** to make progress, improve
progressif/progressive *adj.* progressive
projet *m.* project; plan; **faire des projets** to make plans; **projets d'avenir** plans for the future
prolonger (**nous prolongeons**) to prolong, extend
promenade *f.* promenade; walk; stroll; drive; excursion, pleasure trip; **faire une promenade (en voiture)** to go on an outing (car ride)
promener (**je promène**) to take out walking (for exercise); **se promener** to go for a walk, drive, ride
promesse *f.* promise; **se faire des promesses** to promise each other; **tenir sa promesse** to keep one's promise
prometteur/prometteuse *adj.* promising
promettre (*like* **mettre**) (**de**) to promise
promotion: de promotion *adj.* promotional
pronom *m., Gram.* pronoun; **pronom d'objet direct (indirect)** *Gram.* direct (indirect) object pronoun; **pronom relatif (tonique)** *Gram.* relative (stressed or emphatic) pronoun
pronominal(e) *adj., Gram.* pronominal; **verbe** (*m.*) **pronominal** *Gram.* pronominal, reflexive verb
prononcé(e) *adj.* pronounced
prononcer (**nous prononçons**) to pronounce; **se prononcer** to be pronounced
prononciation *f.* pronunciation
propice *adj.* propitious; favorable
proportionnel(le) *adj.* proportional
propos *m.* talk; utterance; **à propos de** *prep.* with respect to

proposer to propose
propre *adj.* own; proper; clean
propreté *f.* cleanliness
propriétaire *m., f.* owner; landlord
propriété *f.* property
se propulser to propel oneself
protecteur/protectrice *m., f.* protector; *adj.* protecting; protective
protéger (**je protège, nous protégeons**) to protect; **se protéger contre** to protect oneself against
protéine *f.* protein
protestation *f.* protest; objection
protester to protest; to declare
prouver to prove
provenance *f.* source, origin; **en provenance de** from, originating in
provençal(e) *adj.* from the Provence region of France
Provence *f.* Provence region, south of France
provenir (*like* **venir**) **de** to proceed, result, arise from
provision *f.* supply; *pl.* groceries; **faire (acheter) des provisions** to buy groceries; **faire provision de** to lay in a stock of
provocant(e) *adj.* provocative; aggressive
provoquer to provoke
prudemment *adv.* prudently, carefully
prudent(e) *adj.* prudent, cautious, careful
psychiatre *m., f.* psychiatrist
psychologie *f.* psychology
psychologique *adj.* psychological
psychosomatique *adj.* psychosomatic
public/publique *adj.* public; *m.* public; audience; **jardin public** public park; **transport** (*m.*) **public** public transportation
publiciste *m., f.* publicist, person working in advertising
publicitaire *adj.* pertaining to advertising; **agence** (*f.*) **publicitaire** advertising agency
publicité (*fam.* **pub**) *f.* publicity; advertising
publier to publish
puce *f.* flea; **marché** (*m.*) **aux puces** flea market
puceron *m.* aphid
puéril(e) *adj.* puerile, childish
puis *adv.* then afterward, next; besides; **et puis** and then; and besides

puiser (dans) to draw, derive (from)
puisque *conj.* since, as, seeing that
puissance *f.* power
puissant(e) *adj.* powerful, strong
puits *m.* well, hole; **puits de pétrole** oil well
pull-over (*fam.* **pull**) *m.* pullover
punir to punish
punition *f.* punishment
pupitre *m.* (school) desk, desk chair; music stand; lectern
pur(e) *adj.* pure
purée *f.* purée; **purée de pommes de terre** mashed potatoes
purger (nous purgeons) to purge, cleanse
pyjama *m. s.* pajamas
pyramide *f.* pyramid
Pyrénées *f. pl.* Pyrenees
pyrotechnie *f.* pyrotechnics, fireworks display

quadrature *f.* quadrature, squaring (a circle)
quai *m.* quai; (train) platform
qualificatif *m.* qualificative, epithet
qualité *f.* quality; personal characteristic
quand *adv., conj.* when; **depuis quand?** since when? how long is it since?; **quand même** even though; anyway
quant à *prep.* as for
quantité *f.* quantity
quarantaine *f.* about forty
quarante *adj.* forty
quart *m.* quarter; quarter of an hour; fourth (*part*)
quartier *m.* neighborhood
quatorze *adj.* fourteen
que *adv.* how; why; how much; *conj.* that; than; *pron.* whom; that; which; what; **ne... que** *adv.* only; **qu'est-ce que c'est?** what is it? **qu'est-ce qu'il y a dans... ?** what's in . . . ?
Québec *m.* Quebec (province)
québécois(e) *adj.* from, of Quebec
quel(le)(s) *adj.* what, which; what a; **quel âge avez-vous?** how old are you? **quelle heure est-il?** what time is it?; **quel plaisir** what a pleasure; **quel temps fait-il?** what's the weather like?
quelque(s) *adj.* some, any; a few; **quelque chose** *pron.* something; **quelque chose d'important**

something important; **quelque part** somewhere
quelquefois *adv.* sometimes
quelqu'un *pron.* someone, somebody; **quelqu'un d'amusant** someone funny
quémande *f., A.* begging; **fête** (*f.*) **de la quémande** Cajun custom of begging for a chicken (to make traditional gumbo)
question *f.* question; **remettre en question** to call into question, query
queue *f.* tail; line (of people); **faire la queue** to stand in line
qui *pron.* who, whom; **qui est-ce?** who is it?
quincaillerie *f.* hardware store
quinzaine *f.* about fifteen
quinze *adj.* fifteen
quitter to leave; to abandon, leave behind; **se quitter** to separate
quoi (à quoi, de quoi) *pron.* which; what; **n'importe quoi** anything; no matter what
quoique *conj.* although
quotidien(ne) *adj.* daily, quotidian; *m.* daily newspaper
quotient *m.* quotient; **quotient intellectuel** intelligence quotient (I.Q.)

raccompagner to accompany (back or home)
raccourcir to shorten
racial(e) *adj.* racial
racine *f.* root
racisme *m.* racism
raciste *adj.* racist
raconter to tell; to recount, narrate
radiateur *m.* radiator
radical(e) *adj.* radical, extreme
radio *f.* radio
radio-réveil *m.* clock radio
radis *m.* radish
rage *f.* rabies
raide *adj.* stiff; straight
raisin *m.* grape(s)
raison *f.* reason, **avoir raison** to be right
raisonnable *adj.* reasonable; rational
raisonnement *m.* reasoning, argument
ralentir to slow down
ramassage *m.* pickup; gathering; **ramassage d'arbres** logging, tree cutting
ramasser to pick up, collect

ramasseur/ramasseuse *m., f.* collector, gatherer
ramener (je ramène) to bring back
rampe *f.* flight (of stairs); banister
rancune *f.* rancour, spite
randonnée *f.* tour, trip; ride; hike; **faire une randonnée** to go on a hike; to take a trip, tour
rangement *m.* order, ordering
ranger (nous rangeons) to put in order; to arrange, categorize
rapide *adj.* rapid, fast; *m. pl.* rapids (in river)
rapidement *adv.* rapidly, quickly
rapidité *f.* rapidity, swiftness
rappeler (je rappelle) to remind; to recall; **se rappeler** to recall; to remember
rapport *m.* connection, relation; report; *pl.* relations; **par rapport à** concerning, regarding
rapporter to bring back, return; to report
rarement *adv.* rarely
raser to shave; to graze, brush; **crème** (*f.*) **à raser** shaving cream; **se raser** to shave
rasoir *m.* razor
rassembler to gather; **se rassembler** to gather, congregate
rassurant(e) *adj.* reassuring
rater to miss; to fail
rationnel(le) *adj.* rational
rattraper to catch up; to recapture
ravi(e) *adj.* delighted; **être ravi(e) de** to be delighted that
se ravitailler to take on fresh supplies
rayon *m.* store department; ray (of light)
réacteur *m.* reactor
réaction *f.* reaction
réagir to react
réalisable *adj.* feasible
réalisateur/réalisatrice *m., f.* (T.V., film) producer
réalisation *f.* realization; execution; production
réaliser to realize; to carry out, fulfill; **se réaliser** to fulfill oneself; to come true
réaliste *adj.* realist; realistic
réalité *f.* reality; **en réalité** in reality
réaménager (nous réaménageons) to rearrange, restructure
récemment *adv.* recently, lately
récent(e) *adj.* recent, new, late

récepteur *m.* receptor; (telephone) receiver

réception *f.* entertainment, reception; hotel, lobby desk

recette (de cuisine) *f.* recipe

recevoir (*p.p.* **reçu**) *irreg.* to receive; to entertain (guests)

recherche *f.* (piece of) research; search; **faire des recherches** to do research; **laboratoire** (*m.*) **de recherches** research laboratory

recherché(e) *adj.* sought after; studied, affected

rechercher to seek; to search for; *m.* (computer) search

réciprocité *f.* reciprocity

réciproque *adj.* reciprocal, mutual

récit *m.* account, story

réciter to recite

réclame *f.* advertisement, commercial; **en réclame** on sale

réclamer to demand; to clamor for; to claim

récolte *f.* harvest

récolté(e) *adj.* gathered, harvested

recommandation *f.* recommendation

recommander to recommend

recommencer (**nous recommençons**) to start again

récompense *f.* recompense, reward

recomposé(e) *adj.* recombined

réconcilié(e) *adj.* reconciled

reconduire to renew

réconforter to comfort

reconnaître (*like* **connaître**) to recognize

reconstruire (*like* **conduire**) to rebuild

se reconvertir to reconvert

record *m.* record (*peak performance*); **battre des records** to beat records

recouvert(e) *adj.* covered, recovered

recouvrir (*like* **ouvrir**) to cover up

récréatif/récréative *adj.* entertaining, amusing

récréation (*fam.* **récré**) *f.* recess (at school); recreation

recruter to recruit

reçu(e) *adj.* received; entertained; *m.* receipt; **être reçu(e)** to pass an exam; **idée** (*f.*) **reçue** commonly held idea, preconception

recueil *m.* collection, anthology

récupération *f.* recuperation; recovery

récupérer (**je récupère**) to recuperate; to recover, get back

recyclage *m.* recycling

recycler to recycle

rédacteur/rédactrice *m.*, *f.* writer; editor

rédaction *f.* (piece of) writing, draft

rédactionnel(le) *adj.* editorial

redevance *f.* (TV, radio) tax

redevenir (*like* **venir**) to become (once) again

redouter to fear, dread

réduire (*like* **conduire**) to reduce

réduit(e) *adj.* reduced

réel(le) *adj.* real, actual

refaire to make again; to redo

refermer to shut, close again

réfléchir to reflect; to think

refléter (**je reflète**) to reflect

réflexion *f.* reflection, thought

reformuler to reformulate

réfrigérateur *m.* refrigerator

refroidir to cool (something)

réfugié(e) *m.*, *f.* refugee

refuser (de) to refuse (to)

regagner to get back to

régal *m.* feast; treat

se régaler de to feast on, treat oneself to

regard *m.* glance; gaze, look

regarder to look at; **se regarder** to look at oneself, each other

se régénérer (**je me régénère**) to regenerate

régie *f.* administration

régime *m.* diet; régime; **être au** (**suivre un**) **régime** to be on a diet; to diet

région *f.* region

régional(e) *adj.* local, of the district

règle *f.* rule

réglé(e) *adj.* ruled, ordered; **mener une vie réglée** to lead a well-balanced life

règlement *m.* regulation; statute

réglementer to regulate, make rules

régler (**je règle**) to regulate, adjust; to settle; **régler la note** to pay one's bill

regret *m.* regret; **j'ai le regret de vous informer que** I regret to inform you that

regretter to regret; to be sorry for; to miss

regrouper to regroup; to contain

régulier/régulière *adj.* regular

rein *m.* kidney

rejeter (**je rejette**) to reject

rejoindre (*like* **craindre**) to join; to rejoin; **se rejoindre** to get together

se réjouir de to be delighted at

relatif/relative *adj.* relative; **pronom** (*m.*) **relatif** *Gram.* relative pronoun

relation *f.* relation; relationship

relégué(e) *adj.* relegated

relevable *adj.* able to be raised, retractable

relever (**je relève**) to raise; to bring up; to point out

relié(e) *adj.* tied, linked

religieux/religieuse *adj.* religious

relire (*like* **lire**) to reread

remarque *f.* remark; **faire des remarques** to criticize, make snide remarks

rembourser to reimburse

remède *m.* remedy; treatment

remercier (de) to thank (for)

remettre (*like* **mettre**) to put back; to hand in, hand over; to postpone, put off; **remettre en cause** to question, challenge; **remettre en question** to call into question, query

remise *f.* putting back; **salle** (*f.*) **de remise en forme** exercise, fitness room

remonter to go back (up); to get back in; to revive

remplacer (**nous remplaçons**) to replace

remplir to fill (in, out, up); **remplir un formulaire** to fill out a form

remporter to carry something home

rémunéré(e) *adj.* compensated, paid

renchérir to outdo; to go one better

rencontre *f.* meeting, encounter

rencontrer to meet, encounter; **se rencontrer** to meet each other; to get together

rendez-vous *m.* meeting, appointment; date; meeting place; **faire** (**prendre**) **rendez-vous** to make an appointment; **se donner rendez-vous** to make a date with each other

rendre to render; to make; to give (back); to submit; **rendre malade** to make (someone) sick; **rendre visite à** to visit (people); **se rendre (à, dans)** to go to; **se rendre compte de/que** to realize (that)

rênes *f. pl.* reins

renommé(e) *adj.* renowned

renoncer (**nous renonçons**) **à** to give up, renounce

renouveau *m.* renewal

se renouveler (je me renouvelle) to renew oneself, become renewed

rénover to renovate, restore

renseignement *m.* (piece of) information

renseigner to inform, give information; **se renseigner sur** to find out, get information about

rentrer *intr.* to return home

renverser to reverse; to throw, knock over; to overturn

renvoi *m.* return

répandre to spread out, **répandre par terre** to spread out on the ground

réparation *f.* reparation, repair; *pl.* atonement, amends

réparer to repair; **réparer un pneu crevé** to fix a flat tire

repartir (*like* **partir**) to leave (again)

répartir (*like* **finir**) to share, divide

repas *m.* meal, repast

repasser to iron (clothes); **fer** (*m.*) **à repasser** (clothes) iron

repeindre (*like* **craindre**) to repaint

repère *m.* reference (mark); **point** (*m.*) **de repère** reference point, landmark

répéter (je répète) to repeat; **se répéter** to tell things to one another

répondeur téléphonique *m.* telephone answering machine

répondre to answer, respond

réponse *f.* answer, response

reportage *m.* reporting; commentary

repos *m.* rest, relaxation

reposant(e) *adj.* restful

reposer (sur) to put down again; to rest, refresh; to be based (on); **se reposer** to rest

reprendre (*like* **prendre**) to take (up) again; to continue

représentant(e) *m., f.* sales representative

représentatif/représentative *adj.* representative

représentation *f.* representation; performance

représenter to represent; to present again; to play (a role)

répression *f.* repression

réprimander to scold, reprimand

reprise *f.* retake; round; **à plusieurs reprises** repeatedly; on several occasions

reprocher (de) to reproach (for, with)

reproduire (*like* **conduire**) to reproduce

république *f.* republic

réquisitionner to requisition

réseau *m.* net; network; **Réseau Express Régional (RER)** French suburban train system

réservation *f.* reservation

réserve *f.* reserve; preserve; **réserve d'information** data bank

réservé(e) *adj.* reserved; shy

réserver to reserve, keep in store

réservoir *m.* reservoir; gas tank

résidence *f.* residence; apartment building

résidentiel(le) *adj.* residential; **parc** (*m.*) **résidentiel** residential complex

résider to reside

résistance *f.* resistance; rheostat

résister (à) to resist

résolu(e) *adj.* solved; resolved

résolution *f.* resolution; **prendre des résolutions** to resolve, make resolutions

résoudre (*p.p.* **résolu**) *irreg.* to resolve; **se résoudre à** to make up one's mind to

respecter to respect, have regard for; **respecter les limites de vitesse** to obey the posted speed limit

respectueux/respectueuse *adj.* respectful

respiratoire *adj.* respiratory

respirer to breathe

responsabilité *f.* responsibility

responsable *m., f.* supervisor; staff member; *adj.* responsible

ressemblance *f.* resemblance

ressembler à to resemble

se resserrer to become tighter; to shrink

ressortissants *m. pl.* nationals (of a country)

ressources *f. pl.* resources; funds

restant(e): poste (*f.*) **restante** general delivery

restauration *f.* restoration; restaurant business; **restauration à domicile** catering

restau-U *m., fam.* university restaurant

rester to stay, remain; to be remaining; **il m'en reste un(e)** I have one left

résultat *m.* result

résumé *m.* summary; resumé

résumer to summarize

retard *m.* delay; **en retard** late; **une heure de retard** an hour late

retarder to delay

retenir (*like* **tenir**) to retain; to keep, hold

retirer to withdraw; **retirer de l'argent** to withdraw money; **se retirer** to withdraw

retour *m.* return; **au retour** upon returning; **billet** (*m.*) **aller-retour** round-trip ticket; **de retour** back (from somewhere); return

retourner to return; to turn over, rotate; **se retourner** to turn over; to turn around; to look back

retracer (nous retraçons) to retrace

retraite *f.* retreat; retirement; pension; **être à la retraite** to be retired; **prendre la retraite** to retire

retraité(e) *adj.* retired; *m., f.* retired person

se retremper dans to steep oneself again in

rétrospectif/rétrospective *adj.* retrospective

retrouvaille *f.* rediscovery; meeting again

retrouver to find (again); to regain; **se retrouver** to find oneself, each another (again)

réuni(e) *adj.* gathered, reunited

réunion *f.* meeting; reunion

réunir to unite, reunite; **se réunir** to get together; to hold a meeting

réussi(e) *adj.* successful

réussir (à) to succeed (in); to pass (an exam)

réussite *f.* success

revanche *f.* revenge; **en revanche** on the other hand; in return

rêve *m.* dream; **un voyage** (*m.*) **de rêve** an ideal trip

réveil *m.* alarm clock; **radio-réveil** *f.* clock radio

réveiller to wake, awaken (someone); **se réveiller** to wake up

réveillon *m.* Christmas or New Year's Eve dinner; **faire le réveillon** to see the New Year in

révélateur/révélatrice *adj.* revealing, telling

révéler (je révèle) to reveal

revendication *f.* demand; claim

revendiquer to claim, demand

revendre to (re)sell

revenir (*like* **venir**) to return, come back

revenu *m.* personal income

rêver to dream

revêtu(e) de *adj.* dressed in

réviser to review

revoir (*like* **voir**) to see (again); **au revoir** goodbye, see you soon

révolution *f.* revolution

revue *f.* review; journal; magazine

rez-de-chaussée *m.* ground floor, first floor

rhume *m.* cold (*illness*); **attraper un rhume** to catch a cold

riche *adj.* rich

richesse *f.* wealth

rideau *m.* curtain

ridicule *adj.* ridiculous

rien (ne... rien) *pron.* nothing; **de rien** you're welcome

rigoler *fam.* to laugh; to have fun

rire (*p.p.* **ri**) *irreg.* to laugh; *m.* laughter; **fou rire** uncontrollable laughter

risque *m.* risk

risquer (de) to risk

rituel *m.* ritual

rivage *m.* riverbank; lake shore

rive *f.* (river)bank

rivière *f.* river

riz *m.* rice

rizière *f.* rice plantation, paddy

robe *f.* dress

robinet *m.* water faucet

robot-mixer *m.* blender, food processor

robuste *adj.* robust, sturdy

rocailleux/rocailleuse *adj.* rocky, stony

roche *f.* rock; boulder

rocher *m.* rock, crag

Rocheuses *f. pl.* Rocky Mountains

roi *m.* king; **fête** (*f.*) **des Rois** Feast of the Magi, Epiphany; **galette** (*f.*) **des Rois** Twelfth Night cake; **Roi Carnaval** Mardi Gras king

rôle *m.* part, character, role; **interpréter un rôle** to interpret a role (*acting*); **jouer le rôle de** to play the part of

romain(e) *adj.* Roman; *m., f.* Roman (person)

roman *m.* novel; **roman d'aventures** adventure novel; **roman policier** detective novel

romancier/romancière *m., f.* novelist

romantique *adj.* romantic

rond(e) *adj.* round; *m.* round, ring; **rond de fumée** smoke ring

rondelle *f.* slice

rosbif *m.* roast beef

rose *f.* rose; *adj.* pink

rosé *m.* rosé (wine)

rosière *f., fam.* innocent, simple girl

rôti(e) *adj.* roast(ed); *m.* roast; **dinde** (*f.*) **rôtie** roast turkey; **rôti de boeuf (de porc)** beef (pork) roast

roue *f.* wheel

rouge *adj.* red; **brûler un feu rouge** to run a red light; **Croix** (*f.*) **rouge** Red Cross; **taches** (*f. pl.*) **rouges** a rash

roulant(e) *adj.* rolling, sliding; **escalier** (*m.*) **roulant** escalator

rouleau *m.* roll (of tape)

rouler to drive; to travel along; to roll (up)

rouspéter (je rouspète) *fam.* to resist, protest, grumble

routard(e) *m., f., fam.* traveler

route *f.* road, highway; **code** (*m.*) **de la route** traffic code; **en route** on the way, en route; **le long de la route** along the way

routier/routière *adj.* pertaining to the road; **carte** (*f.*) **routière** road map; **gare** (*f.*) **routière** bus station; **signalisation** (*f.*) **routière** system of road signs

roux/rousse *adj.* red-haired; *m., f.* redhead

royal(e) *adj.* royal

royaume *m.* realm, kingdom

Royaume-Uni *m.* Great Britain

rubis *m.* ruby

rubrique *f.* heading; newspaper column

rudimentaire *adj.* rudimentary

rue *f.* street; **coin** (*m.*) **de rue** street corner

ruelle *f.* narrow street, alleyway

ruine *f.* ruin; decay; collapse; **en ruines** in ruins

ruineux/ruineuse *adj.* ruinous

rumeur *f.* rumor; hum; din

russe *adj.* Russian; *m.* Russian (language)

Russie *f.* Russia

S.D.F. (Sans Domicile Fixe) *m. pl.* homeless (persons)

sable *m.* sand; **château** (*m.*) **de sable** sand castle

sac *m.* sack; bag; handbag; **sac à dos** backpack; **sac de couchage** sleeping bag; **sac de poubelle** garbage bag; **sac de voyage** traveling bag

saccage *m.* havoc, confusion

sacré(e) *adj.* sacred, holy

sacrifié(e) *adj.* sacrificed

safari *m.* safari; **faire (partir dans) un safari** to go (leave) on a safari

sage *adj.* good, well-behaved; wise

sage-femme *f.* midwife

sagesse *f.* wisdom

saharien(ne) *adj.* Saharan

saignant(e) *adj.* rare (meat); bloody

sain(e) *adj.* healthy, well, sound; sain

saint(e) *adj.* holy

Saint-Jacques: coquilles (*f. pl.*) **Saint-Jacques** scallops (in their shells)

Saint-Sylvestre *f.* New Year's Eve

Saint-Valentin *f.* Valentine's Day

saisie *f.* seizure, confiscation

saison *f.* season

salade *f.* salad; lettuce; **salade niçoise** tomato and seafood salad

salaire *m.* salary; paycheck

salarié(e) *adj.* salaried; *m., f.* wage earner

sale *adj.* dirty

salé(e) *adj.* salted

saler to salt

saleté *f.* filth

salle *f.* room; auditorium; **salle à manger** *f.* dining room; **salle d'attente** waiting room; **salle de bains** bathroom, washroom; **salle de cinéma** movie theater; **salle de classe (de cours)** classroom; **salle de conférence** meeting room; **salle de remise en forme** exercise, fitness room; **salle de séjour** living room; **salle de spectacles** auditorium, theater; **salle d'exposition** exhibit hall

salon *m.* salon; drawing room; **salon de coiffure** hairdressing salon; **salon de jeux** gaming room, casino; **salon de l'auto** auto show; **salon de réception** meeting, reception room

salut! *interj.* hi! bye!

salutation *f.* greeting; closing (*letter*)

samedi *m.* Saturday

sandale *f.* sandal

sang *m.* blood; **en chair et en sang** in flesh and blood; **se faire du mauvais sang** *fam.* to fret and fume, worry

sanguin(e) *adj.* pertaining to the blood

sanitaire *adj.* sanitary; plumbing

sans *prep.* without; **sans arrêt(s)** ceaselessly; nonstop; **sans doute** doubtless, for sure; **sans que** *conj.* without

santé *f.* health
sapin *m.* fir (tree)
satiété *f.* satiety, surfeit
satisfaire (*like* **faire**) to satisfy; to please
satisfait(e) *adj.* satisfied; pleased
sauce *f.* sauce; gravy; salad dressing; **sauce gribiche** vinaigrette dressing with chopped egg; **sauce hollandaise** hollandaise sauce (*butter, eggs, lemon juice*)
saucisse *f.* sausage, salami
sauf *prep.* except
saumon *m.* salmon
sauter to jump; **sauter à la corde** to jump rope
sauvegarde *f.* safeguard, safe-keeping
sauvegarder to safeguard, protect
sauver to save
savant(e) *adj.* learned, scholarly
saveur *f.* flavor
savoir (*p.p.* **su**) *irreg.* to know; to know how to; to find out
savoir-faire *m.* ability, know-how; tact
savourer to savor; to relish
saxon(ne) *adj.* Saxon; **anglo-saxon(ne)** *adj.* Anglo-Saxon
scandale *m.* scandal
scandinave *adj.* Scandinavian
scénario *m.* scenario, script
scénariste *m., f.* screenwriter
scène *f.* stage; scenery; scene; **metteur/metteuse** (*m., f.*) **en scène** stage director; **mise** (*f.*) **en scène** setting, staging (of a play)
sceptique *adj.* skeptical
science *f.* science; **sciences** (*pl.*) **économiques** economics; **sciences naturelles (sociales)** natural (social) sciences; **sciences politiques** (*fam.* **sciences po**) political science
scientifique *adj.* scientific; **chercheur/chercheuse scientifique** *m., f.* scientific researcher
scolaire *adj.* pertaining to schools, school, academic; **année** (*f.*) **scolaire** school year
scolarisé(e) *adj.* in school, attending school
scotch *m.* cellophane tape, Scotch tape
scruter to scrutinize
sculpteur *m.* sculptor
se (s') *pron.* oneself; himself; herself; itself; themselves; to oneself, etc.; each other
sec/sèche *adj.* dry; **nettoyage-à-sec**

m. dry-cleaning; **sèche-linge** *m.* clothes dryer
sécher (je sèche) to dry; to avoid; **sécher un cours** to cut class, play hooky; **se sécher** to dry oneself
second(e) *adj.* second; *f.* second (unit of time)
secondaire *adj.* secondary
secours *m.* help; **au secours!** help!
secret/secrète *adj.* secret, private; *m.* secret
secrétaire *m., f.* secretary
secteur *m.* sector
sécurité *f.* security; safety; **ceinture** (*f.*) **de sécurité** safety belt; **Sécurité sociale (SECU)** French social security system
sédentaire *adj.* sedentary
sédentarité *f.* sedentariness
séduire (*like* **conduire**) to charm, win over; to seduce
séduisant(e) *adj.* attractive, seductive
seigle *m.* rye (flour); **pain** (*m.*) **de seigle** rye bread
sein *m.* breast, bosom; **au sein de** at the heart of
seize *adj.* sixteen
séjour *m.* stay, sojourn; **salle** (*f.*) **de séjour** living room
sel *m.* salt
sélection *f.* choice, selection
sélectionner to choose
selon *prep.* according to
semaine *f.* week; **la semaine dernière** last week; **une fois par semaine** once a week
semblable (à) *adj.* like, similar, such
sembler to seem; to appear
semestre *m.* semester
Sénégal *m.* Senegal
sénégalais(e) *adj.* Senegalese; **Sénégalais(e)** *m., f.* Senegalese (person)
sénilité *f.* senility
sens *m.* meaning; sense; way, direction; **au sens large** in the larger sense; **avoir le sens de l'humour** to have a sense of humor; **carrefour** (*m.*) **à sens giratoire** roundabout, traffic circle; **sens interdit** one-way (street)
sensation *f.* feeling, sensation; **à sensations** sensationalistic
sensationaliste *m., f.* sensationalist
sensationnel(le) (*fam.* **sensas**) *adj.* sensational, marvelous
sensibiliser to sensitize, make sensitive

sensible *adj.* sensitive; evident, discernable
sensualité *f.* sensuality
sentier *m.* path
sentiment *m.* feeling
sentimental(e) *adj.* sentimental; mawkish
sentir (*like* **partir**) to feel; to smell good (bad); to smell of; **se sentir bien (mal)** to feel good (bad[ly]); **se sentir bien [aisé(e)]** to feel very relaxed
séparation *f.* separation, division
séparé(e) *adj.* separated
séparer to separate; **se séparer** to separate (couple)
sept *adj.* seven
septembre September
série *f.* series; **série policière** detective series
sérieux/sérieuse *adj.* serious; **prendre au sérieux** to take seriously
serpent *m.* snake; **charmeur/charmeuse** (*m., f.*) **de serpent** snake charmer; **peau** (*f.*) **de serpent** snakeskin
serpenter to wind, curve, meander
serrer to tighten; to close, close up; to grip; **se serrer la main** to shake hands
serveur/serveuse *m., f.* bartender; waiter/waitress
service *m.* service; service charge; favor; **service compris** tip included; **service de logement** housing office; **service des urgences** emergency room; **station-service** *f.* service station, filling station
serviette *f.* napkin; towel; briefcase
servir (*like* **partir**) to serve; to wait on; to be useful; **servir à** to be of use in, be used for; **servir de** to serve as, take the place of; **se servir de** to use
ses *adj. pl.* his; her; its; one's
seul(e) *adj.* alone; single; only; **tout(e) seul(e)** all alone
seulement *adv.* only
sève *f.* sap; **sève d'érable** maple tree sap
sévère *adj.* severe, stern, harsh
sexe *m.* sex
sexisme *m.* sexism
sexiste *adj.* sexist
sexualité *f.* sexuality
sexuel(le) *adj.* sexual
shampooing *m.* shampoo

si *adv.* so; so much; yes (*response to negative*); *conj.* if; whether; **même si** even if; **s'il vous (te) plaît** please

Sibérie *f.* Siberia

(le) sida *m.* AIDS

siècle *m.* century

siège *m.* seat; place

sien(ne) (le/la/les) *m., f. pron.* his/hers/their(s)

sieste *f.* nap; **faire la sieste** to take a nap

sifflement *m.* whistling

signaler to point out, draw one's attention to

signalisation *f.* system of road signs; **feu** (*m.*) **de signalisation** traffic light

signe *m.* sign, gesture; **faire signe** to beckon

signer to sign

signifier to mean

sillonner to plough; to streak (across)

simplement *adv.* simply

simplifier to simplify

sincère *adj.* sincere

sincérité *f.* sincerity

singe *m.* monkey, ape

sinon *conj.* otherwise

sirop *m.* syrup; **sirop d'érable** maple syrup

situé(e) *adj.* situated, located

situer to place, situate, locate

ski *m.* skiing; *pl.* skis; **faire du ski** to ski; **ski alpin** downhill skiing; **ski de fond** cross-country skiing; **ski nautique** waterskiing; **station** (*f.*) **de ski** ski resort

skier to ski

slip *m.* men's/women's briefs

snob *adj. inv.* snobbish

social(e) *adj.* social; **sciences** (*f. pl.*) **sociales** social sciences; **Sécurité** (*f.*) **Sociale** Social Security

société *f.* society; organization; firm; **jeu** (*m.*) **de société** board game; parlor game

socio-économique *adj.* socio-economic

sociologie *f.* sociology

sociologue *m., f.* sociologist

sœur *f.* sister; **belle-sœur** sister-in-law; **demi-sœur** half-sister; stepsister

soi (soi-même) *pron.* oneself

soie *f.* silk; **en soie** made of silk

soif *f.* thirst; **avoir soif** to be thirsty

soigner to take care of; to treat; **se soigner** to take care of oneself

soigneusement *adv.* carefully

soin *m.* care

soir *m.* evening; **à ce soir** farewell, until this evening; **ce soir-là** that evening; **demain (hier) soir** yesterday (tomorrow) evening

soirée *f.* party; evening; **aller à une soirée** to go to a party

soit *subj. of* **être**; **quelque soit** whatever may be; **soit... soit** *conj.* either. . .or

soixante *adj.* sixty

sol *m.* soil; ground; floor; **sous-sol** *m.* basement, cellar

solaire *adj.* solar; **système** (*m.*) **solaire** solar system

soldat *m.* soldier

solde *m.* balance; surplus, overstock; **en solde** clearance (sale), on sale; **soldes** *m. pl.* discount sale

sole *f.* sole (fish); **filet** (*m.*) **de sole** filet of sole; **sole meunière** sole sautéed in light batter; **sole pochée** poached sole

solécisme *m.* solecism, incorrect language or manners

soleil *m.* sun; **faire du soleil (il fait du soleil)** to be sunny (out) (it's sunny)

solennel(le) *adj.* solemn

solidarité *f.* solidarity

solide *adj.* sturdy; *m.* solid

sombre *adj.* dark

sommaire *m.* summary; abstract, contents

somme *f.* sum, total; amount

sommeil *m.* sleep

sommelier/sommelière *m., f.* wine steward

somnifère *m.* sleeping pill

son *adj. pron. m.* his/her, its; *m.* sound

sonate *f.* sonata

sondage *m.* opinion poll

songer (nous songeons) (à) to dream; to daydream (about)

sonner to ring (a bell)

sonore *adj.* pertaining to sound; sonorous; **bande** (*f.*) **sonore** sound track

sorbet *m.* sorbet, sherbet

sorcier/sorcière *m., f.* wizard/witch

sorte *f.* sort, kind; manner; **de toutes sortes** of all types

sortie *f.* exit; going out; evening out

sortir *intr.* to go out, come out; *trans.* to bring, take out

souche *f.* origin; tree stump; **famille** (*f.*) **de vieille souche** an old family

souci *m.* care, worry

soucieux/soucieuse *adj.* worried, concerned

soudain(e) *adj.* sudden; **soudain** *adv.* suddenly

soufflé *m.* soufflé, raised omelet

souffrir (*like* **ouvrir**) **(de)** to suffer (from)

souhaiter to desire, wish for

souk *m.* souk, Arab market

soûl(e) *adj.* drunk

soulager (nous soulageons) to relieve

soulier *m.* shoe

soumettre (*like* **mettre**) to submit

soumis(e) (à) *adj.* subject (to), under the sway (of)

soupe *f.* soup; **soupe de poisson** fish chowder; **soupe du jour** soup of the day; **soupe vichyssoise** creamed leek and potato soup

soupir *m.* sigh; **pousser un soupir** to heave, utter a sigh

source *f.* spring; spa; source

sourcil *m.* eyebrow

sourire (*like* **rire**) to smile; *n. m.* smile

sous *prep.* under, beneath; **sous forme de** in the form of

sous-marin(e) *adj.* underwater; *m.* submarine; **faire de la plongée sous-marine** to go scuba-diving

sous-sol *m.* basement, cellar

souterrain(e) *adj.* underground

soutien *m.* support; **soutien-gorge** *m.* bra, brassiere

souvenir *m.* memory, remembrance, recollection; souvenir; **se souvenir de** (*like* **venir**) to remember

souvent *adv.* often; **aussi souvent que possible** as often as possible

souverain(e) *adj.* sovereign

spacieux/spacieuse *adj.* spacious

sparadrap *m.* adhesive plaster, band-aid

spécial(e) *adj.* special

spécialement *adv.* especially

spécialisation *f.* specialization; (academic) major

spécialisé(e) *adj.* specialized

se spécialiser (en) to specialize (in)

spécialiste *m., f.* specialist

spécialité *f.* speciality (*in cooking*)

spécifique *adj.* specific

spectacle *m.* show, performance; spectacle; **salle** (*f.*) **de spectacles** auditorium, theater

spectateur/spectatrice *m., f.* spectator; member of the audience

spirituel(le) *adj.* spiritual

spontané(e) *adj.* spontaneous

sport *m.* sports; **faire du sport** to do, participate in sports; **voiture** (*f.*) **de sport** sports car

sportif/sportive *adj.* athletic; sports-minded

stabilité *f.* stability

stade *m.* stadium; stage, phase

stage *m.* training course; practicum, internship

station *f.* (vacation) resort; station; **station de métro** subway station; **station de ski** ski resort; **station-service** *f.* service station, filling station; **station thermale** spa, watering place

stationnement *m.* parking; **stationnement interdit** no parking

statistique *f.* statistic(s)

statut *m.* status

stéréo *adj. m., f.* stereo(phonic); **chaîne** (*f.*) **stéréo** stereo system

stéréotypé(e) *adj.* stereotyped

stéréotypique *adj.* stereotypical

stériliser to sterilize

steward *m.* flight attendant

stimulant(e) *adj.* stimulating

stop *m.* hitchhiking; stoplight, stop sign; **faire de l'autostop (du stop)** to hitchhike

stressé(e) *adj.* stressed

strict(e) *adj.* strict; severe

studieux/studieuse *adj.* studious

stupide *adj.* stupid; foolish

style *m.* style; **style de vie** lifestyle

stylo *m.* pen

subjonctif *m., Gram.* subjunctive (mood)

substantif *m., Gram.* noun, substantive

substituer to substitute; **se substituer à** to take the place of

subtil(e) *adj.* subtle

subventionné(e) *adj.* subsidized

succès *m.* success

successif/successive *adj.* successive

sucer (nous suçons) to suck

sucre *m.* sugar; **partie** (*f.*) **de sucre** maple sugar gathering; **sucre d'érable** maple sugar

sucré(e) *adj.* sugared, sweetened

sucreries *f. pl.* sweets

sud *m.* south; **sud-est** *m.* southeast; **sud-ouest** *m.* southwest

Suède *f.* Sweden

suffire (*like* **conduire**) to suffice; **il suffit de** that suffices, it's enough

suffisamment (de) *adv.* sufficient, enough (of)

suffisant(e) *adj.* sufficient

suffixe *m.* suffix

suggérer (je suggère) to suggest

suggestif/suggestive *adj.* suggestive

se suicider to commit suicide

Suisse *f.* Switzerland; *adj., m., f.* Swiss (person)

suite *f.* continuation; series; result; **à la suite de** after; **par la suite** later on, afterwards; **suite à** continuation of; **tout de suite** immediately

suivant(e) *adj.* following

suivre (*p.p.* **suivi**) *irreg.* to follow; to take; **suivre des cours** to take classes; **suivre de très près** to follow closely; **suivre un régime** to be on a diet

sujet *m.* subject; topic; **à ce sujet** in this matter; **au sujet de** concerning

superbe *adj.* superb, magnificent

superficiel(le) *adj.* superficial

superflu(e) *adj.* superfluous

supérieur(e) *adj.* superior; upper; *m., f.* superior, boss; **cadre** (*m.*) **supérieur** business executive; **études** (*f. pl.*) **supérieures** advanced studies

supériorité *f.* superiority

superlatif/superlative *adj.* superlative; *m., Gram.* superlative

supermarché *m.* supermarket

superstitieux/superstitieuse *adj.* superstitious

supplément *m.* supplement, addition; supplementary charge; **supplément alimentaire** food supplement

supplémentaire *adj.* supplementary, additional

supporter to tolerate, put up with

supposer to suppose

sur *prep.* on, upon; concerning; about

sûr(e) *adj.* sure; unerring, trustworthy; safe; **bien sûr** of course

surcroît *m.* addition, increase; **de surcroît** additionally, besides

sûrement *adv.* certainly, surely

surexcité(e) *adj.* excited, overstimulated

surf *m.* surfing; **faire du surf** to go surfing

surface *f.* surface; **grande surface** shopping mall, superstore

surgelé(e) *adj.* frozen

surpopulation *f.* overpopulation

surprenant(e) *adj.* surprising

surpris(e) *adj.* surprised; *f.* surprise

surréaliste *adj.* surrealist; surrealistic

surtout *adv.* above all, chiefly, especially

surveillance *f.* supervision

surveiller to watch over, supervise

survivre (*like* **vivre**) to survive

suspect(e) *adj.* suspicious, doubtful; **avoir l'air suspect** to look suspicious

symbole *m.* symbol

symboliser to symbolize

sympathique (*fam.* **sympa**) *adj.* nice, likeable

symphonie *f.* symphony

symphonique *adj.* symphonic

symptôme *m.* symptom

synonyme *m.* synonym; *adj.* synonymous

systématiquement *adv.* systematically

système *m.* system; **système de transports** (public) transportation system; **système solaire** solar system

ta *adj. f. s., fam.* your

tabac *m.* tobacco; **café-tabac** *m.* café-tobacconist (*government licensed*)

table *f.* table; **mettre la table** to set the table; **table basse** coffee table

tableau *m.* picture; painting; chart; **tableau d'affichage** schedule display board; **tableau noir** blackboard, chalkboard

tabou *m.* taboo

tache *f.* stain, spot; **des taches rouges** a rash

tâche *f.* task; **tâches ménagères** household tasks

taille *f.* waist; build; size; **de taille moyenne** average height

tailleur *m.* woman's suit; tailor

se taire (*like* **plaire**) to be quiet; **taisez-vous** be quiet

talon *m.* heel

tamazirth *m.* Berber language of North Africa

tandis que *conj.* while; whereas

Tanger Tangiers (*Morocco*)

tanné(e) *adj.* tanned (face)

tant *adv.* so much; so many; **en tant que** as; insofar as; **tant bien que mal** somehow or other; **tant de** so many, so much; **tant mieux** so much the better; **tant... que** as much . . . as; **tant que** as long as

tante *f.* aunt

taper to type; **se taper** *fam.* to work hard; to do (with effort)

tapis *m.* rug

tard *adv.* late; **dormir tard** to sleep late; **plus tard** later

tarif *m.* tariff; fare, price

tarte *f.* tart; pie; **tarte aux pommes** apple tart; **tarte maison** house special tart

tartine *f.* bread and butter sandwich

tas *m.* lot, pile; **un tas de** a lot of

tasse *f.* cup; **boire la tasse** *fam.* to get a mouthful of water

taux *m.* rate; **taux de chômage** unemployment rate

taxes *f. pl.* indirect taxes

taxi *m.* taxi; **chauffeur** (*m.*) **de taxi** cab driver

te (t') *pron.* you; to you

technicien(ne) *m., f.* technician

technique *f.* technique; *adj.* technical

technologie *f.* technology

teinture *f.* dye; color, tint

teinturerie *f.* dry cleaners

tel(le) *adj.* such; **tel père, tel fils** like father, like son; **tel(le) que** such as, like

télécarte *f.* phone calling card

Télécom French national communications company

télécommande *f.* remote control (device)

télécommunications *f. pl.* telecommunications

téléconférence *f.* meeting by television hookup

télécopie *f.* fax, facsimile transmission

télégramme *m.* telegram

télégraphe *m.* telegraph

télégraphique *adj.* telegraphic; **mandat** (*m.*) **télégraphique** express letter, telegram

téléphone *m.* telephone; **numéro** (*m.*) **de téléphone** telephone number

téléphoner to phone, telephone; **se téléphoner** to call one another

téléphonique *adj.* telephonic, by phone; **cabine** (*f.*) **téléphonique** phone booth; **communication** (*f.*) **téléphonique** telephone call; **répondeur** (*m.*) **téléphonique** telephone answering machine

téléspectateur/téléspectatrice *m., f.* television viewer

télévisé(e) *adj.* televised, broadcast

téléviseur *m.* television set

télévision (*fam.* **télé**) *f.* television

tellement *adv.* so; so much

témoignage *m.* witness; testimony

témoigner to witness; to testify

témoin *m.* witness

tempérament *m.* temperament; constitution

température *f.* temperature

tempête *f.* tempest, storm; **lampe-tempête** *f.* storm lantern

temps *m., Gram.* tense; time; weather; **depuis combien de temps** since when, how long; **de temps en temps** from time to time; **emploi** (*m.*) **du temps** schedule; **en même temps** at the same time; **gagner (perdre) du temps** to save (waste) time; **il fait un temps couvert** it's cloudy; **passe-temps** *m.* pastime, diversion; **quel temps fait-il?** what's the weather like?; **temps libre** leisure time; **tout le temps** always, the whole time; **travail** (*m.*) **à mi-temps** part-time (half-time) work

tendance *f.* tendency; trend; **avoir tendance à** to have a tendency to

tendre (à) to tend (to); to offer, hand over

tendre *adj.* tender, sensitive; soft

tenir (*p.p.* **tenu**) *irreg.* to hold; to keep; **se tenir** to stay, remain; to be kept; **se tenir au courant** to keep informed

tennis *m.* tennis; *pl.* tennis shoes, athletic shoes; **court** (*m.*) **de tennis** tennis court; **jouer au tennis** to play tennis; **match** (*m.*) **de tennis** tennis match

tente *f.* tent

tenter (de) to tempt; to try, attempt (to)

terme *m.* term; **à long terme** in the long run; long-term

terminaison *f.* ending

terminale *f.* final year of French secondary school

terminé(e) *adj.* finished, terminated

terminer to end; to finish; **se terminer** to finish, end

terrain *m.* ground; land; **terrain de camping** campground; **voiture** (*f.*) **tout terrain** car with four-wheel drive

terrasse *f.* terrace, patio; **terrasse de café** sidewalk café

terre *f.* land; earth; the planet Earth; **jeter par terre** to throw down; **pomme** (*f.*) **de terre** potato; **répandre par terre** to spread out on the ground; **terre cuite** earthenware, pottery; **tremblement**

(*m.*) **de terre** earthquake; **ver** (*m.*) **de terre** earthworm

Terre-Neuve *f.* Newfoundland

terrestre *adj.* terrestrial, of the earth; **extraterrestre** *adj.* extraterrestrial

terrifié(e) *adj.* terrified

terrine *f.* earthenware baking dish; type of pâté

territoire *m.* territory

terroir *m.* soil, native soil

terroriser to terrorize

tes *adj. m., f., pl.* your

tester to test

tête *f.* head; mind; *fam.* face; **à la (en) tête de** at the head of; **avoir mal à la tête** to have a headache; **chanter à tue-tête** sing at the top of one's lungs; **faire la tête** to sulk; to make faces; **mal** (*m.*) **de tête** headache; **piquer une tête dans la piscine** *fam.* to dive into the pool; **se laver la tête** to wash one's hair

texte *m.* text; passage

thé *m.* tea

théâtre *m.* theater; **pièce** (*f.*) **de théâtre** (theatrical) play

thème *m.* theme

théorie *f.* theory

thérapeute *m., f.* therapeutist

thérapeutique *adj.* therapeutic

thermal(e) *adj.* thermal; pertaining to spas; **eau** (*f.*) **thermale** water from thermal springs

tien(ne)s (le/la/les) *m., f. pron., fam.* yours; *pl.* close friends, relatives

tiens! *interj.* well, well! (*expression of surprise*)

tiers *m.* one-third; *adj.* third; **Tiers monde** Third World

tigre *m.* tiger

timbre *m.* stamp; **timbre-poste** *m.* postage stamp

timbrer to mark; to stamp (passport)

timide *adj.* shy

tire *f.* pull(ing); **tire d'érable** maple syrup taffy

tiré(e) (de) *adj.* drawn, adapted (from)

tirelire *f.* piggy bank

tirer to draw (out); to shoot, fire at; to pull; **tirer la langue** to stick out one's tongue

tiret *m.* hyphen; dash; blank (line)

tireur/tireuse *m., f.* one who draws; **tireuse de cartes** fortune teller

tisane *f.* herb tea

tisserand(e) *m., f.* weaver

tissu *m.* material, fabric, cloth

titre *m.* title; degree; **à titre (de)** as; **sous-titre** *m.* subtitle

toast *m.* piece of toast

toi *pron., fam.* you; **toi-même** yourself

toilette *f.* lavatory; grooming; **faire sa toilette** to wash up

toit *m.* roof

tolérant(e) *adj.* tolerant

tomate *f.* tomato

tombeau *m.* tomb, monument

tomber to fall; **laisser tomber** to drop; **tomber amoureux/ amoureuse (de)** to fall in love (with); **tomber dans l'escalier** to fall down the stairs; **tomber en panne** to have a (mechanical) breakdown; **tomber malade** to become ill

ton *adj. m. s., fam.* your; *m.* color, shade; tone

tondre to mow; **tondre le gazon** to mow the lawn

tonifiant(e) *adj.* bracing, tonic

tonique *adj., Gram.* stressed, emphatic (*pronoun*)

torchon *m.* dishcloth, dustcloth

tort *m.* wrong; **avoir tort** to be wrong

tortue *f.* tortoise; **tortue de mer** sea turtle

torturer to torture

tôt *adv.* early; **le plus tôt possible** the earliest possible; **plus tôt** earlier

total(e) *adj.* total; *m.* total; **au total** on the whole, all things considered

totalité *f.* totality, entirety

toucher (à) to touch (on); to deal with; **touche pas à... ** *fam.* don't touch, don't meddle with; **toucher un chèque** to cash a check

toujours *adv.* always; still

toulousain(e) *adj.* from Toulouse (*city in southwest France*)

tour *f.* tower; *m.* turn; tour; trick; **à son (votre) tour** in his/her (your) turn; **faire le tour de** to go around, take a tour of; **jouer un tour à** to play a trick on

tourisme *m.* tourism; **faire du tourisme** to go sightseeing

touriste *m., f.* tourist

touristique *adj.* tourist

tournage *m.* film shooting

tournedos *m.* filet mignon

tourner (à) to turn, turn into; **ça peut tourner mal** that could turn out badly; **tourner un film** to make, shoot a movie

Toussaint *f.* All Saints' Day (November 1)

tousser to cough

tout(e) (*pl.* **tous, toutes**) *adj., pron.* all; whole, the whole of; every; each; any; **tout** *adv.* wholly, entirely, quite, very, all; **avant tout** first of all, above all; **ne... pas du tout** not at all; **tous les ans** every year; **tous/toutes les deux** both (of them); **tous les jours** every day; **tout à coup** suddenly; **tout à fait** completely, entirely; **tout à l'heure** presently, in a little while; a little while ago; **tout au long de** the length of; **tout court** simply, merely; **tout de même** all the same, for all that; **tout de suite** immediately; **tout droit** straight ahead; **tout d'un coup** at once, all at once; **toute la journée** all day long; **toute la nuit** the whole night; **toutes les deux semaines** every other week; **tout le monde** everyone; **tout le temps** all the time; **tout près** very near

toutefois *adv.* however, nevertheless

toux *f.* cough

toxique *adj.* toxic; **émission** (*f.*) **toxique** toxic emission

trace *f.* trace; impression

tracer (nous traçons) to draw; to trace out; to lay out; to outline

traditionaliste *adj.* traditionalistic

traditionnel(le) *adj.* traditional

traduire (*like* **conduire**) to translate

traduit(e) *adj.* translated

tragédie *f.* tragedy

train *m.* train; **billet** (*m.*) **de train** train ticket; **en (par le) train** by train; **être en train de** to be in the process of; **Train à grande vitesse (T.G.V.)** French high-speed bullet train

traitant: médecin (*m.*) **traitant** doctor in charge of a case

traitement *m.* treatment

traiter (de) to treat; **traiter un(e) malade** to treat a patient

traiteur *m.* caterer, deli owner

trajectoire *f.* trajectory

trajet *m.* journey, distance (to travel)

tranche *f.* slice; block, slab

tranchée *f.* trench

trancher sur to contrast strongly with

tranquille *adj.* tranquil, quiet, calm

transfert *m.* transfer

transformable *adj.* convertible;

canapé (*m.*) **transformable** convertible bed, sofabed

transformer to transform; to change; **se transformer** to be transformed, changed

transgresser to transgress, break (the law)

transmetteur *m.* transmitter

transmettre (*like* **mettre**) to transmit, pass on

transmis(e) *adj.* transmitted

transport *m.* transportation; **moyen** (*m.*) **de transport** means of transportation; **système** (*m.*) **de transports** (public) transportation system; **transports publics** public transportation

transporter to carry, transport

transposé(e) *adj.* transposed

traumatiser to traumatize

travail (*pl.* **travaux**) *m.* work; project; job; employment; **marché** (*m.*) **du travail** job market; **travaux** (*m. pl.*) **ménagers** housework

travailler to work; **travailler dur** to work hard

travers: à travers *prep.* through; **à travers le monde** throughout the world

traversée *f.* crossing

traverser to cross

trébucher to stumble, stagger

treize *adj.* thirteen

tremblement *m.* shaking, trembling; **tremblement de terre** earthquake

trembler to shake, tremble

tremper to dunk; to dip

trente *adj.* thirty

très *adv.* very; most; very much; **très bien, merci** very well, thank you

trésor *m.* treasure

tricot *m.* knit; knitting; **faire du tricot** to knit

trimestre *m.* trimester; (academic) quarter

triomphe *m.* triumph

triste *adj.* sad

troisième *adj.* third

tromper to deceive; **se tromper (de)** to be mistaken; to err

trop (de) *adv.* too much (of), too many (of); **beaucoup trop** much too much

tropical(e) *adj.* tropical

trottoir *m.* sidewalk

trou *m.* hole

troubler to muddy; to disturb, interfere

troupe *f.* troop, company
trouver to find; to deem; to like; **se trouver** to be; to be located
truc *m., fam.* thing; gadget
truffe *f.* truffle
tu *pron., fam.* you
tube *m.* tube; *fam.* hit song
tuberculose *f.* tuberculosis
tuer to kill; **se tuer** to kill oneself
tue-tête: chanter à tue-tête to sing at the top of one's lungs
Tunisie *f.* Tunisia
Turquie *f.* Turkey
tutoyer (je tutoie) to address with **tu**, address familiarly
type *m.* type; *fam.* guy
typique *adj.* typical
tyrannique *adj.* tyrannical

ulcère *m.* ulcer
ultime *adj.* ultimate, last, final
un(e) *art., adj., pron.* one; **l'un(e) l'autre** one another; **un peu** a little
uni(e) *adj.* united; close; **États-Unis** *m. pl.* United States; **Royaume-Uni** *m.* United Kingdom, Great Britain
uniformisation *f.* uniformization, standardization
union *f.* union; marriage; **union libre** living together, common-law marriage
unique *adj.* only, sole
unité *f.* unity
universel(le) *adj.* universal
universitaire *adj.* of or belonging to the university; **cité** (*f.*) **universitaire** student residence complex
université *f.* university
urbain(e) *adj.* urban, city
urgence *f.* emergency; **d'urgence** *adv.* urgently; **numéro** (*m.*) **d'urgence(s)** emergency number; **service** (*m.*) **des urgences** emergency room
urgent(e) *adj.* urgent
urne *f.* ballot-box
usage *m.* use
user to use up; to wear out; **s'user** to wear (out); to break down
usine *f.* factory
utile *adj.* useful
utilisation *f.* utilization, use
utiliser to use, utilize

vacances *f. pl.* vacation; **colonie** (*f.*) **de vacances, camp** (*m.*) **de vacances** vacation camp; **grandes vacances** summer vacation; **partir**
(aller) en vacances to leave on vacation
vacancier/vacancière *m., f.* vacationer
vaccin *m.* vaccine
vacciner to vaccinate; **se faire vacciner** to be vaccinated
vachement *adv., fam.* tremendously
vague *f.* wave; fad
vaisseau *m.* vessel; **vaisseaux sanguins** blood vessels
vaisselle *f.* dishes; **faire la vaisselle** to wash, do the dishes; **lave-vaisselle** *m.* (automatic) dishwasher
valable *adj.* valid, good
Valentin: Saint-Valentin *f.* Valentine's Day
valeur *f.* value; worth
validité *f.* validity; **en cours de validité** valid, current
valise *f.* suitcase; **faire ses valises** to pack one's bags
vallée *f.* valley
valoir (*p.p.* **valu**) *irreg.* to be worth; **il vaut mieux** it is better
valorisé(e) *adj.* valued
vanille *f.* vanilla
vanter to praise, speak in praise of; **se vanter de** to boast about
vapeur *f.* steam; **cuire à la vapeur** to steam (*in cooking*); **pommes** (*f.*) **vapeur** steamed potatoes
varicelle *f.* chicken-pox
varier to vary; to change
variété *f.* variety; *pl.* variety show
vaste *adj.* vast, wide
veau *m.* veal; calf
vécu *m.* (lived) experience
vedette *f.* star, celebrity (*m. or f.*)
végétarien(ne) *adj.* vegetarian
végétation *f.* vegetation
véhicule *m.* vehicle
veille *f.* the day (evening) before; eve
veillée *f.* evening gathering
veine *f.* vein; *fam.* (good) luck; **être en veine de** to be in the mood to
vélo *m., fam.* bike; **faire du vélo** to bicycle, go cycling
velours *m.* velvet, velours
vendeur/vendeuse *m., f.* salesperson
vendre to sell; **se vendre** to be sold
vendredi *m.* Friday
venir (*p.p.* **venu**) *irreg.* to come; **venir de** + *inf.* to have just
Venise Venice
vent *m.* wind; **faire du vent (il fait du vent)** to be windy (it's windy)
vente *f.* sale; selling; **école** (*f.*) **de vente** school of marketing

ventre *m.* abdomen, belly; **avoir mal au ventre** to have a stomach-ache
ver *m.* worm; **ver de terre** earthworm
verbe *m.* verb; language
verglas *m.* sleet, frost; patch of ice
vérifier to verify; **vérifier le niveau d'huile** to check the oil (motor)
véritable *adj.* true; real
vernis *m.* varnish, polish
verre *m.* glass; **fibre** (*f.*) **de verre** fiberglass; **prendre un verre** to have a drink; **verres** (*pl.*) **de contact** contact lenses
vers *prep.* toward(s), to; about
verser to pour (in)
verseur: bec (*m.*) **verseur** pouring spout, tap
vert(e) *adj.* green; (politically) "green"; ***haricots** (*m. pl.*) **verts** green beans
vertige *m.* vertigo, dizziness; **avoir le vertige** to feel dizzy
veste *f.* jacket; **veste croisée** double-breasted jacket
vêtement *m.* garment; *pl.* clothes, clothing; **mettre des vêtements** to put on clothing
vétérinaire *m., f.* veterinary, veterinarian
vétuste *adj.* decayed, run-down
veuf/veuve *m., f.* widower/widow
vexer to vex, annoy; **se vexer de** to get vexed, annoyed at
viande *f.* meat
vice-président(e) *m., f.* vice-president
vichyssois(e) *adj.* pertaining to Vichy; **soupe** (*f.*) **vichyssoise** creamed leek and potato soup
victime *f.* victim (*m. or f.*)
victoire *f.* victory
vide *adj.* empty; **locations** (*f.*) **vides** rentals available
vidéo *f., fam.* video (cassette); *adj.* video; **jeu** (*m.*) **vidéo** video game
vider to empty; **vider les ordures** to empty the garbage
vie *f.* life; **espérance** (*f.*) **de vie** life expectancy; **gagner sa vie** to earn one's living; **mener une vie équilibrée** to lead a balanced life; **mode** (*m.*) **(style** [*m.*]**) de vie** lifestyle
vieillesse *f.* old age
vieillir to grow old
vieillissement *m.* aging
Vienne Vienna
vietnamien(ne) *adj.* Vietnamese
vieux (vieil, vieille) *adj.* old; **famille**

(*f.*) **de vieille souche** an old family; **vieux garçon** *m.* bachelor

vif/vive *adj.* lively, bright; **cuire à feu vif** to cook on high heat

vigueur *f.* vigor, strength

villa *f.* bungalow; single-family house; villa

ville *f.* city; **centre-ville** *m.* downtown; **en ville** in town, downtown; **plan** (*m.*) **de la ville** city map

vin *m.* wine; **marchand** (*m.*) **de vin** wine seller

vinaigrette *f.* vinegar and oil dressing

vingt *adj.* twenty

vingtaine *f.* about twenty

violent(e) *adj.* violent

violet(te) *adj.* purple, violet; *m.* violet (color)

violoneux *m.* fiddler

virage *m.* curve (in road)

virer to turn (while driving)

viril(e) *adj.* virile, manly

visage *m.* face, visage; **se laver le visage** to wash one's face

vis-à-vis (de) *prep.* opposite, facing

viser to aim (at)

visiblement *adv.* visibly

visite *f.* visit; **rendre visite à** to visit (people); **visite médicale** medical examination

visiter to visit (a place)

visiteur/visiteuse *m., f.* visitor

visuel(le) *adj.* visual; **audio-visuel(le)** *adj.* audio-visual

vital(e) *adj.* vital

vitalité *f.* vitality

vitamine *f.* vitamin

vite *adv.* quickly, fast, rapidly

vitesse *f.* speed; **à toute vitesse** at full speed; **dépasser la vitesse indiquée** to exceed the posted speed limit; **levier** (*m.*) **de vitesse** gear shift (lever); **respecter les limites de vitesse** to obey the posted speed limit

vitrail (*pl.* **vitraux**) *m.* stained-glass window

vitre *f.* pane of glass; car window

vitrine *f.* display window, store window; **faire du lèche-vitrines** *fam.* to go window-shopping

vivant(e) *adj.* living; alive; **bon vivant** *m.* bon vivant, who enjoys life

vivre (*p.p.* **vécu**) *irreg.* to live; **facile (difficile) à vivre avec** easy (difficult) to get along with; **vive l'amitié!** hurrah for (long live) friendship!

vocabulaire *m.* vocabulary

vœux *m. pl.* wishes, good wishes; **carte** (*f.*) **de vœux** greeting card

voici *prep.* here is, here are

voie *f.* way, road; course; lane; railroad track

voilà *prep.* there, there now, there is, there are, that is

voile *f.* sail; **faire de la planche à voile** to go windsurfing, sailboarding; **faire de la voile** to sail; **faire du char à voile** to go landsailing

voilé(e) *adj.* veiled

voilier *m.* sailboat

voir (*p.p.* **vu**) *irreg.* to see; **aller voir** to go visit; **se voir** to imagine oneself, see oneself

voire *adv.* even, indeed

voisin(e) *m., f.* neighbor

voiture *f.* car, auto; **faire une promenade en voiture** to take a car ride; **garer sa voiture** to park one's car; **voiture de location** rental car; **voiture de sport** sports car

voix *f.* voice; **à haute voix** out loud, aloud

vol *m.* flight; burglary, theft

volaille *f.* poultry, fowl

volant *m.* steering wheel

volcan *m.* volcano

volcanique *adj.* volcanic; **éruption** (*f.*) **volcanique** volcanic eruption

voler *intr.* to fly; *trans.* to steal

volet *m.* (window) shutter

volley-ball (*fam.* **volley**) *m.* volleyball; **jouer au volley** to play volleyball

volonté *f.* will, willingness

volontiers *adv.* willingly, gladly

voter to vote

votre *adj. m., f.* your

vôtre (les vôtres) *m., f. pron.* yours; *pl.* your close friends, relatives

vouloir (*p.p.* **voulu**) *irreg.* to wish, want; **en vouloir à** to be angry, hold a grudge against; **vouloir dire** to mean

vous *pron.* you; yourself; to you; **chez vous** where you live; **s'il vous plaît** please; **vous-même** yourself

vouvoyer (je vouvoie) to use the **vous** form

voyage *m.* trip; journey; **agence** (*f.*) **de voyages** travel agency; **chèque** (*m.*) **de voyage** traveler's check; **faire un voyage** to take a trip; **partir en voyage** to leave on a trip; **voyage d'affaires** business trip; **voyage de noces** honeymoon, wedding trip

voyager (nous voyageons) to travel

voyageur/voyageuse *m., f.* traveler

voyant(e) *m., f.* fortune teller, medium

vrai(e) *adj.* true, real

vraiment *adv.* truly, really

vue *f.* view; panorama; sight; **point** (*m.*) **de vue** point of view

vulnérable *adj.* vulnerable; sensitive

W.C. *m. pl.* toilet, restroom

wagon *m.* train car; **wagon-restaurant** *m.* dining car

Wallon(ne) *m., f.* Walloon, French-speaking Belgian (person)

week-end *m.* weekend

xénophobe *adj.* xenophobic

xénophobie *f.* xenophobia

y: il y a (*inv.*) there is, there are; ago; **il n'y a pas de** there isn't, there aren't; **qu'est-ce qu'il y a dans... ?** what's in . . . ? **y a-t-il... ?** is (are) there . . . ?

yaourt *m.* yoghurt

yaourtière *f.* yoghurt maker

yeux (*m. pl.* of **œil**) eyes

Yougoslavie *f.* Yugoslavia

Zaïre *m.* Zaïre

zero *m.* zero

zigoto (*pop.*) "cool" person

zippé(e) *adj.* with a zipper

zone *f.* zone; **zone piétonne** pedestrian mall

zut! *interj.* hang it all! darn!

zydeko *m.* Cajun jazz form (*Louisiana*) (*name derived from* **les haricots**)

INDEX

Any abbreviations used in this index are identical to those used in the end vocabulary. "Appendix" implies Appendix C unless otherwise specified. Topics are listed at the end as a separate category.

à, contractions with, 84, 102, 309
  verbs that require, 311
  with **être,** 252
  with geographical names, 308–309
  with indirect objects, 454
accent marks, spelling changes with, 97–98, 392
acheter, 98, 392. *See also* Appendix
addressing others, 18–19
adjective(s), agreement of, 13, 17, 39–40
  comparative forms of, 168–169
  demonstrative, 137
  descriptive, 4, 8, 27, 31, 60, 166–167
  interrogative, 30, 35, 69–70, 132
  of color, 5
  of nationality, 54
  plural of, 17, 41–42
  position, 166–167
  possessive, 63–64
  superlative forms of, 359–360
  that precede the noun, 166–167
  with **rendre,** 404, 423
  word order with, 166–167
adverbial conjunctions, 505–506, 522–524
adverbs, affirmative, 214
  comparative forms of, 168–169
  interrogative, 11–12
  negative, 14, 213–215
  of time and succession, 187, 201
  superlative forms of, 359–360
  use and formation of, 313
  with **passé composé,** 313
  word order with, 212, 214, 313
advice and suggestions, 390, 493, 500–501, 521–522
age, telling one's, 62

agreement, of adjectives, 13, 17, 39–40
  of articles, 16–17, 274–275
  of demonstrative pronouns, 357–358
  of interrogative pronouns, 357
  of past participles, 205, 207–209, 451
  of possessive adjectives, 63–64
  of possessive pronouns, 497, 517–518
aimer, 65–66, 242, 311, 451, 456
  conditional, 106, 492. *See also* Appendix
aller, 84, 102–103
  as future construction, 122–123, 142
  conditional, 493
  future, 393
  imperative, 102–103
  imperfect, 238
  passé composé, 207
  subjunctive, 421. *See also* Appendix
appeler, 98, 392. *See also* Appendix
apprendre, 133–134, 211, 311. *See also* Appendix
après + past infinitive, 314–315
arriver, 207, 519. *See also* Appendix
articles, agreement of, 16–17
  contractions of with **à** and **de,** 74, 84, 102, 309
  definite, 16–17, 138, 274–275, 517–518
  indefinite, 16–17, 139, 214, 274–275
  omission of, 214, 275
  partitive, 139, 214, 274–275
  plural, 17, 274–275
  with **ce,** 34, 385

aspirate **h,** 16
aussitôt que, dès que, and **lorsque,** with future, 395
avant de, 314
avoir, as auxiliary verb. *See* **passé composé**
  conditional, 477, 493
  expressions with, 62, 158–159, 163, 181–182, 242, 462
  future, 375, 393
  imperative, 173
  imperfect, 238
  passé composé, 185, 194–195, 203–204, 210–212
  present, 36–37
  present participle, 491
  subjunctive, 421. *See also* Appendix

beau, 40, 166–167
bien, 169
birth dates, 52, 70
boire, 211, 277, 421. *See also* Appendix
bon(ne), 166–167, 169, 359–360

ce, c'est un/une, 34, 385
  demonstrative adjective forms of, 137
  versus **il/elle,** 13–14, 34, 385
ce qui, ce que, ce dont, 465, 487–488
celui, celle, ceux, celles, 357–358
change of state, expressing, 242, 404, 422–423
-ci, 137, 358
cities, prepositions with, 69, 308-309
commencer, 98, 311. *See also* Appendix

comparative forms, of adjectives, 168–169
  of adverbs, 168–169
  of nouns, 168
compound tenses. *See* **Passé composé**, etc.
comprendre, 133–134, 211, 451. *See also* Appendix
conditional, past (conditional perfect), 500–501, 519–522
  present, 106, 477–478, 492–494. *See also* Appendix
  uses of, 492–493, 520–522
conduire, 211, 352–353, 420. *See also* Appendix
conjugations. *See* Appendix
conjunctions that take subjunctive, 505–506, 522–524
connaître, 180, 211, 242, 420, 451. *See also* Appendix
  versus **savoir,** 180
consonant sounds, final, 11
contractions, 74, 84, 102, 309
se coucher, 80–81, 92. *See also* Appendix
countries, 54, 61, 308
  prepositions with, 69, 308–309
courir, 211. *See also* Appendix
couvrir, 97. *See also* Appendix
craindre, 460. *See also* Appendix
croire, 249–250. *See also* Appendix

dans, with future tense, 393
dates, 70
  with **depuis,** 386–387
de, contractions with, 74, 309
  in negative sentences, 32, 139, 214, 275
  partitive, 139, 214, 274–275
  used with superlative, 360
  uses of, 139, 360, 486
  verbs that require, 312, 486
  with geographical names, 69, 308–309
definite article, 16–17, 138, 274–275, 517–518
demonstrative adjectives, 137
demonstrative pronouns, 357–358
depuis, 386–387
dès que, aussitôt que, and **lorsque,** with future, 395
desire, expressions of, 87, 105–106, 311, 433–434, 456–457, 524–525

devoir, 135–136, 211, 238, 242, 311
  conditional, 390, 493, 500–501, 521–522
  future, 393
  passé composé, 390. *See also* Appendix
  to express obligation, 135–136, 390
  to express probability, 136, 390
  to express regret, 500–501, 521–522
dire, 211, 239–240, 420. *See also* Appendix
direct object pronouns, 176–177, 331, 354–355, 453–454
dont, 465, 486–487
dormir, 141, 420. *See also* Appendix
double object pronouns, 331, 354–355, 454
doubt and uncertainty, expressions of, 470–471, 489–490, 524–525

écrire, 211, 239–240, 420, 451. *See also* Appendix
emotion, expressions of, 422–423, 440–441, 449
emphatic pronouns, 67–68, 251–252
employer, 97–98. *See also* Appendix
en, as partitive pronoun, 32, 266, 282, 350
  replacing prepositional phrase (**de**), 350–351
  with geographical names, 308–309
  with present participle, 491
  word order with, 354–355
s'endormir, 141. *See also* Appendix
entrer, 207. *See also* Appendix
envoyer, 97–98, 393, 493. *See also* Appendix
-er verbs, conditional, 493
  future, 392–393
  imperfect, 237
  past participle, 203, 205
  present, 40–41, 55–56, 65–66, 71–72
  present subjunctive, 399, 418
  spelling changes of, 97–98, 392. *See also* Appendix
espérer, 97. *See also* Appendix
essayer, 97–98, 312. *See also* Appendix
est-ce que, forms based on, 131–132, 280

est-ce que (*continued*)
  information questions using, 131–132, 280
  yes/no questions using, 12, 33–34
être, as auxiliary verb. *See* **Passé composé**
  conditional, 493
  future, 393
  imperative, 173
  imperfect, 218, 237–238
  negation of, 11, 139
  passé composé, 212
  passé composé with, 189–190, 194–195, 207–209. *See also* Appendix
  passé simple. *See* Appendix
  present, 13
  present participle, 491
  subjunctive, 399, 421. *See also* Appendix
  to show national origin, 53–54, 385
  to show profession, 385
  to show states and sensations, 158–159, 163, 181–182, 242, 317, 461–462
  with **à,** 252
  with **ce,** 11–12, 34, 385
  with **il(s)/elle(s),** 13–14
  with **quel(le)s,** 132

faire, conditional, 478, 493
  expressions with, 77, 91, 94–96
  future, 375, 393
  imperfect, 238
  past participle, 211
  present, 77
  present participle, 491
  subjunctive, 399, 421. *See also* Appendix
falloir (il faut), 135–136, 311, 399, 418–419. *See also* Appendix
feelings, expressing, 449, 461–462, 470–471, 524–525
finir, 150, 171, 191, 193, 519. *See also* Appendix
futur antérieur, 395, 458. *See also* Appendix
futur proche, 122–123, 142
future, formation and use of simple future, 375, 392–393, 395. *See also* Appendix
  with **aller,** 122–123, 142
future perfect (**futur antérieur**), 395, 458. *See also* Appendix

gender, of adjectives, 13, 39–40
  of geographical names, 308–309
  of nouns, 12–13, 16, 38–39. *See
    also* Agreement
geographical names, prepositions
  with, 69, 308–309

h, aspirate, 16
  mute, 16
hypothetical (**si**-clause) sentences,
  494, 520, 522

identifying people, 3, 8
idiomatic pronominal verbs, 225,
  248
if-clause sentences, 494, 520, 522
il faut, 135–136, 311, 399, 418–419
il/elle versus **ce,** 13–14, 34, 385
il y a, 32, 355
imparfait, 218, 237–238, 316–318,
  458. *See also* Appendix
  in contrary-to-fact (hypothetical)
    sentences, 494
  versus **passé composé,** 300–301,
    316–318, 425–427
imperative, formation of, 11,
    102–103, 172–173. *See also*
    Appendix
  negative, 173, 354
  of pronominal (reflexive) verbs,
    11, 173, 353
  with object pronouns, 326,
    353–354
imperfect. *See* **Imparfait**
impersonal expressions, 399, 462
indefinite article, 16–17, 139, 214,
    274–275
  omission, 214, 275
indicative, 489–490
indirect object pronouns, 225,
    245–246, 326, 331, 354–355,
    453–454
infinitive, after prepositions, 314,
    460
  and object pronouns, 177, 245
  and reflexive pronouns, 100
  as alternative to subjunctive, 418
  past infinitive, 314–315
  verbs followed by, 87, 105,
    107–108, 135–136, 142,
    311–312, 390, 418, 460
  verbs that require preposition
    before, 311–312, 460

information questions, 11–12, 31,
    34, 131–132, 279–280, 404,
    424–425
interrogation. *See* Questions
interrogative adjectives, 30, 35,
    69–70, 132
interrogative pronouns, 279–280,
    357, 424–425
interrogative words, 11–12,
    131–132, 279–280, 357,
    424–425
intonation, rising, in questions, 33
intransitive verbs conjugated with
  être, 190, 207–208
inversion (in questions), 33–34,
    131–132, 280
-ir regular verbs, 141, 171, 205,
    237, 392, 418, 493
  past participle, 205. *See also*
    Appendix
irregular negations, 213–215
irregular verbs. *See* Appendix

jouer à/de, 72

l', le, la, les, as definite articles,
    16–17, 138, 275
  as direct object pronouns,
    176–177, 326, 331, 354–355,
    453–454
-là, 137, 358
lequel, 357
liaison, 12, 14
lire, 211, 239–240, 420. *See also*
    Appendix
locative prepositions, 110, 130
lorsque, dès que, and **aussitôt
  que,** with future, 395

manger, 98. *See also* Appendix
mauvais(e), 166–167, 169, 359–360
meilleur(e), 169, 359–360
-même, used with emphatic
    pronouns, 251
mettre, 211, 278, 420. *See also*
    Appendix
mieux, 169
mood, 489–490
mourir, 208. *See also* Appendix
mute **e** in stem, 97–98, 392. *See also*
    Appendix
mute **h,** 16

naître, 195, 208. *See also* Appendix

narration, past, 316–318, 410–411,
    425–427
nationality, adjectives of, 54
  gender of, 54
  with **ce,** 385
ne... pas, 14, 203, 213
ne... plus, 214
ne... que, 215
necessity, expressions of, 135–136,
    311, 399, 418–419, 524
negation(s), adverbs of, 14, 213–215
  of conjugated verbs, 14, 100,
    203–204
  with imperatives, 173, 354
  with indefinite articles, 32, 139,
    214, 275
  with partitive articles, 32, 139,
    214, 275
  with **passé composé,** 203–204
  with pronouns, 100
negative words, 14, 213–215
n'est-ce pas, 33
nonaspirate **h.** *See* Mute **h**
nouns, comparisons with, 168
  direct object, 176, 453
  gender of, 12–13, 16, 38–39. *See
    also* Agreement
  plural of, 17, 41–42
  superlative quantities of, 360
nouveau, 40, 166–167
number. *See* Plural
numbers, cardinal, 22, 62, 70–71

object pronouns. *See* Pronouns
obligation, expressions of, 135–136,
    311, 390, 399, 418–419
obtenir, 211. *See also* Appendix
occupations, with **ce,** 385
offrir, 212. *See also* Appendix
omission of articles, 214, 275
on, 104
opinion, expressions of, 449,
    470–471, 524–525
order. *See* Word order
ordering events, 187, 201
orders. *See* Imperative
orthographically changing verbs. *See*
    Spelling changes in **-er** verbs;
    Appendix
où, as relative pronoun, 243, 486
ouvrir, 97, 212. *See also* Appendix

parler, 46–47, 55–56, 65–66,
    71–72, 491, 493. *See also*
    Appendix

participle, past, 203, 205, 207–208, 209, 210–212, 451
present, 491. *See also* Appendix
partir, 141, 207, 420, 491. *See also* Appendix
partitive article, 139, 214, 274–275
partitive pronoun (**en**), 32, 266, 282, 350–351, 354–355
passé composé, agreement of past participle in, 205, 207–209, 451
meaning of, 203
negation of, 203–204
past participles in, 203–205, 207–208, 210–212
versus **imparfait,** 300–301, 316–318, 425–427
with **avoir,** 185, 194–195, 203–204, 210–212
with **être,** 189–190. 194–195, 207–209. *See also* Appendix
with **ne... pas,** 203
with pronominal verbs, 189–190, 194, 209, 355
with time expressions, 201, 387
word order in, 212, 214, 355
past, recent (**venir de**), 321, 349
past conditional (conditional perfect), 500–501, 519–522
past infinitive, 314–315
past narration, 316–318, 410–411, 425–427
past participle, agreement of, 205, 207–209, 451
formation of, 203, 205, 207–208, 210–212. *See also* Appendix
past perfect. *See* Pluperfect; Appendix
past subjunctive, 440–441, 461–462
pendant, 204, 387
pendant que, 317
penser à, 388
perfect tenses, conditional, 500–501, 519–522
future, 395
past. *See* Pluperfect; Appendix
pire, 169, 359–360
place names, with prepositions, 69, 84, 110, 112
se plaindre, 460. *See also* Appendix
pleuvoir, 211, 393. *See also* Appendix
pluperfect (**plus-que-parfait**), 458–459, 522. *See also* Appendix

plural, of adjectives, 17, 41–42
of articles, 17, 274–275
of nouns, 17, 41–42
position. *See* Word order
positive (affirmative) words, 214
possession, 36–37, 63–64, 74, 252, 486–487
possessive adjectives, 63–64
possessive pronouns, 497, 517–518
pouvoir, 87, 105, 211, 242, 311
conditional, 493
future, 393
subjunctive, 456–457. *See also* Appendix
preferences, expressing, 433–434, 456–457
préférer, 97, 311. *See also* Appendix
prendre, 115, 133–134, 175, 211, 238, 421. *See also* Appendix
prepositions, and relative pronouns, 486–487
contractions with, 74, 102, 309
followed by emphatic pronouns, 252
listed, 110, 130
locative, 110, 130
with definite articles, 74, 102
with geographical names, 69, 308–309
with questions, 280
present indicative, of **-er** verbs, 46–47, 55–56, 65–66, 71–72
of **-ir** verbs, 141, 171
of **-re** verbs, 174–175. *See also* Specific verb; Appendix
with time expressions (**depuis**), 386–387
present participle, 491. *See also* Appendix
present subjunctive, 399, 418–419. *See also* Subjunctive; Appendix
pronominal (reflexive) verbs, idiomatic, 225, 248
imperative, 11, 173, 353
imperfect, 225
negation, 100, 354
passé composé, 189–190, 194, 209, 355
present tense, 80–81, 99–101. *See also* Appendix
pronouns, 99–101
reciprocal, 430, 448–449, 451
reflexive, 80–81, 99–101, 189–190

pronoms toniques. *See* Emphatic pronouns
pronoun(s), affirmative, 214
as object of preposition, 67–68, 252
demonstrative, 357–358
direct object, 176–177, 326, 331, 354–355, 453–454
double object pronouns, 331, 354–355, 454
emphatic, 67–68, 251–252
en, 32, 266, 282, 350–351, 354
indefinite relative, 465, 487–488
indirect object, 225, 245–246, 326, 331, 354–355, 453–454
interrogative, 279–280, 357, 424–425
negative, 213–214
of quantity, 32, 266, 282
partitive (**en**), 32, 266, 282, 350
possessive, 497, 517–518
reflexive, 80–81, 99–101, 189–190
relative, 243–244, 486–487
subject, 13–14, 104
with imperative, 11, 173, 326, 353–354
with infinitives, 177, 245
with the **passé composé,** 189–190
word order with, 177, 245, 331, 353–355
y, 103, 354–355, 388

quand, with future, 395
quantity, comparing quantities, 168
expressions of, 139, 275
pronouns of, 32, 266, 282
que, as relative pronoun, 243–244, 486
in comparisons, 168–169
interrogative, 131–132, 279–280
quel(le)s, 30, 35, 69–70, 132
quelqu'un, 214
qu'est-ce que, 34, 131–132, 280, 425
qu'est-ce que c'est?, 34
qu'est-ce qui, 132, 280, 404, 424–425
questions, information, 11–12, 31, 34, 131–132, 279–280, 404, 424–425
intonation in, 33
inversion, 33–34, 131–132, 280

questions (*continued*)
  quel(le), 30, 35, 69–70, 132
  with prepositions, 280
  word order with, 33–34,
    131–132, 279–280
  yes/no, 12, 33–34. *See also*
    Interrogative pronouns;
    Interrogative words
qui, as interrogative, 11, 34,
    131–132, 279–280
  as relative pronoun, 243–244, 487
quoi, 279–280

-re verbs, 174–175, 205, 237, 392,
    418, 493
  past participle, 205. *See also*
    Appendix
recevoir, 211, 393, 493. *See also*
    Appendix
reciprocal pronominal verbs, 430,
    448–449, 451
reflexive pronouns, 80–81, 99–101,
    189–190
reflexive verbs. *See* Pronominal
    verbs
regret, expressing, 500–501,
    521–522
regular verbs. *See* Appendix
relative pronouns, 243–244,
    486–487
rendre, with adjectives, 404, 423

savoir, 87, 107–108, 242, 311
  conditional, 493
  future, 393
  imperative, 173
  present participle, 491
  subjunctive, 456–457. *See also*
    Appendix
  versus **connaître,** 180
se. *See* Pronominal verbs
-self (**-même**), used with emphatic
    pronouns, 251
sentir, 284, 420. *See also* Appendix
servir, 284, 420. *See also* Appendix
si-clause sentences, 494, 520, 522
sortir, 141, 207, 420. *See also*
    Appendix
spelling changes in **-er** verbs,
    97–98, 392. *See also* Appendix
state, change of, 242, 404, 422–423
  expressed with the imperfect, 242
  expressed with the **passé
    composé,** 242
  expressions, 404, 422–423

state (*continued*)
  with reflexive verbs, 422–423
stem-changing verbs, 97–98, 392.
    See also Appendix
subject pronouns, 13–14, 104
subjunctive, after conjunctions,
    505–506, 522–524
  after impersonal expressions, 399,
    462
  alternatives to, 418
  of irregular verbs, 399, 420–421.
    See also Appendix
  past, 440–441, 461–462
  present, 399, 418–419. *See also*
    Appendix
  uses of, 419, 433–434, 440–441,
    456–457, 461–462, 470–471,
    489–490, 505–506, 522–525
suivre, 352–353, 420. *See also*
    Appendix
superlative, of adjectives, 359–360
  of adverbs, 359–360
  of nouns, 360

tag questions, 33
telling time, 23, 30, 35–36
  twenty-four-hour clock, 36
tenir. *See* Appendix
tenses. *See* Present, **Imparfait,** etc.
time, expressions of, 201, 386–387
  telling time, 23, 30, 35–36
tout, 315–316, 487–488
tu versus **vous,** 14, 18–19

un/une, 16–17, 214

venir, 68–69, 207, 238
  conditional, 493
  future, 393
  subjunctive, 456–457. *See also*
    Appendix
  to express recent past, 321, 349
verbs
  -er, 46–47, 55–56, 65–66, 71–72,
    203–204, 205, 237, 392–393,
    418, 493
  followed by infinitive, 87, 105,
    107–108, 135–136, 142,
    311–312, 418
  intransitive, 190, 207–208
  -ir, 141, 171, 205, 237, 392, 418, 493
  -re, 174–175, 205, 237, 392, 418,
    493
  spelling changes in, 97–98, 392.
    See also Specific verb or tense

verbs (*continued*)
    (Conditional, Future, etc.);
    Appendix
  that require prepositions,
    311–312
vieux, 40, 166–167
vivre, 497, 516. *See also* Appendix
voici/voilà, with direct object
    pronouns, 177
voir, 211, 249–250, 394, 451, 493.
    See also Appendix
volition, verbs and expressions of,
    433–434, 456–457
vouloir, 87, 105–106, 311, 434,
    456, 524–525
  conditional, 106, 434, 456,
    492–493
  future, 393
  imperfect, 238. *See also* Appendix
  to express state of being, 242
vous versus **tu,** 14, 18–19

weather, 94
word order, in questions, 33–34,
    131–132, 279–280
  with adjectives, 166–167
  with adverbs, 212, 214, 313
  with **passé composé,** 212, 214,
    355
  with pronouns, 177, 245, 331,
    353–355
  with **y,** 103, 354–355, 388

y, il y a, 32, 355
  replacing prepositional phrase
    (with **à**), 103, 388
  uses of, 103, 388
  word order with, 103, 354–355,
    388
years, 70–71
yes/no questions, 12, 33–34. *See also*
    Interrogative pronouns;
    Interrogative words

TOPICS

Cultural topics (**Notes culturelles**)
  Alsace, 233–234
  baccalaureate degree in France,
    372–373
  camps, summer, 89
  centre Pompidou, 113–114
  Cézanne, Paul, 291
  Depardieu, Gérard, 469–470
  diversity, cultural, 290

Cultural topics (*continued*)
ecology ("green") parties,
500–503, 511–512
education, 367, 368–369,
372–373, 374
family life, 57–58, 436–437,
446–447
festivals, 228–229, 259
fête de la musique, 476
food, 254–255, 259
food habits, 254–255
France, diversity in, 290
French cooking, 259–260, 262
French in Louisiana, 198–200
French-speaking countries in
Europe, 328
greetings, 45
history, 200
holidays, 228–229, 259
hot springs (thermal) resorts, 401
household appliances, 157, 164
housing, 152, 163–164
illness and health, 406–407,
416–417, 423
immigration and racism, 507–508
leisure activities, 46, 77
Louisiana, francophone customs
in, 198–199
Louisiana, history, 200
meals, 254–255, 259–260
the **métro,** 116
Morocco, 335
overseas departments and
territories, 337–338
Paris, 112
Prévert, Jacques, 188
Provence, 291
Quebec, maple sugaring in, 265
racism and immigration, 507–508
restaurants, 266
la Sainte-Chapelle, 125
Social Security system, 406–407
spas, 401
summer camps, 89
supermarkets, 121
teenagers, 223
television, 473–475
travel and travel guides, 298–301, 323
twenty-four-hour clock, 36
vacations, 80
Van Gogh, 148
week, days of, 25, 30
women in the workplace,
442–443
young adults, 377

Vocabulary (**Vocabulaire**)
academic subjects, 25, 30, 383
accidents and emergencies,
410–411, 416–417
adverbs of time and succession,
60, 187, 201
advertising and consumerism,
477–478, 484
appliances, household, 146, 164,
341–342
automobile, parts of, 326, 347
banking and money, 322, 346
baptism, 430
body, parts of the, 27, 398
buildings, 84, 92, 110, 112, 146,
150, 164
careers, 363, 382–383
childhood activities, 218, 235
classroom commands, 2, 8–9
classroom objects, 8, 21, 30
clothing, 5, 8, 337, 348
colors, 5, 8
computers, 346
consumerism and advertising,
477–478, 484
countries, 54, 61, 308
courses, academic, 25, 30, 383
daily activities, 80–81, 92
days of the week, 25, 30
descriptions, people, 4, 8, 27, 31,
60
directions, giving, 110–113
education, 25, 30, 367, 382–383
environmental and social issues,
500–501, 514
everyday activities, 80–81, 92
family members, 44, 59–60, 430,
448
feelings, expressing, 440–441,
449, 461–462, 470–471,
524–525
food, 254–255, 259–260,
272–273
friendship, 430, 448–449
furniture, 146, 164
geographical terms, 287, 305–306
greetings, 6, 9
health and illness, 399, 404,
410–411, 416–417, 423
holidays, 228–229, 235, 259
hotels, 321–322, 346–347
housework, 155–156, 164
housing, 150, 163–164
illness and health, 399, 404,
410–411, 416–417, 423

Vocabulary (*continued*)
introductions, 6, 9
languages, 54, 61
leisure activities, 46–47, 56, 60,
77, 87, 92, 122–123
love and marriage, 430, 448–449
materials, 337, 348
the media, newspapers, and
periodicals, 470–471, 484
money and banking, 322, 346
months of the year, 61
movies and television, 465,
484–485
nationality, 54, 61
neighborhood, 158–159, 164
newspapers, periodicals, and the
media, 470–471, 484
numbers, cardinal, 22–23, 44, 52,
62, 70–71
occupations, 363, 382–383
parts of the body, 27, 398
personal data, 52
places, in the city, 84, 92, 110,
112, 128
plans, making, 122–123
polite refusal, 268, 271
professions. *See* Occupations
restaurant dining, 266, 271–272
road signs, 329
rooms (of a house), 146, 164. *See
also* Buildings
seasons, 77, 92
shopping, 119, 128–129, 337
sickness and health, 399, 404,
410–411, 416–417, 423
sports, 46–47, 56, 60, 77, 87, 92
states and sensations, 158–159,
163, 181–182, 242, 404,
422–423, 481–482
stores, 119, 128
subjects, academic, 25, 30, 383
suggestions and advice, 390, 493,
500–501, 521–522
technology and nature, 500–501,
514
television and movies, 465,
484–485
transportation, 115, 128, 292,
306–307, 326, 347
travel, 115, 292, 296, 300–301,
306–307, 326, 329, 331, 347
university, 25, 367, 382–383
vacation. *See* Travel
weather, 77–78, 91–92, 94–95

About the Authors

Tracy D. Terrell, late of the University of California, San Diego, received his Ph.D. in Spanish Linguistics from the University of Texas at Austin. His extensive research publications are in the area of Spanish dialectology, with particular focus on the sociolinguistics of Caribbean Spanish. Professor Terrell's publications on second language acquisition and on the Natural Approach are widely known in the United States.

Mary B. Rogers holds the A.B. and M.A.T. degrees from Vanderbilt University. She is an experienced instructor of French at the university level, and she has been coordinator of a foreign language education program in which she taught second language pedagogy and supervised teaching assistants and student teachers. She has served as president of the Kansas Foreign Language Association and has been a certified tester for the ACTFL oral proficiency interview in French. She gives presentations and workshops at state, regional, and national meetings, and has published in the area of foreign language teaching. She currently holds the position of Research Fellow in second language acquisition and French at Friends University, Wichita, Kansas.

Betsy K. Barnes is an Associate Professor of French at the University of Minnesota, Minneapolis. She received her Ph.D. in French Linguistics from Indiana University and has published in the areas of French syntax and pragmatics, specializing in the analysis of spoken French discourse. At the University of Minnesota, Professor Barnes participates in the teaching of foreign language methodology courses and the supervision of graduate teaching assistants, while also teaching all levels of French.

Marguerite Wolff-Hessini is a Full Professor of French and Linguistics at Southwestern College in Winfield, Kansas, where she is also Chair of the Humanities Division. She completed her undergraduate studies in France and Great Britain, and she received her Ph.D. in Linguistics from the University of Kansas in Lawrence. Her research interests and publications are in the areas of dialectology and the sociolinguistics of languages in contact. She has received many awards, including the Sears-Roebuck Foundation Teaching Excellence and Campus Leadership Award in 1990. Most recently, she held a Fulbright senior lectureship in linguistics at the University of Algiers.